KB116381

TEPS

서울대 텝스 관리위원회 텝스 최신기출 1200제 3

해설집

서울대 텝스 관리위원회 텝스 최신기출 1200제 해설집 VOL. 3

문제제공 서울대학교 TEPS관리위원회
문제해설 넥서스 TEPS연구소
펴낸이 임상진
펴낸곳 (주)넥서스

초판 1쇄 발행 2017년 1월 5일
초판 20쇄 발행 2023년 10월 30일

출판신고 1992년 4월 3일 제311-2002-2호
10880 경기도 파주시 지목로 5
Tel (02)330-5500 Fax (02)330-5555

ISBN 979-11-5752-972-8 14740
979-11-5752-970-4 14740 (SET)

www.nexusbook.com

TEPS

서울대 텝스 관리위원회 텝스 최신기출 1200제

해설집

서울대학교 TEPS관리위원회 기출문제 제공
넥서스 TEPS연구소 해설

VOL. 3

넥서스

PREFACE

넥서스에서 정기 텝스 시험의 공식 출제 기관인 서울대 텝스 관리위원회가 제공하는 기출 문제를 독점 출간하게 되었다. 최초로 〈TEPS 기출 문제집〉, 〈유형별로 분석한 NEXUS 기출 800〉 등을 출간한 이후 〈서울대 텝스 관리위원회 최신기출 1000〉, 〈서울대 텝스 관리위원회 제공 최신기출 시크릿〉, 〈서울대 텝스 관리위원회 최신기출 1200 / SEASON 2, 3〉, 〈서울대 텝스 관리위원회 최신기출 Listening / Reading〉, 〈서울대 최신기출 TEPS VOCA〉, 〈서울대 텝스 관리위원회 공식기출 1000 시리즈〉에 이르기까지 연이어 대표적인 TEPS 기출 교재로 자리매김할 수 있도록 많은 사랑과 관심을 보여준 TEPS 수험생들과 학교 및 학원에서 강의하시는 선생님들께 다시 한번 감사의 마음을 전한다. 다른 영어 능력 검정시험과 달리 많은 기출문제가 공식적으로 오픈된 TEPS 시험은 그만큼 과학적인 측정 도구와 신뢰할 수 있는 콘텐츠, 뛰어난 변별력 등 공인 영어 능력 시험으로서의 자격을 충분히 인정받았다.

TEPS 수험생들로부터 이 시험이 참으로 어렵다는 얘기를 많이 듣는다. 벼락치기가 가능할 만큼 단순한 실용 영어의 측정에 그치는 것이 아니라 그야말로 기초부터 고급까지 모든 수준의 영어를 심도 있게 측정하는 것이 바로 TEPS 시험의 목표이므로 TEPS 시험 준비에도 제대로 된 전략과 교재와 필요함은 두말할 나위가 없다. 따라서 지금까지의 출제 원리와 경향 분석을 위해서는 가장 확실한 기출 문제집을 하나 골라 반복해서 풀면서 정리하는 것이 무엇보다 중요할 것이다.

이번에 출간하는 서울대 텝스 관리위원회 최신기출 시리즈는 출제 기관이 지금까지 공개한 것 중 가장 최신의 공식 기출문제 6회분으로 구성했고, 학습자 편의를 위해 문제집과 해설집을 각각 별도로 제작했다. 또한 실제 TEPS 시험장에서 접했던 문제지와 동일한 페이지로 구성했고, 청해 방송에서 듣던 MP3 음원을 고스란히 그대로 실었다. 또한 별도의 해설집에는 마치 실제 해설 강의를 듣는 것 같이 정확하게 핵심을 짚어 주는 문제 해설로 수험생들의 만족을 높이고자 했다.

새로운 TEPS 기출문제집 출간을 위해 늘 한결같이 적극적으로 도움을 주신 서울대학교 TEPS관리위원회 관계자분들께 이 자리를 통해 감사의 마음을 전한다. 본 교재를 통해 수험생 각자의 목표가 제대로 실현되기를 진심으로 바란다.

목차

CONTENTS

특징

FEATURES

1 가장 최근에 공개된 공식 기출 1,200문항 독점 수록

서울대학교 TEPS관리위원회가 가장 최근에 공개한 현존 가장 최신 기출문제 1,200문항을 실제 TEPS 시험지와 동일한 페이지 구성으로 제공

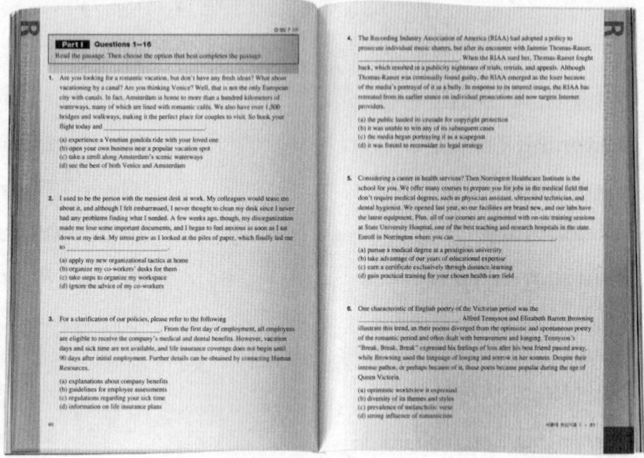

R

Part I Questions 1~16

Read the passage. Then choose the option that best completes the passage.

1. Are you looking for a romantic vacation, but don't have any fresh ideas? What about vacationing by a canal? Are you thinking Venice? Well, that is not the only European city with canals. In fact, Amsterdam is home to more than a hundred kilometers of waterways, many of which are lined with romantic cafés. We also have over 1,500 bridges and walkways, making it the perfect place for couples to visit. So book your flight today and ______________________.

(a) experience a Venetian gondola ride with your loved one
(b) open your own business near a popular vacation spot
(c) take a stroll along Amsterdam's scenic waterways
(d) see the best of both Venice and Amsterdam

2. I used to be the person with the messiest desk at work. My colleagues would tease me about it, and although I felt embarrassed, I never thought to clean my desk since I never had any problems finding what I needed. A few weeks ago, though, my disorganization made me lose some important documents, and I began to feel anxious as soon as I sat down at my desk. My stress grew as I looked at the piles of paper, which finally led me to ______________________.

(a) apply my new organizational tactics at home
(b) organize my co-workers' desks for them
(c) take steps to organize my workspace
(d) ignore the advice of my co-workers

3. For a clarification of our policies, please refer to the following ______________________. From the first day of employment, all employees are eligible to receive the company's medical and dental benefits. However, vacation days and sick time are not available, and life insurance coverage does not begin until 90 days after initial employment. Further details can be obtained by contacting Human Resources.

(a) explanations about company benefits
(b) guidelines for employee assessments
(c) regulations regarding your sick time
(d) information on life insurance plans

4. The Recording Industry Association of America (RIAA) had adopted a policy to prosecute individual music sharers, but after its encounter with Jammie Thomas-Rasset, ______________________. When the RIAA sued her, Thomas-Rasset fought back, which resulted in a publicity nightmare of trials, retrials, and appeals. Although Thomas-Rasset was continually found guilty, the RIAA emerged as the loser because of the media's portrayal of it as a bully. In response to its tattered image, the RIAA has retreated from its earlier stance on individual prosecutions and now targets Internet providers.

(a) the public lauded its crusade for copyright protection
(b) it was unable to win any of its subsequent cases
(c) the media began portraying it as a scapegoat
(d) it was forced to reconsider its legal strategy

5. Considering a career in health services? Then Norrington Healthcare Institute is the school for you. We offer many courses to prepare you for jobs in the medical field that don't require medical degrees, such as physician assistant, ultrasound technician, and dental hygienist. We opened last year, so our facilities are brand new, and our labs have the latest equipment. Plus, all of our courses are augmented with on-site training sessions at State University Hospital, one of the best teaching and research hospitals in the state. Enroll in Norrington where you can ______________________.

(a) pursue a medical degree at a prestigious university
(b) take advantage of our years of educational expertise
(c) earn a certificate exclusively through distance learning
(d) gain practical training for your chosen health-care field

6. One characteristic of English poetry of the Victorian period was the ______________________. Alfred Tennyson and Elizabeth Barrett Browning illustrate this trend, as their poems diverged from the optimistic and spontaneous poetry of the romantic period and often dealt with bereavement and longing. Tennyson's "Break, Break, Break" expressed his feelings of loss after his best friend passed away, while Browning used the language of longing and sorrow in her sonnets. Despite their intense pathos, or perhaps because of it, these poets became popular during the age of Queen Victoria.

(a) optimistic worldview it expressed
(b) diversity of its themes and styles
(c) prevalence of melancholic verse
(d) strong influence of romanticism

2 수험생들의 필살기 TEPS 만점 전략

청해–문법–어휘–독해 4영역 13개 파트에 대한 TEPS 출제 경향 및 고득점 대비 전략을 통합적으로 분석한 출제 비밀 노트 공개

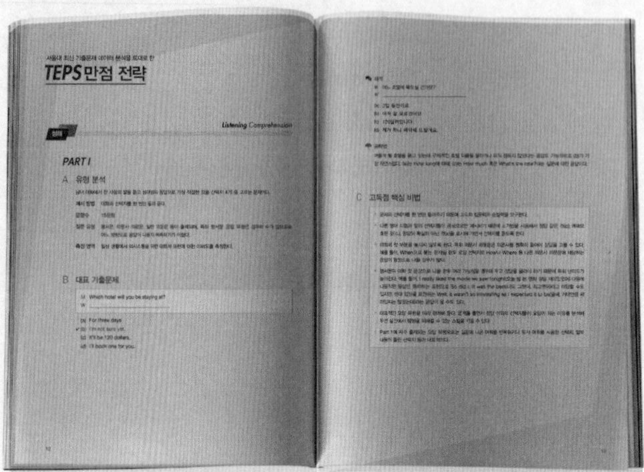

TEPS 만점 전략

Listening Comprehension

PART I

A 유형 분석

B 대표 기출문제

M: Which hotel will you be staying at?
W: ______________________

(a) For three days.
✔ (b) I'm not sure yet.
(c) It'll be 120 dollars.
(d) I'll book one for you.

C 고득점 핵심 비법

실제 강의를 듣는 것 같은 완전 해설

넥서스 TEPS연구소의 오랜 노하우가 살아 있는 정확한 해설로 오답과 문제 경향에 대한 속시원한 해결책 제시

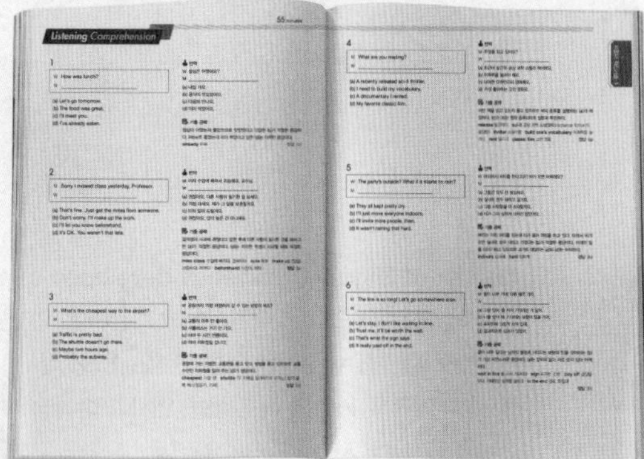

문제집과 해설집 별도 제작

학습자 편의를 위해 방대한 분량을 문제집과 해설집으로 별도 제작, 휴대하기 편할 뿐 아니라 학습 목적에 맞게 구매 가능

실제 고사장에서 듣던 청해 음성 및 학습 부가 자료 제공

정기 TEPS 고사장에서 청해 시험 시간에 사용했던 MP3 음원 그대로 수록, 생생한 시험장 체험
전 지문과 전 문항에 대한 어휘 리스트 및 테스트 지 제공 (www.nexusbook.com) * 해설집 MP3 음원 유료

1

TEPS란?

❶ Test of English Proficiency developed by Seoul National University의 약자로 서울대학교 언어교육원에서 개발하고, TEPS관리위원회에서 주관하는 국가공인 영어시험

❷ 1999년 1월 처음 시행 이후 연 12~16회 실시

❸ 정부기관 및 기업의 직원 채용, 인사고과, 해외 파견 근무자 선발과 더불어 대학과 특목고 입학 및 졸업 자격 요건, 국가고시 및 자격 시험의 영어 대체 시험으로 활용

❹ 100여 명의 국내외 유수 대학의 최고 수준 영어 전문가들이 출제하고, 언어 테스팅 분야의 세계적인 권위자인 Bachman 교수(미국 UCLA)와 Oller 교수(미국 뉴멕시코대)로부터 타당성을 검증받음

❺ 말하기 – 쓰기 시험인 TEPS Speaking & Writing도 별도 실시 중이며, 2009년 10월부터 이를 통합한 *i*-TEPS 실시

2

TEPS 시험 구성

영역	Part별 내용	문항수	시간/배점
청해 Listening Comprehension	**Part I**: 문장 하나를 듣고 이어질 대화 고르기 **Part II**: 3문장의 대화를 듣고 이어질 대화 고르기 **Part III**: 6~8 문장의 대화를 듣고 질문에 해당하는 답 고르기 **Part IV**: 담화문의 내용을 듣고 질문에 해당하는 답 고르기	15 15 15 15	55분 400점
문법 Grammar	**Part I**: 대화문의 빈칸에 적절한 표현 고르기 **Part II**: 문장의 빈칸에 적절한 표현 고르기 **Part III**: 대화에서 어법상 틀리거나 어색한 부분 고르기 **Part IV**: 단문에서 문법상 틀리거나 어색한 부분 고르기	20 20 5 5	25분 100점
어휘 Vocabulary	**Part I**: 대화문의 빈칸에 적절한 단어 고르기 **Part II**: 단문의 빈칸에 적절한 단어 고르기	25 25	15분 100점
독해 Reading Comprehension	**Part I**: 지문을 읽고 빈칸에 들어갈 내용 고르기 **Part II**: 지문을 읽고 질문에 가장 적절한 내용 고르기 **Part III**: 지문을 읽고 문맥상 어색한 내용 고르기	16 21 3	45분 400점
총계	13개 Parts	200	140분 990점

☆ **IRT** (Item Response Theory)에 의하여 최고점이 990점, 최저점이 10점으로 조정됨.

3

TEPS 시험 응시 정보

현장 접수

❶ www.teps.or.kr에서 인근 접수처 확인

❷ 준비물: 응시료 36,000원(현금만 가능), 증명사진 1매(3×4 cm) *2017년 2월 18일 시험부터 39,000원

❸ 접수처 방문: 해당 접수기간 평일 12시~5시

인터넷 접수

❶ 서울대학교 TEPS관리위원회 홈페이지 접속 www.teps.or.kr

❷ 준비물: 스캔한 사진 파일, 응시료 결제를 위한 신용 카드 및 은행 계좌

❸ 응시료: 36,000원(일반) / 18,000원(군인) / 39,000원(추가 접수)
39,000원(일반) / 19,500원(군인) / 42,000원(추가 접수) *2017년 2월 18일 시험부터 적용

TEPS 시험 당일 정보

❶ 고사장 입실 완료: 9시 30분(일요일) / 2시 30분(토요일)

❷ 준비물: 신분증, 컴퓨터용 사인펜, 수정테이프, 수험표, 시계

❸ 유효한 신분증
성인: 주민등록증, 운전면허증, 여권, 공무원증, 현역간부 신분증, 군무원증, 주민등록증 발급 신청 확인서, 외국인 등록증
초·중고생: 학생증, 여권, 청소년증, 주민등록증(발급 신청 확인서), TEPS 신분확인 증명서

❹ 시험 시간: 2시간 20분 (중간에 쉬는 시간 없음, 각 영역별 제한시간 엄수)

❺ 성적 확인: 약 2주 후 인터넷에서 조회 가능

서울대 최신 기출문제 데이터 분석을 토대로 한

TEPS 만점 전략

청해 **Listening** *Comprehension*

PART I

A 유형 분석

남녀 대화에서 한 사람의 말을 듣고 상대방의 응답으로 가장 적절한 것을 선택지 4개 중 고르는 문제이다.

제시 방법 대화와 선택지를 한 번만 들려준다.

문항수 15문항

질문 유형 평서문, 의문사 의문문, 일반 의문문 등이 출제되며, 특히 평서문 응답 유형은 경우의 수가 많으므로 어느 방향으로 응답이 나올지 예측하기가 어렵다.

측정 영역 일상 생활에서 의사소통을 위한 대화체 표현에 대한 이해도를 측정한다.

B 대표 기출문제

M Which hotel will you be staying at?
W ____________________

(a) For three days
✔ (b) I'm not sure yet.
(c) It'll be 120 dollars.
(d) I'll book one for you.

해석

M 어느 호텔에 묵으실 건가요?
W ________________________________

(a) 3일 동안이요.
(b) 아직 잘 모르겠어요.
(c) 120달러입니다.
(d) 제가 하나 예약해 드릴게요.

공략법

머물게 될 호텔을 묻고 있는데 구체적인 호텔 이름을 말하거나 아직 정하지 않았다는 응답도 가능하므로 (b)가 가장 자연스럽다. (a)는 How long에 대해, (c)는 How much 혹은 What's the rate?라는 질문에 대한 응답이다.

C 고득점 핵심 비법

- 예전보다 Part 1도 많이 까다로워졌으며 문제와 선택지를 한 번만 들려주기 때문에 고도의 집중력과 순발력이 요구된다.
- 다른 영어 시험과 달리 선택지들이 음성으로만 제시되기 때문에 소거법을 사용해서 정답 같은 것(o), 애매모호한 것(△), 정답이 확실히 아닌 것(x)을 표시해 가면서 선택지를 듣도록 한다.
- 대화의 첫 부분을 놓치지 않도록 한다. 특히 의문사 의문문은 의문사를 정확히 들어야 정답을 고를 수 있다. 예를 들어, When으로 묻는 문제일 경우 오답 선택지로 How나 Where 등 다른 의문사 의문문에 해당하는 응답이 함정으로 나올 경우가 많다.
- 평서문이 대화 첫 문장으로 나올 경우 여러 가능성을 염두에 두고 정답을 골라야 하기 때문에 특히 난도가 높아진다. 예를 들어, I really liked the movie we saw tonight(오늘 밤 본 영화 정말 재미있었어) 다음에 동의하는 표현으로 So did I. It was the best(나도 그랬어. 최고였어)라고 대답할 수도 있지만, 반대 입장을 표현하는 Well, it wasn't so interesting as I expected it to be(글쎄, 기대만큼 재미있지는 않았는데)라는 응답이 올 수도 있다.
- 대표적인 오답 유형을 미리 정리해 둔다. 문제를 풀면서 정답 이외의 선택지들이 오답이 되는 이유를 분석해 두면 실전에서 함정을 피해갈 수 있는 스킬을 키울 수 있다.
- Part 1에 자주 출제되는 오답 유형으로는 질문에 나온 어휘를 반복하거나 유사 어휘를 사용한 선택지, 일부 내용이 틀린 선택지 등이 대표적이다.

PART II

A 유형 분석

남녀 대화에서 세 번째 대화까지 듣고 그 다음 이어질 응답으로 가장 자연스러운 것을 4개의 선택지 중에서 고르는 문제이다.

제시 방법 대화와 선택지를 한 번만 들려준다.

문항수 15문항

질문 유형 평서문, 의문사 의문문, 일반 의문문 등이 출제되며, 이 중 특히 평서문인 경우 어느 방향으로 응답이 나올지 예측하기 어렵다.

측정 영역 일상 대화 속 표현에 대한 이해도 측정이라는 점에서 Part 1과 동일한데, 이와 더불어 전반적인 대화 흐름의 이해도를 측정하기도 한다.

B 대표 기출문제

M Nice car, Mia. It looks pretty new.
W Really? It's actually a 2008 model.
M It's certainly in good condition.
W ______________________________

(a) In that case, I'll buy it.
(b) I appreciate your advice.
✔ (c) Well, I take good care of it.
(d) True, but yours is no better.

해석

M 미아, 차 좋다. 꽤 새 차 같은데.
W 정말? 실은 2008년 식이야.
M 상태가 아주 좋구나.
W ______________________________

(a) 그렇다면 내가 살게.
(b) 네 충고 고마워.
(c) 음, 내가 관리를 많이 하거든.
(d) 맞아, 하지만 네 차라고 더 나을 것도 없어.

공략법

여자가 연식에 비해서 차의 상태가 좋다고 칭찬을 했으므로 그만큼 많은 관리를 한다는 (c)가 남자의 응답으로 가장 적절하다. 충고가 아니라 칭찬이므로 (b)는 advice가 아닌 compliment가 되면 자연스러운 응답이 될 수 있다.

C 고득점 핵심 비법

- 한 번만 들려주는 세 줄의 대화를 정확하게 잘 듣도록 한다. 첫 문장을 잘 들어야 그 다음에 이어지는 두 줄의 대화를 잘 이해할 수 있기 때문에 Part 2 역시 고도의 집중력을 요한다.
- 만일 첫 줄을 놓쳤다면 당황하지 말고 그 다음 이어지는 두 줄의 대화를 잘 듣도록 한다. 가장 이상적인 청취는 세 줄을 다 알아듣는 것이지만, 혹시 그렇지 못하더라도 선택지가 나오기 직전의 말을 잘 들으면 자연스럽게 이어지는 응답을 고르는 데 도움이 된다.
- 소거법을 활용해서 정답을 고르는 것도 들려주기만 하는 선택지에 대처할 수 있는 한 방법이다.
- 남녀 각각 어떤 말을 했는지 구분해서 들어야 오답을 피해갈 수 있다.
- 풀어본 문제의 오답을 매번 분석해서 실전에서 신속하고 정확하게 오답을 피하도록 한다.
- Part 2의 대표적인 오답 유형으로는 대화의 앞부분을 일부 놓치고 착각해서 선택할 만한 선택지, 대화에 언급된 어휘로 만든 선택지, 대화에 등장한 어휘의 또 다른 의미를 가지고 만든 선택지, 질문한 사람이 이어서 할 만한 말로 만든 선택지 등이 있다.

PART III

A 유형 분석

남녀가 세 번씩 주고받는 대화를 듣고 4개의 선택지 중 질문에 가장 적절한 답을 고르는 문제이다.

제시 방법 대화 → 질문 → 대화 → 질문 → 선택지 순으로 들려준다.

문항수 15문항

질문 유형 대의 파악(7문항) → 세부 내용 파악(6문항) → 추론(3문항) 순으로 나온다.

측정 영역 일상 대화에 등장하는 다양한 표현에 대한 이해도를 바탕으로 전체 대의 파악, 세부 내용 파악, 추론 능력을 측정한다.

B 대표 기출문제

M Any special plans for your two-week vacation?
W I think I'll visit my family and relax somewhere.
M Where do you plan on relaxing?
W Oh, I don't know, maybe go somewhere warm.
M What about Jeju island?
W Actually, that sounds good. I'll put it on my list.

Q What is the main topic of the conversation?
(a) The best way to spend a vacation
✔ (b) The woman's vacation plans
(c) Popular holiday destinations
(d) Setting aside time to visit family

해석

M 2주 휴가 동안 특별한 계획이 있나요?
W 집에 들렀다가 어디 가서 좀 쉴 생각이에요.
M 어디서 쉬려고 하는데요?
W 글쎄요. 모르겠어요. 아마 따뜻한 곳으로 가겠죠.
M 제주도는 어때요?
W 좋은 생각이네요. 그곳도 고려해 봐야겠어요.

Q 대화의 중심 소재는?
(a) 휴가를 보낼 가장 좋은 방법
(b) 여자의 휴가 계획
(c) 인기 있는 휴양지
(d) 가족을 방문하기 위한 시간을 남겨 놓기

공략법

대화의 중심 소재는 여자가 휴가 동안 무엇을 하는지이다. 가족을 방문하고 나서 어디로 가서 좀 쉴 거라는 말에 제주도를 권하고 있으므로 (b)가 가장 적절한 답이다. 따뜻한 곳이나 제주도라는 특정 지명을 언급하긴 했지만 인기 있는 휴양지 자체가 대화의 소재는 아니므로 (c)는 오답이다.

C 고득점 핵심 비법

- 처음 대화를 들을 때 전체 대화 내용을 파악한 뒤, 질문에 따라 집중할 부분에 더 집중하는 두 번째 듣기를 한다. 대화의 흐름을 파악해야 대의 파악 문제뿐 아니라 세부 내용 파악이나 추론 문제도 더 쉽게 풀 수 있다.
- 질문에 따라서 메모를 해야 하는 경우도 있다. 특히 세부 내용 파악 문제의 경우 숫자, 연도, 물건의 종류 등을 명확하게 기억하는 것이 유리하고, 남녀 각각 어떤 말을 했는지 구분해서 알아 두는 것이 오답을 피하는 데 많은 도움이 된다. 추론 능력은 대의 또는 세부 내용을 바탕으로 하기 때문에 세부 내용도 간과할 수 없다.
- 선택지를 한 번밖에 들려주지 않기 때문에 대화 내용을 다 이해하고도 선택지를 놓쳐서 정답을 고르지 못하는 경우가 있다. 이를 방지하기 위해 소거법을 적용해서 선택지를 차례대로 표시하면서 최종 정답을 고르도록 한다.
- 질문 종류별로 오답 확률이 높은 유형을 알아 두는 것도 도움이 된다.
  - 대의 파악 오답 유형: 대화 중 일부 세부 사항만 포함한 선택지, 너무 일반적인 내용의 선택지, 대화 중 특정 키워드를 조합한 전혀 엉뚱한 내용의 선택지 등이다.
  - 세부 내용 파악 오답 유형: 대화에서 언급된 어휘를 반복한 선택지, 대화와 전혀 무관한 선택지, 일부 내용만 사실인 선택지, 남녀의 역할이 뒤바뀐 선택지, 시제가 대화 내용과 일치하지 않는 선택지 등이 있다.
  - 추론 오답 유형: 상식적으로는 맞는 진술이지만 대화 내용과는 무관한 선택지, 대화에서 언급된 어휘로 만들었지만 대화 내용과 무관한 선택지, 추론 가능한 내용과 정반대인 선택지 등이 있다.
- 대의 파악이나 세부 내용 파악 유형에 대비해 패러프레이징(paraphrasing) 연습을 하는 것이 좋다. 대화에서 언급된 어휘가 그대로 사용된 경우는 오답일 확률이 높은 반면, 언급된 어휘를 비슷한 말로 바꾸어 만든 선택지는 정답일 확률이 높으므로 paraphrasing 연습이 많은 도움이 된다.

PART IV

A 유형 분석

담화문을 듣고 4개의 선택지 중 질문에 가장 적절한 정답을 고르는 문제이다.

제시 방법 담화문 → 질문 → 담화문 → 질문 → 선택지 순으로 들려준다.

문항수 15문항

질문 유형 대의 파악(7문항) → 세부 내용 파악(5문항) → 추론(3문항) 순으로 나온다.

측정 영역 연설, 강의, 라디오 방송 등에 나오는 다양한 표현에 대한 이해도 측정을 바탕으로 전체 대의 파악, 세부 내용 파악, 추론 능력을 측정한다.

B 대표 기출문제

Wildlife officials announced today that a tiny snail that could harm American river trout populations is spreading throughout the country. The New Zealand mud snail was first discovered in Idaho's Snake River in 1987. Since then, it has shown up in eight more rivers. The snails reproduce rapidly and destroy the habitat of trout and other aquatic life. Fishermen are being asked to clean their boots, fishing equipment and boats to prevent the snails from spreading from one river to another.

Q Which is correct according to the news report?

(a) American river trout are damaging waterways.

(b) Snails from the U.S. have been found in New Zealand.

✔ (c) It was in Snake River that the mud snail was first found.

(d) Fishermen have been asked to collect the snails they find.

해석

야생 생물 관계자는 오늘 미국 민물송어 개체군에 해를 끼칠 수 있는 작은 달팽이가 전국적으로 확산되고 있다고 발표했습니다. 뉴질랜드 진흙 달팽이는 1987년 아이다호 주 스네이크 강에서 처음으로 발견됐습니다. 그 이후 이 달팽이는 8개 강에 추가로 나타났습니다. 이 달팽이는 번식이 빠르고 송어 및 다른 수생 생물의 서식처를 파괴합니다. 이들 달팽이가 하나의 강에서 다른 강으로 확산되는 것을 막기 위해 어부에게 장화와 낚시 장비, 배를 청소하도록 요청하는 바입니다.

Q 뉴스 보도에 따르면 옳은 것은?

(a) 미국 민물송어는 수로를 손상시킨다.

(b) 미국산 달팽이가 뉴질랜드에서 발견되었다.

(c) 진흙 달팽이가 최초로 발견된 곳은 스네이크 강이었다.

(d) 발견한 진흙 달팽이를 어부들에게 채집하도록 요청했다.

공략법

외래종의 확산으로 발생하는 문제에 대한 내용이다. 두 번째 문장에서 진흙 달팽이가 스네이크 강에서 처음 발견되었다고 했으므로 (c)가 정답임을 쉽게 알 수 있다. (a)는 언급되지 않은 내용이며, (b)는 정반대 진술이다. 또한 어부들에게 달팽이의 확산을 막기 위해 노력해 달라고 했으므로 (d) 역시 오답이다.

C 고득점 핵심 비법

- 먼저 담화문의 전체 흐름을 파악한 뒤, 두 번째 듣기에서 질문과 연계된 부분에 집중하여 정확하게 듣는다.
- 질문 유형에 따라 맞춤식 메모를 한다. 특히 세부 사항 파악 유형 문제에 대비해서는 숫자, 연도, 물품 종류 등을 세세하게 메모해야 하고, 추론 능력은 대의 또는 세부 내용을 바탕으로 하기 때문에 세부 내용도 간과할 수 없다는 것을 기억한다.
- 질문 종류별로 오답일 확률이 높은 경우를 알아 두면 도움이 된다.
  - 대의 파악 오답 유형: 담화문 내용의 일부에 해당하는 세부 사항으로 만든 선택지, 주제와 관련은 있으나 너무 범위가 넓은 일반적인 내용의 선택지, 언급된 어휘로 구성된 점 외에는 내용과 전혀 관련이 없는 선택지 등이 오답일 확률이 높다.
  - 세부 내용 파악 오답 유형: 담화문에 언급된 어휘로 만들어진 선택지나 내용과 전혀 무관한 선택지, 일부만 사실인 선택지 등이 오답으로 제시될 가능성이 크다.
  - 추론 오답 유형: 상식적으로는 맞지만 내용과는 무관한 선택지, 담화문에서 언급된 어휘로 만들었지만 내용과는 무관한 선택지, 추론 가능한 내용과 정반대의 선택지 등이 종종 사용되는 오답 유형이다.
- 대의 파악이나 세부 내용 파악 유형의 문제를 대비하려면 paraphrasing 연습을 하는 것이 좋다. 언급된 어휘를 그대로 사용하면 오답일 확률이 높은 반면, 정답의 경우 언급된 어휘를 paraphrasing해서 만드는 경우가 많다.

PART I

A 유형 분석

두 줄의 대화문을 읽고 빈칸에 문법적으로 적절한 표현을 4개의 선택지 중에서 고르는 문제이다.

제시 방법 두 줄의 대화문이 주어진다.

문항수 20문항

측정 영역 실시간과 비슷한 시간 제약 속에서 문법적으로 정확한 영어를 대화 속에서 구사할 수 있는지 측정한다.

빈출 토픽 일상 생활 대화 중에 흔히 접할 수 있는 주제가 많이 사용되므로 청해나 어휘 영역의 대화 부분과 비슷한 내용이 나온다.

B 대표 기출문제

A Don't take that last cookie. It's for Dan.
B But he ________________ all the cookies last time.

✔ (a) ate
(b) eats
(c) has eaten
(d) had been eating

해석

A 마지막 쿠키 먹지 마. 댄 줄 거니까.
B 하지만 댄은 지난번에 쿠키를 다 먹었잖아요.

공략법

시제 문제는 함께 쓰이는 시간의 부사에서 힌트를 찾아야 한다. 이 문장에서는 last time이 시간의 부사 역할을 하고 있다. last는 지난 일을 나타내므로 항상 과거 시제와 함께 쓰인다. 따라서 (a)가 정답이다.

C 고득점 핵심 비법

- 정확한 영어를 적재적소에 사용하는 능력이 중요하므로 눈으로만 익히는 문법 지식을 배제한다. 대화체를 소리 내어 읽는 연습을 해서 문법이 내재화되어 상황에 맞게 즉각적으로 사용할 수 있는 수준까지 끌어올리도록 한다.
- 문법 네 가지 Part 중 비교적 평이한 수준이기 때문에 시간 안배 차원에서 신속하게 풀고 다음 Part로 넘어가도록 한다. 단, 첫 줄은 빈칸에 올 적절한 답을 찾는 데 단서가 되므로 생략하고 넘어가면 함정에 빠지는 경우가 종종 있다. 신속하게 문제를 읽어나가되 읽지 않고 건너뛰는 일은 없어야 한다.
- 문법 문제의 빈칸은 주로 두 번째 줄에 오지만 일부 문제는 첫 번째 줄에 빈칸이 오기도 한다. 이런 유형에서는 두 번째 줄을 제대로 읽어야 출제자의 함정에 걸려들지 않는다. 즉, 빈칸 위치에 상관없이 문제에 나오는 대화는 모두 다 읽고 정확한 내용을 파악해야 오답 함정을 피해 정답을 찾을 수 있다.
- 문법 문제라고 해서 대화의 문법적인 요소만 신경 쓰면 안 된다. 상황에 적절한 어법을 고른다는 자세로 문제를 풀도록 한다. 예를 들어 대화 내용에 현재 시제가 여러 개 나온다고 무조건 현재 시제를 답으로 고르면 오히려 오답일 경우가 많다.
- 일상 대화 구문의 어법을 묻는 Part이므로 대화체의 정확한 표현을 익히는 것이 도움이 된다. 즉, 문법책의 모든 문법 요소를 처음부터 공부하는 것보다는 일상 대화 구문 표현 위주로 외울 수 있는 수준까지 익혀 두면 짧은 시간 내에 정확하게 구사할 수 있는 표현들이 많아지고 이렇게 되면 문법 Part 1도 쉽게 정복할 수 있다.

PART II

A 유형 분석

하나의 문장을 읽고 빈칸에 문법적으로 가장 적절한 표현을 4개의 선택지 중에서 고른다.

제시 방법 하나의 문어체 문장이 주어진다.

문항수 20문항

측정 영역 문어체 영어의 정확한 어법 구사력을 측정한다.

빈출 토픽 학술문과 실용문 등 일상에서 접하는 문어체 문장에 언급되는 주제가 주로 사용된다.

B 대표 기출문제

____________________ the movie twice, Bob did not want to see it again.

(a) He had seen
(b) Had he seen
✔ (c) Having seen
(d) To have seen

해석

그 영화를 두 번 봤기 때문에 밥은 그것을 또 보고 싶지 않았다.

공략법

접속사가 없으므로 (a)와 같은 완전한 절은 올 수 없다. (d)와 같은 to부정사는 문두에 오면 보통 목적의 의미를 가지므로 문맥상 어울리지 않는다. 따라서 빈칸에는 분사구문이 나와야 하는데 주절의 주어 Bob이 영화를 직접 본 것이므로 능동의 현재분사 (c)가 정답이다. 영화를 본 것이 먼저 일어난 일이므로 완료분사 Having seen을 썼다.

C 고득점 핵심 비법

- 구어체 문장보다 문어체 문장의 의미 파악이 까다로울 수 있으므로 평상시 문어체 문장의 직독직해 연습을 충분히 한다. 특히 관계사들로 연결된 문장, 절 안에 또 다른 절이 있는 문장 등 복잡한 문장을 평상시에 많이 접해 보도록 하자. 난해한 문장을 만났을 때 바로 의미를 파악할 수 있어야 문법 Part 2 문제를 신속하게 해결할 수 있다.
- 주어와 동사가 여러 개 나오는 긴 문장은 주절의 주어와 동사를 파악한 후, 다른 문법 사항들을 따져 보도록 한다. 특히 대표 빈출 유형이자 기본이 되는 주어-동사 수 일치 문제는 주절의 주어와 동사를 파악해야만 풀 수 있는 문제이다.
- TEPS 시험에서는 한국인이 특히 취약한 관사와 문장 구조 등에 대해 묻는 문제가 다수 출제된다. 이를 대비하기 위해서는 문장 내 쓰임새를 익혀 두는 것이 낱낱의 문법 지식을 알고 있는 것보다 신속하고 정확하게 문제를 푸는 데 많은 도움을 줄 것이다. 영어 활용 능력 수준 측정을 위해 TEPS가 고안된 점을 염두에 두고, 평소에 정확한 영어 구사 능력 함양에 집중하도록 한다.
- 문법 Part 1과 마찬가지로 정확한 어법을 익히려면 청해 Part 4 긴 담화문 속에 나오는 문장이나 어휘 Part 2 문장을 익혀 두는 것도 좋다. 각 분야별 어휘와 구문에 익숙해질수록 읽고 이해하는 속도가 자연히 빨라지게 되고, 아울러 문장 안에서 정확한 쓰임새도 익힐 수 있기 때문이다.

PART III

A 유형 분석

네 줄의 대화문을 읽고 문법적으로 이상한 부분이 있는 문장을 고르는 유형의 문제이다.

제시 방법 네 줄의 대화문이 주어진다.

문항수 5문항

측정 영역 길어진 대화에서 비문법적 요소를 가려내는 능력을 측정한다.

빈출 토픽 일상 생활에서 접하는 대화에 나오는 주제가 주로 사용된다.

B 대표 기출문제

(a) A Let's go to an amusement park this weekend.
✔ (b) B Well, that's not what I had planned during the weekend.
(c) A Oh, are you going to do anything special?
(d) B Actually, I just want to stay home and relax.

해석

(a) **A** 이번 주말에 놀이공원에 가자.
(b) **B** 음, 그건 내가 주말에 계획한 게 아닌데.
(c) **A** 아, 뭐 특별한 거라도 하게?
(d) **B** 실은 그냥 집에서 쉬고 싶어서.

공략법

과거완료 had p.p.는 과거보다 더 앞선 시제를 나타낼 때 쓰므로 (b)에서처럼 현재 시제와 함께 쓸 수 없다. 다른 계획을 세운 것은 과거의 일이므로 had planned가 아니라 단순과거인 planned가 되어야 한다.

C 고득점 핵심 비법

- 주어진 선택지가 따로 없어서 어떤 문법에 관한 문제인지 전혀 알 수 없고 주어진 대화 내용을 읽으면서 틀린 부분을 골라야 하기 때문에 보다 적극적인 태도로 문제에 임해야 한다. 즉, 각 대화에서 어느 문법 요소가 틀렸는지 모르는 상태에서 틀린 부분을 찾아야 하기 때문에 대화 내용을 파악함과 동시에 모든 품사와 구문 요소가 정확한지도 일일이 확인하는 습관을 평소에 들여야 당황하지 않고 실전에서 실력 발휘를 할 수 있다.

- 주어진 시간 내에 틀린 문법 사항을 골라야 하기 때문에 즉각적으로 비문법적인 부분을 찾아내는 훈련이 평상시에 필요하다. 이렇게 하기 위해서는 다른 문법 Part의 문제 대비와 마찬가지로 일상 대화 및 학술문과 실용문을 많이 접해서 다양한 문장에 익숙해져야 한다.

- 모든 문법 학습 요소들이 다 출제되는 것이 아니라 단골로 출제되는 문법 사항이 있음을 알자. 문장 구조, 시제, 수 일치, 관사 등에 해당하는 문법 요소들을 집중해서 훈련하는 것도 단기간에 Part 3을 정복할 수 있는 길이다. 물론, Part 3 역시 제한된 문법 사항에만 국한해 다른 문법 요소를 무시했다가 낭패를 볼 수 있다는 것을 유의하자.

- Part 4에 비해 짧은 대화체라 약간 수월하게 보일 수 있겠지만 선택지가 주어진 Part 1과 2보다는 고난도인 경우가 많다. 특히 재빨리 읽으면서 틀린 문법 사항도 찾아내야 하므로 평상시 대화문의 정확도를 분석하는 것도 실전에서 틀린 부분을 파악하는 데 도움이 될 것이다. 즉, 정답을 찾는 데에만 급급하지 말고 한 문제를 풀더라도 문법적으로 옳고 그른 부분들에 대한 분석을 자세히 하다 보면 실전에서 당황하지 않고 틀린 부분을 찾아낼 수 있다는 것이다.

PART IV

A 유형 분석

4개의 문어체 문장을 읽고 문법적으로 어색한 부분이 있는 문장을 고르는 유형의 문제이다.

제시 방법 4개의 문어체 문장이 하나의 지문으로 주어진다.

문항수 5문항

측정 영역 문어체 문장으로 구성된 지문에서 비문법적인 요소를 가려내는 능력을 측정한다.

빈출 토픽 신문, 잡지, 교재 등 일상 생활에서 문어체로 접하게 되는 주제가 등장한다.

B 대표 기출문제

✔ (a) In a study, separate groups of men was asked to run as hard and as long as possible on a treadmill. (b) Each group was cheered and encouraged, but at different intervals—either every 20, 60 or 180 seconds. (c) Researchers perceived no gains among those who were given verbal cues every 180 seconds. (d) It was found, however, that performance did improve for men cheered every 20 or 60 seconds.

해석

(a) 한 연구에서 서로 다른 남성 집단에게 러닝머신 위에서 최대한 빨리 그리고 최대한 오래 달리도록 요구했다. (b) 각 집단은 각각 20초, 60초, 180초 간격으로 응원과 격려를 받았다. (c) 연구자들은 180초마다 응원을 받은 사람들에게는 이득이 없다는 것을 발견했다. (d) 그러나 20초, 혹은 60초마다 응원을 받은 남성들의 경우는 성과가 실제로 향상되었음이 밝혀졌다.

공략법

A of B 형태에서 동사는 A와 일치시킨다. (a)에서 주어 separate groups of men의 동사는 groups와 일치시켜 복수 동사를 취해야 하므로 was를 were로 고친다.

C 고득점 핵심 비법

- Part 3 대화체에 비해 Part 4는 지문 길이도 더 길고 문어체라서 내용 파악이 훨씬 더 어렵고 시간도 가장 많이 걸린다. 그렇기 때문에 비문법적인 요소를 찾기가 특히 더 어려울 수 있으므로 신속하게 문어체 문장들을 읽고 직독직해를 통해 내용을 즉시 파악할 수 있는 능력을 평상시에 훈련하도록 한다.
- 지문 내용은 물론 문제에서 요구하는 문법 사항 예측이 어렵기 때문에 더욱 적극적인 문제 풀이 전략이 필요하다. 4개의 문장을 읽으면서 내용 파악을 하는 동시에 모든 가능성을 열어 두고 비문법적으로 보이는 부분을 찾아 나가야 하는데 이때 가능성이 있는 부분을 일단 밑줄 그어 놓은 뒤 신속하게 다시 그 부분들을 재확인하는 것도 정확도를 높이는 한 방법이 될 수 있다.
- 주어진 시간 내에 틀린 문법 사항을 골라야 하기 때문에 즉각적으로 비문법적인 부분을 찾아내는 훈련이 필요하다. 이를 위해서는 정확한 표현을 즉각적으로 사용할 수 있을 정도로 알고 있어야 한다. 즉, Part 3 대비를 위해서 대화체를 많이 익혀 둠으로써 신속하게 비문법적인 대화 부분을 알아차리는 훈련을 하듯이, Part 4 대비책으로 학술문과 실용문을 접하면서 거의 암기할 정도로 정독하는 것도 문법 내재화를 도울 것이며, 이런 훈련 과정을 거치고 나면 자연스럽게 틀린 부분이 눈에 잘 띌 것이다.
- Part 2에 나오는 문장 네 개가 한꺼번에 출제된다고 생각하면 좀 부담이 덜어질 것이고 Part 2 문장들에서 문법적 오류를 찾는다고 생각하면 이제 마음도 편해질 것이다.

  – 시제 문제: 각 문장마다 여러 시제가 혼합되어 있는 경우가 대부분이기 때문에 시제의 형태만 참고해서 틀린 시제를 찾는 것은 거의 불가능하다고 봐야 한다. 내용 파악이 선행되어야만 시제가 잘못 쓰인 곳을 찾을 수 있다.

  – 관사 문제: a와 the의 쓰임 여부는 4개 문장에서 어떤 명사가 이미 앞서 언급된 것이고 아닌지를 이해한 후에 결정되므로 내용 파악이 우선되어야 한다.

PART I

A 유형 분석

두 줄의 대화문을 읽고 빈칸에 가장 잘 어울리는 어휘를 고르는 문제이다.

제시 방법 두 줄의 대화문이 주어진다.

문항수 25문항

측정 영역 대화에서 사용하는 구어체 표현을 적절하게 활용할 수 있는지 측정한다.

빈출 토픽 일상 생활과 관련 있는 주제가 많이 출제된다.

B 대표 기출문제

A What took you so long to get here?
B Sorry, I was ________________ a meeting.

✔ (a) attending
(b) including
(c) reducing
(d) skipping

해석

A 여기 오는 데 왜 이렇게 오래 걸렸니?
B 미안, 회의에 참석했었어.

(a) 참석하다
(b) 포함하다
(c) 줄이다
(d) 건너뛰다

공략법

시간이 오래 걸린 이유를 묻고 있으므로 회의에 '참석했다'는 문장이 되어야 한다. '참석하다'는 의미의 동사 (a) attend는 다음에 전치사를 쓰지 않는 타동사이므로 attend a meeting이 된다.

C 고득점 핵심 비법

- 짧은 시간 내에 문맥에 어울리는 어휘를 골라야 하기 때문에 많은 어휘를 알고 있는 것뿐만 아니라 문맥(context)에 적절한 어휘를 사용할 수 있는 능력을 키우는 것도 중요하다. 따라서 어휘를 처음 접할 때엔 참고 자료를 동원해서 문장 내에서 쓰이는 다양한 예문을 동시에 익혀 두어야 한다. 시간 내에 모든 어휘 문제를 잘 풀기 위해서는 특히 문맥 속에서 각 어휘의 쓰임을 거의 외우다시피 알고 있어야 시간 낭비 없이 즉각적으로 빈칸에 올 정답을 고를 수 있을 것이다.
- 해당 어휘의 우리말을 단순하게 암기하는 것은 별 도움이 안 된다. 우리말로는 그럴듯해도 쓰임이 어색한 어휘의 뉘앙스 차이를 구분할 줄 알아야 하므로 문장 전체로 어휘를 이해하는 것이 장기적으로 유리하다.
- 청해의 대화 파트뿐만 아니라 문법 Part 1과 3에 언급된 대화들도 어휘 실력 향상을 위해 활용될 수 있음을 기억하고 어휘 영역 이외의 빈출 표현도 문맥 속에서 익혀 두도록 한다.
- 대화를 신속히 읽고 즉각적으로 빈칸을 채워 넣어야 하기 때문에 실제 대화를 하면서 적절한 어휘를 사용할 수 있을 정도의 실력이 되도록 많은 표현을 통째로 익혀 두어야 한다.
- 일상적인 대화 속에서 자주 등장하는 어휘뿐만 아니라 이어동사, 이디엄 등도 출제되므로 숙지해 두도록 한다.
- 형태상 · 의미상 혼동되는 어휘, 의미 덩어리로 사용되는 연어 등의 정확한 활용법도 아울러 알아 둔다.

PART II

A 유형 분석

한 개의 문어체 문장을 읽고 빈칸에 가장 잘 어울리는 어휘를 고르는 문제이다.

제시 방법 한 개의 문어체 문장이 주어진다.

문항수 25문항

측정 영역 일상 생활에서 접할 수 있는 문어체 표현을 문맥에 맞게 사용할 수 있는지 측정한다.

빈출 토픽 학술문뿐만 아니라 실용문에 이르기까지 매우 다양한 주제를 다룬다.

B 대표 기출문제

To ________________ military messages over radio, a secret code based on a Native American language was used by the US in World War II.

(a) infuse
(b) conflict
✔ (c) transmit
(d) intercept

해석

무선으로 군사 메시지를 전송하기 위해, 제2차 세계대전 당시 미국은 인디언 언어를 기반으로 한 비밀 코드를 사용했다.

(a) 불어넣다
(b) 상충하다
(c) 전송하다
(d) 가로막다

공략법

목적어가 메시지이기 때문에 '보내다, 전송하다'는 의미의 동사가 필요하다. 따라서 답은 (c)이다. 접두어 trans-에는 이동의 의미가 있다.

C 고득점 핵심 비법

- 학술문과 실용문의 주제별 빈출 어휘를 익혀 둔다. 빈출 어휘는 정답 선택지뿐만 아니라 오답 선택지에 나오는 어휘도 포함한다. 주제별로 자주 출제되는 어휘는 한정되어 있기 때문에 기출 어휘가 다시 출제될 확률이 높다.
- Part1과 마찬가지로 각 어휘의 쓰임새를 알아야 하기 때문에 전체 문장을 익히도록 한다. 그래야만 문법적으로도 정확한 어휘 활용 능력을 키울 수 있기 때문이다.
- 미묘한 뉘앙스 차이가 있는 쉬운 어휘의 용례 예문을 적극적으로 활용해야 한다. 의미가 비슷해 보이는 어휘들끼리 묶어서 따로 정리하면 도움이 될 것이다.
- 신문 기사, 잡지, 광고, 학술지, 비평 등의 실용문과 전문적인 학술문에서 다양하게 출제되므로 평상시 이런 종류의 글을 많이 접하는 것이 도움이 된다. 15분이라는 짧은 시간 내에 50문항이나 되는 문제를 무리 없이 풀기 위한 대비법 중 하나가 주제별로 다양한 문장을 평소에 자주 읽는 것이다. 이렇게 함으로써 필수 어휘를 자주 접할 수 있을 뿐만 아니라 문장 이해 속도도 향상될 수 있다.
- 대화체 문제와 마찬가지로 주제별 어휘뿐만 아니라 연어 및 형태상 · 의미상 혼동되는 어휘도 잘 알아 두도록 한다.

PART I

A 유형 분석

100단어 내외의 단일 지문을 읽고 빈칸에 들어갈 적절한 선택지를 고르는 문제이다. 14문항은 구나 절을 고르는 문제이고, 나머지 2문항은 문장과 문장 사이를 이어주는 연결어를 찾는 문제이다.

제시 방법 지문의 처음 문장이나 마지막 문장, 드물게 중간 문장에 빈칸이 있는 한 개의 글이 주어진다.

문항수 16문항

측정 영역 글의 전반적인 이해 능력 및 논리적인 흐름 파악 능력을 평가한다.

빈출 토픽 학술문과 실용문에서 골고루 출제된다.

B 대표 기출문제

Deerbar's annual sale is now on! To make way for next year's new models, Deerbar is selling off its entire remaining inventory at wholesale prices! This week only, get heavily discounted refrigerators, washer-dryer combos, freezers and microwaves. We will even include free delivery anywhere within the city limits! Don't delay. If you want ________________, come to Deerbar!

(a) this year's latest kitchen gear
(b) fashionable home furnishings
✔ (c) deals on major home appliances
(d) affordable equipment for the office

해석

디어바 연례 세일 중입니다! 내년도 신형 모델 입고를 위해 디어바에서는 남아 있는 전 재고 물량을 도매가에 처분하고 있습니다. 이번 주 단 한 주, 폭탄 세일가로 냉장고, 세탁기-건조기 콤보, 냉동고와 전자레인지를 들여가십시오. 시 경계 내라면 어디든 무료 배달까지 해 드립니다! 미루지 마십시오. 저렴한 가격의 주요 가전제품을 원하시면 디어바로 오십시오!

(a) 올해의 최신 부엌용품을
(b) 유행하는 가구를
(c) 저렴한 가격의 주요 가전제품을
(d) 적정한 가격의 사무용 장비를

공략법

디어바의 연례 세일 광고이다. 이 가게에서 취급하는 물건은 냉장고, 세탁기, 전자레인지 등이므로 가전제품을 구매하려고 하는 사람을 대상으로 하는 광고임을 알 수 있다. 가전제품은 home appliances라고 하며 정답은 (c)이다.

C 고득점 핵심 비법

- 모든 지문을 자세히 읽겠다는 생각을 접는다. 1분에 한 문제씩 풀어야 하기 때문에 정독을 하기에는 절대적으로 시간이 부족하므로 주요 어휘 위주로 대의 파악 및 흐름 파악에 주력해야 시간 내에 문제를 다 풀 수 있다.
- 주제별 어휘를 평소 많이 알아 둔다. 청해, 문법, 어휘 등 TEPS의 다른 영역과 마찬가지로 방대한 어휘 지식을 갖추고 있어야 독해 속도도 빨라지고 정확한 이해가 가능하다.
- 빈칸의 위치에 따라 독해의 목적이 달라져야 한다. 빈칸이 첫 문장에 있는 경우 대의 파악만 해도 되지만 마지막 문장에 올 때에는 대의 파악뿐만 아니라 논리적 흐름도 염두에 두면서 독해를 해야 한다.
- 오답 함정 선택지 유형을 연습해 둔다.
  - 지문에 나오는 어휘로 만들었지만 문맥과 전혀 상관없는 선택지
  - 너무 일반적인 내용으로 만든 선택지
  - 상식적으로는 괜찮아 보이지만 내용과는 무관한 선택지
  - 지문 내용의 일부처럼 보이기는 하지만 논리적인 흐름 면에서는 어울리지 않는 선택지

PART II

A 유형 분석

100단어 내외의 단일 지문을 읽고 주어진 질문에 적절한 답을 4개의 선택지에서 고르는 유형이다.

제시 방법 한 개의 지문에 한 개의 질문이 주어진다.

문항수 21문항

측정 영역 단일 지문에 대한 전체 및 세부 내용 이해 및 추론 능력을 측정한다.
대의 파악(6문항) → 세부 내용 파악(10문항) → 추론(5문항) 순으로 나온다.

빈출 토픽 학술문과 실용문에서 모두 골고루 출제된다.

B 대표 기출문제

Sam Cantwell and Jack Hansen are two of America's best-loved motivational speakers. They have each delighted thousands of listeners with their wit and wisdom, and now—in a never-before-held event—they have teamed up to create a unique, doubly rewarding experience. Join them as they tell their favorite tales of inspiration at Chancellor Hall this Friday and Saturday only, from 8:00 pm. Tickets are available at the door, or you may purchase tickets in advance through www.ticketsite.com.

Q What can be inferred about Cantwell and Hansen from the passage?
(a) They will stay together for a national tour.
(b) They are not likely to attract high ticket sales.
✔ (c) They are appearing together for the first time.
(d) They will give talks advocating a religious doctrine.

해석

샘 캔트웰과 잭 핸슨은 미국 내에서 가장 사랑받는 두 명의 동기부여 연사입니다. 이들은 각각 재치와 지혜로 수천 명의 청중들에게 기쁨을 주었으며, 이제 과거에 유례없던 한 행사를 통해 이들이 의기투합하여 독특하며 두 배로 보람 있는 경험을 만들고자 합니다. 이번 주 금요일과 토요일 단 이틀, 오후 8시부터 챈슬러 홀에서 이들이 가장 좋아하는 감동의 이야기를 들려주는 자리에 함께하십시오. 입장권은 행사장에서 구매 가능하며, www.ticketsite.com을 통해 예매를 하실 수도 있습니다.

Q 캔트웰과 핸슨에 대해 유추할 수 있는 것은?
(a) 전국 투어를 함께 다닐 것이다.
(b) 높은 입장권 판매를 유치할 것 같지 않다.
(c) 처음으로 함께 출연한다.
(d) 종교적 교의를 옹호하는 이야기를 할 것이다.

공략법

두 번째 문장에서 언급한 과거에 유례없는 행사(a never-before-held event)라는 표현으로 보아 두 사람의 연사가 함께 출연하는 것이 처음임을 추론할 수 있다. 따라서 정답은 (c)이다. (a)와 (b)는 지문의 내용만으로는 알 수 없으며, 사람들에게 영감을 주고 동기를 부여해 주는 내용의 연설을 할 것으로 예상되므로 (d)도 오답이다.

C 고득점 핵심 비법

- 직독직해하는 습관을 들인다. 우리말로 해석부터 하려고 덤벼들지 말고 신속하게 영어 지문을 읽으면서 내용을 이해하는 습관을 들여야 한다.
- 지문을 다 읽겠다는 생각을 버려라. 대의 파악 문제의 경우 주요 내용어 중심으로 읽고, 세부 내용 파악 문제는 질문에 따라 선택지의 진위 여부를 한 개씩 확인해 가며 읽거나 육하원칙 문제는 질문 내용을 제대로 파악하고 해당 부분을 신속히 찾아서 그 부분을 자세히 읽는다. 추론 문제는 대의 파악 및 세부 내용 파악이 선행되어야 하기 때문에 좀 더 시간을 할애해야 할 것이다.
- 오답 함정을 각 문제 유형마다 미리 알아 두고 잘 피하도록 한다.
  - 대의 파악 오답 유형 : 세부 사실을 대의로 혼동하게 하는 오답이 자주 출제된다.
  - 세부 내용 파악 오답 유형 : 일부 내용만 사실인 경우, 지문에서 언급된 어휘로 만들었지만 내용과는 상관없는 선택지를 주의하자.
  - 추론 오답 유형 : 그럴듯해 보이지만 지문 내용과는 상관없는 오답, 정답과 정반대 진술이 선택지로 제시되기도 한다.

PART III

A 유형 분석

5개의 문장으로 구성된 100단어 내외의 단일 지문을 읽고 글의 흐름상 어색한 문장을 찾는 유형의 문제이다.

제시 방법	주제문에 이어 4개의 문장이 제시된다.
문항수	3문항
측정 영역	지문의 응집력 파악 능력을 측정한다.
빈출 지문 토픽	학술문과 실용문 모두 골고루 출제된다.

B 대표 기출문제

See the memorable sights of London with Black Taxi Tours! (a) Our tour is the only one where you can enjoy seeing the sites of London in genuine London taxi cabs. (b) A detailed commentary from a trained London cabbie is included in your comprehensive two-hour tour. ✔ (c) To become a cabbie in London, you must have an extensive knowledge of the city's roads. (d) You won't find a better guide than our cabbies, so call our office now to book your tour.

해석

블랙 택시 관광으로 기억에 남을 런던 명승지를 돌아보세요! (a) 저희 관광은 진짜 런던 택시를 타고 런던의 관광지를 즐길 수 있는 유일한 관광 상품입니다. (b) 숙련된 런던 택시 기사의 자세한 해설이 전체 2시간 관광에 포함되어 있습니다. (c) 런던에서 택시 기사가 되려면 런던의 도로에 대한 해박한 지식이 있어야 합니다. (d) 저희 기사들보다 더 나은 가이드는 찾을 수 없을 것입니다. 그러니 지금 저희 사무실로 전화하셔서 블랙 택시 관광을 예약하십시오.

공략법

런던 택시를 이용한 관광을 홍보하는 광고문으로, 택시 관광에 대한 간단한 안내와 함께 빨리 예약을 하라는 광고 문구가 나와 있는 글이다. 그러나 (c)에는 관광과는 관련없는, 택시 기사가 되기 위해 필요한 조건이 나와 있으므로 전체 문맥과 어울리지 않는다.

C 고득점 핵심 비법

- 처음 제시되는 주제문에서 벗어난 문장을 찾는 것이므로 4개의 선택지 문장을 읽을 때에 항상 주제문과의 연관성을 염두에 두고 읽도록 한다. 문법 Part 4의 경우 각 문장 간의 연관성까지 염두에 두고 내용을 파악할 필요는 없으나 독해 Part 3에서는 주제문과의 연관성이 문제 풀이의 핵심이다.
- 주제문과 연관성은 있으나 문장의 위치가 잘못되어 흐름을 깨는 유형도 있으니 흐름상 잘 어울리는지도 살피도록 한다.
- 글의 어조가 갑자기 바뀌는 경우도 어색한 문장에 해당하므로 어조의 변화도 주의하도록 한다.
- 주어진 주제문에 대한 문장이 3개 나온 뒤 새로운 주제문이 4번째 문장으로 나오게 되면 어색한 문장이 된다는 것도 기억한다.

TEST 1

ANSWER KEYS

Listening Comprehension

1 (c)	2 (a)	3 (b)	4 (b)	5 (c)	6 (b)	7 (b)	8 (c)	9 (b)	10 (c)
11 (a)	12 (c)	13 (a)	14 (b)	15 (c)	16 (a)	17 (c)	18 (b)	19 (a)	20 (a)
21 (b)	22 (b)	23 (d)	24 (a)	25 (a)	26 (b)	27 (b)	28 (b)	29 (a)	30 (b)
31 (b)	32 (a)	33 (b)	34 (d)	35 (c)	36 (c)	37 (a)	38 (b)	39 (a)	40 (b)
41 (b)	42 (b)	43 (d)	44 (b)	45 (b)	46 (d)	47 (c)	48 (a)	49 (a)	50 (a)
51 (b)	52 (d)	53 (d)	54 (a)	55 (d)	56 (c)	57 (c)	58 (d)	59 (b)	60 (b)

Grammar

1 (d)	2 (a)	3 (c)	4 (b)	5 (b)	6 (d)	7 (c)	8 (a)	9 (b)	10 (a)
11 (c)	12 (a)	13 (c)	14 (c)	15 (a)	16 (c)	17 (c)	18 (a)	19 (c)	20 (d)
21 (d)	22 (b)	23 (d)	24 (b)	25 (a)	26 (b)	27 (a)	28 (a)	29 (b)	30 (a)
31 (c)	32 (d)	33 (d)	34 (d)	35 (a)	36 (a)	37 (b)	38 (c)	39 (d)	40 (a)
41 (a)	42 (a)	43 (c)	44 (c)	45 (b)	46 (c)	47 (c)	48 (c)	49 (c)	50 (b)

Vocabulary

1 (b)	2 (b)	3 (a)	4 (b)	5 (b)	6 (a)	7 (b)	8 (b)	9 (b)	10 (b)
11 (d)	12 (a)	13 (a)	14 (c)	15 (b)	16 (c)	17 (a)	18 (b)	19 (b)	20 (b)
21 (a)	22 (d)	23 (d)	24 (c)	25 (b)	26 (c)	27 (a)	28 (c)	29 (a)	30 (b)
31 (a)	32 (d)	33 (c)	34 (a)	35 (b)	36 (c)	37 (c)	38 (c)	39 (d)	40 (b)
41 (d)	42 (a)	43 (a)	44 (c)	45 (a)	46 (d)	47 (a)	48 (b)	49 (a)	50 (d)

Reading Comprehension

1 (d)	2 (c)	3 (d)	4 (d)	5 (b)	6 (d)	7 (b)	8 (c)	9 (d)	10 (c)
11 (d)	12 (d)	13 (b)	14 (b)	15 (c)	16 (b)	17 (c)	18 (a)	19 (c)	20 (c)
21 (a)	22 (d)	23 (d)	24 (d)	25 (b)	26 (a)	27 (c)	28 (c)	29 (b)	30 (d)
31 (d)	32 (c)	33 (d)	34 (b)	35 (b)	36 (d)	37 (a)	38 (a)	39 (b)	40 (c)

Listening Comprehension

1

M Want to go to the gym?
W ______________________

(a) Try exercising it.
(b) It's at the gym.
(c) Thanks, but not today.
(d) No, I'll keep it.

번역

M 헬스클럽 갈래?
W ______________________

(a) 그것을 연습해 봐.
(b) 그건 헬스클럽에 있어.
(c) 고맙지만 오늘은 안 돼.
(d) 아니, 내가 가지고 있을 거야.

기출 공략

헬스클럽에 가자는 제안에 고맙지만 오늘은 못 간다고 대답한 (c)가 정답이다.

gym 헬스클럽 **exercise** 연습하다 **keep** 간직하다 정답_(c)

2

W I heard you had a bike accident.
M ______________________

(a) Yes, but it wasn't serious.
(b) No, it was my bike.
(c) Be more careful.
(d) I hope not.

번역

W 너 자전거 사고 났었다면서?
M ______________________

(a) 응, 하지만 심각한 것은 아니었어.
(b) 아니, 그것은 내 자전거였어.
(c) 좀 더 조심해.
(d) 그렇지 않기를 바랄게.

기출 공략

남자의 자전거 사고 소식을 들었다는 여자의 말에 적절한 응답은 심각한 사고는 아니었다고 대답한 (a)가 정답이다. (c)는 여자가 남자에게 할 말로 적절하다.

serious 심각한 **careful** 주의하는 정답_(a)

3

M How was last night's concert?
W ______________________

(a) Great! I wouldn't miss it.
(b) Oh, you'd have loved it.
(c) I'm glad you did.
(d) You're tough to please.

번역

M 지난밤 콘서트 어땠니?
W ______________________

(a) 훌륭해! 나라면 놓치지 않을 거야.
(b) 아, 네가 갔으면 좋아했을 거야.
(c) 네가 했다니 다행이야.
(d) 너는 비위 맞추기 힘들어.

기출 공략

지난밤 콘서트가 어땠냐는 질문에 콘서트에 참석했으면 좋아했을 것이라며 콘서트에 대한 의견을 말하는 것이 적절하므로 (b)가 정답이다.

miss 놓치다 **tough** 힘든 **please** 즐겁게 만들다 정답_(b)

4

W Let's paint the house soon. It's badly needed.
M ______________________

(a) Too bad it's being painted.
(b) Nah, it can wait awhile.
(c) Yeah, I think it's too soon.
(d) Your brush needs more paint.

번역

W 곧 집에 페인트칠을 하자. 페인트칠이 정말 필요해.
M ______________________

(a) 페인트칠을 하고 있다니 유감이야.
(b) 아니, 좀 더 있어도 돼.
(c) 응, 나는 너무 이르다고 생각해.
(d) 네 붓에 페인트를 더 발라야 해.

기출 공략

여자가 집에 페인트칠을 빨리 해야 한다는 말에 나중에 해도 된다고 답한 (b)가 가장 적절하다. (c)의 경우, 상대방 의견에 동의하는 Yeah 바로 뒤에 여자의 의견에 반대하는 내용이 나오므로 정답이 될 수 없다.

paint 페인트칠하다, 물감 **badly** 매우 절박하게 **awhile** 잠시 **brush** 붓

정답_(b)

5

M Is your shirt inside out? I see the seams.
W ______________________

(a) I'll iron it for you.
(b) It's the right size.
(c) Actually, they're supposed to show.
(d) It's too hot to wear outside.

번역

M 너 셔츠 뒤집어서 입은 것 아니니? 솔기가 보인다.
W ______________________

(a) 너를 위해 다림질해 줄게.
(b) 딱 맞는 사이즈야.
(c) 사실, 이것들은 보이게 되어 있어.
(d) 밖에서 입기엔 너무 더워.

기출 공략

남자가 여자 옷에서 솔기가 보이는 것을 보고 옷을 뒤집어 입은 것이 아니냐고 묻는 말에 대해 원래 보이도록 디자인된 것이라고 대답한 (c)가 정답이다.

inside out 뒤집어서 **seam** (옷의) 솔기 **iron** 다림질하다 **be supposed to** ~하도록 되어 있다

정답_(c)

6

W Pam looks so much like her mother!
M ______________________

(a) No, she couldn't find her.
(b) Yes, there's a strong resemblance there.
(c) Not unless they look alike.
(d) How nice of them.

번역

W 팸은 엄마하고 너무 닮았어!
M ______________________

(a) 아니, 그녀는 엄마를 찾을 수 없었어.
(b) 그래, 정말 닮았지.
(c) 그들이 닮지 않는다면 아닐 거야.
(d) 그들은 정말 좋은 사람들이야.

기출 공략

팸이 엄마하고 많이 닮았다는 말에 대해 Yes라고 말하며 동의하는 (b)가 적절한 응답이다. (a)는 look과 연상되는 find를 이용한 오답 선택지이며, (c)도 look like와 비슷한 look alike를 이용한 오답 선택지이다.

resemblance 유사성 **unless** ~가 아니라면 **look alike** 닮다

정답_(b)

7

M I ordered a vegetarian meal for this flight, but this has meat.

W ______________________________

(a) Do that when booking your ticket.
(b) My apologies. I'll fix that immediately.
(c) We'll be serving meals soon.
(d) Sorry, no nonvegetarian meals are left.

번역

M 저는 이번 기내식으로 채식을 시켰는데 고기가 들어 있어요.

W ______________________________

(a) 표를 예매할 때 하시기 바랍니다.
(b) 죄송합니다. 당장 바꿔 드리겠습니다.
(c) 곧 식사를 제공해 드릴 것입니다.
(d) 죄송합니다, 비채식 음식이 하나도 남지 않았습니다.

기출 공략

남자는 채식 음식을 주문했는데, 음식에 고기가 들어 있다고 말하고 있다. 이에 적절한 응답은 사과하면서 주문한 대로 음식을 다시 준비하겠다고 말한 (b)가 정답이다. 남자가 원하는 것은 채식이므로 (d)는 적절한 응답이 아니다.

vegetarian 채식의 **flight** 비행 **serve** 제공하다
nonvegetarian 비채식의

정답_(b)

8

W Do you mind if I put ketchup on our fries?

M ______________________________

(a) You're right, the ketchup tastes weird.
(b) Not at all. Put some ketchup on them instead.
(c) Go ahead. I love the stuff.
(d) I wish we'd ordered the fries.

번역

W 감자튀김에 케첩을 뿌려도 될까?

M ______________________________

(a) 네 말이 맞아, 케첩 맛이 이상해.
(b) 전혀 그렇지 않아. 대신에 케첩을 뿌리도록 해.
(c) 그렇게 해. 난 그게 좋아.
(d) 우리가 감자튀김을 주문했으면 좋았을 텐데.

기출 공략

감자튀김에 케첩을 뿌려도 되겠냐는 여자의 말에 그렇게 하라고 한 (c)가 적절하다. 여자가 이미 케첩을 뿌려도 되겠냐고 물어본 상황에서 (b)와 같은 응답은 어색하다. 그리고 두 사람은 이미 감자튀김을 앞에 두고 이야기하고 있는 상황이므로 (d)도 적절한 응답이 아니다.

fries 감자튀김 **weird** 이상한 **instead** 대신해서 **go ahead** (상대방의 앞서 한 말에 대해) 그렇게 하도록 해 **stuff** 물질

정답_(c)

9

M Hello. Is this the right number for James Munroe?

W ______________________________

(a) I lost his number.
(b) It is, but he's not in right now.
(c) I'll try calling back.
(d) He gave me the message.

번역

M 여보세요. 제임스 먼로 씨 번호 맞나요?

W ______________________________

(a) 저는 그의 번호를 잊어버렸어요.
(b) 맞습니다만, 그는 지금 여기 없어요.
(c) 다시 전화할게요.
(d) 그가 저에게 메시지를 남겼어요.

기출 공략

남자는 제임스 먼로에게 전화를 했는데, 그가 자리에 없어서 다른 사람이 전화를 받은 상황이다. 따라서 가장 적절한 응답은 (b)이다. (c)는 전화 건 남자가 해야 할 말이므로 정답이 될 수 없다.

call back 다시 전화하다

정답_(b)

10

W Isn't this toy supposed to come with batteries?

M ______________________________

(a) No. They were included when I purchased it.
(b) Yeah, choose any toy you like.
(c) No, that's why I bought some separately.
(d) Replacing the batteries should fix it.

번역

W 이 장난감은 건전지도 함께 제공되는 것 아니었니?
M ______________________________

(a) 아니, 그것들은 내가 샀을 때 포함되어 있었어.
(b) 응, 네가 마음에 드는 아무 장난감이나 고르도록 해.
(c) 아니, 그래서 몇 개의 건전지를 별도로 구입한 거야.
(d) 건전지를 교체하면 해결될 거야.

기출 공략

장난감에 건전지도 함께 포함된 것이 아니었느냐는 질문에 대해 건전지가 포함되지 않아 따로 구입했다는 (c)가 적절한 응답이다. (a)에서 No는 배터리가 없다는 의미인데, 뒤이어 나온 내용이 정반대되는 내용이므로 어색하다.

come with ~와 함께 딸려 나오다 **separately** 따로 **replace** 교체하다 **fix** (문제를) 시정하다

정답_(c)

11

M You must hate the company's new ban on cell phones.

W ______________________________

(a) Believe it or not, I'm all for it.
(b) Sorry, I don't make the rules.
(c) Plus, hearing other people's calls is distracting.
(d) Yeah, it's a big relief.

번역

M 회사에서 휴대 전화 반입을 최근에 금지해서 참 싫겠다.
W ______________________________

(a) 믿기 힘들겠지만, 나는 대찬성이야.
(b) 미안하지만, 그 규칙을 만든 건 내가 아니야.
(c) 게다가 다른 사람들의 전화 통화를 듣는 것은 집중에 방해가 돼.
(d) 그래, 정말 다행이야.

기출 공략

남자는 회사에서 휴대 전화를 금지하기로 한 규정에 대한 여자의 반응을 확인하고 있다. 이에 대찬성이라고 대답한 (a)가 적절한 응답이다. (c)는 휴대 전화 반입 금지 내용 뒤에 이어서 나와야 할 말이므로 문맥상 적절하지 않다.

ban 금지, 금지령 **believe it or not** 믿기 힘들겠지만 **be all for** ~에 대찬성이다 **distracting** 집중력을 흩트리는 **relief** 안심

정답_(a)

12

W What a shame your holiday got canceled last-minute.

M ______________________________

(a) Mine might get canceled, too.
(b) For all that, the trip had few complications.
(c) I know, I was really looking forward to it.
(d) Hardly. No one could do it but me.

번역

W 네 휴가가 막판에 취소되었다니 안됐다.
M ______________________________

(a) 내 휴가도 취소될 수 있어.
(b) 그래도 여행은 별 문제가 없었어.
(c) 그러게 말이야, 정말 기대하고 있었는데.
(d) 거의 그렇지 않아. 나 외에는 아무도 그것을 할 수 없었을 거야.

기출 공략

여자는 막판에 취소된 남자의 휴가에 대해 안됐다며 위로의 말을 건네고 있다. (c)에서 I know는 '그러게 말이야'라는 의미로 상대방의 말에 강하게 동조할 때 쓴다. 정말 기대하고 있었는데 취소되어 속상하다는 의미의 (c)가 적절한 응답이다.

for all ~에도 불구하고 **complication** 문제점 **hardly** 거의 ~이 아니다 **but** ~을 빼고

정답_(c)

13

M The school is finally updating its curriculum. It's about time!

W ______________________

(a) I agree, a change is long overdue.
(b) You're right, there isn't time.
(c) At least the curriculum hasn't changed.
(d) The students studied hard for it, too.

번역

M 학교에서 드디어 교육 과정을 개정하고 있어. 진작 했어야 했는데.
W ______________________

(a) 맞아, 한참 늦었지.
(b) 네 말이 맞아, 시간이 없어.
(c) 적어도 교육 과정은 바뀌지 않았어.
(d) 학생들도 그것을 위해 열심히 공부했어.

기출 공략

학교에서 드디어 교육 과정을 개정하고 있다는 말에 가장 적절한 응답은 진작 바뀌어야 했었다고 말한 (a)이다. (a)의 long overdue는 남자가 앞서 말한 it's about time을 다른 말로 바꿔 쓴 것이다. (b)는 앞서 나왔던 time을 이용해서 오답으로 유도하는 선택지이다.

update 개선하다 **curriculum** 교육 과정 **it's about time** ~을 해야 할 때이다, 진작 했어야 했다 **long overdue** (시기가) 너무 늦은

정답_(a)

14

W Would you say downtown Hong Kong is pedestrian-friendly?

M ______________________

(a) You can make it by then.
(b) Very. It's easy to get around on foot.
(c) Take your time. There's no hurry.
(d) Of course, but you'd better walk.

번역

W 홍콩 시내는 걸어 다니기 좋니?
M ______________________

(a) 넌 그때까지 오면 돼.
(b) 정말 그래. 걸어 다니기 참 쉬워.
(c) 천천히 해. 서두를 것 없어.
(d) 물론이지, 하지만 걷는 게 좋을 거야.

기출 공략

홍콩 시내가 걸어 다니기 좋은지 묻는 질문에 도보로 다니기 쉽다고 대답한 (b)가 적절하다. 이미 걸어 다니기 편하냐고 묻고 있는 상황이므로 (d)와 같은 대답은 적절하지 않다.

downtown 시내의 **pedestrian-friendly** 걸어 다니기 편한 **make it** 시간에 맞춰 도착하다 **get around** 돌아다니다 **on foot** 걸어서 **take one's time** 천천히 하다

정답_(b)

15

M How reliable are these online travel booking sites?

W ______________________

(a) As far as I know, it's an online agency.
(b) I see the issue—you forgot to book it.
(c) I've never had any problems with them.
(d) That's how you know they're legitimate.

번역

M 이 온라인 여행 예약 사이트 믿을 만하니?
W ______________________

(a) 내가 아는 한 그것은 온라인 대행사야.
(b) 문제가 뭔지 알겠다. 너는 예약하는 것을 잊어버린 거야.
(c) 그 사이트를 이용하면서 문제가 발생한 적은 없었어.
(d) 그렇게 하면 그것들이 합법적인지 알 수 있어.

기출 공략

온라인 예약 사이트를 믿고 이용할 수 있느냐는 남자의 질문에 믿고 이용해도 된다는 뜻으로 그 사이트를 이용하면서 문제가 발생한 적이 없었다는 (c)가 적절하다.

reliable 믿을 만한 **agency** 대행사 **see** 이해하다 **issue** 문제 **legitimate** 합법적인

정답_(c)

16

M Should I bring anything to the party?
W Maybe a dessert.
M How about cupcakes?
W ______________________

(a) That would be fantastic!
(b) Wow, they were delicious.
(c) They're not ready.
(d) That's why I made them.

번역

M 파티에 뭐라도 가져가야 할까?
W 디저트가 괜찮을 거야.
M 컵케이크는 어떠니?
W ______________________

(a) 그거 좋을 것 같아!
(b) 와, 그것들은 맛이 좋았어.
(c) 그것들은 준비가 안 됐어.
(d) 그래서 내가 그것들을 만들었어.

기출 공략

파티에 컵케이크를 가져가면 어떠냐는 질문에 대해 좋을 것 같다고 한 (a)가 적절한 응답이다.

fantastic 멋진, 훌륭한 정답_(a)

17

W I'm sorry you didn't get into Briar University.
M It's OK. I was accepted at a few other places.
W Have you made a choice?
M ______________________

(a) I've decided on Briar.
(b) I will, if I'm accepted.
(c) I'm still considering my options.
(d) That's after I apply.

번역

W 브라이어 대학에 입학하지 못했다니 유감이야.
M 괜찮아. 다른 몇 군데에 붙었어.
W 어디로 할지 정했니?
M ______________________

(a) 브라이어 대학으로 정했어.
(b) 합격한다면 그렇게 할 거야.
(c) 아직 선택 사항들을 고려 중이야.
(d) 그건 내가 지원한 뒤의 일이야.

기출 공략

남자는 브라이어 대학은 합격하지 못했지만 다른 대학에는 합격한 상태이다. 합격한 곳 중 어디로 갈지 정했냐는 여자의 질문에 아직 생각 중이라고 대답한 (c)가 적절한 응답이다.

make a choice 선택하다 **decide on** 선택하다 **consider** 고려하다 **option** 선택 사항 **apply** 지원하다 정답_(c)

18

M Do you know a good web designer?
W Yes, but she's usually busy.
M My project isn't big. Would she have time for it?
W ______________________

(a) In fact, that's her web design.
(b) I'll ask her if she's available.
(c) Sorry, I can't do that project.
(d) Not if it's that big.

번역

M 괜찮은 웹디자이너 알고 있어요?
W 네, 하지만 그녀는 늘 바빠요.
M 제 프로젝트는 크지 않아요. 그분이 그것을 맡아서 할 시간이 있을까요?
W ______________________

(a) 사실, 그것은 그녀의 웹디자인이에요.
(b) 그녀에게 가능한지 물어볼게요.
(c) 미안하지만, 저는 그 프로젝트를 맡을 수 없어요.
(d) 그렇게 큰 프로젝트라면 안 될 거예요.

기출 공략

남자는 여자가 알고 있는 웹디자이너가 자신의 프로젝트를 맡아서 할 시간이 있는지 묻고 있다. 이에 대해 한번 물어보겠다고 대답한 (b)가 적절한 응답이다. 프로젝트를 여자에게 직접 의뢰한 것이 아니므로 (c)는 정답이 될 수 없고, 프로젝트 규모가 작다고 했으므로 (d)도 적절한 응답이 아니다.

web designer 웹디자이너 **that** 그렇게 정답_(b)

19

W I didn't expect to see you here on campus.
M I'm actually here for a job interview.
W For the vacancy in the history department?
M ______________________________

(a) No, for a position in the administration office.
(b) Well, you should consider it.
(c) Yeah, I'm looking for a replacement.
(d) Don't worry. You'll do fine.

번역

W 캠퍼스에서 널 보게 될 줄은 몰랐다.
M 사실 구직 면접 때문에 여기 왔어.
W 역사과 자리에?
M ______________________________

(a) 아니, 행정부 자리야.
(b) 음, 너는 그것을 고려해 보는 것이 좋을 거야.
(c) 그래, 나는 후임을 찾고 있어.
(d) 걱정하지 마. 너는 잘 해낼 거야.

기출 공략

남자는 구직을 위한 면접 때문에 학교에 왔다. 역사과에 지원했느냐는 물음에 적절한 응답은 행정직에 지원했다는 (a)가 적절하다. (d)는 여자가 면접을 봐야 하는 남자에게 할 수 있는 말로 정답이 될 수 없다.

job interview 구직 면접 **vacancy** 빈자리, 공석 **department** 과, 부서 **administration** 행정 정답_(a)

20

M Are you ready for today's Spanish test?
W Didn't you hear? Class is canceled.
M Oh? Where'd you hear that?
W ______________________________

(a) The teacher emailed everyone this morning.
(b) It's being announced after the test.
(c) I forgot to call and check.
(d) Something must've come up.

번역

M 오늘 스페인어 시험 준비는 했니?
W 너 못 들었니? 수업이 취소됐어.
M 뭐? 어디서 들었니?
W ______________________________

(a) 선생님께서 오늘 아침 모두에게 이메일을 보내셨어.
(b) 그건 시험 후에 발표될 예정이야.
(c) 전화해서 확인하는 것을 잊어버렸어.
(d) 무슨 문제가 생긴 게 분명해.

기출 공략

남자는 스페인어 휴강을 어디서 들었는지 묻고 있다. 이에 대해 선생님이 이메일로 알려줬다고 말한 (a)가 가장 적절한 응답이다.

announce 발표하다 **come up** (문제가) 발생하다 정답_(a)

21

W How was your business trip?
M Great, Hawaii was amazing.
W You must've done a lot of sightseeing.
M ______________________________

(a) At least it wasn't a business trip.
(b) I did, between meetings.
(c) Someday, if I ever visit Hawaii.
(d) No, actually, a friend recommended it.

번역

W 출장은 어땠니?
M 좋았어. 하와이는 굉장했어.
W 관광도 많이 했겠구나.
M ______________________________

(a) 적어도 그것은 출장이 아니었어.
(b) 그랬지, 회의 중간중간에 했어.
(c) 언젠가, 내가 하와이에 가게 되면.
(d) 아니, 사실 친구가 추천해 줬어.

기출 공략

하와이 출장 중 구경도 많이 다녔냐는 여자의 질문에 회의 중간중간에 했다고 말한 (b)가 적절한 응답이다. 하와이는 출장을 목적으로 간 것이므로 (a)는 오답이고, 이미 하와이에 다녀왔으므로 (c)도 적절한 대답이 아니다.

business trip 출장 **amazing** 놀라운 **sightseeing** 관광 **at least** 적어도 정답_(b)

22

M How's the project with Alvin coming?
W He's not contributing enough.
M Why don't you confront him?
W ______________________________

(a) That's not what he told me.
(b) I'm afraid of how he'll react.
(c) If it helps, put in more effort.
(d) What a nice contribution.

번역

M 앨빈과의 프로젝트는 어떻게 되어 가고 있어?
W 그는 프로젝트에 충분히 기여하지 않고 있어.
M 왜 그에게 시정을 요구하지 않니?
W ______________________________

(a) 그건 그가 나에게 한 말이 아니야.
(b) 그가 어떻게 반응할지 겁나.
(c) 그것이 도움이 된다면, 좀 더 노력해 봐.
(d) 훌륭하게 기여했구나.

기출 공략

여자의 문제는 함께 프로젝트를 맡고 있는 앨빈의 태도가 너무 소극적이라는 것이다. 남자는 앨빈에게 따져서 이를 고치도록 하라고 여자에게 제안하고 있다. 이에 자신이 따졌을 때 앨빈의 반응이 걱정된다고 말한 (b)가 적절한 응답이다.

contribute 기여하다 **confront** 따져서 문제를 시정하도록 요구하다 **put in** (노력을) 기울이다 **contribution** 기여 정답_(b)

23

W Thanks for house-sitting during my vacation.
M Don't mention it.
W I'll buy you lunch sometime as a thank-you.
M ______________________________

(a) I appreciate the advice.
(b) No need. My vacation got canceled.
(c) Thanks, but I've already eaten.
(d) Really. That's unnecessary.

번역

W 휴가 동안 집을 봐 줘서 고마워.
M 별거 아냐.
W 감사의 표시로 언젠가 점심 살게.
M ______________________________

(a) 조언 고마워.
(b) 그럴 필요 없어. 내 휴가는 취소됐어.
(c) 고마워, 하지만 이미 먹었어.
(d) 진짜 별거 아니야. 그러지 않아도 돼.

기출 공략

집을 봐준 데 대한 고마움의 표시로 점심을 사겠다는 말에 정말 별거 아니라며 그럴 필요 없다고 말한 (d)가 정답이다. (b)의 No need와 (c)의 Thanks는 여자의 마지막 대사와 자연스럽게 연결되지만, 뒤에 이어지는 내용이 문맥에 맞지 않으므로 둘 다 정답이 될 수 없다.

house-sit 집을 봐 주다 **unnecessary** 불필요한 정답_(d)

24

M Have you seen Philip's laptop?
W No. Didn't he take it to school?
M He called and asked me to email him a file from it.
W ______________________________

(a) Then it must be somewhere around here.
(b) Search his laptop for it.
(c) He'll send the file if he said so.
(d) That's why I'm sure he won't mind.

번역

M 필립의 랩톱 컴퓨터 봤니?
W 아니, 필립이 학교로 가지고 가지 않았니?
M 필립이 전화에서 그 컴퓨터의 파일 하나를 이메일로 보내 달라고 부탁했거든.
W ______________________________

(a) 그러면 그건 여기 어딘가에 있을 거야.
(b) 그 랩톱 컴퓨터에서 그걸 찾아 봐.
(c) 그가 그렇게 말했으면 파일을 보낼 거야.
(d) 그래서 나는 그가 개의치 않을 거라고 확신해.

기출 공략

필립은 남자에게 전화를 걸어 자신의 랩톱 컴퓨터에 있는 파일 하나를 이메일로 보내 달라고 요청했다. 그러면 랩톱 컴퓨터는 현재 필립에게 있는 것이 아니라 남자의 근처에 있는 것이므로 적절한 응답은 (a)이다.

laptop 랩톱 컴퓨터 **somewhere** 어딘가에 **sure** 확신하는 **mind** 꺼리다 정답_(a)

25

W Excuse me. Isn't Kelman's Deli near here?
M Kelman's is on Third Avenue—this is Third Street.
W There's a Third Avenue and a Third Street?
M ______________________________

(a) Yes, and Third Avenue is three blocks away.
(b) No, Kelman's moved to Third Street.
(c) Actually, it's a three-way intersection.
(d) Right, you should try Third Street.

번역

W 실례합니다. 이 근처에 켈만 델리가 없나요?
M 켈만 델리는 3번 대로에 있어요. 여기는 3번가예요.
W 3번 대로도 있고, 3번가도 있나요?
M ______________________________

(a) 네, 3번 대로는 세 블록 더 가야 있어요.
(b) 아니에요. 켈만 델리는 3번가로 이전했어요.
(c) 사실, 그것은 삼거리예요.
(d) 맞아요. 3번가로 가 보세요.

기출 공략

여자는 3번 대로(Third Avenue)에 위치한 가게를 3번가(Third Street)에서 찾고 있어서 남자는 3번 대로와 3번가가 따로 있고, 식당은 3번 대로에 있음을 알려 준다. 3번 대로가 위치한 곳을 알려 주는 (a)가 정답이다.

avenue 대로, 길 **block** 블록 **three-way intersection** 삼거리

정답_(a)

26

M Do we need to hold a staff meeting today?
W Yes, but the work schedule seems pretty tight.
M Should I move some things around to make time for the meeting?
W ______________________________

(a) Attendance wasn't bad, if I recall correctly.
(b) If it's not too much trouble, yes.
(c) I'll let you know after the meeting.
(d) That's not in the meeting agenda.

번역

M 오늘 직원회의를 열어야 하나요?
W 네, 하지만 업무 일정이 꽤 빠듯하네요.
M 회의 시간을 마련하기 위해서 일정을 조정해야 할까요?
W ______________________________

(a) 제 기억이 맞다면, 출석률은 나쁘지 않았어요.
(b) 폐가 되지 않는다면, 그렇게 해 주세요.
(c) 회의 후에 알려 드릴게요.
(d) 그것은 회의 의제가 아니에요.

기출 공략

일정이 빠듯한 와중에 회의 시간을 내야 하는 상황에서 남자는 일정을 조정해서라도 회의 시간을 마련해야 하느냐고 묻고 있다. 이에 적절한 대답은 그렇게 하라고 말한 (b)이다. If it's not too much trouble은 '폐가 되지 않는다면'이라는 뜻으로 정중하게 상대방의 호의를 받아들이거나, 상대방에게 부탁을 할 때 쓸 수 있는 표현이다.

tight (일정이) 빠듯한 **recall** 회상하다 **agenda** 의제

정답_(b)

27

W Whose song is this?
M It's by my friend's band. This is their demo tape.
W Wow! Have they recorded anything else?
M ______________________________

(a) Nope, never heard of them.
(b) Tons. I'll get you some to listen to.
(c) Yeah, so long as they play live.
(d) All the original members are there.

번역

W 이건 누구 노래니?
M 이건 내 친구의 밴드가 작곡한 거야. 이것은 그들이 만든 데모 테이프야.
W 와! 다른 것도 녹음했니?
M ______________________________

(a) 아니, 들어 본 적이 없어.
(b) 많지. 들어 볼 만한 몇 곡을 줄게.
(c) 그래, 그들이 라이브로 연주한다면.
(d) 원래 멤버 전부가 거기에 있어.

기출 공략

여자는 남자가 듣고 있는 곡 외에 다른 곡도 녹음되었느냐고 묻고 있다. 이에 적절한 대답은 이외에도 많은 곡들이 있고, 그 중 몇 곡을 주겠다고 대답한 (b)가 적절하다.

demo (음악 작품을 담은) 데모 **nope** 아니 **tons** 아주 많음
so long as ~한다면 **live** 라이브로

정답_(b)

28

M Has your family adjusted to life in Beijing?
W We're still struggling. Everything's so hectic.
M You're not too fond of living in the city, then?
W ______________________

(a) At first, but now we've adjusted.
(b) No, we prefer a slower pace.
(c) Maybe, but I wouldn't know.
(d) Yes, although only when we visit.

번역

M 너의 가족은 베이징 생활에 적응했니?
W 아직 노력 중이야. 모든 게 너무 정신없어.
M 너는 도시에서 사는 것을 별로 좋아하지 않는구나?
W ______________________

(a) 처음에는 그랬지만 이제 우리는 적응했어.
(b) 안 좋아해, 우리는 좀 더 느린 생활을 더 좋아해.
(c) 아마도, 하지만 내가 어떻게 알겠어.
(d) 그래, 우리가 방문할 때만이지만.

기출 공략

남자는 여자에게 베이징 생활이 정신없어서 생활이 별로 마음에 들지 않겠다고 말한다. 이에 적절한 응답은 좀 더 느린 생활을 선호한다고 말한 (b)이다. (b)에서 No는 앞서 말한 남자의 말을 부정한 것이 아니라, 베이징 생활이 싫다(I'm not too fond of living in Beijing)는 말을 한 단어로 줄여서 표현한 것이다.

adjust to ~에 적응하다 **hectic** 바쁜, 정신없는 **pace** 속도 **I wouldn't know** 내가 어떻게 알겠어 정답_(b)

29

W You make public speaking look easy.
M Thanks, but I put a lot of effort into making it look effortless.
W I wish I had such ease in front of people.
M ______________________

(a) As I said, it takes a lot of work.
(b) I wish I did, too, but I could never do it.
(c) Maybe you can give me some tips.
(d) In fact, the presentation is postponed.

번역

W 너는 공석에서 말하는 것을 수월하게 하는 것 같더라.
M 고마워, 하지만 수월하게 보이기 위해서 많은 노력을 했어.
W 나도 사람들 앞에서 편안하게 행동할 수 있으면 좋을 텐데.
M ______________________

(a) 내가 말했듯이 그건 노력이 필요해.
(b) 나도 그랬으면 좋겠지만 나는 절대로 할 수 없을 거야.
(c) 아마도 나에게 조언을 해 줄 수 있을 거야.
(d) 사실, 발표는 연기되었어.

기출 공략

여자는 남자처럼 사람들 앞에서 편안하게 말할 수 있으면 좋겠다고 말한다. 이에 대해 앞에서 말했듯이 그렇게 하려면 노력이 필요하다고 한 (a)가 가장 적절한 응답이다.

public speaking 공석에서 말하기, 연설 **put a lot of effort** 많은 노력을 쏟다 **effortless** 수월한 **ease** 편안함 **presentation** 발표 **postpone** 연기하다 정답_(a)

30

M What would you say constitutes a good life?
W You have to decide that for yourself. Everyone has to.
M How do I know what's right for me?
W ______________________

(a) I suppose that's the difference between right and wrong.
(b) It takes some serious reflection.
(c) Overall, it's good that you did.
(d) That's because I do what's expected of me.

번역

M 너는 좋은 삶이 무엇으로 이루어진다고 생각하니?
W 그것은 너 스스로 결정하는 거야. 모두가 그래야 하고.
M 무엇이 나에게 맞는지 내가 어떻게 알 수 있니?
W ______________________

(a) 그것은 옳고 그름의 차이라고 생각해.
(b) 그것은 진지한 성찰이 필요해.
(c) 전반적으로 네가 그것을 해내서 다행이야.
(d) 그것은 나에게 기대되는 것을 하기 때문이야.

기출 공략

남자는 좋은 인생을 살려면 무엇이 필요한지, 그리고 무엇이 자신에게 맞는지 어떻게 알 수 있는지 묻고 있다. 이에 가장 적절한 대답은 진지한 성찰이 필요하다고 대답한 (b)이다.

constitute 구성하다 **suppose** 생각하다, 추측하다 **serious** 진지한 **reflection** 반성, 성찰 정답_(b)

31

M Any plans for tomorrow night?
W No. Got any ideas?
M How about seeing a basketball game?
W That could be fun.
M I have two tickets from my friend.
W Great, it's a date!

Q What is the conversation mainly about?
(a) Playing basketball with friends
(b) Going to a basketball game
(c) Where to buy basketball tickets
(d) Finding the basketball arena

번역

M 내일 밤에 무슨 계획 있니?
W 아니, 무슨 좋은 생각 있니?
M 농구 경기 보러 가는 건 어때?
W 그거 재미있겠다.
M 친구로부터 표를 2장 얻었어.
W 좋아. 그렇다면 그때 만나자.

Q 대화의 주된 내용은?
(a) 친구들과 농구하기
(b) 농구 경기 보러 가기
(c) 농구 표 구입처
(d) 농구 경기장 찾기

기출 공략

남자는 여자에게 내일 저녁에 별 다른 계획이 있는지 물어본 뒤 농구 경기를 보러 가자고 제안한다. 따라서 정답은 (b)이다. 농구 경기를 직접 하는 것이 아니라 농구 경기를 관람하러 가는 것이므로 (a)는 정답이 될 수 없다.

it's a date 그때 만나요 (= I agree to meet you then) **arena** 경기장

정답_(b)

32

M Lena, about that book you lent me.
W Did you like it?
M It's great, but I accidentally spilled coffee on it.
W Oh, no. Well, it was old anyway...
M But I feel terrible—I've ordered another copy to replace it.
W That wasn't necessary, but thanks.

Q What is the man mainly doing in the conversation?
(a) Explaining why he is replacing the woman's book
(b) Apologizing for losing the woman's book
(c) Offering to exchange books with the woman
(d) Complaining about his book being damaged

번역

M 레나, 네가 나에게 빌려줬던 책 말인데.
W 재미있었니?
M 재미있었는데, 실수로 책에 커피를 쏟았어.
W 오, 이런. 음, 어차피 오래된 책이야.
M 하지만 너무 미안해서 네 책을 대신할 또 다른 책을 주문했어.
W 그럴 필요는 없었는데, 하지만 고마워.

Q 대화에서 남자가 주로 하고 있는 것은?
(a) 남자가 여자의 책을 바꿔 주는 이유 설명하기
(b) 여자의 책을 분실한 것에 대해 사과하기
(c) 여자와 책을 교환할 것을 제안하기
(d) 그의 책이 손상된 것에 대해 항의하기

기출 공략

남자는 여자가 빌려 준 책에 실수로 커피를 쏟았다고 하면서, 새 책을 주문했다고 말하고 있으므로 정답은 (a)이다. 여자의 책을 분실한 것은 아니므로 (b)는 정답이 아니다. 남자의 책이 손상된 것이 아니라 여자의 책이 손상된 것이므로 (d)도 정답이 될 수 없다.

accidentally 실수로 **spill** (액체를) 흘리다 **copy** (책의) 부 **replace** 교체하다 **necessary** 필요한 **apologize for** ~에 대해 사과하다 **exchange** 교환하다 **complain** 항의하다 **damage** 손상시키다

정답_(a)

33

W Can you help me distribute posters for our charity drive?
M Happy to. Where?
W All over town. I'll do the campus.
M Then I'll go downtown. What about shopping areas?
W If you take the City Square, I'll do Northtown Mall.
M Sure, that should cover the whole city.

Q What are the man and woman mainly doing in the conversation?
(a) Considering locations to hold their charity event
(b) Dividing the task of putting up posters
(c) Choosing the best poster to advertise their event
(d) Discussing whether they should distribute posters together or separately

번역

W 우리 자선 모금 운동을 위해 포스터 배포하는 것 좀 도와주겠니?
M 기꺼이. 장소는?
W 도시 전체에. 나는 캠퍼스에서 배포하려고.
M 그러면 나는 시내로 갈게. 쇼핑 구역은 어떨까?
W 네가 시티 광장을 맡으면 나는 노스타운 몰을 맡을게.
M 좋아. 그러면 도시 전체에 배포할 수 있겠다.

Q 대화에서 남자와 여자가 주로 하고 있는 것은?
(a) 자선 행사를 개최할 장소 고려하기
(b) 포스터 붙이는 작업 분배하기
(c) 행사를 광고할 최고의 포스터 고르기
(d) 포스터를 함께 배포할지 따로 배포할지 의논하기

기출 공략

남자와 여자는 도시 전체에 포스터를 붙이는데, 각각 어느 장소를 맡을지 의논하고 있으므로 정답은 (b)이다. 행사 장소가 아니라 포스터를 붙일 장소에 대해 의논하는 것이므로 (a)는 정답이 될 수 없다.
distribute 배포하다 **charity drive** 자선 운동 **cover** (어떤 범위의 지역에) 걸치다 **consider** 고려하다 **hold** 개최하다 **put up** (벽보 등을) 붙이다 **advertise** 광고하다 **separately** 따로

정답_(b)

34

W Where are our seats? Check the tickets.
M Uh oh. Looks like we're in 231 and 222.
W Those aren't next to each other.
M I must've made a mistake when reserving them.
W So we have to sit apart?
M I guess so. I'm sorry.

Q What are the man and woman mainly doing in the conversation?
(a) Deciding where to sit
(b) Reserving concert tickets online
(c) Trying to change their seats
(d) Discovering their seats are not together

번역

W 우리 좌석이 어디 있지? 표를 확인해 봐.
M 오 이런. 우리는 231, 222번에 앉아야 할 것 같아.
W 같이 붙어 있는 좌석이 아니잖아.
M 예매할 때 실수를 한 것 같아.
W 그래서 따로 앉아야 하는 거야?
M 그래야 할 것 같아. 미안해.

Q 대화에서 남자와 여자가 주로 하고 있는 것은?
(a) 어디에 앉을지 결정하기
(b) 온라인으로 콘서트 표 예매하기
(c) 좌석을 바꾸려고 시도하기
(d) 자신들의 좌석이 떨어져 있다는 사실 알기

기출 공략

남자와 여자는 공연장에서 좌석을 찾으려고 표를 확인했는데 좌석이 서로 떨어져 있음을 알게 된다. 따라서 정답은 (d)이다. 어디 앉을지 결정하는 것이 아니라, 표에 지정된 좌석에 앉아야 하므로 (a)는 정답이 될 수 없다.
next to each other 나란히 **make a mistake** 실수하다
apart 떨어져서

정답_(d)

35

W That movie was just one chase scene after another.
M Oh, come on! They added drama to the story.
W What story? It didn't have a plot.
M What do you expect from an action flick?
W Some semblance of a storyline, at least.
M Wow, even the critics weren't as harsh as you!

Q What is the woman mainly doing in the conversation?
(a) Correcting the man's misunderstanding of a movie's plot
(b) Defending why she dislikes action films
(c) Pointing out how a movie's plot was weak
(d) Asserting that action movies are too violent

번역

W 그 영화는 그냥 추격 장면의 연속일 뿐이야.
M 왜 이래! 이야기에는 극적인 요소가 있잖아.
W 무슨 이야기? 줄거리가 없는 걸.
M 액션 영화에서 뭘 기대하니?
W 적어도 줄거리 비슷한 것이나마 있어야 할 것 아니야.
M 와, 비평가도 너처럼 가혹하지는 않겠다.

Q 대화에서 여자가 주로 하고 있는 것은?
(a) 영화 줄거리에서 남자가 잘못 알고 있는 부분을 수정하기
(b) 액션 영화를 왜 싫어하는지 뒷받침하기
(c) 영화 줄거리가 얼마나 빈약한지 지적하기
(d) 액션 영화들은 너무 잔인하다고 주장하기

기출 공략

여자는 자신이 본 액션 영화가 추격전만 있을 뿐 제대로 된 줄거리를 찾아볼 수 없었다고 혹평을 하고 있다. 따라서 정답은 (c)이다. 모든 액션 영화를 전부 비판한 것도 아니고, 잔인성에 대해 언급한 적도 없으므로 (b)나 (d)는 정답이 될 수 없다.

one after another 차례로 **drama** 극적 요소 **plot** 줄거리 **flick** 영화 **semblance** 비슷함 **storyline** 줄거리 **critic** 비평가 **harsh** 혹독한 **correct** 수정하다 **misunderstanding** 오해 **defend** 지지하다, 뒷받침하다 **dislike** 싫어하다 **point out** 지적하다 **assert** 주장하다 **violent** 잔인한

정답_(c)

36

M Why are you so opposed to our office being renovated?
W Because the proposed layout isn't practical.
M Everyone else loves it, though.
W The floor plan just doesn't make sense.
M You really think so?
W I do. The renovation shouldn't go ahead as planned.

Q What is the woman mainly doing in the conversation?
(a) Choosing which office layout will work best
(b) Pointing out flaws in the office's current layout
(c) Expressing her skepticism about a proposed renovation
(d) Refusing to halt a planned renovation to the office

번역

M 너는 사무실 내부 공사를 그렇게 반대하는 이유가 뭐니?
W 왜냐하면 제안된 설계도가 실용적이지 않기 때문이야.
M 하지만 다른 사람들은 전부 마음에 들어 해.
W 평면도를 보면 그저 말이 안 돼.
M 정말 그렇게 생각해?
W 그래. 내부 공사는 계획된 대로 진행되면 안 돼.

Q 대화에서 여자가 주로 하고 있는 것은?
(a) 어떤 사무실 설계도가 가장 효과적일지 결정하기
(b) 사무실의 현재 설계의 문제점 지적하기
(c) 제안된 내부 공사에 대해 회의적인 의견 표시하기
(d) 계획된 사무실 내부 공사 중단을 거절하기

기출 공략

여자는 사무실 내부 공사 설계도가 전혀 실용적이지 않다면서 내부 공사를 반대하고 있다. 따라서 정답은 (c)이다. 현재 사무실의 구조를 비판하는 것이 아니라 새로 진행될 내부 공사의 설계에 대해 비판하는 것이므로 (b)는 정답이 아니다.

renovate 개조하다, 보수하다 **propose** 제안하다 **layout** 배치, 설계 **practical** 실용적인 **though** 그렇지만 **floor plan** 평면도 **make sense** 말이 되다, 이치에 맞다 **go head** 진행되다 **flaw** 결점 **skepticism** 회의, 의심 **halt** 중단하다

정답_(c)

37

W What do you think about the proposal to pump oil to refineries on the west coast?
M Well, the pipeline's ecological impact needs to be assessed first.
W Exactly, and by impartial scientists, not a group of insiders.
M They would also need contingency plans.
W Like specific spill scenarios?
M Right. All that should be considered before proceeding any further.

Q What are the man and woman mainly discussing?
(a) The measures needed to ensure the safety of a proposed oil pipeline
(b) The negative impact an oil spill is having on the environment
(c) Their opposition to an environmentally hazardous pipeline
(d) Their dissatisfaction with the assessment of a pipeline

번역

W 석유를 서해안의 정유 시설로 퍼 올리자는 제안에 대해서 어떻게 생각하세요?
M 음, 우선 송유관이 생태계에 미치는 영향을 평가할 필요가 있어요.
W 그래요. 내부자들이 아닌 공정한 과학자들에 의해서 말이에요.
M 또 긴급 사태에 대비한 대책도 마련해야 할 거예요.
W 구체적인 기름 유출 시나리오 같은 것 말씀이시죠?
M 맞아요. 이 모든 것들이 계획을 진행하는 데 앞서 고려되어야 할 것들이에요.

Q 남녀가 논의하고 있는 주된 내용은?
(a) 제안된 송유관의 안전성을 보장하기 위해 필요한 조치들
(b) 기름 유출이 환경에 미치고 있는 부정적 영향
(c) 환경적으로 유해한 송유관에 대한 반대
(d) 송유관 평가에 대한 불만족

기출 공략

남자와 여자는 석유를 송유관을 통해서 나르는 것에 대해서 환경적인 영향 평가와 기름 유출 등의 사고에 대비한 비상 대책 마련이 우선적으로 필요하다고 말하고 있으므로 정답은 (a)이다.

pump 퍼내다 **refinery** 정유 시설, 정유 공장 **pipeline** 송유관, 가스관 **ecological** 생태적인 **impact** 영향 **assess** 평가하다 **impartial** 공정한, 치우치지 않은 **insider** 내부자 **contingency plan** 비상 대책 **spill** 유출 **scenario** (미래에 가능한 일을 묘사한) 시나리오 **proceed** 진행하다 **measure** 조치 **ensure** 보장하다 **environmentally** 환경적으로 **hazardous** 해로운 **dissatisfaction** 불만족 **assessment** 평가

정답_(a)

38

M I'm going to visit my sister in Texas.
W Really? I heard that area's having bad rainstorms.
M Oh, I didn't know.
W Are you flying there?
M Driving. But the trip's not until next week.
W Oh, then maybe it'll be fine. The storms should end by then.

Q Which is correct about the man according to the conversation?
(a) He is leaving Texas to see his sister.
(b) He was not aware of the rainstorms.
(c) He will fly to Texas.
(d) He is leaving for his trip tomorrow.

번역

M 나는 텍사스에 있는 누나 집에 갈 거야.
W 정말? 그 지역은 폭우가 쏟아지고 있다던데.
M 오, 몰랐어.
W 거기에 비행기로 가니?
M 운전해서. 하지만 다음 주나 되야 갈 거야.
W 오, 그러면 괜찮겠다. 그때가 되면 폭풍우는 끝날 테니까.

Q 대화에서 남자에 관한 내용으로 옳은 것은?
(a) 그는 누나를 만나러 텍사스를 떠날 것이다.
(b) 그는 폭우에 대해 모르고 있었다.
(c) 그는 비행기를 타고 텍사스로 갈 것이다.
(d) 그는 내일 여행을 떠날 것이다.

기출 공략

남자는 텍사스에서 사는 누나를 방문할 예정인데 현재 그곳에 폭우가 쏟아지는지 모르고 있었으므로 정답은 (b)이다. 누나를 만나려면 텍사스로 가야 하고 운전을 해서 갈 것이며, 다음 주가 되어야 간다고 했으므로 나머지 선택지는 맞지 않다.

rainstorm 폭우 **be aware of** ~에 대해 알고 있다

정답_(b)

39

M I heard your brother got a job with Digimax software!

W Yeah, and right out of college! He starts next week.

M I hear Digimax is the best tech employer out there.

W They offer much better perks than my company!

M Well, it must be nice to have a relative in the same industry.

W Yes, I'm looking forward to that.

Q Which is correct about the woman according to the conversation?

(a) Her brother is a recent college graduate.
(b) Her brother has already begun working at Digimax.
(c) Her employer offers better benefits than Digimax.
(d) She no longer works in the tech industry.

번역

M 너의 남동생이 디지맥스 소프트웨어에 취직했더라.
W 그래, 졸업하자마자! 다음 주부터 출근해.
M 디지맥스는 최고의 기술 업체라던데.
W 그 회사는 우리 회사보다 훨씬 더 좋은 특전을 제공하고 있어.
M 가족 일원이 동종 산업에 종사한다는 것은 멋진 일이야.
W 그래. 나도 기대돼.

Q 대화에서 여자에 관한 내용으로 옳은 것은?
(a) 남동생은 최근 대학을 졸업했다.
(b) 남동생은 이미 디지맥스에서 일을 시작했다.
(c) 여자의 회사는 디지맥스보다 더 좋은 혜택을 준다.
(d) 여자는 더 이상 기술 산업에 종사하지 않는다.

기출 공략

여자의 남동생은 대학을 졸업하자마자 디지맥스에 취직했으므로 정답은 (a)이다. 남동생은 다음 주부터 출근하고 디지맥스가 여자의 회사보다 더 좋은 특전을 주며, 여자도 남동생과 같은 산업군에 종사하고 있으므로 나머지 선택지는 맞지 않다.

right out of ~에서 나오자마자 **employer** 고용주 **perk** (급여 이외의) 특전 **relative** 친척, 가족 **industry** 산업 **graduate** 졸업생 **benefit** 혜택 **no longer** 더 이상 ~ 않다 정답_(a)

40

M I just filed my tax papers with the American government.

W But you work here, in Singapore. Why do you have to pay US taxes?

M I don't pay anything. I just have to send in paperwork.

W You do pay income taxes in Singapore, right?

M Yes, I do.

W At least you don't have to pay in both countries!

Q Which is correct about the man according to the conversation?

(a) He opted out of filing his taxes to the US this year.
(b) He does not pay taxes to the US.
(c) He lives and works in the US.
(d) He does not pay income taxes in Singapore.

번역

M 방금 미국 정부에 세금 서류를 제출했어.
W 하지만 넌 여기 싱가포르에서 일하고 있잖아. 네가 왜 미국 세금을 내야 하지?
M 나는 아무 것도 지불하지 않아. 하지만 서류는 제출해야 해서.
W 너는 싱가포르에 소득세를 내고 있지, 맞지?
M 응, 맞아.
W 적어도 두 나라에 세금을 낼 필요는 없겠네.

Q 대화에서 남자에 관한 내용으로 옳은 것은?
(a) 그는 올해 미국에 세금 신고를 하지 않았다.
(b) 그는 미국에 세금을 내지 않는다.
(c) 그는 미국에 거주하며 일하고 있다.
(d) 그는 싱가포르에서 소득세를 내지 않는다.

기출 공략

남자는 싱가포르에서 일을 하고 싱가포르에 세금을 내고 있으므로 미국에 별도로 세금을 낼 필요가 없다고 했으므로 정답은 (b)이다. (a), (d)는 대화문의 내용과 상반된 내용이므로 정답이 될 수 없다. 남자의 직장은 싱가포르에 있으므로 (c)도 정답이 될 수 없다.

file (공문서, 서류 등을) 제출하다 **send in** 우편으로 보내다 **paperwork** 서류 **income tax** 소득세 **opt out of** ~에서 탈퇴하다, ~에서 벗어나다 정답_(b)

41

W Thank you for calling Seaside Resort. How can I help you?

M I'd like to cancel my reservation. It's under Brian Smith.

W OK, I've got the reservation right here. But there'll be a small cancellation fee.

M And how much is that?

W Ten percent, since you're giving us less than two weeks notice.

M OK. That was part of the agreement.

Q Which is correct according to the conversation?

(a) The resort does not have a record of the reservation.

(b) The man must pay a small charge for cancelling his reservation.

(c) The reservation is more than two weeks away.

(d) The man does not agree to pay the cancellation fee.

번역

W 시사이드 리조트에 전화 주셔서 감사합니다. 무엇을 도와 드릴까요?

M 예약을 취소하고 싶어요. 브라이언 스미스 이름으로 예약했어요.

W 좋습니다. 여기 예약이 있군요. 하지만 소액의 취소 요금이 발생합니다.

M 그게 얼마인가요?

W 10퍼센트입니다. 손님께서 2주가 남지 않은 상황에서 통보를 하셔서요.

M 좋아요. 그것은 합의된 내용이니까요.

Q 대화에서 다음 중 옳은 것은?

(a) 리조트에는 예약 기록이 없다.

(b) 남자는 예약을 취소한 것에 대해 소액의 비용을 지불해야 한다.

(c) 예약 날짜까지 2주 넘게 남아 있다.

(d) 남자는 취소 비용을 지불하는 것에 대해 동의하지 않는다.

기출 공략

남자는 리조트 예약을 취소하려고 전화를 했는데, 예약 날짜까지 2주가 채 남지 않은 상황에서 전화를 했으므로 취소 비용을 지불해야 한다. 따라서 정답은 (b)이다. 남자는 비용을 내는 것에 동의했으므로 (d)는 정답이 될 수 없다.

under ~의 이름으로 **cancellation** 취소 **agreement** 동의 **record** 기록

정답_(b)

42

M Do you know of any available part-time jobs?

W Why? Did you quit your full-time one?

M No, but with my wife not working I need extra income.

W Doesn't your contract forbid you from working elsewhere?

M It does, but I'm hoping my boss will give me permission.

W I'll keep an eye out for opportunities for you.

Q Which is correct about the man according to the conversation?

(a) He resigned from his full-time position.

(b) He hopes to supplement his income with part-time work.

(c) His contract permits him to work for other employers.

(d) His boss has granted him permission to work a second job.

번역

M 지원할 수 있는 시간제 근무 자리를 알고 있니?

W 왜? 전일제 직장을 그만둔 거야?

M 아니, 하지만 아내가 일을 하지 않아서 추가 수입이 필요하거든.

W 현재 너의 계약 조건은 다른 곳에서 근무하는 것을 금지하고 있지 않니?

M 그렇긴 해. 하지만 우리 상사가 나에게 허락해 주기를 바라고 있어.

W 너에게 맞는 일자리가 있는지 찾아볼게.

Q 대화에서 남자에 관한 내용으로 옳은 것은?

(a) 그는 전일제 일자리를 그만뒀다.

(b) 그는 시간제 근무를 통해서 수입을 보완하기를 바라고 있다.

(c) 그의 계약 조건은 그가 다른 사업장에서 일하는 것을 허락하고 있다.

(d) 그의 상사는 제2의 일자리를 갖는 것을 허락했다.

기출 공략

남자는 현재 근무하고 있는 전일제 일자리를 계속 유지하면서 추가로 돈을 벌 수 있는 시간제 근무를 찾고 있으므로 정답은 (b)이다. 그의 계약 조건에 따르면 다른 사업장에서 일하는 것이 금지되고 있으므로 (c)는 정답이 될 수 없다. 남자는 상사가 허락하기를 바란다고 했을 뿐 상사가 허락했다는 것은 아니므로 (d)도 정답이 될 수 없다.

part-time job 시간제 일자리 **full-time** 전일제의 **income** 수입 **contract** 계약 **forbid** 금지하다 **keep an eye out for** ~을 찾다 **resign** (자리에서) 물러나다 **position** 일자리, 직위 **supplement** 보충하다 **employer** 고용주, 사업장 **grant** 승인하다

정답_(b)

43

W Jack just asked me to lend him another $500.
M Did he pay you back from the last time?
W Eventually, but I had to nag him.
M Didn't you set up a repayment schedule beforehand?
W No, but this time, I definitely will.
M Yeah, make the conditions clearer this time.

Q What can be inferred about the woman from the conversation?
(a) She has borrowed money from Jack in the past.
(b) She was surprised how quickly Jack paid back his loan.
(c) She lacks the financial stability to lend money to Jack.
(d) She plans to grant Jack's request for a loan.

번역

W 잭이 방금 나에게 500달러를 또 빌려 달래.
M 잭이 지난번에 빌린 돈은 갚았니?
W 결국에는 갚았어. 잔소리를 해야 했지만.
M 미리 상환 계획을 정하지 않았니?
W 안 했어, 하지만 이번에는 반드시 그렇게 하려고.
M 그래. 이번에는 조건을 명확히 만들어야지.

Q 대화로부터 여자에 관해 유추할 수 있는 것은?
(a) 과거에 잭에게서 돈을 빌린 적이 있다.
(b) 잭이 빌린 돈을 빨리 갚은 것에 대해 놀랐다.
(c) 잭에게 돈을 빌려줄 만큼 경제적으로 안정되어 있지 않다.
(d) 돈을 빌려 달라는 잭의 요청을 들어줄 계획이다.

기출 공략

여자는 잭이 빌렸던 돈을 잔소리를 해서 겨우 받았는데, 이번에 잭이 또 돈을 빌려 달라고 부탁을 하자 이번에는 상환 계획을 짤 것이라고 말한다. 상환 계획을 짠다는 것은 돈을 빌려주겠다는 뜻이므로 정답은 (d)이다.

pay back 갚다 **eventually** 마침내 **nag** 잔소리하다 **set up** 정하다 **repayment schedule** 상환 계획 **beforehand** 미리 **definitely** 기필코, 반드시 **condition** 조건 **clear** 명확한 **loan** 대출 **lack** 부족하다 **financial** 경제의, 금전의 **stability** 안정성 **grant one's request** ~의 요청을 들어주다

정답_(d)

44

M Excuse me, do you sell camera film?
W Yes. What kind do you need?
M Oh, I didn't know there were different kinds. I wanted some as a gift for a friend.
W Well, do you know what kind of camera your friend has?
M Not sure—my friend is a professional photographer, though.
W Sorry. Without the specific film or camera type, I can't really help.

Q What can be inferred about the man from the conversation?
(a) He prefers using film over digital cameras.
(b) His friend did not ask him to buy camera film.
(c) He used to work as a professional photographer.
(d) His friend is less knowledgeable about cameras than he is.

번역

M 실례합니다. 카메라 필름 판매하시나요?
W 네. 어떤 종류를 찾고 계시나요?
M 오, 여러 종류가 있다는 것을 몰랐어요. 친구 선물로 몇 개 사고 싶었는데.
W 저, 친구분의 카메라가 무슨 종류인지 알고 계시나요?
M 잘 모르겠어요. 친구가 전문 사진작가이긴 해요.
W 죄송합니다. 특정 필름이나 카메라 종류를 모르시면 도와드리기가 어려워요.

Q 대화로부터 남자에 관해 유추할 수 있는 것은?
(a) 남자는 디지털 카메라보다 필름을 사용하는 것을 선호한다.
(b) 남자의 친구는 그에게 카메라 필름을 사 달라고 부탁하지 않았다.
(c) 남자는 전문 사진작가로 일했었다.
(d) 남자의 친구는 남자보다 카메라에 대한 지식이 부족하다.

기출 공략

남자는 전문 사진작가인 친구에게 필름을 선물하고 싶지만 필름 종류나 카메라 종류를 몰라 필름을 살 수 없다는 내용이다. 남자는 친구에게 선물로 주는 것이므로 친구는 남자에게 필름을 사 달라고 부탁한 것이 아님을 알 수 있다. 따라서 (b)가 정답이다. 카메라의 종류가 무엇인지 모르는 것으로 봤을 때도 부탁한 것이 아님을 알 수 있다.

professional 전문적인 **photographer** 사진가 **specific** 구체적인, 특정한 **knowledgeable** 아는 것이 많은

정답_(b)

45

W Have you picked a topic for the English final paper?
M Not yet. The topics from the professor's handout don't appeal to me.
W Well, why don't you create your own topic?
M Maybe I will. Have you picked a topic?
W Yes, I'm writing about female characters in Shakespeare.
M Oh, I love Shakespeare. I did my last essay on him.

Q What can be inferred from the conversation?
(a) The man has not seen the handout with the topic list.
(b) Students need not select a topic from the handout.
(c) All essay topics must be on Shakespeare.
(d) The man is retaking the course.

번역

W 영어 기말 과제물을 위한 주제는 골랐니?
M 아직. 교수님의 유인물에 써 있는 주제들은 별로 매력적으로 다가오지 않아서.
W 음, 그렇다면 스스로 주제를 정하는 것은 어때?
M 그럴까 봐. 너는 주제 정했니?
W 응, 셰익스피어의 여성 등장인물에 대해 쓸 계획이야.
M 오, 나는 셰익스피어 좋아해. 지난번 과제물에 그에 대해 썼지.

Q 대화로부터 유추할 수 있는 것은?
(a) 남자는 주제 목록이 있는 유인물을 보지 않았다.
(b) 학생들은 유인물에서 주제를 선택할 필요가 없다.
(c) 모든 에세이 주제들은 셰익스피어에 대한 것이어야 한다.
(d) 남자는 재수강을 하는 중이다.

기출 공략

여자는 남자에게 유인물에 적힌 주제들이 마음에 들지 않으면 주제를 독자적으로 정하라고 했다. 남자는 그러는 것이 좋겠다고 했으므로 정답은 (b)이다. 남자가 주제를 정하지 못한 것은 주제 목록에서 마음에 드는 게 없었기 때문이므로 (a)는 정답이 될 수 없다.

handout 배포 자료, 유인물 **appeal** 매력적으로 다가오다 **one's own** 스스로의, 자기의 **character** 등장인물 **retake** 다시 수강하다

정답_(b)

46

Professional athletes are turning to a procedure called "whole body cryotherapy" in the hopes of reducing muscle inflammation after working out. But does this process, which has athletes stand inside a chamber cooled to -110 degrees Celsius, actually work? Apparently so. Research has shown that athletes who used cryotherapy had fewer indicators of inflammation than those who didn't. This is good news for athletes who want to recover faster and train harder.

Q What is the speaker's main point about whole body cryotherapy?
(a) It is still in the testing phases.
(b) It cannot treat serious injuries.
(c) It should be administered with care.
(d) It reduces muscle inflammation effectively.

번역

프로 선수들은 운동 후 근육 염증을 줄이기 위해 "전신 냉동 요법"이라고 불리는 과정에 의존한다. 하지만 영하 110도까지 냉각된 방 안에서 서 있는 이 과정이 실제로 효과가 있을까? 확실히 효과는 있는 것 같다. 연구에 의하면 냉동 요법을 받은 운동선수들은 그렇지 않은 선수들에 비해서 염증의 증상이 적게 나타났다. 이것은 빨리 회복되어 더 열심히 훈련하고 싶은 선수들에게 좋은 소식이다.

Q 전신 냉동 요법에 대한 화자의 요점은?
(a) 아직은 시험 단계이다.
(b) 심각한 부상은 치료할 수 없다.
(c) 주의해서 행해져야 한다.
(d) 근육 염증을 효과적으로 줄여 준다.

기출 공략

이 글은 전신 냉동 요법이 근육 염증을 줄이는 데 대한 효과에 대한 지문이다. 연구에 의하면 훈련 후 전신 냉동 요법을 받은 선수들은 그렇지 않은 선수들에 비해서 염증의 징후가 더 적었다고 말하고 있다. 따라서 정답은 (d)이다.

athlete 운동선수 **turn to** ~에 의존하다 **procedure** 과정 **cryotherapy** 냉동 요법 **in the hopes of** ~을 바라고 **inflammation** 염증 **work out** 운동하다 **process** 과정 **chamber** 방 **cool** 식히다, 냉각시키다 **apparently** 확실히 **indicator** 징후, 표시 **phase** 단계 **administer** (요법을) 행하다 **effectively** 효과적으로

정답_(d)

47

As employees, you know our company is experiencing severe budget problems. So we're taking steps to reduce expenses in an attempt to avoid layoffs. First, to minimize paper waste, workers are encouraged to use the double-sided printer feature. Also, to save energy, lights will work on motion sensors. Finally, computing staff will be adjusting the power settings on all computers. Thanks for your cooperation.

Q What is the main purpose of the talk?
(a) To inform workers of layoffs
(b) To give an update about office renovations
(c) To announce cost-saving measures
(d) To describe recent budget cuts

번역

여러분들은 직원으로서 우리 회사가 심각한 예산 문제를 겪고 있다는 것을 알고 있을 것입니다. 그래서 우리는 인원 감축을 피하고자 비용을 줄이는 조치를 취하려고 합니다. 첫째, 종이 낭비를 최소화하기 위해 직원들에게 양면 인쇄 기능을 사용할 것을 권장합니다. 또한 에너지를 절약하기 위해 불은 모션 센서를 기반으로 작동될 것입니다. 마지막으로, 전산 직원들은 모든 컴퓨터에 전원 설정을 조정할 것입니다. 협조해 주셔서 감사합니다.

Q 담화의 주된 목적은?
(a) 직원들에게 인원 감축을 통보하려고
(b) 사무실 내부 공사의 최신 소식을 알려 주려고
(c) 비용 절감 조치를 발표하려고
(d) 최근 예산 삭감에 대해 설명하려고

기출 공략

회사의 심각한 예산 문제 때문에 비용을 줄이기 위해 시행될 여러 가지 조치들에 대해서 이야기하고 있다. 양면 인쇄 권장, 모션 센서에 의해 작동되는 조명, 컴퓨터 전원 조정 등 모두 비용 절감을 위한 조치들이다. 따라서 정답은 (c)이다. 이 모든 조치들은 해고를 피하기 위한 것이므로 (a)는 정답이 될 수 없다.

severe 심한 **budget** 예산 **take a step** 조치를 취하다 **in an attempt to** ~하려는 시도로 **layoff** 인원 감축, 해고 **minimize** 최소화하다 **double-sided** 양면의 **motion** 움직임 **adjust** 조정하다 **cooperation** 협조 **cost-saving** 비용을 절감하는 **measure** 조치 **cut** 삭감

정답_(c)

48

For most of the 1960s and '70s, Atlantic cod were devastatingly overfished in Canadian waters. To restore the cod population, the Canadian government banned commercial fishing in its waters in 1993, but this action was very slow to produce results. In fact, the cod population was showing little promise of recovery until 2011. It was then that reports showed that the marine environment was starting to stabilize enough to allow the fish to make steady gains.

Q What is the speaker's main point?
(a) Reversing the effects of overfishing took a long time.
(b) Environmental changes have caused Canada's cod population to migrate.
(c) An explosion in Canada's cod population endangered other fish species.
(d) Cod populations would have eventually stabilized on their own.

번역

1960년대와 70년대의 대부분 기간에 대서양의 대구는 캐나다 영해에서 파괴적인 수준으로 남획되었다. 대구의 개체 수를 회복하기 위해서 캐나다 정부는 1993년에 영해에서 상업적인 어획을 금지했지만, 이 조치가 효과를 보기까지는 매우 오랜 시간이 걸렸다. 사실 대구 개체 수는 2011년에 이르러서야 회복의 전망이 보이기 시작했다. 그해, 해양 환경이 대구 개체 수가 꾸준히 증가할 수 있는 수준으로 안정을 찾아가기 시작하고 있다는 사실이 보고서를 통해 알려졌다.

Q 화자의 요점은?
(a) 남획의 여파를 되돌리기까지 오랜 시간이 걸렸다.
(b) 환경 변화 때문에 캐나다의 대구 개체 수가 다른 지역으로 이동했다.
(c) 캐나다의 대구 개체 수의 급증으로 다른 물고기들이 멸종 위기에 처했다.
(d) 대구 개체 수는 결국 스스로 안정될 수도 있었다.

기출 공략

1960대와 1970년대에 캐나다 영해에서 대구가 위험한 수준으로 남획되었는데, 1993년에 캐나다 정부가 개체 수를 회복하기 위한 조치를 취하고 나서 2011년에 이르러서야 겨우 회복의 조짐이 보이기 시작했다는 내용이다. 따라서 남획으로 인한 피해를 되돌리기까지 오랜 시간이 걸렸다는 (a)가 정답이다.

Atlantic 대서양의 **cod** (어류) 대구 **devastatingly** 파괴적으로 **overfish** 남획하다 **population** 개체 수 **commercial** 상업의 **action** 조치 **produce** (결과를) 낳다 **promise** 전망, 약속 **marine** 바다의 **stabilize** 안정되다 **gain** 증가 **reverse** 뒤집다, 되돌리다 **migrate** 이주하다, 이동하다 **explosion** 폭발, 폭발적 증가 **endanger** 위험에 처하게 하다 **species** 종(種)

정답_(a)

49

Hospitals are typically noisy and busy around the clock. However, this type of hectic environment is detrimental to patients' recovery because it inhibits their sleep, and things need to change. Overhead announcements and alarms need to be designed to be quieter. Also, staff should never wake a patient to administer medication that isn't urgent. Minimizing both noise and interruptions will allow hospitals to better serve patients and speed their recovery.

Q What is the talk mainly about?
(a) What hospitals should do to improve patients' sleep
(b) How hospitals are endeavoring to help patients sleep better
(c) Why sleep is essential to recovery from illness
(d) How to tailor treatments to each patient's needs

번역

병원은 대체로 24시간 내내 시끄럽고 분주하다. 그러나 이런 정신없는 환경은 환자의 회복에 해로운데, 그 이유는 이런 환경이 그들의 잠을 방해하기 때문이고 그래서 이런 상황은 바뀌어야 한다. 머리 위에서 들리는 안내 방송이나 경보음은 좀 더 조용히 나오도록 설계되어야 한다. 또한 직원들이 긴급하게 필요하지 않은 약을 투여하기 위해서 환자를 깨우는 일은 절대 없어야 한다. 소음과 방해를 최소화함으로써 병원은 환자들을 더 잘 돌볼 수 있고 그들의 회복도 빨라질 것이다.

Q 담화의 주요 내용은?
(a) 환자의 수면을 개선하기 위해서 병원이 해야 할 일
(b) 환자가 더 잘 자도록 돕기 위해서 하는 병원 측의 노력들
(c) 수면이 병에서 회복하는 데 필수적인 이유
(d) 각 환자의 요구에 치료를 맞추는 법

기출 공략

병원의 시끄럽고 정신없는 환경은 환자의 숙면을 방해해 회복을 어렵게 하기 때문에 이를 개선해야 한다고 말하고 있다. 안내 방송이나 경보음이 조용히 나오도록 만들고, 환자를 불필요하게 깨우는 일을 금지하는 것은 모두 환자의 숙면을 돕기 위한 조치들이므로 정답은 (a)이다.

typically 일반적으로 **around the clock** 24시간 내내 **hectic** 분주한, 정신없는 **detrimental** 해로운 **inhibit** 방해하다 **overhead** 머리 위로 **alarm** 경보음 **design** 설계하다 **administer** (약을) 투여하다 **medication** 약물 **interruption** 방해 **speed** 더 빠르게 하다 **endeavor** 노력하다 **tailor** (~에) 맞추다

정답_(a)

50

The District of Columbia prison announced its intention to transition completely from in-person visits to video visitation sessions, claiming that such a move saves money and enhances security. But this totally disregards human beings' essential need for tangible, meaningful interaction with loved ones. The effects of such measures on inmates' psyches would be devastating. Seeing loved ones in person is an invaluable experience, one that should be available to inmates.

Q What is the speaker's main point?
(a) Prisoners should not be deprived of crucial human contact.
(b) Inmate visits require video monitoring for security purposes.
(c) Family visits are a privilege inmates need to earn.
(d) Jails need more rehabilitation programs for prisoners.

번역

컬럼비아 특별구의 교도소는 직접 면회에서 영상을 통한 면회로 완전히 전환할 뜻을 발표하면서, 이와 같은 움직임은 비용을 절약하고 안전을 강화할 것이라고 말했다. 하지만 이것은 사랑하는 사람과의 유형의 의미 있는 상호작용에 대한 필수적인 욕구를 완전히 무시한 것이다. 이러한 조치가 수감자의 정신에 미칠 수 있는 영향은 매우 파괴적일 것이다. 사랑하는 사람을 직접 만나는 것은 수감자들에게도 제공되어야 하는 귀중한 경험이다.

Q 화자의 요점은?
(a) 수감자들은 사람과의 중요한 접촉 기회가 박탈되면 안 된다.
(b) 수감자 면회는 안전을 위해 비디오 감시가 필요하다.
(c) 가족 면회는 수감자들이 획득해야 할 특권이다.
(d) 교도소는 수감자들을 위해서 좀 더 많은 재활 프로그램이 필요하다.

기출 공략

수감자의 면회 형태를 직접 대면이 아닌 영상을 통한 형식으로 전환하겠다는 한 교도소의 발표에 대해서 이는 사랑하는 사람과 직접 만나고자 하는 욕구를 무시한 행위이며, 이런 욕구는 수감자들에게도 충족시켜 줄 필요가 있다고 말하고 있다. 따라서 화자의 요점은 (a)이다.

the District of Columbia 컬럼비아 특별구 **transition** 전환하다 **in-person** 직접적인 **visitation** 방문 **session** 시간, 회기 **enhance** 강화하다 **disregard** 무시하다 **tangible** 유형의, 만질 수 있는 **meaningful** 의미 있는 **interaction** 상호작용 **inmate** 수감자 **psyche** 정신, 마음 **devastating** 파괴적인 **invaluable** 매우 귀중한 **deprive** 박탈하다 **crucial** 중요한 **privilege** 특권 **rehabilitation** 사회 복귀, 갱생

정답_(a)

51

The construction and operation of the US transcontinental railroad was a great boon not only for the nation but also for businessmen. Railroad owners, who had previously been wealthy merchants, became staggeringly rich by taking advantage of government loans doled out to build the rail lines. Without government oversight of these businesses, inflated prices and transportation monopolies were rampant, and railroad owners and operators were transformed into moguls with free reign over the flow of goods and products throughout the land.

Q What is the speaker's main point about the US transcontinental railroad?

(a) It was crucial for the economic expansion of the country.

(b) It afforded businessmen a chance to amass fortunes.

(c) Its construction was impossible without governmental financing.

(d) Its economic effects spanned several financial markets.

번역

미국 대륙 횡단 철도의 건설과 운영은 국가뿐만 아니라 사업자들에게도 매우 요긴한 것이었다. 이전에 부유한 상인이었던 철도 소유주들은 철도를 건설하라고 나눠 준 정부 융자금을 이용해서 어마어마한 부를 축적했다. 이러한 사업체들에 대한 정부의 관리가 부족한 탓에 부풀려진 가격과 교통에 대한 독점이 만연하여 철도 소유주와 운영자는 전국 곳곳의 재화와 상품의 흐름을 자유자재로 휘두를 수 있는 권한을 가진 거물들로 성장했다.

Q 미국의 대륙 횡단 철도에 관한 화자의 요점은?

(a) 철도는 국가의 경제 성장을 위해 중요했다.

(b) 철도는 사업가들에게 부를 축적할 수 있는 기회를 제공했다.

(c) 철도 건설은 정부의 자금 지원 없이는 불가능했다.

(d) 철도의 경제 효과는 몇 군데의 금융 시장에 걸쳐서 나타났다.

기출 공략

미국의 대륙 횡단 철도는 사업가들이 정부의 융자를 받아 막대하게 부를 축적하게 했고, 정부의 관리 없이 가격을 부풀리고 시장을 독점하면서 거물로 성장할 수 있었다는 것이 이 글의 요지이다. 따라서 정답은 (b)이다.

operation 경영 **transcontinental** 대륙을 횡단하는 **boon** 요긴한 것 **staggeringly** 휘청거릴 정도로 **take advantage of** ~를 이용하다 **loan** 융자금 **dole out** 나눠 주다 **oversight** 관리, 감독 **inflate** 부풀리다 **monopoly** 독점 **rampant** 만연한 **transform** 변형하다 **mogul** 거물, 거물급 인사 **reign** 장악, 통치 **goods** 재화 **crucial** 중요한 **afford** 제공하다 **amass** 축적하다 **fortune** 부(富) **span** (범위에) 걸치다

정답_(b)

52

A recent study on deaf subjects confirmed the remarkable plasticity of the brain. In the study, researchers took neurological scans of deaf subjects while presenting them with tactile and visual stimuli. Researchers found that the region of the brain used by the non-deaf to process sound was activated during these trials. That is, the sound-processing portion of the brain was not shut off in deaf people—it was actively used in processing other stimuli. This surprising finding shows that the brain is not as limited in its design as previously thought.

Q What is the main point of the talk?

(a) Science can manipulate the visual portions of the brain to process sound.

(b) Different brain areas are responsible for different sensory tasks.

(c) The sound-processing area of the brain deteriorates upon the loss of hearing.

(d) Auditory areas of the brain can be reassigned to process other stimuli.

번역

최근 청각 장애인 피실험자에 대한 연구에서 뇌의 놀라운 유연성이 확인되었다. 이 연구에서 청각 장애인들에게 촉각과 시각 자극을 주면서 신경 정밀 검사를 실시했다. 연구진들은 비청각 장애인들이 소리를 처리하기 위해서 이용하는 두뇌 부위가 이 실험 시간 동안에 활성화되는 것을 발견했다. 즉, 청각 장애인 두뇌의 소리 처리 부분이 차단되지 않았고 다른 자극을 처리하는 데 적극적으로 사용되었다는 말이다. 이 놀라운 발견은 두뇌가 이전에 생각했던 것만큼 설계가 제한적이지 않다는 것을 보여 준다.

Q 담화의 요점은?

(a) 과학자들은 두뇌의 시각 담당 부분을 소리 정보를 처리하도록 조작할 수 있다.

(b) 서로 다른 두뇌 부위는 서로 다른 감각 정보 처리를 맡고 있다.

(c) 두뇌의 소리 처리 부위는 청력을 잃는 즉시 쇠퇴한다.

(d) 두뇌의 소리 담당 부위는 다른 자극을 처리하는 역할을 재할당받을 수 있다.

기출 공략

청각 장애인 피실험자에게 시각과 촉각 자극을 주면서 두뇌 활동을 관찰했더니 원래 청각을 담당하던 부위가 새로운 자극을 처리하는 데 쓰이고 있었다는 내용이다. 청력을 잃어버렸다고 해서 두뇌의 청각 담당 부위가 활동을 중단하는 것이 아니라, 새로운 역할을 얼마든지 맡을 수 있다는 것이 이 글의 요점이다. 따라서 정답은 (d)이다.

subject 실험 대상, 피실험자 **plasticity** 유연성 **neurological** 신경의 **scan** 정밀 조사 **tactile** 촉각의 **stimuli** 자극 **activate** 활성화하다 **manipulate** 조작하다 **deteriorate** 악화되다 **upon** ~하자마자 **auditory** 청각의 **reassign** 재할당하다

정답_(d)

53

Third Hand, an on-campus store for previously owned goods, is pleased to announce its grand opening next week. We are still accepting donations of gently-used clothes, office supplies, and books to be resold in our store. All proceeds go toward store operations and funding future initiatives. Although we do not accept donations brought to the store on a daily basis, we will hold drop-off events each month during which one of our volunteer staff members will inspect the condition of the items and decide whether or not to accept them.

Q Which is correct about Third Hand according to the announcement?

(a) It has been open for business for one week.
(b) All of its profits go to paying its employees.
(c) It welcomes everyday in-store donations.
(d) Items that do not pass the inspection will be turned away.

번역

교내 중고품 상점인 서드 핸드는 다음 주에 개장을 하게 되어 기쁩니다. 저희는 매장에 되팔 수 있는 곱게 사용된 옷, 사무용품, 책들을 아직까지 받고 있습니다. 모든 수익금은 가게 운영과 앞으로의 계획을 위한 자금으로 쓰일 것입니다. 저희는 가게로 전달되는 기부 품목을 매일매일 받지는 않지만, 매달 방문 전달 행사를 열어서 자원 봉사 직원이 제품의 상태를 점검해서 수령 여부를 결정할 것입니다.

Q 발표에 따르면 서드 핸드에 관한 내용으로 옳은 것은?

(a) 영업을 시작한 지 일주일이 되었다.
(b) 수익금 전부는 직원들의 급료로 돌아간다.
(c) 매일 매장 내에서 기부를 받는다.
(d) 검사를 통과하지 못한 물품은 돌려보낼 것이다.

기출 공략

매달 열리는 행사에서 직원이 물건을 검사해서 받아들일지를 결정한다고 했으므로 검사를 통과하지 못한 물건은 돌려보낸다는 것을 알 수 있다. 따라서 정답은 (d)이다.

on-campus 교내의 **grand opening** 개장 **donation** 기부 **gently-used** 곱게 사용된 **office supply** 사무용품 **resell** 되팔다 **proceeds** 수익금 **operation** 운영 **fund** 자금을 공급하다 **initiative** 계획 **on a daily basis** 매일 **drop-off event** 방문 전달 행사 **volunteer** 자원봉사자 **inspect** 조사하다 **in-store** 매장 내의 **inspection** 검사, 조사 **turn away** 돌려보내다

정답_(d)

54

Thank you all for coming to our annual shareholders' meeting. You should've already received an information packet by mail, but if you haven't or didn't bring yours, please see Stacy Kimble in the lobby for an extra copy. In just a few minutes, CEO Martin Garland will brief you on the company's performance last year. He will also answer any questions you might have regarding last year's earnings. We'll start at nine, as scheduled, so you still have a few minutes to grab some coffee in the lobby.

Q Which is correct according to the announcement?

(a) Information packets were distributed before the meeting.
(b) All questions will be answered by Stacy Kimble.
(c) Martin Garland's talk will focus on the projected budget.
(d) The meeting's scheduled start has been pushed back.

번역

연례 주주 총회에 와 주셔서 감사드립니다. 여러분은 이미 우편으로 자료를 받으셨겠지만, 만일 못 받으셨거나 자료를 가져오시지 않았으면 로비에 있는 스테이시 킴블에게 여분으로 준비된 복사본을 받으시기 바랍니다. 몇 분 후에 대표 이사 마틴 갈랜드 씨가 작년 회사 실적에 대해 간략히 설명할 것입니다. 그는 작년 수익에 관해 여러분이 궁금한 점이 있으면 무엇이든 답변할 것입니다. 저희는 예정대로 9시에 시작하겠으니, 여러분은 남은 몇 분 동안 로비에서 커피를 마실 시간을 가지시길 바랍니다.

Q 발표에 따르면 다음 중 옳은 것은?

(a) 자료는 회의 전에 배포되었다.
(b) 모든 질문은 스테이시 킴블이 답변할 것이다.
(c) 마틴 갈랜드의 담화는 추정 예산에 집중될 것이다.
(d) 예정된 회의 시작 시간은 뒤로 밀려났다.

기출 공략

회의 관련 자료는 사전에 우편으로 배포했다고 했으므로 정답은 (a)이다. 모든 질문은 대표 이사인 마틴 갈랜드가 직접 답할 것이고, 그의 담화 주제는 작년 실적이 될 것이다. 회의는 예정된 시간에 시작한다고 했으므로 나머지 선택지는 맞지 않다.

annual 연례의 **shareholder** 주주 **information packet** 자료 **brief** 간략히 설명하다 **performance** 실적, 성적 **regarding** ~에 관해서 **earning** 소득, 수입 **distribute** 배포하다 **projected budget** 추정 예산 **push back** 미루다

정답_(a)

55

Surprisingly, there are a disproportionately larger number of cases of autoimmune disease in industrialized nations compared with developing ones. This phenomenon has been attributed to advanced sanitization practices in the developed world, which limit exposure to parasites. It has been recognized that exposure to parasites alleviates the symptoms of certain autoimmune diseases. And so a modern therapy for autoimmune diseases, while seemingly backward, has met with success: deliberately infesting patients with certain parasite larvae.

Q Which is correct about autoimmune disease according to the talk?
(a) More cases are reported in developing nations than in developed.
(b) It has been shown to increase with exposure to parasites.
(c) Advanced sterilization reduces its prevalence in societies.
(d) Application of parasites has been shown to mitigate its effects.

번역

놀랍게도, 자가 면역 질병들이 개발 도상국보다 산업화된 국가에서 불균형적으로 더 많이 발생하고 있다. 이 현상은 기생충 노출을 제한하고 있는 선진국들의 진보된 위생 관리 때문이다. 기생충에 노출되는 것은 특정 자가 면역 질병의 증상을 경감시킨다고 알려져 있다. 그래서 시대에 뒤쳐져 보일 수도 있는 자가 면역 질병의 현대적인 치료법은 성공을 거두고 있다. 그 치료법은 환자들을 특정 기생충 유충에 의도적으로 감염시키는 것이다.

Q 담화에 따르면 자가 면역 질병에 관한 내용으로 옳은 것은?
(a) 선진국보다 개발 도상국에서 더 많은 건이 보고되고 있다.
(b) 기생충 노출과 함께 증가하고 있는 것으로 나타난다.
(c) 살균 기술의 발전은 사회에서 이 질병이 퍼지는 것을 줄여 준다.
(d) 기생충 투여로 그 증세가 경감되는 것으로 나타난다.

기출 공략

자가 면역 질병은 지나친 위생 관리 때문에 개발 도상국보다 선진국에서 더 많이 발생하고 있다고 하면서, 오히려 이 질병을 일으키는 기생충에 노출시켜야 면역성이 생겨서 그 증세가 경감될 수 있다는 내용으로 정답은 (d)이다.

disproportionately 불균형적으로 **autoimmune** 자가 면역의 **industrialized** 산업화된 **developing** 개발 도상국의 **be attributed to** ~ 때문이다 **sanitization** 위생 **developed** 선진국의 **parasite** 기생충 **alleviate** 경감시키다 **seemingly** 겉보기에는 **backward** 후진적인 **meet with** ~을 겪다 **deliberately** 고의적으로 **infest** ~를 들끓게 하다 **larva** 애벌레(복수형 larvae) **sterilization** 멸균 **prevalence** 널리 퍼짐 **application** 적용, 이용 **mitigate** 경감시키다 정답_(d)

56

The nuclear power plant in Bentonport is known to routinely give off steam, so residents were not particularly alarmed last week when the plant emitted white plumes. When local police and emergency vehicles sped through the city's streets and sealed the plant's gates, however, panic started to spread. After 25 years of leak-free operation, the plant had sprung a leak for the first time and was spouting radioactive steam. Fortunately, plant operators were quick to respond, and had the leak sealed within half an hour.

Q Which is correct according to the report?
(a) Steam emissions were unprecedented at the power plant.
(b) The white fumes immediately put residents on alert.
(c) The plant had no prior incidents of radiation leakage.
(d) It took hours to seal the radioactive breach.

번역

벤톤포트의 핵 발전소는 규칙적으로 증기를 내뿜는다고 알려져 있어서 주민들은 지난주에 발전소에서 흰 연기가 뿜어져 나왔을 때에도 특별히 놀라지 않았다. 그러나 현지 경찰과 구급차가 도시의 도로에서 황급하게 지나다니고 공장 문이 폐쇄되자, 공포가 번지기 시작했다. 발전소가 운영되었던 지난 25년 동안 한 번도 누출이 없었다가, 처음으로 새는 곳이 생겨서 방사능 증기가 내뿜어져 나오고 있었다. 다행히도 발전소 운영자들은 재빨리 조치를 취했고, 30분 내로 누출을 막을 수 있었다.

Q 보고에 따르면 다음 중 옳은 것은?
(a) 증기 배출은 발전소에서 전례가 없었던 것이다.
(b) 흰색 연기가 나오자마자 즉시 주민들은 경계했다.
(c) 전에 발전소에서 방사능 누출이 발생했던 적이 전혀 없었다.
(d) 방사능 누출을 차단하는 데는 몇 시간이 걸렸다.

기출 공략

벤톤포트 핵 발전소가 운영된 25년간 방사능 누출이 한 번도 없었다가 이번에 처음으로 누출이 발생했다는 내용으로 정답은 (c)이다. 증기 배출은 늘 규칙적으로 발생했던 것이라, 주민들은 이번 방사능이 누출될 때 흰 연기를 보고도 놀라지 않았다고 했다. 또 방사능 누출은 30분 내로 차단되었다고 했으므로 나머지 선택지는 맞지 않다.

routinely 규칙적으로 **give off** 내뿜다 **alarm** 놀라게 하다 **emit** (연기를) 배출하다 **plume** 연기 **speed** 빠른 속도로 달리다 **seal** 봉합하다 **leak-free** 누출이 없는 **spring a leak** 누출되기 시작하다 **spout** 내뿜다 **radioactive** 방사능의 **be quick to** 재빨리 ~하다 **emission** 배출 **unprecedented** 전례 없는 **on alert** 경계 상태의 **radiation** 방사선 **breach** 균열 정답_(c)

57

In the United States, a census is mandated once per decade and determines the makeup of the House of Representatives. The census was initiated in 1790, but the results of this census were questionable. For one thing, it only named heads of households. Also, at the time, slaves were supposed to be counted as 3/5 of a person, yet it is unclear whether this rule was strictly adhered to. Approximately four million people were recorded, but today historians consider the population to have been undercounted.

Q Which is correct about the United States census according to the talk?
(a) The government requires it to be held once a year.
(b) It originally named all males of a household.
(c) Its earliest version did not assign equal value to everyone.
(d) Historians deem the 1790 census to be an accurate record.

번역

미국에서 인구 조사는 10년에 한 번씩 이루어지도록 법으로 규정하고 있고 하원의 구성을 결정한다. 인구 조사는 1790년에 시작되었지만, 이 조사 결과는 의문스럽다. 한 예로, 이 인구 조사는 오로지 가장들만 명단에 올렸다. 또한 당시 노예들은 한 명당 3/5명으로 계산되었는데, 이마저도 이 규칙이 엄격이 적용되었는지는 불투명하다. 대략 400만 명이 기록되었는데, 오늘날 역사학자들은 인구수가 실제보다 적게 계산되었다고 생각하고 있다.

Q 담화에 따르면 미국 인구 조사에 관한 내용으로 옳은 것은?
(a) 정부는 인구 조사가 1년에 한 번씩 이루어지도록 규정하고 있다.
(b) 인구 조사는 원래 한 가구에 있는 모든 남성을 이름에 올렸다.
(c) 초기 형태는 모든 사람에게 동등한 가치를 부여하지 않았다.
(d) 역사학자들은 1970년의 인구 조사 기록이 정확하다고 생각하고 있다.

기출 공략

미국의 인구 조사는 초기에는 노예들의 경우 한 명당 3/5명으로 계산해서 올렸으므로 모두를 똑같이 취급하지 않았음을 알 수 있다. 따라서 정답은 (c)이다. 인구 조사는 10년에 한 번씩 이루어지며, 초기에는 각 가구의 가장들만 명단에 올리는 등 정확한 조사가 이루어지지 않아 학자들은 이 인구 조사가 정확하지 않다고 보고 있으므로 나머지 선택지는 맞지 않다.

census 인구 조사 **mandate** 법으로 정하다 **determine** 결정하다 **makeup** 구성 **the House of Representatives** (미국의) 하원 **initiate** 시작하다 **questionable** 의문스러운 **a head of a household** 가장(家長) **adhere to** ~를 고수하다 **undercount** (실제보다) 적게 세다 **assign** 할당하다 **deem** ~라고 생각하다

정답_(c)

58

Not all of your old, non-functioning electronics belong in the trash. Come to the Get Your Fix clinic, where our certified technicians will teach you how to disassemble, reassemble, and, if it comes to it, reuse parts in your electronics items. If your belongings are beyond repair, we'll even take them off your hands for free, saving you the cost and hassle of taking them to a recycling center yourself. We offer the know-how, workspace, and tools, so all you need to bring are your broken electronics and the desire to try and fix them yourself.

Q What can be inferred about the Get Your Fix clinic from the advertisement?
(a) It does not accept items that are several years old.
(b) It has an in-home repair service for electronics.
(c) It has an on-site electronics recycling center.
(d) It does not guarantee all goods will be fixed.

번역

오래되고 고장 난 전자 제품이라고 해서 모두 쓰레기통에 넣을 필요는 없습니다. 겟유어픽스 클리닉으로 오시면, 자격증이 있는 기술자들이 여러분들에게 분해하고, 다시 조립하는 법, 그리고 만일 필요한 경우, 부품을 전자 제품에 재활용하는 법을 가르쳐드릴 것입니다. 여러분의 물건이 수리 불가능한 상태라면, 저희가 무료로 수거해서 여러분들이 직접 재활용 센터로 가지고 가야 하는 번거로움과 처리 비용을 덜어드리겠습니다. 저희는 전문 지식, 작업 공간, 도구들을 제공하므로 여러분들은 그저 고장 난 전자 제품과 직접 고쳐 보고자 하는 열정만 있으시면 됩니다.

Q 광고로부터 겟유어픽스 클리닉에 관해 유추할 수 있는 것은?
(a) 몇 년 된 물건은 받지 않는다.
(b) 가정에서 전자 제품을 수리해 준다.
(c) 매장에 전자 제품 재활용 센터가 있다.
(d) 모든 제품이 수리될 것이라는 것을 보장하지 않는다.

기출 공략

수리 불가능한 제품은 무료로 수거해 가겠다는 내용으로부터 모든 제품이 수리될 것이란 보장은 하지 않음을 알 수 있으므로 정답은 (d)이다. 겟유어픽스 클리닉은 기술자가 가정을 방문해서 수리해 주는 것이 아니라, 이용자가 스스로 고장 난 제품을 수리할 수 있도록 가르쳐 주고 있으므로 (b)는 오답이다.

non-functioning 작동하지 않는 **certified** 자격이 있는 **disassemble** 분해하다 **reassemble** 다시 조립하다 **if it comes to it** 만일 필요하다면 **belongings** 소지품 **beyond repair** 수리 불가능한 **take ~ off one's hands** ~의 손에서 거두어 가다 **hassle** 번거로움 **know-how** 전문적 지식 **in-home** 집에서의 **on-site** 현장에 있는

정답_(d)

59

According to a recent study, the growing demand for organic foods has been accompanied by a misconception that could harm people's health. That is, many people are choosing organic foods not because they want foods uncontaminated with pesticides but because they assume organic foods contain fewer calories than non-organic alternatives. The study showed that such people are liable to gain weight, as they adjust their diet to reflect their beliefs about the low caloric content of organic foods.

Q What can be inferred from the talk?
(a) Organic foods contain fewer calories than non-organic foods.
(b) False impressions about organic foods have caused overeating.
(c) Non-organic foods have been shown to contain fewer vitamins.
(d) The misconception about organic foods was caused by inaccurate labeling.

번역

최근 조사에 의하면, 유기농 식품에 대한 증가 수요는 사람들의 건강을 해칠 수 있는 잘못된 관념이 함께 하고 있다. 즉, 많은 사람들이 유기농 식품을 선택하는 것은 살충제에 오염되지 않은 음식을 원해서가 아니라 유기농 식품이 비유기농 식품에 비해 열량이 더 적다고 생각하기 때문인 것이다. 연구에 의하면 그런 사람들은 유기농 식품이 열량이 낮다는 믿음을 반영해서 자신들의 식단을 조정하기 때문에 체중이 증가할 가능성이 많다고 한다.

Q 담화로부터 유추할 수 있는 것은?
(a) 유기농 식품은 비유기농 식품에 비해서 열량이 낮다.
(b) 유기농 식품에 대한 잘못된 관념이 과식을 유발하고 있다.
(c) 비유기농 식품은 비타민이 덜 함유되어 있는 것으로 나타났다.
(d) 유기농 식품에 대한 잘못된 관념은 부정확한 표시 때문이다.

기출 공략

유기농 식품에 함유된 열량이 비유기농 식품에 비해 적을 것이라는 잘못된 믿음에 근거한 식단 때문에 많은 사람들이 비만이 될 가능성이 많다는 내용이다. 따라서 유기농 식품에 대한 잘못된 관념이 과식을 유발하고 있음을 알 수 있으므로 정답은 (b)이다.

organic food 유기농 식품 **be accompanied by** ~을 동반하다 **misconception** 잘못된 관념 **uncontaminated** 오염되지 않은 **pesticide** 살충제 **alternative** 대안 **be liable to** ~하기 쉬운 **adjust** 조절하다 **content** 내용물 **false** 잘못된 **impression** 인상 **overeating** 과식 **inaccurate** 부정확한 **labeling** 표시

정답_(b)

60

As you know, Mark Twain's classic *The Adventures of Huckleberry Finn* has been released in a newly sanitized version, in which racial slurs have been replaced with milder alternatives. The revised version is nothing but a patronizing attempt to water down history, and it distorts the context of the novel. The fact that the language used in Twain's novel reflected the actual language commonly used in nineteenth-century America seems lost on advocates of the revised edition, who are clearly more concerned with self-righteous political correctness than with maintaining historical accuracy.

Q Which statement would the speaker most likely agree with?
(a) Mark Twain's use of language was patronizing.
(b) The text's language should not have been altered.
(c) Political correctness is more important than literary merit.
(d) Schools libraries should replace Twain's original with the newly revised version.

번역

여러분도 아시다시피 마크 트웨인의 고전 〈허클베리 핀의 모험〉은 새로 순화된 개정판이 출간되었는데, 이 책에서는 인종을 비방하는 표현이 좀 더 미화된 형식으로 대체되었다. 이 개정판은 그저 역사를 희석시키려는 잘난 체하려는 시도일 뿐이며, 작품 속 상황을 왜곡하고 있다. 트웨인 소설 속에 쓰여진 언어가 19세기 미국에서 흔히 쓰였던 실제 언어를 반영했다는 사실이 개정판 지지자들의 안중에는 없는 것 같다. 이 사람들은 확실히 역사적인 정확성을 유지하는 것보다 독선적인 정치적 올바름에 더 관심이 있는 것 같다.

Q 화자가 가장 동의할 것 같은 진술은?
(a) 마크 트웨인의 언어는 잘난 척하는 말투이다.
(b) 글의 언어는 바뀌면 안 된다.
(c) 정치적 올바름은 문학적 가치보다 더 중요하다.
(d) 학교 도서관은 트웨인의 원래 소설을 새 개정판으로 대체해야 한다.

기출 공략

화자는 마크 트웨인의 소설 속의 언어는 당시 사회를 반영했다는 점에서 매우 중요하며, 이 소설을 좀 더 순화된 언어로 바꾸는 것은 소설 속 역사적 상황을 왜곡하는 것이라며 비판하고 있다. 따라서 정답은 (b)이다. (c)는 화자의 의견과는 정반대되는 의견이므로 정답이 될 수 없다.

sanitize 미화하다 **racial** 인종의 **slur** 비방 **replace** 대체하다 **nothing but** 그저 ~인 **patronizing** 잘난 척하는 **water down** 희석시키다, 약화시키다 **distort** 왜곡하다 **advocate** 지지자 **self-righteous** 독선적인 **political correctness** 정치적 올바름(차별적인 언어나 행동을 피하는 것) **accuracy** 정확성 **alter** 바꾸다 **merit** 가치

정답_(b)

Grammar

1

A Is it totally necessary to clean the kitchen now?

B There won't be time later, so we ____________ do it right away.

(a) may
(b) could
(c) would
(d) have to

번역

A 지금 주방을 청소하는 게 정말 필요한 거야?
B 나중에는 시간이 없을 거야. 그러니 지금 당장 해야 해.

기출 공략

조동사를 고르는 문제이다. 청소를 나중에 할 시간이 없으므로 지금 해야 한다는 뜻이 자연스러우므로 (d)가 정답이다.

totally 완전히, 전적으로 정답_(d)

2

A You're still in touch with your school friends?

B Of course. I find that childhood friendships ____________ the longest.

(a) last
(b) lasts
(c) was lasting
(d) were lasting

번역

A 아직도 학교 친구들과 연락하고 지내니?
B 물론이지. 어릴 때 사귄 친구들이 제일 오래가는 것 같아.

기출 공략

어릴 때 형성된 우정이 오래 간다는 일반적인 사실을 말하고 있으므로 단순 현재 시제가 와야 한다. 주어가 childhood friendships로 복수 명사이므로, 동사도 복수형인 (a)가 정답이다.

be in touch with ~와 연락하다 정답_(a)

3

A Was that call from a telemarketer?

B Yes, it was another salesperson ____________ to get me to buy something.

(a) tried
(b) to try
(c) trying
(d) is trying

번역

A 그 전화 텔레마케터에게서 온 거였어?
B 응, 또 다른 판매원이 나한테 뭘 사게 만들려고 한 거였어.

기출 공략

빈칸 앞에 동사 was가 있으므로, 앞에 있는 명사 salesperson을 수식하는 어구가 되어야 한다. 따라서 뒤에 to get 이하를 수반하여 '나에게 뭔가를 사게 만들려고 노력하는'이란 뜻으로 현재분사인 (c)가 들어가야 알맞다.

telemarketer 텔레마케터, 통신 판매원 **salesperson** 판매원

정답_(c)

4

A Did it really take two extra hours to drive home yesterday?

B Yeah, the traffic was ____________ bad!

(a) far
(b) that
(c) such
(d) much

번역

A 어제 집까지 운전하는 데 정말로 추가로 두 시간이 더 걸렸어?
B 응, 교통 정체가 그 정도로 심했어!

기출 공략

빈칸은 bad를 수식하는 부사가 들어갈 자리이다. that이 부사로 쓰이면 '그렇게, 그 정도로'라는 뜻이므로 (b)가 정답이다. far와 much는 비교급을 수식하고, such는 명사를 수식한다.

extra 추가의 **traffic** 교통(량) 정답_(b)

5

A Your garden gets plenty of attention.
B I know. ____________ people pass it without admiring it.

(a) The
(b) Few
(c) Both
(d) Little

번역
A 당신의 정원은 많은 관심을 받는군요.
B 맞아요. 정원에 감탄하지 않고 지나가는 사람은 거의 없어요.

기출 공략
people을 수식하는 한정사를 고르는 문제이다. 문맥상 '감탄하지 않고 지나가는 사람은 거의 없다'라는 뜻으로 부정의 의미가 되어야 알맞으므로, 명사 앞에서 부정의 의미를 나타내는 (b)나 (d) 중에서 고를 수 있다. 둘 중에서 가산 명사를 수식하는 (b)가 정답이다.
plenty of 많은 **get attention** 관심을 받다 **admire** 감탄하다

정답_(b)

6

A What kind of car will you get when you trade in your old one?
B I ____________. Maybe an SUV.

(a) don't decide
(b) hadn't decided
(c) wasn't deciding
(d) haven't decided

번역
A 타던 자동차를 바꿀 때 어떤 종류의 차를 살 거예요?
B 아직 결정하지 못했어요. 아마도 SUV로요.

기출 공략
문맥상 '아직 결정하지 못했다'라는 의미가 되므로, 현재까지 결정이 완료되지 않았다는 의미로 현재완료 시제가 들어가야 알맞다. 따라서 (d)가 정답이다.
trade in (쓰던 물건을 주고 차액을 지불하고) 새것으로 바꾸다

정답_(d)

7

A Will Lucy be home when we get back?
B No. She ____________ by the time we arrive.

(a) has left
(b) had left
(c) will have left
(d) will have been leaving

번역
A 우리가 돌아올 때 루시가 집에 있을까?
B 아니. 우리가 도착할 때쯤이면 이미 떠났을 거야.

기출 공략
빈칸 다음에 나오는 by the time we arrive 형태는 현재 시제이지만, 의미상 미래를 나타낸다. 미래에 우리가 도착하는 시점까지 완료되는 일을 나타내므로 빈칸에는 미래완료 시제가 들어가야 알맞으므로 (c)가 정답이다. 미래완료 진행 시제인 (d)는 특정한 미래 시점까지 계속되는 일을 나타내므로 의미상 적절하지 않다.
by the time ~할 때까지(는)

정답_(c)

8

A I'm going out for a stroll.
B I'd rather you ____________ late at night.

(a) not walk around alone this
(b) not walk around alone when is
(c) do not walk around alone this is
(d) do not walk around alone when this

번역
A 나는 산책하러 나갈 거야.
B 이렇게 밤늦게는 혼자 돌아다니지 않는 게 좋을 것 같은데.

기출 공략
would rather는 〈would rather+주어+동사원형〉 형태로 쓰일 때 '주어가 ~했으면 좋겠다'라는 의미이다. 부정형은 〈would rather+주어+not+동사원형〉으로 쓴다. this는 '이렇게, 이 정도로'라는 뜻의 부사로 형용사 late를 수식한다. 따라서 (a)가 정답이다.
go (out) for a stroll 산책 가다

정답_(a)

9

A John, where are you planning to live after retirement?

B I long ______________ to my hometown of Sicily, but I'm not sure yet.

(a) return
(b) to return
(c) returning
(d) to have returned

번역

A 존, 은퇴 후에 어디서 살 계획이에요?

B 고향인 시실리로 돌아가길 간절히 바라고 있지만, 아직 잘 모르겠어요.

기출 공략

빈칸 앞에 long은 동사이다. 동사 long은 '간절히 바라다'라는 뜻으로, to부정사를 목적어로 취한다. 따라서 (b)가 정답이다. 완료형 to부정사인 (d)는 주절의 시제보다 이전의 일을 나타내는데, 고향에 돌아가는 것은 앞으로의 일이므로 문맥상 적절하지 않다.

retirement 은퇴 **long** 간절히 바라다 정답_(b)

10

A Do we get marks for class participation?

B Yes. Your participation mark ______________ your general involvement in discussions.

(a) reflects
(b) reflected
(c) is reflected
(d) was reflected

번역

A 강의 출석 점수가 있나요?

B 네. 출석 점수는 여러분의 전반적인 토론 참여도를 반영합니다.

기출 공략

A가 현재 시제로 묻고 있고, B도 역시 강의와 관련된 일반적인 규정을 말하고 있으므로 현재 시제를 쓰는 것이 알맞다. 빈칸 뒤에 목적어가 있으므로 능동태인 (a)가 정답이다.

mark 점수 **participation** 참석, 출석 **general** 일반적인, 전반적인 **involvement** 관여, 개입 **reflect** 반영하다 정답_(a)

11

A How was the intern's work?

B Honestly ______________, I think it could be better.

(a) spoken
(b) to speak
(c) speaking
(d) to be speaking

번역

A 인턴사원의 업무는 어땠어요?

B 솔직히 말하자면, 썩 잘하는 것 같진 않아요.

기출 공략

'솔직히 말하자면'이라는 관용적 표현을 묻고 있다. Honestly speaking은 관용적으로 쓰이기 때문에 주절의 주어나 시제에 관계없이 고정적으로 쓰인다. 따라서 (c)가 정답이다. 이외에도 generally speaking(일반적으로 말해서), judging from(~으로 판단해 보건대) 등의 표현이 자주 쓰인다.

intern 인턴사원 **honestly** 솔직히 정답_(c)

12

A What did the finance committee say?

B Well, they recommended that the company ______________ its funds from the more volatile investments.

(a) withdraw
(b) withdrew
(c) will withdraw
(d) has withdrawn

번역

A 재정 위원회에서는 뭐라고 했어요?

B 회사가 더 불안정한 투자에서 자금을 회수할 것을 권고했어요.

기출 공략

빈칸 앞에 주절의 동사가 recommend임에 주의해야 한다. '제안, 권고'를 뜻하는 동사 다음에 나오는 that절에서는 시제나 인칭에 상관없이 동사원형을 쓴다. 따라서 (a)가 정답이다.

finance committee 재정 위원회 **recommend** 추천하다, 권하다 **fund** 자금 **volatile** 불안정한 **investment** 투자 **withdraw** 철회하다, 빼내다; 인출하다 정답_(a)

13

A You finally finished your PhD!

B Yeah, it took me eight years, which ______________ my plan.

(a) isn't
(b) aren't
(c) wasn't
(d) weren't

번역

A 마침내 박사 학위를 땄구나!
B 응, 8년 걸렸어. 내 계획은 아니었지만.

기출 공략

빈칸 앞에 which는 계속적 용법으로 쓰인 관계대명사로, 앞문장 전체, 즉 '박사 학위 따는 데 8년 걸린 것'을 선행사로 받는다. 빈칸은 이것을 주어로 하는 동사가 필요한데, 절이나 구는 단수 동사로 받으며, took라는 과거 시제가 나오므로 역시 과거 시제를 쓰는 것이 알맞다. 따라서 (c)가 정답이다.

PhD 박사 학위(Doctor of Philosophy) 정답_(c)

14

A Why are you selling your car?

B I can't afford the monthly payments. If only I ______________ a cheaper one!

(a) will buy
(b) would buy
(c) had bought
(d) have bought

번역

A 왜 차를 팔려고 해요?
B 매달 할부금을 감당할 수 없어서요. 더 싼 차를 샀더라면 좋았을 걸 싶어요!

기출 공략

If only는 '~이면 좋을 텐데, ~였다면 좋았을 텐데'라는 뜻으로, 뒤에 가정법 구문이 나온다. 여기서는 과거에 차를 산 것에 대해서 말하고 있으므로, 가정법 과거완료가 들어가야 알맞다. 따라서 had p.p. 형태의 (c)가 정답이다.

monthly payment 매달 지불하는 돈, 할부금 정답_(c)

15

A Your grandmother seems kind, but she has high expectations.

B Yes. She's very loving, ______________ a bit demanding on occasion.

(a) if
(b) as
(c) since
(d) unless

번역

A 너희 할머니는 다정한 것 같으신데, 기대치가 높은 것 같아.
B 맞아. 가끔 좀 요구가 많긴 하시지만, 매우 다정하셔.

기출 공략

할머니가 '다정하다는 것'과 '요구 사항이 많다는 것'은 서로 반대되는 내용이다. 선택지 중에서 이렇게 대조적인 내용을 연결할 수 있는 것은 주로 형용사 앞에서 '~이긴 하지만, ~하더라도'라는 뜻으로 쓰이는 (a) if이다.

have high expectations 기대가 크다 **loving** 다정한
demanding 요구가 많은, 까다로운 **on occasion** 가끔 정답_(a)

16

A Did you donate to charity this year?

B Yes. I don't have much, but I gave ______________.

(a) that little what I spare
(b) what I spare that a little
(c) what little I had to spare
(d) little what I had to spare

번역

A 올해 자선 단체에 기부했어요?
B 네. 가진 게 많진 않지만, 약소하나마 제가 나눠 줄 수 있는 걸 줬어요.

기출 공략

빈칸에는 gave의 목적어가 필요한데, 명사구 또는 명사절이 와야 한다. what은 선행사를 포함하는 관계대명사로 명사절을 이끌지만 〈what+명사〉 형태로 명사절을 이끌기도 한다. 이때 what은 한정사 역할을 하며 what 다음에 little이 오면 '약소하나마 ~한 것'이란 뜻이 된다. 따라서 (c)가 정답이다.

donate 기부하다 **charity** 자선 단체 **spare** 할애하다, 내어 주다
정답_(c)

17

A Mike, where did you go after class this morning?

B I was just in the library, reviewing __________ I had learned.

(a) that
(b) who
(c) what
(d) which

번역

A 마이크, 오늘 오전에 강의 끝나고 어디 갔었니?
B 배운 것을 복습하면서, 그냥 도서관에 있었어.

기출 공략

빈칸은 관계대명사가 들어갈 자리인데, 빈칸 뒤에 목적어가 없으므로, 목적격 관계대명사가 필요하다. 그런데 빈칸 앞에 선행사로 보이는 명사가 없으므로, 선행사를 포함한 관계대명사 what이 들어가야 알맞다. 따라서 (c)가 정답이다.

review 재검토하다, 복습하다 정답_(c)

18

A Thank you for returning my lost wallet!

B Don't mention it. __________ decent person would have done the same.

(a) Any
(b) Many
(c) Any of
(d) Many of

번역

A 잃어버린 제 지갑을 돌려주셔서 감사합니다!
B 별 말씀을요. 지각 있는 사람이라면 누구라도 똑같이 했을 거예요.

기출 공략

빈칸은 주어인 decent person을 수식하는 어구가 들어갈 자리이다. 단수 명사가 나오므로 (b)와 (d)는 일단 제외할 수 있다. (c) Any of도 '~중의 어느 것'이란 뜻이므로 뒤에 복수 명사가 나온다. 따라서 단수 명사 앞에 쓸 수 있는 것은 (a)뿐이다.

decent 괜찮은, 예의 바른 정답_(a)

19

A Did that coffee help you study?

B Not really. It only __________ jittery.

(a) succeeding to make me feeling
(b) successfully made me feeling
(c) succeeded in making me feel
(d) successful to make me feel

번역

A 그 커피가 공부하는 데 도움이 됐니?
B 아니 별로. 신경을 날카롭게 만들었을 뿐이야.

기출 공략

동사 succeed와 make의 쓰임을 동시에 묻는 문제이다. succeed는 자동사이므로 '~하는 데 성공하다'라는 뜻으로 전치사 in을 수반한다. 그리고 make는 '목적어를 ~하게 만들다'라는 뜻으로 쓰일 때, 목적보어로 동사원형을 취한다. 이 조건을 모두 만족시키는 것은 (c)이다. (d)는 successful 앞에 동사가 빠져 있어 답이 될 수 없다.

jittery 초조한, 신경이 과민한 정답_(c)

20

A It's too bad you had to call off the game.

B Well, with all the rain, I had no choice but __________.

(a) to do
(b) do so
(c) doing
(d) to do so

번역

A 경기를 취소할 수밖에 없었다니 정말 안타깝네요.
B 비가 많이 와서 그렇게 하는 것 외에는 달리 어쩔 도리가 없었어요.

기출 공략

〈have no choice but to+동사원형〉은 '~하는 것 외에는 다른 방법이 없다'는 뜻이다. 이 문장에서 call off the game과 같이 〈동사+목적어〉 형식에 동사가 동작동사일 경우 대동사 do와 함께 do so를 사용하므로 (d)가 정답이다.

call off 취소하다 정답_(d)

21

Thomas offered to pay his children's tuition fees ______________ they achieve consistently high grades.

(a) in case
(b) whether
(c) whereas
(d) provided

번역

토마스는 자녀들이 계속 높은 성적을 달성한다면 등록금을 내주겠다고 제안했다.

기출 공략

접속사를 고르는 문제이므로, 빈칸 앞뒤 내용 관계를 파악해야 한다. 문맥상 '높은 성적을 계속 달성하면 등록금을 내주겠다'는 의미가 되어야 자연스럽다. 따라서 '~라면'이라는 뜻의 (d)가 정답이다. (a)는 '혹시 ~하는 경우에 대비해서', (b)는 '~이든 아니든', (c)는 '~하는 반면에'라는 뜻이다.

tuition fee 등록금, 학비 **consistently** 지속적으로 정답_(d)

22

The girl ______________ book was stolen had to borrow the teacher's.

(a) who
(b) whose
(c) of whom
(d) of whose

번역

책을 도난당한 소녀는 선생님의 책을 빌려야 했다.

기출 공략

빈칸 뒤의 book was stolen은 주어인 The girl을 수식하는 절이다. 선택지로 보아 관계대명사가 들어감을 알 수 있는데, 선행사인 The girl과 book 사이에 the girl's book처럼 소유 관계가 성립한다. 따라서 소유격 관계대명사인 (b)를 써야 한다.

borrow 빌리다 정답_(b)

23

The Trinity Mirror is by far ______________ publisher of national and regional newspaper titles in Britain.

(a) large
(b) larger
(c) largely
(d) the largest

번역

트리니티 미러 사는 영국에 있는 전국 및 지방 신문사들 중에서 단연 가장 큰 출판업체이다.

기출 공략

빈칸 앞에 by far는 '단연코'라는 뜻으로 최상급을 수식하는 부사이다. of 뒤에 복수 명사가 오므로, '~ 중에서 가장'이라는 뜻으로 최상급이 들어가야 알맞다. 따라서 (d)가 정답이다.

by far 단연코 **publisher** 출판사 **regional** 지방의 정답_(d)

24

The buildup of the German Army after World War I ______________ by the rise of Hitler's Third Reich in 1933.

(a) is bolstered
(b) was bolstered
(c) has been bolstered
(d) will have been bolstered

번역

제1차 세계대전 이후 독일 군대의 증강은 1933년에 히틀러의 제3 제국의 성장으로 인해 강화되었다.

기출 공략

선택지 모두 수동태이므로 시제를 결정하면 된다. in 1933이라는 과거를 나타내는 부사구가 있으므로 과거 시제를 써야 한다. 따라서 (b)가 정답이다. 주어가 The buildup으로 단수 명사이므로, 단수 동사인 was를 써야 한다.

buildup 축적, 증강 **rise** 성장, 증가 **Third Reich** 제3 제국
bolster 강화하다 정답_(b)

25

Cutting back on high-fat foods has helped many people achieve a sharp reduction ______ their cholesterol levels.

(a) in
(b) by
(c) on
(d) for

번역

고지방 식품을 줄이는 것은 많은 사람들이 콜레스테롤 수치를 급격하게 감소시키는 데 도움이 되었다.

기출 공략

명사 reduction 뒤에 나오는 전치사를 묻는 문제이다. '콜레스테롤 수치 감소'라는 뜻으로 reduction 다음에 전치사로 in을 쓴다. 따라서 (a)가 정답이다. 비슷한 예로, increase in sales(매출 증가)처럼 increase 다음에도 전치사 in을 쓴다.

cut back on ~을 줄이다 **high-fat** 고지방의 **sharp** 급격한 **reduction** 감소

정답_(a)

26

Laura considered the internship offer too good ______.

(a) to let slip an opportunity by
(b) an opportunity to let slip by
(c) by an opportunity to let slip
(d) to let slip by an opportunity

번역

로라는 그 인턴직 제안이 놓치기에는 너무나 좋은 기회라고 생각했다.

기출 공략

빈칸 앞의 〈too+형용사〉를 보고 to부정사를 떠올릴 수 있어야 한다. '너무 …해서 ~하다'라는 뜻의 구문이다. 그런데 명사 opportunity가 있으므로, 〈too+형용사+a(n)+명사〉의 어순에 따라, 형용사 good 뒤에 an opportunity가 들어가면 된다. let slip by는 let 뒤에 목적어 too good an opportunity가 빠져 있는 형태이다.

internship 인턴직 **let ~ slip by** ~을 놓치다

정답_(b)

27

______ a chef with lots of experience, the bistro owner hired one who had worked at many excellent restaurants.

(a) Needing
(b) To need
(c) Needed
(d) Need

번역

경험이 많은 주방장이 필요했기 때문에 그 식당 주인은 많은 훌륭한 식당에서 일했던 주방장을 채용했다.

기출 공략

콤마 이하가 완전한 절이고, 빈칸이 접속사와 주어 없이 동사 형태로 시작하고 있으므로, 분사구문이 되어야 한다. 빈칸 뒤의 a chef를 목적어로 취할 수 있으려면, 현재분사가 들어가야 하므로 (a)가 정답이다. 의미상으로도 분사구문의 생략된 주어인 the bistro owner가 주방장을 필요로 하는 주체이므로 능동을 뜻하는 현재분사가 되는 것이 적절하다.

bistro 식당

정답_(a)

28

Whether ______ punishments or rewards, Jesse will motivate his students to work harder.

(a) it be by means of
(b) the means it be of
(c) by his means were
(d) he was by means of

번역

벌을 주든 상을 주든, 제시는 학생들이 더 열심히 공부하도록 동기를 부여할 것이다.

기출 공략

빈칸 앞의 whether와 빈칸 뒤에 A or B 형태가 나오는 것으로 보아, 'A이든 B이든'이라는 뜻이 됨을 알 수 있다. 이럴 때 〈whether it be A or B〉 구문을 쓰므로 정답은 (a)이다. be 앞에는 조동사 should가 생략된 것이며, by means of는 '~의 방법에 의해서'라는 뜻이다.

punishment 벌 **reward** 보상 **motivate** 동기를 부여하다

정답_(a)

29

Despite having taken five years of lessons, Sylvia still ____________ not play the piano, no matter how hard she tried.

(a) must
(b) could
(c) would
(d) should

번역

5년간 레슨을 받았음에도 불구하고, 실비아는 아무리 열심히 노력해도 여전히 피아노를 치지 못했다.

기출 공략

문맥상 빈칸은 '피아노를 치지 못했다'라는 뜻이 되어야 하므로 가능·능력을 나타내는 조동사 can의 과거형인 (b)가 정답이다.

no matter how 아무리 ~해도 정답_(b)

30

Already having climbed ____________ the ship, Martin realized that he had left his wallet in the tourist boutique.

(a) aboard
(b) beyond
(c) instead of
(d) aside from

번역

배에 오르고 나서 마틴은 관광지 상점에 지갑을 두고 온 것을 알아차렸다.

기출 공략

'배에 오르다'라는 뜻으로, 동사 climb 뒤에 쓰이는 전치사를 고르는 문제이다. 배나 기차, 비행기 등에 '탑승한, 승선한'이란 뜻으로 쓰이는 (a) aboard가 들어가야 알맞다. (b)는 '~너머', (c)는 '~대신에', (d)는 '~은 제외하고'라는 뜻이다.

realize 깨닫다, 알아차리다 **boutique** 상점 정답_(a)

31

William Faulkner and Virginia Woolf, ____________, were leading exponents of literary modernism.

(a) but mention two names
(b) two names but mention
(c) to mention but two names
(d) names but two to mention

번역

딱 두 사람만 꼽는다면, 윌리엄 포크너와 버지니아 울프가 모더니즘 문학의 선두적인 대표적 인물들이었다.

기출 공략

빈칸이 없어도 완전한 문장이므로, 빈칸은 수식어구가 된다. 선택지로 보아, '두 명의 이름을 언급한다면, 두 사람만 꼽는다면'이란 뜻이 되어야 알맞다. 이때 but은 only의 의미로, two names를 수식하는 부사로 쓰인 것이다. 따라서 (c)가 정답이다.

leading 선두적인 **exponent** 주창자, 대표자 **literary modernism** 모더니즘 문학 **mention** 언급하다 정답_(c)

32

____________ when they set out that rain would cut their day short.

(a) Did the hikers know little
(b) Know little did the hikers
(c) Did the hikers little know
(d) Little did the hikers know

번역

그 등산객들은 출발할 때는 비 때문에 그들의 일정이 중단될 것이라는 것을 전혀 몰랐다.

기출 공략

빈칸은 '그 등산객들은 전혀 몰랐다'라는 부정어를 포함한 구문이 도치된 것이다. '조금도 ~않는'이란 뜻의 부정어 little이 문장 앞으로 나가면, 주어와 동사의 도치가 일어난다. do 동사를 이용하여 일반동사의 도치를 나타내므로, did를 주어 앞에 쓰고 주어 뒤에 동사원형을 쓴 (d)가 정답이다.

set out 출발하다 **cut ~ short** 갑자기 ~을 끝내다 **hiker** 도보 여행자, 등산객 정답_(d)

33

The budget for the following three years _______________ when the financial crisis rendered its calculations obsolete.

(a) has already drawn up
(b) had already drawn up
(c) has already been drawn up
(d) had already been drawn up

번역

금융 위기로 인해 예산 추정이 소용없게 되었을 때 이후 3년간의 예산은 이미 책정된 상태였다.

기출 공략

동사의 시제와 태를 묻는 문제이다. when 이하가 나타내는 과거 시점에 이후 3년간의 예산은 이미 책정이 완료된 것이므로, 과거 특정 시점까지 완료된 일을 나타내는 과거완료 시제가 들어가야 알맞다. 또한 주어인 The budget은 동사 draw up과 수동 관계에 있으므로 수동태가 되어야 하므로 (d)가 정답이다.

following 그 다음의 **financial crisis** 금융 위기 **render** (어떤 상태가 되게) 만들다 **calculation** 계산, 추정 **obsolete** 쓸모없는 **draw up** 작성하다, 세우다

정답_(d)

34

Tommy's mother told him that he _______________ to wild animals as this could make them dependent on handouts.

(a) better have food not to give
(b) had better not food to give
(c) better have food not given
(d) had better not give food

번역

토미의 어머니는 야생 동물에게 먹이를 주는 것이 그들을 거저 주는 것에 의존하도록 만들 수 있기 때문에 그러지 않는 게 좋겠다고 그에게 말했다.

기출 공략

빈칸은 문맥상 '(야생 동물에게) 음식을 주지 않는 것이 좋겠다'라는 뜻이 되어야 자연스럽다. '~하는 게 좋겠다'는 뜻의 〈had better+동사원형〉의 부정형은 '~하지 않는 게 좋겠다'는 〈had better not+동사원형〉이다. 따라서 (d)가 정답이다.

wild animal 야생 동물 **dependent on** ~에 의존하는 **handout** 거저 주는 것

정답_(d)

35

In any given poem _______________ numerous symbols that give rise to a variety of different readings.

(a) abound
(b) abounds
(c) has abounded
(d) have abounded

번역

여러 가지 다양한 해석을 불러일으키는 여러 상징들은 어떠한 특정 시에도 아주 많다.

기출 공략

빈칸 앞의 In any given poem은 부사구이고, 빈칸 뒤의 numerous symbols가 주어이다. 부사구가 문두로 나간 도치 문장으로 빈칸에 들어갈 동사는 주어 numerous symbols에 일치시켜야 한다. 빈칸 뒤에 현재 시제가 나오고, 시에 관한 일반적인 설명이므로 현재 시제를 쓰는 것이 알맞다. 주어가 복수 명사이므로 복수 동사인 (a)가 정답이다.

given 특정한 **numerous** 많은 **give rise to** ~을 낳다, 일으키다 **a variety of** 여러 가지의 **abound** 풍부하다, 아주 많다

정답_(a)

36

The snake's camouflage was so effective that _______________ from a distance it looked like a branch of a tree.

(a) seen
(b) to see
(c) seeing
(d) having seen

번역

그 뱀의 위장은 아주 효과적이어서 멀리서 보면 그것은 마치 나무의 가지처럼 보였다.

기출 공략

〈so … that〉 구문에서 빈칸은 that절에서 분사구문이 되어야 알맞다. 빈칸 뒤에 see의 목적어가 없으므로 과거분사를 쓴 (a)가 정답이다. 문맥상으로도 분사의 의미상 주어인 it(= the snake's camouflage)이 멀리서 '보여지는' 경우를 뜻하므로, 수동태의 과거분사가 들어가는 것이 적절하다.

camouflage 위장 **effective** 효과적인 **from a distance** 멀리서

정답_(a)

37

After months of negotiations, the two parties finally reached ______________.

(a) compromise
(b) a compromise
(c) any compromise
(d) much compromise

번역
몇 달간의 협상 끝에 양측은 마침내 타협에 이르렀다.

기출 공략
compromise는 '타협, 절충'이란 뜻으로 추상 명사이지만, 가산 명사처럼 부정관사를 붙이거나 복수형이 가능하다. 따라서 '타협에 이르다'는 reach a compromise로 나타내므로 (b)가 정답이다.
negotiation 협상 **party** 당사자 **reach** ~에 이르다
compromise 타협, 절충 정답_(b)

38

After a failed attempt to climb a small mountain, Luke was wary ______________.

(a) to try larger of anything
(b) to try anything of larger
(c) of trying anything larger
(d) of trying larger anything

번역
작은 산을 오르려는 시도에 실패한 후에 루크는 더 큰 어떤 산도 시도하는 것을 조심스러워 했다.

기출 공략
'~을 조심하다, 경계하다'라고 할 때, 〈be wary of+(동)명사〉의 형태를 취한다. 또한 -thing으로 끝나는 명사는 형용사가 뒤에서 수식하므로 (c)가 정답이다.
attempt 시도 **wary** 경계하는, 조심하는 정답_(c)

39

Due to the store's limited quantities, only those customers who ______________ the display first were able to purchase the Curly Lovebears.

(a) have been reaching
(b) were reaching
(c) have reached
(d) had reached

번역
매장의 한정된 수량으로 인해 진열대에 먼저 도착한 고객들만 컬리 러브베어를 구입할 수 있었다.

기출 공략
빈칸 앞의 who부터 first까지는 주어인 those customers를 수식하는 관계대명사절이다. 문맥상 진열대에 도착한 것은 구입한 것보다 먼저 일어난 일이므로, 과거보다 앞선 시제를 나타내는 과거완료 시제인 (d)가 정답이다.
limited 한정된 **quantity** 수량 **display** 전시, 진열 정답_(d)

40

If you and your spouse want to spend a holiday filled with ______________, consider our five-day vacation package to Tahiti.

(a) romance
(b) romances
(c) a romance
(d) some romances

번역
배우자와 함께 낭만으로 가득 찬 휴일을 보내시기를 원하신다면, 저희 5일짜리 타히티 패키지여행을 고려해 보세요.

기출 공략
romance라는 명사의 쓰임을 묻는 문제이다. romance는 '낭만'이라는 뜻으로 추상적 감정을 나타날 때는 불가산 명사로 쓰이므로 부정관사를 붙이거나 복수형으로 쓰지 않는다. 따라서 (a)가 정답이다.
spouse 배우자 **filled with** ~로 가득 찬 정답_(a)

41

(a) A I was going to spend Christmas at home, but I'm not sure so now.

(b) B But I thought your plans were already set. What changed?

(c) A The flights home are really expensive. I'm not sure I can afford to go.

(d) B Keep looking. You may get lucky and find a cheap flight.

번역

(a) **A** 크리스마스는 집에서 보내려고 했는데, 지금은 잘 모르겠어.

(b) **B** 하지만 난 네 계획이 이미 결정되었다고 생각했는데. 뭐가 달라진 거야?

(c) **A** 집에 가는 항공편이 정말 비싸거든. 갈 만한 여력이 될지 모르겠어.

(d) **B** 계속 찾아봐. 운이 좋으면 저렴한 항공편을 찾을 수도 있으니까.

기출 공략

(a)의 I'm not sure so now에서 so의 위치가 어색하다. so는 '너무, 그렇게'라는 뜻이므로, 의미상 now를 수식하기에 적절하지 않다. so는 sure를 수식하는 부사로 sure 앞에 와야 적절하다.

afford ~할 여유가 있다

정답_(a) not sure so now → not so sure now

42

(a) A I'm always late for my classes because of my commute is so long.

(b) B You won't have that problem if you move into campus housing.

(c) A Living on campus isn't for me. I like the privacy of an off-campus apartment.

(d) B Then you're just going to have to accept getting up early.

번역

(a) **A** 나는 통학 시간이 너무 오래 걸려서 항상 수업에 늦어.

(b) **B** 기숙사로 들어오면 그런 문제는 없을 텐데.

(c) **A** 교내에 사는 건 나에게 맞지 않아서. 나는 학교 밖에 있는 아파트의 사생활이 좋거든.

(d) **B** 그럼 그냥 일찍 일어나는 걸 감수할 수밖에 없겠다.

기출 공략

(a)에서 because of는 전치사구라 뒤에 명사구가 와야 하는데, 절이 오고 있어서 적절하지 않다. 따라서 because of 대신 접속사인 because가 되어야 한다.

campus housing 기숙사 **off-campus** 학교 밖의

정답_(a) because of my commute → because my commute

43

(a) A I heard you were sick in bed all weekend with a cold, Glenn.

(b) B That's true. I'm still not totally well, but I'm feeling much better.

(c) A That's good to hear. Ann told me she has brought you some soup on Sunday.

(d) B Yes. It was a great relief because I was too weak to get out of bed.

번역

(a) **A** 감기로 주말 내내 아파서 누워 있었다고 들었어, 글렌.

(b) **B** 맞아. 아직도 완전히 나은 건 아니지만, 훨씬 좋아졌어.

(c) **A** 그렇다니 다행이다. 앤이 일요일에 너한테 수프를 좀 갖다 줬다고 하던데.

(d) **B** 응. 너무 힘이 없어서 침대에서 일어나지도 못했기 때문에 그게 큰 도움이 되었어.

기출 공략

(c)에서 on Sunday는 문맥상 특정한 과거를 나타내는 부사인데, 현재완료 시제는 명백한 과거를 나타내는 부사와는 함께 쓰이지 않으므로 과거 시제인 brought가 되어야 적절하다.

relief 안심; 구호 정답_(c) she has brought → she brought

44

(a) A Did you take a shortcut on your way here, Lynn?

(b) B No, why do you ask? Am I early or something?

(c) A Oh, no. I just thought it would have taken it longer.

(d) B Nope. I just followed the directions you suggested.

번역

(a) **A** 여기로 올 때 지름길로 왔니, 린?

(b) **B** 아니, 왜 묻는데? 내가 일찍 오기라도 한 거야?

(c) **A** 아, 아냐. 난 그저 더 오래 걸릴 거라고 생각했거든.

(d) **B** 아냐. 난 그냥 네가 알려 준 길 안내를 따랐을 뿐이야.

기출 공략

(c)에서 동사 take는 '(시간이) 걸리다'라는 뜻으로 뒤에 바로 시간을 나타내는 형용사 보어를 취한다. 따라서 it는 불필요하므로 빼야 한다.

take a shortcut 지름길로 가다 **nope** 아니(= no)

정답_(c) would have taken it longer → would have taken longer

45

(a) A Are we booking the same venue for this year's management conference?
(b) B Yeah, we've decided to reserve the same hotel where we used last year.
(c) A Really? I thought people were dissatisfied with the facilities last time around.
(d) B Some people were, but it's still the most convenient venue overall.

번역

(a) **A** 올해 경영진 회의를 위해 똑같은 장소를 예약하나요?
(b) **B** 네, 작년에 이용했던 호텔을 예약하기로 결정했어요.
(c) **A** 정말요? 지난번에 사람들이 시설에 대해 불만스러워했던 것 같은데요.
(d) **B** 일부 사람들이 그러긴 했지만, 전체적으로 그곳이 그래도 가장 편리한 장소예요.

기출 공략

(b)에서 관계부사 where의 쓰임이 적절하지 않다. 뒤에 오는 관계절에 used의 목적어가 없으므로 목적격 관계대명사가 들어가야 한다. 선행사에 the same, the only 같은 수식어가 붙을 경우, who나 which 대신 that을 쓴다.

venue (행사) 장소 **management** 경영진 **be dissatisfied with** ~을 불만스럽게 여기다 **overall** 전체적으로

정답_(b) hotel where we used → hotel that we used

46

(a) Wind turbines are machines that convert the wind's energy into electricity. (b) These turbines have been in use from the late nineteenth century until the present. (c) As people switch to renewable energy, these devices are becoming increasing popular. (d) The use of such machines is not only trendy; it is also becoming a necessity.

번역

(a) 풍력 발전기는 바람의 에너지를 전기로 전환시키는 기계이다. (b) 이 발전기는 19세기 후반부터 현재까지 사용되고 있다. (c) 사람들이 재생 가능 에너지로 옮겨감에 따라, 이 장치는 점점 인기를 얻고 있다. (d) 이러한 기계를 사용하는 것은 추세일 뿐만 아니라 필수적인 것이 되고 있다.

기출 공략

(c)에서 becoming 뒤에 분사 increasing과 형용사 popular가 접속사도 없이 나란히 쓰이고 있는 것이 어색하다. 따라서 문맥상 부사인 increasingly를 써서 보어인 popular를 수식하는 형태가 되어야 적절하다.

wind turbine 풍력 발전기 **convert** 전환하다 **switch** 바뀌다; 바꾸다 **renewable energy** 재생 (가능) 에너지 **device** 장치, 기기 **trendy** 최신 유행의 **necessity** 필수품

정답_(c) increasing popular → increasingly popular

47

(a) Giovanni Santoro, a native of Rome, is a phenomenon in the fashion world. (b) His clothes for both men and women are sold in countless stores worldwide. (c) His approach to clothing design emphasizes look smart while being comfortable. (d) This approach clearly has marketplace appeal: Santoro's annual sales top US $100 million.

번역

(a) 지오반니 산토로는 로마 출신의 사람으로, 패션계에서는 경이로운 인물이다. (b) 그가 만든 남성복과 여성복이 전 세계의 수많은 매장에서 판매된다. (c) 의류 디자인에 대한 그의 접근법은 편안하면서도 스마트하게 보이는 데 역점을 둔다. (d) 이러한 접근법은 분명히 시장에서 매력적이라서 산토로의 연간 매출은 미국 달러로 1억 달러를 넘는다.

기출 공략

(c)에서 동사 emphasizes 뒤에 동사원형인 look이 나오는 것이 어색하다. look을 emphasizes의 목적어에 해당하는 동명사 looking으로 바꿔야 한다.

native 토박이 **phenomenon** 현상; 경이로운 사람 **countless** 셀 수 없이 많은 **approach** 접근법; 접근하다 **emphasize** 강조하다 **marketplace** 시장 **appeal** 매력 **top** 더 높다, 능가하다

정답_(c) emphasizes look smart → emphasizes looking smart

48

(a) New areas of the Arctic have been opened up for drilling, greatly worrying environmentalists. (b) Oil companies state that they have extensive precautionary measures in place to prevent oil spills. (c) However, environmentalists are concerned about more than an oil spill, devastating though may be. (d) Oil drilling can release harmful amounts of methane and black carbon into the atmosphere.

번역

(a) 북극의 새로운 지역들이 시추를 위해 개방되었는데, 이는 환경 운동가들에게 큰 걱정거리이다. (b) 정유 회사들은 기름 유출을 막기 위해 광범위한 예방책을 갖추고 있다고 말한다. (c) 하지만 기름 유출이 대단히 파괴적이기는 하지만, 환경 운동가들은 그 이상의 것에 대해 걱정하고 있다. (d) 오일 시추가 해로울 정도의 양의 메탄과 블랙 카본을 대기 중에 방출할 수 있다는 것이다.

기출 공략

(c)에서 devastating though may be는 보어인 devastating이 강조되어 접속사 앞으로 도치된 형태이다. 그런데 접속사 뒤에 동사만 있고 주어가 빠져 있어 불완전한 구문으로 an oil spill을 지칭하는 주어 it를 넣어야 한다.

drilling 시추, 굴착 **environmentalist** 환경 운동가 **extensive** 광범위한 **precautionary measures** 예방책 **in place** 준비하고 있는 **devastating** 대단히 파괴적인 **methane** 메탄 **black carbon** 블랙 카본(탄소를 함유한 연료가 불완전 연소할 때 발생하는 검은색 그을음) **정답**_(c) though may be → though it may be

49

(a) Antioxidants have been featured prominently in recent health and wellness studies. (b) Research has found that the more antioxidants one gets, the lower one's risk of cancer is. (c) It should be noted, however, that antioxidants work best when consuming in food rather than pill form. (d) It doesn't take much: eating a few pieces of fruit will do for one's daily intake of antioxidants.

번역

(a) 항산화물질은 최근 건강 및 복지 연구에서 두드러지게 다루어져 왔다. (b) 연구 결과 항산화물질을 더 많이 섭취할수록 암의 발병 위험이 더 낮아진다는 것이 밝혀졌다. (c) 하지만 주의해야 할 점은 항산화물질은 약의 형태보다는 음식으로 섭취할 때 가장 효과가 크다는 것이다. (d) 많이 필요하지는 않아서, 과일 몇 조각을 먹는 것으로도 하루치 항산화물질 섭취량으로 충분하다.

기출 공략

(c)에서 when consuming은 부사절에서 주어와 be동사를 생략하고 분사만 남은 형태이다. 이때 생략된 주어는 대개 주절의 주어와 동일하므로 antioxidants이다. 항산화물질은 consume의 주체가 아니라 대상이므로 현재분사 대신 과거분사인 consumed가 적절하다. 타동사인 consuming 뒤에 목적어가 없는 것으로도 수동태가 됨을 알 수 있다.

antioxidant 항산화물질 **feature** 특별히 다루다 **prominently** 두드러지게 **wellness** 복지 **note** 주의하다 **do** 충분하다, 적절하다 **intake** 섭취(량)

정답_(c) when consuming in → when consumed in

50

(a) It is commonly said that dolphins are among the most intelligent creatures in the animal world. (b) They possess brains that are similar to those of humans in terms of size of theirs relative to body mass. (c) In studies, they have been shown to exhibit a capacity for mimicry unrivaled by other mammals. (d) They have also been found to communicate with each other with various sounds, such as whistles and clicks.

번역

(a) 흔히 돌고래는 동물계에서 가장 지능이 높은 생물에 속한다고들 말한다. (b) 그들은 신체 크기와 상대적으로 뇌의 크기 면에서 인간의 뇌와 유사한 뇌를 가지고 있다. (c) 연구에서 그들은 다른 포유동물들이 따라올 수 없을 정도의 흉내 내는 능력을 보이는 것이 관찰되었다. (d) 그들은 또한 휘파람이나 혀 차는 소리 같은 다양한 소리로 서로 의사소통하는 것도 발견되었다.

기출 공략

(b)에서 쓰인 size of theirs라는 이중 소유격은 명사에 관사 또는 한정사가 있을 때 소유격이 이와 겹치는 것을 피하기 위해 쓰는 것이다. 예를 들어, a my friend가 아닌 a friend of mine으로 쓰는 경우이다. 하지만 여기서는 이중 소유격을 쓸 이유가 없으므로 their size로 바꿔야 한다.

in terms of ~의 측면에서 **relative to** ~와 상대적으로 **body mass** 신체 크기 **exhibit** 보이다 **capacity** 능력 **mimicry** 흉내 **unrivaled** 적수가 없는 **whistle** 휘파람 **click** 딸깍 하는 소리; 혀 차는 소리 **정답**_(b) of size of theirs → of their size

Vocabulary

1

A Where does this store stock sugar?
B It's at the end of ______________ twelve.

(a) line (b) aisle
(c) stripe (d) hallway

번역
A 이 상점은 어디에 설탕을 두나요?
B 12번 통로 끝에 있습니다.
(a) 줄 (b) 통로
(c) 줄무늬 (d) 복도

기출 공략
상점에서 설탕이 있는 장소를 물었으므로 위치나 지점으로 대답해야 한다. '통로'의 끝이 적절하므로 (b)가 정답이다. hallway는 매장에서 칸이 나뉘어진 통로가 아니라 사람들이 다니는 복도를 뜻한다.
stock (식량, 상품 등을) 두다 **line** 줄 **aisle** 통로 **stripe** 줄무늬 **hallway** 복도 정답_(b)

2

A Are you Craig? I'm Jan. We met in an online class.
B Jan! It's great to ______________ meet you in person!

(a) lastly (b) finally
(c) extremely (d) continuously

번역
A 당신이 크레이그인가요? 제가 잰입니다. 온라인 수업에서 만났죠.
B 잰! 마침내 직접 만나니 좋네요!
(a) 마지막으로 (b) 마침내
(c) 매우 (d) 계속해서

기출 공략
온라인 수업에서 만난 사람을 이제서야 실제로 만난 상황이므로 '드디어, 마침내'라는 의미의 (b)가 적절하다.
in person 직접, 실물로 **lastly** 마지막으로 **finally** 마침내 **extremely** 매우 **continuously** 계속해서 정답_(b)

3

A Mary should've never started that fight with Paul, don't you think?
B I don't want to ______________. I'd rather stay out of it.

(a) take sides (b) make a play
(c) jump the gun (d) pass the buck

번역
A 매리는 폴과 절대 싸움을 하지 말았어야 했는데, 안 그런가요?
B 편들고 싶지 않네요. 전 빠질게요.
(a) 편들다 (b) 노리다
(c) 성급하게 시작하다 (d) 책임을 떠넘기다

기출 공략
매리와 폴의 싸움에 대한 의견을 듣고, 그것에 대해 빠지겠다고 한 것은 누구의 편도 들지 않겠다는 입장이므로 (a)가 적절하다.
rather 오히려, 차라리 **stay out of** ~에 관여하지 않다 **take sides** 편들다 **make a play** 노리다 **jump the gun** 성급하게 시작하다 **pass the buck** 책임을 떠넘기다 정답_(a)

4

A Did Carl listen to you about not buying a guitar for lessons?
B Yes, he took my ______________ to rent one instead.

(a) range (b) advice
(c) appraisal (d) resolution

번역
A 칼이 레슨용 기타를 사지 말라는 당신 얘기를 듣던가요?
B 네, 사는 대신 하나 빌리자는 제 조언을 받아들였어요.
(a) 범위 (b) 조언
(c) 평가 (d) 결심

기출 공략
질문에 대해 Yes라고 말하고 다시 부연 설명하는 것은 결국 앞에서 말한 내용이 반복됨을 알 수 있다. 사는 대신에 빌리자고 하는 것은 '조언'이나 '충고'에 해당하므로 (b)가 적절하다.
lesson 수업, 강의 **rent** 빌리다 **range** 범위 **advice** 조언 **appraisal** 평가 **resolution** 결심 정답_(b)

5

A Today's drive should be pretty, with the leaves turning colors.
B Yes, I'm looking forward to the ______________ views.

(a) hefty (b) scenic
(c) potent (d) watchful

번역

A 오늘 드라이브는 나뭇잎들이 물들고 있어서 멋질 거예요.
B 그러게요, 멋진 풍경이 기대되네요.
(a) 튼튼한 (b) 경치가 좋은
(c) 강한 (d) 주의하는

기출 공략

나뭇잎 색깔이 바뀌는 단풍 때문에 드라이브가 멋질 거라는 말에 동의를 하고 있으므로 view 앞에는 pretty와 유사한 말이 들어가야 한다. 따라서 (b)가 정답이다.

look forward to ~을 고대하다 **hefty** 튼튼한 **scenic** 경치가 좋은 **potent** 강한 **watchful** 주의하는

정답_(b)

6

A It's so frustrating going to airports these days.
B Yeah, the security measures are a huge ______________.

(a) bother (b) inquiry
(c) restraint (d) prevention

번역

A 요즘 공항에 가는 게 좀 불만스러워요.
B 네, 보안 절차가 엄청나게 성가시네요.
(a) 성가신 일 (b) 문의
(c) 규제 (d) 방지

기출 공략

공항에 가는 것에 대한 부정적인 의견을 듣고 이에 동의하면서 부연 설명하고 있다. 보안 절차가 까다롭거나 성가시다는 내용이 적절하므로 (a)가 정답이다.

frustrating 불만스러운, 좌절시키는 **security measure** 보안 조치 **bother** 성가신 일 **inquiry** 문의 **restraint** 규제 **prevention** 방지

정답_(a)

7

A Your daughters get along so well.
B Yes, the ______________ they have for each other is clear.

(a) likelihood (b) fondness
(c) relativity (d) affliction

번역

A 당신의 딸들은 참 잘 지내는군요.
B 네, 서로에 대한 애정이 뚜렷해요.
(a) 가능성 (b) 애정
(c) 상대성 (d) 고통

기출 공략

아이들이 서로 잘 지낸다는 말에 부연 설명을 하고 있다. 서로 사이가 좋아야 가능한 상황이므로 서로에 대한 '애정'이 적절하다. 따라서 (b)가 정답이다.

get along 잘 지내다 **clear** 뚜렷한, 분명한 **likelihood** 가능성 **fondness** 애정 **relativity** 상대성 **affliction** 고통

정답_(b)

8

A Aren't you going to ______________ your seat belt?
B Oh, I forgot. I'll buckle up now.

(a) seal (b) fasten
(c) unlock (d) replace

번역

A 안전벨트 안 맬 거야?
B 아, 잊었어. 지금 맬게.
(a) 봉하다 (b) 매다
(c) 자물쇠를 열다 (d) 대체하다

기출 공략

seat belt를 통해 이와 어울리는 (b)가 정답임을 알 수 있다. buckle up에서도 힌트를 얻을 수 있다.

buckle up 안전벨트를 매다 **seal** 봉하다 **fasten** 매다 **unlock** 자물쇠를 열다 **replace** 대체하다

정답_(b)

Vocabulary

9

A I practice my violin every day, but I'm not improving.

B I'm sure your ____________ impresses your teacher nonetheless.

(a) cohesion (b) persistence
(c) deliberation (d) constitution

번역

A 매일 바이올린을 연습하지만 나아지지 않아.

B 그렇기는 하지만 분명 네 끈기는 선생님에게 깊은 인상을 주지.

(a) 결합 (b) 끈기
(c) 숙고 (d) 체질

기출 공략

practice my violin every day가 결정적인 힌트이다. '매일 꾸준히 연습을 하는 것'은 '끈기'라고 할 수 있으므로 (b)가 정답이다.

nonetheless 그렇기는 하지만 **cohesion** 결합 **persistence** 끈기 **deliberation** 숙고 **constitution** 체질

정답_(b)

10

A Was everyone in agreement about implementing the new fee structure?

B No. Ed ____________ it on the grounds that the policy isn't fair to the clients.

(a) attested (b) opposed
(c) conceded (d) reconciled

번역

A 모든 사람이 새 요금 체제를 시행하는 데 동의했나요?

B 아니요. 방침이 고객들에게 공평하지 않다는 이유로 에드가 반대했어요.

(a) 입증하다 (b) 반대하다
(c) 수긍하다 (d) 조화시키다

기출 공략

모든 사람이 동의했는지 묻는 질문에 No라고 답을 했다. 따라서 in agreement와 반대되는 (b)가 정답이다.

implement 시행하다 **on the grounds** ~을 이유로 **fair** 공평한 **attest** 입증하다 **oppose** 반대하다 **concede** 수긍하다 **reconcile** 조화시키다

정답_(b)

11

A Did the earthquake destroy many dwellings?

B Unfortunately, yes. It ____________ whole villages.

(a) bet on (b) took to
(c) drove out (d) wiped out

번역

A 지진으로 많은 주택이 파괴되었나요?

B 안타깝게도 그렇습니다. 마을 전체를 완전히 파괴했어요.

(a) 내기하다 (b) 좋아하게 되다
(c) 내쫓다 (d) 완전히 파괴하다

기출 공략

지진으로 인해 주택이 파괴되었냐는 질문에 yes라고 했으므로 destroy에 해당하는 (d)가 정답이다.

dwelling 주택, 주거지 **bet on** 내기하다 **take to** 좋아하게 되다 **drive out** 내쫓다 **wipe out** 완전히 파괴하다

정답_(d)

12

A There's no time to waste in getting our restaurant up and running.

B I agree. Everything needs to get done in a ____________ manner.

(a) speedy (b) primary
(c) transitory (d) momentary

번역

A 우리 식당 운영을 시작하는 데 지체할 시간이 없어요.

B 맞아요. 모든 것을 신속하게 해야 돼요.

(a) 신속한 (b) 주된
(c) 일시적인 (d) 순간적인

기출 공략

no time to waste에서 시간이 없으므로 '빨리' 해야 한다는 것을 알 수 있다. 따라서 (a)가 정답이다.

no time to waste 지체할 시간이 없는 **up and running** 운영 중인 **in a ~ manner** ~한 방법으로, ~하게 **speedy** 신속한 **primary** 주된 **transitory** 일시적인 **momentary** 순간적인

정답_(a)

13

A Cedric's mom is very devout.

B Yeah. She's so ____________ that she attends church services daily.

(a) pious (b) sacred
(c) eternal (d) hallowed

번역

A 세드릭의 어머니는 아주 독실해요.
B 네. 아주 독실하셔서 매일 교회 예배에 참석하시죠.
(a) 독실한 (b) 성스러운
(c) 영원한 (d) 신성한

기출 공략

devout의 동의어를 찾는 문제로 (a)가 정답이다. 빈칸 뒤 that 이하에서 '매일 예배에 참석한다'는 말에서도 힌트를 얻을 수 있다.
devout 독실한 **church service** 교회 예배 **pious** 독실한 **sacred** 성스러운 **eternal** 영원한 **hallowed** 신성한 정답_(a)

14

A The buffet had so many fancy dishes to choose from!

B Sounds like it was quite a ____________ meal then.

(a) clement (b) succinct
(c) sumptuous (d) clandestine

번역

A 뷔페에는 골라 먹을 고급 요리들이 많았어요!
B 그럼 아주 호화로운 식사였던 것 같네요.
(a) 온화한 (b) 간결한
(c) 호화로운 (d) 은밀한

기출 공략

뷔페에 고급 요리들이 많았다며 감탄하고 있다. 그 말을 듣고 다시 요약정리하고 있으므로 fancy를 대신할 수 있는 (c)가 정답이다.
fancy 고급의, 일류의 **clement** 온화한 **succinct** 간결한 **sumptuous** 호화로운 **clandestine** 은밀한 정답_(c)

15

A Have you decided who to vote for in this election?

B No, I'm still ____________ about it.

(a) over the top (b) on the fence
(c) crying over spilled milk (d) barking up the wrong tree

번역

A 이번 선거에서 누구에게 투표할지 정했어요?
B 아니요, 아직 관망 중입니다.
(a) 정도가 지나친 (b) 관망 중인
(c) 지나간 일을 후회하고 있는 (d) 잘못 짚은

기출 공략

Have you decided라는 질문에 No라고 답한 것은 투표를 아직 하지 않은 것이므로 아직은 상황을 그냥 지켜보겠다는 표현이 적절하다. 따라서 (b)가 정답이다.
over the top 정도가 지나친 **on the fence** 관망하는 **cry over spilled milk** 지나간 일을 후회하다 **bark up the wrong tree** 잘못 짚다 정답_(b)

16

A Excuse me. The TV in my hotel room isn't working.

B I can ____________ that right away. I'll switch you to a different room.

(a) deter (b) assert
(c) rectify (d) append

번역

A 저기요. 제 호텔 방에 있는 텔레비전이 작동하지 않네요.
B 당장 시정할 수 있어요. 다른 방으로 바꿔 드리겠습니다.
(a) 단념시키다 (b) 강하게 주장하다
(c) 시정하다 (d) 덧붙이다

기출 공략

방에 있는 텔레비전이 작동하지 않는다는 말에 다른 방으로 바꿔 주겠다고 했다. 따라서 빈칸에는 문제를 해결하겠다는 의미의 (c)가 적절하다.
switch 바꾸다 **deter** 단념시키다 **assert** 강하게 주장하다 **rectify** 시정하다, 고치다, 바로잡다 **append** 덧붙이다 정답_(c)

Vocabulary

17

A Have you recovered enough from the flu to return to work?

B No. I think I should wait until all my symptoms ______________.

(a) abate (b) detain
(c) refrain (d) founder

번역

A 일에 복귀할 만큼 독감에서 충분히 회복되셨나요?

B 아니요. 모든 증상이 약해질 때까지 기다려야 할 것 같군요.

(a) 약해지다 (b) 구금하다
(c) 삼가다 (d) 좌초되다

기출 공략

Have you recovered라고 물었는데 No라고 답을 했다. 아직 감기 증상이 남아 있어서 아픈 것이므로 증상이 '약해질' 때까지 기다려야 할 것 같다는 것이 문맥상 적절하다. 따라서 (a)가 정답이다.

recover 회복하다 **flu** 독감 **symptom** 증상 **abate** 약해지다 **detain** 구금하다 **refrain** 삼가다 **founder** 좌초되다 정답_(a)

18

A My grandfather is still very active. He runs three miles every day!

B Wow. He's fortunate to be so ______________ at his age.

(a) nebulous (b) vigorous
(c) rampant (d) acute

번역

A 우리 할아버지는 아직도 매우 활동적이셔. 매일 3마일을 뛰신다니까!

B 와. 그 연세에 아주 원기 왕성하시니 다행이다.

(a) 모호한 (b) 원기 왕성한
(c) 걷잡을 수 없는 (d) 급성의

기출 공략

할아버지가 하루에 3마일을 뛴다는 것은 '원기 왕성'하다고 볼 수 있다. 따라서 (b)가 정답이다.

fortunate 운이 좋은, 다행인 **nebulous** 모호한 **vigorous** 원기 왕성한 **rampant** 걷잡을 수 없는 **acute** 격렬한, 급성의 정답_(b)

19

A I feel drained after working so hard.

B All the work on this project has really ______________ my strength, too.

(a) stoked (b) sapped
(c) scoured (d) succored

번역

A 아주 열심히 일하고 나니 기운이 쭉 빠진다.

B 이 프로젝트의 모든 일이 내 힘도 빠지게 하네.

(a) 불을 때다 (b) 약화시키다
(c) 샅샅이 뒤지다 (d) 구조하다

기출 공략

기운이 빠졌다는 상대방의 말에 too라고 했으므로 자기도 같은 상태임을 알 수 있다. 따라서 '기력을 약화시키다, 빼앗다'는 뜻의 (b)가 정답이다.

drained 진이 빠진 **stoke** 불을 때다 **sap** 약화시키다 **scour** 샅샅이 뒤지다 **succor** 구조하다 정답_(b)

20

A How did this coffee get spilled?

B Sorry, I ______________ the table, knocking the coffee off balance.

(a) razed (b) jostled
(c) colluded (d) impaired

번역

A 이 커피 어떻게 쏟았어?

B 미안해, 내가 테이블을 세게 밀어서, 그 바람에 커피가 균형을 잃었어.

(a) 파괴하다 (b) 세게 밀다
(c) 공모하다 (d) 손상시키다

기출 공략

커피를 어떻게 쏟았는지 이유를 묻고 있다. 커피를 쏟을 만한 상황에 어울리는 적절한 단어는 '세게 밀치다'라는 뜻의 (b)이다.

spill 쏟다 **knock** 때리거나 쳐서 어떤 상태가 되게 하다 **off balance** 균형을 잃은 **raze** 파괴하다 **jostle** 세게 밀다 **collude** 공모하다 **impair** 손상시키다 정답_(b)

21

A Diana has been very ______________ since her promotion.

B I guess she can't be too friendly now that she's our boss.

(a) aloof (b) riddled
(c) stubbed (d) fortuitous

번역

A 다이애나는 승진한 이후로 아주 냉담해요.

B 우리의 상사이니까 아주 다정할 순 없을 것 같아요.

(a) 냉담한 (b) 가득 찬
(c) 뭉뚝한 (d) 우연한

기출 공략

승진한 이후로 다이애나가 뭔가 달라졌음을 알 수 있는데 우리에게 다정하게 대할 수 없다는 것은 냉담해졌다고 볼 수 있다. 따라서 (a)가 정답이다.

now that ~이므로, ~이기 때문에 **aloof** 냉담한, 쌀쌀한 **riddled** 가득 찬 **stubbed** 뭉뚝한 **fortuitous** 우연한

정답_(a)

22

A Sean can't stand the sight of blood. He almost passes out.

B Yeah, he's quite ______________. That's why he's afraid of doctors.

(a) impish (b) prudish
(c) mawkish (d) squeamish

번역

A 션은 피를 보고 서 있을 수가 없어. 거의 기절할 뻔하지.

B 맞아. 그는 아주 비위가 약해. 그래서 의사를 무서워하잖아.

(a) 장난스러운 (b) 내숭 떠는
(c) 역겨운 (d) 비위가 약한

기출 공략

피를 보고 기절할 뻔하고 의사를 무서워한다는 것은 비위가 약하다고 볼 수 있다. 따라서 (d)가 정답이다.

pass out 기절하다 **impish** 장난스러운 **prudish** 내숭 떠는 **mawkish** 역겨운 **squeamish** 비위가 약한

정답_(d)

23

A Harold was in such a rage when his paycheck was withheld.

B I know. He was absolutely ______________ about it.

(a) precarious (b) flanked
(c) fecund (d) livid

번역

A 해럴드는 그의 급여가 보류되었을 때 엄청나게 화를 냈어.

B 맞아. 그는 그것에 대해 아주 화가 났지.

(a) 위태로운 (b) 측면에 위치한
(c) 다산의 (d) 격노한

기출 공략

급여를 받지 못해서 아주 화가 난 것에 대해 맞장구치고 있으므로 rage에 해당하는 단어인 (d)가 정답이다.

rage 격렬한 분노 **paycheck** 급여 **withhold** 보류하다 **precarious** 위태로운 **flanked** 측면에 위치한 **fecund** 다산의 **livid** 격노한

정답_(d)

24

A I can't understand why Stan keeps insisting on his ideas.

B He's quite ______________, so it can be pretty hard to persuade him.

(a) grievous (b) tentative
(c) obdurate (d) surreptitious

번역

A 스탠이 자신의 생각을 계속해서 우기는 이유를 모르겠어요.

B 아주 고집이 세니 그를 설득하는 건 꽤 어려울 수 있어요.

(a) 비통한 (b) 머뭇거리는
(c) 고집 센 (d) 은밀한

기출 공략

keeps insisting, hard to persuade를 힌트로 (c)가 정답임을 알 수 있다.

insist 고집하다, 우기다 **persuade** 설득하다 **grievous** 비통한 **tentative** 머뭇거리는 **obdurate** 고집 센 **surreptitious** 은밀한

정답_(c)

25

A Edna should stop living through her children.
B You're right. Instead of living ______________, she needs to have her own fun!

(a) exaltedly (b) vicariously
(c) ineluctably (d) prolifically

번역
A 에드나는 아이들을 통해 인생을 살아가는 걸 멈춰야 해.
B 맞아. 대리 만족하며 살 게 아니라 자신만의 즐거움을 가져야지!
(a) 기고만장하게 (b) 대리로
(c) 불가피하게 (d) 다산하는

기출 공략
자신의 인생을 살지 않고 아이들을 통해 대리 만족하고 있다고 했으므로 (b)가 적절하다. live에는 단순히 '살다'는 뜻 외에 '인생을 즐긴다'는 의미도 있다.
live 인생을 즐기다, 재미나게 살다 **exaltedly** 기고만장하게 **vicariously** 대리로 **ineluctably** 불가피하게 **prolifically** 다산하는
정답_(b)

26

Once you try the Sparkle Mop, you'll see how fun it can be to ______________ the floor.

(a) slide (b) erase
(c) clean (d) bathe

번역
스파클 몹을 일단 써 보시면, 바닥을 청소하는 게 얼마나 재미있을 수 있는지 아실 겁니다.
(a) 미끄러지다 (b) 지우다
(c) 청소하다 (d) 목욕시키다

기출 공략
제품 이름에 Mop(대걸레)라는 단어가 있고 빈칸 뒤에 the floor가 있으므로 (c)가 정답이다.
slide 미끄러지다 **erase** 지우다 **clean** 청소하다 **bathe** 목욕시키다
정답_(c)

27

Thousands of people were ______________ from their jobs during the recession and so were left without incomes.

(a) fired (b) halted
(c) declined (d) restricted

번역
수천 명의 사람들이 경기 침체 시기에 직장에서 해고되어 소득 없는 상태가 되었다.
(a) 해고하다 (b) 중단하다
(c) 거절하다 (d) 제한하다

기출 공략
결정적인 힌트는 were left without incomes에 있다. 소득이 없는 상태는 해고된 상태이므로 (a)가 정답이다.
recession 경기 침체 **income** 소득 **fire** 해고하다 **halt** 중단하다 **decline** 거절하다 **restrict** 제한하다
정답_(a)

28

The researchers had hoped the study's outcome would prove their hypothesis, but the ______________ did not support their theory.

(a) issues (b) pieces
(c) results (d) notions

번역
연구원들은 연구의 결과가 그들의 가설을 입증하기를 바랐지만 결과는 그들의 이론을 뒷받침하지 않았다.
(a) 문제 (b) 조각
(c) 결과 (d) 생각

기출 공략
but 앞뒤로 상반되는 내용이 나온다. 빈칸에는 outcome에 해당하는 내용이 와야 하므로 (c)가 정답이다.
outcome 결과 **hypothesis** 가설 **support** 지지하다, 뒷받침하다 **issue** 문제 **piece** 조각 **result** 결과 **notion** 생각
정답_(c)

29

Theresa Perkins's latest book is being _____________ as a teen novel—an advertising tactic that is working, as teens are buying it in droves.

(a) marketed (b) converted
(c) bargained (d) exchanged

번역
테레사 퍼킨스의 최신 책은 10대 소설로 광고되고 있는데, 10대들이 떼 지어 이 책을 사고 있기 때문에 광고 전략이 효과를 보고 있다.
(a) 광고하다 (b) 전환시키다
(c) 흥정하다 (d) 교환하다

기출 공략
10대들이 떼 지어 책을 사고 있다면 10대 소설로 광고되고 있다는 것이 적절하다. 따라서 (a)가 정답이다.
tactic 전략, 작전 **in droves** 떼 지어 **market** 광고하다 **convert** 전환시키다 **bargain** 흥정하다 **exchange** 교환하다

정답_(a)

30

Coffeehouses were a(n) _____________ part of intellectual life in eighteenth-century Britain, since they served as hubs for discussions.

(a) intact (b) integral
(c) excessive (d) respective

번역
커피하우스는 토론의 중추 역할을 했기 때문에 18세기 영국에서 지적 생활의 필수적인 부분이었다.
(a) 온전한 (b) 필수적인
(c) 지나친 (d) 각각의

기출 공략
토론의 중추 역할을 했다고 하므로 빈칸에는 지적 생활의 중심과 관련된 어휘를 골라야 한다. 따라서 (b)가 정답이다.
intellectual 지적인 **hub** 중심, 중추 **intact** 온전한 **integral** 필수적인 **excessive** 지나친 **respective** 각각의

정답_(b)

31

To encourage athletes to train harder, coaches should _____________ them with success stories of previous champions.

(a) inspire (b) imitate
(c) perform (d) presume

번역
선수들이 더 열심히 훈련하도록 격려하려면 감독들은 이전 챔피언들의 성공 스토리를 그들에게 주입해야 한다.
(a) 주입하다 (b) 모방하다
(c) 수행하다 (d) 추정하다

기출 공략
선수들이 더 열심히 훈련하도록 감독들은 성공한 선수들의 이야기를 해야 할 것이다. 따라서 (a)가 문맥상 가장 적절하다.
encourage 격려하다, 장려하다 **athlete** 운동선수 **previous** 이전의 **inspire** 주입하다, 불어넣다 **imitate** 모방하다 **perform** 수행하다 **presume** 추정하다

정답_(a)

32

Employees must sign a confidentiality contract agreeing not to _____________ company information.

(a) relent (b) affirm
(c) intrude (d) disclose

번역
직원들은 회사 정보를 노출하지 않는 데 동의하는 비밀 계약에 서명해야 한다.
(a) 누그러지다 (b) 단언하다
(c) 침범하다 (d) 노출하다

기출 공략
비밀 계약이란 회사의 정보를 '노출하지' 않기 위한 것이므로 (d)가 정답이다.
sign 서명하다 **confidentiality** 비밀, 기밀 **relent** 누그러지다 **affirm** 단언하다 **intrude** 침범하다 **disclose** 노출하다

정답_(d)

33

For a standard serving, one ______________ of meat should be about the size of a pack of playing cards.

(a) factor (b) flavor
(c) portion (d) posture

번역

표준 1인분으로 보면 고기 1인분은 카드 한 팩의 크기 정도여야 한다.

(a) 요인 (b) 맛
(c) 1인분 (d) 자세

기출 공략

콤마 앞에서 serving이라는 1인분을 나타내는 단어가 등장했고, 다시 고기 1인분의 크기에 대한 내용이 나오므로 serving을 뜻하는 (c)가 정답이다.

serving 1인분 **factor** 요인 **flavor** 맛 **portion** 부분, 음식 1인분 **posture** 자세

정답_(c)

34

Traditionally "masculine" ______________ such as military service and construction work are now being pursued by women as well.

(a) vocations (b) conditions
(c) promotions (d) assumptions

번역

전통적으로 군 복무와 건설 작업 같은 '남성적인' 직업은 이제 여자들도 종사하고 있다.

(a) 직업 (b) 조건
(c) 홍보 (d) 추정

기출 공략

빈칸 뒤에 예를 들어서 나오는 군 복무, 건설 작업 등은 모두 직업에 해당하므로 '직업'을 뜻하는 (a)가 정답이다.

masculine 남성적인 **pursue** 추구하다, 종사하다 **vocation** 직업, 천직 **condition** 조건 **promotion** 홍보 **assumption** 추정

정답_(a)

35

Special tests that measure natural ability can reveal if a student has a(n) ______________ in a particular area, like math or art.

(a) priority (b) aptitude
(c) sentiment (d) achievement

번역

타고난 능력을 측정하는 특별한 테스트들은 학생이 수학이나 미술 같은 특정 분야에 소질이 있는지를 밝힐 수 있다.

(a) 우선 사항 (b) 소질
(c) 정서 (d) 성취

기출 공략

measure natural ability에 힌트가 있다. 타고난 능력을 테스트한다는 것은 어떤 분야에 소질이나 적성이 있는지를 알아보는 것이므로 (b)가 정답이다.

measure 측정하다 **natural ability** 타고난 능력 **reveal** 드러내다, 밝히다 **priority** 우선 사항 **aptitude** 소질, 적성 **sentiment** 정서 **achievement** 성취

정답_(b)

36

Janet believed that the staff meetings had been a(n) ______________ use of time, as brainstorming intensively enabled them to solve urgent problems.

(a) plentiful (b) intentional
(c) productive (d) charismatic

번역

집중적으로 브레인스토밍을 하여 긴급한 문제를 해결할 수 있었기 때문에 재닛은 직원회의가 생산적인 시간이었다고 생각했다.

(a) 풍부한 (b) 의도적인
(c) 생산적인 (d) 카리스마가 있는

기출 공략

브레인스토밍을 통해 긴급한 문제를 해결한 것으로 보아 이 시간은 결과가 있는 알찬 시간임을 알 수 있으므로 (c)가 정답이다.

intensively 집중적으로, 강하게 **enable** ~을 가능하게 하다 **urgent** 긴급한 **plentiful** 풍부한 **intentional** 의도적인 **productive** 생산적인 **charismatic** 카리스마가 있는

정답_(c)

37

The violent swings in the stock market made the year a(n) ______________ one in many investors' lives.

(a) astute (b) flippant
(c) tumultuous (d) autonomous

번역
주식 시장에서 심한 변동은 많은 투자자들의 삶에 그 해를 격동의 시기로 만들었다.
(a) 약삭빠른 (b) 경솔한
(c) 격동의 (d) 자주적인

기출 공략
주식 시장에서의 심한 변동으로 인해 빈칸에는 부정적인 단어가 필요함을 알 수 있다. 따라서 매우 혼란스러운 상황을 나타내는 (c)가 정답이다.
swing 흔들기, 변동 **stock market** 주식 시장 **investor** 투자자 **astute** 약삭빠른 **flippant** 경솔한 **tumultuous** 떠들썩한, 격동의 **autonomous** 자주적인 정답_(c)

38

Trisha Jackson so ______________ the concept of a socialite that she has become synonymous with the term.

(a) qualifies (b) drenches
(c) embodies (d) segregates

번역
트리샤 잭슨은 사교계 명사의 개념을 구현하면서 그녀는 그 용어와 같은 의미가 되었다.
(a) 자격이 있다 (b) 흠뻑 적시다
(c) 구현하다 (d) 분리하다

기출 공략
사교계 명사와 같은 의미가 되었다는 것은 그 용어를 대표한다는 것이다. 그 사람만 보아도 그 단어가 떠오르게 될 것이므로 개념을 구현한다는 (c)가 정답이다.
socialite 사교계 명사 **synonymous** 의미가 같은 **qualify** 자격이 있다 **drench** 흠뻑 적시다 **embody** 구현하다, 구체화하다 **segregate** 분리하다, 차별하다 정답_(c)

39

To ______________ the one hundredth anniversary of independence, the country's post office issued a special postage stamp.

(a) design (b) mediate
(c) ameliorate (d) commemorate

번역
100번째 독립 기념일을 기념하기 위해 그 국가의 우체국은 특별 우표를 발행했다.
(a) 디자인하다 (b) 중재하다
(c) 개선하다 (d) 기념하다

기출 공략
특별 우표를 발행하는 상황이라면 독립 기념일을 기념하기 위한 것임을 알 수 있다. 따라서 (d)가 정답이다.
independence 독립 **issue** 발행하다 **postage stamp** 우표 **design** 디자인하다 **mediate** 중재하다 **ameliorate** 개선하다 **commemorate** 기념하다 정답_(d)

40

The mounting ______________ between the two clans culminated in a declaration of war.

(a) velocity (b) hostility
(c) mobility (d) elasticity

번역
두 씨족 간의 커져 가는 적대감은 전쟁 선포로 막을 내렸다.
(a) 속도 (b) 적대감
(c) 이동성 (d) 탄성

기출 공략
두 씨족 사이의 전쟁의 계기가 되는 것이므로 부정적인 단어가 와야 한다. '적대감'이 적절하므로 (b)가 정답이다.
mounting 증가하는, 커져 가는 **clan** 씨족, 문중 **culminate** 끝이 나다, 막을 내리다 **declaration** 선언, 공표 **velocity** 속도 **hostility** 적대감 **mobility** 이동성 **elasticity** 탄성 정답_(b)

41

Tammy put out the small fire that broke out in her home by ______________ the flames with a cloth.

(a) soothing (b) tumbling
(c) mustering (d) smothering

번역

태미는 천으로 불길을 덮음으로써 그녀의 집에 발생했던 작은 불을 껐다.

(a) 진정시키다 (b) 굴러 떨어지게 하다
(c) 소집하다 (d) 덮어서 끄다

기출 공략

결론은 불을 껐다는 것인데 천으로 어떻게 하면 불을 끌 수 있을지 생각하면 쉽게 찾을 수 있다. smother는 '무엇을 덮어 불을 끄다'는 뜻이므로 (d)가 정답이다.

put out 불을 끄다 **break out** 발생하다 **flame** 불길, 불꽃 **cloth** 옷감, 직물 **soothe** 진정시키다 **tumble** 굴러 떨어지게 하다 **muster** 소집하다 **smother** 덮어서 끄다

정답_(d)

42

The car accident was minor, but it still left the street strewn with broken glass and other ______________.

(a) debris (b) havoc
(c) rancor (d) turmoil

번역

자동차 사고는 경미했지만 아직도 거리에 깨진 유리와 다른 잔해가 흩어져 있다.

(a) 잔해 (b) 대파괴
(c) 원한 (d) 혼란

기출 공략

minor와 but에 주목한다. 사고 자체는 크지 않았어도 아직도 뭔가 진행 중이려면 '잔해'가 있다는 것이 자연스럽다. 따라서 (a)가 정답이다.

minor 경미한, 사소한 **strew** 흩뿌리다 **debris** 잔해 **havoc** 대파괴 **rancor** 원한 **turmoil** 혼란

정답_(a)

43

The CEO confirmed that the company is not cancelling the staff bonus and hopes this assurance will ______________ any unfounded rumors of bankruptcy.

(a) dispel (b) amend
(c) initiate (d) wrangle

번역

그 최고 경영자는 회사가 직원 보너스를 취소하지 않을 것임을 확정했고, 이 보장이 파산에 대한 어떠한 근거 없는 소문이라도 없애길 바라고 있다.

(a) 없애다 (b) 수정하다
(c) 시작하다 (d) 언쟁하다

기출 공략

직원에게 지급할 보너스를 취소하지 않기로 한 것은 파산에 대한 소문을 없애길 바라는 것이다. 따라서 (a)가 정답이다.

confirm 확정하다 **assurance** 보장, 장담 **unfounded** 근거 없는, 사실 무근의 **bankruptcy** 파산 **dispel** 없애다 **amend** 수정하다 **initiate** 시작하다 **wrangle** 언쟁하다

정답_(a)

44

Veerman Bank's monthly fee of $3.99 is ______________ compared to the much larger banking fees charged by its competitors.

(a) clerical (b) belittled
(c) nominal (d) petulant

번역

비어만 은행의 월 3달러 99센트 수수료는 경쟁사들에 의해 부과된 훨씬 더 많은 은행 수수료와 비교하면 아주 적다.

(a) 사무직의 (b) 하찮은
(c) 아주 적은 (d) 심통 사나운

기출 공략

빈칸 바로 뒤에 나오는 비교 단어에 주목한다. 경쟁 은행의 훨씬 더 많은 수수료가 언급되었다면 빈칸에는 반대로 적다는 의미가 들어가야 한다. 따라서 (c)가 정답이다.

charge 청구하다 **clerical** 사무직의 **belittled** 하찮은 **nominal** 명목상의, 아주 적은 **petulant** 심통 사나운

정답_(c)

45

The Olympic medalists were ____________ by fans in their home nations for their excellent performance at the games.

(a) lauded (b) taunted
(c) mollified (d) procured

번역

올림픽 메달리스트들은 경기에서 그들의 훌륭한 성과 때문에 고국에서 팬들의 칭찬을 받았다.

(a) 칭찬하다 (b) 조롱하다
(c) 진정시키다 (d) 입수하다

기출 공략

올림픽에서 메달을 딴 사람들이 경기에서 보여 준 훌륭한 결과로 인해 '칭찬을 받았다'는 것이 적절하다. 따라서 (a)가 정답이다.

home nation 고국, 조국 **laud** 칭찬하다 **taunt** 조롱하다
mollify 진정시키다 **procure** 입수하다 정답_(a)

46

The price of coffee in some shops has become ____________, rising far beyond what is justified by the shops' expenses.

(a) oblique (b) portentous
(c) impeccable (d) extravagant

번역

일부 상점들의 커피 가격이 터무니없는데, 상점 비용에 의해 정당화될 수 있는 수준을 훨씬 넘게 올랐다.

(a) 완곡한 (b) 불길한
(c) 흠 잡을 데 없는 (d) 지나친

기출 공략

커피 가격이 상점 비용을 감안한다고 해도 그걸 훨씬 넘는 수준이라면 가격이 지나치게 비싸다는 걸 알 수 있다. 따라서 (d)가 정답이다.

justify 정당화하다 **oblique** 완곡한 **portentous** 불길한
impeccable 흠 잡을 데 없는 **extravagant** 지나친 정답_(d)

47

Both sides in the immigration debate have used language that can only be described as ____________, inciting passionate reactions.

(a) incendiary (b) nonchalant
(c) phlegmatic (d) unflappable

번역

이민 논쟁의 양측은 자극적인 말만 쓰면서 열렬한 반응을 선동하고 있다.

(a) 자극적인 (b) 차분한
(c) 침착한 (d) 동요하지 않는

기출 공략

빈칸 뒤에서 열렬한 반응을 선동한다는 내용이 나오는데 선동을 할 수 있는 것은 '자극적인' 말이다. 따라서 (a)가 정답이다.

immigration 이민, 이주 **incite** 선동하다, 조장하다
passionate 열렬한 **reaction** 반응 **incendiary** 자극적인
nonchalant 차분한, 무심한 **phlegmatic** 침착한 **unflappable** 동요하지 않는

정답_(a)

48

When the old museum could no longer pay for maintenance, it called for donations to ____________ the costs.

(a) avert (b) defray
(c) salvage (d) conciliate

번역

그 오래된 박물관이 더 이상 유지 보수에 돈을 지불할 수 없었을 때 비용 부담을 위해서 기부를 요구했다.

(a) 피하다 (b) 비용을 부담하다
(c) 인양하다 (d) 회유하다

기출 공략

when 절을 보면 더 이상 유지 보수할 돈이 없다고 했으므로 이 비용을 충당하기 위해 기부가 필요한 상황이다. 따라서 (b)가 정답이다.

maintenance 유지 보수 **call for** 요구하다, 필요로 하다
donation 기부 **avert** 피하다 **defray** 비용을 부담하다
salvage 인양하다 **conciliate** 회유하다 정답_(b)

49

Andrew's disrespect for his coworkers was so ______________ that it could hardly be missed by observers.

(a) blatant (b) pudgy
(c) stingy (d) tepid

번역

동료들에 대한 앤드류의 무례함은 너무 노골적이라서 목격자들이 보지 않고 지나칠 수 없었다.

(a) 노골적인 (b) 땅딸막한
(c) 인색한 (d) 미지근한

기출 공략

못 보고 그냥 지나칠 수 있는 상황이 아니라면 무례한 정도가 심했다는 것이다. 따라서 (a)가 적절하다.

disrespect 무례, 결례 **observer** 목격자, 참관인 **blatant** 노골적인 **pudgy** 땅딸막한 **stingy** 인색한 **tepid** 미지근한 정답_(a)

50

While contaminants were found in the city's water supply, they were in such ______________ amounts that they posed no public health risk.

(a) dissolute (b) ephemeral
(c) constrained (d) infinitesimal

번역

오염 물질이 시의 상수도에서 발견되었음에도 불구하고, 그 양이 매우 적어서 공중 보건 위험을 일으키지 않았다.

(a) 방탕한 (b) 수명이 짧은
(c) 부자연스러운 (d) 극소량의

기출 공략

오염 물질이 발견되었으나 위험 수준은 아니었다고 했으므로 그 양이 적다는 걸 알 수 있다. 따라서 (d)가 정답이다.

contaminant 오염 물질 **water supply** 상수도 **pose** 일으키다 **risk** 위험 **dissolute** 방탕한 **ephemeral** 수명이 짧은 **constrained** 부자연스러운 **infinitesimal** 극소량의 정답_(d)

Reading Comprehension

1

Here at Miller Furniture, we're ____________. After last year's tremendous response, we decided to make it an annual event. So come down this Saturday, when we'll once again be selling all our floor models at 75% off the retail price in order to make room for next season's stock. This special sale is first-come, first-served and only includes the furniture currently set up in our showroom. These items won't last long, so come early!

(a) selling incoming items at a discount
(b) starting a customer rewards program
(c) giving a sneak preview of our new stock
(d) holding another sale on display furniture

번역

저희 밀러 가구점은 다시 한 번 전시 가구 세일을 할 예정입니다. 작년의 폭발적인 반응이 있은 후, 저희는 이것을 연례행사로 삼기로 결정했습니다. 이번 주 토요일에 다음 시즌을 위한 재고 공간을 마련하기 위해서 다시 한 번 모든 매장 진열 모델들을 소비자 가격의 75%에 판매할 예정입니다. 이 특별 세일은 선착순으로 구입할 수 있으며, 현재 전시룸에 설치되어 있는 가구에만 한정됩니다. 이 물건들은 금방 소진될 것이니 빨리 오시기 바랍니다!
(a) 들어오는 제품을 할인 판매할 것입니다
(b) 고객 보상 프로그램을 시작할 것입니다
(c) 새 재고품을 엿볼 수 있는 시간을 드릴 것입니다
(d) 다시 한 번 전시 가구 세일을 할 예정입니다

기출 공략

한 가구점이 다음 시즌에 새로 들여올 재고를 위해서 현재 매장에 전시된 제품을 할인 판매할 것이라는 광고문이다. 따라서 정답은 (d)이다. 세일 대상은 현재 매장에 진열된 제품에 한하며, 새로 들어오는 물건은 세일 대상이 아니므로 (a)는 정답이 될 수 없다.
tremendous 엄청난 **annual** 연례의 **floor model** 진열 상품 **retail price** 소비자 가격 **stock** 재고 **first-come, first-served** 선착순의 **showroom** 진열실 **incoming** 들어오는 **sneak** 몰래 하는 **preview** 미리 보기

정답_(d)

2

In March 2012, the people of Kiribati found that they would have to ____________. At that time, Anote Tong, the president of the island nation, entered talks with Fiji's government to buy 5,000 acres of Fijian land. Rising ocean levels linked to global warming had already inundated several Kiribati villages, and Tong declared that there was no choice but to relocate his 113,000 citizens. According to his plan, the citizens of Kiribati will gradually be evacuated to Fiji, making them the first people to lose their entire homeland to global climate change.

(a) cede a substantial amount of territory to neighboring Fiji
(b) redouble its efforts to reverse the effects of climate change
(c) abandon their land because of the effects of global warming
(d) create barriers to protect its territory from encroaching tides

번역

2012년 3월, 키리바시 국민들은 지구 온난화의 영향으로 자신들의 땅을 포기해야 한다는 것을 알게 되었다. 당시 섬 국가의 대통령 아노테 통은 피지 땅 5천 에이커를 매입하기 위해 피지 정부와 회담을 시작했다. 지구 온난화와 관계있는 해수면 상승으로 몇몇 키리바시 마을이 이미 물에 잠겨, 통 대통령은 113,000명의 시민들을 이주시키는 것 이외에는 다른 방법이 없다고 선언했다. 그의 계획에 따라 키리바시 시민들은 순차적으로 피지로 대피할 것이며, 이로 인해서 그들은 세계 기후 변화에 자신들의 고향을 내준 최초의 사람들이 되었다.
(a) 이웃 나라 피지에 넓은 면적의 영토를 양도해야
(b) 기후 변화의 영향을 되돌리기 위한 노력을 배가해야
(c) 지구 온난화의 영향으로 자신들의 땅을 포기해야
(d) 영토를 잠식해 오는 바닷물을 막을 장벽을 만들어야

기출 공략

지구 온난화에 따른 해수면 상승으로 키리바시 마을이 물에 잠겨 시민들이 피지로 이주해야 한다는 글이다. 따라서 정답은 (c)이다. 키리바시가 피지에 영토를 양도하는 것이 아니라 키리바시 주민들이 살 수 있는 피지 영토의 일부분을 사들이는 것이므로 (a)는 정답이 될 수 없다.
enter 시작하다 **inundate** 침수시키다 **relocate** 이주시키다 **gradually** 점진적으로 **evacuate** 대피시키다 **homeland** 고국, 조국 **cede** 양도하다 **substantial** 막대한, 많은 **territory** 영토 **neighboring** 인접한 **redouble** 배가하다 **reverse** 뒤바꾸다 **abandon** 포기하다 **barrier** 장벽 **encroach** 침입하다 **tide** 조수

정답_(c)

3

When the bubonic plague was ravaging Europe during the sixteenth century, nutmeg, a common spice, was looked to as a form of protection. People began wearing satchels of nutmeg, a move contemporary society might deem superstitious. People at the time attributed the spread of the plague to "foul odors," and many believed nutmeg's pungent aroma would fend off tainted air. Indeed, the nutmeg was effective as a preventative measure, but for a different reason: it repelled the fleas whose bites actually spread the disease. It seems that nutmeg ____________.

(a) masked the odor given off by plague sufferers
(b) was used to soothe the pain of infected flea bites
(c) was never actually used to reduce the risk of infection
(d) had some value after all in preventing the plague's spread

번역

16세기에 페스트가 유럽을 휩쓸었을 때 흔한 향신료였던 육두구는 예방책의 하나로 여겨졌다. 사람들은 육두구 가방을 메고 다니기 시작했는데, 이는 현대사회에서는 미신으로 여겼을 법한 움직임이었다. 그 당시 사람들은 페스트의 확산을 '악취' 때문이라고 여겼는데 많은 사람들이 육두구의 톡 쏘는 냄새가 이 오염된 공기를 막아줄 것이라고 믿었다. 정말로 육두구는 예방책으로 효과가 있었는데 그 이유는 다른 데 있었다. 육두구는 벼룩을 내쫓는 효과가 있었는데, 실제로 벼룩을 통해 병이 번지고 있었다. 육두구는 어쨌든 전염병 확산의 예방에 있어서 어느 정도의 효과는 있었던 것 같다.

(a) 전염병 환자들에게서 풍기는 악취를 없앴던
(b) 벼룩 물린 곳의 고통을 경감시키는 데 사용됐던
(c) 실제로 전염 위험을 줄이는 데 사용된 적이 전혀 없었던
(d) 어쨌든 전염병 확산의 예방에 있어서 어느 정도의 효과는 있었던

기출 공략

육두구는 병을 옮기는 벼룩을 내쫓는 효과가 있어 전염병 확산 예방에 어느 정도 효과가 있었다는 내용이므로 정답은 (d)이다.

bubonic plague 페스트 **ravage** 파괴하다 **nutmeg** (향신료) 육두구 **spice** 향신료 **satchel** 가방 **contemporary** 현대의 **deem** 여기다 **superstitious** 미신적인 **attribute** ~의 탓으로 돌리다 **foul** 더러운 **odor** 냄새 **pungent** 톡 쏘는 듯한 **aroma** 향기 **fend off** 막다 **taint** 더럽히다 **preventative** 예방적인 **measure** 조치 **repel** 쫓아내다 **mask** (냄새 등을) 없애다 **give off** (냄새 등을) 풍기다 **soothe** 진정시키다

정답_(d)

4

Babyco would like to apologize to our customers for ____________. Following complaints about our Strollercoaster line of baby carriages, we have determined that the product contains defective components. The problem is with the braking mechanism: the stroller may indicate that it is locked when in fact it remains unlocked. We are happy to exchange any malfunctioning strollers, or to provide a redesigned component free of charge to solve this issue.

(a) discontinuing one of our most popular products
(b) a design flaw that makes our strollers lock abruptly
(c) failing to investigate complaints about our line of strollers
(d) a faulty mechanism that compromises our strollers' safety

번역

베이비코는 고객들에게 유모차의 안전성을 떨어뜨린 결함이 있는 기계 장치에 대해 사과드리고 싶습니다. 저희는 스트롤러코스터 유모차 제품군에 대한 항의 후에 부품 결함이 있다고 결론을 내렸습니다. 문제는 제동 장치에 있었습니다. 유모차는 실제 잠겨 있지 않을 때 잠겨 있다고 표시되기도 했던 것입니다. 저희는 이 문제를 해결하기 위해 오작동 유모차는 전부 교환해 드리거나 새로 설계한 부품을 무료로 제공해 드릴 수 있어서 다행으로 생각합니다.

(a) 가장 인기 있는 제품 중 하나를 판매 중단하기로 한 것
(b) 갑자기 유모차가 잠기는 설계상의 결함
(c) 유모차 제품군에 대한 항의에 대해 조사를 하지 못한 점
(d) 유모차의 안전성을 떨어뜨린 결함이 있는 기계 장치

기출 공략

지문에 언급된 유모차는 잠겨 있지 않은데도 잠겨 있다고 표시되는 오작동을 일으키고 있다. 이 오작동은 안전과 관련된 문제라고 할 수 있으므로 정답은 (d)이다.

line 상품의 종류, 제품군 **baby carriage** 유모차 **determine** 결정하다 **defective** 결함이 있는 **component** 부품 **braking** 제동 **mechanism** 기계 장치 **stroller** 유모차 **indicate** 나타내다 **locked** (잠금 장치가) 잠긴 **unlocked** 풀린 **malfunction** 오작동하다 **redesign** 다시 설계하다 **free of charge** 무료로 **discontinue** (판매 등을) 중지하다 **flaw** 결함 **abruptly** 갑자기 **investigate** 조사하다 **faulty** 결함이 있는 **compromise** (질을) 떨어뜨리다

정답_(d)

5

Classic arcade games often have a "kill screen" that appears towards the end of the game and is ______________. The kill screen for the classic game *Dig Dug*, for example, has the level starting with the enemy directly on top of the *Dig Dug* character: a position that leaves the player no way to win. This kind of glitch stems from a particular bug in the game's programming. Basically, a kill screen is a coding blunder that prevents the player from advancing once they have reached that point in the game.

(a) considered the most difficult level to beat
(b) the result of an error in the game's coding
(c) where the player accomplishes his mission
(d) accessible only by using a secret cheat code

번역

고전적인 오락실 게임에는 게임 막바지를 향해 갈 때 종종 나타나는 '킬스크린'이라는 것이 있는데, 이것은 게임 코드 오류의 결과물이다. 예를 들어, 고전 게임 '딕덕'의 킬스크린은 적이 딕덕 바로 위에서 시작하는 단계가 있는데, 이 위치는 게이머가 도저히 이길 수 없는 위치이다. 이런 종류의 결함은 게임 프로그래밍의 특정 오류 때문에 발생한다. 기본적으로 킬스크린은 게이머가 그 단계에 이르렀을 때 다음 단계로 나아가는 것을 방해하는 코드 작업상의 실수이다.

(a) 제일 깨기 어려운 단계로 여겨진다
(b) 게임 코드 오류의 결과물이다
(c) 게이머가 임무를 완료하는 단계이다
(d) 비밀 속임수 코드를 이용해야만 접근할 수 있다

기출 공략

킬스크린은 게이머가 다음 단계로 나아가는 것이 도저히 불가능한 단계이며, 이는 게임 코드상의 실수 때문에 나타난다고 말하고 있다. 따라서 정답은 (b)이다. 깨기 어려운 것이 아니라 깨는 것이 불가능한 것이므로 (a)는 정답이 될 수 없다.

arcade 오락실 **glitch** 결함 **stem from** ~에서 야기되다 **particular** 특정한 **bug** 결함 **basically** 기본적으로 **code** (프로그램을) 코드화하다 **blunder** 실수 **advance** 나아가다 **accomplish** 성취하다 **accessible** 접근할 수 있는 **cheat** 속임수

정답_(b)

6

In Nathaniel Hawthorne's *The Scarlet Letter*, the wilderness becomes a powerful symbol of ______________. While most of the novel takes place in an isolated outpost on the American frontier, a number of scenes occur in the surrounding wilderness. These scenes show the characters escaping the strict rules of Puritan society in order to explore their own thoughts and desires. Thus, the wilderness is associated with a state of liberation which both allows people to develop their personal identities and leads them into conflict with the town's authorities.

(a) humanity's utter powerlessness over nature
(b) the authority of the rulers of Puritan society
(c) the isolation that comes with social conformity
(d) emancipation from oppressive social conventions

번역

나다니엘 호손의 〈주홍글자〉에서 야생 환경은 억압적인 사회 규범으로부터의 해방을 나타내는 강력한 상징이 된다. 소설 속 사건의 대부분은 미국 변경의 소도시에서 발생하지만, 그 주위를 둘러싼 야생 환경을 배경으로 한 장면도 상당수 있다. 이 장면들은 등장인물이 자신들의 생각과 욕망을 탐구하기 위해 청교도 사회의 엄격한 규칙에서 벗어나는 것을 보여 준다. 그러므로 야생 환경은 자유 상태와 관계되며, 이 둘 모두 사람들이 자신의 정체성을 발전시키고 마을의 권위와 갈등을 일으키게 한다.

(a) 인간의 자연에 대한 완전한 무기력
(b) 청교도 사회 지도자의 권위
(c) 사회에 순응함으로써 생겨나는 격리
(d) 억압적인 사회 규범으로부터의 해방

기출 공략

주변에 있는 야생 지역에서 일어나는 장면은 엄격한 사회적 규칙에서 탈피해서 자신의 가치를 추구하는 등장인물들을 보여 준다고 말하고 있으므로 정답은 (d)이다.

wilderness 야생 환경 **isolated** 외딴 **outpost** 소도시 **frontier** (개척지의) 변경 **occur** 발생하다 **surrounding** 둘러싼 **scene** 장면 **character** 등장인물 **escape** 탈출하다 **Puritan** 청교도(의) **explore** 탐구하다 **be associated with** ~와 결합되다 **liberation** 자유 **identity** 정체성 **conflict** 충돌 **authority** 권한을 가진 사람 **humanity** 인류 **utter** 완전한 **powerlessness** 무기력 **isolation** 고립 **conformity** 순응 **emancipation** 해방 **oppressive** 억압적인 **convention** 관습

정답_(d)

7

The latest exhibition at the Bruin Gallery, "Early English Romantic Paintings," includes beautiful works from the late eighteenth and early nineteenth centuries. But it hardly does the period justice. An exhibition claiming to tell the story of a period ought to display works that show the period's stylistic and thematic development. The Bruin allowed this opportunity to slip through its fingers—showing only the best-known works, while leaving huge gaps in its representation of the period. Overall, the exhibition provides a glimpse into early English romantic paintings, but one that ____________.

(a) includes too many unrelated works from other eras
(b) fails to present a complete picture of the movement
(c) blunts its impact by trying to showcase too many styles
(d) leaves out the works people are most likely to recognize

번역

최근 브루인 미술관에서 열린 '영국의 초기 낭만주의 회화전'은 후기 18세기와 초기 19세기의 아름다운 작품들이 포함된다. 하지만 이 전시회는 당대를 충분히 보여 주지 못한다. 시대의 이야기를 들려준다고 주장한 전시회는 그 시대의 양식과 주제적인 발전을 보여 줄 수 있는 작품을 전시해야 한다. 브루인 미술관은 잘 알려진 작품들만 전시하고 시대를 보여주는 데는 큰 구멍을 남김으로써 이런 기회를 날려 버렸다. 전반적으로 전시회는 영국 초기의 낭만주의 회화를 살짝 보여 주는 데 그치고, 이 사조의 전체 그림을 보여 주는 것은 실패했다.

(a) 다른 시대의 관계없는 작품들을 너무 많이 포함했다
(b) 이 사조의 전체 그림을 보여 주는 것은 실패했다
(c) 너무 많은 양식들을 보여 주려고 해서 그 효과를 약화시켰다
(d) 사람들이 가장 잘 알아볼 법한 그림들은 빼놓았다

기출 공략

전시회가 한 시대의 이야기를 들려준다는 미술관 측의 주장과는 달리, 실상 가장 유명한 그림들만 진열해 놓아서 시대의 양식과 주제적인 발전을 파악할 수 없었다고 말하고 있다. 따라서 이 전시회는 사조의 전체적인 그림을 제시하지 못했음을 알 수 있다. 따라서 (b)가 정답이다.

Romantic 낭만주의의 **do justice** 있는 그대로 보여 주다 **claim** 주장하다 **stylistic** 양식적인 **thematic** 주제적인 **slip through one's fingers** (기회 등이) 사라져 버리다 **gap** (정보 등이) 빠져 있는 부분 **representation** 나타냄 **glimpse** 잠깐 봄 **movement** (사회적) 운동, 사조 **blunt** 약화시키다 **showcase** 전시하다 **leave out** ~을 빼놓다

정답_(b)

8

To the Editor:

Your article on the inspirational athlete John Burns showed that he does not take health in body and mind for granted. However, it also continually referenced Burns's handicap. That he uses a wheelchair is incidental to his athleticism and should have been mentioned only once in your profile. Instead, nearly every paragraph mentions his impairment, and his courage and tenacity as an athlete are glossed over. Burns is a hero in every sense of the word, and your article ____________.

Sincerely,
Jack Baxter

(a) gave too little attention to the injury that handicapped him
(b) marginalized him while focusing on able-bodied athletes
(c) should have focused less on his physical disability
(d) clearly identified what motivates him to succeed

번역

편집자님께:

영감을 주는 선수인 존 번즈에 대한 귀하의 기사에서 그는 심신의 건강을 당연한 것으로 받아들이지 않는다는 것을 보여 주었습니다. 그러나 동시에 그 기사는 계속해서 번즈의 장애를 언급하고 있습니다. 그가 휠체어를 사용한다는 사실은 그의 운동 능력에 비하면 부차적인 것이며, 당신이 쓴 프로필에서 단 한 번만 언급되었어야 했습니다. 대신 거의 모든 단락에서 그의 장애가 언급되었고, 운동선수로서의 그의 용기와 끈기는 대충 얼버무리고 넘어갔습니다. 번즈는 모든 면에서 영웅이며, 당신의 기사는 그의 신체적인 장애에 덜 주목해야 했었습니다.

잭 백스터

(a) 그를 불구로 만들었던 부상에는 거의 주목하지 않았습니다
(b) 몸이 건강한 선수들에 집중한 반면 그는 하찮게 취급했습니다
(c) 그의 신체적인 장애에 덜 주목해야 했었습니다
(d) 무엇이 그에게 성공할 동기를 주었는지 확실히 밝혔습니다

기출 공략

필자는 존 번즈를 다룬 기사가 운동선수로서의 능력, 용기, 끈기 같은 면은 소홀히 다루고 신체적인 장애만 반복해서 언급한 점을 유감스럽게 생각하고 있다. 따라서 정답은 (c)이다.

inspirational 영감을 주는 **take ~ for granted** ~를 당연히 여기다 **continually** 계속해서 **reference** 언급하다 **handicap** 장애, 불구로 만들다 **incidental** 부차적인 **athleticism** 운동 능력 **profile** 프로필, 개요서 **impairment** 불구, 장애 **tenacity** 끈기 **gloss over** 하찮게 취급하다 **in every sense of the word** 모든 면에서 **marginalize** 하찮게 취급하다 **able-bodied** 건강한 **disability** 장애 **identify** 밝히다

정답_(c)

9

Dieters are often advised to drink eight glasses of water per day to flush toxins from their bodies. Although I'd never felt so much was needed, I gave it a try when I decided to lose weight last year. Much to my surprise, about a week into my experiment, I began feeling fatigue and nausea. I visited my doctor and he told me I was washing too much sodium from my system and advised me to reduce my water intake. So while many do need to drink eight glasses of water a day, ______________.

(a) I needed much more than that to stay healthy
(b) I have never tried to implement the plan myself
(c) it is only advisable for those on a weight loss plan
(d) it is just a guideline and not universally applicable

번역

체중 감량을 하는 사람들은 종종 하루에 8잔의 물을 마셔서 몸 밖으로 독소를 배출하라는 조언을 듣는다. 그렇게 많이 필요하다고 느낀 적은 없었지만 작년에 체중 감량을 결심하고 한번 시도해 보았다. 놀랍게도 1주가 지나자, 나는 피로와 메스꺼움을 느꼈다. 병원에 갔더니 의사가 내 몸에서 나트륨이 너무 많이 배출되고 있어서 물 섭취를 줄이라고 말했다. 많은 사람들이 하루에 물 8잔을 마실 필요는 있지만, 이것은 그저 지침일 뿐 누구에게나 적용될 수 있는 것은 아니다.
(a) 나는 건강을 유지하기 위해서 그것보다 더 많이 필요했다.
(b) 나는 그 계획을 직접 실행한 적이 결코 없다.
(c) 그것은 체중 감량 계획이 있는 사람들에게만 권할 만하다
(d) 이것은 그저 지침일 뿐 누구에게나 적용될 수 있는 것은 아니다

기출 공략

체중 감량을 위해 하루 8잔의 물을 마시고 나서 오히려 부작용이 일어났다는 내용이다. 따라서 8잔의 물을 마시는 것은 누구나 똑같이 적용될 수 없고 지침으로서만 참고하는 것이 좋다는 내용이 들어가야 한다. 따라서 정답은 (d)이다.

flush 물로 씻어 없애다 **toxin** 독소 **give it a try** 시도하다 **much to one's surprise** 놀랍게도 **experiment** 실험 **fatigue** 피로 **nausea** 메스꺼움 **sodium** 나트륨 **intake** 섭취 **implement** 적용하다 **weight loss** 체중 감량 **guideline** 지침, 가이드라인 **universally** 보편적으로, 누구에게나 **applicable** 적용될 수 있는

정답_(d)

10

Since Arthur Conan Doyle created the highly rational detective Sherlock Holmes, it would seem safe to assume that he was dedicated to a highly rational and scientific worldview. Yet this was not the case. In his later years, Doyle was enamored of spiritualism, or the belief that supernatural beings communicate with the living. These views led him to behave in ways not in keeping with his celebrated protagonist, such as defending the existence of fairies and gnomes. That Doyle was such a fervent adherent of the supernatural ______________.

(a) explains why his characters tended to embody those views
(b) was something he did not reveal to even his closest friends
(c) is surprising given the nature of his chief fictional protagonist
(d) undermined his ability to craft convincingly rational characters

번역

아서 코난 도일은 매우 논리적인 탐정 셜록 홈즈를 탄생시켰기 때문에 작가 자신도 매우 이성적이고 과학적인 세계관에 전념했을 것이라고 가정한다고 해도 틀리지 않아 보였을지도 모른다. 하지만 사실은 그렇지 않았다. 도일은 후년에 심령론, 즉 초자연적인 존재가 생명체들과 소통을 한다는 믿음에 심취했다. 이러한 시각은 그가 요정이나 땅의 정령의 존재를 지지하는 것에서 볼 수 있듯이 그의 유명한 주인공과는 일치하지 않는 방식으로 행동하게 했다. 도일이 초자연적 존재에 대한 열렬한 지지자라는 사실은 그의 소설 속 주인공의 성격을 고려할 때 놀라운 일이다.
(a) 그의 등장인물들이 그러한 관점을 구현하는 경향이 있는 이유를 설명한다
(b) 그의 가까운 친구들에게 조차 밝히지 않은 것이다
(c) 그의 소설 속 주인공의 성격을 고려할 때 놀라운 일이다
(d) 설득력 있게 논리적인 등장인물을 만들어 내는 능력을 저하시켰다

기출 공략

그의 소설 속에서 논리적 사고를 하는 탐정과는 달리 작가 자신은 요정과 같은 초자연적 존재를 지지했다는 내용이다. 소설 속 주인공과 작가 자신의 성향이 정반대라고 할 수 있으므로 정답은 (c)이다.

detective 탐정 **be dedicated to** ~에 전념하다 **worldview** 세계관 **this is not the case** (앞에서 언급했던 것과 달리) 사실은 그렇지 않다 **enamored** 홀딱 반한 **spiritualism** 심령론 **supernatural** 초자연적인 **being** 존재 **in keeping with** ~와 일치하여 **celebrated** 유명한 **protagonist** 주인공 **defend** 지지하다 **existence** 존재 **gnome** 땅속의 요정 **fervent** 열렬한 **adherent** 지지자 **embody** 구현하다, 나타내다 **undermine** 약화시키다 **craft** 만들어 내다 **convincingly** 설득력 있게

정답_(c)

11

The flow of ancient artifacts into the United States has been waning, and now many items are making their way back out of the US. For decades, collectors purchased these relics without concern for their provenance. However, a new emphasis on documenting how artifacts were acquired revealed that many objects owned by collectors had been obtained by looters and smuggled abroad. Recently, these items have begun to be returned to their countries of origin, with Italy and Greece, for instance, receiving approximately $1 billion worth of stolen goods. These countries have benefited from this trend in America to ___________.

(a) pay huge sums to purchase their historical artifacts
(b) prosecute its citizens for looting archaeological sites
(c) replace lost objects with items from their own collections
(d) scrutinize artifacts' provenance and repatriate stolen ones

번역

미국으로 유입되는 고대 유물들이 줄어들고 있고, 이제는 오히려 많은 유물들이 다시 미국을 빠져나가고 있다. 몇십 년 동안 수집가들은 이 유물들의 출처에 대해 신경 쓰지 않고 사들였다. 그러나 유물들이 습득된 경위를 기록하는 것이 새롭게 강조되면서, 수집가들이 소장하고 있는 유물 중 상당수가 도굴꾼들이 습득해서 해외로 밀수된 것이라는 사실이 밝혀졌다. 최근 이 유물들이 본국으로 반환되기 시작하면서 이탈리아와 그리스 같은 국가들은 약 10억 달러 가치의 도난 유물들을 환수했다. 이 국가들은 유물들의 출처를 조사해서 도굴된 것들은 반환하는 미국의 이와 같은 최근 움직임에 이익을 얻고 있다.

(a) 그들의 역사적 유물을 사들이기 위해서 엄청난 금액을 지불하는
(b) 그들의 시민들을 유적지를 도굴한 죄로 기소하는
(c) 잃어버린 물건들을 자신들의 수집품으로 대체하는
(d) 유물들의 출처를 조사해서 도굴된 것들은 반환하는

기출 공략

지문은 도굴꾼들에 의해서 해외로 밀반출되어서 미국으로 유입되었던 유물들이 다시 본국으로 반환되고 있다는 내용이다. 이탈리아와 그리스 같은 나라가 이익을 얻고 있는 이유는 미국이 도굴된 유물을 반환하고 있기 때문이므로 정답은 (d)이다.

flow 흐름, 유입 **artifact** 유물 **wane** 줄어들다, 시들해지다 **relic** 유물 **provenance** 출처 **emphasis** 강조 **document** 기록하다 **obtain** 획득하다 **looter** 약탈자 **smuggle** 밀수하다 **prosecute** 기소하다 **loot** 훔치다 **archaeological** 고고학의 **scrutinize** 조사하다 **repatriate** (본국으로) 반환하다 정답_(d)

12

Some countries have faced a tough choice between food and energy. As these countries cultivate crops such as corn and wheat to create biofuels, they sacrifice grains and farmland that can be used to feed their populations. To address this issue, researchers are attempting to develop a second-generation of biofuels using weeds that grow on infertile land or waste water—such as duckweed—as bioenergy sources. If successful, these second-generation biofuels will allow researchers to solve the problem of first-generation biofuels by ___________.

(a) using animal fats that are discarded by humans
(b) utilizing plants prized for yielding both food and fuel
(c) consuming less energy than their predecessors to create biofuels
(d) providing renewable energy without compromising food sources

번역

어떤 국가들은 식량과 에너지 사이에서 힘든 선택을 해야 하는 상황에 있다. 이 국가들은 바이오 연료를 생산하기 위해 옥수수나 밀 같은 곡물들을 경작하기 때문에 국민을 위한 식량으로 쓰일 수 있는 곡물과 농지를 희생해야만 한다. 이 문제를 해결하기 위해 연구자들은 좀개구리밥같이 불모지나 폐수에서 자라는 잡초를 이용해서 바이오 에너지원으로서 2세대 바이오 연료를 개발하려고 시도하고 있다. 만약 성공한다면 2세대 바이오 연료는 식량원을 줄이지 않고 재생 가능한 에너지를 공급함으로써 1세대 바이오 연료의 문제를 해결할 수 있을 것이다.

(a) 사람들이 버린 동물 지방을 이용해서
(b) 식량과 연료 둘 다 생산할 수 있는 매우 귀중한 식물들을 이용해서
(c) 바이오 연료를 생산해 내기 위해 이전 세대보다 에너지 소비를 줄여서
(d) 식량원을 줄이지 않고 재생 가능한 에너지를 공급함으로써

기출 공략

바이오 연료의 문제점은 식량원과 이를 재배할 농토가 부족해지는 데 있으므로, 폐수나 불모지에서 자라는 잡초를 이용해서 바이오 연료를 만들 수 있다면 식량원을 줄이지 않아도 연료를 생산할 수 있게 되므로 정답은 (d)이다.

cultivate 경작하다 **biofuel** 바이오 연료 **sacrifice** 희생하다 **address** 해결하다 **weed** 잡초 **infertile** (땅이) 불모의 **duckweed** (식물) 좀개구리밥 **bioenergy** 바이오 에너지 **discard** 버리다 **utilize** 이용하다 **prized for** ~으로 인해 귀중한 **yield** 생산하다 **consume** 소비하다, 섭취하다 **predecessor** 전임자 **renewable** 재생 가능한 **compromise** 양보하다, 타협하다

정답_(d)

13

The Bethlehem Hospital steering committee has concluded that the "tele-ICU" monitoring system for our intensive care unit ______________. The system, which allows doctors to remotely monitor patients' conditions using cameras, computers, and microphones, was designed to increase standards of treatment during busy periods. However, doctors and nurses found the tele-ICU system intrusive: many complained that the cameras in patient rooms made them fearful they were constantly being watched. And our data show that critical errors actually increased during the period the tele-ICU was in use.

(a) will permit the hospital to reduce the number of staff on duty
(b) has failed to improve the quality of patient care in the hospital
(c) requires a review to tackle issues related to equipment coordination
(d) provides effective monitoring of hospital personnel during treatment

번역

베들레헴 병원 운영 위원회는 우리의 집중 치료실을 위한 '원격 ICU' 감시 시스템이 병원에서 환자 관리의 질을 개선하는 데 실패했다고 결론을 내렸다. 이 시스템은 카메라, 컴퓨터, 마이크를 이용해서 의사가 원격으로 환자의 상태를 감시할 수 있도록 되어 있는데 이것은 바쁜 시간 동안 치료의 질적 수준을 높이기 위해 고안된 것이다. 그러나 의사와 간호사들은 원격 ICU 시스템이 방해가 된다는 것을 알게 되었다: 많은 사람들이 환자실의 카메라에 의해 자신들이 끊임없이 감시당한다는 불안에 빠지게 한다고 불만을 제기했다. 그리고 데이터에 의하면 실제적으로 치명적인 실수들이 원격 ICU 시스템이 사용 중일 때 증가했다고 한다.

(a) 병원이 근무 중인 직원들의 숫자를 줄이도록 해 줄 것이라고
(b) 병원에서 환자 관리의 질을 개선하는 데 실패했다고
(c) 장비 조정과 관련된 문제를 해결하기 위해서 평가가 요구된다고
(d) 치료 중에 병원 직원들을 효율적으로 감시할 수 있게 한다고

기출 공략

원격 ICU 감시 시스템은 바쁜 시간에 환자 관리를 보다 효과적으로 하기 위해서 시작되었지만, 많은 사람들은 자신들이 끊임없이 감시당한다고 느낄 뿐만 아니라 치명적인 의료상의 실수가 이 시스템이 사용 중일 때 늘어났다고 했다. 따라서 원격 ICU 시스템은 환자 관리의 질을 높이는 데 실패한 것이므로 정답은 (b)이다.

steering committee 운영 위원회 **intensive care unit** 집중 치료실 **remotely** 원격으로 **be designed to** ~하기 위해 고안되다 **intrusive** 방해가 되는 **on duty** 근무 중인 **tackle** (어려운 문제를) 다루다 **coordination** 조정

정답_(b)

14

In a study of attack advertising in politics, psychologist Drew Westen demonstrated that viewers of these ads ______________. Seeking to understand why candidates rely so heavily on a type of advertising that American viewers profess to despise, Westen examined the effects of two classic examples of the genre on viewers. What he discovered was that, despite their objection to the vicious nature of the advertisements, viewers were nonetheless affected by them in the way advertisers desired: viewers absorbed the negative associations that biased them against the advertisements' targets.

(a) do not pay them the attention that advertisers want them to
(b) are subconsciously influenced by messages they find offensive
(c) bounce back quickly from the initial negative impact of these ads
(d) helped change advertising practices by voicing their objections to them

번역

심리학자 드류 웨스턴은 정치에서의 비방 광고 연구를 통해 이러한 광고의 시청자가 불쾌하다고 느끼는 메시지에 무의식적으로 영향받는다는 것을 증명했다. 미국의 시청자들이 경멸한다고 고백하는 유형의 광고를 후보자들이 많이 사용하는 이유를 찾는 과정에서 웨스턴은 이러한 광고 유형 중 대표적인 두 편을 뽑아서 이들이 시청자에 미치는 영향을 관찰했다. 그가 발견한 것은 시청자들은 그런 광고의 나쁜 특성을 반대하면서도, 광고주가 원하는 대로 그런 광고에 의해 영향을 받았다는 것이다. 시청자들은 그 광고의 공격 대상에 대해 편견을 심어주는 부정적인 생각을 흡수했다.

(a) 광고주가 원하는 대로 그 광고에 주의를 기울이지 않는다는 것을
(b) 불쾌하다고 느끼는 메시지에 무의식적으로 영향받는다는 것을
(c) 처음 이 광고가 미쳤던 부정적 영향에서 재빨리 회복된다는 것을
(d) 그러한 광고 관행에 반대 목소리를 냄으로써 광고 관행을 바꾸는 데 도움을 줬다는 것을

기출 공략

시청자는 상대편을 비방하는 정치 광고를 싫어하면서도, 그 광고가 던지는 부정적인 메시지를 흡수해서 공격 대상인 상대편 후보자에 편견을 갖게 된다는 내용이므로 빈칸에 들어갈 알맞은 말은 (b)이다.

attack advertising 비방 광고 **politics** 정치 **psychologist** 심리학자 **demonstrate** 증명하다 **despise** 경멸하다 **classic** 전형적인 **objection** 반대 **vicious** 악의적인 **nonetheless** 그럼에도 불구하고 **association** (연상되는) 생각, 느낌 **bias** 편견을 갖게 만들다 **subconsciously** 무의식적으로 **offensive** 불쾌하게 하는 **bounce back** (원상태로) 회복하다 **initial** 처음의 **practice** 관행 **voice** (생각을) 표현하다

정답_(b)

15

American universities have increasingly sought to participate in the free market. No longer is higher education dedicated solely to the ideals of learning and scholarship. Rather, it is driven by profits. Universities are preoccupied with ways of generating income, such as sports programs, commercial research, and partnerships with large corporations. ______________, the traditional goals of the university are now taking a backseat to more worldly concerns.

(a) Regardless
(b) Nonetheless
(c) In other words
(d) That being said

번역

미국 대학들은 점점 더 많이 자유 시장에 진출하려고 하고 있다. 이제 더 이상 대학 교육은 배움과 학문의 이상만을 추구하지 않는다. 대학 교육은 오히려 이익에 따라 움직이고 있다. 대학들은 스포츠 프로그램, 상업적인 연구와 거대 기업과의 제휴를 통해서 수익 창출 방법을 찾는 데 몰두해 있다. 다시 말해서, 대학의 전통적인 목표는 이제 더 세속적인 관심의 뒷전으로 밀려난 것이다.

(a) 그럼에도 불구하고
(b) 그럼에도 불구하고
(c) 다시 말해서
(d) 그런 까닭에

기출 공략

최근의 대학은 순수하게 학문을 추구하기보다는 이익을 창출하려는 움직임을 보이고 있다는 내용이다. 빈칸 뒤에는 학문 연구보다 이익 창출이 더 중요해졌다는 내용으로 글 전체 내용을 요약해 주고 있으므로 빈칸에 들어갈 연결어는 (c)가 적절하다.

increasingly 점점 더 **seek** 추구하다 **participate in** 참여하다 **free market** 자유 시장 **higher education** 대학 교육 **be dedicated to** ~에 전념하다 **solely** 단지 **scholarship** 학문 **rather** 오히려 **drive** ~한 행동을 하게 만들다 **be preoccupied with** ~에 골몰하다 **generate** 생산하다, 창출하다 **income** 수입 **partnership** 제휴 **take a backseat to** ~의 뒷전으로 물러나다 **worldly** 세속적인

정답_(c)

16

In a series of classic lectures, the English poet W. H. Auden explored what distinguishes major from minor writers. He argued that minor writers produce consistently capable work, often in a personal style, yet never risk failure by experimenting with different techniques or undertaking ambitious projects. ______________, he argued, major writers come in two forms: those who devote their lives to a single, large-scale work, such as Dante, author of the *Divine Comedy*, and those who pursue a lifelong path of experimentation, such as Shakespeare.

(a) Otherwise
(b) In contrast
(c) For instance
(d) Nevertheless

번역

영국의 시인 W. H. 오든은 수차례에 걸친 고전 강연에서 주류 작가와 비주류 작가의 차이에 대해 설명했다. 그는 주장하기를 비주류 작가들은 종종 개인적인 스타일을 사용해서 꾸준히 역량 있는 작품을 쓰지만, 절대로 다른 기법을 시도하거나 야심적인 프로젝트 착수에 따른 실패의 위험은 감수하지 않는다고 한다. 반면에 그가 주장하는 바에 따르면, 주류 작가들은 두 가지 유형이 있는데, 하나는 〈신곡〉을 쓴 작가 단테처럼 단 하나의, 큰 규모의 작품을 쓰는 데 자신의 삶을 바치는 유형과 셰익스피어처럼 평생을 (문학적) 실험을 추구하는 데 보내는 유형으로 나뉜다고 한다.

(a) 그렇지 않다면
(b) 반면에
(c) 예를 들어
(d) 그럼에도 불구하고

기출 공략

지문은 비주류 작가와 주류 작가의 차이점에 대한 내용이다. 빈칸 앞뒤를 기준으로 비주류 작가의 특징과 주류 작가의 특징이 각각 소개되고 있으므로 대조를 나타내는 연결어 (b)가 적절하다.

series 일련, 연속 **explore** 밝혀 말하다 **distinguish** 구별하다 **major** 주류의 **minor** 비주류의 **consistently** 지속적으로, 꾸준히 **capable** 가능성 있는 **personal** 개인적인 **risk** 위험을 감수하다 **undertake** 착수하다 **ambitious** 야심 찬 **devote** 바치다 **pursue** 추구하다 **lifelong** 평생의

정답_(b)

17

Due to unforeseen complications related to last week's lightning storm, Henderson Hall, the main building for the English department, is currently without power. Thus, all English classes have been moved to O'Brian Hall until further notice. A list of new room numbers for the classes has been posted on the entrances to Henderson and O'Brian Halls. Thank you for your patience.

Q What is the main purpose of the announcement?
(a) To warn students about an upcoming storm
(b) To give directions to the English department
(c) To inform students of a change in class location
(d) To apologize for a last-minute class cancellation

번역

지난주 천둥 번개를 동반한 폭우로 인한 예상치 못한 문제 때문에 영어과의 주 건물 헨더슨관은 현재 전기가 끊긴 상태입니다. 그러므로 모든 영어 수업은 추후 공지가 있을 때까지 오브라이언관으로 옮겨 진행됩니다. 이 수업이 이루어질 새 교실 번호 목록은 헨더슨관과 오브라이언관 입구에 공지해 놓았습니다. 양해해 주셔서 감사합니다.

Q 공고문의 주요 목적은?
(a) 다가오는 폭풍에 대해 학생들에게 경고하기 위해서
(b) 영어과로 오는 길을 안내하기 위해서
(c) 학생들에게 교실 변동을 알리기 위해서
(d) 막바지에 수업이 취소된 것에 대해 사과하기 위해서

기출 공략

지문은 악천후의 영향으로 영어과 건물에 전기가 끊겨 다른 건물에서 수업을 진행하게 되었다는 공고문이다. 따라서 글의 목적은 교실 변동을 알리는 것이므로 정답은 (c)이다.

unforeseen 예상하지 못한 **complication** 문제 **lightning storm** 천둥 번개를 동반한 폭풍 **until further notice** 추후 공지가 있을 때까지 **post** (게시물을) 붙이다 **entrance** 출입구 **upcoming** 다가오는 **last-minute** 막판의, 마지막 순간의

정답_(c)

18

Prior to colonization, men and women from the Native American nation known as the Iroquois had distinct parts to play in society. As the nation has adapted to modern life, many of the functions traditionally performed by either men or women are now being shared. While women were once barred from political leadership, for example, there are several tribes with female chiefs today. Similarly, many men are assuming greater responsibility for household finances, whereas economic control of the household used to be a solely female endeavor.

Q What is the passage mainly about?
(a) How gender roles have changed in Iroquois society
(b) The types of relationships Iroquois men and women have
(c) The household responsibilities of Iroquois men and women
(d) How Iroquois tribes are returning to a traditional way of life

번역

식민지화 전에는 이로쿼이로 알려진 미국 원주민 국가의 남성과 여성은 사회에서 각기 분리된 역할을 맡았다. 그 국가가 현대적 생활 방식에 적응하면서 남자 또는 여자만 도맡았던 전통적인 역할 중 많은 부분들이 이제는 공유되고 있다. 예를 들어, 여성은 한때 정치를 이끌어 나가는 역할에서 제외되었지만, 오늘날 여성 추장을 둔 부족이 몇 군데 있다. 마찬가지로 집안 경제는 여성들만의 일이었으나, 이제는 많은 남성들은 집안 경제에서 보다 큰 역할을 맡고 있다.

Q 지문의 주요 내용은?
(a) 이로쿼이 사회에서 성 역할이 어떻게 변했는가
(b) 이로쿼이 남성과 여성이 가진 관계의 유형
(c) 이로쿼이 남성과 여성이 집에서 할 일
(d) 이로쿼이 부족이 전통적인 삶의 양식으로 어떻게 되돌아가고 있는가

기출 공략

식민지 시대 이전과 이후의 이로쿼이 원주민들의 성 역할이 어떻게 달라졌는지를 설명한 글이다. 과거에는 남성과 여성의 역할이 서로 분리되었다면, 현대 사회에서는 남성과 여성이 공유하는 역할이 늘어나고 있다는 것이 이 글의 요지이다. 따라서 정답은 (a)이다.

prior to ~ 전에 **colonization** 식민지화 **distinct** 구별된 **adapt to** ~에 적응하다 **function** 역할, 기능 **perform** 수행하다 **bar** 금지하다 **tribe** 부족 **chief** 추장, 족장 **assume** (역할을) 맡다 **responsibility** 의무 **household** 가계 **finance** 재정, 금융 **endeavor** 노고, 노동 **gender** 성별, 성

정답_(a)

19

Forget needing cash, credit cards, or a special ticket for school lunchtime. Food Service Solutions is testing a computer program in a Mulberry Fields school district that deducts the cost of a meal from the student's bank account by reading a student's fingerprint. School officials are excited about the new system, saying that not only will it eliminate the need for students to carry cash, cards, or tickets, but it will also ensure faster-moving cafeteria lines.

Q What is the best title for the passage?
(a) Lunchtime Theft Thwarted by Fingerprints
(b) Fingerprints Soon Will Be a Thing of the Past
(c) Fingerprints to Become the New Lunch Tickets
(d) Students to Buy Meal Tickets Using Fingerprints

번역

학교 점심시간에 필요했던 현금, 신용 카드, 전용 식권은 잊어버리십시오. 푸드 서비스 솔루션은 학생들의 지문을 읽어서 학생 계좌에서 식비를 제하는 컴퓨터 프로그램을 멀베리 필드 학군에서 시범 운영하고 있습니다. 학교 관계자들은 이 새 시스템 덕에 학생들이 현금, 카드, 식권을 들고 다닐 필요가 없어졌을 뿐만 아니라, 학교 식당에서 줄이 더 빨리 줄어들 거라고 반기고 있습니다.

Q 이 지문의 제목으로 가장 적절한 것은?
(a) 지문으로 저지된 점심시간 도난 사고
(b) 곧 과거의 유물이 될 지문
(c) 새로운 점심 식사 식권이 될 지문
(d) 지문을 이용해서 식권을 구입할 학생들

기출 공략

학교 점심시간에 현금, 신용 카드, 식권을 사용하지 않아도 지문 인식을 통해서 점심 값을 지불할 수 있는 시스템이 시범 운영 중이라는 내용이다. 이 시스템을 이용하면 지문으로 식사비를 지불할 수 있으므로 제목으로 적절한 것은 (c)이다.

district 구역 **deduct** 빼내다, 제하다 **account** 계좌 **fingerprint** 지문 **eliminate** 없애다 **ensure** 보장하다 **theft** 도난 **thwart** 좌절시키다

정답_(c)

20

Because of security issues, St. Joseph's Hospital would like to advise employees to avoid walking to the off-site employee parking lot. The hospital provides numerous alternatives. There is a shuttle bus to the parking lot every 20 minutes from 6 a.m. to 11 p.m. that leaves from the front entrance. Additionally, in the hours when the bus does not run, security is available to drive any employee to the lot. These services have been available over the last year, and employees are encouraged to make continued use of them.

Q What is the main purpose of the announcement?
(a) To inform employees of extended hours for the shuttle bus
(b) To determine how many employees use transportation services
(c) To remind employees of transportation options to the parking lot
(d) To advise employees to avoid parking off-site due to security issues

번역

성 조셉 병원은 안전 문제 때문에 직원들에게 부지 밖에 있는 직원 전용 주차장까지 걸어가지 말 것을 당부드립니다. 병원은 다양한 대안을 제공하고 있습니다. 오전 6시에서 오후 11시까지 정문에서 출발해 주차장까지 운행되는 셔틀버스가 20분마다 있습니다. 게다가 버스가 운행되지 않는 시간에는 경비원이 어떤 직원이라도 주차장까지 차로 데려다 줄 것입니다. 이러한 서비스는 지난해 동안 이용 가능했고, 저희는 직원들에게 이 서비스를 지속적으로 이용하기를 권하는 바입니다.

Q 공지문의 주요 목적은?
(a) 직원들에게 셔틀버스 운영 시간이 연장되었음을 알리려고
(b) 교통 서비스를 이용하는 직원들의 숫자를 알아내려고
(c) 직원들에게 주차장까지 갈 수 있는 교통편을 알려 주려고
(d) 직원들에게 안전 문제 때문에 부지 밖에 주차하는 것을 피하라고 권고하려고

기출 공략

지문은 부지 밖 주차장까지 걸어가는 것은 위험하므로 이용할 수 있는 교통수단과 운영 시간대에 대해서 안내하고 있다. 따라서 정답은 (c)이다. 지문에서 셔틀버스에 대한 내용은 언급되었으나, 셔틀버스 이용 시간이 연장되었다는 내용은 없으므로 (a)는 정답이 될 수 없다.

security 안전 **issue** 문제 **off-site** 부지 밖의 **alternative** 대안 **encourage** 독려하다 **continued** 계속된 **extend** 연장하다 **determine** 알아내다

정답_(c)

21

In the novel *Ulysses*, James Joyce uses three central characters to present alternative versions of events. The initial description of an event from one character's point of view creates a strong impression of how events unfolded. Then a subsequent exploration of the same events from a different character's viewpoint challenges the original interpretation. This technique of revisiting episodes from different angles demonstrates the unreliability of individual perspectives. It shows that each attempt to make sense of an event is constrained by the person's standpoint.

Q What is the writer's main point about *Ulysses*?
(a) It demonstrates how perspective affects interpretation.
(b) It explores the development of individual points of view.
(c) Its characters accuse each other of misinterpreting events.
(d) It describes diverse events because of its multiple characters.

번역

제임스 조이스는 소설 〈율리시스〉에서 사건을 서로 다른 방식으로 제시하기 위해서 세 명의 중심인물을 이용한다. 처음으로 한 등장인물의 시점에서 기술된 사건은 어떻게 그것이 전개되었는지 강한 인상을 남긴다. 이어서 같은 사건에 대해 다른 등장인물의 시점에서 이루어지는 설명은 처음 제시되었던 해석에 의문을 제시한다. 다른 시각에서 사건을 재검토하는 기법은 개인적인 관점이 믿을 만한 것이 못 된다는 것을 보여 준다. 한 사건을 이해하려는 각각의 시도는 개인적인 관점에 의해 제약받고 있다는 것을 보여 준다.

Q 〈율리시스〉에 대한 필자의 요점은?
(a) 관점이 해석에 미치는 영향을 보여 주고 있다.
(b) 개인적인 관점의 발전을 밝혀 말하고 있다.
(c) 각 등장인물은 서로 사건을 잘못 해석하고 있다고 비난한다.
(d) 다수의 등장인물 때문에 다양한 사건들을 기술한다.

기출 공략

〈율리시스〉는 각기 다른 인물들을 등장시켜 하나의 사건에 대해 제각각 설명을 하게 함으로써, 주관적인 관점이 사건을 해석하는 데 영향을 미치고 있음을 보여 주고 있다. 따라서 정답은 (a)이다.

point of view 관점 **impression** 인상 **unfold** (사건이) 전개되다 **subsequent** 이어지는 **challenge** 도전하다, 의문을 제기하다 **revisit** 재검토하다 **episode** 사건 **angle** 관점, 시각 **demonstrate** 보여 주다 **unreliability** 신뢰할 수 없음 **perspective** 관점 **make sense of** ~를 이해하다 **constrain** 제약하다 **standpoint** 관점 **accuse** 비난하다 **misinterpret** 잘못 해석하다

정답_(a)

22

Researchers have found an unexpected correlation between vitamin E and the common childhood ailment of asthma. Tracking the health of expectant mothers, the scientists discovered that those with high vitamin E intake are about five times less likely than those with low levels of the vitamin to give birth to a child who develops asthma. The study cautions that only vitamin E obtained from food sources provides this benefit, however, and that children of mothers who take supplements show normal risk for the disease.

Q What is the main idea of the passage?
(a) Excessive use of vitamin E pills heightens the risk of developing asthma.
(b) Supplements provide inadequate levels of vitamin E for pregnant women.
(c) Childhood asthma can be treated with a diet with high levels of vitamin E.
(d) Mothers with low vitamin E diets risk having children who develop asthma.

번역

연구원들은 비타민 E와 흔한 소아 천식 사이에 예상치 못한 상관관계가 있음을 찾아냈다. 과학자들은 출산 예정인 어머니들의 건강을 추적한 결과, 비타민 E를 많이 섭취한 경우가 그렇지 않은 경우에 비해서 천식이 생기는 아이를 출산할 확률이 5배 낮았다. 이 연구는 음식물을 통해 비타민 E를 섭취한 경우에만 이러한 이익을 볼 수 있고, 영양 보조제를 섭취한 엄마들의 자녀들은 평균 수준의 질병 위험성을 보인다고 경고하고 있다.

Q 지문의 요지는?
(a) 과도한 비타민 E 알약 섭취는 천식 위험을 높인다.
(b) 보조제는 임신 여성들에게 부적절한 양의 비타민 E를 제공한다.
(c) 소아 천식은 비타민 E를 많이 섭취할 수 있는 식이 요법으로 치료할 수 있다.
(d) 비타민 E가 부족한 식사를 한 엄마들은 자녀에게 천식이 생길 위험이 있다.

기출 공략

음식을 통해서 비타민 E를 섭취한 엄마들은 그렇지 않은 엄마들에 비해서 자녀들이 천식에 걸릴 위험성이 훨씬 낮다는 것이 글의 요지이다. 따라서 정답은 (d)이다.

correlation 상관관계 **ailment** (심각하지 않은) 질병 **asthma** 천식 **expectant** 출산을 앞둔 **intake** 섭취 **give birth to** (아기, 새끼를) 낳다 **caution** 경고하다 **supplement** (영양) 보조제 **excessive** 과도한 **heighten** 높이다 **inadequate** 부적절한 **pregnant** 임신한

정답_(d)

23

Dear Ms. Frost,
Thank you for meeting with me last week. I appreciated the chance to learn more about VisionTech. After our talk, I am confident that I would be a good fit with your company. The graduate degree I earned in the field has prepared me for this internship. As you requested during our meeting, I will be sending along two reference letters shortly. I will be waiting to hear back from you.
Sincerely,
Gerard Blue

Q Which of the following is correct about Gerard Blue according to the letter?
(a) He has yet to meet Ms. Frost face to face.
(b) He is currently an intern for VisionTech.
(c) He does not have a graduate degree.
(d) He will submit reference letters to Ms. Frost.

번역

프로스트 씨께,
지난주 저와 만남을 가져 주셔서 감사드립니다. 비전테크에 대해 좀 더 알아볼 기회가 될 수 있어서 감사하게 생각합니다. 대화를 나눈 뒤 저는 귀사에 잘 어울릴 것이라고 자신합니다. 해당 분야에서 획득한 대학원 학위는 이 인턴십 자리에 준비할 수 있도록 해주었습니다. 면접 때 요청하신 것처럼 두 통의 추천서를 곧 보내드리겠습니다. 소식 기다리고 있겠습니다.
제라드 블루

Q 제라드 블루에 대해 편지 내용과 일치하는 것은?
(a) 그는 아직 프로스트 씨를 직접 만난 적이 없다.
(b) 그는 현재 비전테크의 인턴이다.
(c) 그는 대학원 학위가 없다.
(d) 그는 프로스트 씨에게 추천서를 보낼 것이다.

기출 공략

편지 마지막 부분에서 요청한 대로 추천서 두 통을 보낼 것이라고 말하고 있으므로 정답은 (d)이다. 비전테크의 인턴직에 지원하기 위해 프로스트 씨와 면접을 마친 상황이므로 (a), (b)는 정답이 될 수 없다. 또 대학원 학위를 언급하고 있으므로 (c)도 정답이 될 수 없다.

appreciate 감사하게 여기다 **graduate** 대학원의 **earn** 취득하다 **reference letter** 추천서 **have yet to** 아직 ~하지 않았다 **face to face** 얼굴을 마주보고

정답_(d)

24

John Milton received an exceptional education. His father had been disinherited by his family for converting from Catholicism to Protestantism but became prosperous enough to send young John to an elite private school, where he began learning Greek and Latin. Milton's strong academic performance secured him a spot in Cambridge, where he made a name as a writer of essays and poetry. These intellectual experiences equipped him for his greatest undertaking, writing the first epic poem in the English language, *Paradise Lost*.

Q Which of the following is correct about John Milton according to the passage?
(a) His father was disinherited for embracing Catholicism.
(b) His father could not afford to send him to a private school.
(c) He first started learning Greek and Latin at Cambridge.
(d) He earned a reputation as writer while studying at university.

번역

존 밀턴은 특출한 교육을 받았다. 그의 아버지는 가톨릭에서 개신교로 개종했다는 이유로 그의 가족으로부터 유산을 상속받지 못했지만 어린 존이 그리스어와 라틴어를 배우기 시작한 엘리트 사립 학교에 보낼 만큼 충분히 부유했다. 밀턴의 뛰어난 학업 성취도 덕에 그는 케임브리지 대학의 일원이 될 수 있었고, 그곳에서 에세이와 시 작가로서 이름을 알렸다. 이 지적인 경험들은 그가 영어로 쓴 첫 서사시 〈실낙원〉을 집필하는 위대한 작업을 시작하는 자질을 갖추게 했다.

Q 존 밀턴에 대해 지문의 내용과 일치하는 것은?
(a) 그의 아버지는 가톨릭을 수용한 것 때문에 상속에서 제외되었다.
(b) 그의 아버지는 그를 사립 학교에 보낼 여력이 없었다.
(c) 그는 케임브리지 대학에서 처음으로 그리스어와 라틴어를 배웠다.
(d) 그는 대학에서 공부하면서 작가로서 명성을 얻었다.

기출 공략

존 밀턴은 케임브리지 대학에 들어갔고, 그곳에서 작가로서의 명성을 알리기 시작했다고 했으므로 정답은 (d)이다. 밀턴의 아버지가 재산을 상속받지 못한 것은 가톨릭에서 개신교로 개종했기 때문이며, 아들을 사립 학교에 보낼 만큼의 여유는 있었다. 밀턴이 그리스어와 라틴어를 처음 배우기 시작한 곳은 사립 학교이다.

exceptional 특출한 **disinherit** 유산 상속을 금지하다 **convert** (다른 종교로) 개종하다 **Catholicism** 가톨릭, 천주교 **Protestantism** 개신교 **prosperous** 번창한 **elite** 엘리트 계층의 **private school** 사립 학교 **academic performance** 학업 성취 **secure** 획득하다 **spot** 자리 **make a name as** ~로서 유명해지다 **equip** 능력을 갖춰 주다 **undertaking** 큰 규모의 작업, 프로젝트 **epic poem** 서사시 **embrace** 수용하다

정답_(d)

25

Welcome to Le Parisien Hotel. Checkout is at 11 a.m., but can be extended to 4 p.m., based on availability, if requests are made in advance. The entire room service menu, including breakfast, is available 24 hours a day. It may be viewed using the "Room Service" option on Channel 1 of your television and ordered by calling the restaurant. As a thank you for choosing Le Parisien, we have provided you with several coupons for discounts at local attractions. Please enjoy your stay.

Q Which of the following is correct about Le Parisien Hotel according to the announcement?
(a) Late checkout is unavailable without exception.
(b) Room service can be ordered any time of the day.
(c) Room service can be ordered via the television.
(d) The coupons provide discounts for hotel facilities.

번역

르 파리지앵 호텔에 오신 것을 환영합니다. 체크아웃 시간은 오전 11시이지만 여분의 방이 있고, 사전 요청이 있는 경우 오후 4시까지 연장될 수 있습니다. 아침 식사를 포함한 전체 룸서비스 메뉴는 하루 24시간 내내 이용하실 수 있습니다. 텔레비전 1번 채널에서 룸서비스 옵션을 이용해서 조회 가능하며, 레스토랑에 전화해서 주문할 수 있습니다. 르 파리지엥 호텔을 이용해 주신 데 대한 보답으로 저희는 고객님께 이 지역의 명소들을 할인된 가격에 이용할 수 있는 몇몇 쿠폰을 드립니다. 즐거운 숙박되시기 바랍니다.

Q 르 파리지앵 호텔에 대해 공지문과 일치하는 것은?
(a) 늦게 체크아웃을 하는 것은 예외 없이 불가능하다.
(b) 룸서비스는 하루 어떤 때라도 주문할 수 있다.
(c) 룸서비스는 텔레비전을 이용해서 주문할 수 있다.
(d) 쿠폰으로 호텔 시설 이용을 할인받을 수 있다.

기출 공략

룸서비스는 하루 24시간 내내 이용할 수 있다고 했으므로 정답은 (b)이다. 빈방이 있고, 미리 요청한 경우 예정보다 늦게 체크아웃을 할 수 있다고 했고, 텔레비전은 룸서비스 메뉴를 조회하는 데 사용되며, 주문은 전화를 통해 가능하다. 쿠폰은 호텔 시설이 아닌 주변 명소를 보다 싼 가격에 이용하라고 제공하는 것이다.

extend 연장하다 **based on** ~를 기반으로 **availability** 이용 가능성 **without exception** 예외 없이 **via** ~를 통해서

정답_(b)

26

Dear Friends,
As most of you know, I have accepted a position abroad and will be leaving CodePro this Friday. I'll stop by your desk tomorrow to say goodbye in person, but I just want to write to everyone to say what a wonderful three years I've had here. I've learned a lot, especially about web design, and am grateful for all your help. Thanks again to everyone.
James Hutton

Q Which of the following is correct about James Hutton according to the letter?
(a) He has a new job in a different country.
(b) He is writing on his final day at the company.
(c) He has no plans to bid farewell to his colleagues in person.
(d) He has worked for the company for a total of one year.

번역

동료들에게,
여러분 대부분이 알고 있듯이 저는 해외의 일자리를 수락해서 이번 주 금요일에 코드프로를 떠날 예정입니다. 저는 내일 작별 인사를 하기 위해 여러분의 자리에 직접 찾아갈 것이지만, 모두에게 제가 여기서 보낸 3년이 얼마나 멋졌는지 편지를 통해 이야기하고 싶었습니다. 저는 여기서 배운 것이 많은데, 특히 웹디자인에 대해 많이 알게 되어서 여러분 모두의 도움에 감사드립니다. 다시 한 번 여러분께 감사드립니다.
제임스 허튼

Q 제임스 허튼에 대해 편지의 내용과 일치하는 것은?
(a) 그는 다른 나라에서 새 직장을 얻었다.
(b) 그는 회사 마지막 날에 편지를 쓰고 있다.
(c) 그는 동료들에게 직접 작별 인사를 할 계획이 없다.
(d) 그는 전체 1년 동안 이 회사에서 일했다.

기출 공략

회사를 그만두는 것은 해외에 새 직장을 얻었기 때문이므로 정답은 (a)이다. 마지막 근무일은 이번 주 금요일이고, 이날 직접 동료들에게 작별 인사를 할 것이며, 이 회사에서 일한 기간은 총 3년이므로 나머지 선택지들은 맞지 않다.

stop by 들르다 **in person** 직접 **grateful** 감사하는 **bid farewell to** ~에게 작별 인사를 하다

정답_(a)

27

In order to book your campsite online, you must join Sapphire National Park's free online membership program. As a member, you will have access to the park's online booking system and will be eligible to receive optional updates on conditions at the park. In addition, you will be given exclusive online resources such as maps and guides. If you would prefer not to become a member, please call us to reserve your campsite.

Q Which of the following is correct according to the announcement?

(a) Online reservations can be made without obtaining membership.

(b) The program has a membership fee that must be paid online.

(c) The park reserves special electronic materials solely for members.

(d) Membership is necessary to make reservations over the phone.

번역

여러분이 야영지를 온라인으로 예약하시려면 사파이어 국립 공원의 무료 온라인 회원 프로그램에 가입해야 합니다. 여러분은 회원으로서 온라인 공원 예약 시스템을 이용할 수 있고 원하시는 경우 공원 상태에 대한 최신 소식을 받아 볼 수 있는 자격이 주어집니다. 그리고 여러분은 지도와 가이드와 같은 회원 전용 온라인 정보를 받으실 겁니다. 회원 가입을 원치 않으실 경우, 전화해 주시면 야영지를 예약할 수 있습니다.

Q 공지문 내용과 일치하는 것은?

(a) 온라인 예약은 회원이 아니어도 할 수 있다.

(b) 이 프로그램은 온라인으로 회비를 내도록 되어 있다.

(c) 공원은 회원들만을 위한 특별한 전자 자료들이 있다.

(d) 회원 자격은 전화 예약을 위해 필요하다.

기출 공략

회원이 되면 지도와 가이드를 온라인으로 제공받을 수 있는데, 이는 비회원들에게는 제공되지 않는 혜택이다. 따라서 정답은 (c)이다. 회원들만 온라인으로 예약할 수 있고 회원 가입은 무료이며, 비회원들은 전화를 통해 예약할 수 있다고 했으므로 나머지 선택지들은 맞지 않다.

book 예약하다 **campsite** 야영지 **have access to** ~에 접근할 수 있다 **be eligible to** 자격이 있다 **optional** 선택적인 **update** 최근 정보 **exclusive** 전용의, 독점적인 **resource** 자료 **membership fee** 회비 **reserve** 보유하다 **solely** 오로지

정답_(c)

28

Tulip mania was a six-month episode in Dutch history that started in November 1636. Tulips had always been popular since their introduction to Europe in the mid-sixteenth century, but during the time of tulip mania, the price of tulip bulbs skyrocketed to the point that one could fetch ten times the average annual salary. The most expensive tulips were those with multicolored petals, caused by the mosaic virus. Flowers infected with this virus took longer to cultivate than those that were not infected, which further stoked bidding for these exotic-looking flowers.

Q Which of the following is correct according to the passage?

(a) Tulips were introduced to Europe in the year 1636.

(b) Tulips were unpopular when first introduced to Europe.

(c) Mosaic tulips were worth more than other types of tulips.

(d) Mosaic tulips took less time to cultivate than other tulips.

번역

튤립 파동은 네덜란드 역사에서 1636년 11월에 시작해서 6개월 동안 지속된 사건이었다. 튤립은 16세기 중반에 유럽으로 소개된 이래로 쭉 인기가 있었지만, 튤립 파동 시기에 어떤 튤립 알뿌리는 평균 연봉의 10배의 가격으로 팔릴 정도로 알뿌리 가격이 하늘 높이 치솟아 올랐다. 가장 비싼 튤립은 여러 색깔의 꽃잎이 있는 것으로 모자이크 바이러스에 감염된 것이다. 이 바이러스에 감염된 꽃은 감염되지 않은 꽃에 비해 키우는 데 오랜 시간이 걸려서 이 이국적인 꽃을 사들이기 위한 경매를 더욱 부추겼다.

Q 지문 내용과 일치하는 것은?

(a) 튤립은 1636년에 유럽에 소개되었다.

(b) 튤립은 처음 유럽에 소개될 때 인기가 없었다.

(c) 모자이크 튤립은 다른 튤립에 비해 가격이 더 비싸다.

(d) 모자이크 튤립을 기르는 데 걸리는 시간은 다른 튤립에 비해 짧다.

기출 공략

모자이크 바이러스에 감염된 튤립은 꽃잎 색깔이 다양한데, 이 튤립은 다른 튤립에 비해 비싸다고 했다. 따라서 정답은 (c)이다. 튤립이 처음 도입된 16세기 중반은 1500년대이며, 튤립은 유럽에 처음 도입되자마자 인기가 매우 높았고, 모자이크 튤립은 다른 튤립에 비해 기르는 시간이 오래 걸렸으므로 나머지 선택지는 맞지 않다.

tulip mania 네덜란드의 튤립 투기 사건 **episode** 사건 **bulb** 알뿌리, 구근 **skyrocket** 폭발적으로 증가하다 **fetch** (~한 가격에) 팔리다 **multicolored** 다색의 **petal** 꽃잎 **mosaic virus** (식물을 감염시키는) 모자이크 바이러스 **cultivate** (식물을) 재배하다 **stoke** 부추기다 **bidding** 경매 **exotic-looking** 이국적인 모습의

정답_(c)

29

In 1952, Michael Ventris deciphered an ancient Mediterranean script known as Linear B. For years, scholars' attempts to decipher the script were hampered by their belief that it could not have been used to represent a Greek language. Ventris originally hypothesized that the script was based on a variant of Etruscan, but after discovering that some symbols were names of cities on the Greek island of Crete, he countered academic consensus and proclaimed that it represented a version of Greek. Most scholars refused to budge and expressed skepticism about Ventris's findings even after he had deciphered Linear B entirely.

Q Which of the following is correct according to the passage?
(a) Scholars had long believed that Linear B encoded a Greek language.
(b) Ventris originally thought that Linear B represented an Etruscan language.
(c) Ventris's final conclusions about Linear B matched the academic consensus.
(d) The scholarly community swiftly embraced Ventris's theory about Linear B.

번역

1952년, 마이클 벤트리스는 선형문자 B로 알려진 고대 지중해 문자를 해독했다. 수년 동안, 이 문자를 해독하려는 학자들의 노력이 실패한 것은 이 문자가 그리스어를 나타내는 데 사용되지는 않았을 거라는 믿음 때문이었다. 벤트리스는 원래는 그 문자가 에트루리아 언어의 변형된 형태에서 나왔다고 가정했지만, 몇 개의 글자가 그리스 섬 크레타의 도시 이름을 표시한다는 것을 발견하고 나서, 당시 학계의 의견에 맞서서 이 문자가 그리스어의 한 형태라고 선언했다. 대다수의 학자들은 이 주장에 끄떡도 하지 않았고 벤트리스가 선형문자 B를 전부 해독한 뒤에도 벤트리스의 발견에 의문을 표시했다.

Q 지문 내용과 일치하는 것은?
(a) 학자들은 선형문자 B가 그리스어를 코드화한 것이라고 오래 믿어 왔다.
(b) 벤트리스는 원래 선형문자 B가 에트루리아어를 나타낸다고 믿었다.
(c) 선형문자 B에 대한 벤트리스의 최종 결론은 학계의 의견과 일치했다.
(d) 학계는 재빨리 선형문자 B에 대한 벤트리스의 이론을 수용했다.

기출 공략

벤트리스는 선형문자 B가 그리스어의 일종이라는 것을 발견하기 전에는 이 언어가 에트루리아어일 것이라고 가정했으므로 정답은 (b)이다. 당시 학자들은 선형문자 B가 그리스어가 아니라고 믿었으며, 이는 선형문자 B가 그리스어임을 발견한 벤트리스의 입장과 대치되는 것이었다. 학계는 벤트리스의 이론에 끝까지 반대했으므로 나머지 선택지들은 맞지 않다.

decipher 해독하다 **Mediterranean** 지중해의 **script** 문자 **hamper** 방해하다 **hypothesize** 가정하다 **variant** 변형된 형태 **counter** 반박하다 **consensus** 의견의 일치 **proclaim** 선언하다 **budge** 의견을 바꾸다 **skepticism** 의문 **encode** 코드화하다 **scholarly** 학계의

정답_(b)

30

Faced with increasing demand on their electrical supply, governments have begun turning to "smart" power grids. On standard grids, electricity flows in a single direction, from power plants to electricity consumers. The new systems enable consumers to add power generated locally using, for example, solar panels back into the grid. This also promises more stable energy distribution, as households can grab power from local networks when the grid is down. The new systems also facilitate two-way communication between power companies and consumers, allowing consumers to use power when it is plentiful, getting it at a discount, and power companies to be alerted immediately when outages occur.

Q Which of the following is correct about "smart" grid systems according to the passage?
(a) They are being utilized in response to a decrease in demand for power.
(b) They ensure power flows in a single direction from companies to users.
(c) They restrict the distribution of power over community networks.
(d) They allow utilities to lower prices when energy is abundant.

번역

전기 수요가 늘어남에 따라 정부는 '스마트' 전력망을 사용하기 시작했다. 일반적인 전력망은 전기를 하나의 방향, 즉 발전소에서 소비자에게로 전송한다. 새 시스템은 소비자들이 지역적으로 생산된 전기를 추가할 수 있게 하는데, 예를 들면 태양열 전지판을 이용하면 전기를 전력망으로 되돌릴 수 있다. 또한 전력망이 다운될 때 가정집은 근거리 전력망에서 전기를 확보할 수 있어서 더 안정적으로 에너지를 분배받을 수 있다. 또한 이 새로운 시스템은 전력 회사와 소비자 사이의 쌍방향 의사소통을 촉진시켜서 소비자는 전기가 충분할 때 싼 가격에 사용할 수 있도록 만들어 주고, 전기 회사는 정전이 발생하면 즉시 이를 알 수 있게 한다.

Q 스마트 전력망에 대해 지문 내용과 일치하는 것은?
(a) 전기 수요가 줄어드는 상황에 대한 대처로 사용된다.
(b) 발전소에서 사용자로 향하는 한 방향의 전기 공급을 보장한다.
(c) 지역 사회 전력망 사이의 전기 분배를 제한한다.
(d) 에너지가 풍족할 때에는 가격을 낮출 수 있게 한다.

기출 공략

스마트 전력망은 소비자들이 발전소로부터 일방적으로 전기를 공급받는 것이 아니라 소비자가 태양열 전지판을 이용해서 생산된 전기를 전력망에 추가해서 보다 안정적인 전력 공급을 보장할 수 있는 시스템이다. 이 시스템은 전력이 풍족할 때에는 소비자가 보다 싼 가격에 전기를 공급받을 수 있다. 따라서 정답은 (d)이다.

faced with ~에 직면하여 **turn to** ~에 의지하다 **power grid** 전력망 **solar panel** 태양열 전지판 **distribution** 분배, 분포 **facilitate** 촉진하다 **two-way** 쌍방향의 **alerted** 알고 있는 **outage** 정전 **utilize** 이용하다 **ensure** 보장하다 **utility** (전기, 수도 등의) 공공 서비스를 공급하는 회사

정답_(d)

31

The US Navy's oldest research vessel is the Floating Instrument Platform, called FLIP for short. The ship is shaped like a 108-meter-long spoon. It lacks an engine, so it must be towed from wherever it is docked to the next research location. Once in position, the "handle" of the spoon fills with water, causing it to sink and bring the ship to a vertical position. The "bowl," which is where the crew and scientists live, stays above water. Effectively, the ship "flips" into a buoy that reaches 91 meters below the ocean's surface.

Q Which of the following is correct about the FLIP?
(a) It is the latest addition to the navy research fleet.
(b) It remains at sea permanently rather than docking.
(c) It has the ability to tow research equipment to sea.
(d) It submerges only partially to facilitate experiments.

번역

미 해군의 가장 오래된 탐사선은 해양 조사선(Floating Instrument Platform)인데, 줄여서 FLIP이라고 한다. 이 배는 108미터 길이의 스푼처럼 생겼다. 이 배는 엔진이 없어서 어떤 부두에 있든 다음 조사 장소까지 견인되어야 한다. 장소에 도착하면 스푼의 '손잡이' 부분은 물로 채워져서 그 부분이 바다 밑으로 가라앉으면서 배가 수직으로 세워진다. 스푼의 '오목한 부분'은 승무원과 과학자들이 생활하는 곳으로 물 위에 떠 있다. 효과적으로 그 배는 해수면 아래 91미터까지 내려가 부표 형태로 '뒤집어진다.'

Q FLIP에 대해 지문 내용과 일치하는 것은?
(a) 해군 조사 함대에 최근에 추가되었다.
(b) 부두에 정박하지 않고 계속 바다에 머무른다.
(c) 조사 장비를 바다로 견인할 수 있는 능력이 있다.
(d) 그것은 실험을 원활하게 하기 위해서 부분적으로만 가라앉는다.

기출 공략

FLIP은 전체가 스푼 같은 모양인데, 손잡이 모양 부분만 가라앉고 나머지 우묵한 부분(bowl)은 물에 떠 있어서 그곳에서 승무원과 과학자들이 생활할 수 있다고 했다. 따라서 정답은 (d)이다. FLIP은 해군의 가장 오래된 탐사선이며, 사용하지 않을 때에는 부두에 정박해 있고, 다른 장비의 도움을 빌려 견인되어 조사 장소까지 간다고 했으므로 나머지 선택지들은 맞지 않다.

vessel 선박 **lack** ~이 없다 **tow** 견인하다 **dock** (배가 부두에) 정박하다 **vertical** 수직의 **flip** 자세를 바꾸다, 뒤집어지다 **buoy** 부표 **addition** 추가된 것 **permanently** 영원히 **submerge** (물에) 잠기다 **facilitate** 원활하게 하다

정답_(d)

32

The religious beliefs in modern Africa vary by region. In North Africa, the predominant belief system is Islam, which was established there during the seventh century. This is also the major religion of the nomadic peoples of the Sahara Desert to the south. Still farther south, traditional religious beliefs survive. These religions nearly always combine belief in a supreme being with worship of various minor deities and ancestors. For the vast majority of the area south of the Sahara, however, Christianity is the principal faith.

Q Which of the following is correct according to the passage?
(a) Islam declined in North Africa in the seventh century.
(b) The primary religion of the Sahara is ancestor worship.
(c) Most traditional African religions have multiple deities.
(d) Christianity has yet to gain many adherents in Africa.

번역

현대 아프리카의 신앙은 지역마다 다양하다. 북아프리카에서 널리 퍼진 종교는 이슬람인데, 이 종교는 7세기에 그곳에 정착되었다. 또한 이것은 남쪽에 있는 사하라 사막 유목민들의 주요 종교이기도 하다. 훨씬 더 남쪽에는 전통 신앙이 아직까지 남아 있다. 이 종교는 거의 언제나 다양한 잡신들과 조상신에 대한 숭배와 함께 우월한 존재에 대한 믿음이 결합되어 있다. 그러나 사하라 이남 지방의 대다수 넓은 지역에서는 기독교가 우위를 차지하는 신앙이다.

Q 지문 내용과 일치하는 것은?
(a) 이슬람은 7세기에 북아프리카에서 쇠퇴했다.
(b) 사하라 사막의 주요 신앙은 조상 숭배이다.
(c) 대부분의 전통적인 아프리카 종교는 다신교이다.
(d) 기독교는 아직 아프리카에서 많은 신도들을 확보하지 않았다.

기출 공략

사하라 남쪽에 있는 전통 신앙은 잡신들과 우월한 존재자에 대한 믿음이 결합된 형태라고 했으므로 정답은 (c)이다. 7세기는 이슬람이 북아프리카에 정착된 시기이고, 이는 사하라 지역의 주요 종교이기도 하다. 기독교는 아프리카 남쪽에 널리 퍼진 종교이므로 나머지 선택지는 맞지 않다.

predominant 두드러진, 우세한 **establish** (입지를) 확고히 하다 **nomadic** 유목민의 **survive** 살아남다 **combine** 결합하다 **supreme** 우월한 **being** 존재 **worship** 숭배 **deity** 신 **ancestor** 조상 **majority** 다수 **principal** 가장 중요한 **decline** 쇠퇴하다 **primary** 가장 중요한 **multiple** 다수의 **adherent** 추종자, 지지자

정답_(c)

33

The Brownsville Teacher's Association (BTA) is proud to endorse Ms. Meredith Brooks for mayor. Ms. Brooks brings a deep understanding of the issues faced by local teachers, an understanding that comes only with first-hand experience. This knowledge will allow Ms. Brooks to implement the tough policy changes needed to restore Brownsville's public schools to the top spot in state rankings. Promising to stand up for public education, Ms. Brooks is the only candidate who is firmly on the side of Brownsville's teachers.

Q What can be inferred from the passage?
(a) Meredith Brooks is running for reelection as mayor.
(b) Meredith Brooks has no experience as a school teacher.
(c) The BTA advocates upholding current education policies.
(d) Brownsville's schools used to be at the top of the state rankings.

번역

브라운스빌 교사 협회는 메레디스 브룩스 씨를 시장으로 지지할 수 있게 되어 영광입니다. 브룩스 씨는 현지 교사들이 직면한 문제들에 대한 깊은 이해, 즉 직접적인 경험을 통해서만 얻을 수 있는 지식을 가지고 있습니다. 브룩스 씨는 이 지식을 바탕으로 브라운스빌의 공립 학교들을 주의 최고 순위로 회복시키는 데 필요한 강경한 정책 변화를 시행할 수 있을 것입니다. 공교육을 옹호할 것을 약속한 브룩스 씨는 브라운스빌 교사들 편에 선 유일한 후보자입니다.

Q 지문을 통해 추론할 수 있는 것은?
(a) 메레디스 브룩스는 시장으로 재선에 도전하고 있다.
(b) 메레디스 브룩스는 교사로서의 경험이 전혀 없다.
(c) 브라운스빌 교사 협회는 현재의 교육 정책을 지지할 것을 주장한다.
(d) 브라운스빌의 학교들은 한때 주에서 최고 순위에 있었다.

기출 공략

브라운스빌 학교들이 주에서 상위권 순위로 회복되기 위해서는 교육 정책 변화가 필요하다고 한 부분에서 이 학교들이 상위권을 차지했던 적이 있었음을 알 수 있다. 따라서 정답은 (d)이다. 브룩스 씨가 직접적인 경험을 통해서만 얻을 수 있는 교육 현장에 대한 지식을 갖고 있다고 한 부분에서 교사 경험이 있다는 것을 알 수 있고, 교사 협회는 강경한 정책 변화가 필요하다고 보고 있으므로 현재 정책을 반대하고 있음을 알 수 있다.

endorse 지지하다 **face** (문제를) 직면하다 **first-hand** 직접적인 **implement** 시행하다 **tough** 강경한 **stand up for** 지지하다 **run for** (선거에) 출마하다 **reelection** 재선 **advocate** 주장하다 **uphold** 지지하다

정답_(d)

34

Screenwriter Charlie Hurst is known for his unconventional scripts, but his directorial debut, *Layers*, reaches a new level of inaccessible quirkiness, false profundity and art-house pretentiousness. Previous films based on his screenplays, such as *The Perpetual Quest* and *Allusions*, garnered critical acclaim and box office success because they had seasoned directors who aimed for a coherent narrative. The lack of such a director's steady hand is all too evident in *Layers*, which is a series of random personal grievances masquerading as philosophical questioning.

Q Which statement about *Layers* would the writer most likely agree with?
(a) It will fail at the box office despite its artistic merit.
(b) It does not contain a sufficiently coherent narrative.
(c) It offers filmgoers meaningful philosophical insights.
(d) It represents a departure from Hurst's typical content.

번역

시나리오 작가 찰리 허스트는 색다른 대본으로 유명하지만, 그의 감독 데뷔작인 〈레이어즈〉는 범접할 수 없는 기괴함, 엉터리 심오함, 예술 영화인 척하는 가식의 새로운 수준을 보여 주고 있다. 〈영원한 탐구〉와 〈암시〉처럼 그의 대본을 바탕으로 만든 이전 영화들이 비평가들로부터 찬사를 받고 흥행에도 성공할 수 있었던 것은 잘 짜여진 이야기를 만들려고 하는 경험이 풍부한 감독들이 있었기 때문이다. 무작위로 늘어놓은 개인적인 불만을 철학적인 질문 형태로 치장한 〈레이어즈〉는 그와 같은 감독의 손길의 부재가 너무나도 훤히 드러난다.

Q 〈레이어즈〉에 관해 글쓴이가 가장 동의할 것 같은 진술은?
(a) 영화의 예술성에도 불구하고 흥행에는 실패할 것이다.
(b) 충분히 잘 짜여진 이야기가 담겨 있지 않다.
(c) 영화 팬들에게 유의미한 철학적 통찰을 제시한다.
(d) 허스트의 전형적인 소재와 결별을 나타낸다.

기출 공략

지문에서 허스트의 시나리오를 가지고 만든 영화는 잘 짜여진 이야기 구조를 만들 수 있는 감독들이 있었기 때문에 성공했지만 허스트가 직접 감독한 〈레이어즈〉 속에는 그러한 능력의 부재가 확연히 드러난다고 했으므로 정답은 (b)이다.

unconventional 색다른, 인습에 얽매이지 않는 **directorial** 감독의 **quirkiness** 기괴함 **profundity** 깊이, 심오함 **art-house** 예술적인 **pretentiousness** 가식 **screenplay** 영화 대본 **perpetual** 영원한 **quest** 탐구 **allusion** 암시 **garner** 얻다 **acclaim** 찬사 **seasoned** 경험 많은 **coherent** 일관성 있는 **grievance** 불만 **masquerade** 가장하다 **philosophical** 철학적인 **filmgoer** 영화 팬 **insight** 통찰 **departure** 헤어짐, 벗어남

정답_(b)

35

The great baseball player Hank Aaron went to a high school without a baseball team, so he played on its softball and football teams instead. Although he received scholarship offers for football, he quit the sport because he feared he would get injured playing it and ruin his chance to play professional baseball. He got his first break while playing in a recreational baseball league, which eventually led him to play in a segregated professional baseball league. It was while playing there that he came to the attention of major league scouts.

Q What can be inferred about Hank Aaron from the passage?

(a) His priority in high school was playing professional football.
(b) He excelled at football while playing on his high school team.
(c) He was an amateur when major leagues scouts recruited him.
(d) His decision to play softball came after a serious football injury.

번역

위대한 야구 선수 행크 아론은 야구팀이 없는 고등학교에 다녔기 때문에 그는 대신 그 학교의 소프트볼과 축구팀에서 뛰었다. 그는 축구를 하면서 받을 수 있는 장학금을 제안받았으나, 그는 부상 가능성과 프로 야구를 할 수 있는 기회를 날릴까 두려워 그 운동을 그만뒀다. 그는 취미로 하는 야구 리그에서 뛰면서 처음으로 행운이 찾아왔는데 마침내 흑인만으로 구성된 프로 야구 리그에서 활약할 수 있게 되었다. 그가 메이저리그 스카우터의 주목을 받은 것은 그곳에서 선수로 뛰고 있을 때였다.

Q 지문을 통해 행크 아론에 대해 추론할 수 있는 것은?

(a) 고등학교에서 그가 제일 중요하게 여겼던 것은 프로 축구를 하는 것이었다.
(b) 그는 고등학교 팀에서 뛰는 동안 축구에서 뛰어난 능력을 보였다.
(c) 메이저리그 스카우터가 그를 고용했을 때 그는 아마추어 선수였다.
(d) 축구 때문에 심각하게 부상을 당하고 나서 소프트볼을 하기로 결심했다.

기출 공략

그는 고등학교에서 축구 장학금을 받으라고 제안을 받은 적이 있다는 사실로부터 축구를 매우 잘했음을 알 수 있다. 따라서 정답은 (b)이다. 메이저리그 스카우터의 주목을 받은 것은 그가 프로선수로 뛰고 있을 때였으므로 (c)는 정답이 될 수 없다.

break 행운 **recreational** 취미의 **segregated** 인종적으로 분리된 **scout** 스카우터 **excel** 뛰어나다

정답_(b)

36

Archaeological and geological studies suggest that the downfall of civilizations can be explained by climate change. Despite mounting evidence, many people refuse to accept this theory because they equate it with environmental determinism, a theory that claims that climate determines character—for instance, that tropical climates foster indolence. The theory of environmental determinism, popular until the early twentieth century, has been dismissed as unscientific speculation used to justify racism. However, the climate change theory of civilizations' decline is fundamentally different from environmental determinism, as it focuses on the social, political, and technological adaptations to changing weather patterns.

Q Which statement would the writer most likely agree with?

(a) Environmental determinism is applicable to the modern world.
(b) The climate change theory is another ruse to justify racist claims.
(c) Recent scientific findings provide support for environmental determinism.
(d) Climate change provides a valid explanation for the demise of civilizations.

번역

고고학과 지질학 연구는 문명의 붕괴를 기후 변화로 설명할 수 있다는 것을 암시하고 있다. 증거들이 산더미처럼 쌓이고 있는데도 불구하고 많은 사람들이 이 이론을 받아들이기를 거부하는 이유는 그들이 이 이론을 환경 결정론과 동일시하기 때문이다. 환경 결정론은 기후가 성격을 결정한다고 주장하는 이론으로, 예를 들면 열대 기후가 나태한 성격을 초래한다는 식이다. 20세기 초반까지 인기가 있었던 환경 결정론의 이론은 인종 차별을 정당화하는 데 쓰인 비과학적인 추측으로 치부되며 묵살당했다. 그러나 문명 쇠퇴에 관한 기후 변화 이론은 변화하는 기후 패턴에 대한 사회적, 정치적, 기술적 적응을 집중적으로 다룬다는 면에서 환경 결정론과는 근본적으로 차이가 있다.

Q 글쓴이가 가장 동의할 것 같은 진술은?

(a) 환경 결정론은 현대 사회에 적용될 수 있다.
(b) 기후 변화 이론은 인종 차별적 주장을 정당화하기 위한 또 다른 책략이다.
(c) 최근의 과학 조사 결과는 환경 결정론을 뒷받침한다.
(d) 기후 변화는 문명의 멸망에 타당한 설명을 제공한다.

기출 공략

필자는 기후 변화 때문에 문명이 멸망할 수 있음을 보여 주는 증거들이 많이 있고, 기후 변화 이론은 인종 차별을 정당화했던 환경 결정론과 근본적으로 다르다고 설명하고 있다. 이를 종합해 볼 때 동의할 만한 선택지는 (d)이다.

archaeological 고고학의 **geological** 지질학의 **downfall** 붕괴 **mounting** 증가하는 **equate** 동일시하다 **environmental determinism** 환경 결정론 **foster** 키우다 **indolence** 게으름 **dismiss** 묵살하다 **speculation** 추측 **racism** 인종 차별 주의 **fundamentally** 근본적으로 **adaptation** 적응 **applicable** 적용될 수 있는 **ruse** 책략 **racist** 인종 차별적인 **demise** 종말

정답_(d)

37

The notion of survival of the fittest is often applied to social groups, where exceptional beauty or intelligence is assumed to provide individuals with an advantage. What we find more often, however, is that standing out limits an individual's chances of excelling in groups. It seems that those possessing unique qualities or talents are perceived by others as a threat. This is not to say that those of no more than average ability will scramble to the top. Successful individuals tend to enjoy definite strengths while being able to blend in with the majority.

Q Which statement would the writer most likely agree with?
(a) Average people are often hostile to exceptional individuals.
(b) The weakest members of society will eventually rise to the top.
(c) Flaunting one's talent will increase one's chances of success in society.
(d) People are usually threatened by talent but not personal traits such as beauty.

번역

뛰어난 미모와 지능은 개인에게 유리한 입지를 가져다준다고 여겨지는 사회 그룹에 적자생존의 개념은 종종 적용된다. 그러나 우리가 흔히 발견하는 것은 남들보다 돋보이는 것이 개인이 한 집단에서 뛰어날 수 있는 가능성을 제한한다는 것이다. 특별한 능력을 가진 사람들은 다른 사람들에 의해 위협으로 받아들여지는 것 같다. 이것은 평균적인 능력밖에 없는 사람들이 최고 자리로 먼저 올라간다는 말은 아니다. 성공적인 사람들은 대다수의 사람들과 어울릴 수 있음과 동시에 뚜렷한 능력을 누리는 경향이 있다.

Q 글쓴이가 가장 동의할 것 같은 진술은?
(a) 평균적 수준에 있는 사람들은 종종 뛰어난 사람들에게 적개심을 느낀다.
(b) 사회의 가장 약한 구성원들이 결국 가장 높은 자리에 올라선다.
(c) 자신의 재능을 자랑하는 것은 사회에서 성공 가능성을 높여 준다.
(d) 사람들은 재능은 위협적이라고 여기지만 아름다움과 같은 개인적인 특징은 그렇게 생각하지 않는다.

기출 공략

지문 중간 부분에서 특별한 능력을 가진 사람들은 다른 사람들, 즉, 평범한 사람들에 의해 위협적으로 받아들여진다고 했으므로 정답은 (a)이다.

notion 개념 **survival of the fittest** 적자생존 **apply to** ~에 적용되다 **exceptional** 예외적인, 특출난 **be assumed to** ~하다고 여겨지다 **advantage** 유리한 입지 **stand out** 두드러지다 **possess** 소유하다 **perceive** 인식하다 **scramble** 재빨리 움직이다 **definite** 명확한 **strength** 힘, 능력 **blend in with** 잘 어울려 지내다 **majority** 다수 **hostile** 적대적인 **eventually** 마침내 **flaunt** 자랑하다 **threaten** 위협하다 **trait** 특징 정답_(a)

38

I recently found an unusual way to cope with the stress in my daily life. (a) My tendency to work hard used to put a lot of stress on people around me. (b) I heard about a club that practices "laughter yoga," and on a whim, I went. (c) The group's theory is that laughter, even at nothing funny, releases stress. (d) I have found the classes to be so effective that now I attend every week.

번역

나는 최근 일상에서 스트레스에 대처하는 특이한 방법을 찾았다. (a) 일을 열심히 하는 나의 성향 때문에 내 주변 사람들이 많은 스트레스를 받곤 했다. (b) 나는 '웃음 요가'를 실행하는 동아리에 대해 듣고는 충동적으로 그곳을 찾아갔다. (c) 그 동아리의 이론에 따르면 웃음은 재미있는 것이 하나도 없을 때에도 스트레스를 풀어 준다는 것이다. (d) 나는 이 수업이 매우 유용하다고 느껴져서 매주 참여한다.

기출 공략

지문은 스트레스를 해소할 수 있는 웃음 요가에 대한 내용이다. (a)는 자신이 일을 열심히 하는 성향 때문에 다른 사람들이 받는 스트레스에 대한 내용으로 전체 지문과는 관계없다.

unusual 특이한 **cope with** 대처하다 **tendency** 경향, 성향 **put a lot of stress on** ~에 스트레스를 많이 주다 **practice** 실행하다 **laughter** 웃음 **on a whim** 충동적으로 **release** (스트레스 등을) 풀다 정답_(a)

39

Hundreds of dams have been built along the Mississippi River for a variety of purposes. (a) Many dams were constructed to make the channel deep enough for large barge traffic. (b) Arch dams are relatively thin because their curved shape allows them to easily hold back water. (c) Others were designed to create a permanent water supply for nearby towns and farms. (d) Most of the dams, however, were erected mainly to prevent damage caused by flooding.

번역

수백 개의 댐이 미시시피 강을 따라 다양한 목적으로 건설되었다. (a) 많은 댐은 큰 바지선이 다닐 수 있을 정도로 수로를 충분히 깊게 만들기 위해 건설되었다. (b) 아치식 댐은 상대적으로 얇은데, 그 이유는 곡선 형태가 물을 쉽게 저지할 수 있기 때문이다. (c) 다른 댐들은 가까운 마을이나 농장에 물을 지속적으로 공급하기 위해서 설계되었다. (d) 그러나 대부분의 댐은 주로 홍수 피해를 막기 위해서 세워졌다.

기출 공략

지문은 미시시피 강에 댐을 건설한 다양한 이유를 설명하고 있다. 첫째, 바지선이 다닐 수 있도록 하기 위해서, 둘째, 마을과 농장에 물을 공급하게 위해서, 셋째 홍수를 예방하기 위해서 댐을 건설했다는 내용이다. (b)는 아치식 댐이 얇은 이유에 대한 내용으로 전체 글의 내용과 관계없다.

construct 건설하다 **channel** 수로 **barge** (배) 바지선 **curved** 곡선의, 굽은 **hold back** 막다, 저지하다 **permanent** 영원한, 지속적인 **erect** 세우다 **flooding** 홍수

정답_(b)

40

Please be advised that SolarCom is ramping up solar-panel production to meet rising demand next year. (a) Many homeowners are seeing the long-term benefits of solar energy and are buying up solar panels. (b) Also, orders from emerging markets rose sharply last year, and this is predicted to continue. (c) In fact, several companies have set up their own solar-panel production facilities in developing countries. (d) The combination of demand from these sources means next year is likely to be lucrative for SolarCom.

번역

솔라컴은 내년 증가하는 수요에 맞춰 태양열 전지판 생산을 늘릴 것이라는 점을 숙지하시기 바랍니다. (a) 많은 주택 보유자들이 태양 에너지가 장기적으로 이익이 된다고 보고 태양열 전지판을 사들이고 있습니다. (b) 또한 지난해 신생 시장으로부터 주문이 급격히 증가하였고, 이러한 경향은 계속될 것으로 예상됩니다. (c) 사실 몇몇 회사들은 개도국에 자체적으로 태양열 전지판 생산 시설을 세웠습니다. (d) 이와 같은 시장에서의 수요를 모두 합치면 다음 해는 솔라컴의 매출이 늘어날 것으로 기대됩니다.

기출 공략

지문은 각 가정과 신생 시장에서의 태양열 전지판 수요 증가로 인해서 태양열 전지판 생산을 늘릴 것을 알리는 공지문이다. (c)는 개도국에 자체적으로 태양판 생산 시설을 세운 회사들에 대한 내용으로 글의 주제와는 관계없다.

please be advised that ~에 대해 숙지하시기 바랍니다
ramp up 증가시키다 **solar-panel** 태양판 **production** 생산 **homeowner** 주택 보유자 **long-term** 장기적인 **emerge** 새로 태동하다, 떠오르다 **set up** 설치하다, 세우다 **developing country** 개발 도상국 **combination** 결합 **lucrative** 수익성이 좋은

정답_(c)

Memo

TEST 2

ANSWER KEYS

Listening Comprehension

1 (c)	**2** (c)	**3** (a)	**4** (b)	**5** (c)	**6** (b)	**7** (a)	**8** (b)	**9** (a)	**10** (b)
11 (b)	**12** (a)	**13** (c)	**14** (c)	**15** (c)	**16** (a)	**17** (c)	**18** (d)	**19** (a)	**20** (c)
21 (c)	**22** (b)	**23** (b)	**24** (d)	**25** (b)	**26** (d)	**27** (a)	**28** (c)	**29** (a)	**30** (b)
31 (c)	**32** (a)	**33** (a)	**34** (b)	**35** (c)	**36** (b)	**37** (c)	**38** (c)	**39** (a)	**40** (b)
41 (d)	**42** (c)	**43** (d)	**44** (b)	**45** (c)	**46** (b)	**47** (b)	**48** (d)	**49** (c)	**50** (a)
51 (a)	**52** (d)	**53** (a)	**54** (c)	**55** (b)	**56** (b)	**57** (c)	**58** (c)	**59** (b)	**60** (c)

Grammar

1 (c)	**2** (b)	**3** (c)	**4** (c)	**5** (c)	**6** (d)	**7** (c)	**8** (c)	**9** (a)	**10** (d)
11 (c)	**12** (d)	**13** (c)	**14** (d)	**15** (a)	**16** (c)	**17** (b)	**18** (c)	**19** (d)	**20** (c)
21 (d)	**22** (b)	**23** (c)	**24** (d)	**25** (c)	**26** (d)	**27** (d)	**28** (d)	**29** (d)	**30** (b)
31 (a)	**32** (a)	**33** (d)	**34** (c)	**35** (a)	**36** (c)	**37** (c)	**38** (c)	**39** (b)	**40** (b)
41 (d)	**42** (b)	**43** (d)	**44** (c)	**45** (c)	**46** (c)	**47** (d)	**48** (c)	**49** (a)	**50** (b)

Vocabulary

1 (d)	**2** (b)	**3** (d)	**4** (d)	**5** (c)	**6** (d)	**7** (d)	**8** (d)	**9** (c)	**10** (c)
11 (a)	**12** (c)	**13** (d)	**14** (a)	**15** (d)	**16** (d)	**17** (c)	**18** (a)	**19** (a)	**20** (d)
21 (b)	**22** (d)	**23** (c)	**24** (a)	**25** (a)	**26** (c)	**27** (a)	**28** (b)	**29** (a)	**30** (a)
31 (b)	**32** (a)	**33** (b)	**34** (d)	**35** (c)	**36** (a)	**37** (d)	**38** (d)	**39** (d)	**40** (b)
41 (d)	**42** (a)	**43** (d)	**44** (a)	**45** (d)	**46** (a)	**47** (c)	**48** (b)	**49** (b)	**50** (d)

Reading Comprehension

1 (a)	**2** (d)	**3** (d)	**4** (a)	**5** (a)	**6** (a)	**7** (c)	**8** (c)	**9** (d)	**10** (b)
11 (b)	**12** (c)	**13** (c)	**14** (b)	**15** (d)	**16** (a)	**17** (d)	**18** (a)	**19** (c)	**20** (b)
21 (d)	**22** (d)	**23** (c)	**24** (c)	**25** (b)	**26** (c)	**27** (b)	**28** (c)	**29** (c)	**30** (c)
31 (c)	**32** (d)	**33** (c)	**34** (a)	**35** (b)	**36** (b)	**37** (c)	**38** (c)	**39** (b)	**40** (b)

Listening Comprehension

1

W Welcome back! How was your vacation?

M ______________________

(a) Next Saturday at the latest.
(b) By plane, actually.
(c) It was fantastic.
(d) I'd love to.

번역

W 어서 와! 휴가는 어땠어?

M ______________________

(a) 늦어도 다음 토요일이야.
(b) 사실 비행기로 갔어.
(c) 멋졌어.
(d) 나도 그러고 싶어.

기출 공략

휴가를 어떻게 보냈냐는 여자의 질문에 가장 적절한 응답은 멋졌다고 대답한 (c)이다. (b)는 질문의 How를 듣고 연상할 수 있는 교통수단 표현을 제시해 오답으로 유도한 선택지이다.

at the latest 늦어도 **actually** 사실 정답_(c)

2

M Hello. I'm calling to speak to David.

W ______________________

(a) I'd rather ask David.
(b) Sorry, I misdialed.
(c) He's unavailable at the moment.
(d) Yes, I've talked to him, too.

번역

M 여보세요. 데이비드와 통화하려고 하는데요.

W ______________________

(a) 저라면 데이비드에게 물어보겠어요.
(b) 미안합니다. 제가 전화를 잘못 걸었어요.
(c) 그는 지금 부재중이에요.
(d) 네, 저도 그에게 이야기했어요.

기출 공략

남자는 전화해서 데이비드를 찾고 있다. 이에 적절한 응답은 현재 그가 부재중이라고 말하는 (c)가 정답이다. (b)는 전화를 건 사람이 할 수 있는 말이기 때문에 정답이 될 수 없다.

misdial 전화를 잘못 걸다 **unavailable** 부재중인, 만날 수 없는
at the moment 지금 정답_(c)

3

W Want me to close the window?

M ______________________

(a) No, I opened it for the breeze.
(b) Oh, let me open it for you.
(c) I wasn't the one who closed it.
(d) No, I was just about to open it.

번역

W 내가 창문 닫을까?

M ______________________

(a) 아니, 바람 좀 통하라고 내가 열어 놨어.
(b) 오, 내가 열어 줄게.
(c) 닫은 사람은 내가 아니야.
(d) 아니, 이제 막 열려고 하던 참이야.

기출 공략

창문을 닫아 줄까라는 여자의 물음에 적절한 응답은 환기를 시키려고 자신이 일부러 열었다고 답한 (a)이다. 창문이 이미 열려 있는 상태이므로 (b), (c), (d)는 정답이 될 수 없다.

breeze 미풍 **be about to** 막 ~할 참이다 정답_(a)

4

M Great job organizing this fundraiser!
W ______________________

(a) I don't think I will.
(b) I couldn't have done it without you.
(c) You'd better organize it, then.
(d) Of course you're invited.

번역
M 모금 행사를 훌륭하게 준비했구나!
W ______________________
(a) 나는 안 할 거야.
(b) 너 없이는 할 수 없었을 거야.
(c) 그렇다면 그것을 준비하는 것이 좋을 거야.
(d) 물론 너는 초대되었지.

기출 공략
모금 행사 준비를 훌륭하게 했다는 남자의 칭찬에 대해 남자의 도움이 없었다면 불가능했다고 겸손하게 대답한 (b)가 적절한 응답이다.
organize (행사를) 준비하다 **fundraiser** 모금 행사 **had better** ~하는 것이 좋다 정답_(b)

5

W Where can I get a cheap computer?
M ______________________

(a) Try selling it on the Internet.
(b) I bet you're regretting that decision.
(c) Shopping online is your best bet.
(d) It's probably worth more than that.

번역
W 어디서 컴퓨터를 싸게 살 수 있니?
M ______________________
(a) 인터넷에서 한번 팔아 봐.
(b) 보나마나 그 결정을 후회하고 있겠구나.
(c) 온라인에서 구입하는 것이 가장 확실한 방법이야.
(d) 아마도 그것보다는 비쌀 거야.

기출 공략
컴퓨터를 저렴하게 구입할 수 있는 곳이 어디냐는 물음에 온라인에서 구입하는 것에 가장 좋다고 대답한 (c)가 적절한 응답이다. 여자는 컴퓨터를 팔려고 하는 것이 아니므로 (a)는 정답이 될 수 없다.
I bet 틀림없이 ~이다 **regret** 후회하다 **best bet** 가장 확실한 방법 **probably** 아마도 **worth** ~의 값어치가 있는 정답_(c)

6

M I've been calling you all day.
W ______________________

(a) Take a message for me.
(b) I was too busy to answer.
(c) But we haven't talked since then.
(d) I'll give you my number.

번역
M 너에게 온종일 전화했어.
W ______________________
(a) 나를 위해 메시지를 받아 줘.
(b) 너무 바빠서 전화를 받을 수 없었어.
(c) 하지만 그때 이후로 우리는 대화한 적이 없어.
(d) 내 전화번호를 줄게.

기출 공략
남자가 여자에게 온종일 전화했다는 말은 아무리 전화를 해도 여자가 전화를 계속 받지 않았다는 말이다. 따라서 너무 바빠서 전화를 받을 수 없었다고 대답한 (b)가 적절한 응답이다.
take a message 메시지를 받다 정답_(b)

7

W How should we announce the schedule change to the staff?
M ______________________

(a) Let's send out a group email.
(b) I appreciate the announcement.
(c) The news came suddenly.
(d) Check the schedule changes.

번역

W 직원들에게 일정 변경을 어떻게 알려야 할까요?
M ______________________

(a) 단체 메일을 보냅시다.
(b) 알려 줘서 고마워요.
(c) 소식이 갑작스럽게 전해졌어요.
(d) 일정 변경을 확인해 보세요.

기출 공략

staff는 한 개인이 아니라 여러 명을 지칭하는 명사이다. 즉 여러 명의 직원들에게 일정 변경을 어떻게 알리냐고 묻는 질문에 단체 메일을 보내자고 대답한 (a)가 가장 적절한 응답이다.

announce 발표하다, 알리다 **group email** 단체 메일 **appreciate** 감사히 여기다 **announcement** 발표 정답_(a)

8

M How did you pay your tuition this semester?
W ______________________

(a) Just under $5,000.
(b) I got a scholarship.
(c) With a full course load.
(d) Since my parents can't afford it.

번역

M 너는 이번 학기 등록금을 어떻게 냈니?
W ______________________

(a) 그저 5천 달러 미만이야.
(b) 장학금을 받았어.
(c) 학점을 다 채워서 수강했어.
(d) 우리 부모님은 그럴 여력이 없어서.

기출 공략

이번 학기에 등록금을 어떻게 냈냐는 질문에 장학금으로 충당했다고 대답한 (b)가 가장 적절한 응답이다. (d)는 등록금을 낼 수 없었던 이유를 묻는 질문에 적절한 응답이므로 정답이 될 수 없다.

tuition 등록금 **semester** 학기 **scholarship** 장학금 **a full course load** 학점을 완전히 채워 수강하는 것 **afford** ~할 (경제적) 여력이 있다 정답_(b)

9

W You can't enter this club wearing sandals.
M ______________________

(a) I didn't know about the dress code.
(b) Then I'll put my sandals on inside.
(c) Good thing I wore sandals today.
(d) You can always change later.

번역

W 샌들을 신고 이 클럽에 들어올 수 없어요.
M ______________________

(a) 복장 규정에 대해 모르고 있었어요.
(b) 그러면 안에서 샌들을 신을게요.
(c) 오늘 샌들을 신어서 다행이네요.
(d) 나중에 바꿔 신을 수 있어요.

기출 공략

클럽에 들어올 때 샌들을 신으면 안 된다는 말에 복장 규정을 몰랐다고 말한 (a)가 적절한 응답이다. 샌들을 신고 들어갈 수 없으므로 (b), (c)는 정답이 될 수 없다.

dress code 복장 규정 **put on** ~을 착용하다 **inside** 안에서 **(It is a) good thing (that)** ~이어서 다행이다 정답_(a)

10

M Why are you rushing to finish your homework?
W ______________________

(a) I handed it in on the due date.
(b) So I'll be free to go out later.
(c) I just like taking my time on it.
(d) Because I got it done earlier.

번역

M 왜 그렇게 서둘러서 숙제를 끝마치려고 하니?
W ______________________

(a) 나는 기일에 제출했어.
(b) 그래야 내가 나중에 마음껏 나갈 수 있잖아.
(c) 나는 그저 그것을 하면서 천천히 시간을 보내는 것을 좋아해.
(d) 왜냐하면 일찍 끝냈기 때문이야.

기출 공략

남자는 여자가 숙제를 서둘러 끝내려는 이유를 묻고 있다. 이에 나중에 마음 놓고 나갈 수 있도록 빨리 하는 것이라고 대답한 (b)가 적절한 응답이다.

rush 서두르다 **hand in** 제출하다 **due date** 기일, 마감일 **take one's time** 쉬엄쉬엄하다

정답_(b)

11

W Movies today aren't what they used to be.
M ______________________

(a) I'll wait for the movie.
(b) Agreed—so few are worth seeing.
(c) You can bet it will.
(d) Some are more recent than that.

번역

W 요새 영화들은 예전 영화 같지 않아.
M ______________________

(a) 그 영화가 나오기를 기다릴 거야.
(b) 맞아. 볼 만한 것들이 너무 없어.
(c) 틀림없이 그럴 거야.
(d) 몇몇 작품들은 그것보다 최근에 나왔어.

기출 공략

여자는 요새 영화들이 예전 영화만 못하다고 말한다. 이에 대해서 요새 영화들은 볼 만한 것들이 거의 없다고 말한 (b)가 적절한 응답이다.

be worth -ing ~할 가치가 있다 **bet** ~임이 틀림없다

정답_(b)

12

M That tennis player showed poor sportsmanship.
W ______________________

(a) True. He didn't take losing very well.
(b) I could use that kind of exercise.
(c) Right. He was a model of courtesy.
(d) That would improve my game.

번역

M 저 테니스 선수는 스포츠 정신이 형편없어.
W ______________________

(a) 맞아. 그는 자신의 패배를 잘 받아들이지 못해.
(b) 나는 그와 같은 운동이 필요해.
(c) 맞아. 그는 예의범절의 표본이야.
(d) 그러면 내 경기를 향상시킬 수 있겠다.

기출 공략

자신의 패배를 인정하지 않는 태도는 스포츠 정신이 부족한 한 가지 예가 될 수 있으므로 (a)가 적절한 응답이다. 스포츠 정신이 부족한 것은 예의범절의 표본이라고 할 수 없으므로 (c)는 정답이 될 수 없다.

sportsmanship 스포츠 정신 **take** 받아들이다 **could use** ~가 필요하다 **a model of** ~의 모범이 되는 **courtesy** 공손함, 정중함

정답_(a)

13

W Excuse me. Can I go ahead of you in line?
M ______________________

(a) Thanks for letting me cut in.
(b) Not at all. I'll be right ahead of you.
(c) Sorry, I'm in a hurry myself.
(d) Oh, I hadn't noticed you did.

번역

W 실례합니다. 당신 앞에서 줄을 서도 될까요?
M ______________________

(a) 순서를 양보해 줘서 고마워요.
(b) 전혀 그렇지 않아요. 나는 바로 당신 앞에 서 있을게요.
(c) 미안해요. 저도 급해서요.
(d) 오, 당신이 그런 줄 모르고 있었어요.

기출 공략

남자가 줄을 서고 있는데 여자가 남자 앞에 끼어들어도 되느냐고 묻고 있다. 이에 대해서 자신도 급해서 양보하기 힘들다는 (c)가 적절한 응답이다. (a)는 남자가 앞에 서도 된다고 했을 경우 여자가 남자에게 할 수 있는 말이므로 정답이 될 수 없다.

ahead of ~에 앞서서 **cut in** (줄 선 중간에) 끼어들다
in a hurry 서두르는 **notice** 눈치채다 정답_(c)

14

M What possessed you to dig up these old family photos?
W ______________________

(a) I can take more of them, if you'd prefer.
(b) Exactly where I'd left them last time.
(c) I wanted to make them into a slideshow.
(d) From an old album my mother made.

번역

M 무엇 때문에 이 오래된 가족사진들을 꺼내 놓은 거니?
W ______________________

(a) 네가 원한다면 그것들을 더 가지고 갈 수 있어.
(b) 정확히 내가 지난번에 그것들을 놓아둔 곳이야.
(c) 사진으로 슬라이드 쇼를 만들고 싶었어.
(d) 우리 엄마가 만든 오래된 앨범에서.

기출 공략

남자는 여자가 오래된 사진들을 꺼내 놓은 이유를 묻고 있다. 이에 슬라이드 쇼를 만들기 위해서라고 대답한 (c)가 적절한 응답이다. 남자의 질문은 사진이 어디서 났는지 묻는 것이 아니었으므로 (b)나 (d)는 정답이 될 수 없다.

possess (이상한 짓을 하도록) 홀리다 **dig up** 파헤치다 **exactly** 정확히 **slideshow** 슬라이드 쇼 정답_(c)

15

W Oh, no! This chair's assembly instructions are only in Chinese!
M ______________________

(a) No wonder we put it together.
(b) It's a good thing they're not in Chinese.
(c) Let's try to make do without them.
(d) They all got together by themselves.

번역

W 오, 안 돼! 이 의자 조립 설명서는 중국어로만 되어 있잖아!
M ______________________

(a) 우리가 조립한 것은 놀라운 일이 아니야.
(b) 설명서가 중국어로 되어 있지 않아 다행이야.
(c) 설명서 없이 해 보도록 하자.
(d) 그들은 전부 스스로 모였어.

기출 공략

조립 설명서가 중국어로만 쓰여 있어서 설명서를 보고 조립을 할 수 없는 상황이다. 따라서 설명서 없이 조립을 해 보자고 말한 (c)가 적절한 응답이다. (b)는 대화문에 제시된 상황과 정반대 내용이므로 정답이 될 수 없다.

assembly 조립 **instructions** 설명서 **put together** 합치다, 조립하다 **make do without** ~ 없이 때우다 **get together** 모이다

정답_(c)

16

W Any plans for Thanksgiving?
M None so far.
W You're welcome to come to my place.
M ______________________

(a) I appreciate the offer.
(b) Really, it was my pleasure.
(c) Sure, I'd be glad to host you.
(d) Thanks. I enjoyed it.

번역

W 추수 감사절에 무슨 계획 있니?
M 아직 아무 계획 없어.
W 네가 원한다면 우리 집에 와도 좋아.
M ______________________

(a) 제안 고마워.
(b) 정말, 내가 좋아서 한 일인 걸.
(c) 물론, 너를 맞이하게 되어서 기뻐.
(d) 고마워. 즐거웠어.

기출 공략

여자는 추수 감사절에 아무 계획이 없는 남자에게 자신의 집으로 초대하고 있다. 이에 대해 남자가 할 수 있는 말은 여자의 제안에 감사하는 (a)가 가장 적절하다.

appreciate 감사하다 **host** (파티 등을) 주최하다, (손님 등을) 맞이하다

정답_(a)

17

M How's your recovery after surgery?
W Good. My leg should be better soon.
M You must be eager to leave the wheelchair behind.
W ______________________

(a) Yes, I'm glad I finally got rid of it.
(b) No, that's for the doctor.
(c) Yeah, I can't wait to walk again.
(d) Well, not before the surgery.

번역

M 수술 후 회복은 어떻게 되어 가니?
W 괜찮아졌어. 내 다리는 곧 회복될 거야.
M 빨리 휠체어에서 벗어나고 싶겠구나.
W ______________________

(a) 응, 드디어 없애 버릴 수 있어서 좋았어.
(b) 아니, 그것은 의사를 위한 거야.
(c) 응, 빨리 다시 걷고 싶어.
(d) 음, 수술 전에는 아니야.

기출 공략

여자는 다리 수술을 받고 휠체어에 앉아 완전히 회복되기를 기다리고 있다. 빨리 휠체어에서 벗어나고 싶겠다는 남자의 마지막 말에 대해 빨리 다시 걷고 싶다고 말한 (c)가 가장 적절하다.

recovery 회복 **surgery** 수술 **leave behind** ~를 떠나다, 뒤로 하다 **be eager to** ~을 간절히 바라다 **wheelchair** 휠체어 **get rid of** 제거해 버리다 **can't wait** 빨리 ~하고 싶다

정답_(c)

18

W Would you like some cake?
M No, thanks, I'd better not.
W Oh, are you avoiding sweets?
M ______________________

(a) No, I just prefer cake.
(b) It must be delicious then.
(c) No, it's the sweets I'm avoiding.
(d) It's just that I'm full.

번역

W 케이크 좀 먹을래?
M 아니, 고마워, 안 먹는 게 좋겠어.
W 오, 단것을 피하는 거니?
M ______________________

(a) 아니, 그저 케이크가 더 좋아서.
(b) 그렇다면 맛있겠다.
(c) 아니, 내가 피하는 것은 단것이야.
(d) 그냥 배가 불러서 그래.

기출 공략

남자가 케이크를 안 먹겠다고 말하자, 여자는 단것을 피하는 것이냐고 묻고 있다. 이에 배가 불러서 안 먹는 것이라고 대답한 (d)가 가장 적절한 응답이다. 여자가 권하는 케이크는 단것이므로 (a), (c)는 정답이 될 수 없다.

I'd better not 안 하는 게 좋겠어 **sweets** 단것

정답_(d)

19

M Drew's school called. He cut class today.
W Really? Has that happened before?
M Never. I don't know how to handle it.
W ______________________

(a) Have a serious chat with him.
(b) That's what I would do in your place.
(c) At least he's not skipping classes.
(d) I know you had your reasons.

번역

M 드류의 학교에서 전화가 왔어. 그 애가 오늘 수업에 나오지 않았대.
W 정말이야? 전에도 이런 일이 있었어?
M 아니. 이 일을 어떻게 해야 할지 모르겠어.
W ______________________

(a) 그와 진지하게 이야기해 봐.
(b) 내가 너라면 그렇게 하겠어.
(c) 적어도 그는 수업에 빠지지는 않잖아.
(d) 당신에게 말 못 할 사정이 있다는 거 알고 있어.

기출 공략

드류가 학교 수업에 빠졌다는 소식을 듣고 남자는 어떻게 해야 할지 모르겠다고 말하고 있다. 이에 여자가 할 수 있는 말은 진지하게 대화를 해 보라는 (a)가 적절하다.

cut class 수업에 빠지다 **handle** 다루다 **have a serious chat** 진지하게 대화를 나누다 **in one's place** ~의 입장에서 **have one's reasons** 말 못 할 사정이 있다

정답_(a)

20

W Why don't you change your own motor oil?
M I prefer getting a mechanic to do it.
W But you could save money doing it yourself.
M ______________________

(a) You can pick it up later.
(b) Once the oil's been changed.
(c) I wouldn't know where to start.
(d) True, but I don't want to rely on mechanics.

번역

W 엔진 오일을 교환하지 그러니?
M 나는 정비공에게 맡기는 것이 나을 것 같아.
W 하지만 스스로 하면 돈을 아낄 수 있잖아.
M ______________________

(a) 나중에 찾아가면 돼.
(b) 오일이 교환되면.
(c) 어디서부터 시작해야 할지 모르겠어.
(d) 맞아. 하지만 정비공에게 의지하고 싶지 않아.

기출 공략

엔진 오일 교환을 정비공에 맡기겠다는 남자에게 여자는 엔진 오일을 스스로 교환하면 돈을 절약할 수 있다고 말한다. 이에 적절한 응답은 어디서 어떻게 시작해야 할지 모르겠다고 답한 (c)이다.

motor oil 엔진 오일 **mechanic** 정비공 **pick up** 찾아가다, 수령하다 **rely on** ~에 의지하다

정답_(c)

21

M Is there an Italian restaurant nearby?
W There's one a few blocks over.
M Do you remember which street?
W ______________________

(a) It always gets a five-star rating.
(b) They don't take reservations.
(c) I can look it up for you.
(d) Just give me some directions.

번역

M 근처에 이탈리아 식당이 있니?
W 몇 블록 더 가면 하나 있어.
M 어떤 길에 있는지 기억해?
W ______________________

(a) 거기는 언제나 5성 등급을 받아.
(b) 거기는 예약을 안 받아.
(c) 내가 한번 찾아볼게.
(d) 그냥 나에게 길을 알려 줘.

기출 공략

남자는 몇 블록 떨어져 있는 이탈리아 식당이 정확히 어떤 길에 있는지 묻고 있다. 이에 자신이 한번 찾아보겠다고 대답한 (c)가 적절한 응답이다.

nearby 근처에 **a five-star rating** 5성 등급 **look up** 찾아보다

정답_(c)

22

W Hello, Dr. Lipman's office.
M Can I reschedule my appointment?
W OK, when was your original appointment?
M ______________________

(a) I'm not available today.
(b) It was supposed to be on Friday at 10:30.
(c) It was rescheduled as soon as possible.
(d) Until 4 pm is best for me.

번역

W 여보세요. 리프만 선생님 병원입니다.
M 제 예약 시간을 재조정할 수 있나요?
W 좋아요. 원래 예약 시간이 어떻게 되시나요?
M ______________________

(a) 저는 오늘은 안 돼요.
(b) 금요일 10시 30분으로 예정되어 있었어요.
(c) 곧바로 시간이 재조정되었어요.
(d) 오후 4시까지가 저에게 제일 좋아요.

기출 공략

남자는 예약 시간을 옮기기 위해 병원에 전화했다. 여자는 원래 예약 시간이 언제냐고 묻고 있으므로 이에 적절한 응답은 (b)이다. (d)는 희망하는 예약 시간을 묻는 물음에 적절한 응답이므로 정답이 될 수 없다.

reschedule (시간을) 옮기다 **be supposed to** ~하기로 되어 있다 **as soon as possible** 되도록 빨리 정답_(b)

23

M How's your volleyball team doing?
W Terrible. Our team captain is out with an injury.
M Can't someone fill in for her?
W ______________________

(a) She has leadership potential.
(b) No one who can play like her.
(c) That's why she's irreplaceable.
(d) Sure, she can take your place.

번역

M 너의 배구팀은 좀 어떠니?
W 최악이야. 우리 주장이 부상으로 빠진 상태야.
M 주장 대신 누군가 할 사람 없어?
W ______________________

(a) 그녀는 지도자의 자질이 있어.
(b) 그녀처럼 경기를 할 수 있는 사람이 없어.
(c) 그렇기 때문에 그녀는 대체가 불가능해.
(d) 물론, 그녀는 너 대신 할 수 있어.

기출 공략

남자는 여자의 배구팀 주장이 부상으로 빠진 상태에서 주장을 대신할 사람이 없는지 물어보고 있다. 이에 주장처럼 경기를 잘하는 사람이 없다고 대답한 (b)가 적절한 응답이다.

captain 주장 **fill in for** ~ 대신 일을 맡다 **potential** 가능성, 잠재성 **irreplaceable** 대체가 불가능한 **take one's place** ~를 대신하다 정답_(b)

24

W No one will try the new diner with me.
M Why not go on your own?
W Wouldn't eating alone be awkward?
M ______________________

(a) Anytime the diner is open.
(b) There's no need to share yours.
(c) If so, try going alone this time.
(d) You don't need company to enjoy yourself.

번역

W 아무도 나와 함께 새로 생긴 식당에 가 보려고 하지 않아.
M 혼자서 가지 그러니?
W 혼자서 먹으면 어색하지 않니?
M ______________________

(a) 식당이 문을 연 때라면 언제든지.
(b) 네 것을 나눌 필요는 없어.
(c) 그렇다면 이번에 혼자서 가 봐.
(d) 즐기는 데 일행이 있을 필요 없잖아.

기출 공략

혼자서 식당에 가기가 어색한 여자에게 남자가 해 줄 수 있는 말은 음식을 즐기는 데 일행이 반드시 필요한 것은 아니라고 말한 (d)가 적절하다.

diner 작은 식당 **on one's own** 혼자서 **awkward** 어색한 **company** 동행인, 일행 **enjoy oneself** 즐기다 정답_(d)

25

M How's your new neighborhood?
W Great. I just wish I knew more people there.
M You haven't met your neighbors?
W ______________________

(a) Not until they know each other, I guess.
(b) Only one, and it was very brief.
(c) No, they don't live in town anymore.
(d) It's OK, they're from the neighborhood.

번역

M 새로 이사 간 동네는 어떠니?
W 좋아. 다만 그곳에서 좀 더 많은 사람들을 알고 지냈으면 좋겠어.
M 이웃 사람들을 만난 적이 없니?
W ______________________

(a) 아마 그들이 서로 알기까지는 아닐 거야.
(b) 한 사람만, 그것도 잠깐 만나 본 것뿐이야.
(c) 아니, 그들은 더 이상 시내에 살지 않아.
(d) 괜찮아, 그들은 이 동네 사람들이야.

기출 공략

새로 이사 간 동네의 이웃 사람들을 만나 본 적이 없느냐는 남자의 질문에 한 사람만 잠깐 만났다는 대답이 가장 적절하므로 정답은 (b)이다.
neighborhood 동네 **not until** ~까지는 아니다 **brief** 잠깐의

정답_(b)

26

W My room doesn't have a balcony, but I requested one when I reserved it.
M Hmmm...I'm sorry. There's no record of your request.
W Well, is it possible to get one anyway?
M ______________________

(a) As I've been saying, the record is right here.
(b) I'm afraid yours is the only room with a balcony.
(c) Yes, it's outside on the balcony.
(d) Let me see what I can do.

번역

W 제 방에 발코니가 없어요. 예약할 때 발코니가 있는 것으로 요청했었는데.
M 흠… 죄송합니다. 그런 요청 기록이 없어요.
W 음, 어쨌든 발코니가 있는 방을 얻을 수 있나요?
M ______________________

(a) 제가 계속 말씀드리지만, 기록은 바로 여기 있습니다.
(b) 죄송하지만 손님방이 발코니가 있는 유일한 방입니다.
(c) 그래요, 그것은 바깥 발코니에 있어요.
(d) 제가 할 수 있는 일이 있는지 알아보겠습니다.

기출 공략

여자는 예약할 때 발코니가 있는 방을 요청했는데, 방에 발코니가 없다며 발코니가 있는 방으로 바꿀 수 있는지 묻고 있다. 이에 남자가 할 수 있는 말은 자신이 할 수 있는지 알아보겠다는 (d)이다.
balcony 발코니 **request** 요청하다, 요청

정답_(d)

27

M Pardon me. This is my table.
W Oh! But...no one was here when I arrived.
M I stepped away to greet a friend, but I left my coat on the chair, right here.
W ______________________

(a) Oops, I hadn't noticed—my apologies.
(b) That's exactly where I left it.
(c) I see your friend's saving the table.
(d) I appreciate you taking care of this.

번역

M 죄송하지만 여기는 제 테이블입니다.
W 오, 하지만 제가 왔을 때는 여기에 아무도 없었어요.
M 친구와 인사하러 테이블에서 떨어져 있었지만 바로 여기 의자에 제 코트를 걸쳐 놨잖아요.
W ______________________

(a) 오, 못 봤어요. 죄송해요.
(b) 그곳이 바로 제가 그것을 놔뒀던 곳이에요.
(c) 당신 친구가 테이블을 맡아 놓고 있군요.
(d) 이 일을 처리해 주셔서 감사해요.

기출 공략

여자는 남자가 맡아 놓은 테이블에 모르고 앉아 있다가, 남자의 코트가 의자에 걸쳐 있는 것을 발견하게 된다. 이 상황에서 여자의 반응은 코트를 못 봤다며 사과하는 (a)가 적절하다.
pardon me 실례지만 **step away** 피해 있다, 멀리 떨어져 있다 **notice** 발견하다 **my apologies** 사과드리겠습니다 **save** 맡아 두다 **take care of** 처리하다

정답_(a)

28

W That deli on the corner is always packed.
M Trust me, though, the food is terrible.
W How do you explain its popularity then?
M ______________________

(a) The price is the reason it's so unpopular.
(b) It was too full for me to get a seat anywhere.
(c) Lack of choice. There're no other restaurants for blocks.
(d) Customer service. That's what needs improvement.

번역

W 모퉁이의 저 식품 가게는 늘 북적거리더라.
M 그래도 내 말을 믿어. 저 집 음식은 진짜 형편없어.
W 그렇다면 저 집이 왜 저렇게 손님이 많은 건데?
M ______________________

(a) 가격 때문에 그 집을 찾는 손님이 없어.
(b) 그곳은 너무 꽉 차서 내가 좌석을 찾기 힘들었어.
(c) 선택의 여지가 없는 거지. 주변 블록에 다른 식당이 하나도 없거든.
(d) 고객 서비스지. 그 점이 개선되어야 할 부분이야.

기출 공략

남자는 가게의 음식 맛이 형편없다고 말하자, 여자는 그렇다면 그곳에 손님이 북적거리는 이유가 무엇인지 묻고 있다. 이에 적절한 응답은 그 가게 말고는 다른 식당이 없기 때문이라고 말한 (c)이다. (d)에서 Customer service 부분만 들으면 정답으로 생각할 수 있지만, 고객 서비스가 개선되어야 한다는 내용으로 정답이 될 수 없다.

deli 조제 식품을 파는 가게 **packed** (사람이) 꽉 들어 찬 정답_(c)

29

M Personal email is blocked on our work computers now.
W I guess emails were affecting productivity.
M Were they really that distracting?
W ______________________

(a) Enough to warrant this measure, apparently.
(b) That's why I don't email confidential documents.
(c) Too little time was being spent on them, I guess.
(d) They needed to be for people to work properly.

번역

M 개인 이메일은 이제 업무용 컴퓨터에서 차단되었어요.
W 제가 볼 때에는 이메일이 생산성에 영향을 미쳤던 것 같아요.
M 이메일이 진짜 그렇게 방해가 되었나요?
W ______________________

(a) 분명히 이번 조치가 정당화될 정도로 충분히 그랬어요.
(b) 그래서 저는 기밀문서는 메일로 보내지 않잖아요.
(c) 제가 볼 때에는 메일에 소비되는 시간이 너무 없었어요.
(d) 사람들이 제대로 일하려면 있어야 해요.

기출 공략

남자는 개인 메일을 차단한 회사의 조치에 대해서 개인 메일이 업무에 그렇게 지장을 주느냐고 묻고 있다. 이에 그만큼 방해가 돼서 회사가 이번 조치를 취하게 된 것 같다고 말한 (a)가 적절한 응답이다.

block 차단하다 **productivity** 생산성 **distracting** 방해가 되는 **warrant** 정당화하다 **measure** 조치 **apparently** 분명히 **confidential** 기밀의 **properly** 제대로 정답_(a)

30

W What's with this hand-drip coffee craze?
M Its flavor is better than regular coffee.
W The difference can't be that noticeable.
M ______________________

(a) True. They taste nothing like each other.
(b) To serious coffee lovers, it certainly is.
(c) If that's what you prefer, it's yours.
(d) Actually, everyone's noticed the craze.

번역

W 핸드드립 커피 열풍이 왜 일어나는 거예요?
M 레귤러커피보다 향미가 좋은 거죠.
W 둘 사이의 차이점이 그렇게 크지 않던데요.
M ______________________

(a) 맞아요. 그 둘은 전혀 맛이 달라요.
(b) 진지한 커피 애호가들에겐 확실히 달라요.
(c) 그게 더 좋으시면 가져도 좋습니다.
(d) 사실 모든 사람들이 열풍을 느꼈어요.

기출 공략

여자는 핸드드립 커피 열풍이 일어나는 이유를 이해하지 못한다면서 레귤러커피와 맛의 차이가 거의 없다고 말하고 있다. 이에 진지한 커피 애호가들은 그 맛의 차이를 느낄 수 있다고 답한 (b)가 가장 적절한 응답이다.

what's with ~? ~가 왜 그러지? **hand-drip** 핸드드립의 **craze** 열풍, 대유행 **regular coffee** 레귤러커피 **noticeable** 느껴질 만한 **nothing like** 전혀 ~ 같지 않은 정답_(b)

31

W Let's get the big box of detergent.
M No, that won't save us any money.
W But buying in bulk is cheaper.
M Not in this case. The small packages cost less by weight.
W Wow. I just assumed bigger packages would be the better deal.
M See, you should always check.

Q What is the man mainly doing in the conversation?
(a) Comparing different brands of detergent
(b) Determining how much a box of detergent costs
(c) Showing that the small box of detergent costs less
(d) Claiming that buying detergent in bulk is cheaper

번역

W 큰 박스에 들어 있는 세제를 사자.
M 아니, 그러면 돈을 전혀 절약할 수 없어.
W 하지만 대량 구입이 더 싸잖아.
M 이 경우는 아니야. 작은 패키지가 무게당 값이 더 싸.
W 와. 나는 그저 더 큰 패키지가 더 저렴하게 구입하는 것인 줄 알았는데.
M 이것 봐, 언제나 확인을 해야 해.

Q 대화에서 남자가 주로 하고 있는 것은?
(a) 여러 브랜드의 세제 비교하기
(b) 세제 한 상자의 가격이 얼마나 하는지 알아내기
(c) 작은 상자에 들어 있는 세제가 더 싸다는 것을 보여 주기
(d) 세제를 대량으로 구입하는 것이 더 싸다고 주장하기

기출 공략

남자는 대부분의 경우와 달리 세제는 작은 상자로 구입하면 무게당 더 저렴하게 살 수 있다고 말하고 있다. 따라서 정답은 (c)이다. (d)는 여자가 주장했던 내용으로 정답이 될 수 없다.

detergent 세제 **buy in bulk** 대량으로 구입하다 **package** 포장, 패키지 **by weight** 무게당 **assume** 생각하다, 가정하다 **compare** 비교하다 **determine** 알아내다

정답_(c)

32

W We need to talk about Veronica. She's called in sick.
M Oh, no. Again?
W Yes. It's the fourth time this month.
M She's going through a tough time now.
W Even so, she can't keep missing work like this.
M I'll have a word with her about it.

Q What is the main topic of the conversation?
(a) Veronica's frequent use of sick days
(b) Why Veronica habitually leaves work early
(c) Veronica's insistence on working despite being sick
(d) How Veronica intends to make up lost work time

번역

W 베로니카에 대해 우리 이야기해야 해. 병가를 냈더라고.
M 오, 이런. 또?
W 응. 이번 달만 네 번째야.
M 요즘 많이 힘들어 하더라고.
W 그렇다고 해도 계속 이런 식으로 결근할 수는 없어.
M 그녀와 이 문제에 대해서 이야기해 볼게.

Q 대화의 주제는?
(a) 베로니카의 잦은 병가
(b) 베로니카가 습관적으로 조퇴하는 이유
(c) 베로니카가 아픔에도 불구하고 일하기를 고집하는 것
(d) 베로니카가 빠진 근무 시간을 보완할 방법

기출 공략

여자는 베로니카가 계속해서 잦은 병가로 결근하면 곤란하다고 말하고 있다. 이에 남자는 베로니카와 병가 문제에 대해 이야기해 보겠다고 말한다. 따라서 대화의 주제는 (a)이다.

call in sick 병가를 내다 **go through** ~를 겪다 **miss work** 결근하다 **have a word with** ~와 이야기하다 **frequent** 잦은 **sick day** 병가 **habitually** 습관적으로 **insistence** 고집 **intend to** ~할 의도이다 **make up** 보완하다

정답_(a)

33

M Do you think I could earn much by selling this clock?
W Not really. It looks pretty common.
M It's old, though. It was my grandmother's.
W That doesn't automatically make it valuable.
M Well, some people pay a premium for antiques.
W Still, don't get your hopes up.

Q What is the woman mainly doing in the conversation?
(a) Expressing doubt about the value of a clock
(b) Cautioning the man about fake antiques
(c) Convincing the man to sell a clock
(d) Insisting the man get an antique appraised

번역

M 이 시계를 팔면 돈을 많이 받을 수 있을까요?
W 그렇지는 않을 거예요. 꽤 흔한 것 같은데요.
M 하지만 이것은 오래된 것이에요. 제 할머니 것이죠.
W 그렇다고 해서 가치가 자동적으로 높아지지는 않아요.
M 음, 어떤 사람들은 골동품에 프리미엄 가격을 지불하던데요.
W 그래도 희망을 갖지는 마세요.

Q 대화에서 여자가 주로 하고 있는 것은?
(a) 시계 가치에 대해서 의구심 표현하기
(b) 남자에게 가짜 골동품에 대해 주의시키기
(c) 남자에게 시계를 팔라고 설득하기
(d) 남자에게 골동품 감정을 받아 보라고 주장하기

기출 공략

자신의 할머니가 가지고 있었던 시계가 오래된 것이라며 많은 돈을 받고 팔 수 있을 것이라고 기대하는 남자에게 여자는 그럴 가능성은 적다며 희망을 버리라고 말하고 있다. 따라서 정답은 (a)이다.

automatically 자동적으로 **valuable** 가치 있는 **premium** 프리미엄, 할증금 **antique** 골동품 **doubt** 의구심, 의심 **value** 가치 **caution** 주의시키다 **fake** 가짜의 **convince** 설득하다 **insist** 주장하다, 고집하다 **appraise** 평가하다, 감정하다 정답_(a)

34

W My luggage hasn't come down the carousel.
M Sorry, ma'am, but it should arrive shortly.
W But I've been waiting 20 minutes.
M Bags are still being unloaded.
W Are you sure it hasn't been misplaced?
M It's unlikely. Please wait a few more minutes.

Q What is the man mainly doing in the conversation?
(a) Explaining where the woman can find her luggage
(b) Reassuring the woman that her luggage is on its way
(c) Advising the woman to collect her luggage quickly
(d) Suggesting that the woman's luggage might have been misplaced

번역

W 컨베이어 벨트에 제 짐이 실려 오지 않았어요.
M 죄송합니다, 손님, 하지만 곧 올 거예요.
W 하지만 20분째 기다리는 중이라고요.
M 짐들을 아직 내리는 중이에요.
W 분실된 것이 아니라는 게 확실한가요?
M 그럴 가능성은 없습니다. 조금만 더 기다려 보세요.

Q 대화에서 남자가 주로 하고 있는 것은?
(a) 여자가 짐을 찾을 수 있는 곳을 설명하기
(b) 여자에게 짐이 전달되는 중이라고 말하며 안심시키기
(c) 여자에게 짐을 빨리 찾아가라고 조언하기
(d) 여자의 짐이 분실되었을 수도 있음을 암시하기

기출 공략

여자는 공항에서 자신의 짐이 나오길 기다리고 있는데 짐이 나오지 않아 분실된 것이 아닌지 초조해하고 있다. 그러자 남자가 분실될 가능성은 없으며 좀 더 기다려 보라고 말하면서 여자를 안심시키고 있는 상황이다. 따라서 정답은 (b)이다.

carousel (공항의) 수하물 컨베이어 벨트 **shortly** 곧, 즉시 **unload** (짐을) 내리다 **misplace** (물건을) 잘못 두다, 분실하다 **unlikely** 가능성 없는 **luggage** 짐 **reassure** 안심시키다 **collect** 수령하다, 찾아가다 정답_(b)

35

M The advanced text editing software I bought is fantastic.
W Well, the basic version is free. How is this one better?
M It makes it much easier to manipulate source code.
W Does that help you produce any better work?
M No, but it does save me plenty of time.
W Well, that is one thing that could justify the price.

Q What are the man and woman mainly doing in the conversation?
(a) Questioning the capabilities of free text editing software
(b) Praising work the man has done with advanced software
(c) Discussing how the advanced text editing software is beneficial
(d) Deliberating about upgrading to a better type of software

번역

M 내가 구입한 고급 텍스트 편집 소프트웨어는 정말 굉장해.
W 음, 기본 버전은 무료던데. 이것이 어떤 면에서 더 좋니?
M 소스 코드 조작을 훨씬 쉽게 할 수 있어.
W 그래서 작업 결과물이 더 좋게 나오니?
M 아니, 하지만 시간을 많이 절약해 줘.
W 음, 그렇다면 돈을 지불할 만한 이유가 될 수 있겠군.

Q 대화에서 남녀가 주로 하고 있는 것은?
(a) 무료 텍스트 편집 소프트웨어의 능력에 의문을 제기하기
(b) 남자의 고급 소프트웨어를 이용한 작업물을 칭찬하기
(c) 고급 텍스트 편집 소프트웨어의 이점을 의논하기
(d) 더 나은 소프트웨어로 업그레이드하는 것을 고려하기

기출 공략

남자는 자신이 구입한 텍스트 편집 소프트웨어를 이용하면 소스 코드 조작이 쉬워져서 시간이 절약된다고 말하고 있다. 따라서 정답은 (c)이다. 이 프로그램은 시간을 절약해 줄 뿐 작업 결과물의 질을 더 좋게 만들지는 않으므로 (b)는 정답이 될 수 없다.

advanced 고급의 **edit** 편집하다 **version** 버전, 판 **manipulate** 조작하다 **source code** 소스 코드 **work** 작업물 **justify** 정당화하다 **question** 의구심을 제기하다 **capability** 능력 **praise** 칭찬하다 **beneficial** 이익이 되는 **deliberate** 고려하다 **upgrade** 업그레이드하다

정답_(c)

36

W Did you get the insurance money for your lost parcel?
M No. They're not paying because the courier claims they delivered it.
W But it never arrived!
M Well, I opted not to pay extra for delivery confirmation.
W So now it's your word against theirs?
M That's what it seems. This is so frustrating.

Q What is the man mainly doing in the conversation?
(a) Soliciting advice on how to file an insurance claim
(b) Explaining why his insurance claim has been rejected
(c) Complaining about the cost of having insured a delivery
(d) Describing a courier's efforts to recover his parcel

번역

W 분실된 소포에 대해서 보험금을 받았니?
M 아니. 택배업체가 자기네들은 배달을 완료했다고 해서 보상을 해 주지 않을 거야.
W 하지만 도착하지 않았잖아!
M 음, 나는 배달 확인 서비스를 위한 추가 금액을 지불하지 않았거든.
W 그러면 누가 거짓말을 하는 건지 모르는 말싸움 공방인 거야?
M 그런 것 같아. 정말 짜증 나.

Q 대화에서 남자가 주로 하고 있는 것은?
(a) 보험금 청구를 어떻게 하는지 조언 구하기
(b) 보험금 청구가 거절된 이유를 설명하기
(c) 보험이 적용된 배달 비용에 대해 항의하기
(d) 그의 소포를 되찾기 위한 택배사의 노력 설명하기

기출 공략

남자는 택배사로부터 물건을 배송받지 못했는데, 배달 확인 서비스를 위한 추가 금액을 지불하지 않아서 보상받을 길이 없다고 말하고 있다. 따라서 정답은 (b)이다.

insurance 보험 **parcel** 소포 **courier** 택배사 **deliver** 배달하다 **opt** 선택하다 **confirmation** 확인 **it's one's word against ~** (진실을 알 수 없는) 말싸움 공방 **frustrating** 짜증 나는 **solicit** 구하다, 청하다 **file an insurance claim** 보험금을 청구하다 **reject** 거절하다 **recover** 되찾다

정답_(b)

37

M Have you heard about colleges teaming up to offer free online courses?

W Yeah, but it seems pointless if they won't even carry credit.

M Still, it will help provide quality education on a mass scale.

W Provided that students have Internet access.

M Well, more people will be able to take college courses.

W We'll see. Earlier efforts proved financially unsustainable.

Q What is the woman mainly doing in the conversation?

(a) Attributing a program's failure to the limitations of online learning

(b) Touting the benefits of collaboration on online learning ventures

(c) Expressing skepticism about an attempt to offer free courses online

(d) Pointing out the drawbacks of low enrollment in online courses

번역

M 대학들이 팀을 이뤄서 무료 온라인 수업을 제공한다는 소식 들었니?

W 그래, 하지만 학점을 딸 수 없으면 의미가 없을 것 같아.

M 하지만 대규모로 양질의 교육을 제공하는 데 도움을 줄 거야.

W 학생들이 인터넷을 이용할 수 있다면 말이지.

M 음, 더 많은 사람들이 대학교 수업을 들을 수 있겠지.

W 글쎄. 이전의 노력들은 재정적으로 불안정했거든.

Q 대화에서 여자가 주로 하고 있는 것은?

(a) 프로그램의 실패를 온라인 학습의 한계로 돌리기

(b) 온라인 학습 사업 협력의 장점 칭찬하기

(c) 무료 온라인 수업을 제공하는 시도에 대해 의구심 표현하기

(d) 온라인 수업의 낮은 수강률의 문제점 지적하기

기출 공략

여자는 대학들이 협력하여 무료로 온라인 학습을 제공하는 것에 대해 학점을 딸 수 없는 점, 인터넷이 없으면 이용할 수 없는 점, 재정적으로 불안정하다는 점 등을 열거하며 이 사업의 성공 가능성에 대해 다소 부정적인 태도를 취하고 있다. 따라서 정답은 (c)이다.

team up 팀을 이뤄 협력하다 **pointless** 의미가 없는 **credit** 학점 **quality** 양질의 **on a mass scale** 대규모로 **provided that** ~인 경우 **we'll see** (판단이나 결정을 보류할 때) 글쎄, 좀 더 지켜봐야겠지 **unsustainable** 불안정한 **attribute** ~탓으로 돌리다 **limitation** 한계 **tout** 칭찬하다 **collaboration** 협력 **venture** (모험적인) 사업 **skepticism** 의구심 **point out** 지적하다 **drawback** 단점, 문제점 **enrollment** (수업) 등록 정답_(c)

38

M Is this your first visit to Seoul?

W Yes! It's my first time in Asia, actually.

M Great! So where are you staying?

W At the Han Hotel downtown.

M And for how long?

W One week in Seoul, but I'll be in Korea for a month.

Q Which is correct about the woman according to the conversation?

(a) She is a frequent visitor to Seoul.

(b) She has been to other Asian cities.

(c) She is staying downtown while in Seoul.

(d) She has just one week in Korea.

번역

M 서울에 처음 오시는 건가요?

W 네, 사실 처음 아시아에 방문하는 거예요.

M 멋져요! 그래서 어디에 머무르실 건가요?

W 시내에 있는 한 호텔에서요.

M 얼마나 오래요?

W 서울에서는 일주일 있을 건데 한국에는 한 달 있을 거예요.

Q 대화에서 여자에 관한 내용으로 옳은 것은?

(a) 서울에 자주 온다.

(b) 다른 아시아 도시에 가 본 적이 있다.

(c) 서울에 있는 동안 시내에 머물 것이다.

(d) 한국에 일주일간 머물 것이다.

기출 공략

여자는 서울에 있는 일주일 동안 시내 호텔에 머문다고 했으므로 정답은 (c)이다. 여자는 한국을 포함해 아시아에 처음 방문하는 것이며, 한국에는 한 달 동안 머문다고 했으므로 나머지 선택지는 맞지 않다.

downtown 시내에 **frequent** 빈번한 **visitor** 방문자 정답_(c)

39

W It's strange Dave hasn't shown up for the concert.
M Yes, especially since he convinced me to buy these tickets.
W I tried calling him. No answer.
M Weird. He's usually punctual.
W I know. Should we keep waiting for him?
M You go in. I'll stay here until he arrives.

Q Which is correct according to the conversation?
(a) Dave persuaded the man to buy concert tickets.
(b) Dave answered the woman's phone call.
(c) The man knows that Dave is usually late.
(d) The man resolves not to wait longer for Dave.

번역

W 데이브가 콘서트에 모습을 보이지 않다니 이상해.
M 그래, 더군다나 나더러 이 표를 사라고 설득한 것은 걔인데 말이야.
W 전화를 해 봤지만 받지를 않아.
M 이상하네. 보통 시간을 잘 지키는데.
W 그러게 말이야. 계속 기다려야 하나?
M 너는 들어가. 그가 올 때까지 내가 여기서 기다릴 테니.

Q 대화에서 다음 중 옳은 것은?
(a) 데이브는 남자에게 콘서트 표를 사라고 설득했다.
(b) 데이브는 여자의 전화를 받았다.
(c) 남자는 데이브가 보통 늦게 온다고 알고 있다.
(d) 남자는 데이브를 더 이상 기다리지 않을 것이라고 결심했다.

기출 공략

데이브는 남자에게 표를 사라고 말했으면서 정작 자기 자신은 콘서트장에 오지 않았으므로 정답은 (a)이다. 여자는 데이브에게 전화를 했지만 전화도 받지 않고, 데이브는 보통 시간 약속을 잘 지키며, 남자가 데이브가 올 때까지 기다린다고 했으므로 나머지 선택지는 맞지 않다.

show up 나타나다, 모습을 드러내다 **especially** 특히
convince 설득하다 **weird** 이상한 **punctual** 시간을 지키는
persuade 설득하다 **resolve** 결심하다 정답_(a)

40

M Are you still living in the campus dormitory?
W Yes, but I'd like to live off campus.
M Why don't you get an apartment then?
W I'd have to find a roommate first.
M Jane is looking to move out of her homestay.
W Really? I'll see if she's interested in renting with me.

Q Which is correct about the woman according to the conversation?
(a) She wants to remain on campus.
(b) She needs to find a roommate before getting an apartment.
(c) She would like to find a homestay with Jane.
(d) She and Jane have already agreed to become roommates.

번역

M 너는 아직 교내 기숙사에서 살고 있니?
W 응, 하지만 학교 밖에서 살고 싶어.
M 그러면 아파트를 구하지 그러니?
W 우선 룸메이트를 구해야 할 것 같아.
M 제인이 하숙집에서 나가는 것을 고민하고 있던데.
W 정말? 그 애가 나와 함께 임대하는 것에 관심이 있는지 알아 봐야겠다.

Q 대화에서 여자에 관한 내용으로 옳은 것은?
(a) 학교 안에 남아 있기를 원한다.
(b) 아파트를 구하기 전에 룸메이트를 구해야 한다.
(c) 제인과 함께 하숙집을 구하고 싶어 한다.
(d) 이미 제인과 룸메이트가 되기로 합의한 상태이다.

기출 공략

여자는 기숙사에서 나와 살고 싶어 하는데, 집을 구하기 전에 룸메이트를 구해야 한다. 따라서 정답은 (b)이다. 제인은 하숙집을 나오는 것을 고려 중이고 두 사람은 아직 룸메이트가 되기로 결정한 상태가 아니므로 나머지 선택지는 맞지 않다.

dormitory 기숙사 **off campus** 캠퍼스 밖에서 **roommate** 룸메이트 **look to** ~를 고려하다 **homestay** 하숙 정답_(b)

41

W Are you offering any calligraphy courses this term?
M Yes, one. Are you new to calligraphy?
W I took a lesson once, but I'm still a novice.
M That's fine. Most of our students are.
W Really? So the class is for beginners?
M It's for everyone, from beginner to advanced.

Q Which is correct according to the conversation?
(a) Several calligraphy classes are being offered this term.
(b) The woman has never taken a calligraphy lesson.
(c) The majority of the calligraphy students are advanced.
(d) The calligraphy class admits students of all levels.

번역

W 이번 학기에 서예 수업이 있나요?
M 네, 하나 있어요. 서예는 처음 하시나요?
W 전에 한 번 수업 들었는데, 아직은 초보자예요.
M 괜찮아요. 대부분의 학생들이 초보자예요.
W 정말이에요? 그러면 수업은 초보자를 위한 것인가요?
M 초보자부터 고급 수준의 학생들까지 모두를 위한 것이에요.

Q 대화에서 다음 중 옳은 것은?
(a) 이번 학기에 여러 개의 서예 수업이 제공될 예정이다.
(b) 여자는 서예 수업을 한 번도 들은 적이 없다.
(c) 서예 수업 학생들은 대부분 고급 수준에 있다.
(d) 서예 수업은 모든 수준의 학생들을 받는다.

기출 공략

서예 수업은 초보자부터 고급 수준의 학생까지 전부 받는다고 했으므로 정답은 (d)이다. 이번 학기에 제공되는 서예 수업은 하나뿐이며, 여자는 전에 한 번 서예 수업을 들은 적이 있고, 수강생들 대부분이 초보자라고 했으므로 나머지 선택지는 맞지 않다.

calligraphy 서예 **term** 학기 **novice** 초보자 **beginner** 초보자 **advanced** 고급 수준의 **majority** 대부분, 다수 **admit** 허락하다, 자격을 주다

정답_(d)

42

W There's a film festival coming up consisting entirely of Ken Wong's films.
M I've heard of him. He's an actor, right?
W Nope. He's directed many well known martial arts flicks.
M Ah yes. Didn't he do one called *Fire and Fists?*
W Actually, it's called *Fury and Fire*. It's being screened at the festival.
M Let's go, then! That's the only film of his I know, and I'd love to see more.

Q Which is correct according to the conversation?
(a) The festival includes films by multiple directors.
(b) Ken Wong is better known for acting than directing.
(c) The man was mistaken about the title of a Ken Wong film.
(d) The man has seen several films by Ken Wong.

번역

W 켄 웡의 영화들로만 구성된 영화제가 열릴 거야.
M 그에 대해서 들어 본 적 있어. 그는 배우지, 그렇지?
W 아니. 그는 유명한 무술 영화를 많이 감독했어.
M 아, 그렇구나. 〈불길과 주먹〉이라는 영화도 하지 않았니?
W 사실, 〈분노와 불길〉이라는 제목이야. 영화제 때 상영될 거야.
M 그럼 가자! 그게 내가 유일하게 아는 그의 영화야. 더 보고 싶어.

Q 대화에서 다음 중 옳은 것은?
(a) 영화제는 다양한 감독들의 영화를 포함한다.
(b) 켄 웡은 감독보다는 연기로 더 유명하다.
(c) 남자는 켄 웡 영화의 제목을 잘못 알고 있었다.
(d) 남자는 켄 웡의 영화를 여러 편 봤다.

기출 공략

남자는 〈분노와 불길〉이라는 영화를 〈불길과 주먹〉이라는 제목으로 잘못 알고 있었으므로 정답은 (c)이다. 영화제는 켄 웡의 작품들만 다루고, 켄 웡은 연기자가 아니라 영화감독으로 알려져 있다. 남자는 켄 웡에 대해 아는 작품이 딱 하나밖에 없으므로 나머지 선택지는 맞지 않다.

consist of ~로 구성되다 **entirely** 완전히 **direct** 감독하다 **martial arts** 무술 **flick** 영화 **fury** 분노 **screen** 상영하다 **multiple** 여러 개의 **be mistaken about** ~를 잘못 알고 있다

정답_(c)

43

W Three months of lessons, and my Korean is still terrible.
M I've seen you improve so much since you started.
W I wish I could hold a conversation like you.
M At least you're getting by with Korean waiters and taxi drivers now.
W But they usually have a hard time understanding me.
M Find a Korean friend. That's what helped me the most.

Q What can be inferred from the conversation?
(a) The woman speaks Korean better than the man does.
(b) The man has known the woman for less than three months.
(c) The woman has not tried using Korean outside of class.
(d) The man's first language is not Korean.

번역

W 3달 동안 수업을 받았지만 내 한국어 실력은 아직도 형편없어.
M 네가 시작한 이후로 아주 많이 개선되었던데.
W 나도 너처럼 대화를 할 수 있었으면 좋겠다.
M 적어도 너는 한국인 웨이터와 택시 운전기사하고 대화를 그럭저럭 할 수 있게 되었잖아.
W 하지만 그 사람들은 내 말을 이해하기 힘들어 해.
M 한국인 친구를 찾아봐. 그게 나에게 가장 많은 도움이 되었어.

Q 대화로부터 유추할 수 있는 것은?
(a) 여자는 남자보다 한국어를 잘 구사한다.
(b) 남자는 여자를 안 지 석 달이 안 된다.
(c) 여자는 교실 밖에서 한국어를 써 본 적이 없다.
(d) 남자의 모국어는 한국어가 아니다.

기출 공략

남자는 한국인 친구를 사귀면서 한국어 실력이 향상되었다고 했으므로 남자의 모국어는 한국어가 아님을 알 수 있다. 따라서 정답은 (d)이다. 여자는 남자에 비해 한국어를 못하고, 택시 기사나 웨이터와 대화를 시도한 적이 있다. 두 사람이 안 지는 정확히 알 수 없으므로 나머지 선택지는 맞지 않다.

terrible 형편없는 **improve** 개선되다 **conversation** 대화 **at least** 적어도 **get by with** 그럭저럭 해내다 **first language** 모국어

정답_(d)

44

M I heard you're moving. Is it a furnished place?
W No. I hired movers to take my stuff there next week.
M Are you taking everything to the new place?
W I can't. There isn't room for everything.
M Really? I could use some extra furniture in my house.
W Come over tonight, and I'll show you what I'm giving away.

Q What can be inferred from the conversation?
(a) The man has no space for more furniture at home.
(b) The woman is moving into a smaller place.
(c) The woman is planning to replace all of her furniture.
(d) The man needs to pay for the woman's old furniture.

번역

M 네가 이사 간다고 들었어. 가구가 갖춰져 있는 곳으로 가니?
W 아니. 다음 주에 내 물건을 가져가려고 이사 업체를 고용했어.
M 새 집에 네 물건을 전부 가져가는 거니?
W 그럴 수 없어. 모든 물건을 들여놓을 공간이 충분히 없어.
M 정말? 우리 집에 가구가 좀 더 필요한데.
W 오늘 밤 우리 집으로 와. 내가 버리려고 하는 것을 보여줄 테니.

Q 대화로부터 유추할 수 있는 것은?
(a) 남자는 집에 가구를 더 들여놓을 공간이 없다.
(b) 여자는 더 작은 집으로 이사 간다.
(c) 여자는 가구를 전부 바꿀 예정이다.
(d) 남자는 여자의 오래된 가구 비용을 지불해야 한다.

기출 공략

여자는 새로 이사 갈 집에 자신이 가지고 있는 가구를 전부 들여놓을 수 없다고 했으므로 더 작은 집으로 이사 갈 것임을 알 수 있다. 따라서 정답은 (b)이다. 남자는 가구를 추가적으로 들여놓을 예정이며, 여자는 자신의 가구를 새 집에서도 사용할 예정이다. 남자가 여자의 가구를 돈을 주고 살지는 대화문에서는 알 수 없다. 따라서 나머지 선택지는 맞지 않다.

furnished 가구를 갖춘 **mover** 이사 업체 **room** 공간 **give away** 버리다 **move into** ~로 이사 가다 **replace** 대체하다

정답_(b)

45

W With all this overtime, I feel like I'm living at the office this month!

M Why don't you bring some work home with you?

W I would if I could, but the files I work on contain sensitive information.

M Oh, so you never take them outside?

W No, it's company policy to keep them on the office intranet system.

M Well, at least your paycheck this month will be higher.

Q What can be inferred about the woman from the conversation?

(a) Her company encourages employees to work from home.

(b) She does not receive compensation for her overtime work.

(c) She is prohibited from copying her files to her personal laptop.

(d) She prefers working from her office to working from elsewhere.

번역

W 초과 근무 때문에 이번 달은 마치 사무실에서 사는 것 같아!

M 그럼 집에 일거리를 좀 가지고 가지 그러니?

W 할 수 있으면 그렇게 하겠지만 내가 작업하는 파일은 민감한 정보가 담겨 있어.

M 오, 그러면 절대 밖으로 가지고 나가지 않는 거야?

W 그럴 수 없어. 회사 정책은 파일을 회사 인트라넷 시스템 내에 두도록 되어 있어.

M 음, 적어도 이번 달 월급은 더 많이 받겠구나.

Q 대화로부터 여자에 관해 유추할 수 있는 것은?

(a) 여자의 회사는 직원들에게 집에서 근무할 것을 권장한다.

(b) 여자는 초과 근무 수당을 받지 않는다.

(c) 여자는 자신의 개인 랩톱 컴퓨터로 파일을 복사할 수 없다.

(d) 여자는 다른 곳보다 사무실에서 근무하는 것을 선호한다.

기출 공략

여자의 회사는 직원들이 업무 파일을 회사 인트라넷에 항상 보관하고 밖으로 유출시키지 못하게 하므로 정답은 (c)이다. 이번 달 월급이 더 많이 나오겠다는 남자의 말로부터 여자의 회사는 초과 근무 수당을 지급하고 있음을 알 수 있으므로 (b)는 정답이 될 수 없다.

overtime 초과 근무 **contain** 담겨 있다 **sensitive** 민감한 **policy** 정책 **intranet** 인트라넷 **paycheck** 급료 **encourage** 권장하다 **work from home** 재택근무하다 **compensation** 보상 **prohibit** 금지하다

정답_(c)

46

For decades, archaeologists have posited that the "first Americans" came to populate the Americas by crossing the Bering Land Bridge, a strip of land that connected Asia and North America during the Ice Age. Other archaeologists, however, link the first Americans to the Solutrean culture of ancient Europe, implying early sea travel across the Atlantic. Yet another suggestion points to linguistic and cultural similarities between Australia, Asia, and South America, arguing that the first settlers crossed the Pacific.

Q What is the main topic of the talk?

(a) How the first Americans survived during the Ice Age

(b) Competing theories about how the Americas were first populated

(c) Evidence disproving that there was migration over the Bering Land Bridge

(d) The development of sea travel by the early Americans

번역

수십 년 동안 고고학자들은 '최초의 아메리카인'들이 빙하기에 아시아와 북아메리카를 연결하는 길쭉한 땅인 베링 육교를 건너서 아메리카 대륙을 차지했다고 상정했다. 그러나 다른 고고학자들은 최초의 아메리카인을 고대 유럽의 솔류트레 문화권과 연결 지어, 이 사람들이 고대 시대에 대서양을 건너왔음을 시사했다. 그러나 또 다른 의견에 따르면, 호주, 아시아, 남아메리카가 언어적, 문화적으로 유사하다고 지적하면서 최초의 정착민들이 태평양을 건너왔다고 주장하기도 한다.

Q 담화의 주제는?

(a) 최초의 아메리카인이 빙하기 동안 살아남은 방법

(b) 아메리카 대륙에 인구가 정착한 과정에 대한 상반된 이론들

(c) 베링 육교를 통한 이주를 부정하는 증거

(d) 초기 아메리카인들에 의한 항해 기술의 발전

기출 공략

지문은 최초의 아메리카인들이 어떻게 정착하게 되었는지에 대한 여러 가지 이론들을 소개하고 있으므로 정답은 (b)이다. 빙하기에 관한 내용이 언급되어 있긴 하지만 빙하기에서 살아남은 방법에 대한 설명이 아니므로 (a)는 정답이 될 수 없다.

archaeologist 고고학자 **posit** (주장의 근거로 삼기 위해) 사실로 상정하다 **populate** 살다, 거주하다 **Bering Land Bridge** 베링 육교 **a strip of land** 띠 모양의 긴 땅 **the Ice Age** 빙하시대 **Solutrean** 솔류트레의 **imply** 시사하다 **linguistic** 언어의 **similarity** 유사성 **settler** 정착민 **the Pacific** 태평양 **competing** 상반되는 **disprove** 틀렸음을 입증하다 **migration** 이주

정답_(b)

47

Before an important exam, make sure to gather everything you need, including writing instruments and a watch. Don't rely on cell phones to tell the time, as they are not usually permitted in exam rooms. Also, dress in layers so that you can remove clothing in response to the room's temperature, if you need to. Finally, arrive at the test center early so you can settle your mind before the exam commences.

Q What is the main purpose of the talk?
(a) To direct students to seek help before tests
(b) To suggest ways of getting ready for an exam
(c) To describe actions prohibited during tests
(d) To give advice on how to study for an exam

번역

중요한 시험 전에 반드시 필기구와 손목시계를 포함해 여러분이 필요한 것을 모아 놓으시기 바랍니다. 보통 휴대 전화는 시험장에 반입이 안 되므로 시간 확인을 위해서 휴대 전화는 이용하지 마시기 바랍니다. 그리고 필요할 경우, 시험실의 온도에 맞춰서 옷을 벗을 수 있도록 여러 겹으로 입으시기 바랍니다. 마지막으로 시험장에 일찍 도착하셔서 시험이 시작하기 전에 마음을 가라앉힐 수 있도록 하기 바랍니다.

Q 담화의 주요 목적은?
(a) 학생들에게 시험 전에 도움을 청하라고 지시하기
(b) 시험을 위한 준비 방법 제안하기
(c) 시험 시간에 금지된 행동에 대해 설명하기
(d) 시험공부하는 방법에 대해 조언하기

기출 공략

시험 전에 챙겨야 할 준비물이나, 시험장에 가져가지 말아야 할 것, 시험에 편한 옷차림, 시험장 도착 시간 등 시험 전에 준비해야 하는 일이 나열되고 있으므로 정답은 (b)이다.

make sure to 반드시 ~하다 **instrument** 도구 **tell the time** 시계를 보다 **permit** 허락하다 **dress in layers** 옷을 여러 겹 입다 **in response to** ~에 대응하여 **temperature** 온도 **settle one's mind** 마음을 안정시키다 **commence** 시작하다 **direct** 지시하다 **seek** 구하다 **prohibit** 금지하다

정답_(b)

48

Ancient Chinese medicine is giving new hope to people with Parkinson's disease. Studies show the ancient herbal remedy *gou teng* is effective at reducing the disease's symptoms, including tremors and difficulty moving. The herb is thought to work by removing a certain protein from people's bodies. This protein is responsible for destroying the brain cells that produce dopamine. A shortage of this chemical is believed to be a major cause of Parkinson's disease.

Q What is the lecture mainly about?
(a) What happens when Parkinson's sufferers stop taking *gou teng*
(b) Concerns about the side-effects of a popular Chinese remedy
(c) The discovery of dopamine in an ancient Chinese medicine
(d) How *gou teng* alleviates the symptoms of Parkinson's disease

번역

고대 중국의 의약은 파킨슨병에 걸린 사람들에게 새로운 희망을 주고 있다. 연구에 따르면 고대 한방 치료약인 구등은 떨림이나 거동의 불편함을 포함한, 이 병의 증상을 완화시키는 데 효과가 있다. 이 약초는 인체에서 특정 단백질을 제거함으로써 효력을 발생시킨다고 여겨지고 있다. 이 단백질은 도파민을 분비하는 뇌세포를 파괴하는 주범이다. 이 화학 물질의 부족은 파킨슨병의 주요 원인이라고 여겨지고 있다.

Q 강의의 주된 내용은?
(a) 파킨슨병 환자가 구등 복용을 중단했을 때 발생하는 일
(b) 인기 있는 중국 치료약의 부작용에 대한 우려
(c) 고대 중국 치료약에서 도파민의 발견
(d) 구등이 파킨슨병 증상을 완화하는 방법

기출 공략

도파민이 부족해지면 파킨슨병이 발생한다고 알려져 있는데, 구등은 도파민을 분비하는 뇌세포를 파괴하는 단백질을 제거해서 파킨슨병 치료에 도움이 될 수 있다는 것이 강의의 요지이다. 따라서 정답은 (d)이다.

medicine 의약, 의술 **Parkinson's disease** 파킨슨병 **herbal remedy** 한방 치료약 **symptom** 증상 **tremor** 떨림 **herb** 약초 **protein** 단백질 **destroy** 파괴하다 **dopamine** 도파민 **shortage** 부족 **chemical** 화학 물질 **sufferer** 환자 **concern** 우려, 걱정 **side-effect** 부작용 **discovery** 발견 **alleviate** 경감시키다

정답_(d)

49

Nowadays, more people are working on a freelance basis. For these people, it's important to find ways of dealing with a fluctuating income. The most important step is to realize that they won't have a steady source of income and plan their spending accordingly. When work is abundant, it's tempting to spend freely on luxuries. But there's no guarantee the good times will last. So freelancers need to live on less than they earn so they can set some aside for less successful periods.

Q What is the speaker's main point about freelancers?
(a) They need to negotiate to secure higher incomes.
(b) Their spending too often exceeds their current salary.
(c) They need to plan to manage their inconsistent incomes.
(d) Their income is too small to provide them with luxuries.

번역

요즘 점점 더 많은 사람들이 프리랜서로 일을 하고 있다. 이 사람들에게는 들쑥날쑥한 수입을 감당할 수 있는 방법을 찾는 것이 중요하다. 가장 중요한 것은 수입이 꾸준하지 않을 것이라는 사실을 깨닫고 그에 맞게 지출을 계획하는 것이다. 일감이 많을 때는 마음껏 사치품에 돈을 쓰고 싶은 유혹을 느낄 수 있다. 하지만 좋은 시절이 지속되리란 보장은 없다. 그렇기 때문에 프리랜서들은 자신이 버는 것보다 덜 지출하면서 일이 없을 때를 대비해 저축을 해야 할 것이다.

Q 프리랜서에 대한 화자의 요지는?
(a) 더 높은 수입을 확보하기 위해 협상할 필요가 있다.
(b) 너무 자주 현재의 수입 수준 이상으로 지출한다.
(c) 불규칙한 수입을 관리할 수 있는 계획을 세워야 한다.
(d) 사치품을 구입하기에는 수입이 너무 적다.

기출 공략

프리랜서들은 수입이 불규칙하기 때문에 일감이 뜸할 때를 대비해서 버는 것 보다 적게 쓰고 미래를 위해서 저축을 해야 한다는 것이 글의 요지이므로 정답은 (c)이다.

on a ~ basis ~한 기반으로 **freelance** 프리랜서의 **fluctuate** 변화무쌍하다 **source of income** 수입원 **accordingly** 그에 따라 **abundant** 풍족한 **tempting** 솔깃한, 구미가 당기는 **luxury** 사치품 **there's no guarantee** ~라는 보장이 없다 **live on** ~을 기반으로 생계를 꾸려나가다 **set ~ aside** (미래에 사용하기 위해서) ~을 남겨 두다 **negotiate** 협상하다 **secure** 확보하다 **inconsistent** 불규칙한 정답_(c)

50

While grading papers, I'm often appalled by students' inability to compose grammatically correct sentences. But they're not entirely to blame. Their deficiency is largely due to introductory college English courses that include scant training in the mechanics of writing. Instead of teaching the rules of language, these courses often focus on discussions about novels, movies, and current issues. Composition courses should return to the basics—grammar, organization, and rhetoric—and cut out all the distractions.

Q What is the speaker's main point about college composition courses?
(a) They fail to prepare students to produce good writing.
(b) The writing topics they use fail to appeal to students.
(c) They provide insufficient time for student discussions.
(d) The assignments they use stress grammar too much.

번역

과제물에 점수를 매길 때 나는 문법적으로 정확한 문장을 쓸 수 없는 학생들의 무능에 자주 경악한다. 하지만 이는 학생들만의 책임은 아니다. 학생들의 부족한 실력은 쓰기 기법을 부실하게 훈련시키는 대학교 영어 입문 수업 탓이 크다. 이 수업은 언어의 규칙을 가르치는 대신 소설, 영화, 시사 문제 토론에 치중되는 경우가 빈번하다. 작문 수업은 문법, 글의 구성, 수사법과 같은 기본으로 돌아가야 하며 다른 방해 요소들은 제거해야 한다.

Q 대학교의 작문 수업에 대한 화자의 요점은?
(a) 학생들에게 좋은 글을 쓰도록 준비시켜 주지 못하고 있다.
(b) 수업에 활용되는 작문 주제는 학생들의 흥미를 끌지 못한다.
(c) 학생들이 토론할 수 있는 시간을 충분히 주지 않는다.
(d) 수업 과제물은 문법을 지나치게 강조한다.

기출 공략

화자는 학생들의 글쓰기 실력이 형편없는 것은 대학교 작문 수업 대부분이 소설, 영화, 시사 문제 토론에 치중하고 있어서 문법, 글의 구성, 수사법과 같은 글쓰기의 기본을 소홀히 다루고 있기 때문이라고 말한다. 따라서 정답은 (a)이다.

grade 점수를 매기다 **appalled** 경악한 **inability** 무능 **compose** 작문하다 **be to blame** 책임이 있다 **deficiency** 부족, 결핍 **introductory** 입문 과정의 **scant** 빈약한 **mechanics** 기법 **current issue** 시사 문제 **composition** 작문 **organization** 구성 **rhetoric** 수사법 **cut out** 차단하다 **distraction** 방해가 되는 것 **appeal** 흥미를 끌다, 매력적이다 **insufficient** 부족한 **stress** 강조하다 정답_(a)

51

Despite knowing the health risks of tanning, many people continue to enjoy the activity. Why? A new study points to people's neurological response to ultraviolet light. Experiments show that tanning elevates activity levels in regions of the brain associated with cravings. After prolonged exposure to sunlight, people naturally yearn for repeated exposures. So beyond the desire to look good, there is a biological reason people keep tanning.

Q What is the speaker's main point?
(a) Tanning leads to increased cravings for ultraviolet light.
(b) The risks of tanning are offset by positive effects on the brain.
(c) Lack of exposure to sunlight decreases neurological functioning.
(d) People remain unaware of the health risks of tanning.

번역

많은 사람들이 선탠을 하는 것이 건강에 위험할 수도 있다는 것을 알면서도 계속해서 이를 즐기고 있다. 왜일까? 새로운 연구는 자외선에 대한 사람들의 신경 반응을 시사하고 있다. 실험은 선탠을 하면 욕구와 연계된 뇌 부분의 활동이 증가한다는 것을 보여 주고 있다. 사람들은 햇볕에 장시간 노출된 후에 자연적으로 반복된 노출을 원한다. 그래서 매력적으로 보이고 싶은 소망 저편에는 계속해서 선탠을 하게 만드는 생물학적인 이유가 있는 것이다.

Q 화자의 요지는?
(a) 선탠을 하면 자외선을 더 쐬고 싶어진다.
(b) 선탠의 위험성은 두뇌에 미치는 긍정적 효과에 의해 상쇄된다.
(c) 햇볕을 쐬지 않으면 신경 기능이 감소한다.
(d) 사람들은 선탠이 건강에 해롭다는 것을 인지하지 못하고 있다.

기출 공략

건강에 해롭다는 것을 알면서도 사람들이 계속 선탠을 하는 이유는 자외선이 욕구를 담당하는 두뇌 부위를 자극해서 계속해서 햇볕을 쐬고 싶은 욕구를 느끼게 하기 때문이라는 내용으로부터 선탠을 하면 할수록 자외선을 더 쐬고 싶어진다고 한 (a)가 정답임을 알 수 있다.

tanning 선탠 **point to** ~를 시사하다 **neurological** 신경의 **ultraviolet** 자외선의 **elevate** 증가시키다 **associated with** ~와 관계된 **craving** 강한 바람, 욕구 **prolonged** 장기적인 **yearn for** ~을 바라다, 갈망하다 **beyond** ~를 넘어서 **biological** 생물학적인 **offset** 상쇄하다 **functioning** 기능, 작동 **unaware** 모르는, 인지하지 못하는 정답_(a)

52

Agricultural products from the US became available to Cubans in 2000, when the US lifted its forty-year export ban on sales of food to Cuba. However, Cuba continued to avoid purchasing crops from the US for political reasons. This changed in 2001 when a hurricane devastated Cuba's farmland. It was then that Cuba began purchasing large quantities of food from the US. By 2002, the US had become the source of more than a quarter of the food imported by Cuba.

Q What is the main topic of the talk?
(a) How Cuba's farmers sought to rebuild following a hurricane
(b) Why the US decided to lift its restrictions on trade with Cuba
(c) How the US helped Cuba restore its farmland after a hurricane
(d) Why exports of US agricultural products to Cuba have increased

번역

미국으로부터 수입된 농산물을 쿠바인들이 이용할 수 있게 된 것은 미국이 40년간 유지했던 대쿠바 식품 수출 금지가 철폐된 2000년부터였다. 그러나 쿠바는 정치적인 이유로 미국산 곡물 구입을 계속 기피했다. 이것은 허리케인 때문에 쿠바의 농토가 쑥대밭이 된 2001년에 바뀌었다. 이때 쿠바는 미국으로부터 식품을 대량으로 수입하기 시작했다. 2002년이 될 무렵, 미국은 쿠바가 수입하는 식품의 1/4 이상을 제공하고 있었다.

Q 담화의 주제는?
(a) 쿠바의 농부들이 허리케인이 끝난 뒤 재건하기 위해 어떻게 노력했는가
(b) 미국이 쿠바와의 교역 제재를 철폐하기로 한 이유는 무엇인가
(c) 허리케인이 끝나고 미국이 어떻게 쿠바의 농토를 재건할 수 있도록 도왔는가
(d) 미국의 대쿠바 식품 수출이 증가한 이유는 무엇인가

기출 공략

2000년에 미국의 대쿠바 수출 금지가 철폐되어 미국 농산물이 쿠바에 유입되기 시작해서 2001년 허리케인이 쿠바의 농토를 망쳤고, 이에 쿠바는 식량난을 해결하기 위해서 미국으로부터 식품을 대량으로 수입하기 시작했다는 내용이다. 따라서 담화의 주제는 (d)이다.

agricultural 농업의, 농사의 **product** 생산품 **available** 이용할 수 있는 **lift** 철폐하다 **crop** 곡물 **devastate** 파괴하다 **farmland** 농토 **quantity** 양 **quarter** 사분의 일 **rebuild** 재건하다 **restriction** 규제 **trade** 교역 **restore** 복원하다 정답_(d)

53

The Congolese Cultural Society is pleased to announce the start of traditional Congolese dance classes. Semesters begin in March and September and last from 12 to 13 weeks. Classes are free for Congolese Cultural Society members. Non-members pay family or individual rates. Those under age 14 must register with and be accompanied by an adult for all classes. Hope to see you there!

Q Which is correct about the dance class according to the announcement?
(a) There are two semesters per year.
(b) Semesters run for 12 to 14 weeks.
(c) Classes are free for all participants.
(d) Children are not allowed to enroll.

번역

콩고 문화 사회 센터는 전통 콩고 댄스 수업 시작을 발표하게 되어 기쁘게 생각합니다. 학기는 3월, 9월에 시작하며 12에서 13주 동안 진행되겠습니다. 콩고 문화 사회 센터 회원들에게는 수업이 무료입니다. 비회원들은 가족 단위 또는 개인 수업료를 내셔야 합니다. 14세 미만인 경우 모든 수업에서 성인과 함께 등록하거나 성인을 동반해야 합니다. 수업에서 만나 뵙기를 바랍니다.

Q 댄스 수업에 관한 발표 내용과 일치하는 것은?
(a) 1년에 2학기가 있다.
(b) 학기는 12에서 14주 운영된다.
(c) 수업은 모든 참가자들에게 무료로 제공된다.
(d) 어린이들은 등록할 수 없다.

기출 공략

각 학기는 3월, 9월에 시작한다고 했으므로 1년에 두 개의 학기가 있음을 알 수 있다. 따라서 정답은 (a)이다. 학기는 12에서 13주 동안 운영되며, 비회원은 수업료를 지불해야 하며, 어린이는 성인이 함께 동반한 경우 수업을 들을 수 있으므로 나머지 선택지는 옳지 않다.

Congolese 콩고의 **traditional** 전통의 **semester** 학기 **last** 지속되다 **individual** 개인의 **rate** 요금 **register** 등록하다 **be accompanied by** ~와 동반하다 **run** 운영되다 **participant** 참가자 **enroll** (수업에) 등록하다

정답_(a)

54

Pacific Fireworks would like to apologize for the incident at the Fourth of July fireworks show in Sparrow Bay. A virus within our computer system caused the fireworks on three barges to discharge prematurely. Fortunately, the safety precautions instituted to protect both the public and our employees were effective. As a result, the incident resulted in zero injuries. After hundreds of shows, and ten years doing the Sparrow Bay show, this is the first such mishap in company history. We are committed to ensuring it is also the last.

Q Which is correct according to the announcement?
(a) A computer error postponed the launch of the fireworks.
(b) The fireworks were all launched from a single barge.
(c) The company's employees were unharmed in the incident.
(d) It was the firm's first time doing the Sparrow Bay show.

번역

퍼시픽 파이어웍스는 7월 4일 스패로우 베이에서 열린 불꽃놀이 행사 중 발생한 사고에 대해 사과드리고자 합니다. 저희 컴퓨터 시스템 내의 바이러스 때문에 3개의 바지선에 있었던 불꽃이 예정보다 일찍 발사되었습니다. 다행히도, 일반인들과 저희 직원들을 보호하기 위해 실행된 안전 예방 조치는 효과적이었습니다. 결과적으로 이번 사고에서 부상자는 한 명도 나오지 않았습니다. 수백 번의 공연을 진행하고, 스패로우 베이에서 10년 동안 행사를 했지만, 이것이 회사의 역사상 처음 발생한 불행이었습니다. 저희는 이번 사건이 마지막이 될 수 있도록 확실한 조치를 취할 것을 약속드립니다.

Q 발표와 일치하는 것은?
(a) 컴퓨터 오류 때문에 불꽃이 늦게 발사되었다.
(b) 불꽃은 하나의 바지선에서 전부 발사되었다.
(c) 회사 직원은 사고에서 다치지 않았다.
(d) 회사에서 스패로우 베이 쇼를 진행한 것은 이번이 처음이었다.

기출 공략

컴퓨터 바이러스가 오류를 일으켜 바지선에 있었던 불꽃이 예정보다 일찍 발사되었지만 안전 조치 덕에 다친 사람이 아무도 없었다고 하므로 정답은 (c)이다. 바지선은 여러 척이 준비되어 있었고, 스패로우 베이에서 행사를 한 지는 10년이 되었다고 했으므로 나머지 선택지는 맞지 않다.

incident 사건, 사고 **barge** (선박) 바지선 **discharge** 발사하다 **prematurely** 예정보다 일찍 **precaution** 예방책 **institute** 실시하다 **as a result** 결과적으로 **injury** 부상 **mishap** 불행, 실수 **be committed to** ~에 전념하다 **ensure** 보장하다 **launch** 발사하다 **unharmed** 다치지 않은

정답_(c)

55

In a 1997 case, the Supreme Court unanimously struck down the anti-indecency provisions of the Communications Decency Act. These provisions had been the first to restrict the distribution of online materials deemed harmful to minors. In ruling against the provisions, the Supreme Court argued that they infringed on adults' constitutional right to free speech. Two of the judges, while agreeing to strike down the ruling, published a separate opinion encouraging Internet companies to establish online zones accessible only to adults.

Q Which is correct about the anti-indecency provisions of the Communications Decency Act according to the talk?
(a) The judges were divided over whether to strike them down.
(b) They were the first to shield minors from harmful online material.
(c) They were not ruled to unlawfully hinder freedom of speech.
(d) The judges unanimously rejected exclusive online zones for adults.

번역

1997년의 한 법정 소송건에서 대법원은 통신 품위법의 반외설 조항이 무효라고 만장일치로 판결했다. 이 조항은 미성년자들에게 해롭다고 여겨지는 온라인 자료 배포를 제한하는 첫 번째 법이었다. 이 조항이 무효라고 판결하는 과정에서 대법원은 이 조항들이 성인의 헌법상의 권리인 표현의 자유를 침해한다고 주장했다. 판사 중 두 명은 무효 판결에 동의하면서도, 인터넷 업체들이 성인들만 접근할 수 있는 온라인 구역을 개설하라고 권고하는 의견을 별도로 냈다.

Q 담화에서 통신 품위법의 반외설 조항에 대해 일치하는 것은?
(a) 판사들은 이 조항을 무효로 할지에 대해서 의견이 나뉘었다.
(b) 온라인상의 유해한 내용으로부터 미성년자를 보호하는 최초의 조항이었다.
(c) 이 조항들은 불법으로 표현의 자유를 막는다는 판결을 받지 않았다.
(d) 판사들은 만장일치로 성인들만 접근 가능한 온라인 구역을 반대했다.

기출 공략

통신 품위법의 반외설 조항은 미성년자들에게 악영향을 미치는 온라인 콘텐츠 배포를 제한하는 최초의 법이었는데, 1997년에 표현의 자유를 제약한다는 이유에서 무효 처리되었다. 따라서 정답은 (b)이다. 판사들은 만장일치로 무효 결정을 내렸고, 이 중 일부 판사들은 성인들만 접근할 수 있는 곳을 마련하라고 권고했으므로 나머지 선택지는 맞지 않다.

case (법원에서 처리 중인) 사건 **the Supreme Court** 대법원 **unanimously** 만장일치로 **strike down** 무효 판결을 내리다 **indecency** 외설 **provision** 조항 **the Communications Decency Act** 통신 품위법 **deem** ~라고 생각하다 **minor** 미성년자 **rule against** ~에 불리한 판결을 하다 **infringe on** 침해하다 **constitutional right** 헌법상의 권리 **free speech** 표현의 자유 **ruling** 판결 **shield** 보호하다 **rule** (법원에서) 판결을 내리다 **hinder** 저해하다

정답_(b)

56

Over the last twenty years, London-based artist Banksy has gained an international reputation for his graffiti artwork. Yet, his practice of stenciling politically subversive images on the sides of public buildings without authorization has proved highly controversial. While some of his works have been preserved with plexiglass covers and sold for six-figure sums, others have been destroyed by public officials who regard them as simple vandalism. His depiction of two gangsters clutching bananas, for example, was painted over by London's transit officials despite public support for preserving the work.

Q Which is correct about Banksy according to the talk?
(a) His work remains unknown outside England.
(b) He created his works without official permission.
(c) None of his graffiti art has been sold.
(d) A public outcry saved his depiction of gangsters.

번역

지난 20년 동안 런던에 거주하는 예술가 뱅시는 그래피티 아트로 국제적인 명성을 얻었다. 하지만 정치적으로 전복적인 이미지들을 공공건물 벽에 허가 없이 스텐실 기법으로 그려 넣는 그의 행동은 큰 논란을 야기했다. 그의 작품 중 일부는 아크릴 유리 안에 보관되어 여섯 자리 금액의 가격으로 팔렸지만, 다른 작품들은 이 작품들이 그저 공공 기물 파손 행위일 뿐이라고 생각하는 공무원들이 파기해 버렸다. 예를 들면 바나나를 쥐고 있는 두 명의 불량배 그림의 경우, 이 작품을 보존할 것을 원하는 대중들의 지지에도 불구하고 런던 교통과 공무원들이 덧칠해 버렸다.

Q 담화에서 뱅시에 대해 일치하는 것은?
(a) 그의 작품은 영국 밖에서는 알려져 있지 않다.
(b) 그는 공식적인 허락 없이 작품을 만들었다.
(c) 그의 그래피티 예술은 하나도 팔린 게 없다.
(d) 대중들의 격한 반응 때문에 그의 불량배 그림은 보존될 수 있었다.

기출 공략

뱅시는 관청의 허락 없이 공공건물 벽에 그림을 그려서 공무원들이 그의 그림을 파기하기도 한다고 했으므로 정답은 (b)이다. 뱅시의 그래피티 아트는 국제적인 명성을 누리고 있고, 그의 작품 중 일부는 팔리기도 했다. 불량배 그림은 공무원이 페인트로 덧칠해서 파기해 버렸다.

stencil (판화) 스텐실로 찍다 **subversive** 전복적인 **controversial** 논란을 일으키는 **plexiglass** 플렉시 글라스(특수 아크릴 수지) **six-figure** 6자리 숫자의 **vandalism** 공공 기물 파손 **depiction** 묘사 **clutch** 움켜쥐다 **paint over** ~위에 페인트를 덧칠하다 **outcry** 분노가 담긴 격한 반응

정답_(b)

57

The removal of the *Costa Concordia* shipwreck off the Tuscan coast promises to be one of the most challenging in history. Financed by the ship's insurers and managed by two construction companies, the operation is expected to take up to a year and cost more than half the ship's value. Removing sections of the ship separately would have been easier and less costly, but this plan was abandoned when it was found it would cause excess debris. The current plan is to raise the partially submerged vessel in one gigantic piece and drag it away.

Q Which is correct about the *Costa Concordia* according to the report?

(a) Its removal is being funded by two construction companies.

(b) The salvaging operation will cost double the ship's value.

(c) A proposal to divide the ship into sections was rejected.

(d) The wreckage currently lies completely under the ocean.

번역

난파된 코스타 콩코르디아호를 토스카나 해안에서 수거하는 것은 역사상 가장 어려운 일 중 하나가 될 것 같다. 배의 보험사가 비용을 대고, 건설사 두 곳의 관리 하에 이 작업은 1년의 기간이 소요되고, 비용은 배 가격의 절반 이상이 될 것으로 예상된다. 배를 따로 분해해서 처리하는 것이 더 쉽고 비용도 적게 들겠지만, 파편들이 엄청나게 발생할 것이라는 점이 알려지고 나서 이 방법은 취소되었다. 현재 계획은 부분적으로 가라앉은 선박을 통째로 들어올려 끌고 가는 것이다.

Q 보도에서 코스타 콩코르디아호에 대해 일치하는 것은?

(a) 건설사 두 곳에서 수거에 필요한 비용을 지원하고 있다.

(b) 인양 작업은 배 가격의 두 배의 비용이 들어갈 것이다.

(c) 배를 여러 조각으로 나누자는 제안은 거절되었다.

(d) 난파선은 현재 완전히 바다 밑으로 가라앉았다.

기출 공략

배를 여러 조각으로 나눠서 수거하자는 계획은 파편이 많이 생긴다는 이유로 취소되었다. 따라서 정답은 (c)이다. 인양 비용을 대는 곳은 건설사가 아니라 보험사이며, 인양하는 데 드는 비용은 배 가격의 절반 이상이 될 것이라고 했으며, 배는 일부분만 물에 잠긴 상태이므로 나머지 선택지는 맞지 않다.

shipwreck 난파선 **promise** ~일 전망이다 **challenging** 어려운 **finance** 자금을 대다 **insurer** 보험사 **operation** 작전 **value** 값 **separately** 따로 **abandon** 포기하다 **debris** 파편 **partially** 부분적으로 **submerged** 침수된 **vessel** 선박 **gigantic** 거대한 **fund** 비용을 대다 **salvage** 인양하다 **wreckage** (배, 비행기의) 잔해

정답_(c)

58

Sick of endless searching for parking downtown and paying exorbitant prices at parking garages? Then Parking Match is for you. Our online service enables drivers to reserve parking spots from private owners. Those with spots to rent post a picture and address on the site, and customers make bookings with their license plate number. The times and prices are there for easy comparison, and advance payment is made through our secure online booking service. Try it next time you're in the city!

Q What can be inferred about Parking Match from the advertisement?

(a) It lists the location of all parking garages downtown.

(b) It charges a fixed rate for all its parking spot rentals.

(c) It offers an inexpensive alternative to parking garages.

(d) It owns all the spaces that are advertised on its website.

번역

시내에서 끝도 없이 주차 공간을 찾아야 하고 주차장에 과도한 비용을 지불해야 하는 상황이 지긋지긋하신가요? 그렇다면 여러분을 위해서 파킹 매치가 있습니다. 저희 온라인 서비스는 운전자들로 하여금 개인 소유지에 있는 주차 공간을 찾을 수 있도록 주선하고 있습니다. 대여 가능한 주차 공간이 있는 소유주가 사진과 주소를 사이트에 올리면 고객들은 번호판을 이용해서 예약을 할 수 있습니다. 주차 시간과 가격은 비교하기 쉽도록 사이트에 게시해 놓았고, 안전한 온라인 예약 서비스를 통해서 선불로 지불할 수 있습니다. 여러분이 다음에 시내로 나오게 되면 이용해 보세요!

Q 광고에서 파킹 매치에 대해서 유추할 수 있는 것은?

(a) 시내에 있는 주차장 전체 위치가 목록으로 정리되어 있다.

(b) 주차 공간 대여는 전부 동일한 요금을 부과한다.

(c) 주차장과 비교해서 저렴한 대안을 제공한다.

(d) 웹 사이트에 광고된 모든 공간을 소유하고 있다.

기출 공략

파킹 매치는 부족한 주차 시설과 비싼 주차 비용 때문에 고생하는 운전자들을 위해서 주차 공간을 대여해 줄 수 있는 개인 주차장 소유주와 운전자들을 중개해 주고 있다. 따라서 일반 주차장과 비교해서 저렴한 대안을 제공하고 있다고 한 (c)가 정답이다. 웹 사이트에서 각 주차 공간의 가격을 비교할 수 있다고 했으므로 동일한 요금을 부과한다는 (b)는 오답이다.

exorbitant 과도한 **enable** ~를 가능하게 하다 **private owner** 개인 소유자 **make bookings** 예약하다 **license plate** 자동차 번호판 **comparison** 비교 **advance payment** 선불 **secure** 안전한 **fixed rate** 고정 요금

정답_(c)

59

The Brownstone School Board recently adopted a plan to cut class sizes for elementary schools by hiring dozens of new teachers. This was a move in the right direction, but now the board is scrambling for ways to pay for the additional teachers. Board members are already eyeing the easy targets, including school budgets for arts, sports, and field trips. But these cuts would directly impact the children. Meanwhile, the board refuses to even consider reducing its administrative workforce. It's time to prioritize the cuts with the least impact on our children!

Q Which statement would the speaker most likely agree with?
(a) The school board has placed too much value on arts and sports.
(b) Arts and sports programs should not be sacrificed to pay for the new teachers.
(c) Reducing class sizes is not going to improve elementary education.
(d) Government funding should be sought to hire more administrators.

번역

브라운스톤 학교 위원회는 최근 신규 교사를 수십 명 더 채용해서 초등학교의 학급 규모를 줄이는 계획을 선정했다. 이것은 바람직한 움직임이지만, 이제 위원회는 추가로 채용된 교사들에게 임금을 지불할 방법을 마련하기 위해 분주히 움직이고 있다. 위원회 구성원은 벌써 미술, 스포츠, 현장 학습 예산을 포함한 쉬운 목표물에 눈독을 들이고 있는 중이다. 하지만 이 부분의 예산을 깎는 것은 학생들에게 직접적으로 영향을 미칠 것이다. 반면 위원회는 행정 인력을 감축하는 것은 고려조차 하지 않고 있다. 학생들에게 영향을 최소화하는 방향으로 예산 감축 우선순위를 결정해야 할 때이다!

Q 화자가 지지할 만한 의견은?
(a) 학교 위원회는 미술과 스포츠에 너무 많은 가치를 두고 있다.
(b) 미술과 스포츠 프로그램은 신규 교사에게 임금을 지불하기 위해 희생되어서는 안 된다.
(c) 학급 규모를 줄인다고 해서 초등 교육의 질이 개선되지는 않을 것이다.
(d) 더 많은 행정 인력을 채용하기 위해 정부 자금을 마련해야 한다.

기출 공략

화자는 교사들을 추가로 채용해서 학급 규모를 줄이는 움직임은 바람직하지만 미술과 스포츠 프로그램 예산을 삭감해서 교사 임금 예산을 마련하는 것은 학생들에게 큰 영향을 미칠 수 있다며 반대하고 있으므로 정답은 (b)이다.

move 조치, 행동 **scramble for** 앞다투어 ~하다 **eye** 눈여겨보다 **easy target** 쉬운 표적, 만만한 대상 **field trip** 현장 학습 **administrative** 행정의 **workforce** 인력 **prioritize** 우선순위를 정하다 **administrator** 행정인, 관리자

정답_(b)

60

A new production of Janet Horton's classic comedy *What the Traveler Said* debuted at the Grace Theater last night. It was a clear departure from the subtlety of earlier performances. Trying every cheap trick to get a laugh, the company's seasoned actors shouted their lines and grossly overacted their parts. It all fell flat. The only laughter heard last night was the awkward tittering that greets an embarrassing spectacle.

Q What can be inferred about the new production of *What the Traveler Said* from the review?
(a) Its subtle humor is lost on contemporary audiences.
(b) The intensity of the performance captivated onlookers.
(c) The actors embraced an exaggerated performance style.
(d) More experienced actors are needed for the production.

번역

새로 제작된 자넷 호튼의 고전 코미디 〈여행자가 한 말〉이 지난밤 그레이스 극장에서 첫 공연을 가졌다. 이 작품은 이전 공연들의 섬세함과는 뚜렷이 대비되는 것이었다. 웃음을 끌어내기 위해서 모든 싸구려 방법을 동원한 극단의 경험 많은 배우들은 자신들의 대사를 외치며 자신들의 역할을 지나치게 과장해서 연기했다. 이 모든 노력은 효과가 하나도 없었다. 지난밤 들려왔던 유일한 웃음소리는 부끄러운 장면에서의 어색하고 곤혹스러운 웃음뿐이었다.

Q 비평에서 새로 제작된 〈여행자가 한 말〉에 대해 추론할 수 있는 것은?
(a) 요즘 청중들은 섬세한 유머를 이해할 줄 모른다.
(b) 공연의 강렬함은 구경꾼들을 사로잡았다.
(c) 배우들은 과장된 공연 스타일을 수용했다.
(d) 제작을 위해서 좀 더 경험이 풍부한 연기자들이 필요하다.

기출 공략

경험이 풍부한 연기자들이 과장되게 연기해서 청중들이 전혀 호응하지 않았다는 내용이다. 따라서 과장된 스타일을 수용했다는 (c)가 정답이다.

departure 벗어남, 결별 **subtlety** 섬세함 **company** 단체 **seasoned** 경험 많은 **grossly** 지독하게 **overact** 과장되게 연기하다 **part** (연극, 영화의) 배역 **fall flat** 완전히 실패하다 **titter** (곤혹스러운 상황에서) 킥킥거리며 웃다 **greet** 받아들이다 **spectacle** 광경 **subtle** 섬세한 **be lost on** ~에게 이해를 못 얻다 **contemporary** 현대의 **intensity** 강렬함 **captivate** (마음을) 사로잡다 **onlooker** 구경꾼 **embrace** 수용하다 **exaggerate** 과장하다

정답_(c)

Grammar

1

A The weather is so mild today!
B Yes, I expected it to be much ____________.

(a) cold
(b) coldly
(c) colder
(d) coldest

번역

A 오늘 날씨가 정말 포근하네요!
B 네, 훨씬 더 추울 거라고 예상했었는데요.

기출 공략

빈칸은 be동사의 보어가 들어갈 자리이므로, 부사인 (b)는 우선 제외할 수 있다. 빈칸 앞에 much는 원급이 아닌 비교급이나 최상급을 수식하는 부사인데, 문맥상 '더 추울 거라고 예상했다'라는 뜻으로 비교급이 들어가야 어울린다. 따라서 정답은 (c)이다.

mild 온화한, 포근한

정답_(c)

2

A Did you finish writing your essay?
B No, I ____________ concentrate because of the noise in the hallway.

(a) mustn't
(b) couldn't
(c) wouldn't
(d) shouldn't

번역

A 에세이 다 썼니?
B 아니, 복도에서 나는 소음 때문에 집중을 할 수 없었어.

기출 공략

빈칸에는 의미상 '~할 수 없었다'라는 뜻이 들어가야 어울린다. 따라서 가능을 나타내는 조동사 can의 과거형인 could를 쓴 (b)가 정답이다.

concentrate 집중하다 **hallway** 복도

정답_(b)

3

A It seems like the only thing Tim does lately is study!
B I know! He ____________ for nine hours every day this week.

(a) studies
(b) had studied
(c) has been studying
(d) had been studying

번역

A 팀은 요즘 오로지 공부만 하는 것 같아!
B 맞아! 이번 주 내내 매일 9시간 동안 공부하고 있어.

기출 공략

빈칸 뒤의 부사 every day this week를 통해 일정 기간 동안 반복되는 일을 나타내고 있음을 알 수 있다. 이번 주 내내 매일매일 계속되는 일을 나타내므로 현재완료 진행인 (c)가 정답이다.

It seems like ~인 것 같다 **lately** 요즘

정답_(c)

4

A Is your laptop still working after you dropped it?
B Yes. Fortunately, there wasn't ____________ harm done.

(a) a
(b) the
(c) any
(d) many

번역

A 네 노트북은 네가 떨어뜨린 후에도 여전히 잘 작동하니?
B 응. 다행히, 전혀 상한 데가 없었어.

기출 공략

명사 harm을 수식하는 어구를 고르는 문제이다. harm은 '피해, 손해'라는 뜻의 불가산 명사이므로, 부정관사 a를 붙이거나 many의 수식을 받을 수 없다. 부정문에서 '전혀 없다, 아무 ~도 아니다'라는 뜻으로 not과 호응하는 any가 들어가야 어울리므로 (c)가 정답이다.

laptop 노트북 컴퓨터 **work** 작동하다 **drop** 떨어뜨리다
fortunately 다행히 **harm** 피해, 손해

정답_(c)

5

A Have you and your wife gotten your tax refunds yet?

B I got mine last week, but my wife is still waiting for ____________.

(a) its
(b) our
(c) hers
(d) their

번역

A 부인과 당신은 세금 환급을 받았나요?
B 저는 지난주에 받았는데, 제 아내는 아직 기다리고 있어요.

기출 공략

빈칸은 전치사 for의 목적어가 들어갈 자리이므로, 소유 대명사가 들어가야 한다. 선택지 중에서 (c)만 소유 대명사이고, 나머지는 모두 소유 형용사이므로 (c)가 정답이다. 의미상으로도 앞에 mine(= my tax refunds)과 대구를 이루어, her tax refunds를 뜻하는 hers가 들어가야 적절하다.

tax refund 세금 환급 정답_(c)

6

A The cookies that were in the oven burned.

B Oh, no! We ____________ have kept a better eye on them.

(a) may
(b) must
(c) would
(d) should

번역

A 오븐에 들어 있던 쿠키가 타 버렸어요.
B 아, 저런! 우리가 더 잘 지켜봤어야 했는데요.

기출 공략

쿠키가 타 버렸다는 말에 대해 '더 잘 지켜봤어야 했다'라고 대답하는 것이 자연스럽다. 과거의 일에 대한 유감이나 후회를 나타내어 '~했어야 했다'라는 의미로 should have p.p.를 쓰므로 (d)가 정답이다.

burn 타다 **keep a better eye on** ~을 더 잘 지켜보다 정답_(d)

7

A How was the latest Fran Rivera book?

B It is ____________ that I am reading it again.

(a) a novel written such beautiful
(b) written such a beautiful novel
(c) such a beautifully written novel
(d) such a novel beautifully written

번역

A 가장 최근에 나온 프랜 리베라의 책은 어땠어요?
B 정말 멋있게 쓰여진 소설이어서 저는 또 읽고 있어요.

기출 공략

such가 포함된 어구의 어순을 묻는 문제이다. such는 관사 앞에 위치하여 〈such+a(n)+(부사)+형용사+명사〉의 어순을 이룬다. 따라서 (c)가 정답으로, 과거분사 written이 명사인 novel을 수식하는 형용사로 쓰이고 있다.

latest (가장) 최근의 정답_(c)

8

A Did the doctor tell you to take a pill three times a day?

B Yes, he said to take it ____________ eight hours.

(a) each
(b) other
(c) every
(d) either

번역

A 의사가 하루에 세 번 약을 먹으라고 했니?
B 응, 8시간마다 먹으라고 했어.

기출 공략

빈칸 뒤에 eight hours와 결합하여 '8시간마다'라는 뜻을 이루는 어구가 들어가야 한다. (c) every가 '매, ~마다'라는 뜻으로 정답이다. every는 원래 단수 명사를 수식하는데, 여기서는 eight hours가 형태상으로는 복수라도 이를 하나의 단위로 간주하는 것이다.

take a pill 약을 복용하다 정답_(c)

9

A Where's Kurt's hometown?

B It's located 70 miles south ___________ Seattle.

(a) of
(b) to
(c) than
(d) along

번역

A 커트의 고향은 어디니?
B 시애틀에서 남쪽으로 70마일 떨어진 곳에 있어.

기출 공략

전치사를 고르는 문제로, 문맥상 '시애틀에서 남쪽으로 70마일에'라는 뜻이 되어야 알맞다. '시애틀의 남쪽'이라는 뜻으로 전치사 of를 쓰므로 (a)가 정답이다.

hometown 고향 **located** ~에 위치한 정답_(a)

10

A Should I wear a sweater out today?

B Yes, I wouldn't want ___________ cold.

(a) to your catching
(b) catching your
(c) to catch you a
(d) you to catch a

번역

A 오늘 밖에서 스웨터를 입어야 할까?
B 응, 네가 감기에 걸리는 건 싫거든.

기출 공략

동사 want의 구문을 묻는 문제이다. '네가 감기에 걸리는 걸 원하지 않는다'라는 의미로, you가 목적어 자리에 와야 알맞다. want는 목적어 뒤에 목적보어로 to부정사를 취하므로 (d)가 정답이다.

catch a cold 감기에 걸리다 정답_(d)

11

A Where's Jonathan? I can't find him.

B I don't know. Last I saw him, he ___________ at the end of this row.

(a) seated
(b) is seated
(c) was seated
(d) was seating

번역

A 조나단은 어디에 있니? 찾을 수가 없네.
B 모르겠어. 내가 마지막으로 봤을 때는 이 줄 끝에 앉아 있었는데.

기출 공략

동사 seat는 '앉히다'라는 뜻의 타동사로 쓰인다. 따라서 주어가 '앉다'라고 할 때는 수동태로 쓴다. 부사절에 과거 동사 saw가 나오므로, 주절도 과거 시제가 되어야 알맞다. 따라서 (c)가 정답이다.

row 열, 줄 정답_(c)

12

A Can I borrow one of your CDs?

B I don't listen to them anymore, so take ___________ you like.

(a) where
(b) which
(c) wherever
(d) whichever

번역

A 네 CD 중 하나를 빌릴 수 있을까?
B 나는 그것들을 더 이상 듣지 않으니까 원하는 건 어떤 거라도 가져.

기출 공략

빈칸은 take의 목적어 역할을 하면서 동시에 뒤에 오는 절에서 like의 목적어 역할을 해야 한다. 그리고 두 절을 잇는 접속사 역할도 해야 한다. 즉 선행사를 포함한 관계대명사가 필요한데, 관계대명사에 -ever가 붙은 복합 관계대명사가 바로 이런 역할을 한다. 따라서 '~하는 어떤 것이든'이란 뜻의 (d)가 정답이다.

not ~ anymore 더 이상 ~ 않는 정답_(d)

13

A How tall is Maria's brother?
B I'm not sure, but ______________ at least six feet.

(a) I would guess he is being
(b) he would guess as being
(c) I would guess him to be
(d) he would guess as to be

번역
A 마리아의 오빠는 키가 얼마나 크니?
B 잘 모르겠지만, 적어도 6피트는 될 것 같아.

기출 공략
빈칸에 들어갈 절에서 guess의 주어는 I가 되어야 문맥상 알맞다. guess는 목적어로 that절을 취하거나, 〈목적어+to부정사〉를 취한다. 따라서 (c)가 정답이다. (a)는 being이 빠지면 답이 될 수 있다.
at least 적어도 **guess** 짐작하다 정답_(c)

14

A You should really try to get over your fear of insects.
B Impossible. The ______________ thought of them makes me queasy.

(a) right
(b) such
(c) even
(d) very

번역
A 너는 벌레에 대한 두려움을 극복하려는 노력을 정말로 해야 해.
B 불가능해. 그것들에 대한 생각 자체만으로도 메스꺼워져.

기출 공략
빈칸은 명사 thought를 수식하는 어구가 들어갈 자리이다. 명사 앞에서 '바로 그'라는 뜻으로 쓰이는 (d)가 정답이다. 이때 very는 부사가 아니라 형용사로 쓰인 것이다. (b) such는 정관사 the와 함께 쓰지 않고, (c) even은 정관사 앞에 와서 even the thought의 어순이 되어야 한다.
get over 극복하다 **queasy** 메스꺼운 정답_(d)

15

A Phil keeps making up reasons to explain why he can't help around the house.
B ______________ heard so many elaborate excuses to get out of doing chores.

(a) Never have I
(b) Never I have
(c) Have I never
(d) Have never I

번역
A 필은 집안일을 도와줄 수 없는 이유를 설명하기 위해 계속 핑계를 만들어 내고 있어.
B 나는 집안일을 하지 않을 그럴듯한 핑계를 그렇게 많이 들어 본 적이 없어.

기출 공략
도치 구문을 묻는 문제이다. never와 같은 부정어가 문장 앞으로 나가면 주어와 동사가 도치된다. 현재완료를 이루는 have p.p.에서 조동사 have가 주어 앞으로 도치되므로 (a)가 정답이다.
make up (거짓 이야기를) 지어내다 **help around the house** 집안일을 돕다 **elaborate** 정교한 **excuse** 변명, 핑계 **get out of** ~을 피하다 **do chores** 자질구레한 집안일을 하다 정답_(a)

16

A Would you mind helping me move in a few weeks?
B I wish I could, but I ______________ in Europe then.

(a) would travel
(b) was traveling
(c) will be traveling
(d) would have traveled

번역
A 몇 주 후에 내가 이사하는 걸 좀 도와줄래요?
B 그렇고 싶지만, 그때 유럽 여행 중일 거라서요.

기출 공략
빈칸 뒤에 then이 가리키는 때는 몇 주 후인 미래이다. 의미상 미래의 어느 시점에 일어나고 있을 일을 나타내므로, 미래 진행 시제가 들어가야 알맞다. 따라서 (c)가 정답이다.
Would you mind -ing? ~해 주실래요? 정답_(c)

17

A Who's your favorite guitarist?

B Troy Franklin. He plays ______________ Robert Johnson.

(a) calling of mind the style in
(b) in a style that calls to mind
(c) in my mind calling the style
(d) a style that calls in the mind

번역

A 가장 좋아하는 기타리스트가 누구예요?
B 트로이 프랭클린이요. 그가 연주하는 스타일은 로버트 존슨을 떠오르게 해요.

기출 공략

play 다음에 '~한 스타일로 연주하다'는 뜻의 in a style이 와야 자연스럽게 연결된다. call to mind가 '상기시키다, 떠오르게 하다'라는 뜻이므로, 빈칸 뒤에 Robert Johnson을 목적어로 하는 (b)가 정답이다.

guitarist 기타리스트

정답_(b)

18

A Dave, do you want to get the package ______________?

B No, I will pick it up later.

(a) deliver
(b) delivers
(c) delivered
(d) delivering

번역

A 데이브, 소포를 배달시킬까요?
B 아뇨, 제가 나중에 가지러 갈게요.

기출 공략

빈칸 앞에 get은 목적어와 목적보어를 취하여 '목적어가 ~하도록[되도록] 시키다[하다]'라는 사역의 의미로 쓰이고 있다. 목적보어 자리에는 목적어와 목적보어의 관계가 능동이면 to부정사를, 수동이면 과거분사를 쓴다. 여기서는 목적어인 the package와 deliver의 관계가 수동이므로 과거분사인 (c)가 정답이다.

package 소포 **pick up** (맡긴 것을) 찾으러 가다 **deliver** 배달하다

정답_(c)

19

A Jim is always tending to his shrubs and flower beds.

B He really prides himself ______________ his gardening skills.

(a) in
(b) to
(c) by
(d) on

번역

A 짐은 항상 관목과 화단을 돌봐요.
B 그는 자신의 원예 능력에 정말 자부심을 가지고 있어요.

기출 공략

'~을 자랑스러워하다, ~에 자부심을 갖다'라는 표현에서 pride oneself 뒤에 나오는 전치사를 고르는 문제이다. 이때 자랑스러워하는 대상 앞에는 전치사 on을 쓰므로 (d)가 정답이다.

tend to 돌보다, 전념하다 **shrub** 관목 **flower bed** 화단
gardening 원예

정답_(d)

20

A What happens to my deposit if I cancel my reservation?

B If you cancel within two days, your deposit ______________.

(a) will not forfeit
(b) does not forfeit
(c) will not be forfeited
(d) is not being forfeited

번역

A 제가 예약을 취소하면 보증금은 어떻게 됩니까?
B 이틀 내에 취소하시면, 보증금은 돌려드립니다.

기출 공략

시제와 태를 묻는 문제이다. 빈칸 앞의 if절에 현재 시제가 나오고 있지만, 의미상으로는 아직 일어나지 않은 미래의 일을 나타낸다. 시간이나 조건을 뜻하는 부사절에서는 현재 시제가 미래를 대신하기 때문이다. 따라서 빈칸은 미래 시제가 되어야 하며, forfeit는 사람을 주어로 하여 '몰수당하다'라는 뜻으로 쓰이므로, 주어인 your deposit과는 수동 관계에 있다. 따라서 (c)가 정답이다.

deposit 보증금 **forfeit** 몰수당하다, 빼앗기다

정답_(c)

21

Teams ______________ owners are fans of the sports club are often more successful.

(a) who
(b) which
(c) whom
(d) whose

번역

소유주가 스포츠 클럽의 팬인 팀이 대개 더 성공한다.

기출 공략

빈칸 뒤의 owners are fans of the sports club은 주어인 Teams를 수식하는 절이다. 빈칸에는 관계대명사가 들어가는데, 관계절이 완전한 문장이므로, 관계절에서 주어나 목적어 역할을 하는 (a), (b), (c)는 모두 오답이다. 의미상 Team's owners로 주어를 수식하는 소유형용사 역할을 하므로, 소유격 관계대명사인 (d)가 정답이다.

owner 소유주 **successful** 성공적인 정답_(d)

22

In 1991, at age 11, Daisy Eagan became the youngest actress ______________ a Tony award.

(a) won
(b) to win
(c) winning
(d) having won

번역

1991년에 11살의 나이에 데이지 이건은 토니 상을 수상한 최연소 여배우가 되었다.

기출 공략

빈칸 앞이 완전한 문장이므로, 빈칸 이하는 앞의 명사 actress를 수식하는 어구가 되어야 한다. '토니 상을 수상한 최연소 여배우'라는 뜻으로, 명사를 뒤에서 수식하는 형용사 역할을 하는 to부정사 또는 현재분사가 들어갈 수 있다. 빈칸 앞에 최상급이 있으므로 to부정사인 (b)가 정답이다.

actress 여배우 **award** 상 정답_(b)

23

Intense solar storms produce waves of radiation that reach Earth, ______________ radio communication.

(a) impede
(b) impeded
(c) impeding
(d) having impeded

번역

강한 태양풍은 지구에 도달하는 복사파를 만들어 내며, 무선 통신을 방해한다.

기출 공략

완전한 절 뒤에 접속사와 주어 없이 시작할 때 분사구문이 된다. 빈칸 뒤에 명사를 목적어로 취할 수 있는 것은 현재분사이므로 (c)와 (d)가 가능하다. 문맥상 동시에 일어나는 일을 나타내므로, (c)가 정답이다.

intense 극심한, 강렬한 **solar storm** 태양풍 **radiation** 복사 **radio communication** 무선 통신 **impede** 방해하다 정답_(c)

24

The director had the actors rehearse different versions of the scene until he found one ______________.

(a) he was satisfied it
(b) was satisfied with it
(c) which was satisfied him
(d) with which he was satisfied

번역

감독은 자신이 만족하는 버전을 찾을 때까지 배우들이 그 장면을 여러 버전으로 리허설을 하도록 했다.

기출 공략

빈칸 앞이 완전한 문장을 이루므로, 빈칸 이하는 one을 수식하는 어구가 되어야 하는데, 선택지로 보아 관계절이 들어감을 알 수 있다. 선행사인 one이 be satisfied with의 목적어 역할을 하는 목적격 관계대명사절인 (d)가 정답이다. which he was satisfied with에서 관계대명사가 의미상 전치사의 목적어일 때 전치사는 목적격 관계대명사 앞에 놓일 수 있어, 전치사 with가 관계대명사 앞으로 온 형태이다.

director 감독 **rehearse** 리허설을 하다 **version** 버전 **scene** 장면 정답_(d)

25

The pool of home buyers ______________ with the economic recovery, making analysts optimistic about the housing market.

(a) is grown
(b) are grown
(c) is growing
(d) are growing

번역

주택 구입자들의 공동 출자금이 경기 회복과 함께 증가하고 있어, 분석가들은 주택 시장에 대해서 낙관하고 있다.

기출 공략

빈칸에 들어갈 동사의 주어가 buyers가 아니라 The pool임에 주의해야 한다. 주어가 단수 명사이므로 단수 동사인 (a)와 (c) 중에서, 의미상 '증가하고 있다'라는 뜻이 되어야 알맞으므로, 능동태인 (c)가 정답이다.

pool 공동 출자금 **home buyer** 주택 구입자 **economic recovery** 경기 회복 **analyst** 분석가 **optimistic** 낙관적인 **housing** 주택

정답_(c)

26

Jake is skilled with handling pets because he ______________ many in his lifetime.

(a) owns
(b) will own
(c) is owning
(d) has owned

번역

제이크는 평생 동안 많은 애완동물을 키웠기 때문에 애완동물을 다루는 데 능숙하다.

기출 공략

시제를 묻는 문제이다. 주절의 시제는 현재인데, 문맥상 현재 능숙한 것은 과거부터 현재에 이르기까지 계속 애완동물을 키워 왔기 때문이므로 현재완료 시제가 들어가야 어울린다. 따라서 (d)가 정답이다.

skilled 숙련된, 노련한 **handle** 다루다 **lifetime** 평생 **own** 소유하다

정답_(d)

27

______________, Fred could not work with her because of their vastly differing working styles.

(a) Much respecting Amy as he had
(b) Respecting Amy as much he did
(c) Much respect that he had for Amy
(d) As much respect as he had for Amy

번역

에이미를 대단히 존경하기는 했지만, 프레드는 너무 다른 작업 스타일 때문에 그녀와 함께 일할 수 없었다.

기출 공략

문맥상 선택지는 에이미를 존경한다는 내용인데, 빈칸 뒤의 주절은 그녀와 함께 일할 수 없었다는 내용이므로 서로 상반된다. 따라서 선택지에 나온 접속사 as가 '~이긴 하지만'이란 뜻의 양보를 나타내는 접속사임을 알 수 있다. as가 양보를 나타낼 때는 대개 형용사 보어나 명사가 접속사 앞으로 나가는 도치 구문이 된다. 여기서는 had의 목적어인 much respect가 as 앞으로 나온 (d)가 정답이다. 문장 맨 앞에 있는 as는 형용사가 문장 맨 앞에 나올 경우 이를 강조하기 위해 쓰인 것이다.

vastly 대단히 **differing** 다른 **respect** 존경하다

정답_(d)

28

Laura's first job involved ______________ computers in a sales office.

(a) maintain
(b) maintained
(c) to maintain
(d) maintaining

번역

로라의 첫 번째 업무는 영업부에서 컴퓨터를 관리하는 것이었다.

기출 공략

빈칸은 동사 involved의 목적어가 들어갈 자리이다. involve는 동명사를 목적어로 취하므로 (d)가 정답이다.

involve 수반하다 **sales office** 영업부 **maintain** 관리하다, 유지하다

정답_(d)

29

Vegetarianism, the health benefits ____________ are well known, also helps to protect the environment.

(a) what
(b) which
(c) of what
(d) of which

번역

채식주의는 그것의 건강상 이점이 잘 알려져 있으며, 환경을 보호하는 데도 도움이 된다.

기출 공략

삽입된 부분은 주어인 Vegetarianism을 수식하는 절이다. 빈칸은 the health benefits와 함께 삽입절의 주어가 되어야 하는데 의미상 Vegetarianism's health benefits(채식주의의 건강상 이점)가 적절하다. 관계대명사가 이 명사를 수식하는 소유 형용사 역할을 할 수 있으므로 전치사 of를 붙인 (d)가 정답이다. what은 자체에 선행사를 포함하고 있으므로 (c)는 오답이다.

vegetarianism 채식주의 **benefit** 이점 정답_(d)

30

Dr. Martin Luther King Jr. ____________ his "I Have a Dream" speech during a peaceful civil rights rally on August 28, 1963.

(a) presents
(b) presented
(c) has presented
(d) had presented

번역

마틴 루터 킹 주니어 박사는 1963년 8월 28일에 비폭력 민권 집회에서 "나에게는 꿈이 있습니다"라는 연설을 했다.

기출 공략

on August 28, 1963이라는 과거에 일어난 일을 나타내므로, 과거 시제인 (b)가 들어가야 적절하다.

speech 연설 **peaceful** 평화로운 **civil rights** 민권 **rally** 집회 정답_(b)

31

Aaron wanted to pursue a master's degree but felt it would not be feasible without ____________.

(a) financial assistance
(b) financial assistances
(c) a financial assistance
(d) any financial assistances

번역

아론은 석사 학위를 계속 하고 싶었지만, 그것은 경제적 지원 없이는 실현 불가능할 것이라고 여겼다.

기출 공략

assistance는 '지원, 도움'이라는 뜻의 불가산 명사이므로, 부정관사를 붙이거나 복수형으로 쓰지 않는다. 따라서 (a)가 정답이다.

pursue 추구하다 **master's degree** 석사 학위 **feasible** 실현 가능한 **financial** 재정적인 **assistance** 지원, 도움 정답_(a)

32

Although most news in the 1930s ____________ depressing, people still bought newspapers to stay informed about the situation.

(a) was
(b) were
(c) has been
(d) have been

번역

1930년대에 대부분의 뉴스는 우울했지만, 사람들은 주변 상황에 대한 정보를 계속 얻기 위해 여전히 신문을 구입했다.

기출 공략

시제와 수일치에 관한 문제이다. 1930년대라는 과거의 일을 나타내므로, 과거 시제가 들어가야 알맞다. 빈칸에 들어갈 동사의 주어는 most news이다. news는 형태상으로는 복수이지만, '뉴스, 소식'이라는 뜻의 단수 명사이다. 따라서 (a)가 정답이다.

depressing 우울한 **situation** 상황, 환경 정답_(a)

33

Had Tom known that his secretary was suffering from so much stress, he ______________ her to work late on the project.

(a) will not ask
(b) had not asked
(c) would not ask
(d) would not have asked

번역
톰은 그의 비서가 그렇게 많은 스트레스를 받고 있다는 것을 알았더라면, 그녀에게 프로젝트와 관련하여 야근을 하라고 부탁하지 않았을 것이다.

기출 공략
빈칸 앞 절의 Had Tom known은 If Tom had known에서 접속사 if를 생략하고 도치된 형태의 가정법 조건절이다. had p.p.로 보아 가정법 과거완료 구문이다. 주절에는 〈조동사의 과거형+have p.p.〉 형태가 들어가야 하므로 (d)가 정답이다.
suffer from ~로 고통받다 정답_(d)

34

______________ presiding Supreme Court justices ruled in the plaintiff's favor.

(a) Seven of the all
(b) Of all the seven
(c) All seven of the
(d) All of seven the

번역
대법원의 수석 판사 7명 전원은 원고 측에 유리하게 판결을 내렸다.

기출 공략
ruled가 동사이므로, 앞부분 전체가 주어에 해당한다. 주어 자리이므로 전치사로 시작하는 (b)는 일단 제외하고, (a)는 Seven of all the가 되어야 하고, (d)는 All of the seven이 되어야 한다. 7명 전원이라는 (c)가 정답이다.
presiding 수석의 **Supreme Court** 대법원 **justice** 판사; 재판 **rule** 판결을 내리다 **plaintiff** 원고 **in one's favor** ~에 유리하게
정답_(c)

35

Stock prices for oil companies showed a dramatic increase, ______________ those of most other companies plummeted.

(a) while
(b) so that
(c) whether
(d) except that

번역
정유 회사들의 주가는 급등을 보인 반면에, 대부분의 다른 회사들의 주가는 급락했다.

기출 공략
접속사를 고르는 문제이므로, 빈칸 앞뒤 절의 내용 파악이 중요하다. 정유 회사들의 주가가 급등했다는 것과 다른 회사들의 주가가 급락했다는 것은 서로 상반되는 내용이다. 따라서 '반면에'라는 뜻으로 대조를 나타내는 (a)가 들어가야 알맞다.
stock price 주가 **dramatic** 극적인 **plummet** 급락하다
정답_(a)

36

Despite repeated warnings about her poor grades, Terry showed ______________ effort to improve.

(a) few
(b) any
(c) little
(d) much

번역
저조한 성적에 대한 반복되는 경고에도 불구하고, 테리는 나아지려는 노력을 거의 보이지 않았다.

기출 공략
빈칸 뒤에 명사 effort는 불가산 명사이므로, little이나 much의 수식을 받는다. 문맥상 '거의 노력을 하지 않았다'라는 부정을 나타내므로, (c)가 정답이다. a little은 '약간의'라는 뜻인 반면에, little은 '거의 없는'이라는 뜻이다.
repeated 반복되는 **warning** 경고 **grade** 성적 정답_(c)

37

After Ian Lane's engrossing debut novel, many critics wondered how ______________ was capable of producing such a disappointing follow-up piece.

(a) a writer as he such
(b) he as a such writer
(c) a writer such as he
(d) he such as a writer

번역

이안 레인의 매력적인 데뷔 소설 이후에, 많은 평론가들은 그와 같은 작가가 어떻게 그렇게 실망스러운 후속 작품을 쓸 수 있는지 의아해했다.

기출 공략

빈칸은 how가 이끄는 절에서 주어 자리이다. 선택지로 보아 '~와 같은'이라는 뜻의 such as를 이용하여 '그와 같은 작가'라는 뜻이 됨을 짐작할 수 있다. 따라서 (c)가 정답이다.

engrossing 마음을 사로잡는, 매력적인 **debut** 데뷔 **critic** 평론가 **be capable of -ing** ~할 수 있다 **disappointing** 실망스러운 **follow-up** 후속편 **piece** 작품

정답_(c)

38

The fact that John failed his driver's test ______________.

(a) was to his embarrassing
(b) was embarrassed to him
(c) caused him embarrassment
(d) caused to him to be embarrassed

번역

존이 운전면허 시험에 떨어졌다는 사실은 그를 창피하게 했다.

기출 공략

빈칸 앞에는 주어인 The fact와 이를 수식하는 that절이 나와 있다. 문맥상 '그 사실이 그를 창피하게 했다'라는 뜻이 되어야 자연스럽다. '야기하다, 초래하다'라는 동사 cause 뒤에 목적어와 목적 보어가 나오는 (c)가 올바른 구문이다. 직역하면 '그에게 당혹감을 초래했다'라는 뜻이다. (b)는 was embarrassing to him이 되어야 한다.

embarrassing 창피한 **embarrassment** 당혹감, 난처함

정답_(c)

39

______________ herself for misplacing such a crucial document, Frannie tore apart her room in search of her passport.

(a) Blamed
(b) Blaming
(c) To blame
(d) Had blamed

번역

그렇게 중요한 문서를 아무 데나 둔 것에 대해 자책하며, 프래니는 여권을 찾아 방을 온통 헤집어 놓았다.

기출 공략

빈칸은 접속사와 주어 없이 시작하고 있으므로 분사구문이 들어가야 한다. to부정사도 수식어를 이끌 수는 있지만, '~하기 위해서'라는 뜻이 되어 문맥상 적절하지 않다. 선택지 중에서 분사구문의 형태로 가능한 것은 (a)와 (b)인데, 빈칸 뒤에 herself를 목적어로 취할 수 있는 것은 현재분사인 (b)이다.

misplace 제자리에 두지 않다 **crucial** 중요한 **tear apart** (찾느라) 마구 헤집어 놓다 **in search of** ~을 찾아서 **blame** 탓하다

정답_(b)

40

Although producing recycled paper requires less energy than producing regular paper ______________, the extent of energy savings is debatable.

(a) is
(b) does
(c) does it
(d) requires it

번역

재생지 제작은 일반 종이 제작보다 에너지가 덜 들지만, 에너지 절약 정도는 논란의 여지가 있다.

기출 공략

than을 중심으로 producing recycled paper와 producing regular paper를 비교하고 있다. 빈칸에는 producing regular paper를 주어로 하는 동사가 들어가야 하는데, 앞에 나온 requires energy의 반복을 피하기 위해 do동사로 대신하며 목적어는 생략하므로 (b)가 정답이다.

regular 보통의 **extent** 정도 **saving** 절약 **debatable** 논란의 여지가 있는

정답_(b)

41

(a) A Do you mind if I ask how you injured your leg, Tom?
(b) B Well, I'm ashamed to say I broke it while skiing.
(c) A Were you able to have a doctor look at it right away?
(d) B Yes. He said it was hurt seriously when I have fallen down.

번역
(a) **A** 어쩌다 다리를 다쳤는지 물어봐도 될까요, 톰?
(b) **B** 말하기 창피하지만 스키 타다 부러졌어요.
(c) **A** 바로 의사에게 보일 수 있었어요?
(d) **B** 네. 의사가 제가 넘어지면서 심하게 다쳤다고 했어요.

기출 공략
(d)에서 주절은 과거 시제인데, when 부사절에 현재완료 시제가 온 것이 어울리지 않는다. when 이하는 과거에 넘어진 일을 나타내므로, 주절과 마찬가지로 과거 시제를 써야 적절하다. 따라서 have fallen down을 fell down으로 고쳐야 한다.
Do you mind if ~? ~해도 될까요? **fall down** 넘어지다

정답_(d) when I have fallen down → when I fell down

42

(a) A You look a little upset. Is anything the matter?
(b) B I was reprimanded despite I haven't done anything wrong.
(c) A Oh, no. So was the boss angry with you about something?
(d) B He was, but he didn't have all the facts. The mistake wasn't my fault at all.

번역
(a) **A** 좀 언짢아 보이네요. 무슨 일 있어요?
(b) **B** 전혀 잘못한 게 없는데도 질책을 당했거든요.
(c) **A** 아, 저런. 그래서 상사가 뭔가에 대해서 당신에게 화를 냈어요?
(d) **B** 그랬어요, 그런데 그는 사실을 제대로 알지도 못했어요. 그 실수는 전혀 제 잘못이 아니었거든요.

기출 공략
(b)에서 despite는 전치사인데 뒤에 절이 나오므로 구로 바꿔야 한다. 동명사로 시작하는 구로 바꾸면 되는데, 부정어는 동명사 앞에 오므로 not doing anything wrong이 된다. 참고로 despite를 접속사 although, though 등으로 바꿔도 가능하다.
reprimand 질책하다

정답_(b) despite I haven't done anything wrong
→ despite not doing anything wrong

43

(a) A Why did Jason look so annoyed after talking to his parents?
(b) B They're forcing him to learn an instrument he doesn't like.
(c) A Really? Well, what instrument do they want him to learn?
(d) B They're insisting that he will start taking private trombone lessons.

번역
(a) **A** 제이슨은 부모님과 얘기한 후에 왜 그렇게 짜증이 나 보여?
(b) **B** 부모님이 그가 싫어하는 악기를 배우라고 강요하고 있대.
(c) **A** 정말? 그가 어떤 악기를 배우기를 원하시는데?
(d) **B** 그에게 트롬본 개인 레슨을 받으라고 고집하신대.

기출 공략
(d)에서 주장을 나타내는 동사 insist 뒤에 that절이 나오는데 주장, 요구, 제안 등을 나타내는 동사의 목적어가 되는 that절에서는 시제나 수에 상관없이 동사원형을 쓰므로, will start 대신 start를 써야 한다.
annoyed 짜증이 난 **insist** 고집하다, 주장하다 **private lesson** 개인 강습

정답_(d) he will start taking → he start taking

44

(a) A It's 11 pm, and we're not even close to finishing this project.
(b) B Yeah. It wasn't the wisest idea to wait until the last minute to start.
(c) A I know. We're very unlikely that we'll be able to finish it on time.
(d) B Let's not be so pessimistic. If we work all night, we might pull it off.

번역
(a) **A** 밤 11시야. 그런데 우리는 이 프로젝트를 끝내는 것 근처에도 못 갔어.
(b) **B** 응. 마지막 순간까지 미루다 시작하는 건 현명한 생각이 아니었어.
(c) **A** 맞아. 우리가 제시간에 끝낼 가능성은 거의 없어.
(d) **B** 그렇게 비관적이 되지는 말자. 우리가 밤새 한다면 해낼지도 모르잖아.

기출 공략
(c)에서 unlikely 뒤에 that절이 나오는데, 이럴 경우 주어 자리에는 it를 쓴다. that 이하가 진주어이고, it은 이를 대신하는 가주어이다. 따라서 We're를 It's로 바꿔야 한다.
be close to ~에 근접하다 **unlikely** ~할 것 같지 않은 **on time** 제시간에 **pessimistic** 비관적인 **pull off** 해내다

정답_(c) We're very unlikely → It's very unlikely

45

(a) A I was wondering if I could take you up on your offer of help.
(b) B Absolutely. What's the problem? Is your car acting up again?
(c) A It is, and I can't pay to a mechanic. Could you take a look at it?
(d) B Sure. When I have time later, I'll come by and check it out.

45

(a) **A** 도와주겠다는 당신의 제안을 받아들여도 될까요?
(b) **B** 물론이죠. 뭐가 문제예요? 자동차가 또 말썽이에요?
(c) **A** 그래요. 그런데 정비공에게 돈을 지불할 수가 없어서요. 좀 봐 줄 수 있을까요?
(d) **B** 그럼요. 나중에 시간이 날 때, 들러서 확인해 볼게요.

기출 공략

(c)에서 동사 pay는 '~에게 지불하다'라는 뜻으로 쓰일 때, 전치사 없이 바로 사람 목적어를 취한다. 따라서 전치사 to를 빼고 pay a mechanic이라고 해야 한다.

take A up on B A가 제안한 B를 받아들이다 **absolutely** 그럼, 물론이죠 **act up** 말썽 부리다, 제대로 작동하지 않다 **mechanic** 정비공 **take a look at** ~을 보다 **come by** ~에 들르다

정답_(c) pay to a mechanic → pay a mechanic

46

(a) Many consumers rush to acquire the latest technologies as soon as they are available. (b) Constantly replacing older gadgets can have unforeseen environmental impacts, though. (c) This is due to the fact that whereas people purchase newer gadgets, they usually throw their old ones away. (d) These discarded devices contain many toxic elements that can contaminate the ecosystem.

46

(a) 많은 소비자들은 최신 기술이 출시되자마자 그것을 얻기 위해 서두른다. (b) 하지만 끊임없이 더 오래된 기기를 교체하는 것은 예측하지 못한 환경적 영향을 끼칠 수 있다. (c) 이는 사람들이 더 새로운 기기를 구입할 때, 대개 오래된 것들은 버린다는 사실 때문이다. (d) 이렇게 버려진 기기들에는 생태계를 오염시킬 수 있는 많은 유독 성분들이 들어 있다.

기출 공략

(c)에서 whereas는 '~하는 반면에'라는 뜻인데, 더 새로운 기기를 구입하는 것과 오래된 기기를 버리는 것은 서로 대조적인 내용이 아니므로 문맥상 자연스럽지 않다. '더 새로운 기기를 구입할 때'라는 뜻으로, 접속사 when이 들어가야 어울린다.

rush 서두르다 **acquire** 얻다, 획득하다 **constantly** 끊임없이 **gadget** 도구, 기기 **unforeseen** 예측하지 못한 **impact** 영향 **whereas** 반면에 **discard** 버리다, 폐기하다 **toxic** 유독한 **contaminate** 오염시키다 **ecosystem** 생태계

정답_(c) that whereas people → that when people

47

(a) Regular health checkups play an important role in maintaining our health. (b) What is more important, however, is examining the choices we make every day. (c) Healthy living consists of making well-informed decisions about diet, exercise, and habits. (d) In fact, research shows that making good choices every day improve our health significantly.

47

(a) 정기 건강 검진은 우리의 건강을 유지하는 데 중요한 역할을 한다. (b) 하지만 더 중요한 것은 우리가 매일 하는 선택들을 조사하는 것이다. (c) 건강한 삶은 식단과 운동, 습관에 대한 충분한 정보를 근거로 결정을 내리는 것이다. (d) 실제로, 연구에서 매일 현명한 선택을 하는 것이 우리의 건강을 상당히 증진시킨다고 밝혀졌다.

기출 공략

(d)에서 that절의 주어는 making good choices every day이고, 동사는 improve이다. 동명사 주어는 단수 취급하므로, 동사도 단수형인 improves가 되어야 한다.

regular health checkup 정기 건강 검진 **play a role** 역할을 하다 **maintain** 유지하다 **examine** 조사하다 **make a choice** 선택하다 **consist of** ~으로 이루어지다 **well-informed** 충분한 정보에 근거한 **make a decision** 결정하다 **significantly** 상당히

정답_(d) improve our health → improves our health

48

(a) Because they contain phytoestrogens, soy products are believed by some to increase the risk of breast cancer. (b) Indeed, in laboratory tests, phytoestrogens have been proven to induce breast cancer cells to proliferate. (c) However, diets high in soy have not been statistical linked to a greater risk of breast cancer in humans. (d) On the contrary, some studies have found that soy lowers the recurrence of and mortality from breast cancer.

48

(a) 콩 제품은 피토에스트로겐을 함유하고 있어서 유방암의 위험을 높이는 것으로 일부 사람들은 생각한다. (b) 실제로, 실험에서 피토에스트로겐은 유방암 세포가 증식하도록 유도하는 것으로 증명되었다. (c) 하지만 콩이 많이 함유된 식단은 통계적으로 인간에게 있어 더 높은 유방암 위험과 관련되지 않았다. (d) 정반대로, 일부 연구에서는 콩이 유방암의 재발 및 사망률을 낮춰 주는 것으로 밝혀졌다.

기출 공략

(c)에서 be동사 뒤에 형용사인 statistical과 분사인 linked가 나란히 나오는 것이 어색하다. statistical이 분사를 수식하는 부사가 되어야 하므로 statistically로 바꿔야 한다.

phytoestrogen 피토에스트로겐(식물 에스트로겐) **soy product** 콩 제품 **indeed** 사실, 실은 **induce** 유도하다 **proliferate** 증식하다 **statistical** 통계적인 **be linked to** ~와 연관되다 **on the contrary** 정반대로 **recurrence** 재발 **mortality** 사망률

정답_(c) been statistical linked → been statistically linked

49

(a) The gums are the soft tissue surrounded the base of the teeth. (b) Healthy gums are uniformly light pink in color with a firm texture. (c) Performing an important function, the gums anchor teeth and hold them in place. (d) They are not tightly wrapped around the teeth so as to avoid friction when chewing food.

49

(a) 잇몸은 치아의 아랫부분을 둘러싸고 있는 부드러운 조직이다. (b) 건강한 잇몸은 색상이 균일하게 연한 분홍색이고 단단하다. (c) 중요한 기능을 수행하는 잇몸은 치아를 고정시키고 제자리에 붙잡아 둔다. (d) 잇몸은 음식을 씹을 때 마찰을 피하기 위해서 치아 둘레를 꽉 조여서 둘러져 있지는 않다.

기출 공략

(a)에서 surrounded는 앞의 명사 the soft tissue를 수식하는 분사로, 뒤에 있는 the base of the teeth를 목적어로 취하려면 현재분사가 되어야 한다. 의미상으로도 the soft tissue가 surround의 주체가 되므로 능동을 나타내는 현재분사가 들어가야 함을 알 수 있다. 따라서 surrounded를 surrounding으로 바꿔야 한다.

gum 잇몸 **tissue** (세포) 조직 **surround** 둘러싸다 **base** 아랫부분 **uniformly** 균일하게 **texture** 질감 **anchor** 고정시키다 **tightly** 단단히 **wrap** 싸다 **so as to** ~하기 위해서 **friction** 마찰 **chew** 씹다

정답_(a) tissue surrounded the base
→ tissue surrounding the base

50

(a) Before prescribing drugs, doctors ask patients if they are taking any other medications. (b) This is because certain drugs, when administering at the same time, react with each other. (c) Some drugs magnify the effects of other drugs, making them dangerously potent together. (d) Conversely, other drugs might cancel each other out when taken simultaneously.

50

(a) 약을 처방하기 전에 의사는 환자에게 다른 약을 복용하고 있는지 묻는다. (b) 이는 특정 약들은 동시에 투여하면 서로에게 반응을 보이기 때문이다. (c) 일부 약들은 다른 약의 효능을 증가시켜, 함께 하면 위험할 정도로 효능을 강하게 만든다. (d) 정반대로, 또 다른 약들은 동시에 복용하면 서로의 효능을 상쇄시킬 수도 있다.

기출 공략

(b)에서 when administering at the same time은 부사절이 삽입된 것으로, 접속사 다음에 주어와 be동사가 생략된 형태이다. 생략된 주어는 certain drugs이므로, 동사 administer와 수동 관계에 있다. 따라서 현재분사가 아닌 과거분사인 administered가 되어야 한다.

prescribe 처방하다 **administer** (약을) 투여하다 **react** 반응하다 **magnify** 확대하다 **potent** (효능 · 영향이) 강한 **conversely** 정반대로 **cancel out** 상쇄하다 **simultaneously** 동시에

정답_(b) when administering at → when administered at

Vocabulary

1

A Can we meet on Thursday?
B I'm sorry, but my ____________ is full that day.

(a) chore (b) record
(c) instance (d) schedule

번역
A 우리 목요일에 만날까?
B 미안해, 그날 내 스케줄이 꽉 찼어.
(a) 잡일 (b) 기록
(c) 사례 (d) 스케줄

기출 공략
만나자는 제안을 거절하고 있으므로 시간이 안 되는 상황이다. 따라서 빈칸에는 일정이나 스케줄을 뜻하는 (d)가 적절하다.
chore 잡일 **record** 기록 **instance** 사례 정답_(d)

2

A Is there a ____________ to the waterfall?
B Yes, there's a small trail just ahead.

(a) land (b) path
(c) wind (d) branch

번역
A 폭포로 가는 길이 있나요?
B 네, 앞쪽에 작은 오솔길이 있어요.
(a) 땅 (b) 길
(c) 바람 (d) 가지

기출 공략
폭포에 대해 어떤 질문을 하였는데 Yes라고 하고 작은 오솔길이 있다고 했으므로 빈칸에는 a small trail에 해당하는 내용이 와야 한다. 따라서 (b)가 정답이다.
trail 오솔길, 시골길 **ahead** 앞에 정답_(b)

3

A I've never seen anyone work as hard as Megan.
B Right, no one is more ____________ than she is.

(a) permissive (b) inclusive
(c) frequent (d) diligent

번역
A 메간처럼 열심히 일하는 사람을 본 적이 없어.
B 맞아, 누구도 그녀보다 더 성실하지 않아.
(a) 관대한 (b) 포함한
(c) 빈번한 (d) 성실한

기출 공략
메간이 가장 열심히 일한다는 말을 듣고 동의를 하고 있으므로 work hard에 해당하는 표현을 찾아야 한다. 따라서 (d)가 정답이다.
permissive 관대한 **inclusive** 가격에 일체의 경비가 포함된, 포괄적인 **frequent** 빈번한 **diligent** 성실한 정답_(d)

4

A Can the research project be done by one person?
B No, the sheer size of the task ____________ at least two people being assigned to it.

(a) submits (b) contains
(c) presents (d) necessitates

번역
A 그 연구 프로젝트를 한 사람이 할 수 있어?
B 아니, 그 일의 순수한 규모만 보면 적어도 그 일에 할당될 2명이 필요해.
(a) 제출하다 (b) 포함하다
(c) 제출하다 (d) 필요로 하다

기출 공략
한 사람이 프로젝트를 맡아서 할 수 있느냐는 질문에 No로 답을 했다. 그리고 빈칸 뒤에는 '적어도 2명'이라는 말이 있으므로 (d)가 가장 자연스럽다.
sheer 순수한, 순전한 **task** 일, 과제 **assign** 할당하다 **present** 제출하다 **necessitate** 필요로 하다 정답_(d)

5

A Please transfer me to the director's office.
B I'll need to know the ______________ you're calling about, please.

(a) core (b) range
(c) matter (d) ground

번역

A 이사님의 사무실로 전화 연결 부탁합니다.
B 전화 거시는 용건을 말씀해 주세요.
(a) 핵심 (b) 범위
(c) 문제 (d) 근거

기출 공략

전화를 연결해 달라는 말에 먼저 전화를 건 목적을 묻고 있다. 따라서 (c)가 정답이다. 전화를 다른 사람에게 연결한다는 의미로 transfer 외에 put through가 있다.

director 이사, 임원 **core** 핵심 **range** 범위 **matter** 문제 **ground** 근거

정답_(c)

6

A The travel packs we got are so handy.
B Yes, they certainly are ______________.

(a) delicate (b) intimate
(c) stubborn (d) convenient

번역

A 우리가 산 여행 가방이 유용하네.
B 그러네, 정말 편리해.
(a) 섬세한 (b) 친밀한
(c) 고집 센 (d) 편리한

기출 공략

여행 가방이 편리(handy)하다는 말에 동의를 하고 있으므로 빈칸에는 handy에 해당하는 (d)가 적절하다.

handy 유용한, 편리한 **delicate** 섬세한 **intimate** 친밀한 **stubborn** 고집 센 **convenient** 편리한

정답_(d)

7

A Would you like me to fix you a drink?
B No, please don't go to any ______________.

(a) grant (b) scope
(c) handle (d) trouble

번역

A 마실 것 한 잔 드릴까요?
B 아니요, 일부러 수고하실 필요 없어요.
(a) 보조금 (b) 범위
(c) 손잡이 (d) 수고

기출 공략

마실 것을 제안하는 표현에 완곡한 거절로 답을 하고 있다. 일부러 힘들게 그러지 않아도 된다는 (d)가 가장 적절하다.

fix 준비하다, 마련하다 **grant** 보조금 **scope** 범위 **handle** 손잡이 **trouble** 수고

정답_(d)

8

A Would the company ever give me an advance on my paycheck?
B Only under extreme ______________ would they consider such a thing.

(a) regards (b) moments
(c) regulations (d) circumstances

번역

A 회사에서 저한테 급여를 가불해 줄까요?
B 극단적인 상황에만 그걸 고려해 보겠죠.
(a) 고려 (b) 순간
(c) 규정 (d) 상황

기출 공략

급여를 미리 당겨 받는 것이 가능한지 묻는 말에 극단적인 경우나 상황에서 가능할 것이라는 응답이 적절하므로 정답은 (d)이다.

advance 선금, 선불 **extreme** 극단적인 **regard** 고려 **moment** 순간, 잠시 **regulation** 규정 **circumstance** 상황

정답_(d)

9

A Do you believe Henry's fishing story?
B Of course. He wouldn't ______________ something like that.

(a) pass out (b) jump on
(c) make up (d) knock off

번역

A 헨리의 낚시 얘기를 믿어요?
B 그럼요. 그는 그런 걸 지어내진 않을 거예요.
(a) 기절하다 (b) 비난하다
(c) 지어내다 (d) 해치우다

기출 공략

헨리의 얘기를 믿느냐는 질문에 그렇다고 했으므로 헨리를 옹호하는 내용이 와야 한다. 따라서 (c)가 적절하다.
pass out 기절하다 **jump on** 비난하다 **make up** 지어내다 **knock off** 해치우다 정답_(c)

10

A Lyle keeps his vintage posters in airtight frames so they won't get damaged.
B Oh, that explains why they've remained in ______________ condition after all these years.

(a) replete (b) volatile
(c) pristine (d) contrite

번역

A 라일이 밀폐된 액자에 옛날 포스터를 두어서 손상되진 않을 거예요.
B 아, 세월이 많이 흘렀는데도 왜 그것들이 완전 새것 같은 상태인지 알겠네요.
(a) 포식한 (b) 변덕스러운
(c) 완전 새것 같은 (d) 깊이 뉘우치는

기출 공략

옛날 포스터를 밀폐된 액자에다 보관하기 때문에 손상되지 않은 상태이다. 따라서 완전 새것 같다는 (c)가 정답이다.
vintage 고전적인, 구식의 **airtight** 밀폐된 **replete** 포식한 **volatile** 변덕스러운 **pristine** 완전 새것 같은 **contrite** 깊이 뉘우치는 정답_(c)

11

A When does this restaurant close?
B I noticed the staff starting to clean up, so it's ______________ to be soon.

(a) likely (b) forced
(c) capable (d) allowed

번역

A 이 식당은 몇 시에 문을 닫나요?
B 직원들이 청소를 시작하는 걸 봤는데, 곧 닫을 것 같네요.
(a) ~할 것 같은 (b) 억지로 하는
(c) ~을 할 수 있는 (d) 허락된

기출 공략

아직 문을 닫지 않은 상태이지만 직원들이 청소를 하기 시작했고 빈칸 뒤의 soon을 보아 곧 문을 닫을 예정임을 알 수 있다. 따라서 발생 가능성을 나타내는 (a)가 와야 한다.
notice 의식하다, 주목하다 **likely** ~할 것 같은 **force** 강요하다 **capable** ~을 할 수 있는 **allow** 허락하다 정답_(a)

12

A What happens if our computers fail?
B Don't worry. We have ______________ measures in place for this eventuality.

(a) liability (b) extremity
(c) contingency (d) complacency

번역

A 컴퓨터가 고장 나면 어쩌죠?
B 걱정 마세요. 이런 만일의 경우를 위해 비상조치를 두고 있어요.
(a) 책임 (b) 극단
(c) 비상 (d) 안주

기출 공략

갑자기 컴퓨터가 고장 날 상황을 염려하는 상대방에게 갑자기 일어날 일을 위해 조치를 해 두었다고 안심시키고 있으므로 빈칸에는 (c)가 적절하다.
in place 준비가 되어 있는 **eventuality** 만일의 사태 **liability** 책임 **extremity** 극단 **contingency** 비상사태 **complacency** 안주 정답_(c)

13

A The presentation didn't go well, I take it.

B That's putting it mildly. It was a complete ____________.

(a) semblance (b) restraint
(c) limerick (d) debacle

번역

A 발표가 잘 안 되었던 것 같아요.
B 약하게 표현하시네요. 완전 대실패였죠.
(a) 유사 (b) 규제
(c) 5행 희시(戱詩) (d) 대실패

기출 공략

발표가 잘 안 되었다는 말을 듣고 표현이 약하다는 의도는 발표가 잘 안 된 정도가 아니라 훨씬 심한 상태라는 것을 드러낸다. 따라서 (d)가 정답이다.

I take it ~인 것 같다 **mildly** 부드럽게, 약간 **semblance** 유사 **restraint** 규제 **limerick** 5행 희시(戱詩) **debacle** 대실패

정답_(d)

14

A Did you hear about that guy who escaped from prison?

B Yes, he's still ____________ around here somewhere.

(a) on the loose (b) on the fence
(c) off the hook (d) off the mark

번역

A 감옥에서 탈출했다는 남자 소식 들었어?
B 응, 아직 여기 어딘가에서 도망 중이야.
(a) 탈주 중인 (b) 중립적인 태도를 취하는
(c) 처벌을 면하는 (d) 표적을 빗나간

기출 공략

감옥에서 탈출했는데 아직도 어떠한 상태에 있다고 했으므로 다시 잡히지 않은 것을 추측할 수 있다. 따라서 도망 중이라는 (a)가 정답이다.

on the loose 탈주 중인 **on the fence** 중립적인 태도를 취하는 **off the hook** 수화기를 내려놓은, 처벌을 면하는 **off the mark** 표적을 빗나간

정답_(a)

15

A Mary is upset—has anyone reached out to her?

B Yes, I've attempted to ____________ her several times.

(a) lather (b) muster
(c) salvage (d) console

번역

A 메리가 기분이 안 좋은데 누가 걔한테 연락해 봤어?
B 응, 내가 몇 번 위로를 하려고 했어.
(a) 비누 거품칠을 하다 (b) 모으다
(c) 구조하다 (d) 위로하다

기출 공략

메리가 기분이 좋지 않은 상황에서 그녀에게 연락을 시도해 봤다는 것은 위로를 하려는 것으로 볼 수 있다. 따라서 (d)가 정답이다.

reach out 연락을 취하다 **lather** 비누 거품칠을 하다 **muster** 모으다 **salvage** 구조하다 **console** 위로하다

정답_(d)

16

A How many boxes do you need to finish packing? Ten? Twenty?

B I think five boxes would ____________.

(a) reconcile (b) concede
(c) comply (d) suffice

번역

A 포장을 끝내려면 몇 박스가 필요해? 10박스? 20박스?
B 5박스면 충분할 거야.
(a) 화해시키다 (b) 인정하다
(c) 따르다 (d) 충분하다

기출 공략

포장할 박스가 몇 개가 더 필요한지 물어보았는데 구체적인 숫자로 답하면서 이 정도면 '충분하다'라고 대답할 수 있다. 따라서 (d)가 정답이다.

pack 포장하다 **reconcile** 화해시키다 **concede** 인정하다 **comply** 따르다 **suffice** 충분하다

정답_(d)

17

A Can I pay with my credit card?
B Sure, just ______________ your card through the reader.

(a) swat (b) clasp
(c) swipe (d) clump

번역

A 신용 카드로 계산해도 되나요?
B 네, 리더기에 카드를 읽히세요.

(a) 찰싹 치다 (b) 움켜쥐다
(c) 카드를 읽히다 (d) 쿵쾅거리다

기출 공략

신용 카드를 리더기에 긁어 읽히는 것을 swipe라고 한다. 따라서 (c)가 정답이다.

reader 판독기 **swat** 찰싹 치다 **clasp** 움켜쥐다 **swipe** 카드를 읽히다 **clump** 쿵쾅거리다

정답_(c)

18

A So your asking me to run an errand was just a ______________?
B Yes, I needed you out of the house so I could prepare your surprise party.

(a) ruse (b) riddle
(c) sweep (d) clutch

번역

A 그럼 나보고 심부름 해 달라고 한 게 단지 계략이었어?
B 그렇지. 너를 집 밖으로 내보내서 깜짝 파티를 준비할 수 있었지.

(a) 계략 (b) 수수께끼
(c) 쓸기 (d) 움켜쥠

기출 공략

심부름을 다녀오라고 한 것이 단지 깜짝 파티를 위한 작전이었으므로 (a)가 적절하다.

run an errand 심부름하다 **ruse** 계략 **riddle** 수수께끼 **sweep** 쓸기 **clutch** 움켜쥠

정답_(a)

19

A Susan was thrilled to be promoted to manager!
B If I were in her position, I'd be ______________, too.

(a) elated (b) incited
(c) illuminated (d) confounded

번역

A 과장으로 승진해서 수잔이 아주 신이 났네!
B 내가 그녀의 입장이라면, 나도 마냥 좋을 것 같은데.

(a) 마냥 행복해하는 (b) 자극받은
(c) 환한 (d) 어리둥절한

기출 공략

수잔이 승진해서 신이 났다고 하자 상대방도 too라는 동의 표현을 쓰고 있다. 따라서 빈칸에는 thrilled에 해당하는 표현이 필요하므로 (a)가 정답이다.

thrilled 아주 흥분한, 신이 난 **elated** 마냥 행복해하는 **incited** 자극받은 **illuminated** 환한 **confounded** 어리둥절한

정답_(a)

20

A It's difficult talking with someone who's so obstinate about their beliefs.
B I agree. Being ______________ like that just brings the conversation to a standstill.

(a) pivotal (b) esoteric
(c) dormant (d) dogmatic

번역

A 자신의 믿음을 지독하게 고수하는 사람과 얘기하는 건 힘들어.
B 맞아. 그렇게 독단적이면 대화가 그냥 제자리걸음만 하게 돼.

(a) 중요한 (b) 난해한
(c) 휴면기의 (d) 독단적인

기출 공략

obstinate about their beliefs가 핵심이다. 그런 성향을 지닌 사람과 얘기하기가 어렵다는 말에 동의하고 있으므로 '독단적인'을 뜻하는 (d)가 어울린다.

obstinate 고집 센 **belief** 믿음 **standstill** 정지, 정체 **pivotal** 중요한 **esoteric** 난해한 **dormant** 휴면기의 **dogmatic** 독단적인

정답_(d)

21

A We should file a complaint against this hotel. The rooms are filthy!
B I'm not sure ____________ a complaint would do any good, though.

(a) chafing (b) lodging
(c) boarding (d) embedding

번역
A 이 호텔을 상대로 항의해야겠어. 방이 너무 더러워!
B 하지만 불만을 제기하는 것이 도움이 될지는 모르겠어.
(a) 괴롭히다 (b) 이의를 제기하다
(c) 탑승하다 (d) 끼워 넣다

기출 공략
호텔 방이 너무 더러워서 불만을 제기하려는 사람에게 그것이 도움이 되지 않을 것 같다는 의견을 주고 있다. file a complaint에 해당하는 말을 반복하고 있으므로 빈칸에는 file과 유사한 동사가 필요하다. 따라서 (b)가 정답이다.
file a complaint 항의를 제기하다, 고소하다 **filthy** 아주 더러운 **do good** 도움이 되다, 이롭다 **chafe** 괴롭히다 **lodge** 이의를 제기하다 **board** 탑승하다 **embed** 끼워 넣다 정답_(b)

22

A Your manager still hasn't looked at your proposal?
B She's so busy that I'm sure it's going to continue to ____________ on her desk.

(a) erode (b) secede
(c) tamper (d) languish

번역
A 매니저가 아직 당신의 제안서를 안 봤죠?
B 그녀는 너무 바빠서 그녀의 책상에 계속 방치되어 있는 게 분명해요.
(a) 침식시키다 (b) 분리 독립하다
(c) 함부로 손대다 (d) 유보되다

기출 공략
제안서를 보지 않은 것 같다는 말을 듣고 부연 설명을 하고 있다. 제안서를 보지 않고 방치해 둔 상태를 나타내는 (d)가 적절하다.
proposal 제안서 **erode** 침식시키다 **secede** 분리 독립하다 **tamper** 함부로 손대다 **languish** 유보되다 정답_(d)

23

A You look very relaxed, nestled in that hammock.
B Yes, I've been happily ____________ in it all afternoon.

(a) emblazoned (b) exonerated
(c) ensconced (d) enlivened

번역
A 너 해먹에 누워서 아주 편안해 보이네.
B 그래, 오후 내내 해먹에서 편히 있어.
(a) 선명히 새기다 (b) 무죄가 되게 하다
(c) 안락하게 자리를 잡다 (d) 생동감 있게 만들다

기출 공략
해먹에 누워 편안해 보인다는 말에 동의를 하고 있으므로 relaxed, nestled와 어울리는 (c)가 정답이다.
nestle 편안하게 눕다 **hammock** 해먹(나무에 달아매는 그물 침대) **emblazon** 선명히 새기다 **exonerate** 무죄가 되게 하다 **ensconce** 안락하게 자리를 잡다 **enliven** 생동감 있게 만들다
정답_(c)

24

A Marcus eats so sparingly. It really concerns me.
B Well, he's not forcing himself to starve. He's just naturally ____________.

(a) abstemious (b) innocuous
(c) amenable (d) inimical

번역
A 마커스는 너무 적게 먹네. 정말 걱정스러워.
B 흠, 그가 굶주리고 있진 않아. 그냥 자연스럽게 자제하는 거야.
(a) 자제하는 (b) 악의 없는
(c) 잘 받아들이는 (d) 적대적인

기출 공략
마커스가 너무 적게 먹는다는 말에 억지로 굶고 있는 것은 아니라고 했다. 빈칸 앞에 있는 naturally와 함께 자연스럽게 자제하고 있다는 (a)가 정답이다.
sparingly 절약하여, 부족하여 **force** 강요하다 **starve** 굶주리다 **abstemious** 자제하는 **innocuous** 악의 없는 **amenable** 잘 받아들이는 **inimical** 적대적인 정답_(a)

25

A Georgina is finally starting to excel in her studies.
B It seems she has ___________ after months of struggling.

(a) hit her stride (b) jumped the gun
(c) laid down the law (d) gone out on a limb

번역
A 조지나가 드디어 공부를 잘하기 시작하는군요.
B 몇 개월간 고투하더니 원래 컨디션을 찾은 것 같네요.
(a) 본래의 컨디션을 되찾다 (b) 경솔하게 행동하다
(c) 강압적으로 말하다 (d) 위험을 감수하다

기출 공략
드디어 실력이 좀 나아지고 있다고 했으므로 '원래 컨디션을 되찾다'라는 (a)가 정답이다.
excel 뛰어나다, 탁월하다 **struggle** 고군분투하다 **hit one's stride** 본래의 컨디션을 되찾다 **jump the gun** 경솔하게 행동하다 **lay down the law** 강압적으로 말하다 **go out on a limb** 위험을 감수하다 정답_(a)

26

Employees must ___________ their IDs prominently on their work uniforms to identify themselves as authorized personnel.

(a) claim (b) require
(c) display (d) demand

번역
직원들은 자신들이 권한 있는 직원임을 밝힐 수 있도록 직장 유니폼에 신분증을 잘 보이게 드러내야 한다.
(a) 주장하다 (b) 요구하다
(c) 드러내다 (d) 요구하다

기출 공략
회사에서 직원들이 신분증을 잘 보이게 목에 걸고 다니는 모습을 생각한다면 '보여 주다'라는 표현이 적절함을 알 수 있다. 따라서 (c)가 정답이다.
prominently 두드러지게, 눈에 잘 띄게 **authorized** 권한을 부여 받은 **claim** 주장하다 **require** 요구하다 **display** 드러내다 **demand** 요구하다 정답_(c)

27

The committee assesses each research proposal on an individual ___________ before making a decision.

(a) basis (b) band
(c) trade (d) trend

번역
위원회는 결정을 하기 전에 각 연구 제안서를 개별 기준으로 평가한다.
(a) 기준 (b) 밴드
(c) 거래 (d) 동향

기출 공략
〈on a(n)+형용사+basis〉 구문으로 basis는 기준이나 단위를 의미하므로 (a)가 정답이다. on a daily basis(매일), on a regular basis(규칙적으로), on a temporary basis(일시적으로) 등으로 쓰인다.
assess 재다, 평가하다 **individual** 각각의, 개개의 **basis** 기준 **band** 밴드 **trade** 거래 **trend** 동향 정답_(a)

28

The construction workers were tired after ___________ in the sun to lay the foundations for the new building.

(a) striking (b) laboring
(c) impacting (d) motivating

번역
건설 노동자들은 새 건물의 기초 공사를 하기 위해서 태양 아래 일한 후 지쳤다.
(a) 치다 (b) 일하다
(c) 충격을 주다 (d) 동기를 부여하다

기출 공략
인부들이 공사장에서 지치게 된 원인을 찾아야 한다. '노동을 한 후에 지치게 되었다'는 것이 적절하므로 (b)가 정답이다.
lay the foundation 기초 공사를 하다 **strike** 치다 **labor** 일하다 **impact** 충격을 주다 **motivate** 동기를 부여하다 정답_(b)

29

The earthquake caused loose rocks to ______________ down the hillside and roll onto the road.

(a) tumble (b) shrink
(c) droop (d) falter

번역
지진으로 인해 느슨한 바위들이 비탈 아래로 굴러떨어져 도로로 굴러갔다.
(a) 굴러 떨어지다 (b) 줄어들다
(c) 아래로 늘어지다 (d) 흔들리다

기출 공략
지진으로 인해 바위가 아래로 떨어져서 도로까지 굴러가는 상황이다. 빈칸 뒤의 down과 어울리는 (a)가 정답이다.
loose 헐거운, 풀린 **hillside** 비탈 **roll** 굴러 가다 **tumble** 굴러 떨어지다 **shrink** 줄어들다 **droop** 아래로 늘어지다 **falter** 흔들리다

정답_(a)

30

Josephine ______________ her son for not finishing his homework, reprimanding him for his irresponsibility.

(a) scolded (b) startled
(c) angered (d) cramped

번역
조세핀은 아들이 숙제를 끝내지 않은 것에 대해 야단치면서 그의 무책임함을 질책했다.
(a) 야단치다 (b) 깜짝 놀라게 하다
(c) 화나게 하다 (d) 진행을 방해하다

기출 공략
숙제를 하지 않은 아들에 대해 무책임하다고 질책했으므로 빈칸에도 reprimand와 유사한 표현이 들어가야 한다. 따라서 (a)가 정답이다.
reprimand 질책하다 **irresponsibility** 무책임 **scold** 야단치다 **startle** 깜짝 놀라게 하다 **anger** 화나게 하다 **cramp** 진행을 방해하다

정답_(a)

31

Before washing your clothes, separate your ______________ into white and dark piles.

(a) dressers (b) garments
(c) decorations (d) fabrications

번역
빨래하기 전에 옷을 흰색과 짙은 색 더미로 분리하세요.
(a) 화장대 (b) 옷
(c) 장식 (d) 제작

기출 공략
빨래를 할 때 색에 따라 분리하는 것은 옷이므로 빈칸에는 (b)가 적절하다.
separate 분리하다 **pile** 더미, 무더기 **dresser** 화장대 **garment** 옷 **decoration** 장식 **fabrication** 제작

정답_(b)

32

Pita bread dough should be put on a preheated pan before baking instead of being ______________ on a cold pan.

(a) placed (b) scaled
(c) sealed (d) paved

번역
피타 빵 반죽은 차가운 팬에 두는 대신, 굽기 전에 미리 뜨겁게 달궈 놓은 팬에 놓아야 한다.
(a) 두다 (b) 저울질하다
(c) 밀봉하다 (d) 길을 포장하다

기출 공략
차가운 팬이나 뜨겁게 달군 팬이나 모두 빵을 '두거나 놓는' 곳이므로 정답은 (a)이다.
dough 밀가루 반죽 **preheat** 예열하다 **place** 두다 **scale** 저울질하다 **seal** 밀봉하다 **pave** 길을 포장하다

정답_(a)

33

Don't suffer this allergy season—use UltraCure, which ______________ common allergy symptoms such as sneezing.

(a) spoils (b) relieves
(c) restores (d) satisfies

번역

이런 알레르기 철에 괴로워하지 마세요. 울트라큐어를 써 보세요. 재채기 같은 흔한 알레르기 증상들이 완화됩니다.

(a) 망치다 (b) 완화시키다
(c) 회복시키다 (d) 만족시키다

기출 공략

첫 번째 표현에 주목한다. 알레르기 시즌에 괴로워하지 말고 울트라큐어를 써 보라고 한 것은 이 제품이 알레르기 증상을 '완화시킨다'고 볼 수 있다. 따라서 (b)가 정답이다.

spoil 망치다 **relieve** 완화시키다 **restore** 회복시키다 **satisfy** 만족시키다

정답_(b)

34

Although the basketball team had no hope of winning, the players refused to ______________ the game and gave their best effort until the end.

(a) deny (b) expire
(c) retrieve (d) surrender

번역

농구팀이 이길 희망이 없음에도 불구하고 선수들은 경기를 포기할 것을 거부하고 끝까지 최선을 다했다.

(a) 부인하다 (b) 만기가 되다
(c) 회수하다 (d) 포기하다

기출 공략

although절과 주절은 상반된 내용이다. 이길 희망은 없지만 경기를 '포기하지' 않았다는 말이 적절하므로 (d)가 정답이다.

surrender 항복하다, 포기하다 **deny** 부인하다 **expire** 만기가 되다 **retrieve** 회수하다

정답_(d)

35

The campers tried using matches to ______________ their campfire, but the wood was too damp to burn.

(a) blast (b) spray
(c) ignite (d) scorch

번역

야영객들은 모닥불에 불을 붙이는 데 성냥을 쓰려고 했으나 나무가 너무 축축해서 불이 붙지 않았다.

(a) 폭발시키다 (b) 뿌리다
(c) 불을 붙이다 (d) 불에 그슬리다

기출 공략

야영객들이 성냥을 쓴다면 이는 불을 붙이기 위한 것이므로 정답은 (c)이다.

camper 야영객 **campfire** 모닥불 **damp** 축축한, 눅눅한 **blast** 폭발시키다 **spray** 뿌리다 **ignite** 불을 붙이다 **scorch** 불에 그슬리다

정답_(c)

36

With most of the country's companies headquartered there, Pakistan's largest city, Karachi, is the country's economic ______________.

(a) hub (b) flux
(c) stint (d) curb

번역

파키스탄의 최대 도시 카라치는 그 나라의 대부분의 회사가 그곳에 본사를 두고 있어 그 나라의 경제적 중추이다.

(a) 중추 (b) 유동
(c) 제한 (d) 억제

기출 공략

파키스탄의 기업들이 본사를 많이 두고 있는 곳이라면 경제 중심지이므로 빈칸에는 (a)가 적절하다.

headquarter 본부를 두다 **hub** 중추 **flux** 유동 **stint** 제한 **curb** 억제

정답_(a)

37

Prior to the late 1400s, printers used a slash rather than a comma to ____________ a pause in transcribed speech.

(a) decry (b) intend
(c) intone (d) denote

번역

1400년대 후반 이전에 인쇄업자들은 연설문에서 멈춤을 나타내기 위해서 쉼표보다는 사선을 썼다.

(a) 매도하다 (b) 의도하다
(c) 읊다 (d) 나타내다

기출 공략

쉼표나 사선을 연설문에 쓰는 것은 그것을 읽는 사람에게 잠시 멈추라는 것을 알려 주기 위함이므로 빈칸에는 (d)가 적절하다.

prior to ~에 앞서, 먼저 **slash** 사선 **pause** 잠시 멈춤
transcribed 글로 기록한 **decry** 매도하다 **intend** 의도하다
intone 읊다 **denote** 나타내다, 의미하다 정답_(d)

38

Research into DNA indicates that every human being is ____________ from a common ancestor in Africa.

(a) deemed (b) destined
(c) decimated (d) descended

번역

DNA에 관한 연구는 모든 인류가 아프리카의 공통된 조상의 자손임을 나타낸다.

(a) 여기다 (b) 운명 짓다
(c) 대량으로 죽이다 (d) 자손이다

기출 공략

빈칸 앞뒤에 주목한다. 모든 인류와 공통의 조상의 관계를 생각하면 모든 인류가 공통의 조상에게서 나왔다는 의미가 자연스럽다. 따라서 (d)가 정답이다.

deem 여기다 **destine** 운명 짓다 **decimate** 대량으로 죽이다
be descended from ~의 자손이다 정답_(d)

39

The revolutionaries formed a new government after ____________ the dictator and sending him into exile.

(a) overseeing (b) wringing
(c) annexing (d) ousting

번역

혁명가들은 독재자를 몰아내고 그를 추방한 후에 새 정부를 이루었다.

(a) 감독하다 (b) 짜다
(c) 합병하다 (d) 몰아내다

기출 공략

빈칸 앞에 after가 있으므로 새 정부를 만들기 전에 독재자부터 몰아내야 하는 것이 적절하다. 따라서 (d)가 정답이다.

revolutionary 혁명가 **dictator** 독재자 **exile** 망명, 유배
oversee 감독하다 **wring** 짜다 **annex** 합병하다 **oust** 몰아내다
정답_(d)

40

When the candidate won the election, the mood at his headquarters was one of ____________, with his supporters and staff cheering together.

(a) deviation (b) jubilation
(c) euphemism (d) incumbency

번역

그 후보자가 선거에서 이겼을 때 본부의 분위기는 지지자들과 직원들이 함께 그를 환호하며 환희에 찼다.

(a) 일탈 (b) 환희
(c) 완곡한 표현 (d) 재임 기간

기출 공략

선거에서 이긴 상황이며 cheering together에서 '기쁨에 가득 차다'는 뜻이 되어야 한다. 따라서 (b)가 정답이다.

cheer 환호하다 **deviation** 일탈 **jubilation** 환희
euphemism 완곡한 표현 **incumbency** 재임 기간 정답_(b)

Vocabulary

41

Several factors are ______________ the Kiwi bird, the greatest threat being habitat loss.

(a) vilifying　　(b) unveiling
(c) retracting　　(d) imperiling

번역

몇 가지 요인들이 키위 새를 위험에 빠뜨리고 있는데 가장 큰 위협은 서식지를 잃는 것이다.

(a) 비난하다　　(b) 밝히다
(c) 철회하다　　(d) 위험에 빠뜨리다

기출 공략

서식지를 잃고 있다는 것은 키위 새를 '위험에 빠뜨리고 있다'는 것이므로 (d)가 정답이다.

factor 요인　**habitat** 서식지　**vilify** 비난하다　**unveil** 밝히다
retract 철회하다　**imperil** 위험에 빠뜨리다

정답_(d)

42

Teachers cannot openly express their political beliefs, yet these beliefs are often ______________ in their lessons in the classroom.

(a) implicit　　(b) illiterate
(c) indigent　　(d) irascible

번역

교사들은 그들의 정치적인 신념을 공개적으로 표현할 수 없으나 이런 신념은 종종 교실에서 그들의 수업에 내포된다.

(a) 내포된　　(b) 문맹의
(c) 궁핍한　　(d) 화를 잘 내는

기출 공략

역접의 접속사 yet 앞뒤로 상반된 내용이 올 수 있다. 교사들이 정치적인 생각을 공개적으로 드러낼 수는 없지만 결국 그것이 수업 중에 '드러난다'는 것이 문맥상 자연스럽다. 따라서 (a)가 정답이다.

openly 공개적으로　**belief** 신념, 확신　**implicit** 내포된
illiterate 문맹의　**indigent** 궁핍한　**irascible** 화를 잘 내는

정답_(a)

43

The governments of oppressive regimes ______________ their citizens' access to information by blocking websites and censoring the news.

(a) intimidate　　(b) advocate
(c) evacuate　　(d) obstruct

번역

억압적인 체제의 정부는 웹 사이트를 차단하고 뉴스를 검열함으로써 시민들의 정보에 대한 접근을 막는다.

(a) 위협하다　　(b) 지지하다
(c) 대피시키다　　(d) 막다

기출 공략

웹 사이트를 차단하고 뉴스를 검열하는 것은 정보에 대한 접근을 막는 것이므로 (d)가 정답이다.

oppressive 억압적인　**regime** 정권, 체제　**block** 차단하다
censor 검열하다　**intimidate** 위협하다　**advocate** 지지하다
evacuate 대피시키다　**obstruct** 막다

정답_(d)

44

Irregular nouns such as "children" are ______________ from an earlier method of forming plurals in English.

(a) holdovers　　(b) rejoinders
(c) precursors　　(d) testaments

번역

children 같은 불규칙 명사는 영어에서 복수형을 만드는 초기 방식으로부터 잔존한 것이다.

(a) 잔존물　　(b) 답변
(c) 선도자　　(d) 증거

기출 공략

빈칸 뒤에 from이 있고 '초기 방식으로부터'라는 뜻이므로 이전부터 '잔존한 것'이라고 하는 것이 적절하다. 따라서 (a)가 정답이다.

irregular 불규칙한　**noun** 명사　**form** 형성하다　**plural** 복수형
holdover 잔존물　**rejoinder** 답변　**precursor** 선도자
testament 증거

정답_(a)

45

Everyone at the music festival was invited to take home a program as a(n) ______________ from the event.

(a) archive (b) excerpt
(c) memoir (d) keepsake

번역

음악 페스티벌의 모든 사람들은 행사에서 기념품으로 프로그램을 가져가도록 안내받았다.

(a) 기록 보관소 (b) 발췌
(c) 회고록 (d) 기념품

기출 공략

행사 참가자들이 프로그램을 집으로 가져갈 수 있다면 그것은 기념품이 될 수 있으므로 (d)가 정답이다.

be invited to ~할 것을 안내받다 **archive** 기록 보관소
excerpt 발췌 **memoir** 회고록 **keepsake** 기념품

정답_(d)

46

The ______________ of a cow can be used to make various leather goods.

(a) hide (b) shell
(c) fleece (d) casing

번역

소가죽은 다양한 가죽 제품을 만드는 데 쓰일 수 있다.

(a) 짐승의 가죽 (b) 껍질
(c) 양털 (d) 포장

기출 공략

가죽 제품은 가죽으로 만들어야 하므로 빈칸에는 뒤에서 설명한 leather와 같은 의미의 단어가 와야 한다. 따라서 (a)가 정답이다.

leather 가죽 **goods** 제품 **hide** 짐승의 가죽 **shell** 껍질
fleece 양털 **casing** 포장

정답_(a)

47

The company offers a salary ______________ with the employees' skills and experience to ensure that staff are fairly treated.

(a) juxtaposed (b) extraneous
(c) commensurate (d) commiserating

번역

회사는 직원들이 공평하게 대우받는 것을 보장하기 위해 기술과 경력에 상응하는 급여를 제공한다.

(a) 나란히 놓은 (b) 관련 없는
(c) 상응하는 (d) 위로를 표하는

기출 공략

직원들이 공평하게 대우받는 것을 보장한다고 했으므로 기술과 경력에 '맞는' 급여를 제공한다는 것이 문맥상 자연스럽다. 따라서 전치사 with와 함께 쓰이는 (c)가 정답이다.

ensure 보장하다, 반드시 ~하게 하다 **fairly** 공정하게
juxtaposed 나란히 놓은 **extraneous** 관련 없는
commensurate 상응하는 **commiserating** 위로를 표하는

정답_(c)

48

Ron made so many foolish decisions that his friends wondered if he was utterly ______________ of common sense.

(a) akin (b) bereft
(c) fraught (d) debased

번역

론이 어리석은 결정을 너무 많이 해서 그의 친구들은 그가 상식이 전혀 없는 건 아닌지 궁금해 했다.

(a) ~와 유사한 (b) 전무한
(c) 가득한 (d) 품질이 떨어진

기출 공략

어리석은 결정을 너무 많이 했다고 하므로 상식이 '없다고' 해야 문맥이 자연스럽다. 따라서 (b)가 정답이다.

utterly 완전히, 전혀 **common sense** 상식 **akin** ~와 유사한
bereft 전무한 **fraught** 가득한 **debased** 품질이 떨어진

정답_(b)

49

Wilhelm's ____________ for classical music was evident in childhood, as he sat for hours listening to his mother's records.

(a) alacrity (b) penchant
(c) expedience (d) promptness

번역

클래식 음악에 대한 빌헬름의 애호는 그가 어머니의 레코드를 들으며 몇 시간 동안 앉아 있었기에 어린 시절에 명백하게 나타났다.

(a) 민첩 (b) 애호
(c) 편의 (d) 신속

기출 공략

어린 시절에 어머니의 레코드를 들으며 몇 시간을 앉아 있었다면 클래식 음악을 많이 좋아했을 것이므로 (b)가 적절하다.

evident 분명한, 눈에 띄는 **alacrity** 민첩 **penchant** 애호, 기호 **expedience** 편의 **promptness** 신속

정답_(b)

50

The crew of the overburdened ship ____________ some cargo midway through their journey in order to lighten its load and complete its journey safely.

(a) deported (b) abolished
(c) abdicated (d) jettisoned

번역

과적선의 선원들은 짐을 가볍게 하고 여정을 안전하게 마치기 위해서 이동 중간에 화물을 조금 버렸다.

(a) 강제 추방하다 (b) 폐지하다
(c) 퇴위하다 (d) 버리다

기출 공략

빈칸의 결정적인 힌트는 in order to lighten its load이다. 따라서 '짐을 버리다'는 뜻의 (d)가 정답이다.

crew 승무원 **overburden** 지나치게 많이 싣다 **cargo** 화물 **midway** 도중에 **journey** 여정, 이동 **lighten** 가볍게 하다 **load** 짐 **deport** 강제 추방하다 **abolish** 폐지하다 **abdicate** 퇴위하다 **jettison** (화물 등을) 버리다

정답_(d)

Reading Comprehension

1

Travelers abroad are advised to ______________. This applies equally to men and women. When you are in a foreign country, strangers may approach you to strike up a conversation. This can be a nice way to make friends, but be aware that not everyone has innocent intentions. If a person bombards you with questions, proceed with caution. In particular, avoid giving details about where you are staying, which will protect you against potential theft.

(a) be wary of overly friendly strangers
(b) acquaint themselves with local customs
(c) stay in populated areas to avoid danger
(d) avoid displaying obvious signs of wealth

번역

해외여행자들은 지나치게 친절한 낯선 사람을 경계하는 주의가 필요하다. 이것은 남녀 모두에게 똑같이 해당된다. 외국에 있으면 낯선 사람들이 말을 걸려고 다가올 수 있다. 이는 친구를 만드는 좋은 방법일 수 있지만, 모든 사람이 순수한 의도만 있는 것이 아님을 명심해야 한다. 질문을 퍼붓는 사람은 계속 경계해야 한다. 특히 머무는 곳을 구체적으로 알리지 말아야 하는데 이는 혹시 모를 절도를 방지할 것이다.

(a) 지나치게 친절한 낯선 사람을 경계하는
(b) 현지 관습을 잘 알도록
(c) 위험을 피하기 위해 사람들이 많은 지역에 머물도록
(d) 분명히 돈이 많다는 티가 나지 않도록

기출 공략

빈칸에는 여행자들이 주의해야 할 사항이 들어가야 한다. 여행지에서 낯선 사람을 조심하라는 내용이므로 정답은 (a)이다.

strike up (대화 등을) 시작하다 **innocent** 결백한, 악의 없는 **intention** 의도 **bombard** 퍼붓다 **proceed with** ~을 계속하다 **caution** 조심, 경계, 주의 **potential** 잠재적인 **theft** 절도, 도둑질 **wary of** ~을 경계하는, 조심하는 **acquaint oneself with** ~을 익히다, 알다 **custom** 관습, 풍습 **obvious** 명백한, 분명한

정답_(a)

2

The mayor's New Year's Eve speech was a disappointment to many viewers. Mayor Traver spent the first few minutes reviewing the pages of his speech, as though he had never seen them before. And then he read it word for word, barely looking up from the paper. With the local economy in a dire situation, citizens were in need of a heartfelt speech. At a time when the mayor could have inspired the city, he only succeeded in damaging his image with his ______________.

(a) refusal to stick to his party's platform
(b) over-rehearsed and overblown rhetoric
(c) last-minute cancellation of his appearance
(d) unconvincing delivery that left listeners cold

번역

시장의 새해 전야 연설은 많은 보는 이들에게 실망을 안겨 주었다. 트레버 시장은 처음 몇 분간은 연설 원고를 마치 처음 보는 것처럼 살펴보았다. 그리고는 원고에서 거의 눈을 떼지 않고 한 글자 한 글자 읽어 나갔다. 국내 경제가 심각한 상태에서 시민들은 진심 어린 연설이 필요했다. 시장이 시에 희망을 불어넣을 수 있었던 시기에 시장은 청취자들을 냉담하게 만든 설득력 없는 연설로 그의 이미지만 손상시켰을 뿐이었다.

(a) 소속 정당의 공약을 지키는 것을 거부
(b) 반복되는 과장된 미사여구
(c) 막판의 참석 취소
(d) 청취자들을 냉담하게 만든 설득력 없는 연설

기출 공략

시장의 연설이 기대 이하로 실망스러웠다는 내용이다. 따라서 마지막 문장에서 그의 이미지를 손상시킨 것은 설득력 없는 연설이라는 (d)가 정답이다.

mayor 시장 **New Year's Eve** 12월 31일 **review** 검토하다, 살펴보다 **barely** 거의 ~ 않는 **dire** 대단히 심각한 **heartfelt** 진심 어린 **inspire** 고무시키다 **damage** 피해를 주다, 훼손하다 **stick to** ~을 고수하다 **party** 정당 **platform** (정당의) 공약 **over-rehearsed** 너무 반복되는 **overblown** 과장된 **rhetoric** 미사여구 **last-minute** 마지막 순간의 **unconvincing** 설득력이 없는 **delivery** (연설, 공연 등의) 전달

정답_(d)

3

Many people know that John Wilkes Booth assassinated American President Abraham Lincoln, but one lesser-known fact is that the assassination was ______________. Booth and two fellow Confederate sympathizers conspired to assassinate Lincoln, Vice President Andrew Johnson, and Secretary of State William Seward. This was supposed to be the first step in overthrowing the Union government and replacing it with a Confederate one. Only Booth succeeded, however, and the Confederate uprising was ultimately crushed by the Union.

(a) almost prevented by Lincoln's top officials
(b) backed by Union leaders eager to gain power
(c) key to the Union's plan to infiltrate the Confederacy
(d) part of a larger plot to seize control of the government

번역

많은 사람들은 존 윌크스 부스가 미국 대통령 아브라함 링컨을 암살했다고 알고 있지만, 널리 알려지지 않은 한 가지 사실은 그 암살은 정부의 권력을 잡으려는 더 큰 계획의 일부였다는 것이다. 부스와 두 남부 연맹 동조자들은 링컨과 부통령 앤드류 존슨, 국무 장관 윌리엄 스워드를 모두 암살하려는 음모를 꾸몄다. 이는 연합 정부를 타도하고 남부 연맹 정부를 세우려는 첫 단계였다. 그러나 부스만 성공하고, 남부 연맹의 반란은 연합군에 의해 완전히 진압되었다.

(a) 링컨의 고위 관료들에 의해 거의 사전에 방지되었다
(b) 권력을 차지하는 데 간절한 연합군 지도자들의 지원을 받았다
(c) 남부 연맹에 잠입하려는 연합군 계획의 핵심이었다
(d) 정부 권력을 잡으려는 더 큰 계획의 일부였다

기출 공략

링컨 암살의 숨은 정치적 배경에 관한 설명이다. 링컨을 암살한 부스는 남부 연맹과 손잡고 권력을 잡으려고 했다는 것이다. 따라서 정답은 (d)이다.

assassinate 암살하다 **Confederate** (미국) 남부 연맹의 **sympathizer** (특히 정치적인) 동조자 **conspire** 공모하다 **Secretary of State** (미국) 국무 장관 **overthrow** (정부를) 타도하다 **Union** (미국) 연합군의, 북군의 **uprising** 반란, 폭동 **crush** 진압하다 **eager** 열렬한, 간절한 **infiltrate** 잠입하다, 침투하다 **Confederacy** (미국) 남부 연맹 **seize** 장악하다 정답_(d)

4

When an argument is inevitable, it is important to ______________. Statements that use "I" instead of "you" are effective to this end. For instance, if a colleague is not contributing enough to a project, instead of saying, "You aren't helping enough," try, "I feel stressed from all this work." This sounds less accusatory, so it avoids making the other person defensive. The less people have their back up against the wall, the better the chance they will be open to dialogue about problems.

(a) avoid putting others on the defensive
(b) consider several solutions beforehand
(c) rule out the possibility that you are to blame
(d) assess whether the problem is worth addressing

번역

논쟁이 불가피할 때, 상대방이 방어적인 태도를 취하도록 하지 않는 것이 중요하다. 이를 위해서 "당신" 대신 "나"를 사용하여 말하면 효과적이다. 예를 들어, 동료가 프로젝트에 그다지 참여하지 않을 때, "당신은 별 도움이 안 되는군요" 대신 "나는 이 모든 작업 때문에 스트레스를 받아요"라고 말해 보라. 이 말은 덜 비난스럽게 들리기 때문에 상대방이 방어적인 태도를 취하지 않게 된다. 코너에 몰리지 않을수록 사람은 그 문제를 터놓고 얘기할 기회가 더 많다.

(a) 상대방이 방어적인 태도를 취하도록 하지 않는 것
(b) 미리 여러 해결책을 고려하는 것
(c) 당신이 비난받을 가능성을 배제하는 것
(d) 문제점이 다룰 가치가 있는지 가늠하는 것

기출 공략

논쟁할 때 상대방에게 상처를 주지 않게 얘기하는 방법을 설명하고 있다. 방어적인 태도가 아닐 때 서로 터놓고 얘기할 수 있다고 했으므로 (a)가 정답이다.

argument 논쟁, 말다툼 **inevitable** 불가피한 **to this end** 이것을 위하여 **contribute** 기여하다 **accusatory** 비난하는, 고발하는 **defensive** 방어적인 **have one's back against the wall** 곤란한 입장에 처하다 **dialogue** 대화 **put someone on** (어떤 감정 등을) 겪게 하다 **beforehand** 미리 **rule out** ~을 배제하다, 제외하다 **assess** 재다, 가늠하다 **address** 다루다 정답_(a)

5

Investment in start-up companies is down across the country, by as much as 12% from last year, with one notable exception: Silicon Valley. Entrepreneurs in Silicon Valley's technology sector have continued to attract capital. Start-ups there have raised billions of dollars from venture capitalists. Indeed, in the tech market, investment is actually up 4% compared to last year. While this lukewarm economy has made it difficult for most entrepreneurs to get their businesses off the ground, ______________.

(a) those in Silicon Valley continue to do well
(b) the technology market is suffering worst of all
(c) venture capitalists have no tech companies to invest in
(d) its impact on Silicon Valley has been exceptionally protracted

번역

창업 회사에 대한 투자는 전국적으로 저조하여 작년에 비해 12% 줄었지만, 한 가지 주목할 만한 예외가 있는데, 바로 실리콘 밸리이다. 실리콘 밸리의 기술 부문 회사들은 지속적으로 자본을 끌어들이고 있다. 그곳의 창업 회사들은 벤처 자본가로부터 수십 억 달러를 가져왔다. 확실히 기술 시장의 투자는 작년에 비해 실제로 4% 올랐다. 이런 미온적인 경제로 인해 대부분의 기업가들이 사업을 시작하기 어려운 반면, 실리콘 밸리에 있는 회사들은 계속 잘 나가고 있다.

(a) 실리콘 밸리의 회사들은 계속 잘 나가고 있다
(b) 기술 시장은 최악의 상황을 겪고 있다
(c) 벤처 자본가들은 투자할 기술 회사가 없다
(d) 실리콘 밸리에 대한 영향이 예외적으로 오래 지속되었다

기출 공략

회사 창업이 전반적으로 어려운 가운데, 예외적으로 실리콘 밸리에서는 창업이 잘 되고 있다는 내용이다. 마지막 문장이 while(반면에)로 시작하므로, 그와는 대조적인 내용이 빈칸에 들어가야 한다. 따라서 (a)가 정답이다.

start-up company 창업 회사 **notable** 주목할 만한, 눈에 띄는 **exception** 예외 **entrepreneur** 사업가, 기업가 **sector** 부문, 분야 **capital** 자본금, 자금 **lukewarm** 미온적인 **get ~ off the ground** ~을 순조롭게 시작하다 **protract** 연장하다, 오래 끌다

정답_(a)

6

Surgeons have begun offering cataract patients a new eye implant that ______________. Until now, people suffering from cataracts, which cloud vision, could receive bifocal implants. These improved vision for objects that were either very close or very far away. However, patients had trouble with middle-distance objects, which meant they still needed glasses for activities such as reading or computer work. The latest implants are trifocals, giving patients superior vision for all three distances, freeing them from the burden of having to use additional eyewear.

(a) eliminates the need for implant patients to wear glasses
(b) prevents the onset of an eye condition that clouds vision
(c) provides the best vision for all but middle-distance objects
(d) improves the clarity of very nearby objects for the first time

번역

외과 의사들이 백내장 환자들에게 새로운 눈 이식술을 하기 시작했는데, 이 덕분에 이식 환자들이 안경을 쓸 필요가 없어졌다. 지금까지는 시력이 흐려지는 백내장을 앓고 있는 사람들은 이중 초점 이식술을 받을 수 있었다. 이 수술은 아주 가깝거나 아주 먼 사물을 보는 시력을 향상시켰다. 그러나 환자들은 중간 거리의 사물을 볼 때 어려움이 있어서, 책을 읽거나 컴퓨터 작업 같은 일을 할 때 안경이 여전히 필요했다. 최신 이식술은 삼중 초점으로, 환자에게 세 거리 모두 뛰어난 시력을 제공하여 안경을 추가로 사용해야 하는 부담을 없앴다.

(a) 이식 환자들이 안경을 쓸 필요가 없어졌다
(b) 시력을 흐리게 하는 눈 상태의 시작을 방지한다
(c) 중간 거리의 사물 외에 모든 사물에 대해 최상의 시력을 제공한다
(d) 처음으로 매우 가까운 사물의 선명도를 향상시킨다

기출 공략

빈칸에는 새로운 눈 이식술에 대한 설명이 필요하다. 마지막 문장에서 기존의 이중 초점 이식술과 달리 최신 이식술은 안경이 필요 없다고 했으므로 (a)가 정답이다. (c)는 이중 초점 이식술에 대한 설명이다.

surgeon 외과 의사 **cataract** 백내장 **implant** 이식 **cloud** 흐릿하게 만들다 **bifocal** 이중 초점의 **trifocal** 삼중 초점의 **superior** 우수한 **eyewear** (안경, 콘택트렌즈 등) 안경류 **onset** (특히 불쾌한 일의) 시작 **clarity** 선명도

정답_(a)

7

The "Myth of the Flat Earth" ______________. Washington Irving's 1828 biography of Christopher Columbus, which portrays Columbus trying to convince skeptical inquisitors that the Earth is round, has been identified as the source of this idea. Actually, Irving's account lacked a historical basis. Columbus did try to persuade a committee in 1491, but the issue was not Earth's shape but its size and the length of Columbus's proposed journey. In fact, from the third century BC onward, almost all educated Western scholars believed that the earth was spherical, and medieval scholars were no exception.

(a) persisted despite Columbus's persuasive rhetoric
(b) was a medieval theory disproved by Columbus's voyage
(c) is a modern misconception about the medieval cosmological view
(d) was posited by medieval scholars to challenge ancient views on Earth

번역

"평평한 지구의 신화"는 중세 우주관에 대한 현대적인 오해이다. 워싱턴 어빙이 1828년 낸 크리스토퍼 콜럼버스 전기에서 콜럼버스가 회의적인 재판관들에게 지구는 둥글다고 확신시키려고 했다고 썼는데, 이러한 생각의 근거 자료로 여겨져 왔다. 사실, 어빙의 설명은 역사적인 근거가 부족했다. 콜럼버스는 1491년에 위원회를 설득하려고 했지만, 쟁점이 되었던 것은 지구의 형태가 아니라, 지구의 크기와 콜럼버스가 제안한 항해 기간이었다. 사실 BC 3세기 이후, 교육받은 서양 학자들은 거의 모두 지구가 둥글다고 믿었고 중세 학자들도 예외가 없었다.

(a) 콜럼버스의 설득력 있는 언변에도 불구하고 지속되었다
(b) 콜럼버스 여행으로 틀렸음이 입증된 중세 이론이었다
(c) 중세 우주관에 대한 현대적인 오해이다
(d) 지구에 대한 고대의 시각을 반박하기 위해 중세 학자들에 의해 사실로 받아들여졌다

기출 공략

콜럼버스 시대에 이미 지구가 둥글다는 것을 학자들 대부분이 알고 있었다는 것을 지적하고 있다. 따라서 워싱턴 어빙이 콜럼버스가 지구가 둥글다고 학자들을 설득하려 했다는 것은 오해임을 얘기하고 있다. 따라서 중세 우주관에 대해 현대인들이 오해했다는 (c)가 정답이다.

flat 평평한 **biography** 전기 **portray** 그리다, 묘사하다 **skeptical** 회의적인 **inquisitor** (가톨릭 종교 재판의) 재판관 **account** 설명 **basis** 근거, 이유 **onward** 앞으로, 나아가서 **spherical** 구 모양의 **medieval** 중세의 **persist** 지속되다 **rhetoric** 미사여구, 수사법 **disprove** 틀렸음을 입증하다 **cosmological** 우주론의, 우주 철학의 **posit** 사실로 상정하다, 사실로 받아들이다

정답_(c)

8

A recent study found that social networking sites ______________. In the study, a panel looked at photos and comments users posted to an online social networking site. These postings were used to rate the users' conscientiousness, agreeability, and intellectual curiosity—characteristics that are believed to improve a person's work performance. When the panel compared their ratings to those of the participants' actual job supervisors, they found they matched closely. The study's authors concluded that people's online personas on social networking sites are reliable indicators of the type of employees they will prove to be.

(a) can be a useful resource for those looking for work
(b) are used more frequently by introverted employees
(c) contain data that can predict employee performance
(d) reduce employee productivity and overall work ethic

번역

최근 연구에서 소셜 네트워킹 사이트들이 직무 수행을 예견할 수 있는 데이터를 가지고 있다는 사실을 발견했다. 연구에서 한 패널은 온라인 소셜 네트워킹 사이트에 사용자들이 게시한 사진들과 댓글들을 보았다. 이 포스팅들은 사용자들의 성실성, 친화성, 지적인 호기심 등 사람의 작업 수행을 향상시키는 것으로 여겨지는 특징들을 측정하기 위해 쓰였다. 패널이 자신들이 매긴 점수와 참가자들의 실제 직장 상사의 점수를 비교했을 때 매우 유사하다는 사실을 발견했다. 이 연구의 저자들은 소셜 네트워킹 사이트에서 사람들의 온라인 인격은 그가 어떤 직원이 될지 가늠할 수 있는 믿을 만한 지표라고 결론 내렸다.

(a) 구직자들에게 유용한 자료가 될 수 있다
(b) 내성적인 직원들이 더 자주 사용한다
(c) 직무 수행을 예견할 수 있는 데이터를 가지고 있다
(d) 직무 생산성과 전체적인 작업 윤리를 감소시킨다

기출 공략

소셜 네트워킹 사이트에서의 활동과 직장 생활 간에 긴밀한 연관성이 있다는 설명이다. 소셜 네트워킹 사이트에서의 활동을 바탕으로 사용자가 직장에서 어떤 직원이 될 것인지 예견할 수 있다고 했으므로 (c)가 정답이다.

social networking site 〈약어 SNS〉 (페이스북, 트위터 등) 소셜 네트워킹 사이트 **panel** (토론회 등에 참석한 사람들의) 패널 **rate** 평가하다 **conscientiousness** 성실성 **agreeability** 상냥함, 친화성 **match** 일치하다 **persona** (다른 사람들 눈에 비치는 한 개인의) 모습 **indicator** 지표 **introverted** 내성적인, 내향적인 **overall** 전반적인, 전체의 **ethic** 윤리

정답_(c)

9

Local governments in Texas have explored the possibility of a system that would improve tornado warnings by ______________. Systems currently in use rely on radar information from a single antenna, which can only provide updates every five minutes. Because tornadoes can form and dissipate during time spans shorter than this, these systems can completely fail to detect twisters. By creating a decentralized network of smaller, miniature-sized radar devices, scientists believe they can detect tornadoes faster, track them more accurately, and deliver warnings up to four minutes sooner.

(a) increasing the number and size of radar devices
(b) replacing old sensors soon after tornado damage
(c) enhancing the strength of central radar antennae
(d) using a distributed web of relatively small sensors

번역

텍사스 지방 정부는 상대적으로 작은 센서의 분산된 웹을 사용하여 토네이도 경고를 향상시킬 수 있는 시스템의 가능성을 연구했다. 현재 사용 중인 시스템은 안테나 하나로부터 얻는 레이더 정보에 의존하고 있는데, 5분마다 업데이트를 제공할 뿐이다. 토네이도는 이보다 더 짧은 시간 안에 생성되었다가 사라질 수 있기 때문에 이 시스템은 토네이도 탐지에 완전히 실패할 수 있다. 더 작고, 미니어처 크기의 레이더 장치로 분산된 네트워크를 형성함으로써, 과학자들은 좀 더 빨리 토네이도를 감지하고 더욱 정확히 추적하여 최대 4분 일찍 경고를 할 수 있다고 믿는다.
(a) 레이더 장치의 숫자와 크기를 늘려
(b) 토네이도 피해 후 곧바로 오래된 센서를 교체하여
(c) 중앙 레이더 안테나의 강도를 높여
(d) 상대적으로 작은 센서의 분산된 웹을 사용하여

기출 공략

토네이도 경고 시스템에 관한 내용이다. 기존 경고 시스템과 새 경고 시스템을 비교하여 설명하고 있다. 마지막 문장에서 더 작은 레이더로 분산된 네트워크를 형성해서 더 빨리 토네이도를 감지한다고 했으므로 (d)가 정답이다.
antenna 안테나 **dissipate** 소멸되다 **time span** (어떤 일이 지속되는) 시간, 기간 **detect** 발견하다, 알아내다 **twister** 회오리바람, 토네이도 **decentralized** 분산된 **accurately** 정확히 **enhance** 높이다, 향상시키다 **distributed** 분산된 정답_(d)

10

With his book *Do It Yourself*, businessman and philanthropist Morris Turner recounts the lessons learned on his road to riches. Taking over a small family-owned shoe business, Turner built it into a major national chain. His insights into growing a business will be familiar to readers of other motivational books, but his singular blending of philanthropy with business is what makes him really interesting. Giving away footwear to those in need was one of the main reasons he earned the good will of customers. This book makes stimulating reading, especially for its unique emphasis on showing ______________.

(a) that charity is a worthy pursuit after retirement
(b) how altruism has played a beneficial role in success
(c) how children often mismanage their parents' ventures
(d) that increasing sales to society's needy is a path to riches

번역

저서 〈스스로 하라〉에서 사업가이자 자선가인 모리스 터너는 자신이 부자가 되는 과정에서 배운 교훈들을 이야기하고 있다. 터너는 가족 소유의 작은 구두 가게를 인수받아 국내 굴지의 체인으로 만들었다. 사업을 일구는 그의 통찰력은 다른 자기계발서들을 읽은 독자들에게 친숙하겠지만, 그가 사업을 자선과 연계시킨 탁월함은 정말 흥미진진한 점이다. 가난한 사람들에게 신발을 나눠 주는 것은 그가 고객들로부터 호의를 얻은 주요한 원인 중 하나이다. 이 책은 읽고 싶은 욕구를 자극하는데, 특히 어떻게 이타심이 성공에 있어서 이로운 역할을 했는지 특별히 강조하고 있다.
(a) 자선은 은퇴 후 할 만한 것이라는 것을
(b) 어떻게 이타심이 성공에 있어서 이로운 역할을 했는지
(c) 자녀들이 부모의 벤처 사업을 흔히 어떻게 잘못 관리하는지
(d) 사회의 가난한 사람들에 대한 판매를 늘리는 것이 부로 가는 길임을

기출 공략

한 사업가의 저서를 소개하고 있다. 이 책의 특징으로 사업을 자선과 연계시켰다는 점이 나오므로, 빈칸에는 이타심이 성공하는 데 있어서 중요한 역할을 했다는 (b)가 알맞다.
philanthropist 자선가, 독지가 **recount** 이야기하다 **take over** (기업 등을) 인수하다 **insight** 통찰력 **motivational** 동기 부여의 **singular** 탁월한, 뛰어난 **blending** 혼합 **philanthropy** 자선 활동 **footwear** 신발 **good will** 호의, 친절 **simulate** 자극하다, 고무시키다 **retirement** 은퇴 **altruism** 이타주의, 이타심 **beneficial** 유익한, 이로운 **mismanage** 잘못 관리하다 **needy** 가난한 사람들; 궁핍한 정답_(b)

11

Unlike vertebrates, insects possess a nervous system which ______________. Vertebrates rely on a concentrated mass of neurons, the brain, to regulate bodily functions. Insects also have a brain, but it is separated into three pairs of lobes, which control the visual system, the antennae, and the internal organs respectively. They also have other collections of nerves that perform many of the same functions as a vertebrate's brain but are located throughout their bodies. These control observable behaviors such as locomotion and reproduction.

(a) is focused on a smaller number of functions
(b) is far more spread out throughout their bodies
(c) controls reproduction using a set of three lobes
(d) regulates bodily functions rather than perception

번역

척추동물과 달리 곤충은 온몸에 더 퍼져 있는 신경 시스템을 가지고 있다. 척추동물은 뉴런의 집합체인 뇌에 의존하여 몸 기능을 통제한다. 곤충도 뇌를 가지고 있지만, 세 쌍의 엽으로 나뉘어져 있어서 시각, 더듬이, 내장을 각각 통제한다. 또한 척추동물의 뇌와 같은 많은 기능을 담당하는 신경 복합체가 있으나 몸 전체에 퍼져 있다. 이 복합체는 운동과 번식 같은 식별 가능한 행동을 통제한다.

(a) 더 적은 기능에 중점을 둔
(b) 온몸에 더 퍼져 있는
(c) 세 쌍의 엽을 이용하여 번식을 통제하는
(d) 인식보다는 신체 기능을 통제하는

기출 공략

곤충의 신경 시스템을 척추동물과 비교하여 설명하고 있다. 빈칸에는 척추동물과는 다른 곤충의 특징이 들어가야 한다. 글에서 곤충은 척추동물의 뇌와 같은 기능을 하는 신경이 온 몸에 퍼져 있다고 했으므로 (b)가 알맞다.

vertebrate 척추동물 **nervous** 신경의 **concentrated** 집중된 **neuron** 뉴런, 신경 세포 **regulate** 규제하다, 통제하다 **be separated into** ~으로 분리되다 **lobe** 엽(葉) **antenna** 더듬이 **organ** 장기, 기관 **respectively** 각자, 각각 **nerve** 신경 **observable** 식별할 수 있는 **locomotion** 운동 **reproduction** 생식, 번식 **perception** 통찰력, 인식

정답_(b)

12

As a partner in a management consulting firm, I provide advice on improving the way businesses are run. When companies hire me, what they are looking for is a fresh perspective on the culture, organization, and practices in their business. They have plenty of competent managers who know how to analyze companies. What they lack is an outside insight, the ability to step back and look at the situation objectively. For our clients, what we bring to the table is ______________.

(a) our familiarity with their unique culture and challenges
(b) the finishing touches for a total business restructuring
(c) detachment from the inner workings of their business
(d) ample experience in training fledgling managers

번역

경영 컨설팅 회사의 파트너로서, 저는 사업 운영 방법을 향상시키기 위한 조언을 드립니다. 회사에서 저를 채용할 때, 회사가 원하는 것은 사업에서 문화, 조직, 업무에서의 신선한 시각입니다. 그들은 회사를 분석하는 방법을 아는 유능한 매니저들을 충분히 갖고 있습니다. 그들에게 부족한 것은 외부적 통찰력, 즉 뒤로 물러나서 객관적으로 상황을 볼 수 있는 능력입니다. 저희 고객들을 위해 저희가 기여할 수 있는 것은 사업의 내부 작업으로부터 객관성을 유지하는 것입니다.

(a) 그들의 독창적인 문화와 도전에 대한 우리의 익숙함
(b) 사업 전반의 구조 조정에 마지막 손질
(c) 사업의 내부 작업으로부터 객관성을 유지하는 것
(d) 신참 매니저 교육에 있어 풍부한 경험

기출 공략

컨설팅 회사를 선전하고 있는 광고이다. 빈칸 앞 문장에서 회사에서 부족한 것이 바로 객관적으로 바라볼 수 있는 외부적 통찰력이라고 지적했다. 따라서 컨설팅 회사가 이런 부족한 부분을 채워준다는 내용이 적절하므로 내부 작업과는 별도로 객관성을 유지한다는 (c)가 정답이다.

management 경영 **hire** (사람을) 고용하다 **perspective** 관점, 시각 **competent** 능숙한 **insight** 통찰력 **objectively** 객관적으로 **client** 의뢰인, 고객 **bring to the table** 기여하다 **familiarity** 익숙함 **restructuring** 구조 조정 **detachment** 분리, 객관성 **ample** 풍성한 **fledgling** 신출내기, 초보자

정답_(c)

13

To the Editor:
The opinions expressed in the editorial "Rightful Owners" were oversimplified. I agree that cultural property misappropriated during colonial eras should eventually be repatriated. But with civil disorder breaking out and wars going on these days, some governments are not able to protect their museums. I think returning artifacts to these unstable countries would see them ending up on the black market or, what is worse, getting destroyed. The writer of the editorial ______________.
Farhad Moazed

(a) slighted the fact that these artifacts had been stolen
(b) overestimated the social instability of these countries
(c) failed to account for the risk of returning these artifacts
(d) disregarded the sentiments of the artifacts' rightful owners

번역

편집자에게
사설 "정당한 주인"에서 쓰신 의견은 지나치게 단순화한 것입니다. 식민지 시대에 빼긴 문화유산은 결국 본국에 송환되어야 한다는 의견에는 동감합니다. 그러나 소요가 발발하고 전쟁이 일어나고 있는 요즘 어떤 정부는 박물관을 보호할 능력이 안 됩니다. 이러한 불안정한 나라에 미술품을 반환하게 되면 결국 암시장에 보내지거나 최악의 경우 파괴될 수 있을 것입니다. 사설의 필자는 이러한 이 미술품들을 반환할 때 생기는 위험성을 설명하지 않았습니다.
파르하드 모아제드
(a) 이 미술품들이 도난되었었다는 사실을 간과했습니다
(b) 이들 국가의 사회적인 불안정을 과대평가했습니다
(c) 이 미술품들을 반환할 때 생기는 위험성을 설명하지 않았습니다
(d) 미술품의 정당한 주인들의 정서를 무시했습니다

기출 공략

독자가 신문사에 자신의 의견을 보낸 독자 편지이다. 단순히 빼앗긴 문화유산을 본국에 돌려줘야 한다고 쓴 기사의 문제점을 지적하고, 문화유산을 돌려받는 나라의 상황을 고려해야 한다는 의견을 제시하고 있다. 따라서 반환할 때 생기는 위험성에 대해 설명하지 않았다는 (c)가 알맞다.

editorial 사설 **oversimplify** 지나치게 단순화하다 **misappropriate** (남의 것을) 횡령하다 **colonial era** 식민지 시대 **repatriate** 본국으로 송환하다 **civil disorder** 시민 소요 **break out** 발발하다 **artifact** 공예품 **end up** 결국 ~이 되다 **black market** 암시장 **slight** 무시하다 **overestimate** 과대평가하다 **instability** 불안정 **account for** 설명하다 **disregard** 무시하다 **sentiment** 정서, 감정

정답_(c)

14

Literature has long been valued for its aesthetic merits, but a study has also demonstrated that reading fiction ______________. Researchers found that while reading novels, study participants showed neural activity in the same areas of the brain that process interpersonal interactions. They hypothesized that reading helps people understand the complex connections between themselves and those around them. This has been supported by later behavioral studies showing that when people increase the amount of fiction they read, they score higher on empathy tests.

(a) diverts people from relationships in the real world
(b) enhances understanding of human relationships
(c) holds less appeal for unemotional individuals
(d) teaches novelists better emotional control

번역

문학은 오랫동안 미학적 가치로 평가되어 왔지만, 한 연구에서 소설을 읽으면 인간관계의 이해를 높인다는 연구 결과가 나왔다. 연구 참가자들이 소설을 읽을 때 대인 관계의 상호 작용을 처리하는 뇌 영역과 똑같은 영역에서 신경 작용이 일어난다는 사실을 연구자들이 발견했다. 연구자들은 독서가 사람들이 자신과 주변 사람들 간의 복잡한 연관성을 이해하는 데 도움이 된다는 가설을 세웠다. 이 가설은 이후 사람들이 읽는 소설의 양을 늘릴수록 공감 테스트에서 높은 점수를 얻는다는 행동 연구 결과에 의해 뒷받침되었다.
(a) 사람들을 현실의 인간관계에서 회피시킨다
(b) 인간관계의 이해를 높인다
(c) 감정을 드러내지 않는 사람들에게 별로 호소력이 없다
(d) 소설가들에게 더 나은 감정적인 통제를 가르쳐준다.

기출 공략

빈칸에는 문학의 미학적 가치 이외의 장점이 들어가야 한다. 독서를 많이 할수록 인간관계의 이해도가 높아진다는 연구 내용이므로 (b)가 정답이다.

aesthetic 심미적, 미학적 **merit** 가치, 장점 **demonstrate** 입증하다 **fiction** 소설 **participant** 참가자 **neural** 신경의 **process** 처리하다 **interpersonal** 대인 관계의 **interaction** 상호 작용 **hypothesize** 가설을 세우다 **connection** 관계, 관련 **behavioral** 행동의, 행동에 관한 **empathy** 감정 이입, 공감 **divert** (생각, 관심을) 다른 곳으로 돌리다 **enhance** 높이다, 향상시키다 **unemotional** 감정을 드러내지 않는

정답_(b)

15

Among scholars, there is a long-standing debate about how to classify Buddhism. There are those who emphasize its rational elements. For these people, it makes the most sense to categorize Buddhism as a philosophical system. ______________, there are those who believe that Buddhism's devotional elements, such as ritual and worship, place it in the tradition of other major world religions rather than philosophy.

(a) Therefore
(b) Otherwise
(c) Put another way
(d) On the other hand

번역

학자들 사이에서는 불교를 분류하는 방법에 관한 오래된 논쟁이 있어 왔다. 불교의 이성적인 요소를 강조하는 학자들이 있다. 이들에겐 불교를 철학 체계로 분류하는 것이 가장 타당하다. 반면, 의식이나 숭배와 같은 불교의 종교적인 요소로 인해 철학보다는 다른 세계 주요 종교의 전통에 넣는 것이 맞다고 믿는 학자도 있다.

(a) 그러므로
(b) 그렇지 않으면
(c) 바꿔 말하면
(d) 반면

기출 공략

접속사 문제는 앞뒤 문장의 내용을 살펴보는 것이 중요하다. 빈칸 앞에서는 불교를 철학의 범주에 넣는 것이 맞다는 의견이 나오고, 빈칸 뒤에는 불교를 종교 범주에 넣는 것이 맞다는 주장이 나온다. 이렇게 상반되는 내용일 경우 대조를 나타내는 (d)가 오는 것이 자연스럽다.

scholar 학자 **long-standing** 오래된 **debate** 논쟁, 논란 **classify** 분류하다 **rational** 합리적인, 이성적인 **make sense** 이해가 되다, 타당하다 **philosophical** 철학적인 **devotional** 종교적인 **ritual** 의식 절차 **worship** 예배, 숭배 **put another way** 바꿔 말하면

정답_(d)

16

When I became a teacher, I was intent on giving my students the support I lacked in school. Being a student who learned best working in groups and doing hands-on activities, I struggled during lecture-based lessons, and I resolved to make my classroom as interactive as possible. Not all of my colleagues were on board with my methods at first. ______________, not even I was totally convinced. I was charting new territory, after all. But after a few lessons, I saw my students becoming more engaged and that reassured me that I was on the right track.

(a) In fact
(b) Specifically
(c) To illustrate
(d) Nevertheless

번역

나는 교사가 되었을 때, 내가 학교 다닐 때 부족했던 지지를 학생들에게 주고자 했다. 그룹 활동과 체험 활동을 통해 가장 많이 배웠던 학생으로서, 나는 강의를 기본으로 하는 학습을 하면서 괴로웠고 우리 학급을 가능한 한 상호 작용할 수 있도록 만들겠다고 결심했다. 처음에는 동료 교사들 모두가 내 방식에 동참한 것은 아니었다. 사실, 나조차도 완전히 확신하지 못했다. 결국 나는 새로운 영역의 계획을 세워 나갔다. 그러나 수업을 몇 번 한 후 학생들이 점점 더 수업에 참여하게 되었고 내가 올바른 방향으로 나아가고 있다고 확신하게 되었다.

(a) 사실
(b) 구체적으로 말하면
(c) 설명하자면
(d) 그럼에도 불구하고

기출 공략

빈칸 앞에 동료 교사들이 자신의 방식에 동참하지 않았다고 했고, 나조차도 확신하지 못했다는 내용은 둘 다 같은 의견을 가지고 있었음을 알 수 있다. in fact는 앞에 언급된 내용에 이어 더 놀라운 사실을 덧붙일 때 쓸 수 있는데 심지어 나조차도 확신하지 못했다는 것이므로 (a)가 정답이다.

intent on ~에 전념하는, 몰두하는 **hands-on** 직접 해 보는 **resolve** 다짐하다 **interactive** 상호적인 **on board** 탑승한, 동참한 **convince** 확신시키다 **chart** (과정을) 기록하다, 계획을 세우다 **territory** 구역, 영역 **engaged** 바쁜, 열심인 **reassure** 확신시키다 **on the right track** 올바른 방향으로 나아가는

정답_(a)

17

Watching an Alfred Hitchcock movie is a unique experience. Hitchcock's films feature his expert framing of shots to play up certain emotions: anxiety, terror, empathy. Also, there are camera angles that simulate a person's gaze, making the viewer feel like a voyeur spying on the film's characters. All these elements were pioneered by Hitchcock and contribute to the inimitable feel of his movies.

Q What is the passage mainly about?
(a) Hitchcock's films and their social impact
(b) The ways Hitchcock has influenced other films
(c) The genres that Hitchcock particularly excelled in
(d) Hitchcock's distinctive style and how it was achieved

번역

알프레드 히치콕의 영화를 감상하는 것은 독특한 경험이다. 히치콕 영화는 분노, 공포, 공감 등 특정 감정을 강조하는 전문적인 화면 구성이 특징을 이룬다. 또한 사람의 시선과 같은 카메라 각도는 영화를 보는 사람이 마치 영화 속 인물들을 엿보는 관음증 있는 사람처럼 느끼게 한다. 이 모든 요소들은 히치콕이 처음으로 시도한 것이고, 그가 만든 영화만의 독특한 분위기에 기여한다.

Q 지문의 요지는?
(a) 히치콕 영화와 사회적 영향
(b) 히치콕이 다른 영화에 영향을 준 방법들
(c) 히치콕이 특별히 뛰어났던 장르
(d) 히치콕만의 독특한 스타일과 그 스타일을 얻게 된 방법

기출 공략

주제를 묻고 있다. 히치콕 감독의 영화에 나타난 독특한 화면 구성과 카메라 각도를 통하여 새로운 스타일을 창조했다고 했으므로 (d)가 정답이다.

feature 특징을 이루다 **framing** 구성 **play up** ~을 강조하다 **empathy** 감정 이입, 공감 **angle** 각도 **simulate** ~한 척하다, 가장하다 **gaze** 응시, 시선 **voyeur** 관음증이 있는 사람 **spy** 감시하다, 염탐하다 **pioneer** 개척하다 **contribute** 기여하다, 이바지하다 **inimitable** 아무도 흉내 낼 수 없는 **impact** 영향, 충격 **genre** (예술 작품의) 장르 **excel in** ~에서 뛰어나다 **distinctive** 독특한

정답_(d)

18

To the Editor:
The article "The Business of College Presidents" presented a one-sided view. Although college presidents have traditionally been distinguished scholars, there is another breed of person who is needed for these tough times. With schools struggling to manage their finances, leaders with corporate experience are needed. If people want thriving schools, they should recruit college presidents who can cut costs, forge private partnerships, and obtain major funding, not those who simply produce academic research.
Sincerely,
Eric Urie

Q What is the writer's main point?
(a) Leaders of today's colleges need to have business acumen.
(b) Large companies are wielding undue influence in education.
(c) Business schools have become excessively focused on profits.
(d) College presidents need to be distinguished scholars of business.

번역

편집자에게
"대학교 총장의 사업"이라는 기사는 편파적입니다. 대학 총장들이 전통적으로 저명한 학자들이었지만, 지금 같이 힘든 때에 필요한 다른 유형의 총장도 있습니다. 재정을 유지하려고 애쓰는 학교에서는 기업 경력이 있는 지도자가 필요합니다. 학교가 번창하길 바라는 사람이라면, 비용을 절감하고 개인적인 파트너십을 구축하여 큰 재정 지원을 구해올 수 있는 대학 총장을 뽑아야지, 단순히 학문적인 연구 성과를 내놓는 사람을 뽑아서는 안 됩니다.
에릭 유리

Q 글쓴이의 요지는?
(a) 오늘날 대학 총장은 사업 감각이 필요하다.
(b) 대기업은 교육에 있어 지나친 영향력을 행사하고 있다.
(c) 경영 대학은 과도하게 이익에 초점을 맞추었다.
(d) 대학 총장은 저명한 경영학자여야 한다.

기출 공략

신문사에 보낸 독자 편지로, 대학 총장에 대한 기사에 반론을 제기하고 있다. 이제 저명한 학자보다는 사업 경험이 있는 총장이 필요하다고 주장하고 있다. 따라서 정답은 (a)이다.

one-sided 편파적인 **distinguished** 저명한 **breed** (사람의) 유형, 종족 **manage** (힘든 일을) 간신히 해내다 **finances** 재정, 자금 **corporate** 기업의, 회사의 **thrive** 번창하다 **recruit** 모집하다, 뽑다 **forge** 구축하다 **obtain** 얻다, 구하다 **acumen** (일에 대한) 감각 **wield** (권력, 권위 등을) 행사하다 **undue** 지나친 **excessively** 지나치게

정답_(a)

19

Once a river down which Egypt's trade flowed, the Wadi Hammamat is now a dry riverbed prized for its ancient inscriptions. Archaeologists have painstakingly studied these markings, dating them from prehistoric times to specific Egyptian dynasties. These studies have revealed a wealth of information about the history of the region. Crude prehistoric drawings show the animals that inhabited the area 4,000 years ago, while inscriptions left by workers indicate the activities of Egypt's rulers over the ages.

Q What is mainly being stated about the Wadi Hammamat?
(a) Its markings are considered primitive by archaeologists.
(b) It has become a trade route for ancient Egyptian artifacts.
(c) Its inscriptions hold valuable information for archaeologists.
(d) Its original purpose was to record the history of Egypt's kings.

번역

한때는 이집트의 무역이 이동하는 강이었던 와디 함마마트는 지금은 마른 강바닥으로, 고대의 새겨진 글 때문에 아주 귀해졌다. 고고학자들은 이 표시를 공들여 연구했는데, 선사 시대부터 특정 이집트 왕조까지로 연대를 추정하고 있다. 이 연구에서 그 지역의 역사에 대한 많은 정보를 발견했다. 대충 그린 선사 시대 그림들은 4,000년 전 그 지역에 살았던 동물들을 보여 주고, 노동자들이 남긴 표시들은 수십 년간 이집트 통치자들의 활동을 나타낸다.

Q 와디 함마마트에 대해 주로 언급된 것은?
(a) 거기에 새겨진 표시는 고고학자들이 원시 시대 것으로 판단하고 있다.
(b) 고대 이집트 유물의 무역 루트가 되었다.
(c) 새겨진 글은 고고학자들에게 있어 소중한 정보이다.
(d) 원래 목적은 고대 이집트 왕의 역사를 기록하는 것이었다.

기출 공략

와디 함마마트에 새겨진 표시에 대한 설명이다. 이 표시가 고고학자들에게 소중한 정보를 갖고 있다는 (c)가 정답이다. 이 유물의 연대는 원시 시대부터 이집트 왕조까지 긴 기간으로 추정되므로 (a)는 틀렸고, (b)는 유물의 무역 루트는 아니었으며, (d)는 이집트 왕의 역사 기록뿐만 아니라 선사 시대 그림도 있으므로 오답이다.

riverbed 강바닥 **prized for** ~로 인해 귀중한 **inscription** (책, 금속에) 새겨진 글 **archaeologist** 고고학자 **painstakingly** 힘들여, 공들여 **marking** 무늬, 표시 **date** ~의 연대를 추정하다 **prehistoric times** 선사 시대 **dynasty** 왕조, 시대 **a wealth of** 풍부한 **crude** (물건이나 예술 작품이) 대충 만든 **inhabit** 살다 **primitive** 원시 사회의

정답_(c)

20

When the Brandon Marseilles Quartet released its latest jazz recording, many music critics disparaged its traditionalism. But why is such a premium placed on innovation in jazz music? It is true that jazz was born of improvisation, but that does not mean every musician needs to find a wholly individual style of expression. Musical styles need to be practiced, not just advanced. The critics who sneer at musicians whose goal is to reveal the full potential of established styles hold an overly narrow view of musical greatness.

Q What is the main purpose of the passage?
(a) To dispute the technical skill of the Brandon Marseilles Quartet
(b) To challenge the view that jazz musicians need to be innovative
(c) To praise the innovative style of the Brandon Marseilles Quartet
(d) To affirm the role of technique in producing innovative jazz music

번역

브랜든 마르세유 사중주단이 최신 재즈 레코드를 내놓자 많은 음악 평론가들은 그 음반의 전통주의를 폄하했다. 그러나 왜 그렇게 재즈 음악에서 혁신을 중시해야 하는가? 재즈가 즉흥곡에서 나온 것은 맞지만, 그렇다고 모든 음악가들이 완전히 개별적인 표현 스타일을 추구할 필요는 없다. 음악 스타일은 훈련할 필요가 있는 것이지 진전시킬 필요는 없다. 기존 스타일의 모든 잠재력을 드러내는 것을 목표로 하는 음악가를 경멸하는 평론가는 음악의 위대성을 너무 좁게 보는 안목을 가지고 있는 것이다.

Q 지문을 쓴 주요 목적은?
(a) 브랜든 마르세유 사중주단의 기술적인 면을 논하기 위해
(b) 재즈 음악가는 혁신적일 필요가 있다는 시각에 반박하기 위해
(c) 브랜든 마르세유 사중주단의 혁신적인 스타일을 칭찬하기 위해
(d) 혁신적인 재즈 음악을 만드는 데 있어 기술의 역할을 분명히 하기 위해

기출 공략

재즈 음반에 대한 평론가들의 비판을 반박하고 있다. 평론가들은 재즈 음악의 혁신성을 중시하는 데 반해 글쓴이는 꼭 혁신적일 필요는 없다고 했다. 따라서 (b)가 정답이다.

quartet 사중주단 **critic** 비평가 **disparage** 폄하하다 **traditionalism** 전통주의 **place a premium on** ~을 특히 중요하게 여기다 **improvisation** 즉석에서 하기, 즉흥곡 **wholly** 완전히, 전적으로 **advance** 전진시키다 **sneer** 조롱하다, 경멸하다 **overly** 너무, 몹시 **greatness** 위대, 탁월 **dispute** 논하다 **affirm** 확언하다, 단언하다

정답_(b)

21

The National Broadcasting Corporation provides licenses that allow senior citizens to access television broadcasts free of charge. Those wishing to claim one of these licenses must submit official proof of their age, such as a driver's license or passport, to the Department for Seniors and Pensions. Those who lack official documentation may request an in-person visit from a TV Licensing officer. This officer will decide whether an applicant qualifies on a case-by-case basis.

Q What is the main purpose of the report?
(a) To identify which television viewers are eligible for free services
(b) To describe ways applicants can contact the licensing department
(c) To notify applicants of services they receive with television licenses
(d) To explain how older viewers can show they qualify for free service

번역

국영 방송국은 노인들이 무료로 텔레비전을 이용할 수 있는 허가증을 제공한다. 이 이용증 발급을 원하는 사람은 운전면허증이나 여권 등 나이를 증명할 수 있는 공인 증명서를 노인연금부서에 제출해야 한다. 공식 문서가 없는 분은 TV 허가 심사 직원이 직접 방문하도록 요청할 수 있다. 이 직원은 지원자의 자격을 한 사람씩 심사할 것이다.

Q 기사를 쓴 주요 목적은?
(a) 무료 서비스 자격이 있는 텔레비전 시청자를 구분하기 위해
(b) 지원자들이 허가 부서에 연락할 수 있는 방법을 설명하기 위해
(c) 지원자들에게 텔레비전 허가증으로 받는 서비스를 알리기 위해
(d) 노령 시청자들이 무료 서비스 자격이 되는지 증명하는 법을 설명하기 위해

기출 공략

기사의 목적을 묻고 있다. 텔레비전을 무료로 볼 수 있는 허가증을 발급받기 위해 필요한 사항을 설명하고 있으므로 (d)가 정답이다.

license 허가증, 자격증 **senior citizen** 고령자, 노인 **access** 이용하다 **free of charge** 무료로 **claim** 요구하다 **submit** 제출하다 **pension** 연금 **in-person** 직접의 **applicant** 지원자 **qualify** (~할) 자격이 있다 **case-by-case** 개별적인 **eligible for** ~에 뽑힐 자격이 있는 **notify** 알리다, 통고하다 정답_(d)

22

In social psychology, terror management theory has been used to account for some of the world's deepest problems. The theory, which states that humans attempt to manage their inborn fear of death by investing in cultural belief systems that give their lives meaning, provides an explanation for the persistence of intercultural conflicts. By showing that a challenge to a culture's core beliefs actually represents a terrifying attack on each member's sense of personal significance, the theory provides a rationale for why people so often respond to cultural outsiders with fear, mistrust, and even violence.

Q What is the writer's main point about terror management theory?
(a) It has been used to mediate conflicts between hostile societies.
(b) It provides reasons why violent cultures show less fear of death.
(c) It posits that each culture has a distinct attitude toward mortality.
(d) It offers an explanation for the source of conflict between cultures.

번역

사회 심리학에서 공포 관리 이론은 세계의 가장 심오한 문제들을 설명하는 데 쓰여 왔다. 인간은 삶에 의미를 부여하는 문화적인 신념 체계에 공을 들여 선천적인 죽음의 공포를 이겨내려고 한다는 이 이론은 문화 간의 갈등이 지속되는 이유를 설명한다. 문화의 중심 신념에 도전하는 것은 실제로 구성원 개인의 중요성에 심각한 공격을 의미한다는 것을 보여줌으로써, 이 이론은 사람들이 문화의 이방인들에게 공포, 불신, 심지어 폭력으로 대응하는 이유를 제시한다.

Q 공포 관리 이론에 대한 글쓴이의 요지는?
(a) 적대적인 사회 사이의 갈등을 중재하기 위해 쓰였다.
(b) 폭력적인 문화가 죽음을 덜 두려워하는 이유를 밝힌다.
(c) 각 문화는 죽음에 대해 분명한 태도를 가지고 있다고 단정한다.
(d) 문화 사이의 갈등 원인에 대해 설명한다.

기출 공략

사람들이 죽음에 대한 공포 때문에 문화적인 신념 체계에 모든 힘을 쏟는다고 했다. 그리고 그 문화에 도전하는 어떤 것에도 폭력적으로 대응할 수밖에 없다는 것이 공포 관리 이론이다. 결과적으로 문화 간의 갈등 원인을 자세히 설명했다는 (d)가 요지로 알맞다.

psychology 심리학 **account for** ~을 설명하다 **inborn** 타고난, 선천적인 **persistence** 지속 **conflict** 갈등 **core** 핵심적인, 가장 중요한 **terrifying** 무서운 **rationale** 이유, 근거 **outsider** 외부인, 이방인 **mediate** 중재하다, 조정하다 **hostile** 적대적인 **posit** ~라고 단정하다 **distinct** 뚜렷한, 분명한 **mortality** 죽음 정답_(d)

23

Sign up to receive *Trendster*, the nation's leading health and nutrition magazine, and take advantage of special promotional rates. Get six months for just $14.99 or a full year for the low price of $25.99. Both deals represent discounts of over 50% off the cover price. Plus, yearly subscriptions come with a free trial issue of the companion fashion and beauty magazine, *Très Chic*! These deals are only good for the rest of the month, so don't wait—order your subscription today!

Q Which of the following is correct according to the advertisement?

(a) *Trendster* is the leading magazine for fashion and beauty.

(b) Discounts are not offered for subscriptions for under a year.

(c) Subscriptions for one year come with a trial issue of *Très Chic*.

(d) Promotional rates apply until the end of the following month.

번역

우리 나라 최고의 건강 영양 잡지인 〈트렌드스터〉를 구독 신청하시고 특별 이벤트 할인을 받으세요. 6개월 구독료가 단돈 14.99달러, 1년 구독료가 25.99달러입니다. 둘 다 정가에서 50% 이상 할인된 가격입니다. 추가로 1년 정기 구독자에게는 자매지인 패션 뷰티 잡지 〈트레 시크〉의 무료 견본을 함께 보내드립니다. 이 판매는 이번 달 말까지만 유효하니 망설이지 말고 오늘 구독 신청하세요!

Q 광고 내용과 일치하는 것은?

(a) 〈트렌드스터〉는 선두 패션 뷰티 잡지이다.

(b) 1년 미만의 구독은 할인이 없다.

(c) 1년 구독 신청에는 〈트레 시크〉의 견본을 같이 보내 준다.

(d) 이벤트 할인은 다음 달 말까지 적용된다.

기출 공략

잡지 구독 광고 내용이다. 〈트렌드스터〉는 패션 뷰티 잡지가 아니라 건강 영양 잡지이며, 6개월 구독도 할인이 된다. 또한 이번 달 말까지 할인이 된다고 했다. 1년 구독 시 패션 뷰티 잡지인 〈트레 시크〉의 견본을 함께 보내 준다는 (c)가 본문과 일치한다.

sign up 가입하다, 등록하다 **nutrition** 영양 **cover price** 정가, 표시 가격 **subscription** 구독 **come with** ~이 딸려 있다 **trial** 시험의 **companion** 쌍을 이루는

정답_(c)

24

Pearl S. Buck was an American author inspired by her experiences in China. Born in West Virginia, she was taken to China as an infant by her missionary parents. She remained there until she returned to the United States to attend university. Shortly after graduation, she returned to China and met her future husband. By the end of the decade, she had published a handful of short stories as well as her first novel. Her follow-up novel, *The Good Earth*, was a commercial success and earned her the Pulitzer Prize.

Q Which of the following is correct about Pearl S. Buck according to the passage?

(a) She was born in China and lived there through childhood.

(b) She relocated to America after graduating from university.

(c) She became acquainted with her husband while in China.

(d) She was awarded the Pulitzer Prize for her debut novel.

번역

펄벅은 중국에서 겪은 경험에 영감을 얻은 미국 작가이다. 웨스트 버지니아에서 태어나 선교사 부모님을 따라 아기 때 중국으로 건너갔다. 그녀는 대학 진학을 위해 미국으로 돌아갈 때까지 그곳에 살았다. 졸업 후 바로 그녀는 중국으로 돌아와 장래 결혼할 남편을 만났다. 10년간 그녀는 첫 번째 소설과 몇몇 단편 소설들을 발표했다. 그녀의 다음 소설인 〈대지〉는 상업적인 성공도 거두고, 그녀에게 퓰리처상을 안겨 주었다.

Q 펄벅에 대해 지문 내용과 일치하는 것은?

(a) 중국에서 태어났고 어린 시절을 그곳에서 보냈다.

(b) 대학 졸업 후 미국으로 이주했다.

(c) 중국에 있을 때 남편을 알게 되었다.

(d) 첫 소설로 퓰리처상을 수상했다.

기출 공략

작가 펄벅의 성장 배경을 이야기하고 있다. 대학 졸업 후 중국으로 돌아와 남편을 만났다고 했으므로 (c)가 정답이다. 펄벅이 태어난 곳은 미국이고, 미국에서 대학을 졸업하고 중국으로 다시 왔으며 〈대지〉는 두 번째 소설이므로 나머지는 맞지 않다.

infant 유아, 아기 **missionary** 선교사의 **decade** 10년 **a handful of** 소수의, 소량의 **follow-up** (책 등의) 속편의, 뒤이은 **commercial** 상업적인 **be acquainted with** ~와 아는 사이가 되다

정답_(c)

25

The Carston University Library is introducing a new procedure for requesting books. If someone has borrowed a book that you need, you may recall it. Unlike holds, which are in place until the original borrower's due date, recalls require the original borrower to return the book within three days of the recall request. Users may only place two recall requests at a time, and once a recalled book has been picked up, it is not eligible for renewal.

Q Which of the following is correct according to the announcement?

(a) Recalls are in place until the original borrower's due date.

(b) Users can request early return of books they need through recalls.

(c) There is no limit on how many recall requests users can make.

(d) Recalled books are eligible for renewal only once after pick-up.

번역

칼스튼 대학교 도서관에서 책을 요청하는 새로운 과정을 도입할 예정이다. 당신이 필요한 책을 누군가가 이미 빌렸다면 당신은 그 책을 회수할 수 있다. 원래 빌린 사람의 반납 기한까지 기다리는 보류와는 달리, 회수는 회수 요청한 3일 내에 원래 빌린 사람이 책을 반납하도록 요구하는 것이다. 이용자는 한 번에 두 번 요구할 수 있고, 일단 회수된 책이 수령되면, 연장은 불가능하다.

Q 안내문 내용과 일치하는 것은?

(a) 회수는 원래 빌린 사람의 반납 기한까지 기다리는 것이다.

(b) 이용자는 회수를 통해 필요한 책이 일찍 반납되도록 요청할 수 있다.

(c) 이용자가 요청할 수 있는 회수에 대한 제한은 없다.

(d) 회수된 책은 수령 후 한 번만 연장할 수 있다.

기출 공략

도서관의 새로운 책 대여 방법을 소개하는 안내문이다. 이미 대출된 책이더라도 회수 요청을 하면 3일 안에 반납을 해서, 회수 요청한 사람이 받을 수 있다고 했다. 따라서 (b)가 정답이다. (c)는 회수 요청은 한 번에 2회이고, (d)는 연장 불가이므로 모두 오답이다.

recall 소환하다, 회수하다 **hold** 보류 **in place** 제자리에 있는 **due date** 만기일 **be eligible for** ~할 자격이 있다 **renewal** 기한 연장

정답_(b)

26

In Medieval Europe, farm labor was supplied by a class of landless peasants known as serfs. These people were bound to the plot of land where they were born and barred from seeking employment elsewhere. They worked this land in exchange for part of their harvest and for the protection of their lords. They were also required to cultivate unoccupied fields upon their lords' request. What grain they were allowed to keep was never sufficient to improve their economic situation, so they remained among the poorest people of the time.

Q Which of the following is correct about serfs according to the passage?

(a) They were allowed to look for work on various farms.

(b) They had no one to look to for protection.

(c) They could not refuse to farm unoccupied lands.

(d) They harvested enough to become prosperous.

번역

중세 유럽에서 농장 노동력은 농노라는 땅 없는 소작농 계급들에 의해 공급되었다. 이들은 그들이 태어난 땅에 묶여 다른 지역에서 일자리를 구하는 것이 금지되었다. 그들은 수확한 작물 일부를 받고 영주로부터 보호받는 조건으로 땅을 경작했다. 그들은 또한 영주의 요구에 따라 빈 땅을 경작해야 했다. 그들이 가져도 되는 곡물은 경제적인 사정이 좋아질 만큼 충분하지 않아서 그 당시 가장 가난한 사람들로 남게 되었다.

Q 농노에 대해 지문 내용과 일치하는 것은?

(a) 그들은 여러 농장에서 일자리를 찾을 수 있었다.

(b) 그들은 보호를 기대할 사람이 아무도 없었다.

(c) 그들은 비어 있는 땅을 경작하는 것을 거절할 수 없었다.

(d) 그들은 유복해질 만큼 수확했다.

기출 공략

중세 시대 농노의 열악한 노동 환경을 얘기하고 있다. 다른 지역에서 일자리를 구할 수 없었으므로 (a)는 오답이고, 영주가 농노를 보호해 주기로 했으므로 (b)도 오답이다. 농노가 가져가는 곡물은 충분치 않아 계속 가난했다는 마지막 문장에서 (d)도 오답이다. 영주의 요구에 따라 비어 있는 땅도 경작했다고 했으므로 정답은 (c)이다.

Medieval 중세의 **class** 계층, 계급 **peasant** 농민, 소작농 **serf** (봉건 시대의) 농노 **bind** 묶다, 구속하다 **plot** 작은 땅 조각 **bar** 막다, 금하다 **harvest** 수확, 추수 **lord** 봉건 군주, 영주 **cultivate** 경작하다 **unoccupied** 점유자가 없는, 비어 있는 **grain** 곡물 **look to** ~에 기대를 걸다, 바라다 **prosperous** 번영하는, 유복한

정답_(c)

27

Looking for accommodation during Mayfield's antique car convention? Avoid the overcrowded hotels downtown and choose the Plaza Hotel for peaceful nights at affordable rates. We are a mere 15-minute drive from the city and provide a complimentary shuttle to the convention center. For guests with a car, we will be waiving our usual parking fee during the convention. All this for just $90 a night! Plus, for just $10 extra per person, you can enjoy our sumptuous breakfast buffet. Make your reservation today!

Q Which of the following is correct about the Plaza Hotel according to the advertisement?
(a) It is located right in the center of downtown.
(b) It offers transportation to the convention center.
(c) It charges a $10 parking fee during the convention.
(d) It provides a complimentary breakfast buffet.

번역

메이필드의 골동품 자동차 컨벤션 기간 동안 숙박 시설을 찾고 계신가요? 시내의 붐비는 호텔은 피하시고 저렴한 가격에 평화로운 밤을 위해 플라자호텔을 선택하십시오. 시내로부터 단 15분 주행 거리에 있고, 컨벤션 센터까지 무료 셔틀을 제공하고 있습니다. 차를 가지고 오신 손님들께는 컨벤션 기간 동안 정상 주차 요금을 받지 않겠습니다. 1박에 단 90달러로 이 모든 서비스를 제공합니다! 그리고 인당 10달러를 추가하시면 호화로운 아침 뷔페를 드실 수 있습니다. 오늘 예약하세요!

Q 플라자 호텔에 대해 광고 내용과 일치하는 것은?
(a) 딱 시내 중심가에 있다.
(b) 컨벤션 센터에 가는 교통편을 제공한다.
(c) 컨벤션 기간 동안 주차비 10달러를 받는다.
(d) 무료 아침 뷔페를 제공한다.

기출 공략

호텔 광고이다. 컨벤션 센터까지 무료 셔틀을 제공한다고 했으므로 (b)가 정답이다. (d)는 아침 뷔페가 10달러이므로 오답이다.
accommodation 숙박 **antique** 전통적인, 고풍의 **convention** 집회, 대회 **overcrowded** 초만원인, 혼잡한 **affordable** 저렴한 **mere** 겨우 ~의 **complimentary** 무료의 **waive** (규칙 등을) 적용하지 않다 **sumptuous** 호화로운 **make a reservation** 예약을 하다 정답_(b)

28

Widely known in manufacturing, the "seven basic tools of quality" were developed in Japan following World War II. Japanese firms wanted to help lower-level workers understand statistical quality control, but realized that most people found the subject confusing. The seven tools, which depict information using visual aids such as flow charts, bar graphs, and scatter plots, were an effective way to explain quality control problems to people without extensive backgrounds in mathematics.

Q Which of the following is correct about the "seven basic tools of quality" according to the passage?
(a) They were developed in Japan during World War II.
(b) They were created to teach managers quality control.
(c) They utilize visual representations of statistical information.
(d) They require detailed knowledge of mathematical concepts.

번역

제조 분야에서 널리 알려진 "품질을 지키는 일곱 가지 기본 도구"는 제2차 세계 대전 후 일본에서 개발되었다. 일본 기업들은 통계적인 품질 관리를 낮은 직급의 노동자들이 이해하도록 돕고 싶었지만 대부분의 사람들에게는 이것이 이해하기 어렵다는 것을 깨달았다. 순서도, 막대그래프, 산포도 등 시각 보조 자료를 이용하여 정보를 묘사하는 일곱 가지 도구는 수학에 대해 넓은 배경지식이 없는 사람들에게 품질 관리 문제를 설명하는 효과적인 방법이었다.

Q "품질을 지키는 일곱 가지 기본 도구"에 대해 지문 내용과 일치하는 것은?
(a) 제2차 세계 대전 동안 일본에서 개발되었다.
(b) 매니저들에게 품질 관리를 가르치기 위해 만들어졌다.
(c) 통계 정보를 시각적으로 표현한 것을 활용한다.
(d) 수학 개념을 상세히 알아야 한다.

기출 공략

첫 번째 문장에서 일곱 가지 도구는 제2차 세계 대전 이후 개발되었다고 했으므로 (a)는 틀렸고, 이 도구를 가르치는 대상은 낮은 직급의 노동자들이므로 (b)도 정답이 아니다. 또한 마지막 문장에서 수학 배경지식이 필요 없다고 했으므로 (d)도 옳지 않다. 시각 보조 자료를 이용했으므로 정답은 (c)이다.
manufacturing 제조, 생산 **statistical** 통계의, 통계상의 **depict** 묘사하다, 표현하다 **visual aids** 시각 보조 자료 **flow chart** 순서도 **scatter plot** 산포도 **extensive** 광범위한, 해박한 **utilize** 활용하다, 이용하다 **representation** 표현 정답_(c)

29

Astrid Ski Resort has opened 2 new ski runs this season. Both are designated black diamond, the most advanced category in terms of difficulty. We are proud to boast 8 advanced runs now, and 24 runs in all, and as always, we encourage skiers to exercise caution. Difficulty levels are posted on signs at the top of each slope and on maps next to each lift and at the lodge. Ski instructors are also available for individual and group lessons for all levels of skiers.

Q Which of the following is correct according to the announcement?

(a) The newly opened runs are for skiers of all ability levels.

(b) There are more than 30 runs in total at Astrid Ski Resort.

(c) Difficulty levels for runs are posted at the top of the slopes.

(d) Ski lessons are being offered for beginner skiers only.

번역

아스트리드 스키 리조트가 이번 시즌 스키 활주로 2개를 새롭게 열었습니다. 둘 다 가장 높은 난이도의 코스인 블랙다이아몬드로 지정되었습니다. 현재 8개 상급 활주로를 포함하여 모두 24개 활주로를 보유하고 있으며, 늘 그렇듯 스키어들의 주의를 당부드립니다. 난이도 수준은 각 슬로프 상단 표지판과, 각 리프트 옆에 있는 지도, 그리고 숙소에 표시되어 있습니다. 또한 모든 수준의 개인별, 단체별 스키 레슨도 가능합니다.

Q 안내문과 일치하는 것은?

(a) 새로 연 활주로는 모든 스키어들의 이용이 가능하다.

(b) 아스트리드 스키 리조트에는 30개 이상의 활주로가 있다.

(c) 활주로 난이도는 슬로프 상단에 표시되어 있다.

(d) 스키 강습은 초보자들에게만 제공된다.

기출 공략

스키장의 광고문이다. 활주로 난이도가 슬로프 상단 표지판에 표시되어 있다는 (c)가 정답이다. 마지막 문장에서 모든 수준의 레슨이 가능하다고 했으므로 (d)는 오답이다.

ski run 스키 활주로 **designate** 지정하다, 지명하다 **boast** 뽐내다, 자랑하다 **encourage** 장려하다, 권하다 **caution** 주의 **post** 게시하다 **lodge** 산장, 오두막집

정답_(c)

30

Work to reinforce the base of Brunsway County's renowned Ermine Bridge is slated to begin next month. Famed as one of the oldest of the county's wooden bridges, the structure is suffering from natural deterioration of its concrete foundations. The bridge is scheduled to close for three months to make way for workers. However, it will remain open until a temporary bypass to carry traffic over the river is complete.

Q Which of the following is correct about Ermine Bridge according to the article?

(a) It is renowned as the sole wooden bridge in the county.

(b) It is suffering from deterioration of its wooden foundations.

(c) It is not set to close until an alternate route is complete.

(d) It is being replaced by a permanent bypass over the river.

번역

브런스웨이 카운티의 유명한 어민 다리의 기초 보강 작업이 다음 달 시작될 예정이다. 카운티에서 나무다리로는 가장 오래된 것 중 하나로 유명한 이 구조물은 콘크리트 토대가 자연적 훼손 상태를 겪고 있다. 이 다리는 인부들 작업을 위해 3개월간 폐쇄될 예정이다. 그러나 강을 건너는 임시 우회로가 완공될 때까지 다리는 이용 가능하다.

Q 어민 다리에 대해 기사 내용과 일치하는 것은?

(a) 카운티에서 유일한 나무다리로 유명하다.

(b) 나무 기반이 악화되어 가고 있다.

(c) 대체 도로가 완공될 때까지 다리를 폐쇄하지 않을 예정이다.

(d) 강을 건너는 상설 우회로로 대치될 것이다.

기출 공략

어민 다리의 보수 공사에 관한 기사이다. 공사를 위해 다리를 폐쇄할 예정이지만, 마지막 문장에서 임시 우회로가 완공될 때까지는 다리를 이용할 수 있다고 했으므로 (c)가 정답이다.

reinforce 보강하다 **renowned** 유명한 **slate** 예정하다, 계획하다 **famed as** ~으로 유명한 **county** 카운티, 자치주 **deterioration** 악화 **foundation** 토대 **make way for** 자리를 내주다 **bypass** 자동차용 우회로 **alternate** 대리의 **permanent** 영구적인, 상설의

정답_(c)

31

A clown's made-up face is his or her trademark. To establish ownership of face-paint designs, the clown Stan Bult took to recording them on hollowed out eggs known as "clown eggs." This was the beginning of an international effort to register face-paint designs. Bult stored his collection at home and loaned them out for exhibitions. After his death, the practice continued until the collection was accidentally destroyed. Around twenty years later, the tradition was renewed by Clown Bluey, who commissioned professional artists to paint the faces on china-pot eggs.

Q Which of the following is correct according to the passage?

(a) How the tradition of clown eggs got started is unknown.

(b) Stan Bult refused to exhibit his collection of painted eggs.

(c) Clown Bluey revived the clown egg tradition after Bult's death.

(d) Clown Bluey personally painted clown faces on china-pot eggs.

번역

광대의 분장한 얼굴은 광대의 트레이드 마크이다. 얼굴 분장 디자인 소유권을 얻기 위해 광대인 스탠 벌트는 "광대 달걀"로 알려진 파여진 달걀에 디자인을 남기게 되었다. 이것은 얼굴 분장 디자인을 등록하기 위한 국제적인 노력의 시작이었다. 벌트는 작품을 집에 두었다가 전시 때는 빌려주었다. 그의 사망 이후 그 작품들이 실수로 파괴될 때까지 이 관행은 계속되었다. 약 20년 후에 그 전통을 광대 블루이가 재개하여, 전문 예술가들에게 중국 도자기 달걀에 얼굴 분장을 의뢰했다.

Q 지문 내용과 일치하는 것은?

(a) 광대 달걀의 전통이 어떻게 시작되었는지는 알 수 없다.

(b) 스탠 벌트는 분장한 달걀 작품들을 전시하는 것을 거절했다.

(c) 광대 블루이는 벌트가 죽은 이후 광대 달걀 전통을 부활시켰다.

(d) 광대 블루이는 직접 중국 도자기 달걀에 광대 얼굴을 분장했다.

기출 공략

광대 달걀에 관한 역사를 소개하고 있다. 마지막 문장에서 광대 블루이가 전통을 재개했다는 말에서 그가 광대 달걀 전통을 부활시켰다는 (c)가 정답임을 알 수 있다.

made-up 화장을 한 **trademark** 상표, 트레이드 마크 **ownership** 소유권 **take to** ~에 전념하다, ~하게 되다 **hollow out** 속을 파내다 **register** 등록하다 **loan** 빌려주다 **practice** 관행 **commission** ~을 의뢰하다 **revive** 부활시키다, 재개하다

정답_(c)

32

The ancient Greeks measured time by dividing day and night into ten sections each and then adding two more sections for both dawn and dusk. However, this system of 24 "temporal hours," originally devised by the Egyptians, was inconsistent. As the amount of time for daylight changed by season, with more hours of daylight in summer than winter, the length of the intervals varied. In the second century BC, Greek astronomer Hipparchos suggested a more consistent system that standardized time into sixty-minute intervals that would remain fixed year round. This proposal for "equinoctial hours" was ignored by his contemporaries.

Q Which of the following is correct about the ancient Greeks according to the passage?

(a) They divided the day into 24 sections each for day and night.

(b) They created the measurement system used by Egyptians.

(c) They had a more consistent system than that of Hipparchos.

(d) They refused to adopt a system based on equinoctial hours.

번역

고대 그리스는 낮과 밤을 각각 열 부분으로 나누고 새벽과 황혼을 감안해서 두 부분을 추가하여 시간을 측정했다. 그러나 원래 이집트인들이 고안한 이 24 "시간 단위" 체제는 일관성이 없었다. 일조시간이 계절에 따라 다른데 겨울보다는 여름의 일조시간이 더 길기 때문에 간격이 달랐다. BC 2세기에 그리스 천문학자 히파르코스는 1년 내내 고정되도록 시간을 60분 간격으로 표준화한 더욱 일관된 체제를 제시했다. 이러한 "주야 평분 시간" 제안은 그 당시에는 무시됐다.

Q 고대 그리스에 대해 지문 내용과 일치하는 것은?

(a) 하루를 낮과 밤 24가지로 분류하였다.

(b) 이집트에 사용한 측정 체제를 만들었다.

(c) 히파르코스보다 더 일관된 체제를 가지고 있었다.

(d) 주야 평분 시간을 기반으로 하는 체제를 쓰지 않았다.

기출 공략

그리스 시대에 시간을 분류한 방법을 설명하고 있다. 마지막 문장에서 주야 평분 시간 제안이 무시되었다고 했으므로 그 체제를 사용하지 않았음을 알 수 있다. 따라서 정답은 (d)이다.

section 부분 **temporal** 시간의 **devise** 고안하다, 생각해 내다 **inconsistent** 일관성이 없는 **daylight** 햇빛 **interval** 간격, 사이 **astronomer** 천문학자 **standardize** 표준화하다 **equinoctial** 주야 평분시의 **contemporary** 동시대인 **adopt** 쓰다, 채택하다

정답_(d)

33

Clarity is paramount when designing user interfaces for new computer applications. Many computer users lack the basic skills to navigate unfamiliar programs. This is the level of technological proficiency that designers should keep in mind when producing user interfaces. One example of how successful designers achieve clarity is breaking complex tasks down into a succession of separate screens. Although navigating more screens eats up users' time, doing so allows people to accomplish tasks with less confusion and fewer errors.

Q Which statement would the writer most likely agree with?
(a) Users make more mistakes when navigating multiple screens.
(b) User interfaces should occupy fewer screens to prevent confusion.
(c) Interfaces should be navigable for people with basic computer skills.
(d) Complex user interfaces promote higher levels of computer proficiency.

번역

새로운 컴퓨터 응용프로그램의 이용자 인터페이스를 디자인할 때 명료성은 가장 중요하다. 많은 컴퓨터 이용자들이 익숙치 않은 프로그램을 다루는 기본적인 기술이 부족하다. 이것이 디자이너가 이용자 인터페이스를 만들 때 명심해야 하는 기술적인 숙달 수준이다. 디자이너가 명료성을 얻는 방법의 한 예로, 복잡한 작업을 연속되는 각 화면에 분산하여 넣는 것이다. 더 많은 화면을 돌아다니게 되면 이용자의 시간을 잡아먹게 되지만, 그렇게 하면 혼란도 덜하고 실수도 줄이면서 이용자가 작업을 마칠 수 있다.

Q 글쓴이가 가장 동의할 만한 진술은?
(a) 여러 화면을 돌아다니게 되면 이용자는 실수를 더 하게 된다.
(b) 이용자 인터페이스는 혼란을 막기 위해 화면 수를 덜 써야 한다.
(c) 기본 컴퓨터 기술을 가진 사람들도 인터페이스를 돌아다닐 수 있어야 한다.
(d) 복잡한 이용자 인터페이스는 컴퓨터 숙달 수준을 높이는 것을 촉진한다.

기출 공략

컴퓨터 인터페이스 디자인을 할 때 유의 사항을 말하고 있다. (a)는 화면이 많으면 실수를 줄일 수 있다고 했고, (b)는 화면 수가 많을수록 혼란이 덜하다고 했으며, (d)는 본문에 언급되지 않았으므로 정답이 될 수 없다. 필자는 컴퓨터 기술이 부족한 이용자도 다룰 수 있게 인터페이스를 간단명료하게 만들어야 한다고 주장하고 있으므로 (c)가 정답이다.

clarity 명료성, 투명성 **paramount** 가장 중요한, 최고의 **interface** 인터페이스, 접속기 **application** (컴퓨터) 응용프로그램 **navigate** (인터넷, 웹 사이트를) 돌아다니다 **proficiency** 숙달 **a succession of** 일련의, 잇단 **occupy** 차지하다 정답_(c)

34

As the owner of a company, I give out job titles more readily than pay raises to my employees. Some argue that titles should be used sparingly, but I can't see the harm in granting them, as long as they have been earned and they make the person feel appreciated. Elevated titles often boost employee morale and performance more than salary increases do. Furthermore, an official-sounding title can impress people and thereby allow employees to deal more effectively with partners and customers.

Q Which statement would the writer most likely agree with?
(a) Elevated job titles bring psychological and business benefits.
(b) Inflating employee job titles jeopardizes company credibility.
(c) Job titles should be granted regardless of employee capability.
(d) An employee's salary should correspond to his or her job title.

번역

회사 사장인 저는 직원들의 월급 인상보다는 기꺼이 직급을 올려 드립니다. 직급은 아껴 써야 한다는 반론도 있지만, 직급이 생겨서 사람이 기분 좋아지는 한, 다른 문제점은 없다고 봅니다. 직급이 오르면 월급이 오르는 것보다 더 직원의 사기가 오르고 업무도 향상됩니다. 게다가 공식적으로 들리는 직함은 사람들의 인상에 남아 파트너와 고객들과 더 효과적으로 업무를 볼 수 있습니다.

Q 글쓴이가 가장 동의할 만한 진술은?
(a) 직급이 오르면 심리적, 사업적 이득이 생긴다.
(b) 직급을 부풀리면 회사의 신뢰성이 위험하다.
(c) 직급은 직원의 능력과 관계없이 주어야 한다.
(d) 직원 임금은 직급과 부합해야 한다.

기출 공략

직급을 올려 주었을 때 생기는 여러 이점들을 서술하고 있다. 사기가 오르고, 업무도 향상된다는 본문과 일치하는 (a)가 정답이다. (b)는 필자의 의견과 정반대이다.

give out 나누어 주다, 지급하다 **readily** 기꺼이, 쉽게 **sparingly** 절약하여 **boost** 늘리다 **morale** 사기, 의욕 **impress** 감명을 주다, 인상을 갖게 하다 **inflate** (사실과 다르게) 부풀리다, 과장하다 **jeopardize** 위태롭게 하다 **credibility** 신뢰성 **grant** 승인하다, 허락하다 **regardless of** ~에 상관없이 **correspond to** ~에 일치하다, 부합하다 정답_(a)

35

After insisting for weeks that it was financially secure, Ryerson Bank has appealed to the federal government for a bailout. The bank claims it simply needs help "restructuring" its debt, but what it is essentially asking for is to avoid financial responsibility for its misjudgments. Under its proposal, Ryerson Bank will be accountable for a mere fraction of the bad loans it has dispensed. The public is opposed to the bailout, which would fall on the shoulders of taxpayers, yet the government sees no other option to prevent a systemic banking crisis.

Q What can be inferred from the news article?

(a) The bank is in better financial condition than it was weeks ago.

(b) The bailout proposal has the reluctant support of the government.

(c) The government is downplaying the dangers of refusing a bailout.

(d) The government has pledged taxpayers will not pay for the bailout.

번역

몇 주 동안 재정적으로 안전하다고 주장한 후 리어슨 은행은 연방 정부에 긴급 구제를 신청했다. 은행은 단지 채무의 "구조 조정"에 지원이 필요할 뿐이라고 주장하지만, 실질적으로 요청한 것은 은행의 오판으로 인한 재정적인 책임을 피하기 위한 것이다. 신청서에 따르면, 리어슨 은행은 내놓았던 악성 채무의 일부만 책임지게 된다. 여론은 납세자들의 책임으로 떨어질 것이기 때문에 긴급 구제에 반대하고 있는데, 아직 정부는 조직적인 금융 위기를 방지할 대안이 없다.

Q 뉴스 기사를 통해 추론할 수 있는 것은?

(a) 은행은 몇 주 전보다 재정 상태가 더 나아졌다.

(b) 긴급 구제 신청은 정부의 어쩔 수 없는 지원을 포함한다.

(c) 정부는 긴급 구제를 거절할 때 생기는 위험을 경시하고 있다.

(d) 정부는 납세자들이 긴급 구제에 돈을 내지 않을 것이라고 약속했다.

기출 공략

리어슨 은행이 긴급 구제 요청을 했다는 기사 내용이다. 긴급 구제 신청서 내용에서 은행이 악성 채무의 일부만 책임을 지게 되어 있다면, 분명 정부가 나머지를 청산해 달라는 것을 유추할 수 있다. 따라서 정부의 지원을 포함하고 있다는 (b)가 정답이다.

federal 연방제의 **bailout** (심각한 재정 위기에 빠진 기업, 국가에 대한) 긴급 구제 **restructure** 구조 조정하다 **essentially** 본질적으로 **be accountable for** ~에 대해 책임이 있다 **fraction** 부분, 일부 **dispense** 내놓다 **taxpayer** 납세자 **systemic** 조직적인 **reluctant** 마음 내키지 않는, 마지못해 억지로 하는 **downplay** 대단치 않게 생각하다 **pledge** 약속하다, 맹세하다 정답_(b)

36

To the Editor:

I was disgusted to read that apple growers can't find enough pickers! Pickers get $150 a day, but when our state employment agency sent 136 workers to an apple farm, only 6 stayed and worked. The others left, claiming it was too hard for them. As long as the unemployed can get welfare for 99 weeks, where is the motivation for them to seek work? Our politicians even want to increase welfare benefits to cover a full two years. I fail to see how this will help our economy.

Antonio Grimaldi

Q Which statement would the writer of the letter most likely agree with?

(a) Current welfare policies do not support the unemployed enough.

(b) Welfare can be a disincentive for unemployed people to find work.

(c) Too many farms are turning away potential employees to save on costs.

(d) Economic conditions have increased demand for jobs involving manual labor.

번역

편집자에게

사과 재배자들이 열매 수확자를 구하기 어렵다는 글을 읽고 화가 났습니다. 수확자들은 일당으로 150달러를 받는데, 우리 주 직업소개소가 136명을 사과 농장에 보냈지만 6명만 남아 일했습니다. 다른 사람들은 일이 너무 힘들다며 가버렸습니다. 실업자들이 99주 동안 복지 혜택을 받는 한, 그들이 일자리를 찾을 동기가 어디 있을까요? 심지어 정치인들은 복지 혜택을 늘려 2년간 모두 제공하길 바라고 있습니다. 저는 이것이 우리 경제에 도움이 될 것이라고 보지 않습니다.

안토니오 그리말디

Q 글쓴이가 가장 동의할 만한 진술은?

(a) 현재 복지 정책은 실업자를 충분히 지원하지 않는다.

(b) 복지 혜택이 일자리를 찾는 실업자들의 의욕을 꺾을 수 있다.

(c) 너무 많은 농장이 비용 절감을 위해 일하려는 노동자들을 돌려보내고 있다.

(d) 경제 상황으로 인해 육체노동이 포함된 일자리 수요가 늘었다.

기출 공략

실업자들에게 복지 혜택을 늘릴수록 일하려는 의욕이 사라진다는 점을 강조하고 있다. 따라서 정답은 (b)이다. 노동자들이 힘들다며 농장을 스스로 떠난 것이므로 (c)는 맞지 않다.

disgust 혐오감을 유발하다 **employment agency** 직업소개소 **welfare** 복지, 후생 **motivation** 동기, 의욕 **disincentive** 의욕을 꺾는 것 **turn away** ~를 돌려보내다 **potential** 잠재적인 **manual labor** 육체노동 정답_(b)

37

Officer Raymond Hoftbeck of the Shaneville Police Department pleaded not guilty today to fraud charges. Mr. Hoftbeck is accused of working for a private security firm while simultaneously collecting overtime pay with the police force, allowing him to earn twice his base salary as a police officer, according to his tax return. Mr. Hoftbeck's attorney asserts that his client did not violate any regulations because his overtime shifts never overlapped with his security work. However, the police department has suspended Hoftbeck and begun disciplinary hearings to seek his dismissal.

Q What can be inferred about Officer Raymond Hoftbeck from the article?

(a) He is claiming that he never took a part-time security job.
(b) He failed to declare his overtime earnings to the government.
(c) He is not barred from holding a second job outside work hours.
(d) He was encouraged to plead not guilty by the police department.

번역

셰인빌 경찰서의 레이몬드 호프벡 경찰관은 오늘 사기 혐의에 대해 무죄라고 답변했습니다. 호프벡 씨는 사립 경비회사에서 일하면서 동시에 경찰에서 야근 수당을 받아, 소득 신고서에 따르면 경찰관 기본 봉급의 두 배를 번 것으로 인해 기소되었습니다. 호프벡 씨의 변호사는 그가 야근 근무 시간과 보안 업무 시간이 겹치지 않았기 때문에 규정을 위반하지 않았다고 주장합니다. 그러나 경찰서는 호프벡 씨를 정직시키고, 해고를 위한 징계 청문회를 시작했습니다.

Q 기사를 통해 레이몬드 호프벡 경찰관에 대해 추론할 수 있는 것은?
(a) 그는 보안 업체 아르바이트를 하지 않았다고 주장하고 있다.
(b) 그는 정부에 야근 수당을 신고하지 않았다.
(c) 그가 근무 시간 이외에 다른 직업을 갖는 것은 금지되지 않았다.
(d) 그는 경찰서로부터 무죄라고 답변하도록 독려되었다.

기출 공략

호프벡 경찰관의 변호사는 경찰서의 야근 근무와 보안 회사의 업무 시간이 겹치지 않아서 규정 위반이 아니라고 했다. 이것으로 보아 근무 시간 외에 다른 직업을 가지는 것이 금지된 것은 아니라는 것을 추정할 수 있다. 따라서 정답은 (c)이다. 소득 신고서에 따르면 기본 봉급의 두 배를 번 것으로 나오기 때문에 (b)는 오답이다.

plead 답변하다, 진술하다 **fraud** 사기(죄) **be accused of** ~으로 기소되다 **simultaneously** 동시에 **tax return** 소득 신고서 **attorney** 변호사 **assert** 주장하다 **violate** 위반하다 **regulation** 규정 **shift** 교대 근무 (시간) **overlap** 겹치다 **suspend** 정직시키다 **disciplinary hearing** 징계 청문회 **dismissal** 해고 **bar** 금하다

정답_(c)

38

Using a travel agent can be worthwhile for those wanting to stick to a tight budget for their vacation. (a) Even though they charge a fee, travel agents often offer discounts not available elsewhere. (b) They also have access to a network of partners that are willing to provide special travel deals. (c) Many young travelers realize after their first budget vacation that they want to work abroad. (d) With their years of experience, many travel agents can also point travelers to cheap areas to visit.

번역

빠듯한 예산으로 휴가를 가기로 마음먹은 사람들에겐 여행사를 이용하는 것이 좋을 수 있다. (a) 여행사가 수수료를 받기는 하지만, 다른 곳에서는 누릴 수 없는 할인을 자주 제공한다. (b) 또한 여행사는 특별 여행 할인을 제공하는 협력 업체 네트워크에 접근할 수 있다. (c) 많은 젊은 여행자들은 처음으로 저렴한 휴가를 간 후에는 해외 취업을 원한다. (d) 수년간의 경험을 바탕으로 많은 여행사들은 또한 저렴한 여행 지역을 알려 줄 수도 있다.

기출 공략

휴가 갈 때 여행사를 이용하면 좋은 점들을 열거하고 있다. (a), (b), (d)는 모두 여행사의 장점을 말하고 있지만, (c)는 해외 취업에 대한 내용이므로 문맥상 부자연스럽다. 따라서 정답은 (c)이다.

worthwhile 가치 있는, 보람 있는 **stick to** 고수하다 **budget** 예산; 저렴한 **fee** 수수료 **have access to** ~에 접근할 수 있다 **point** 알려 주다

정답_(c)

39

The minute chance that an asteroid could collide with earth has scientists seeking ways of changing the paths of such space objects. (a) Some scientists have proposed nudging asteroids off-course using solar-powered spacecraft. (b) Any rocket launched into space is at risk of sustaining damage from collisions with space debris. (c) A method of ramming objects using conventional shuttles has been tested by space agencies. (d) Meanwhile, astronauts have suggested using gravity tractors to drag objects onto new trajectories.

번역

소행성이 지구와 충돌할 수 있는 극히 적은 확률 때문에 과학자들은 이러한 우주 물체의 경로를 바꾸는 방법을 모색하고 있다. (a) 어떤 과학자들은 태양광 우주선으로 소행성을 경로 밖으로 밀어내자고 제안했다. (b) 우주에 발사된 로켓은 우주 잔해와의 충돌로 피해를 받을 위험이 있다. (c) 기존 우주 왕복선으로 물체를 들이받는 방법이 우주 항공국에서 실험되어 왔다. (d) 한편, 우주 비행사들은 중력 트랙터를 이용해 물체를 새로운 궤도로 끌어가는 방법을 제안했다.

기출 공략

소행성이 지구와 충돌할 경우를 대비해서 소행성의 경로를 바꾸는 방법을 이야기하고 있는 (b)는 로켓과 우주 잔해의 충돌 위험을 이야기하고 있으므로 정답은 (b)이다.

minute 극미한, 미세한 **asteroid** 소행성 **collide** 충돌하다 **nudge** 쿡 찌르다, 밀고 가다 **spacecraft** 우주선 **launch** 발사하다 **sustain** (피해 등을) 입다 **debris** (파괴된 것의) 잔해 **ram** 들이받다 **conventional** 종래의 **shuttle** 우주 왕복선 **astronaut** 우주 비행사 **gravity** 중력 **trajectory** 탄도, 궤도

정답_(b)

40

Companies have looked at innovative ways of helping their employees reduce their daily commuting time. (a) Most of these methods involve finding ways for employees to come to work outside the rush hour traffic times. (b) Workers have noted that they are most productive when working from home and have lobbied for no office hours. (c) Some companies have combined longer workdays with shorter work weeks so that employees can avoid congested roadways. (d) Other employers have experimented with staggering shifts, allowing their staff to start and end at times when travel is easier.

번역

기업들은 직원들의 출퇴근 시간을 줄이는 것을 돕는 혁신적인 방법들을 모색해 왔다. (a) 대부분의 방법은 직원들이 러시아워 시간을 피해 출근하는 방법을 모색하는 것이었다. (b) 직원들은 집에서 일할 때가 가장 능률적이라고 말했고 공식 근무 시간을 없애려고 로비를 벌였다. (c) 어떤 회사는 주당 근무 일자를 줄이는 대신 일일 근무 시간을 늘려 직원들이 혼잡한 도로를 피할 수 있도록 했다. (d) 다른 회사들은 직원들이 근무 시간에 시차를 두어 왕래가 편한 시간에 시작해서 끝낼 수 있도록 하는 실험도 했다.

기출 공략

(a), (c), (d)는 출퇴근 시간을 줄이는 방법들을 설명하고 있는 반면, (b)는 상관없는 내용으로 문맥의 흐름상 맞지 않다.

commuting time 출퇴근 시간 **note** 특별히 언급하다 **lobby** 로비하다, 영향력을 행사하다 **combine** 결합하다 **congested** 붐비는, 혼잡한 **roadway** 도로 **stagger** 시차를 두다 **travel** 왕래, 교통

정답_(b)

TEST 3

ANSWER KEYS

Listening Comprehension

1 (a)	2 (d)	3 (c)	4 (a)	5 (b)	6 (d)	7 (c)	8 (b)	9 (d)	10 (b)
11 (d)	12 (a)	13 (c)	14 (b)	15 (b)	16 (b)	17 (b)	18 (a)	19 (b)	20 (a)
21 (a)	22 (b)	23 (b)	24 (d)	25 (b)	26 (d)	27 (b)	28 (c)	29 (a)	30 (a)
31 (d)	32 (d)	33 (c)	34 (c)	35 (b)	36 (b)	37 (a)	38 (d)	39 (d)	40 (d)
41 (b)	42 (b)	43 (a)	44 (c)	45 (a)	46 (d)	47 (b)	48 (a)	49 (d)	50 (a)
51 (d)	52 (c)	53 (b)	54 (a)	55 (d)	56 (c)	57 (c)	58 (b)	59 (d)	60 (c)

Grammar

1 (a)	2 (c)	3 (b)	4 (c)	5 (a)	6 (c)	7 (c)	8 (b)	9 (d)	10 (a)
11 (b)	12 (a)	13 (a)	14 (d)	15 (d)	16 (a)	17 (a)	18 (a)	19 (a)	20 (c)
21 (a)	22 (b)	23 (b)	24 (c)	25 (c)	26 (b)	27 (d)	28 (d)	29 (c)	30 (c)
31 (a)	32 (c)	33 (a)	34 (a)	35 (d)	36 (a)	37 (a)	38 (c)	39 (b)	40 (b)
41 (d)	42 (d)	43 (c)	44 (b)	45 (b)	46 (c)	47 (c)	48 (a)	49 (b)	50 (b)

Vocabulary

1 (d)	2 (a)	3 (c)	4 (b)	5 (d)	6 (b)	7 (b)	8 (a)	9 (b)	10 (c)
11 (b)	12 (d)	13 (c)	14 (a)	15 (b)	16 (d)	17 (a)	18 (a)	19 (a)	20 (a)
21 (b)	22 (a)	23 (c)	24 (b)	25 (b)	26 (d)	27 (b)	28 (d)	29 (a)	30 (b)
31 (c)	32 (d)	33 (b)	34 (a)	35 (c)	36 (d)	37 (c)	38 (c)	39 (d)	40 (b)
41 (b)	42 (b)	43 (d)	44 (d)	45 (d)	46 (b)	47 (c)	48 (d)	49 (d)	50 (b)

Reading Comprehension

1 (a)	2 (d)	3 (c)	4 (a)	5 (d)	6 (d)	7 (b)	8 (a)	9 (d)	10 (c)
11 (a)	12 (d)	13 (b)	14 (d)	15 (d)	16 (d)	17 (c)	18 (a)	19 (c)	20 (a)
21 (b)	22 (b)	23 (b)	24 (c)	25 (b)	26 (d)	27 (b)	28 (b)	29 (c)	30 (a)
31 (b)	32 (d)	33 (c)	34 (d)	35 (d)	36 (a)	37 (a)	38 (d)	39 (c)	40 (b)

Listening Comprehension

1

M Hello, could I book dinner for two tonight?
W ______________________

(a) Sorry. We don't accept reservations.
(b) Sure, I'd love to join.
(c) Dinner was excellent, thanks.
(d) I'd like to sit by a window.

번역

M 안녕하세요. 오늘 밤 저녁 식사 때 2인 테이블 예약할 수 있나요?
W ______________________

(a) 죄송합니다. 저희는 예약을 받지 않습니다.
(b) 물론입니다. 저도 함께 하고 싶네요.
(c) 저녁 식사는 훌륭했어요. 고마워요.
(d) 저는 창가에 앉고 싶어요.

기출 공략

남자는 2인을 위한 저녁 식사를 위해 예약을 할 수 있는지 물어보고 있다. 이에 대해 우리 식당은 예약을 받지 않는다고 답한 (a)가 적절한 응답이다.

book 예약하다 **by a window** 창가에

정답_(a)

2

W When are you leaving for Houston?
M ______________________

(a) I haven't gone lately.
(b) I'll be back in a week.
(c) My family lived there for a year.
(d) My flight's tomorrow evening.

번역

W 휴스턴으로 언제 출발하니?
M ______________________

(a) 최근에 간 적이 없어.
(b) 일주일 뒤에 돌아올 거야.
(c) 우리 가족이 1년 동안 거기에 살았어.
(d) 비행기는 내일 저녁에 출발해.

기출 공략

휴스턴으로 언제 떠나는지 묻는 질문에 비행기 출발 시간을 알려주는 (d)가 가장 적절한 응답이다. 기간을 묻는 질문이 아니므로 (c)는 정답이 될 수 없다. 또한, 질문의 When만 듣고 시간 부사 lately와 in a week을 이용해 오답을 유도한 (a), (b)를 고르지 않도록 주의해야 한다.

leave for ~를 향해 출발하다 **be back** 돌아오다 **flight** 비행편

정답_(d)

3

M You're early to the office this morning!
W ______________________

(a) That's fine. I'm almost there.
(b) No, I'm at the office.
(c) My commute was unusually fast.
(d) Let's just meet here, then.

번역

M 오늘 사무실에 일찍 나왔네!
W ______________________

(a) 괜찮아. 거의 다 도착했어.
(b) 아니, 나는 사무실에 있어.
(c) 출근길이 평소와 달리 빨랐어.
(d) 그럼, 그냥 여기서 만나자.

기출 공략

웬일로 사무실에 일찍 나왔는지 묻고 있으므로, 일찍 도착한 이유를 말해 줘야 한다. 출근길 교통 흐름이 평소와 다르게 빨랐다는 것은 일찍 출근한 이유가 될 수 있으므로 (c)가 정답이다.

be almost there 목적지에 거의 다 도착한 **commute** 출퇴근길
unusually 평소와 달리

정답_(c)

4

W I'd like to check in to the suite I reserved.
M ______________________

(a) I just need your name, please.
(b) Great. I'm glad you've enjoyed your stay.
(c) No need. Just leave the key in the room.
(d) You'd better reserve it soon, then.

번역

W 제가 예약한 스위트룸에 체크인하고 싶습니다.
M ______________________

(a) 이름만 좀 알려 주시겠습니까?
(b) 잘됐습니다. 숙박이 즐거우셨다니 저도 기쁩니다.
(c) 그럴 필요 없습니다. 그냥 방에 열쇠를 놔두세요.
(d) 그렇다면, 곧 예약하시는 게 좋을 것입니다.

기출 공략

여자가 방을 예약한 뒤에 호텔에 도착해서 체크인을 요청하고 있다. 이에 대해 적절한 응답은 이름을 알려 달라고 말한 (a)가 정답이다. (b)는 호텔 숙박을 마치고 체크아웃하는 손님에게 할 수 있는 말이므로 정답이 될 수 없다.

check in 체크인하다 **suite** 스위트룸 정답_(a)

5

M Does John really practice tennis every day?
W ______________________

(a) That's right. He gave up.
(b) Yeah, he's trying to improve.
(c) Sure, but not on a daily basis.
(d) Only when he's not busy practicing tennis.

번역

M 존이 진짜로 테니스를 매일 연습하니?
W ______________________

(a) 맞아. 그는 포기했어.
(b) 그래. 그는 실력을 향상시키려고 노력하고 있어.
(c) 물론이지. 그러나 매일은 아니야.
(d) 그가 테니스 연습을 하느라 바쁘지 않을 때만 그래.

기출 공략

존이 정말로 매일 테니스 연습을 하는지 묻는 질문에 적절한 대답은 그렇다고 말하면서 실력을 향상시키려고 노력하는 중이라고 대답한 (b)가 정답이다. (a)와 (c)는 앞에서 남자가 한 말을 긍정하면서 곧바로 이 말을 부정하고 있으므로 정답으로 적절하지 않다.

give up 포기하다 **improve** 개선하다, 향상시키다 **on a daily basis** 매일 **be busy -ing** ~하느라 바쁘다 정답_(b)

6

W I heard Suzie isn't teaching this semester.
M ______________________

(a) That's just a rumor—I'm still here.
(b) Right. She'll be too busy teaching.
(c) That's a lot of students for her.
(d) Yes. She's on leave.

번역

W 수지는 이번 학기에는 가르치지 않는다고 하더라.
M ______________________

(a) 그건 그냥 소문이야. 나는 아직 여기에 있어.
(b) 맞아. 그녀는 가르치느라 너무 바빠.
(c) 그녀에게는 많은 학생들이야.
(d) 그래. 그녀는 휴가 중이야.

기출 공략

여자는 수지가 이번 학기에 가르치지 않는다는 소식을 남자에게 전하고 있다. 이에 수지는 휴가 중이라고 대답한 (d)가 적절한 응답이다. (a), (b)는 첫 부분만 듣고, 끝까지 집중해서 듣지 않으면 잘못 고를 수 있는 선택지이므로 주의해야 한다.

semester 학기 **rumor** 소문 **on leave** 휴가 중인 정답_(d)

7

M I'm looking to buy some extension cords. Do you sell them?
W ______________________________

(a) I'll take two if they're in stock.
(b) They can't be extended any more.
(c) They're in the electronics section.
(d) Try selling them at the hardware store.

번역

M 전기 연결선을 사려고 하는데요. 팔고 있나요?
W ______________________________

(a) 재고가 있다면 두 개를 사겠어요.
(b) 그들은 더 이상 늘어날 수 없어요.
(c) 전기용품 코너에 있습니다.
(d) 철물점에서 한번 팔아 보세요.

기출 공략

남자는 상점에서 전기 연결선을 찾고 있다. 이에 상품이 진열된 위치를 알려 준 (c)가 적절한 응답이 될 수 있다. (a)는 질문의 sell을 듣고 연상될 수 있는 in stock을 이용한 오답 선택지이며, (b) 역시 질문의 extension의 동사형 extend를 이용한 오답 선택지이다.

extension cord 전기 연결선 **in stock** 재고가 있는 **extend** 연장하다 **electronics** 전자 제품 **hardware store** 철물점

정답_(c)

8

W Wasn't that last question on the test tough?
M ______________________________

(a) No, it wasn't on the test.
(b) It sure was tricky.
(c) It wasn't that hard to find.
(d) Yeah, I didn't find it challenging, either.

번역

W 시험 마지막 문제 어렵지 않았니?
M ______________________________

(a) 아니, 그것은 시험에 안 나왔어.
(b) 그것은 확실히 까다로웠어.
(c) 그것은 찾기에 그렇게 힘들지 않았어.
(d) 그래, 나도 그게 어렵다고 생각하지 않았어.

기출 공략

시험 마지막 문제가 어렵지 않았냐는 여자의 질문에 그 문제는 확실히 까다로웠다고 대답한 (b)가 정답이다. (a), (c)는 대답을 끝까지 듣지 않으면 실수로 고를 수 있는 오답이므로 주의해야 한다.

tough 어려운 **tricky** 까다로운 **challenging** 어려운

정답_(b)

9

M Your presentation seemed rushed.
W ______________________________

(a) OK. I'll try to speed things along.
(b) Sorry, I won't go so slowly next time.
(c) Yeah. I couldn't even attend!
(d) I know. I was pressed for time.

번역

M 너는 발표를 너무 서둘러서 진행하는 것 같더라.
W ______________________________

(a) 좋아. 빨리 진행해 보도록 할게.
(b) 미안해. 다음에는 너무 느리게 하지 않도록 할게.
(c) 그래, 나는 참석조차 할 수 없었어!
(d) 알아. 시간이 부족해서 그랬어.

기출 공략

여자의 발표가 너무 서둘러서 진행된 것처럼 보였다고 말한 것에 대해 시간이 부족해서 그랬다고 대답한 (d)가 적절한 응답이다. 남자의 말은 발표 속도가 너무 빨랐다는 것이므로 좀 더 속도를 내겠다거나 너무 느리지 않도록 노력하겠다는 (a), (b)는 적절한 응답이 될 수 없다.

presentation 발표 **rush** 서두르다 **speed along** 빨리 진행하다 **be pressed for** (돈, 시간이) 부족하다

정답_(d)

10

W Professor, could we meet this Thursday?

M ______________________

(a) Unfortunately, the department was closed all day.
(b) Sure, come during my office hours.
(c) Let's make it Thursday instead.
(d) Definitely. I'll tell the professor.

번역

W 교수님, 이번 주 목요일에 뵐 수 있을까요?

M ______________________

(a) 안됐지만, 학과는 오늘 하루 종일 폐쇄되었어.
(b) 물론이지, 내가 사무실에 있는 시간 중에 오너라.
(c) 대신 목요일로 하자.
(d) 물론이지. 내가 교수님께 말할게.

기출 공략

여자는 남자 교수에게 이번 주 목요일에 만날 수 있는지 묻고 있다. 이에 자신이 사무실에 있는 시간에 찾아오라는 (b)가 적절한 응답이다. (c)는 목요일 대신 다른 요일이 나왔으면 정답이 될 수 있는 선택지이다.

unfortunately 불행히도, 안됐지만 **department** 부서 **make it** (시간에 맞춰) 나오다, 참석하다 **definitely** 물론 정답_(b)

11

M Sorry for losing my temper earlier. I was stressed.

W ______________________

(a) Thanks for staying patient.
(b) Don't be offended. It's normal.
(c) I operate better under pressure, too.
(d) I understand. I've felt that way, myself.

번역

M 이전에 흥분해서 미안해. 스트레스를 받고 있었거든.

W ______________________

(a) 양해해 줘서 고마워.
(b) 기분 상해 있지 마. 그것은 정상이야.
(c) 나도 스트레스 받는 상황에서 더 잘 일해.
(d) 이해해. 나 자신도 그렇게 느꼈어.

기출 공략

남자는 전에 화를 참지 못하고 흥분한 일에 대해 사과하면서 스트레스를 받아서 그랬다며 자신이 화를 낸 이유를 설명하고 있다. 이에 이해한다며 자신도 똑같이 느꼈다고 말한 (d)가 적절한 응답이다.

lose one's temper 흥분하다 **offended** 모욕감을 느끼는 **operate** 기능하다, 행동하다 **under pressure** 스트레스를 받는

정답_(d)

12

W Do you want to use my discount card to buy your movie tickets?

M ______________________

(a) OK, I'll take you up on that.
(b) I can't offer a big discount.
(c) Yeah, the card was free with the tickets.
(d) Sorry I forgot to buy them.

번역

W 영화 표 사는 데, 내 할인 카드 쓸래?

M ______________________

(a) 좋아, 그렇게 할게.
(b) 나는 큰 폭으로 할인을 해 줄 수 없어.
(c) 좋아. 표를 제시하면 카드는 무료야.
(d) 미안, 잊어버리고 안 샀어.

기출 공략

남자가 영화 표를 사는 데 자신의 할인 카드를 쓰라고 여자는 제안하고 있다. 이에 제안을 받아들이는 (a)가 적절한 응답이다. 〈take+사람+up on ~〉은 상대방의 제안이나 호의를 받아들일 때 쓰는 표현이다.

take ~ up on ~의 제안을 받아들이다 **discount** 할인 정답_(a)

13

M Did you ask Annie before borrowing her laptop?
W ______________________________

(a) No, but she'd offer if she had one.
(b) Sorry. I thought we were done with it.
(c) She won't mind. She said I can use it.
(d) Don't worry. I gave mine away.

번역

M 애니의 휴대용 컴퓨터를 빌리기 전에 그녀에게 물어봤니?
W ______________________________

(a) 아니, 하지만 그녀가 하나 가지고 있었으면 줬을 거야.
(b) 미안해. 나는 우리가 그것을 다 끝낸 줄 알았어.
(c) 그녀는 신경 쓰지 않아. 그것을 써도 된다고 나에게 말해 줬거든.
(d) 걱정하지 마. 내 것을 줘 버렸어.

기출 공략

애니에게 허락을 받고 컴퓨터를 쓰는 것이냐는 질문에 애니가 자기에게 이미 써도 된다고 말했으므로 신경 쓰지 않을 것이라고 대답한 (c)가 적절한 응답이다.

be done with ~를 끝내다, 다 처리하다 **mind** 꺼리다, 싫어하다 **give away** 다 줘버리다 정답_(c)

14

W It's hot in here. Is the air conditioner on?
M ______________________________

(a) Oops. I forgot to turn it off.
(b) Yeah, but it's not really working.
(c) Be patient. You'll feel warmer soon.
(d) I guess so. Just wear a sweater.

번역

W 이 안이 덥구나. 에어컨은 틀었니?
M ______________________________

(a) 이런, 끄는 것을 잊어버렸어.
(b) 응, 하지만 제대로 작동되지 않아.
(c) 좀 더 기다려 봐. 곧 따뜻해질 거야.
(d) 나도 그렇게 생각해. 그냥 스웨터를 입어.

기출 공략

여자는 안이 덥다면서 에어컨이 켜져 있는지 확인하고 있다. 이에 에어컨이 켜져 있지만 제대로 작동하지 않는다고 대답한 (b)가 적절한 응답이다. (c), (d)는 여자가 너무 춥다고 말했을 때 정답이 될 수 있는 응답이다.

air conditioner 에어컨 **on** (전기 등이) 켜져 있는 **working** 작동되는 정답_(b)

15

M We should expand our internship program.
W ______________________________

(a) No, it's already too small.
(b) I don't think we have the capacity to.
(c) But I thought you advocated internships.
(d) I agree. It should be curtailed.

번역

M 우리는 인턴십 프로그램을 확대해야 해.
W ______________________________

(a) 아니, 이미 너무 작아.
(b) 우리에게 그럴 능력이 있지 않을 것 같은데.
(c) 하지만 나는 네가 인턴십 프로그램을 지지한다고 생각했어.
(d) 나도 동의해. 그것은 축소되어야 해.

기출 공략

남자가 인턴십을 확대해야 된다고 말하자, 우리에게 그럴 능력이 없는 것 같다고 말한 (b)가 적절한 응답이다. 이 문장 마지막의 to는 대부정사로 to expand our internship program을 줄인 말이다.

expand 확대하다 **internship** 인턴직, 인턴 근무 기간 **capacity** 능력 **advocate** 지지하다 **curtail** 축소하다 정답_(b)

16

W I'm unhappy with this haircut.
M Why? It's nice.
W Isn't it too short, though?
M ______________________________

(a) Yeah, you should make it shorter.
(b) No, the length is fine.
(c) I'll take whatever you don't want.
(d) Not really. It took a while.

번역

W 나는 이번에 머리를 자른 모양이 마음에 안 들어.
M 왜? 괜찮은데.
W 하지만 너무 짧지 않니?
M ______________________________

(a) 응, 너는 더 짧게 해야 해.
(b) 아니, 길이는 괜찮아.
(c) 네가 원하지 않는 것은 내가 가져갈게.
(d) 꼭 그렇지는 않아. 그것은 시간이 좀 걸렸어.

기출 공략

여자는 이번에 머리를 자른 것이 너무 짧지 않느냐며 불만족스러워하고 있다. 이에 머리 길이가 적당하다고 대답한 (b)가 적절한 응답이다.

be unhappy with ~에 불만족스럽다 **length** 길이 **take a while** 시간이 좀 걸리다

정답_(b)

17

M Have you seen the movie *Untold Story*?
W Yes, it's one of my favorite British films.
M It wasn't made in the US?
W ______________________________

(a) No, it's already out in theatres.
(b) It's actually from England.
(c) I thought it was a commercial film.
(d) Then it must have been filmed in Britain.

번역

M 영화 〈알려지지 않은 이야기〉 봤어요?
W 네, 그것은 내가 제일 좋아하는 영국 영화 중 하나예요.
M 그것은 미국에서 만들어진 게 아니었어요?
W ______________________________

(a) 아니요. 그것은 이미 출시되어 상영 중이에요.
(b) 실제로 그것은 영국에서 만들어졌어요.
(c) 나는 그것이 상업 영화라고 생각했어요.
(d) 그렇다면 그것은 영국에서 촬영된 것이 틀림없겠네요.

기출 공략

여자는 〈알려지지 않은 이야기〉가 영국 영화라고 말하자, 남자는 영화가 미국에서 만들어진 것이 아니냐고 반문하고 있다. 이에 대해 그 영화는 영국에서 만들어졌다고 대답한 (b)가 적절한 응답이다.

out 출시된, 대중에게 공개된 **commercial** 상업의 **film** 촬영하다; 영화

정답_(b)

18

W Let's go to a sauna today.
M No, I'd rather do something outdoors.
W Like hiking?
M ______________________________

(a) I was thinking of a bike ride.
(b) I can't. I'm going to the sauna.
(c) No. I'd prefer to stay inside today.
(d) Fine. Let's just keep hiking then.

번역

W 오늘 사우나에 가자.
M 싫어. 그것보다는 오늘은 야외 활동을 하고 싶어.
W 등산 같은 것 말이니?
M ______________________________

(a) 나는 자전거 타기를 생각하고 있었어.
(b) 나는 못해. 나는 사우나에 갈 예정이거든.
(c) 아니, 오늘은 안에 있을래.
(d) 좋아. 그럼 계속 등산하자.

기출 공략

사우나에 가자는 여자의 제안에 남자는 야외 활동을 하고 싶다고 말하고 있다. 이에 여자는 등산 같은 활동을 말하는 것이냐고 반문하고 있으므로 자전거 타기와 같은 구체적인 생각을 말한 (a)가 적절한 응답이다.

sauna 사우나, 찜질방 **outdoors** 야외에서 **be thinking of** ~를 고려 중인

정답_(a)

19

M They've started road work on route 75.
W Thankfully, it won't inconvenience me much.
M Don't you usually drive that way to work?
W ______________________________

(a) I guess I could start going that way.
(b) Yes, but I can take an alternate route.
(c) That's why it won't affect my commute.
(d) Sometimes, when it's under construction.

번역

M 75번 도로 공사가 시작되었어.
W 다행히도 내가 불편을 겪을 일은 그다지 없을 거야.
M 출근할 때 그 길로 운전해서 가지 않니?
W ______________________________

(a) 그 길로 가기 시작할 수 있을 것 같아.
(b) 응, 하지만 다른 길을 이용할 수 있어.
(c) 그래서 그것은 내 출근길에 영향을 주지 않을 거야.
(d) 가끔씩 도로가 공사 중일 때.

기출 공략

남자는 75번 도로에서 공사가 시작되었다고 하면서 여자가 매일 그 길로 출근하지 않느냐고 묻고 있다. 이에 다른 길을 이용하면 된다고 말한 (b)가 적절한 응답이다.

route 길, 경로 **inconvenience** 불편을 끼치다 **alternate** 대체의, 다른 **commute** 출퇴근길 **under construction** 공사 중인

정답_(b)

20

W Is someone at the door?
M I don't think so. Why?
W I could swear I heard a knock.
M ______________________________

(a) I'll go check just to be sure.
(b) Still, I don't think anyone's home.
(c) No, I made sure the door was closed.
(d) Try a little louder, then.

번역

W 누가 문 밖에 있니?
M 아닌 것 같은데. 왜?
W 분명히 노크 소리를 들었어.
M ______________________________

(a) 가서 확인해 볼게.
(b) 그래도 나는 아무도 집에 없는 것 같아.
(c) 아니, 나는 분명히 문이 닫혀 있는 것을 확인했어.
(d) 그러면 좀 더 크게 해봐.

기출 공략

여자는 노크 소리를 분명히 들었다며 밖에 누군가 있는 것 같다고 말하고 있다. 이에 대해 나가서 확인해 보겠다는 (a)가 적절한 응답이다.

swear 맹세하다 **be sure** 확신하다 **make sure** 반드시 ~하다

정답_(a)

21

M Are you renewing your apartment lease?
W I haven't decided. It expires in a month.
M Doesn't the landlord require a month's notice?
W ______________________________

(a) He's making an exception for me.
(b) Only if I've already signed a lease.
(c) Yeah, he made me renew early.
(d) I guess I can wait a month.

번역

M 아파트 임대 계약을 갱신할 거니?
W 아직 결정하지 않았어. 한 달 후에 계약이 만료될 거야.
M 집주인이 한 달 전에 알려 달라고 하지 않니?
W ______________________________

(a) 그는 나에게 예외를 허락했어.
(b) 이미 임대 계약에 서명한 경우에만.
(c) 그래, 그는 내가 일찍 갱신하게 했어.
(d) 나는 한 달 더 기다려도 될 것 같아.

기출 공략

아파트 임대 계약 종료를 한 달 앞두고 아직 재계약 여부를 집주인에게 알리지 않은 여자에게, 남자는 한 달 전에는 재계약 여부를 알려야 하지 않느냐고 묻고 있다. 이에 집주인이 자신에게는 예외를 허락했다고 대답한 (a)가 적절한 응답이다.

renew 갱신하다 **lease** 임대 **expire** 만료되다 **landlord** 집주인 **a month's notice** 한 달 전 통보 **make an exception** 예외를 허락하다 **sign a lease** 임대 계약에 서명하다

정답_(a)

22

W How is your steak?
M It's a little overcooked.
W Complain to the waiter, then.
M ______________________

(a) No, I won't let that one pass.
(b) I don't want to make a fuss.
(c) OK, I'll compliment the chef.
(d) Cooking it a little more will solve the problem.

번역

W 스테이크 어떠니?
M 좀 과하게 익힌 것 같아.
W 그러면 웨이터에게 항의해.
M ______________________

(a) 아니, 이 문제는 눈감고 넘어가지 않을 거야.
(b) 소란을 피우고 싶지 않아.
(c) 좋아, 요리사에게 칭찬할게.
(d) 좀 더 익히면 해결될 거야.

기출 공략

남자는 자신의 스테이크가 너무 많이 익혀졌다고 말하자, 여자가 웨이터에게 항의하라고 말한다. 이에 대한 응답으로 소란을 피우고 싶지 않다는 (b)가 적절하다. (a)는 No 대신 Yes가 쓰였다면 정답이 될 수 있는 선택지이다.

overcooked 너무 익힌 **let ~ pass** (어떤 문제를) 그냥 넘어가다 **make a fuss** 소란을 피우다 **compliment** 칭찬하다 정답_(b)

23

M Hello, I'm Mark, the new reporter.
W I'm Vanessa. I'll be coordinating your training.
M Are you the staff supervisor here?
W ______________________

(a) I look forward to meeting him.
(b) Yes, I'm head of this department.
(c) I'll find out for you.
(d) No, you'll have to ask the supervisor.

번역

M 안녕하세요. 저는 마크입니다. 신입 기자예요.
W 저는 바네사예요. 제가 당신의 교육을 편성할 거예요.
M 당신이 여기서 직원들을 관리하시나요?
W ______________________

(a) 그를 만나기를 고대하고 있어요.
(b) 그래요, 제가 여기 부서장이에요.
(c) 당신을 위해서 제가 알아볼게요.
(d) 아니에요. 관리자에게 물어보셔야 해요.

기출 공략

여자는 새로 입사한 기자의 교육을 편성할 것이라고 말하고 있다. 이에 남자는 여자에게 직원을 관리하는 사람인지 묻고 있다. 이에 자신이 여기 부서의 부서장이라고 말한 (b)가 적절한 응답이다.

coordinate 구성하다, 편성하다 **supervisor** 관리자 **head** 장, 우두머리 **department** 부서 정답_(b)

24

W You're dressed up today. What's the occasion?
M Nothing special.
W But you rarely wear a suit.
M ______________________

(a) I should've worn one today.
(b) That's OK. I'm more about comfort.
(c) Thanks, I appreciate the offer.
(d) I just felt like looking nice today.

번역

W 오늘 멋지게 차려 입었네. 무슨 일이야?
M 별로 특별한 일 없어.
W 하지만 너는 좀처럼 정장을 입지 않잖아.
M ______________________

(a) 나는 오늘 정장을 입었어야 했어.
(b) 괜찮아. 나는 편안한 것이 더 좋아.
(c) 고마워. 그 제안 감사히 받아들일게.
(d) 오늘은 그냥 멋있게 보이고 싶었어.

기출 공략

여자는 남자에게 웬일로 정장을 그렇게 멋지게 차려 입었느냐고 묻고 있다. 이에 그냥 멋지게 보이고 싶어서 그랬다는 (d)가 적절한 응답이다.

be dressed up 멋지게 차려 입다 **What's the occasion?** 무슨 (좋은) 일 있니? **rarely** 드물게 **appreciate** 감사하게 여기다

정답_(d)

25

M I had a hard time with that article for our sociology class.
W I really liked it.
M You didn't find it confusing?
W ______________________________

(a) It seemed clearer than the article.
(b) It was complex, but interesting.
(c) I'll tell you once I've read it.
(d) I'm not ready to submit it yet.

번역

M 나는 사회학 수업에서 그 기사를 이해하기 힘들었어.
W 나는 진짜 마음에 들던데.
M 헷갈리지 않았니?
W ______________________________

(a) 그 기사에 비해서는 명료해 보이던데.
(b) 복잡했지만 흥미로웠어.
(c) 내가 읽으면 너에게 말해 줄게.
(d) 아직 그것을 제출할 준비가 안됐어.

기출 공략

남자는 여자에게 사회학 수업에서 다룬 기사가 어렵지 않았느냐고 물어보고 있다. 이에 대해서 기사가 복잡하긴 했지만 흥미로웠다고 답한 (b)가 적절한 응답이다.

have a hard time with ~를 다루는 데 힘든 시간을 보내다 **article** 기사, 글 **confusing** 헷갈리는, 혼란스러운 **complex** 복잡한 **once** 일단 ~하면

정답_(b)

26

W Do you see any parking spaces?
M No, try heading toward the back of the lot.
W Will there be spaces there?
M ______________________________

(a) Sure, all of them have been taken.
(b) We won't be staying long enough.
(c) No. There's still plenty of room.
(d) Maybe. It's often empty back there.

번역

W 주차 공간이 보이니?
M 아니, 주차장 뒤쪽으로 가봐.
W 그곳에 공간이 있을까?
M ______________________________

(a) 물론이지, 그곳은 모두 꽉 차 있어.
(b) 우리는 오래 있지 않을 거야.
(c) 아니, 그래도 공간은 많아.
(d) 아마도, 그 뒤쪽이 자주 비어 있거든.

기출 공략

남자와 여자는 주차 공간을 찾고 있는데 남자가 주차장 뒤쪽으로 가 보자고 제안하자, 여자는 그곳에 주차할 곳이 있을지 묻고 있다. 이에 그곳이 자주 비어 있다고 대답한 (d)가 적절한 응답이다.

head toward ~를 향해 나아가다 **back** 뒤쪽에 **lot** (특정 용도로 사용되는) 장소

정답_(d)

27

M Are you organizing the office party?
W Yes, why?
M Do you need volunteers?
W ______________________________

(a) Yes. Just tell me what to do.
(b) Sure, we could use help cleaning up afterwards.
(c) No, but I'm happy to help.
(d) Maybe. Check with whoever's organizing the party.

번역

M 사무실 파티를 계획하고 있니?
W 응, 왜?
M 도울 사람이 좀 필요하니?
W ______________________________

(a) 응, 그냥 내가 할 일을 알려 줘.
(b) 물론이지. 파티 후에 청소할 일손이 필요하거든.
(c) 아니, 하지만 도와주게 되어 기뻐.
(d) 아마도. 파티를 계획하는 사람 아무나 붙잡고 확인해 봐.

기출 공략

남자는 사무실 파티 계획을 도울 사람이 필요하냐고 묻고 있다. 이에 파티가 끝나고 정리할 일손이 필요하다고 대답한 (b)가 적절한 응답이다. (a)는 파티를 도와주는 사람들이 해야 할 말이므로 정답이 될 수 없다.

organize 구성하다, 계획하다 **volunteer** 자원봉사자, 도와주는 사람 **clean up** 치우다 **whoever** ~라면 누구든지

정답_(b)

28

W Hello, Deerpath Middle School.
M Hi, this is Steven Jones. My daughter Stacey will be absent today.
W I see. And what's her homeroom?
M ______________________

(a) She'll be in around 9:30.
(b) She's just feeling a bit sick.
(c) She's in Mrs. Spiegel's class.
(d) She caught the cold there, I think.

번역

W 여보세요. 디어패스 중학교입니다.
M 안녕하세요. 저는 스티븐 존스라고 합니다. 제 딸 스테이시가 오늘 결석할 거예요.
W 그렇군요. 반이 어떻게 되시나요?
M ______________________

(a) 그 아이는 9시 30분경에 도착할 거예요.
(b) 그 아이는 약간 구토기가 있어요.
(c) 그 아이는 스피겔 선생님 반이에요.
(d) 제 생각엔 그 아이가 거기서 감기가 옮은 것 같아요.

기출 공략

남자는 학교에 전화를 걸어 딸이 오늘 학교에 결석할 예정이라고 알리고 있다. 이에 여자는 딸이 무슨 반이냐고 묻고 있다. 이에 적절한 대답은 스피겔 선생님 반이라고 대답한 (c)이다.

homeroom 학생들이 출석 점호 등을 위해 등교하면 모이는 교실
feel sick 토할 것 같다 **catch a cold** 감기에 걸리다 정답_(c)

29

M I wish work started an hour earlier.
W Why don't you suggest it?
M Wouldn't our colleagues balk at the idea?
W ______________________

(a) You never know what they might say.
(b) So that's why you're constantly late.
(c) Try getting more sleep.
(d) They've asked for the time off.

번역

M 업무가 한 시간 일찍 시작했으면 좋겠어.
W 그렇게 하자고 제안하지 그러니?
M 우리 동료들이 그 제안에 대해 망설이지 않을까?
W ______________________

(a) 그들이 뭐라고 말할지 아직 몰라.
(b) 그래서 네가 계속해서 지각하는 거구나.
(c) 좀 더 잠을 자도록 해 봐.
(d) 그들은 휴가를 요청했어.

기출 공략

남자는 업무를 한 시간 일찍 시작하자는 제안을 동료들이 선뜻 받아들이기 힘들 것이라고 생각하여 이를 제안하는 것을 망설이고 있다. 이에 대해 직접 물어보기 전에는 그들의 진짜 의견을 알 수 없다고 말한 (a)가 적절한 응답이다.

I wish ~했으면 좋겠다 **suggest** 제안하다 **balk at** 망설이다
constantly 계속해서 **time off** 휴가 정답_(a)

30

W Are you entering the creative writing contest?
M Do they accept non-fiction submissions?
W No, just fiction and poetry.
M ______________________

(a) Then my work won't qualify.
(b) Whichever category I chose to submit my work in.
(c) Oh. Too bad fiction is all I write.
(d) Either that, or I'll submit some non-fiction.

번역

W 너 창의적 글쓰기 대회에 참가할 거니?
M 논픽션 부문도 받고 있니?
W 아니, 픽션과 시 부문만 받아.
M ______________________

(a) 그러면 내 작품은 자격이 안 되네.
(b) 내 작품을 제출하기로 선택한 어떤 부문이든 상관없어.
(c) 오, 나는 픽션만 써서 유감이야.
(d) 그렇게 하거나, 내가 논픽션을 제출하거나.

기출 공략

남자는 창의적 글쓰기 대회에서 논픽션도 제출할 수 있냐고 질문하자, 이에 여자는 픽션과 시만 지원할 수 있다고 대답하고 있다. 이에 자신의 작품은 지원 자격이 없겠다고 말한 (a)가 정답이다.

enter (대회에) 참가하다 **creative writing** 창의적 글쓰기 **non-fiction** 논픽션, 허구가 아닌 이야기 **submission** 제출된 것, 제출
fiction 소설, 픽션 **qualify** 자격이 있다 정답_(a)

31

M Why don't you come work for my company?
W I'm happy where I am right now.
M We could offer you a higher salary.
W It's not about money. I like my employers.
M Loyalty's admirable, but don't be afraid to make a change.
W I'll give it some thought.

Q What is the man mainly trying to do?
(a) Get the woman's help in finding a position
(b) Convince the woman to be loyal to her company
(c) Suggest that the woman ask for a raise
(d) Lure the woman away from her current position

번역

M 우리 회사에 와서 일 하는 게 어때요?
W 지금 제가 있는 곳이 좋아요.
M 우리는 더 높은 임금을 줄 수 있어요.
W 돈 때문이 아니에요. 우리 고용주들이 마음에 들어요.
M 애사심은 존경할 만하군요. 하지만 변화를 주는 것을 망설이지 마세요.
W 생각을 좀 해 볼게요.

Q 대화에서 남자가 주로 하고 있는 것은?
(a) 일자리를 찾는 데 여자의 도움 구하기
(b) 여자가 직장에 충성하도록 설득하기
(c) 여자에게 임금 인상을 요청하라고 제안하기
(d) 여자가 현재 직장을 그만두도록 유인하기

기출 공략

대화의 첫 부분에서 남자의 대화 목적이 직접적으로 드러나 있다. 즉, 현재 직장을 그만두고 자기의 회사에서 일하는 것이 어떠냐고 제안하고 있다. 이후에도 여자의 현재 직장보다 임금을 더 많이 줄 수 있다며 계속 설득하고 있으므로 정답은 (d)이다.
offer 제안하다 **loyalty** 충성도 **admirable** 존경할 만한 **be afraid to** ~하기를 망설이다 **make a change** 변화를 주다 **convince** 설득하다 **raise** 임금 인상 **lure** 유혹하다 **current** 현재의 **position** 일자리 정답_(d)

32

M Do you know Tim Davis?
W Yeah, he works at our university. You know him?
M We've been friends for years.
W Do you know his wife, Theresa?
M Yes, we've met.
W We were best friends in college.
M What a small world!

Q What are the man and woman mainly discussing?
(a) The universities where they work
(b) Their shared experiences at a university
(c) Their impressions of their colleagues
(d) Acquaintances they have in common

번역

M 팀 데이비스 알아?
W 응, 그는 우리 대학교에서 근무해. 그를 알아?
M 우리는 수년 동안 친구로 지내고 있어.
W 그의 아내 테레사 알아?
M 어, 우리 만난 적이 있어.
W 우리는 대학교에서 제일 친한 친구였어.
M 세상 참 좁네!

Q 남녀가 주로 대화하고 있는 것은?
(a) 자신들이 근무하고 있는 대학교
(b) 대학교에서 함께 했던 경험들
(c) 동료들의 인상
(d) 그들이 서로 알고 있는 지인들

기출 공략

팀 데이비스는 여자의 직장 동료이고 남자의 오래된 친구이다. 팀 데이비스의 아내 테레사는 여자의 친한 친구이고, 남자도 만난 적이 있는 사람이라고 하므로 남자와 여자는 자신들이 서로 알고 있는 지인들에 대해 이야기하고 있는 중이다. 따라서 정답은 (d)이다.
shared 공유된 **impression** 인상 **acquaintance** 알고 지내는 사람, 지인 **have in common** 공통적으로 갖고 있다 정답_(d)

33

W Were you invited to Alicia's wedding?
M Yeah, but I don't think I can go.
W You have to! You've been friends for years.
M Well, it's going to be expensive to fly to Cancun.
W Come on. Destination weddings are fun.
M I'll think about it.

Q What is the woman mainly trying to do?
(a) Convince the man to take her to Cancun
(b) Entice the man to visit her in Cancun
(c) Persuade the man to attend a friend's wedding
(d) Encourage the man to have a destination wedding

번역

W 너 앨리샤의 결혼식에 초대되었니?
M 응, 하지만 갈 수 없을 것 같아.
W 가야 해! 너희들은 수년 동안 친구로 지냈잖아.
M 글쎄, 칸쿤까지 비행기로 가려면 비쌀 거야.
W 그러지 마. 외국에서 하는 결혼식은 재미있어.
M 한번 생각해 볼게.

Q 대화에서 여자가 주로 하고 있는 것은?
(a) 남자에게 자신을 칸쿤에 데려가 달라고 설득하기
(b) 남자에게 칸쿤에 있는 자신을 찾아와 달라고 설득하기
(c) 남자에게 친구의 결혼식에 참석하라고 설득하기
(d) 남자에게 외국에서 결혼식을 올리라고 독려하기

기출 공략

남자의 오랜 친구가 칸쿤에서 결혼식을 올리는데 칸쿤까지 가는 비용이 비싸 결혼식에 가는 것을 망설이자, 여자는 오랜 친구의 결혼식인 데다가, 해외에서 올리는 식은 재미있다며 꼭 참석하라고 독려하고 있다. 따라서 정답은 (c)이다.

destination wedding 해외의 이국적인 장소에서 올리는 결혼식
entice 유혹하다, 꾀다

정답_(c)

34

W Have we received all the design bids for the City Hall renovation project?
M Yes. We'll start reviewing them today.
W I'm guessing cost will be the deciding factor.
M Not necessarily. The mayor said he's concerned with style.
W So we can select something really innovative?
M As long as it's functional, since that's a big concern, too.

Q What are the man and woman mainly discussing in the conversation?
(a) Their proposal for redesigning City Hall
(b) The merits of various design submissions
(c) Criteria for evaluating design project bids
(d) Why City Hall needs to be renovated

번역

W 시청 개축을 위한 설계 입찰을 다 접수했나요?
M 네. 오늘 검토 시작할 거예요.
W 비용이 결정적인 요인이 될 것 같네요.
M 꼭 그렇지는 않아요. 시장님은 스타일을 관심 갖고 보시겠다고 말씀하셨어요.
W 그래서 진짜 혁신적인 설계를 우리가 고를 수 있는 거예요?
M 기능성이 있는 경우에요. 그것도 주요 고려 사항이니까요.

Q 남녀가 주로 대화하고 있는 것은?
(a) 시청 개축을 위한 제안
(b) 다양한 설계 시안 제출의 장점
(c) 입찰된 설계에 대한 평가 기준
(d) 시청이 개축되어야 하는 이유

기출 공략

시청 개축을 위해 제출된 설계들은 스타일과 기능성을 기준으로 평가해서 뽑는다고 했으므로 정답은 (c)이다. 설계 시안이 다양하게 제출되긴 했어도 그 장점에 대해서 이야기하는 것이 아니므로 (b)는 정답이 될 수 없다.

bid 입찰 **renovation** 개축, 내부 공사 **review** 검토하다 **deciding** 결정적인 **factor** 요인 **necessarily** 필수적으로 **mayor** 시장 **be concerned with** ~에 관심이 있는 **innovative** 혁신적인 **functional** 기능적인 **concern** 중요하게 생각되는 것 **merit** 장점 **submission** 제출 **criteria** 평가 기준 **evaluate** 평가하다 **renovate** (건물을) 개조하다

정답_(c)

35

M The price of Bellview's real estate has surged.
W Really? We should've bought property there.
M Yeah, what an opportunity that was!
W We had the money, and the time was right.
M I can't believe we didn't take the plunge!
W Well, it's too late now.

Q What are the man and woman mainly doing in the conversation?
(a) Discussing the prospect of purchasing property
(b) Lamenting a missed opportunity to buy property
(c) Complaining about Bellview's exorbitant property prices
(d) Expressing regret about investing in property in Bellview

번역

M 벨뷰의 부동산 가격이 올랐어.
W 정말? 그곳 부동산을 매입했어야 했는데.
M 그래, 정말 좋은 기회였는데!
W 우리는 그럴 만한 돈이 있었고, 시기도 적절했어.
M 우리가 과감하게 행동에 옮기지 못했다니 믿을 수 없어!
W 음, 이젠 너무 늦었어.

Q 남녀가 주로 대화하고 있는 것은?
(a) 부동산 매입 전망을 논의하기
(b) 부동산 매입 기회를 놓친 것을 한탄하기
(c) 벨뷰의 비싼 부동산 가격에 대해 불평하기
(d) 벨뷰 부동산에 투자한 것에 대해 후회하기

기출 공략

남자와 여자는 벨뷰의 부동산의 가격이 오른 것을 두고, 전에 돈도 있었고 시기도 적절했음에도 불구하고 부동산 구입 기회를 놓쳐버린 것에 대해 안타까워하고 있다. 따라서 정답은 (b)이다.

real estate 부동산 **surge** 급등하다 **property** 부동산 **take the plunge** (오랜 고민 끝에) ~을 단행하다 **prospect** 전망 **lament** 탄식하다 **exorbitant** 과도한, 지나친

정답_(b)

36

W Hi, I have a question about my bank account balance.
M Certainly. What's your account number?
W It's 858-931. I think I'm missing a deposit.
M The last record of a deposit was two days ago.
W But I should've received another one yesterday.
M Processing takes up to 24 hours, so check again tomorrow.

Q What is the woman mainly doing in the conversation?
(a) Requesting that a payment from her account be cancelled
(b) Inquiring about a recent deposit into her account
(c) Setting up a transfer between her accounts
(d) Explaining why her account balance is low

번역

W 안녕하세요, 제 은행 계좌 잔고에 대해서 질문이 있어요.
M 네, 도와드리겠습니다. 계좌 번호가 어떻게 되시나요?
W 858-931입니다. 한 건의 입금 기록이 누락된 것 같아서요.
M 마지막 입금 기록이 이틀 전이었군요.
W 하지만 어제 입금한 기록이 하나 더 있어야 해서요.
M 입금 처리는 24시간까지 걸릴 수 있습니다. 그러니 내일 다시 확인해 보십시오.

Q 대화에서 여자가 주로 하고 있는 것은?
(a) 계좌에서 돈을 지급한 것을 취소해 달라고 요청하기
(b) 최근의 계좌 입금 건에 대해 문의하기
(c) 자신의 계좌 간의 송금을 처리하기
(d) 자신의 통장 잔고가 낮은 이유를 설명하기

기출 공략

여자는 어제 통장에 입금된 것이 기록에 남지 않은 것에 대해 직원에게 문의하고 있다. 남자는 입금 처리는 24시간까지 걸릴 수 있다며 내일 다시 확인하라고 말하고 있다. 따라서 정답은 (b)이다.

bank account 은행 계좌 **balance** (통장의) 잔고 **deposit** 입금 **processing** 처리 **take** (~의 시간이) 걸리다 **up to** 최대 ~까지 **payment** 지급 **inquire about** ~에 대해 묻다 **set up** 처리하다, 해결하다 **transfer** 송금

정답_(b)

37

M They're going to dredge the lake of pollutants.
W Finally! It's been seriously contaminated for years.
M They should just leave it alone.
W And forget about all the dangerous toxins?
M Dredging could stir up the pollution and make the lake even worse!
W Well, it's not going away by itself. Something has to be done.

Q What are the man and woman mainly discussing?
(a) Whether dredging is the best response to the lake's pollution
(b) Whether the lake's pollution has become more serious
(c) How dredging limits the spread of toxins in the lake
(d) A less dangerous alternative to dredging the lake

번역

M 호수 바닥에서 오염 물질을 건져서 제거할 거래.
W 드디어 하는구나! 호수는 수년 동안 심각하게 오염되어 있었는데.
M 그냥 그대로 놔두는 게 더 좋아.
W 그 위험한 독극물들을 다 잊어버리자고?
M 바닥을 파헤치면 오염 물질을 휘저어 놓아서 호수 상태를 더 악화시킬 거야!
W 음, 저절로 오염이 사라지지는 않을 거야. 조치가 취해져야 해.

Q 남녀가 주로 대화하고 있는 것은?
(a) 바닥을 파헤치는 것이 호수 오염에 대한 가장 좋은 대응책인지
(b) 호수 오염이 더 심해지고 있는 것인지
(c) 바닥을 파헤치면 호수의 독극물 확산을 어떻게 막을 수 있는지
(d) 호수 바닥을 파헤치는 것보다 덜 위험한 대안

기출 공략

여자는 호수 바닥에서 오염 물질을 건진다는 소식을 반기는 반면, 남자는 오염 물질을 파헤치는 것은 호수 오염을 더 악화시킬 것이라며 호수를 그대로 놔둬야 한다는 입장을 취하고 있다. 따라서 대화의 주제는 (a)이다.

dredge (호수, 강의) 바닥을 파헤치다 **pollutant** 오염 물질 **contaminate** 오염시키다 **stir up** 휘젓다 **by itself** 스스로, 저절로 **alternative** 대안

정답_(a)

38

W What's your airline's free baggage allowance?
M Is this for an international flight?
W Yes, from Seoul to Vancouver.
M For international flights, we allow two bags.
W And the maximum weight is 32 kilograms per bag, right?
M For first class. But you're in economy, so the limit's 23 kilograms.

Q Which is correct according to the conversation?
(a) International passengers are allowed only one bag.
(b) The woman's trip originates in Vancouver.
(c) The baggage allowance for economy class is 32 kilograms.
(d) The woman does not have a first class ticket.

번역

W 비행편의 무료 수하물 허용량이 얼마나 되나요?
M 국제선 말씀이신가요?
W 네, 서울에서 밴쿠버까지 가는 비행편이에요.
M 국제 비행편은 가방 2개까지 허용하고 있습니다.
W 그리고 가방당 최대 32킬로그램까지 허용되는 것 맞죠?
M 그건 일등석이고요. 손님은 이코노미석을 이용하시므로 23킬로그램까지 허용됩니다.

Q 대화에서 다음 중 옳은 것은?
(a) 국제선 탑승객의 경우 하나의 가방만 허용된다.
(b) 여자의 출발지는 밴쿠버이다.
(c) 이코노미석의 수하물 허용량은 32킬로그램이다.
(d) 여자에게는 일등석 표가 없다.

기출 공략

국제선은 가방을 2개까지 허용하는데, 1등석의 경우 가방당 최대 32킬로그램까지, 이코노미석은 가방당 최대 23킬로그램까지 허용하고 있다. 여자는 서울에서 출발해 밴쿠버로 갈 예정이며 이코노미석을 이용하므로 정답은 (d)이다.

free baggage allowance 무료 수하물 허용량 **international flight** 국제선 **maximum** 최대(의) **first class** (비행기 등의) 일등석 **economy** 이코노미석 **originate** 시작하다

정답_(d)

39

M Can I borrow your lawnmower?
W Didn't you buy one last week?
M I did, but it broke down this morning.
W Oh no! Can you exchange it for a new one?
M No, but it's still under warranty, so I took it to get it repaired.
W Well, use mine whenever you need it.

Q Which is correct about the man according to the conversation?
(a) The lawnmower he bought broke down last week.
(b) He exchanged his lawnmower for a new one.
(c) The warranty for his lawnmower has expired.
(d) He has taken his lawnmower out to be repaired.

번역

M 잔디 깎는 기계 좀 빌릴 수 있니?
W 너 지난주에 하나 사지 않았니?
M 그랬지, 그런데 오늘 아침에 고장 났어.
W 오, 이런! 새것으로 교환할 수 있니?
M 아니, 하지만 아직 품질 보증 기간이 남아서 수리를 맡겼어.
W 음, 필요하면 언제든지 내 것을 쓰도록 해.

Q 대화에서 남자에 관한 내용으로 옳은 것은?
(a) 남자가 구입한 잔디 깎는 기계는 지난주에 고장 났다.
(b) 남자는 잔디 깎는 기계를 새것으로 교환했다.
(c) 잔디 깎는 기계의 품질 보증 기간이 만료되었다.
(d) 남자는 잔디 깎는 기계의 수리를 맡겼다.

기출 공략

남자는 지난주에 산 잔디 깎는 기계가 오늘 아침에 고장 나서 여자의 것을 빌리려 하고 있다. 남자는 고장 난 기계를 새것으로 교환할 수는 없지만 보증 기간이 남아서 수리를 맡겼다고 말하고 있으므로 정답은 (d)이다.

lawnmower 잔디 깎는 기계 **break down** 고장 나다 **under warranty** 품질 보증 기간이 남은 **expire** 만료되다 정답_(d)

40

W Honey, I can't believe how high last month's gas bill came out!
M It was January. Heating is expensive in winter.
W Well, the bill shows a comparison with last January, and we're paying more now.
M That's because gas prices have risen.
W True, but we've also consumed more.
M Really? Then we should turn the thermostat down.

Q Which is correct according to the conversation?
(a) The woman is surprised by the gas bill's low cost.
(b) The couple's gas bill was higher last January than now.
(c) Gas prices went up while the couple's gas consumption went down.
(d) The man suggests lowering the thermostat.

번역

W 여보, 지난달 가스비가 너무 높게 나왔지 뭐예요!
M 1월분이잖아요. 겨울에는 난방비가 비싸니까요.
W 음, 청구서에 작년 1월 난방비를 비교해서 보여주는데, 이번에 더 많이 나왔어요.
M 가스비가 올랐기 때문이겠지요.
W 맞아요. 그런데, 가스를 더 많이 쓴 것도 있어요.
M 정말이에요? 그러면 온도를 좀 더 낮춰야겠네요.

Q 대화에서 다음 중 옳은 것은?
(a) 여자는 가스비가 낮게 나와서 놀랐다.
(b) 부부의 가스비는 작년 1월이 올해보다 더 높았다.
(c) 부부의 가스 이용량은 낮아진 반면, 가스비는 올랐다.
(d) 남자는 온도 조절 장치를 낮추라고 제안하고 있다.

기출 공략

부부가 사용한 올해 1월분 가스비가 작년 1월분에 비해서 높게 나왔다고 한다. 그 이유로 가스비가 오른 점과 작년에 비해서 더 많은 가스를 소비한 점이 언급되었다. 이에 남자는 실내 온도를 낮추라고 제안하고 있으므로 정답은 (d)이다.

comparison 비교 **consume** 소비하다 **thermostat** 온도 조절 장치 **consumption** 소비 **lower** 낮추다 정답_(d)

41

W Let's all go to Viva for Danielle's twentieth birthday.

M No way. Their food is good, but their service is horrible!

W The service was fine when I ate there last week.

M But it was awful when I went on opening night last month.

W Have you been back? They've obviously sorted their problems out.

M No, but I still wouldn't trust them with a large party.

Q Which is correct according to the conversation?
(a) The man was dissatisfied with Viva's food.
(b) The woman found no problems with Viva's service.
(c) The woman went to Viva before the man.
(d) The man has dined at Viva multiple times.

번역

W 다니엘의 20번째 생일을 위해 모두 비바로 가자.
M 안 될 말이야. 그곳 음식은 괜찮지만 서비스는 형편없어!
W 내가 지난주에 먹었을 때는 서비스가 괜찮던데.
M 하지만 지난달 개업일 밤에 갔을 때는 엉망이었어.
W 거기에 다시 가 봤니? 그 문제점을 시정한 것이 눈에 보이던데.
M 안 갔어. 하지만 큰 파티가 열리는 경우는 믿지 못하겠어.

Q 대화에서 다음 중 옳은 것은?
(a) 남자는 비바의 음식이 불만족스러웠다.
(b) 여자는 비바의 서비스에 불만이 없었다.
(c) 여자는 남자보다 먼저 비바에 갔다.
(d) 남자는 비바에서 여러 번 식사를 했다.

기출 공략

남자가 비바에서 생일 파티를 여는 것을 반대하는 이유는 개업일의 서비스가 형편없었기 때문이다. 그 이후 남자는 두 번 다시 거기에 가지 않았다. 여자가 지난주에 그 식당에 갔을 때에는 서비스가 개선되었으므로 서비스에 대해 불만이 없는 상태이다. 따라서 정답은 (b)이다.

horrible 형편없는 **awful** 끔찍한, 지독한 **obviously** 명백히, 눈에 뜨이게 **sort out** (문제를) 해결하다 **dissatisfied** 만족하지 못한 **dine** 식사를 하다 **multiple times** 여러 번

정답_(b)

42

M Hi, this sweater is too small. Can I exchange it for a large?

W Sorry, that style is out of stock.

M Can I get a cash refund, then?

W Do you have the receipt?

M No, it was a gift from my sister.

W Oh, then we can only offer you store credit.

Q Which is correct about the man according to the conversation?
(a) The sweater he wants to exchange is too large.
(b) The store ran out of the sweater he wants.
(c) He got the sweater as a gift for his sister.
(d) He cannot get store credit without a receipt.

번역

M 안녕하세요. 이 스웨터가 너무 작아서요. 더 큰 것으로 교환할 수 있나요?
W 죄송합니다. 그 스타일은 재고가 다 떨어졌네요.
M 그러면 현금으로 환불 가능한가요?
W 영수증 갖고 계신가요?
M 아니요. 제 여동생에게 선물로 받은 거라서요.
W 아, 그러면 스토어크레딧 제공만 가능합니다.

Q 대화에서 남자에 관한 내용으로 옳은 것은?
(a) 남자가 교환하고 싶은 스웨터는 너무 크다.
(b) 남자가 원하는 스웨터의 재고가 가게에 없다.
(c) 남자는 여동생에게 선물로 주려고 스웨터를 샀다.
(d) 남자는 영수증이 없으면 스토어크레딧을 받을 수 없다.

기출 공략

남자는 여동생으로부터 선물 받은 스웨터가 너무 작아서 더 큰 사이즈로 교환하고 싶지만 가게에 재고가 없어 환불을 요청하고 있다. 따라서 정답은 (b)이다.

out of stock 재고가 없는 **get a refund** 환불 받다 **store credit** 물건 값을 상점의 채무로 처리하는 것 **ran out of** ~이 다 떨어지다, 소진되다

정답_(b)

43

W Is that painting a Matisse? It must have cost a fortune!
M It's been in my family for years, but actually, I found out it's a fake.
W Wow, it looks so real!
M I know. Even my appraiser was taken in for a bit.
W Why do you keep it, if it's not worth anything?
M I just like how it looks.

Q What can be inferred about the man from the conversation?
(a) He had the painting evaluated by an expert.
(b) He keeps the painting for its high monetary value.
(c) He wants his painting to be known as a genuine Matisse.
(d) He purchased the painting knowing it was not genuine.

번역

W 저 그림은 마티스의 그림이니? 진짜 비싸겠구나!
M 수년 동안 우리 가족이 소장하고 있던 건데, 사실 가짜라는 것을 알게 되었어.
W 와, 정말 진짜 같아.
M 맞아. 우리 감정가조차도 잠깐 속았었다니까.
W 가치가 없는데 왜 계속 가지고 있는 거니?
M 그냥 그림이 마음에 들어서.

Q 대화에서 남자에 대해 유추할 수 있는 것은?
(a) 남자는 전문가로부터 그림을 감정 받았다.
(b) 남자가 그림을 소장하고 있는 것은 비싼 가치 때문이다.
(c) 남자는 그의 그림이 진짜 마티스의 작품이라고 알려지길 바라고 있다.
(d) 남자는 진품이 아니라는 것을 알고 그림을 구입했다.

기출 공략

남자는 수년 동안 소장해 온 마티스의 그림이 진품이 아니라는 것을 알게 되었고, 이 그림을 감정해 준 전문가조차 진품이라고 잘못 생각하고 있었다고 하므로 이 대화에서 알 수 있는 내용은 (a)이다.

a Matisse 마티스의 작품 한 점 **cost a fortune** 돈이 많이 들다 **fake** 가짜의 **appraiser** (예술 작품의) 감정가 **take in** ~를 속이다 **for a bit** 잠시 동안 **evaluate** 평가하다 **expert** 전문가 **monetary value** 돈의 가치 **genuine** 진품의

정답_(a)

44

M Honey, what was City Auto's estimate to repair your car?
W They quoted $100.
M That's suspiciously low. Did they inspect it carefully?
W I don't know. Should we wait and take it to our regular mechanic?
M Yeah, I want his opinion.
W OK. But you'll need to drive me to work until he's available.

Q What can be inferred from the conversation?
(a) The woman obtained an estimate from their regular mechanic.
(b) The couple's regular mechanic works at City Auto.
(c) The man suspects City Auto will not provide quality repairs.
(d) The woman will continue to drive her car without getting it repaired.

번역

M 여보, 시티 오토의 차량 수리 견적이 얼마나 나왔어요?
W 100달러로 책정했어요.
M 금액이 너무 낮아서 수상해요. 그들이 자세히 차량을 점검했나요?
W 모르겠어요. 좀 더 기다렸다가 단골 정비사에게 맡기는 것이 좋을까요?
M 그래요. 그의 의견을 듣고 싶네요.
W 좋아요. 하지만 그가 시간이 날 때까지 당신이 저를 직장까지 태워줘야 해요.

Q 대화로부터 유추할 수 있는 것은?
(a) 여자는 단골 정비사로부터 견적서를 받았다.
(b) 부부의 단골 정비사는 시티 오토에서 근무한다.
(c) 남자는 시티 오토가 제대로 수리해 주지 않을지도 모른다고 생각하고 있다.
(d) 여자는 차를 수리 받지 않고 계속해서 운전할 것이다.

기출 공략

남자는 시티 오토에서 나온 차량 수리 견적이 너무 낮게 책정되어 이상하다며 차량을 자세히 점검했는지 의심하고 있다. 또 남자는 시티 오토가 아닌 단골 정비사에게 수리를 맡기는 것이 낫다고 생각하므로 대화로부터 추측할 수 있는 내용은 (c)이다.

estimate 견적(서) **quote** 견적을 내다 **suspiciously** 의심스럽게, 수상하게 **inspect** 점검하다 **regular** 단골의 **mechanic** 정비사 **available** 이용할 수 있는 **suspect** 의심하다 **quality** 질 좋은, 양질의

정답_(c)

45

M How's the grant application? Was everything I wrote OK?
W Yes! I'll finish my revisions with time to spare.
M Can I take another look at the budget section?
W I haven't changed anything, but go right ahead.
M I think I forgot to account for equipment maintenance.
W We shouldn't forget that!

Q What can be inferred from the conversation?
(a) The man created the draft of the grant proposal.
(b) The woman is late finalizing the grant application.
(c) The man and woman are applying for different grants.
(d) The woman already added maintenance costs to the budget.

번역

M 지원금 신청서는 어때요? 제가 쓴 것 모두 문제없나요?
W 네, 일찍 검토를 끝마칠 것 같아요.
M 제가 예산 항목을 한 번 더 볼 수 있을까요?
W 하나도 고치지 않았는데, 먼저 한 번 보세요.
M 설비 유지비를 잊어버리고 기입하지 않은 것 같아서요.
W 그것은 잊어버리면 안 돼요!

Q 대화로부터 유추할 수 있는 것은?
(a) 남자는 지원금 신청서의 초안을 작성했다.
(b) 여자는 지원금 신청서 마무리 작업이 늦어지고 있다.
(c) 남자와 여자는 서로 다른 지원금을 신청하고 있다.
(d) 여자는 이미 예산에 유지비 내용을 추가했다.

기출 공략

여자는 남자가 작성한 지원금 신청서를 검토하고 있는 중이므로 정답은 (a)이다. 여자는 신청서 검토가 일찍 끝날 것 같다고 했고, 예산 항목은 아무것도 고친 것이 없으므로 나머지 선택지는 맞지 않다.
grant application 지원금 신청서 **revision** 수정 **with time to spare** 일찍, 시간적인 여유를 두고 **take another look at** 다시 한 번 보다 **budget** 예산 **account for** 액수를 기입하다 **maintenance** 유지 **draft** (문서의) 초안 **finalize** 마무리 작업하다 **maintenance cost** 유지비

정답_(a)

46

Attention, everyone! As you know, the bus trip to the beach is next weekend. Last time we all went there, a few people weren't at the departure spot on time, and we ended up having to wait for half an hour. So next weekend, we're going to adhere to our program strictly. The bus leaves for the beach at seven o'clock, so please come on time.

Q What is the main purpose of the announcement?
(a) To invite people to a trip to the beach
(b) To warn people that the beach trip could start late
(c) To remind people of what time the beach trip will finish
(d) To advise people to be punctual for the bus to the beach

번역

모두들 주목해 주세요! 여러분도 알다시피 해변으로 가는 버스 여행은 다음 주말에 있습니다. 지난번 우리 모두가 그곳에 갔을 때, 몇 사람이 제시간에 출발 장소로 오지 않아서, 30분 동안 기다려야 했습니다. 그래서 다음 주말에는 일정을 엄격히 따를 것입니다. 버스는 7시에 해변을 향해 떠날 것이니 제시간에 나와 주시기 바랍니다.

Q 공지의 주된 목적은?
(a) 사람들을 해변 여행에 초대하려고
(b) 해변 여행 출발이 지연될 수 있다는 것을 경고하려고
(c) 사람들에게 해변 여행이 몇 시에 끝나는지 상기시키려고
(d) 사람들에게 해변으로 가는 버스에 제시간에 나오라고 권고하려고

기출 공략

지난번 버스 여행 때 시간 약속을 안 지킨 사람들 때문에 버스가 늦게 출발했다는 점을 상기시키며, 이번에는 무조건 버스가 7시에 출발할 것이라며 사람들에게 시간 약속을 지킬 것을 당부하고 있다. 따라서 정답은 (d)이다.
departure 출발 **spot** 장소 **end up -ing** ~로 끝나다 **adhere to** ~를 고수하다 **strictly** 엄격히 **leave for** ~를 향해 출발하다 **on time** 시간에 맞춰 **warn** 경고하다 **punctual** 시간 약속을 지키는

정답_(d)

47

Jobs in the meatpacking industry have long been among the most hazardous in the world. During the twentieth century, various countries implemented labor reforms that reduced the number of worker injuries in meatpacking plants, but such jobs are still dangerous by nature. Since it involves fast, repetitive work with sharp tools and wet surfaces, workers today often suffer repetitive-motion disorders, cuts, and falls.

Q What is the main topic of the talk?
(a) The history of labor disputes involving meatpacking workers
(b) The persistent dangers of working in the meatpacking industry
(c) Reasons why more stringent food-safety regulations are needed
(d) Ways to prevent injuries in meat-processing plants

번역

고기 도축 산업의 직업은 예전부터 세상에서 가장 위험한 종류에 속했다. 20세기에는 다양한 국가들이 노동 개혁을 실시해 노동자가 도축 공장에서 입는 부상 건수를 줄였지만, 이 직업은 여전히 태생적으로 위험하다. 이 작업은 미끄러운 바닥 위에서 날카로운 도구를 이용한 빠르고 반복적인 동작을 요구하기 때문에 오늘날의 노동자들은 자주 반복 동작성 질환과 칼에 베이는 부상과 넘어지는 사고에 시달린다.

Q 담화의 주제는?
(a) 고기 도축 노동자들이 참여한 노동 쟁의의 역사
(b) 고기 도축 산업 현장에 상주하는 위험
(c) 좀 더 엄격한 식품 안전 규제가 필요한 이유
(d) 육류 가공 공장에서 부상을 줄이는 법

기출 공략

고기 도축은 업무 고유의 특징 때문에 부상의 위험이 크다고 하면서 노동 환경이 개선된 오늘날에도 도축 노동자들은 여러 가지 업무상 재해에 시달린다는 내용이므로 정답은 (b)이다.

meatpacking 고기 도축 **industry** 산업 **hazardous** 위험한 **implement** (법을) 실시하다 **labor reform** 노동 개혁 **injury** 부상 **by nature** 본래 **repetitive** 반복적인 **suffer** 시달리다 **repetitive-motion disorders** 반복 동작성 질환 **labor dispute** 노동 쟁의 **persistent** 계속 존재하는 **stringent** 엄격한 **regulation** 규제 **meat-processing** 육류 가공 정답_(b)

48

Good effort in the last volleyball match, team! As you know, next up is the championship, so we need to be at the top of our game. Where we fell short last time was our defensive coverage. Fortunately, our opponent's offense was weak, so we got away with it. But in the tournament's final match, we'll be facing our toughest opponent yet, so we have to stay on our toes. We have the discipline and focus to win, so let's do it!

Q What is the main purpose of the talk?
(a) To motivate the team to perform well in their next match
(b) To explain changes in the team's offensive strategy
(c) To congratulate the team on a recent victory
(d) To announce the team's next volleyball tournament

번역

지난번 배구 경기에서 수고가 많았습니다! 여러분도 알다시피, 다음 경기는 챔피언전이므로 경기력이 최상의 상태에 있어야 합니다. 지난번 우리는 수비에서 취약점을 보였습니다. 다행히 상대편의 공격이 약해서 우리는 취약한 수비력에도 패배를 면할 수 있었습니다. 하지만 대회 결승전에서 가장 강한 상대와 겨뤄야 하기 때문에 철저히 대비하고 있어야 합니다. 우리는 이기기 위한 절제력과 집중력이 있습니다. 자, 잘 해 봅시다!

Q 담화의 주요 목적은?
(a) 다음 경기에서 팀이 잘 싸울 있도록 동기 부여하기
(b) 팀의 공격 작전 변경에 대해 설명하기
(c) 팀이 최근에 승리를 거둔 것에 대해 축하하기
(d) 팀의 다음에 있을 배구 대회 발표하기

기출 공략

화자는 다음 번 배구 경기에 가장 강한 상대와 겨뤄야 한다면서 팀의 수비력을 보강해서 전투력을 최상으로 만들어서 잘 싸우자고 팀을 격려하고 있으므로 정답은 (a)이다.

at the top of our game 경기력이 최상인 **fall short** 부족하다 **defensive** 방어의 **coverage** 범위 **opponent** 상대편 **offense** 공격 **get away with** (처벌, 곤란한 상황을) 모면하다 **tournament** 대회, 시합 **on one's toes** 경계 태세의, 준비된 상태의 **discipline** 절제력, 훈련, 규율 **motivate** 동기를 부여하다 **offensive** 공격의 **strategy** 전략 **congratulate** 축하하다

정답_(a)

49

US military forces have been stationed in Japan for over sixty years. Following World War II, the two nations signed treaties specifying the presence of US troops in Japan. This was both a safeguard against a resurgence of Japan's imperialistic sentiments, and a strategic alliance during the Cold War. But both of these concerns are history, and there is no reason for US forces to remain. Japan now has the resources to provide its own security, and the American military is needed elsewhere in the world.

Q What is the speaker's main point?
(a) Japan's military is incapable of self-defense.
(b) Japan should not receive US monetary aid.
(c) The US is obligated by treaty to defend Japan.
(d) The US forces' presence in Japan is no longer justified.

번역

미군은 60년 이상 일본에 주둔해 왔다. 제2차 세계 대전이 끝나고, 두 국가는 일본 내의 미군 주둔을 명시하는 조약에 서명했다. 이것은 일본에서 제국주의 정서가 재발하는 것을 예방하는 동시에, 냉전 기간 동안 전략적 동맹 관계로서의 역할을 했다. 하지만 이 두 가지 사안은 이제 과거의 유물이 되어 더 이상 미군이 주둔할 이유가 없어졌다. 일본은 이제 스스로 안보를 지킬 수 있는 자원이 있고, 다른 지역에서도 미군이 필요하다.

Q 화자의 요점은?
(a) 일본군은 스스로 방어할 능력이 없다.
(b) 일본은 미국으로부터 금전적 지원을 받으면 안 된다.
(c) 조약에 따르면 미국은 일본을 보호할 의무가 있다.
(d) 미군의 일본 주둔이 더 이상 정당화되지 않는다.

기출 공략

제2차 세계대전 후 미군의 일본 주둔은 일본의 제국주의 정서가 발생하는 것을 예방하고, 냉전 기간 동안 전략적인 동맹 관계의 역할을 했었지만, 이제는 시대가 변해서 미군이 일본에 주둔할 필요가 없어졌다는 것이 이 글의 요점이다. 따라서 정답은 (d)이다.

military forces 군대 **station** 주둔시키다 **treaty** 조약 **specify** 명시하다 **presence** 존재 **safeguard** 보호책 **resurgence** 재발 **imperialistic** 제국주의의 **sentiment** 정서 **strategic** 전략적인 **alliance** 동맹 **concern** 주요 관심사 **resource** 자원 **security** 안보 **be incapable of** ~를 할 수 없는 **self-defense** 자기 방어 **be obligated to** ~할 의무가 있는 **justify** 정당화하다

정답_(d)

50

For years, Cambodia's coastal city of Sihanoukville languished in the bottom tier of Southeast Asia's beach destinations. But now, new domestic flights from more popular destinations in Cambodia have kick-started the city's tourism industry. Entrepreneurs once frustrated by the lack of air connections to Sihanoukville have spotted a new opportunity there, and they are investing in prime beach-side land to build luxury hotels and restaurants.

Q What is the main topic of the talk?
(a) The positive impact of air travel on Sihanoukville's tourism sector
(b) New investment opportunities in Cambodia's air travel industry
(c) The growth in demand for beach-side property in Southeast Asia
(d) Construction of a new airport near Sihanoukville

번역

수년 동안 캄보디아의 해안 도시 시아누크빌은 동남아시아 해변 여행지 중 하위에 머물러 있었다. 하지만 지금 캄보디아 내의 인기 관광지로부터 새로운 국내선 서비스가 생겨 이 도시의 관광 산업에 시동을 걸었다. 한때 시아누크빌로 가는 비행기 편이 부족해서 불만이었던 기업가들은 그곳에서 새로운 기회를 발견하고 고급 호텔과 식당을 지을 수 있는 해변의 노른자위 지역에 투자를 하고 있다.

Q 담화의 주제는?
(a) 비행기 여행이 시아누크빌 관광 분야에 미치는 긍정적 영향
(b) 캄보디아 비행기 여행 산업의 새로운 투자 기회
(c) 동남아의 해안 지역 부동산 수요의 증가
(d) 시아누크빌 근처의 신 공항 건설

기출 공략

시아누크빌이 관광지로서 인기가 없다가 새로운 국내선 서비스가 생겨나면서 이 지역에 새로운 투자가 이루어지는 등 관광지로서 새로운 활력을 찾아가고 있다는 것이 이 글의 주제이다. 따라서 정답은 (a)이다.

coastal 해안의 **languish** (안 좋은 상태에) 머물다 **tier** 단계 **destination** (여행) 목적지 **domestic flight** 국내선 **kick-start** 시작하다 **entrepreneur** 기업가 **frustrate** 좌절시키다 **air connection** 비행기 편을 통한 연결 **spot** 발견하다 **prime** 최고의 **positive** 긍정적인 **demand** 수요 **property** 부동산, 재산 **construction** 건축

정답_(a)

51

Every year, our company provides numerous professional development training opportunities, yet few people register for them. Many staff members are simply unaware of these offerings, so we're going to start circulating a monthly listing of training events. Additionally, we're asking department managers to remind staff that our policy is—and has always been—to offer paid time off for training. With these steps, we hope that more people will engage in professional development.

Q What is the main purpose of the announcement?
(a) To circulate an update on policy changes for time off during training
(b) To give details about what training opportunities are available
(c) To request that managers start conducting more staff training
(d) To explain measures to increase participation in training opportunities

번역

매년 우리 회사는 수많은 직업 계발 교육 기회를 제공하지만, 이 교육에 지원하는 직원들이 거의 없습니다. 많은 직원들이 이 점을 잘 모르고 있어서, 우리는 월별 교육 내용이 적힌 목록을 돌리기 시작할 것입니다. 추가적으로 우리는 직원들에게 교육을 받는 대가로 유급 휴가를 제공하는 것이 — 늘 지금까지 그래왔지만 — 저희 회사의 정책이라는 점을 각 부서장으로 하여금 상기시키도록 할 것입니다. 이러한 조치에 힘입어 더 많은 직원들이 직업 교육에 참여할 수 있기를 바랍니다.

Q 공지의 주된 목적은?
(a) 교육 중 휴가 정책 변경에 대한 최신 소식 돌리기
(b) 어떤 교육이 제공될 것인지 세부 내용 전달하기
(c) 부서장들에게 더 많은 직원 교육을 시작할 것을 요구하기
(d) 더 많은 사람들을 교육에 참여시킬 수 있는 방안 설명하기

기출 공략

회사에서 실시되는 직업 교육 기회를 이용하는 참가자가 매우 적은 이유 중 하나로 홍보 부족이 언급되었다. 교육 참여율을 높이기 위해 월별로 제공되는 교육 내용을 직원들에게 돌리고, 교육 대가로 유급 휴가를 제공한다는 점을 직원들에게 상기시킬 것이란 내용이 언급되었으므로 발표문의 목적은 (d)이다.

professional 직업적인 **register for** 등록하다 **be unaware of** ~를 알지 못하는 **offering** 제공 **circulate** 돌리다, 회람하다 **paid time off** 유급 휴가 **engage in** ~에 참여하다 **update** 최신 소식 **conduct** 실행하다 **measure** 조치, 방안 정답_(d)

52

With the recovery of gray wolf populations in the US, the federal government has removed it from the endangered species list and ceded responsibility for its conservation to individual states. In Wyoming, this has resulted in a dispute between state officials on how best to manage the iconic predator. State officials recently lifted a decades-long hunting ban, since the wolf threatens the state's livestock. But a few officials assert that the wolf is an important state symbol in Wyoming and its protection from hunting should be reinstated.

Q What is mainly being stated about the gray wolf?
(a) Wyoming residents cannot decide who has responsibility for protecting it.
(b) State and federal officials cannot agree on how to manage it.
(c) Removal of federal protection has caused a controversy over hunting it.
(d) Officials in Wyoming have successfully defended it from hunting.

번역

미국의 회색늑대 개체수가 회복됨에 따라, 연방 정부는 회색늑대를 멸종 위기종 명단에서 제거하고 이 동물의 보호 의무를 각 주에 이양했다. 이 때문에 와이오밍 주에서 당국자들 사이에 이 상징적인 포식자를 가장 잘 관리할 수 있는 방법을 둘러싸고 논란이 생겼다. 주 당국자들은 최근에 수십 년 동안 유지되어 온 사냥 금지법을 철회했는데, 이는 늑대가 주의 가축들을 위협하고 있었기 때문이다. 하지만 몇몇 당국자들은 늑대는 와이오밍 주를 대표하는 중요한 상징이기 때문에 사냥 금지법을 다시 부활해야 한다고 주장한다.

Q 회색늑대에 대한 주된 내용은?
(a) 와이오밍 주민들은 회색늑대 보호 의무를 누가 가지는지 결정하지 못한다.
(b) 주와 연방 정부 당국자들은 늑대 관리 방법에 대해 의견이 엇갈린다.
(c) 연방 정부의 보호 의무가 없어지자 늑대 사냥을 둘러싸고 논쟁이 벌어졌다.
(d) 와이오밍 주 당국자들은 늑대들을 사냥으로부터 성공적으로 지키고 있다.

기출 공략

연방 정부가 늑대 보호 의무를 각 주에게 이양하자, 각 주의 당국자들 사이에 늑대 사냥 허용을 둘러싼 논쟁이 시작됐다는 것이 이 담화문의 요점이다. 따라서 정답은 (c)이다. 늑대 관리 방법에 관해서는 주 당국자들끼리 의견이 분분한 것이므로 (b)는 정답이 될 수 없다.

recovery 회복 **population** 개체 수 **federal government** 연방 정부 **endangered species** 멸종 위기종 **cede** 양도하다 **conservation** 보존 **result in** ~를 야기하다 **dispute** 논쟁 **iconic** 상징적인 **predator** 포식자 **lift** (제재를) 풀다 **livestock** 가축 **assert** 주장하다 **reinstate** 복귀시키다 **controversy** 논쟁

정답_(c)

53

Taking a group tour? Destinations Plus can help! Design your own custom itinerary with the support of our knowledgeable agents. Or save yourself the hassle of planning and join one of our preplanned tours, which are guaranteed to depart no matter what—even including protection from cancellation due to under-booking. No matter how many people you have in your group, we have a trip for you—and for groups over twenty, the group leader always travels absolutely free!

Q Which is correct according to the advertisement?
(a) Destinations Plus offers preplanned tour packages only.
(b) Destinations Plus caters to any size of group wanting to travel.
(c) Preplanned tours will be cancelled if they are underbooked.
(d) The leader travels free in groups with fewer than twenty people.

번역

단체 여행을 떠나실 건가요? 데스티네이션 플러스가 도와드리겠습니다. 저희의 박식한 여행사 직원의 도움을 받아 여러분 스스로 목적지를 구성해 보세요. 아니면 계획을 짜야 하는 번거로움에서 벗어나 이미 마련된 여행 상품 중 하나에 참여하세요. 이 상품은 무슨 일이 있어도 — 예약 인원 부족으로 일정이 취소될 수도 있는 상황을 포함해서 — 여행을 보장하고 있습니다. 저희는 여러분의 그룹이 몇 명이 되든 여행 서비스를 제공해 드립니다. 단체가 20명이 넘는 경우, 인솔자는 언제나 완전 무료로 여행할 수 있습니다.

Q 광고와 일치하는 것은?
(a) 데스티네이션 플러스는 미리 준비된 여행 상품만 제공한다.
(b) 데스티네이션 플러스는 여행을 희망하는 단체의 인원수에 관계없이 서비스를 제공한다.
(c) 미리 준비된 여행은 예약 인원수가 적으면 취소될 것이다.
(d) 20명 미만 단체의 인솔자는 무료로 여행한다.

기출 공략

데스티네이션 플러스는 단체 여행 인원수가 몇 명이든지 관계없이 여행 서비스를 제공해 준다고 했으므로 정답은 (b)이다. 이 여행사는 이미 마련된 여행 상품 외에도 여행자가 직접 목적지를 구성할 수 있는 상품이 있고, 예약 인원이 20명이 넘을 경우 인솔자는 무료로 여행을 할 수 있으므로 나머지 선택지는 맞지 않다.

custom (고객의 요구에) 맞춘 **itinerary** 여행 목적지; 일정 **knowledgeable** 아는 것이 많은 **hassle** 번거로움 **preplanned** 미리 계획된 **under-booking** 예약 인원 미달 **absolutely** 절대적으로

정답_(b)

54

Russia is planning to become the main transportation corridor for trade between Europe and Asia. One component of this plan is upgrading the Trans-Siberian Railway, a single-rail line already operating at full capacity. Billions of dollars of investment are needed for logistics facilities along the route. The plan's other component is doubling the cargo that passes through Russia's ports by the end of the decade. Shipments currently face long delays clearing customs, taking nearly two weeks compared to just a single day in Singapore.

Q Which is correct according to the talk?
(a) The Trans-Siberian Railway cannot currently accommodate any more traffic.
(b) Russia is preparing to scale back logistics facilities on the Trans-Siberian Railway.
(c) Russia is planning to increase shipments in its ports by half this decade.
(d) Shipments to Russian ports clear customs faster than in Singapore.

번역

러시아는 유럽과 아시아 교역의 주요 교통로를 제공할 계획이다. 이 계획의 한 가지 요소는 운송 능력이 한계에 부딪힌 유일한 철로인 시베리아 횡단 철도를 개선하는 것이다. 수십억 달러가 이 철로를 따라 있는 물류 시설에 투자되어야 한다. 이 계획의 나머지 다른 요소는 10년 단위의 기간이 끝날 때까지 러시아 항구를 지나는 화물의 양을 두 배로 늘리는 것이다. 운송은 현재 세관 통과로 인해서 많이 지연되어 싱가포르에서는 하루 걸릴 것을 여기서는 거의 2주가 걸리고 있다.

Q 담화와 일치하는 것은?
(a) 시베리아 횡단 철도는 현재 더 많은 운송을 감당할 수 없다.
(b) 러시아는 시베리아 횡단 철도의 물류 시설 규모를 축소하려고 준비 중이다.
(c) 러시아는 이번 십 년 사이에 항구의 수송량을 1/2만큼 늘릴 계획이다.
(d) 러시아 항구로 도착하는 수송품은 싱가포르보다 일찍 세관을 통과한다.

기출 공략

현재 러시아의 시베리아 횡단 철도는 그 운영 능력이 최대 한계치까지 도달했다고 하므로 더 이상 운송량을 늘릴 수 없다고 말한 (a)가 정답이다. 세관 통과 속도는 싱가포르가 러시아에 비해 훨씬 빠르고, 시베리아 횡단 철도에 있는 물류 시설은 수십억 달러가 투자되어야 한다고 했으므로 나머지 선택지는 맞지 않다.

corridor 통로 **component** 주요 구성 요소 **Trans-Siberian Railway** 시베리아 횡단 철도 **at full capacity** 최대 용량을 채워서 **logistics** 물류 **cargo** 화물 **shipment** 수송(품) **clear customs** 세관을 통과하다 **accommodate** 수용하다 **scale back** 축소하다

정답_(a)

55

Doctors fear that the drug Adderall is being prescribed too freely. Though the drug was developed to treat clinical attention deficit disorder, a small but growing minority of Adderall prescriptions are being used to reduce inattentiveness in normal children who are struggling at school. As government insurance covers prescription costs for low-income families, the drug is often the most affordable and quickest way to improve struggling children's academic performance. However, Adderall comes with serious side-effects, including stunted growth, hypertension, and very rarely, psychotic episodes.

Q Which is correct about Adderall according to the talk?

(a) It was developed to augment attention in ordinary people.

(b) The majority of its prescriptions are now for normal children.

(c) Low-income families bear the full cost of prescriptions for it.

(d) Psychotic episodes are among its most uncommon side effects.

번역

의사들은 애더럴이 지나치게 거리낌 없이 처방되고 있다며 우려하고 있다. 이 약은 병적인 주의력 결핍 장애를 치료하기 위해서 개발되었지만, 학업 성적이 떨어지는 정상아의 주의력 결핍을 줄이기 위해 사용되는 애더럴 처방 건수가 소수지만 점점 증가하고 있는 것이다. 정부의 보험은 저소득 가정의 처방 비용을 대주고 있기 때문에, 이 약물은 종종 학습 부진아들의 학업 성적을 향상시키는 가장 저렴하고 빠른 방법이 되었다. 그러나 애더럴은 왜소증, 고혈압, 그리고 가끔씩 정신병 발작 등 심각한 부작용을 수반한다.

Q 담화에서 애더럴에 대해 일치하는 것은?

(a) 정상인의 집중력을 높이기 위해 개발되었다.

(b) 현재 이 약이 정상적인 어린이에게 처방되는 경우가 대다수이다.

(c) 저소득 가정은 이 약의 처방 비용 전체를 떠안고 있다.

(d) 정신병적 발작은 이 약의 흔치 않은 부작용 중 하나이다.

기출 공략

애더럴 복용의 부작용으로 왜소증, 고혈압, 흔치 않게는 정신병 발작 증세도 일어날 수 있다고 했으므로 정답은 (d)이다. 애더럴은 정상인을 위한 것이 아니고 치료가 요구되는 수준의 주의력 결핍을 개선하기 위해서 개발되었다. 정상아에게 처방되는 숫자가 점점 늘고 있긴 하지만 아직은 소수라고 했고, 이 약의 처방 비용은 정부가 지원해 주고 있다고 했으므로 나머지 선택지는 맞지 않다.

prescribe 처방하다 **clinical** 임상의, 치료가 필요한 **attention deficit disorder** 주의력 결핍 장애 **minority** 소수 **prescription** 처방 **inattentiveness** 주의력 결핍 **affordable** (가격, 비용이) 감당할 수 있는 **academic performance** 학업 성적 **stunted growth** 왜소 성장 **hypertension** 고혈압 **psychotic** 정신병의 **episode** 병의 발작 **augment** 증가시키다

정답_(d)

56

Colic, a condition characterized by extended, inconsolable crying in healthy infants, affects about 25% of babies. No one knows exactly what causes colic, and various explanations have been proposed. The most popular theory is that colic results from digestive distress; however, 90% of colicky babies have no observable gastrointestinal abnormalities. The condition typically peaks around six weeks of age, then gradually improves and tapers off by the time a baby is four months old.

Q Which of the following is correct about colic according to the talk?

(a) It occurs because babies are unhealthy for other reasons.

(b) About 90% of babies develop it during early infancy.

(c) It has not been clearly linked to gastrointestinal problems.

(d) It continues to worsen until the baby is four months old.

번역

건강한 영아들에게 나타나는 달래기 힘든 울음이 지속되는 현상, 즉 산통은 약 25%의 아기에게 영향을 미치고 있다. 산통의 원인이 정확히 무엇인지 아무도 모르는 상황에서 다양한 설명이 제기되고 있다. 가장 널리 수용되는 이론에 따르면, 산통은 소화의 고통 때문에 생겨난다고 하지만 산통을 겪는 아기 중 90%는 장기 이상 증세가 뚜렷하게 눈에 뜨이지 않았다. 이 증상은 일반적으로 생후 6주에 절정을 이루다가 점차 증세가 호전되어 생후 4개월이 될 즈음 완화된다.

Q 담화에서 산통에 대해 일치하는 것은?

(a) 산통은 다른 건강상의 문제가 있어서 발생한다.

(b) 약 90%의 아기가 초기 영아기에 산통을 겪는다.

(c) 위장 문제와 뚜렷한 관련이 없다.

(d) 아기가 4개월이 될 때까지 계속해서 악화된다.

기출 공략

산통의 원인으로 제기되는 것 중 하나가 소화의 고통 때문이라는 것인데, 실제로 산통을 겪는 아기의 90%는 소화기에서 별 다른 이상 증상이 없다고 하므로 정답은 (c)이다. 아기가 4개월이 될 즈음에는 증상이 점점 호전되므로 (d)는 정답이 될 수 없다.

colic (유아들의) 산통 **extend** 연장시키다 **inconsolable** 달래기 힘든 **digestive** 소화의 **distress** 고통 **colicky** 산통을 겪는 **observable** 눈에 뜨이는, 관찰 가능한 **gastrointestinal** 소화기의 **abnormality** 이상 증상, 기형 **peak** 정점에 달하다 **taper off** 완화되다 **infancy** 영아기 **worsen** 악화되다

정답_(c)

57

Ukraine has rich, fertile soil that produces abundant harvests. However, the nation has no official market for agricultural property, since the sale of farmland was prohibited to both domestic and foreign buyers in 1992. This has led to the development of a black market trade—not in farmland itself, but in soil. With the tacit backing of local and regional officials, traders steal dirt from farms and sell it for prices that fluctuate with the seasons.

Q Which is correct according to the talk?
(a) Ukraine prohibited the sale of agricultural land until 1992.
(b) The sale of Ukrainian farmland is permitted to residents but not foreigners.
(c) Black-market soil traders operate with the unofficial support of government officials.
(d) The price of black-market soil remains constant throughout the year.

번역

우크라이나에는 곡식이 풍성하게 수확될 수 있는 영양이 풍부하고 비옥한 토양이 있다. 그러나 이 나라는 농지 매매를 위한 공식적인 시장이 없는데, 그 이유는 1992년 국내외의 구매자들에게 농토 판매가 금지되었기 때문이다. 이것은 암시장 거래를 생겨나게 했는데, 이곳에서는 농토 자체의 매매가 아니라 토양 매매가 이루어진다. 현지 및 지역 관리인들의 암묵적인 동의하에, 상인들은 농토의 흙을 훔쳐서 계절별로 가격이 크게 변동하는 가격에 따라 판매한다.

Q 담화와 일치하는 것은?
(a) 우크라이나는 1992년까지 농토 판매를 금지했다.
(b) 우크라이나 농토는 지역 주민들에게는 팔 수 있지만 외국인에게는 팔 수 없다.
(c) 정부 관리들의 비공식적인 승인 하에서 토양 상인들이 암거래 활동을 하고 있다.
(d) 암시장의 토양 가격은 1년 내내 일정하다.

기출 공략

우크라이나는 농토 매매를 금지하고 있어서 정부 관리들의 암묵적인 용인 하에 농토의 흙이 암시장에서 거래되고 있다고 하므로 정답은 (c)이다. 농토 판매가 금지된 것은 1992년부터이고, 농토는 지역 주민과 외국인 모두에게 매매가 금지되며, 암시장의 토양은 가격 변동이 크다고 했으므로 나머지 선택지는 맞지 않다.

fertile 비옥한 **abundant** 풍성한 **agricultural** 농업의 **property** 토지, 부동산 **black market** 암시장 **tacit** 암묵적인 **backing** 지지 **official** 관리, 공무원 **dirt** 흙 **fluctuate** 심하게 변동하다 **unofficial** 비공식적인 **constant** 일정한 정답_(c)

58

Millston School is launching a new electronic nametag system to track students. As you know, student attendance affects the amount of funding. In the past, students who arrived late were often counted as absent because teachers failed to update their presence, and this needlessly lowered our funding. But now, using scanners throughout the school, we can ensure that everyone who comes to school is counted. Additionally, as seen in other districts, the system increases safety by allowing us to locate students quickly in an emergency.

Q What can be inferred from the announcement?
(a) The school prioritizes students' privacy over their security.
(b) Other schools have already implemented the nametag system.
(c) Being late and absent are counted as the same for funding purposes.
(d) The cost of implementing the nametag system exceeds the school's funding.

번역

밀스턴 학교는 학생들을 추적하기 위해 새 전자 이름표 시스템을 시작할 것입니다. 여러분도 알고 계시겠지만 학생들의 출석률은 기금 액수에 영향을 미칩니다. 과거에 학교에 늦게 도착한 학생들은 선생님들이 출결 상황을 그때그때 고치지 않아 종종 결석 처리되었고, 이것은 불필요하게 우리의 기금을 낮췄습니다. 하지만 이제 학교 곳곳의 스캐너를 이용하면 우리는 등교한 학생 전원을 셀 수 있습니다. 게다가 다른 학군에서 볼 수 있듯이, 이 시스템은 비상 상황에서 학생 위치를 신속하게 추적하게 함으로써 안전을 강화시켜 줍니다.

Q 발표에서 유추할 수 있는 것은?
(a) 학교는 학생들의 사생활을 안전보다 더 중요시한다.
(b) 다른 학교는 이미 이름표 시스템을 시행했다.
(c) 지각과 결석은 기금 조성에 있어 똑같이 취급된다.
(d) 이름표 시스템 시행에 드는 비용은 학교 기금을 초과한다.

기출 공략

다른 학군에서 시행된 전자 이름표 시스템은 그 지역 학생들의 안전을 크게 개선해 주었다고 하므로 이미 이 시스템을 시행한 학교가 있음을 알 수 있다. 따라서 정답은 (b)이다. 지각은 결석과 달리 출석 처리되는 것이 원칙이므로 (c)는 정답이 될 수 없다.

launch 시작하다 **electronic** 전자의, 전기의 **nametag** 이름표 **track** 추적하다 **attendance** 출석 **update** 최신 정보로 고치다 **needlessly** 불필요하게 **ensure** 보장하다 **additionally** 게다가 **district** (행정 단위) 구역 **emergency** 비상 상황 **prioritize** 우선시하다 **implement** 적용하다 **exceed** 초과하다 정답_(b)

59

For years, engineers have been trying to harness the power of ocean waves to generate clean electricity. Unfortunately, for every new device that has been conceived, ecological concerns have arisen. For instance, certain designs utilize hydraulic fluid, which could leak and pollute the water. Others involve electromagnetic forces that could disrupt animals' navigational abilities. However, one thing is clear: nothing could damage ocean ecosystems more than the continued use of fossil fuels and the resulting ocean acidification. For everyone's sake, it's time to choose the lesser of two evils.

Q What would the speaker most likely agree with?
(a) There have been too many different designs for wave-energy capture devices.
(b) Devices that capture ocean energy are more harmful than fossil fuels.
(c) The engineering obstacles to capturing wave energy are insurmountable.
(d) Wave-energy capture devices should be implemented despite their downsides.

번역

수년 동안 기술자들은 파도의 힘을 이용하여 청정에너지를 생산하려고 노력해 오고 있다. 불행히도, 구상되는 모든 새로운 장비마다 생태계와 관련된 우려의 목소리가 제기되었다. 예를 들어, 어떤 설계는 유압유를 이용하도록 되어 있는데, 이것이 누출되면 바다를 오염시킬 수 있다. 다른 설계는 동물들이 길을 찾아가는 능력에 방해가 될 수 있는 전자기력을 이용한다. 그러나 분명한 한 가지 사실은 어떤 것도 화석 연료의 계속된 사용과 그로 인한 바다의 산성화보다도 해양 생태계를 더 많이 파괴하지는 않는다는 것이다. 모두를 위해서 둘 중 나은 쪽을 선택해야 한다.

Q 화자가 지지할 만한 의견은?
(a) 파도 에너지를 포획하는 장치 설계가 너무 많다.
(b) 파도 에너지를 포획하는 장치는 화석 연료보다 더 해롭다.
(c) 파도 에너지를 포획하는 기술적인 어려움은 극복하기 힘들다.
(d) 파도 에너지를 포획하는 장치는 단점에도 불구하고 실행되어야 한다.

기출 공략

화자는 파도 에너지는 여러 단점들이 있지만 화석 연료에 비해서 훨씬 덜 해로우므로 파도 에너지를 이용해서 전기를 생산해야 한다고 주장하고 있다. 따라서 정답은 (d)이다.

harness 이용하다 **conceive** 구상하다, 생각하다 **arisen** 발생하다 **utilize** 이용하다 **hydraulic fluid** 유압유 **leak** 새다, 누출하다 **electromagnetic force** 전자기력 **disrupt** 교란시키다, 방해하다 **navigational** 항해의 **acidification** 산성화 **for one's sake** ~를 위해서 **the lesser of two evils** (나쁜 것들 중에서) 그나마 나은 것 **capture** 붙잡다 **insurmountable** 정복하기 힘든 **implement** 시행하다 **downside** 단점 정답_(d)

60

Welcome to Biology 101. Please note that this course offers a general overview; biology majors should take Biology 103 instead. Final grades will be based entirely on four quizzes and a final exam. Attendance does not count towards your grade, as monitoring absences of more than 200 students would be infeasible. The class is currently full and closed to registration, but for final-year students who still need to fulfill their Natural Science requirement, I can arrange for an override.

Q What can be inferred about Biology 101 from the talk?
(a) It is more advanced than Biology 103.
(b) It places a strong emphasis on class participation.
(c) It satisfies a requirement necessary for graduation.
(d) It is open strictly to non-science majors.

번역

생물학 입문 수업에 오신 것을 환영합니다. 이 수업에서는 전반적인 개론을 제공함을 아시기 바랍니다. 생물학 전공자들은 생물학 103 수업을 수강해야 합니다. 최종 성적은 네 차례의 쪽지시험과 기말고사만으로 평가될 것입니다. 200명이 넘는 학생들의 결석을 확인하는 것은 현실적이지 않은 관계로 출석률은 성적에 반영되지 않을 것입니다. 이 수업은 현재 정원이 다 채워져서 더 이상 등록을 받지 않지만, 아직 자연 과학부의 요구 사항을 채워야 하는 졸업 예비생들을 위해 이 결정을 번복하는 조치를 취할 수 있습니다.

Q 담화에서 생물학 입문 수업에 대해서 유추할 수 있는 것은?
(a) 생물학 103 수업보다 더 고급 과정이다.
(b) 수업 출석률을 매우 중요시한다.
(c) 졸업에 필요한 요구 사항들을 충족시킨다.
(d) 비과학 전공 학생들만 수강할 수 있다.

기출 공략

생물학 입문은 자연 과학부의 요구 사항을 충족하기 위해 수강해야 한다고 했으므로 정답은 (c)이다. 이 수업은 자연 과학부 학생들이 졸업을 위해서 반드시 수강해야 하는 과목이므로 (d)는 정답이 될 수 없다.

overview 개론, 개관 **major** 전공자 **count** 인정되다 **infeasible** 실행 불가능한 **closed to** ~에 대해 폐쇄되어 있는 **fulfill** 충족시키다 **arrange for** ~를 준비하다 **override** 기각, 무시, 무효 **place an emphasis on** ~를 강조하다 **participation** 참석 **requirement** 요구사항 **strictly** 엄격하게 정답_(c)

Grammar

1

A Do you prefer going out anywhere in particular tonight?
B Wherever everyone else wants to go ______________ fine.

(a) is
(b) are
(c) is being
(d) are being

번역

A 오늘 밤 특별히 어디 외출하고 싶니?
B 다른 사람들도 가고 싶어 하는 곳이라면 어디든 좋아.

기출 공략

빈칸이 동사 자리이므로 빈칸 앞부분 전체가 주어에 해당한다. wherever는 단수 취급하며, 문맥상 능동의 의미이므로 (a)가 정답이다. is/are being p.p. 형태는 주로 수동태 진행으로 쓰이므로 적절하지 않다.

in particular 특별히 **wherever** ~하는 곳은 어디든지 정답_(a)

2

A Are we canceling today's meeting? The boss can't come.
B Yes, the meeting ______________ until tomorrow.

(a) postponed
(b) has postponed
(c) has been postponed
(d) will have been postponed

번역

A 우리 오늘 회의는 취소하는 거예요? 사장님이 못 오시니까요.
B 네, 회의는 내일로 연기됐어요.

기출 공략

동사의 태와 시제를 묻는 문제이다. 주어인 the meeting이 '연기되는' 것이므로 수동태가 되어야 한다. 수동태인 (c)와 (d) 중에서 현재 시점에서 이미 회의 연기가 결정되었다는 의미로 현재완료 시제가 되어야 적절하므로 (c)가 정답이다.

cancel 취소하다 **postpone** 연기하다 정답_(c)

3

A Did you finish your art project?
B No, I didn't make ______________ progress.

(a) some
(b) much
(c) many
(d) several

번역

A 미술 과제 끝냈니?
B 아니, 별로 진전이 없었어.

기출 공략

명사 progress의 쓰임을 묻는 문제이다. progress는 불가산 명사이므로, 가산 명사를 수식하는 many나 several은 올 수 없다. some은 가산 명사와 불가산 명사, 둘 다 수식할 수 있지만, 부정문에서는 쓰이지 않으므로 정답은 (b)이다.

make progress 진행하다, 전진하다 정답_(b)

4

A When will dinner be ready?
B By the time you return from the store, I ______________ making it.

(a) am finishing
(b) have finished
(c) will have finished
(d) will have been finishing

번역

A 저녁 준비는 언제 되나요?
B 네가 가게에서 돌아올 때쯤이면, 저녁 준비가 다 끝났을 거야.

기출 공략

by the time은 '~할 때까지는'이란 뜻으로, 주로 완료 시제와 함께 쓰인다. 시간 부사절에서는 현재가 미래를 대신하기 때문에, return이 현재 시제지만, 실제로는 미래의 일을 나타낸다. 따라서 빈칸에도 미래완료 시제가 들어가야 어울리므로 (c)가 정답이다. 미래완료 진행인 (d)를 쓰면, 미래의 특정 시점까지 끝내는 동작을 계속하고 있다는 의미가 되므로 부적절하다.

by the time ~할 때까지는 정답_(c)

5

A What's the best place you've ever traveled to?
B I'd say Turkey is the most interesting place ______________ I've visited.

(a) that
(b) what
(c) where
(d) whose

번역

A 네가 이제까지 여행했던 곳 중에 최고의 장소는 어디니?
B 터키가 내가 갔던 곳 중에서 가장 흥미로운 장소라고 할 수 있지.

기출 공략

관계대명사를 고르는 문제이다. 빈칸 이하는 place를 수식하며, visited의 목적어가 빠져 있으므로 목적격 관계대명사가 필요하다. 따라서 정답은 (a)이다. (b) what은 선행사를 포함하는 관계대명사이므로 부적절하다.

travel 여행하다 정답_(a)

6

A How do you address your coworkers?
B We call each other ______________ our first names.

(a) at
(b) of
(c) by
(d) on

번역

A 당신은 동료들의 호칭을 어떻게 하나요?
B 우리는 서로 이름을 불러요.

기출 공략

빈칸 이하는 서로를 부르는 '방식'을 뜻한다. 수단이나 방법을 나타내는 전치사로 by를 쓰므로 정답은 (c)이다.

address 호칭으로 부르다 **coworker** 동료 **each other** 서로 **first name** (성이 아닌) 이름 정답_(c)

7

A Oh no! ______________ came off my coffee, so it spilled everywhere.
B I'll grab a towel to help you clean it up.

(a) Lid
(b) A lid
(c) The lid
(d) Any lid

번역

A 아, 이런! 커피 뚜껑이 벗겨져서, 사방에 흘렸어요.
B 제가 수건을 가져와서 치우는 걸 도울게요.

기출 공략

lid는 '뚜껑'이란 뜻의 보통 명사이므로, 단수형으로 쓸 경우 관사나 기타 한정어가 필요하다. 문맥상 A의 커피에 덮인 특정한 뚜껑을 뜻하므로 정관사를 쓴 (c)가 정답이다.

come off ~에서 떨어지다 **spill** 흘리다, 쏟다 **grab** 붙잡다 **lid** 뚜껑 정답_(c)

8

A When is your essay due?
B It has to ______________ by next Friday.

(a) complete
(b) be completed
(c) be completing
(d) have completed

번역

A 네 에세이는 기한이 언제니?
B 다음 주 금요일까지 끝내야 해.

기출 공략

주어인 It가 가리키는 것은 A가 말한 your essay로, '완료되는' 대상이므로 수동태가 되어야 한다. 앞에 조동사(has to)가 있으므로 be동사의 동사원형을 쓴 (b)가 정답이다.

due ~까지 기한인 **complete** 완료하다 정답_(b)

9

A Why haven't you come to choir practice this month?

B I've been too preoccupied ____________.

(a) lately with plan my wedding
(b) with plan my wedding lately
(c) lately with planning wedding
(d) with wedding planning lately

번역

A 왜 이번 달 합창단 연습에 오지 않았어요?
B 요즘 결혼 계획에 너무 몰두했거든요.

기출 공략

어순을 묻는 문제이다. preoccupied with는 '~에 몰두한, 열중한'이라는 뜻으로, 전치사 with 다음에는 명사나 동명사가 와야 한다. 부사 lately는 주로 문장 맨 끝에 위치하므로 정답은 (d)이다.

choir 합창단 **preoccupied** 몰두한, 열중한 정답_(d)

10

A Congratulations on getting your doctorate!

B Thanks! It's always been my dream ____________ such a goal.

(a) to reach
(b) reaching
(c) to be reaching
(d) having reached

번역

A 박사 학위 취득을 축하해요!
B 감사해요! 그러한 목표를 이루는 것이 항상 제 꿈이었어요.

기출 공략

가주어 It이 뜻하는 것은 '박사 학위를 취득하는 것'으로 빈칸 이하가 진주어에 해당한다. 가주어 it를 쓸 때, 진주어로 to부정사를 쓰는데, 이때 to부정사는 명사처럼 쓰인다. 진행형인 (c)는 어울리지 않으므로 (a)가 정답이다.

congratulations on ~을 축하하다 **doctorate** 박사 학위 정답_(a)

11

A The coach shouldn't have blamed you in public.

B I know. It was inappropriate, ____________ the criticism was deserved.

(a) just as
(b) even if
(c) as though
(d) ever since

번역

A 코치는 공개적으로 너를 비난하지 말았어야 했어.
B 맞아. 비판이 당연한 것이었다 해도, 그건 적절하지 못했어.

기출 공략

빈칸 앞뒤 내용이 '부적절했다'와 '당연했다'로, 서로 상반된다. 따라서 '~일지라도, ~에도 불구하고'라는 뜻의 양보를 나타내는 접속사 (b)가 들어가야 알맞다. (a) just as는 '꼭 ~처럼', (c) as though는 '마치 ~인 것처럼'이라는 뜻이다.

shouldn't have p.p. ~하지 말았어야 했다 **in public** 공개적으로 **inappropriate** 부적절한 **criticism** 비판, 비난 **deserved** 당연한 정답_(b)

12

A Should I accept this promotion? It'll be more work.

B Well, ____________, I'd take it.

(a) were I in your position
(b) I were in your position
(c) your position were I in
(d) in your position I were

번역

A 제가 이번 승진을 받아들여야 할까요? 일이 더 많아질 텐데요.
B 글쎄요, 저라면 받아들일 거예요.

기출 공략

문맥상 '내가 당신 입장이라면'이라는 뜻이 됨을 알 수 있는데, 선택지에 접속사가 보이지 않는다. 따라서 If I were in your position에서 접속사 if를 생략하고 주어와 동사가 도치된 형태인 (a)가 정답이다.

promotion 승진 정답_(a)

13

A How is the company's refinancing going?

B At this point it is unclear what ____________.

(a) the optimal level of debt is
(b) debt is the optimal of level
(c) is the optimal of debt level
(d) the level of debt is optimal

번역

A 회사의 재융자는 어떻게 돼 가고 있어요?
B 지금으로서는 적정 채무 수준이 어느 정도인지 불확실해요.

기출 공략

의문사 다음에 어순을 문맥에 맞게 배열해야 한다. 문맥상 '채무의 최적 수준[정도]'이라는 뜻으로 the optimal level of debt가 의미를 구성하는 기본 단위가 되어야 한다. what 이하가 간접의문문이 되므로, 〈의문사+주어+동사〉의 어순이 되는 (a)가 정답이다.

refinancing 재융자 **at this point** 지금은 **unclear** 불확실한 **optimal** 최적의 **debt** 빚, 채무

정답_(a)

14

A Why did you think the interview was so hard?

B They asked me about programming, ____________ I know nothing.

(a) that
(b) which
(c) about what
(d) about which

번역

A 면접이 왜 그렇게 어렵다고 생각했어요?
B 프로그래밍에 대해서 질문했는데, 저는 그것에 대해서는 전혀 모르거든요.

기출 공략

선택지로 보아 관계대명사를 고르는 문제이다. 빈칸 앞에 있는 쉼표(,)로 보아 선행사를 포함하는 관계대명사 what과 계속적 용법으로 쓰일 수 없는 that은 답이 될 수 없다. 쉼표 뒤에서 계속적 용법으로 쓰일 수 있는 것은 which인데, which I know nothing about이나 전치사를 수반하여 관계절 내에서 부사구 역할을 하는 (d)가 정답이다.

정답_(d)

15

A Why is the photocopier still broken?

B Someone was supposed to ____________, but no one did.

(a) looking to repair it
(b) looking to it to repair
(c) look into it to get repaired
(d) look into getting it repaired

번역

A 복사기가 왜 아직도 고장 나 있어요?
B 누군가 살펴보고 수리를 맡기기로 되어 있었는데, 아무도 안 했거든요.

기출 공략

be supposed to 다음에는 동사원형이 나오므로 (c)와 (d)가 정답 후보가 된다. look into의 목적어로 동명사구가 나오는 (d)가 정답이다. get it repaired에서 get은 '목적어가 ~하도록[되도록] 하다'라는 사역의 의미를 가진다. (c)는 get과 repaired 사이에 목적어가 빠져 있어 불완전한 문장이 된다.

photocopier 복사기 **broken** 고장 난 **be supposed to** ~하기로 되어 있다 **look into** ~을 살펴보다, 조사하다

정답_(d)

16

A Has the new cologne been selling well?

B I wish! Customers have shown almost ____________ interest in it.

(a) no
(b) few
(c) any
(d) some

번역

A 새 향수는 잘 팔리고 있어요?
B 그러면 좋게요! 고객들이 그것에 대해 거의 관심을 안 보여요.

기출 공략

문맥상 고객들이 관심을 보이지 않는다는 의미가 되어야 알맞으므로, 부정을 뜻하는 (a)가 정답이다. (c)는 앞에 부정어 not이 있을 때 가능한 답이다.

cologne 향수 **sell well** 잘 팔리다 **interest** 관심

정답_(a)

17

A How long do unrefrigerated eggs take to spoil?

B ____________ at room temperature, they're OK for several weeks.

(a) Stored
(b) Storing
(c) To store
(d) Having stored

번역

A 냉장 보관하지 않은 달걀은 상하기까지 얼마나 걸려요?
B 실온에서 보관할 때, 몇 주까지는 괜찮아요.

기출 공략

선택지로 보아 분사구문을 묻는 문제이다. 분사구문의 생략된 주어는 주절의 주어인 they로, unrefrigerated eggs를 가리킨다. 달걀은 '보관되는' 것이므로 수동태가 되어야 한다. Being p.p에서 Being은 생략 가능하므로 p.p.만 남은 (a)가 정답이다.

unrefrigerated 냉장하지 않은 **spoil** (음식이) 상하다 **room temperature** 실온 **store** 보관하다 정답_(a)

18

A James said you didn't enjoy your trip to Egypt.

B I was tired because the hot weather ____________ well.

(a) prevented me from sleeping
(b) prevented me from my sleep
(c) preventing me from sleeping
(d) preventing me from my sleep

번역

A 제임스 말로는 네가 이집트 여행을 즐거워하지 않았다고 하던데.
B 더운 날씨 때문에 잠을 잘 못 자서 피곤했거든.

기출 공략

빈칸에 들어갈 기본 구조는 〈prevent+목적어+from -ing〉로 '목적어가 ~하지 못하게 하다'라는 뜻이다. hot weather 다음에 동사가 필요하므로 동사 형태를 갖춘 (a)가 정답이다.

prevent 막다, 방해하다 정답_(a)

19

A Your French has improved a lot!

B Thanks, but it'll still be a while before I can claim ____________ in it.

(a) proficiency
(b) proficiencies
(c) the proficiency
(d) the proficiencies

번역

A 네 프랑스 어 실력이 많이 늘었는데!
B 고마워, 하지만 유창하다고 할 수 있으려면 아직도 한참 있어야 해.

기출 공략

명사 proficiency의 쓰임을 묻는 문제이다. proficiency는 '숙달, 능숙'이란 뜻으로, 불가산 명사이므로 복수형으로 쓰지 않는다. 또한 이 문맥에서 프랑스 어 숙달(proficiency)은 특정 대상을 지칭하는 것이 아닌 막연한 일반적인 의미를 나타내므로 앞에 정관사 the를 쓰지 않으므로 (a)가 정답이다.

claim 주장하다 **proficiency** 숙달, 능숙 정답_(a)

20

A Have you decided to travel home for Christmas?

B It's an idea ____________.

(a) to be mulling over it
(b) mulling it over about
(c) I've been mulling over
(d) I've mulled over about it

번역

A 크리스마스 때 집에 다녀오기로 결정했니?
B 그것에 대해서 계속 생각 중이야.

기출 공략

빈칸에는 앞에 있는 명사 idea를 수식하는 구나 절이 들어갈 수 있다. 선택지 중에서는 idea를 선행사로 하는 관계절인 (c)가 적절하다. idea와 절 사이에 목적격 관계대명사 that 또는 which가 생략되어 있다.

mull over ~에 대해 숙고하다 정답_(c)

21

According to the course syllabus, students ______________ attend all tutorials, or they will lose participation points.

(a) must
(b) could
(c) might
(d) would

번역

강의 계획표에 따르면, 학생들은 교수와의 개별 지도 시간에 모두 참석해야 한다. 그렇지 않으면, 출석 점수를 받지 못하게 된다.

기출 공략

문맥에 맞는 조동사를 고르는 문제이다. '참석해야 한다. 그렇지 않으면'이라는 뜻이 되어야 자연스러우므로, 의무를 뜻하는 조동사 (a)가 들어가야 알맞다.

course syllabus 강의 계획표 **tutorial** (대학의) 개별 지도 시간
participation 참석 정답_(a)

22

Never has there been a better time for people ______________ to explore financial opportunities in Asia.

(a) looked
(b) looking
(c) have looked
(d) having looked

번역

아시아에서 재정적인 기회를 찾기를 바라는 사람들에게는 지금이 가장 좋은 시기이다.

기출 공략

빈칸 이하는 people을 수식하는 분사구가 된다. people이 동사 look의 주체가 되므로, 능동을 뜻하는 현재분사가 들어가야 하므로 (b)와 (d)가 정답 후보이다. 완료형인 (d)는 의미상 주절보다 더 앞선 시제를 나타내므로, 문맥상 어울리지 않는다. 따라서 정답은 (b)이다.

look to ~하기를 바라다 **explore** 찾다, 탐사하다 정답_(b)

23

Jack was used to ______________ to large groups, so he rarely got nervous when giving presentations.

(a) talk
(b) talking
(c) having talked
(d) have been talking

번역

잭은 대규모 군중에게 이야기하는 것에 익숙해서, 발표를 할 때 좀처럼 긴장하지 않았다.

기출 공략

빈칸 앞의 'be used to -ing'는 '~에 익숙하다'라는 뜻으로, 여기서 to는 전치사이므로, 뒤에 동명사가 나와야 한다. (b)와 (c) 중에서, 완료형 동명사인 (c)는 의미상 주절보다 더 이전의 일을 나타내므로, 문맥에 어울리지 않는다. 따라서 (b)가 정답이다.

rarely 좀처럼 ~않는 **nervous** 긴장하는 정답_(b)

24

Mary was glad to find an empty seat in the subway because she ______________ all day at her job at the supermarket.

(a) has stood
(b) is standing
(c) had been standing
(d) will have been standing

번역

메리는 그녀의 직장인 슈퍼마켓에서 하루 종일 서 있었기 때문에 지하철에서 빈자리를 발견하고 기뻐했다.

기출 공략

문맥상 because절의 내용이 주절보다 먼저 있었던 일이므로, 빈칸의 시제는 주절보다 앞선 과거완료가 되어야 한다. 지하철에서 빈자리를 발견한 과거 시점까지 서 있는 동작이 계속되고 있었음을 강조하여, 과거완료 진행을 쓴 (c)가 정답이다.

all day 하루 종일 정답_(c)

25

Because the suspect had clear evidence that he had been overseas, the detective concluded he ___________ not have been at the crime scene.

(a) will
(b) need
(c) could
(d) should

번역

그 용의자는 해외에 있었다는 명백한 증거가 있었기 때문에 형사는 그가 범죄 현장에 있었을 리가 없다는 결론을 내렸다.

기출 공략

〈조동사+have p.p.〉의 의미를 묻는 문제이다. 문맥상 형사가 내린 결론은 '그가 범죄 현장에 있었을 리가 없다'가 되어야 자연스럽다. 과거의 일에 대해 '~했을 리가 없다'라는 뜻으로 cannot have p.p.를 쓴다. 따라서 (c)가 정답이다.

suspect 용의자 **clear** 분명한 **evidence** 증거 **overseas** 해외에 **detective** 형사 **conclude** 결론 내리다 정답_(c)

26

Although southern Europeans had begun using iron far earlier, it was ___________ in Scandinavia until around 500 BC.

(a) still common not to use
(b) still not in common use
(c) not commonly to use still
(d) not still commonly in using

번역

남부 유럽인들이 철을 사용하기 시작한 것은 훨씬 더 이전의 일이지만, 스칸디나비아에서는 BC 500년 무렵이 되어서야 철이 널리 사용되었다.

기출 공략

부정어 not과 부사 still의 위치를 정하는 것이 관건이다. not은 be동사 뒤에 위치하며, still은 be동사나 조동사 뒤, 일반동사 앞에 온다. '널리 사용되는'이란 뜻의 표현은 in common use로 나타내므로 정답은 (b)이다.

common 흔한, 일반적인 **be in use** 사용되다 정답_(b)

27

The album quickly rose to the top of the charts, but received ___________ lackluster reviews from the critics.

(a) far
(b) too
(c) much
(d) rather

번역

그 앨범은 순식간에 차트 정상에 올랐지만, 평론가들로부터는 다소 신통치 않은 평가를 받았다.

기출 공략

빈칸은 형용사 lackluster를 수식하는 부사가 들어갈 자리이다. 비교급을 강조하기 위하여 수식하는 far나 much는 원급 형용사를 수식하지 않으며, '너무'라는 뜻의 too도 문맥상 어울리지 않는다. 따라서 '다소, 약간'이라는 뜻의 (d)가 정답이다.

rise 오르다 **lackluster** 활기 없는, 신통치 않은 **review** 평가 **critic** 평론가 정답_(d)

28

The newspaper printed an immediate retraction after it was proven that the journalist ___________ the truth.

(a) will embellish
(b) is embellishing
(c) has embellished
(d) had embellished

번역

그 신문은 기자가 사실을 미화시켰다는 것이 입증된 후에, 즉각 철회하는 글을 실었다.

기출 공략

시제를 묻는 문제이므로, 사건의 전후 관계를 따져 보아야 한다. 기자가 사실을 미화시킨 것은, 이것이 입증된 것보다 더 이전에 일어난 일이다. was proven이 나타내는 과거 시제보다 더 이전의 일은 과거완료 시제로 나타내므로 (d)가 정답이다.

immediate 즉각적인 **retraction** 철회, 취소 **journalist** 기자 **embellish** 꾸미다; 미화시키다 정답_(d)

29

Many sportscasters believe that fighting between players, ____________ they feel happens too often, is ruining the sport of hockey.

(a) that
(b) who
(c) which
(d) whom

번역

많은 스포츠 방송 진행자들은 선수들 간의 다툼이 너무나 빈번하게 발생한다고 여기며, 이것이 하키 경기를 망치고 있다고 생각한다.

기출 공략

선택지로 보아 관계대명사를 고르는 문제이다. 관계절이 수식하는 명사가 fighting이므로 사람 명사를 수식하는 (b)와 (d)는 제외할 수 있다. that은 콤마 뒤에서 계속적 용법으로 쓰이지 않으므로 정답은 (c)이다.

sportscaster 스포츠 방송 진행자 **ruin** 망치다

정답_(c)

30

The family's plan to go sunbathing at the beach was contingent ____________ good weather.

(a) in
(b) to
(c) on
(d) from

번역

해변에 일광욕을 하러 가려는 그 가족의 계획은 날씨가 좋을지 여부에 달려 있었다.

기출 공략

contingent라는 단어의 쓰임과 관련된 문제이다. contingent는 전치사 on을 수반하여 '~의 여부에 달린, ~에 따르는'이란 뜻을 갖는다. 따라서 정답은 (c)이다.

sunbathe 일광욕을 하다 **contingent on** ~에 따르는, 달린

정답_(c)

31

Jonathan promised to bring back the ladder he had borrowed, but he never ____________.

(a) did
(b) brought
(c) had brought
(d) brought back

번역

조나단은 빌려간 사다리를 돌려주겠다고 약속했지만, 전혀 그렇지 않았다.

기출 공략

빈칸 앞에 여러 동사가 등장하고 있으므로, 빈칸에 들어갈 동사가 그중에 무엇인지를 결정하는 것이 가장 중요하다. 문맥상 '돌려주기로 약속을 했지만, 돌려주지 않았다'라는 뜻으로 brought it back을 대신할 수 있는 대동사 (a)가 정답이다. 앞에 나온 동사를 대신할 때 do 동사를 쓰는데, 과거 시제이므로 did를 쓴다.

promise 약속하다 **ladder** 사다리

정답_(a)

32

____________ with new pop groups, The Spectaculars fell from stardom as quickly as they had risen to it.

(a) As often as it is the case
(b) Often as the case it is
(c) As is often the case
(d) The case is as often

번역

새로운 팝 그룹의 경우가 흔히 그러하듯이, '더 스펙테큘러즈'도 올라간 것만큼이나 빨리 스타덤에서 내려왔다.

기출 공략

As is often the case with는 '(~는) 흔히 그러하듯이'라는 의미로 자주 쓰이는 표현이므로 (c)가 정답이다. 여기서 As는 '~처럼, ~듯이'라는 의미를 가지는 동시에 관계대명사 역할을 하는 유사 관계대명사이다. 여기서 선행사는 The Spectaculars 이하의 절 전체이다. As를 〈, which〉로 바꾸고 선행사절 뒤로 보내면 구조를 쉽게 파악할 수 있다.

stardom 스타덤, 스타의 위치

정답_(c)

33

Samples of bacteria from an underground cave network in New Mexico ______________ that antibiotic resistance is a primitive characteristic.

(a) suggest
(b) suggests
(c) is suggested
(d) are suggested

번역

뉴멕시코의 그물망처럼 연결된 지하 동굴에서 나온 박테리아 샘플은 항생 물질에 대한 내성이 원시부터 있었던 특성임을 시사한다.

기출 공략

동사의 태와 수일치에 관한 문제이다. 빈칸 뒤에 목적어가 되는 that 절이 있으므로 능동태인 (a)와 (b)가 정답 후보이다. 빈칸 앞의 주어 부분이 길므로, 동사의 수를 일치시킬 핵심 어구를 결정하는 것이 중요하다. from 이하는 주어를 수식하는 전치사구이고, of bacteria도 수식어구로 볼 수 있으므로, 결국 Samples에 일치시켜야 함을 알 수 있다. 따라서 복수 동사를 쓴 (a)가 정답이다.

underground 지하의 **antibiotic resistance** 항생 물질에 대한 내성 **primitive** 원시적인 **characteristic** 특성 정답_(a)

34

The mayor recommended that the police chief ______________ the meeting to explain the security preparations for the festival.

(a) attend
(b) will attend
(c) has attended
(d) would attend

번역

시장은 경찰서장이 회의에 참석해서 페스티벌에 대한 보안 준비를 설명할 것을 권고했다.

기출 공략

that 앞에 동사 recommend가 나온 것에 주의해야 한다. suggest, recommend, propose 등의 제안, 요구, 주장을 나타내는 동사의 목적어가 되는 that절에서는 동사원형을 쓰므로 정답은 (a)이다.

mayor 시장 **recommend** 권고하다, 추천하다 **police chief** 경찰 서장 **security** 보안 **preparation** 준비 정답_(a)

35

With her flight time fast ______________, Laura worried she would not finish packing everything in time.

(a) approaches
(b) approached
(c) to approach
(d) approaching

번역

비행시간이 빠르게 다가오자, 로라는 시간 안에 짐을 다 싸는 것을 마치지 못할까 봐 걱정되었다.

기출 공략

〈with+명사+분사〉로 이루어진 구문을 묻는 문제이다. 이때 분사는 명사와의 관계가 수동이면 과거분사를, 능동이면 현재분사를 쓴다. 비행시간이 다가오는 주체이므로, 능동을 나타내는 현재분사를 쓴 (d)가 정답이다. 빈칸 앞의 fast는 분사를 수식하는 부사로 쓰이고 있다.

pack (짐을) 싸다 **in time** 시간 내에 **approach** 다가오다, 접근하다 정답_(d)

36

Rachel impressed her superiors so much that had there been a position available, they ______________ her immediately.

(a) would have promoted
(b) would promote
(c) had promoted
(d) promoted

번역

레이첼은 상사들에게 아주 깊은 인상을 주었기에, 가능한 자리가 있었더라면 그들은 그녀를 즉시 승진시켰을 것이다.

기출 공략

문장의 구조가 다소 복잡하므로, 먼저 문장 구조를 파악하는 것이 관건이다. so … that(매우 …해서 ~하다) 구문에서, that절 안에 가정법 조건절과 주절이 들어 있는 구조이다. had there been a position available은 접속사 if를 생략하고 도치된 가정법 과거완료 구문이다. 가정법 과거완료의 주절에는 〈조동사의 과거형+have p.p.〉를 쓰므로 (a)가 정답이다.

impress 깊은 인상을 주다 **superior** 상관 **position** 일자리, 직위 **immediately** 즉시 **promote** 승진시키다 정답_(a)

37

The provision of food aid addresses short-term problems in a country, ______________ development support attempts to facilitate long-term progress.

(a) whereas
(b) in case
(c) unless
(d) nor

번역

식량 원조를 제공하는 것은 한 국가에서 단기적인 문제를 해결하는 반면에, 개발 지원은 장기적인 발전을 촉진하고자 하는 시도이다.

기출 공략

문장의 정확한 뜻을 파악하지 못했다 하더라도, short-term과 long-term이라는 어구만 봐도, 빈칸 앞뒤 문장이 서로 대조적인 내용임을 짐작할 수 있다. 따라서 두 가지 사실을 서로 대조하여 '반면에'라는 뜻으로 쓰이는 접속사 (a)가 정답이다. (b) in case는 '~할 경우에 대비해서', (c) unless 는 '~하지 않는 한', (d) nor는 '~ 또한 아닌'이란 뜻이다.

provision 공급, 제공 **food aid** 식량 원조 **address** (문제를) 다루다, 해결하다 **short-term** 단기의 **facilitate** 촉진하다, 도모하다

정답_(a)

38

______________ to bring her notebook, Marissa was not able to take notes during the lecture.

(a) To forget
(b) Forgotten
(c) Having forgotten
(d) To have forgotten

번역

노트를 가져오는 것을 잊어버려서, 마리사는 강의 중에 필기를 하지 못했다.

기출 공략

선택지가 to부정사와 분사로 구성되어 있는데, to부정사를 쓰면 '노트를 가져오는 것을 잊어버리기 위해서'라는 뜻이 되어 의미상 어색하다. 분사구문을 이루는 (b)와 (c)의 차이는 수동이냐, 능동이냐인데, 분사의 의미상 주어인 Marissa가 forget의 주체이므로 능동이 되어야 한다. 따라서 (c)가 정답이다. 필기를 하지 못한 것보다 노트를 가져오는 것을 잊어버린 것이 먼저 일어난 일이므로, 완료형 분사인 having p.p.를 쓴 것이다.

take notes 필기하다

정답_(c)

39

Olive oil ______________ with herbs and spices can be used to add flavor to salads and pasta dishes.

(a) infuses
(b) infused
(c) infusing
(d) has infused

번역

허브와 향신료를 넣은 올리브 오일은 샐러드와 파스타 요리에 풍미를 더할 수 있다.

기출 공략

can be used가 동사이므로, 동사 형태인 (a)와 (d)는 일단 정답에서 제외한다. 주어인 Olive oil을 수식하는 분사가 들어가면 되는데, 빈칸 뒤에 infuse의 목적어가 없으므로 목적어가 필요한 현재분사 (c)는 알맞지 않다. 따라서 과거분사인 (b)가 정답이다.

spice 향신료, 양념 **add** 더하다 **flavor** 향, 맛 **infuse** 불어넣다, 스미게 하다

정답_(b)

40

Despite majoring in literature, Arnold ______________ until after his graduation.

(a) read any poetry hardly
(b) read hardly any poetry
(c) did not read poetry hardly
(d) hardly did not read poetry

번역

문학을 전공했음에도 불구하고, 아놀드는 졸업 이후까지 거의 시를 읽지 않았다.

기출 공략

부사 hardly의 쓰임을 묻는 문제이다. hardly는 '거의 ~않는'이란 뜻으로 자체에 부정의 의미를 내포하고 있으므로, 또 다른 부정어인 not과 함께 쓰이지 않는다. hardly는 일반동사 앞에 오거나, hardly any의 형태로 명사 앞에 온다. 따라서 정답은 (b)이다.

despite ~에도 불구하고 **major in** ~을 전공하다 **graduation** 졸업 **poetry** (집합적으로) 시

정답_(b)

41

(a) A I just learned the strangest thing about Terry, our coworker.
(b) B Oh, Terry. You mean the shy, serious woman in accounting?
(c) A Right. I just found out that she's the lead singer of a rock band.
(d) B Really? I always pictured hers as being very conservative.

번역

(a) **A** 제가 방금 우리 동료인 테리에 관해 정말 이상한 점을 알았어요.
(b) **B** 아, 테리요. 회계부에 있는 부끄럼 많고 진지한 여직원 말인가요?
(c) **A** 맞아요. 그녀가 록밴드의 리드 싱어라는 사실을 방금 알았어요.
(d) **B** 정말요? 저는 그녀가 매우 보수적이라고 항상 생각했었는데요.

기출 공략

(d)에서 hers는 '그녀의 것'이라는 소유대명사인데, as being very conservative가 설명하는 대상으로 보기에는 어울리지 않는다. '보수적'이라는 설명에 맞으려면 사람을 가리켜야 하므로 her가 되어야 한다.
accounting 회계 **picture** 상상하다 **conservative** 보수적인
정답_(d) hers → her

42

(a) A It's almost time for us to go to the company dinner, isn't it?
(b) B We're fine. The venue isn't far, and it won't take long to get there.
(c) A I just want to arrive a bit early so we can get a table with friends.
(d) B Don't worry. Even if we leave in an hour, we'll already get there in time.

번역

(a) **A** 회사 저녁 만찬에 갈 시간이 거의 됐네요, 그렇죠?
(b) **B** 우리는 괜찮아요. 장소가 멀지 않으니까, 거기 도착하는 데 오래 걸리지 않을 거예요.
(c) **A** 친구들과 함께 한 테이블에 앉을 수 있도록 좀 일찍 도착하고 싶거든요.
(d) **B** 걱정 말아요. 한 시간 후에 출발해도 시간 내에 도착할 거예요.

기출 공략

(d)에서 already는 '이미, 벌써'라는 뜻이므로, 미래 시제와 어울리지 않는다. already 대신에 '여전히'라는 뜻으로 still을 쓸 수 있다.
venue (행사) 장소 **a bit** 약간, 좀 정답_(d) already → still

43

(a) A Do you think I'd be better off buying a used car as opposed to a new one?
(b) B Used ones can be good. Just make sure to get one under warranty.
(c) A That's smart. I'll bear it in mind when I'll start to look at different models.
(d) B If you need any help, feel free to call me. I know a thing or two about cars.

번역

(a) **A** 내가 새 차 대신 중고차를 사는 게 더 좋을 것 같니?
(b) **B** 중고차도 괜찮을 수 있지. 보증 기간이 끝나지 않은 차를 사는 것만 확실히 해.
(c) **A** 그거 현명한 생각인데. 여러 모델들을 살펴보기 시작할 때 명심할게.
(d) **B** 도움이 필요하면, 얼마든지 전화해. 내가 차에 대해서는 좀 알거든.

기출 공략

(c)의 두 번째 문장은 주절과 부사절에 모두 미래 시제가 쓰이고 있는데, 시간 부사절에서는 미래의 일을 현재 시제로 나타내므로, I'll start 대신 I start로 써야 한다.
be better off doing ~하는 게 더 낫다 **as opposed to** ~이 아니라 **under warranty** 보증 기간 중인 **bear in mind** 명심하다 **know a thing or two** 좀 알다 정답_(c) I'll start → I start

44

(a) A Hi, Tom. I heard you have some forthcoming public appearances.
(b) B Yes. My publicist set them up to help promote me the new book I've written.
(c) A Your readings are usually engaging, so I'm sure you'll draw a good crowd.
(d) B Let's hope so. I think this is my best work to date, so I really want it to sell well.

번역

(a) **A** 안녕하세요, 톰. 조만간 몇 차례 공개 석상에 나오신다고 들었어요.
(b) **B** 네. 제 홍보 담당자가 제가 쓴 신간 홍보를 돕기 위해 마련했어요.
(c) **A** 당신의 책들은 대부분 흥미로워서, 분명히 많은 관중을 끌 거예요.
(d) **B** 그러길 바랍시다. 이번 책이 지금까지 최고의 작품이라고 생각하기에 정말 잘 팔렸으면 싶어요.

기출 공략

(b)에서 〈help+목적어+동사원형〉이 되어야 하므로, me는 help 다음에 와야 알맞다.
forthcoming 다가오는, 곧 있을 **publicist** 홍보 담당자 **set up** 마련하다 **engaging** 매력적인, 흥미로운 **to date** 지금까지
정답_(b) promote me → me promote

45

(a) A Your brother is one of the most experienced travelers that I know.
(b) B Yes. He's been to regions none but the most intrepid travelers venture.
(c) A He must have some fascinating stories about his experiences on the road then.
(d) B Totally. He has a nearly inexhaustible supply of colorful anecdotes.

번역

(a) **A** 네 형은 내가 아는 여행가 중에 가장 경험이 많은 사람 중 한 명이야.
(b) **B** 맞아. 그는 가장 용감한 여행가만이 모험을 감행한 지역에도 다녀왔어.
(c) **A** 그렇다면 그는 틀림없이 여행 중에 아주 멋진 경험담을 가지고 있겠구나.
(d) **B** 물론이지. 그는 온갖 일화들을 거의 무궁무진하게 제공해.

기출 공략

(b)는 regions까지의 절과 none 이하의 절로 나뉘어진다. but은 접속사가 아니라 '~외에, ~을 제외하고'라는 뜻의 전치사로, none 이하의 절에서 주어는 none but the most intrepid travelers이고 동사는 venture이다. 뒤에 오는 절에 목적어가 없을 경우, 목적격 관계대명사가 생략된 경우라고 볼 수 있는데, venture는 자동사이므로 전치사 to를 수반하여 장소를 목적어로 취할 수 있다. 또는 전치사와 관계대명사가 결합된 관계부사 where를 쓸 수도 있다.

intrepid 용감무쌍한 **venture** 위험을 무릅쓰고 가다
inexhaustible 무궁무진한 **colorful** 다채로운 **anecdote** 일화

정답_(b) venture → venture to/
regions none → regions where none

46

(a) The age-old tradition of gift-giving is being transformed by modern technology. (b) People who used to spend hours shopping are now opting for electronic gift cards. (c) These cards are more convenience for givers and allow recipients to get what they want. (d) Plus, people can use these cards quickly and easily at many popular online retailers.

번역

(a) 선물을 주는 오랜 전통이 현대 기술에 의해 변모되고 있다. (b) 쇼핑을 하는 데 많은 시간을 썼던 사람들이 이제는 전자 상품권을 선택하고 있다. (c) 이러한 카드는 주는 사람의 입장에서 더 편리하고, 받는 사람들로 하여금 그들이 원하는 것을 살 수 있도록 해 준다. (d) 그뿐만 아니라, 사람들은 인기 있는 여러 온라인 매장에서 빠르고 쉽게 이 카드를 사용할 수 있다.

기출 공략

(c)에서 more convenience는 be동사 뒤에서 보어로 쓰이고 있다. 따라서 '카드가 편리하다'라는 뜻으로 형용사인 convenient로 고쳐야 한다.

age-old 아주 오래된 **transform** 변형시키다 **opt for** ~을 선택하다 **recipient** 수령인 **plus** 그뿐만 아니라 **retailer** 소매점

정답_(c) convenience → convenient

47

(a) Executives are under intense pressure from shareholders to deliver strong quarterly results. (b) Some have argued that this pressure can actually be detrimental to a company's long-term interests. (c) The emphasis placed on generating short-term profits often force executives to engage in risk-taking. (d) This behavior can lead to short-term gains that impress shareholders while setting the stage for disaster.

번역

(a) 경영진은 주주들로부터 분기별로 탄탄한 실적을 내라는 심한 압박을 받는다. (b) 일부에서는 이러한 압박이 회사의 장기적인 이익에는 실제로 해로울 수 있다는 주장을 내놓았다. (c) 단기적인 이익 창출을 강조하는 것은 대개 경영진이 위험을 감수하는 일에 뛰어들도록 만든다. (d) 이러한 행동은 주주들에게 깊은 인상을 주는 단기 이익으로 이어질 수 있는 반면에, 재난의 장을 마련할 수도 있다.

기출 공략

(c)에서처럼 주어 다음에 긴 수식어가 들어가 주어와 동사가 떨어져 있는 경우, 주어와 동사의 수일치를 확인해야 한다. 주어인 The emphasis는 추상 명사로 단수 취급한다. 따라서 동사도 단수형이 되어야 하므로, force가 아닌 forces가 되어야 한다.

under pressure 압박을 받는 **shareholder** 주주 **quarterly** 분기의 **detrimental** 해로운 **place emphasis on** ~을 강조하다 **generate** 만들어 내다 **engage in** ~에 관여하다 **risk-taking** 위험 감수 **gain** 이익, 이득 **set the stage for** ~을 위한 장을 마련하다

정답_(c) force → forces

48

(a) Once, Chicago was thought mostly as a city corroded by racial tension and crime. (b) Today, it is known as a great cultural center with many theaters and art galleries. (c) Chicago is also famous for its modern architecture and impressive works of outdoor art. (d) In the city's downtown area, tourists can even see a famous sculpture by Pablo Picasso.

번역

(a) 한때 시카고는 주로 인종 간의 긴장과 범죄로 침식된 도시로 여겨졌다. (b) 오늘날에는 많은 극장과 미술관이 있는 훌륭한 문화 중심지로 알려져 있다. (c) 시카고는 또한 현대적인 건축과 인상적인 야외 미술 작품들로도 유명하다. (d) 심지어 관광객들이 파블로 피카소의 유명한 조각 작품을 이 도시의 중심가에서 볼 수 있을 정도이다.

기출 공략

(a)는 'think of A as B(A를 B라고 여기다[간주하다])'의 수동태 문장이다. A에 해당하는 목적어 Chicago가 주어로 나간 형태로, thought 뒤에 전치사 of를 넣어야 한다.

mostly 주로, 일반적으로 **corrode** 부식시키다 **racial tension** 인종 간의 긴장 **impressive** 인상적인 **sculpture** 조각(품)

정답_(a) thought → thought of

49

(a) People's idea of what constitutes a palatable dish varies greatly by geographical region. (b) Those inhabiting the Mediterranean, for instance, are considering octopus a delicacy. (c) Many people there would be shocked to discover that others find the dish repulsive. (d) On the other hand, their stomachs turn at the notion of frying potatoes in animal fat.

번역

(a) 무엇이 맛있는 음식인가에 대한 사람들의 생각은 지리적 위치에 의해 크게 달라진다. (b) 예를 들어, 지중해에 사는 사람들은 낙지를 별미라고 여긴다. (c) 그곳의 많은 사람들은 다른 사람들이 그 음식을 혐오스럽게 여긴다는 사실을 알게 되면 충격을 받을 것이다. (d) 반면에, 감자를 동물의 지방으로 튀긴다는 것에는 그들은 속이 뒤집힐 만큼 역겨워한다.

기출 공략

(b)에서 consider는 뭔가를 '일반적으로 받아들이다, 여기다'라는 뜻으로, consider가 이러한 뜻으로 쓰일 때는 진행형으로 쓰지 않는다. 따라서 are considering을 consider로 바꿔야 한다. 참고로 consider가 뭔가를 '고려 중이다, 생각 중이다'라는 뜻으로 쓰일 때는 진행형으로 쓸 수 있다는 차이가 있음을 알아 두자.

constitute ~을 구성하다 **palatable** 맛있는 **vary** 다르다 **geographical** 지리적인 **inhabit** 살다 **the Mediterranean** 지중해 **octopus** 낙지 **delicacy** 진미, 별미 **repulsive** 역겨운, 혐오스러운 **notion** 개념, 생각 **one's stomach turns** 속이 뒤집히다, 역겨워하다

정답_(b) are considering → consider

50

(a) Archaeological artifacts suggest that calendars have existed for approximately 6,000 years.
(b) The calendars were used by advanced civilizations in the ancient world usually followed lunar cycles. (c) A more accurate system of sun-based measurement was introduced during the reign of Julius Caesar. (d) This Julian calendar was then replaced in 1582 AD by the even more accurate Gregorian calendar.

번역

(a) 고고학적 유물들은 달력이 약 6,000년 동안 존재해 왔음을 시사한다. (b) 고대 세계에서 선진 문명에 의해 사용된 달력은 대개 태음 주기를 따랐다. (c) 해에 기반한 더 정확한 측량 시스템은 줄리어스 시저의 통치 기간 동안 도입되었다. (d) 그 후에 율리우스력은 서기 1582년에 훨씬 더 정확한 그레고리력으로 대체되었다.

기출 공략

(b)는 하나의 절 안에 동사가 were used와 followed, 두 개가 등장한다. 둘 중 하나는 수식어가 되어야 하는데, 문맥상 were used가 주어인 The calendars를 수식하는 어구가 되는 것이 자연스럽다. 따라서 수동태의 의미를 살려, 명사를 수식하는 과거분사가 되는 것이 알맞으므로, were used 를 used로 고쳐야 한다.

archaeological 고고학의 **artifact** 공예품, 유물 **advanced** 선진의, 고급의 **civilization** 문명 **lunar cycle** 태음 주기 **measurement** 측정, 측량 **reign** 통치 기간

정답_(b) were used → used

Vocabulary

1

A Hi, I'm Ed. I just started working here.

B I didn't know we had any new ______________. Welcome!

(a) ranges (b) requests
(c) nominees (d) employees

번역

A 안녕하세요, 에드라고 합니다. 막 여기에서 일을 시작했어요.
B 새 직원이 온다는 걸 몰랐어요. 환영해요!
(a) 범위 (b) 요청
(c) 후보 (d) 직원

기출 공략

여기에서 막 일을 시작했다고 했으므로 새로 온 직원임을 알 수 있다. 따라서 (d)가 정답이다.

range 범위, 폭, 다양성 **nominee** 후보

정답_(d)

2

A You seem to like discussing political differences.

B I do enjoy ______________ issues with people who have opposing views.

(a) debating (b) speaking
(c) returning (d) concealing

번역

A 정치적인 이견에 대해 논의하는 걸 좋아하시나 봐요.
B 반대 견해를 가진 사람들과 문제를 토론하는 걸 아주 좋아하죠.
(a) 토론하다 (b) 말하다
(c) 돌아오다 (d) 숨기다

기출 공략

정치 토론을 좋아하는 것 같다는 말에 I do enjoy라고 하면서 긍정적인 답변을 하고 있다. 따라서 빈칸에는 '토론'을 의미하는 (a)가 적절하다.

political 정치적인 **issue** 문제 **opposing** 반대하는 **view** 관점, 견해 **debate** 토론하다 **conceal** 숨기다

정답_(a)

3

A You got a gift certificate for winning the contest?

B Yes, a ______________ worth $100.

(a) flier (b) license
(c) voucher (d) diploma

번역

A 콘테스트에서 우승해서 상품권 받았죠?
B 네, 100달러짜리 상품권이에요.
(a) 전단지 (b) 면허
(c) 상품권 (d) 졸업장

기출 공략

상품권을 받았냐는 질문에 그렇다고 하면서 100달러라는 금액이 언급되고 있다. 문맥상 100달러짜리 상품권이라는 말이 적절하므로 정답은 (c)이다.

gift certificate 상품권 **flier** 전단지 **license** 면허 **voucher** 상품권 **diploma** 졸업장

정답_(c)

4

A Is your flight to Toronto direct?

B No, I have a(n) ______________ in Vancouver on the way.

(a) overlap (b) layover
(c) takeover (d) overhaul

번역

A 당신의 비행기는 토론토 직항인가요?
B 아니요, 중간에 밴쿠버를 경유합니다.
(a) 공통 부분 (b) 경유
(c) 기업 인수 (d) 기계 정비

기출 공략

직항 비행기가 아니라고 했으므로 경유해서 간다는 의미를 담은 (b)가 적절하다.

overlap 공통 부분 **layover** 경유 **takeover** 기업 인수 **overhaul** 기계 정비

정답_(b)

5

A Are those ants still a problem at your apartment?

B No, I used a bug spray to ____________ them.

(a) release (b) degrade
(c) suspend (d) eradicate

번역

A 저 개미들이 아직도 집에 골칫거리인가요?
B 아니요, 퇴치하려고 벌레 스프레이를 사용했어요.
(a) 풀어 주다 (b) 비하하다
(c) 매달다 (d) 퇴치하다

기출 공략

개미들이 문제가 되지 않는 상황이라면 개미들이 더 이상 없다는 것이다. 벌레 스프레이를 사용했다고 했으므로 '없애다, 퇴치하다'라는 의미의 (d)가 정답이다.

release 풀어 주다 **degrade** 비하하다 **suspend** 매달다, 연기하다, 정학시키다 **eradicate** 퇴치하다

정답_(d)

6

A How come Sharon wanted to meet after class?

B She needed help ____________ with the work she missed.

(a) taking off (b) catching up
(c) warming up (d) coming forward

번역

A 샤론이 수업 끝나고 왜 만나고 싶어 했던 거야?
B 그녀는 놓친 수업을 따라잡는 데 도움이 필요했대.
(a) 이륙하다 (b) 따라잡다
(c) 준비 운동을 하다 (d) 나서다

기출 공략

빈칸 뒤에 missed가 있으므로 전치사 with와 함께 쓰여 '~을 따라잡다'는 뜻의 (b)가 적절하다.

how come 왜 **miss** 놓치다 **take off** 이륙하다 **catch up** 따라잡다 **warm up** 준비 운동을 하다 **come forward** 나서다

정답_(b)

7

A The doctor said my workout routine is too strenuous.

B Then you'd better do more ____________ exercise.

(a) candid (b) moderate
(c) repressive (d) considerate

번역

A 의사 선생님이 내 운동 스케줄이 너무 격렬하다고 하셨어.
B 그럼 좀 더 적당히 하는 게 좋겠다.
(a) 솔직한 (b) 적당한
(c) 억압적인 (d) 사려 깊은

기출 공략

의사가 운동이 너무 격렬하다고 말했으므로 '적당한' 운동이 필요한 상황이다. 따라서 (b)가 정답이다.

workout 운동 **routine** 정해진 순서 **strenuous** 격렬한 **candid** 솔직한 **moderate** 적당한 **repressive** 억압적인 **considerate** 사려 깊은

정답_(b)

8

A Can I schedule an eye exam next week?

B Would Monday ____________ you? We have an opening then.

(a) suit (b) spare
(c) check (d) adapt

번역

A 다음 주에 눈 검사 일정을 잡을 수 있나요?
B 월요일 괜찮나요? 그때 자리가 있어요.
(a) ~에게 맞다 (b) 할애하다
(c) 확인하다 (d) 적응시키다

기출 공략

병원 검진일을 정하고 있는데 특정 요일이 '괜찮은지, 맞는지'가 빈칸에 들어가야 한다. 따라서 (a)가 정답이다.

schedule 일정을 잡다 **opening** 빈자리, 공석 **suit** ~에게 맞다 **spare** 할애하다 **check** 확인하다 **adapt** 적응시키다

정답_(a)

9

A Thanks for all your help.
B You're welcome. I'm glad I could be of ______________.

(a) necessity (b) assistance
(c) recognition (d) indifference

번역

A 도와줘서 고마워요.
B 아니에요. 제가 도움이 되어서 기뻐요.
(a) 필요 (b) 도움
(c) 인식 (d) 무관심

기출 공략

도와준 것에 대한 감사 인사를 듣고 오히려 자신이 기쁘다는 말을 하고 있다. 도와줄 수 있어서 기쁜 것이므로 '도움'에 해당하는 단어인 (b)가 정답이다.

necessity 필요 **assistance** 도움 **recognition** 인식 **indifference** 무관심

정답_(b)

10

A This iced tea is so refreshing.
B It's great for ______________ your thirst.

(a) wringing (b) maligning
(c) quenching (d) prolonging

번역

A 이 아이스티는 아주 상쾌하네요.
B 갈증을 해소하는 데 딱이죠.
(a) 비틀다 (b) 비방하다
(c) 갈증을 풀다 (d) 연장시키다

기출 공략

빈칸 뒤에 thirst가 있으므로 '갈증을 해소하다'는 뜻이 적절하다. 따라서 (c)가 정답이다.

refreshing 상쾌한, 신선한 **thirst** 갈증 **wring** 비틀다 **malign** 비방하다 **quench** 갈증을 풀다 **prolong** 연장시키다

정답_(c)

11

A Your puppy seems like he's afraid of me.
B Yes, he's quite ______________ around strangers.

(a) apt (b) timid
(c) tolerable (d) impartial

번역

A 네 강아지가 나를 무서워하는 것 같은데.
B 맞아. 낯선 사람 주변에서 아주 겁이 많아.
(a) 적절한 (b) 소심한
(c) 참을 수 있는 (d) 공정한

기출 공략

강아지가 무서워한다는 말에 동의를 하고 있으므로 낯선 사람들 앞에서 '겁이 많다'는 말이 적절하므로 (b)가 정답이다.

stranger 낯선 사람 **apt** 적절한 **timid** 겁 많은 **tolerable** 참을 수 있는 **impartial** 공정한

정답_(b)

12

A Did you manage to talk your son out of majoring in art?
B I tried to ______________ him, but he chose it anyway.

(a) elude (b) evade
(c) deplore (d) dissuade

번역

A 아들이 미술을 전공하지 못하게 설득해 봤어요?
B 단념시키려 했지만 어쨌든 아들은 그 길을 선택했어요.
(a) 교묘히 피하다 (b) 회피하다
(c) 개탄하다 (d) ~하지 않도록 설득하다

기출 공략

talk out of와 dissuade는 설득을 해서 어떤 행위를 하지 못하도록 한다는 의미이다. 따라서 (d)가 정답이다.

manage to 간신히 ~하다 **talk out of** 설득해서 ~을 그만두게 하다 **major in** ~을 전공하다 **elude** 교묘히 피하다 **evade** 회피하다 **deplore** 개탄하다 **dissuade** ~하지 않도록 설득하다

정답_(d)

13

A Are customers allowed through that door over there?

B No, it leads to a ____________ area only for staff.

(a) resisted (b) dejected
(c) restricted (d) prescribed

번역

A 고객들이 저쪽 문을 통해서 가도 되나요?
B 아니요, 거긴 직원들에게만 출입이 제한된 곳으로 이어져요.
(a) 저항한 (b) 낙담한
(c) 출입이 제한된 (d) 처방을 받은

기출 공략

고객들이 가지 못하는 곳이며, 단지 직원들만 이용할 수 있는 곳이라면 (c)가 어울리는 표현이다.
lead to ~로 이어지다 **resisted** 저항한 **dejected** 낙담한 **restricted** 출입이 제한된 **prescribed** 처방을 받은 정답_(c)

14

A Why didn't Fred accept the transfer overseas?

B His enthusiasm ____________ when his wife didn't want to move.

(a) ebbed away (b) scraped by
(c) passed out (d) broke in

번역

A 프레드가 해외 전근을 왜 수락하지 않았나요?
B 그의 부인이 이사를 원하지 않아서 그의 열의도 식었어요.
(a) 서서히 약해지다 (b) 근근이 살아가다
(c) 의식을 잃다 (d) 끼어들다

기출 공략

전근을 수락하지 않은 이유에 대해 부인이 이사를 원하지 않았기 때문이라고 했다. 전근에 대한 열의는 부인의 반대로 '서서히 약해진' 것이므로 정답은 (a)이다.
transfer 이동, 전근 **overseas** 해외로 **enthusiasm** 열정, 열의 **ebb away** 서서히 약해지다 **scrape by** 근근이 살아가다 **pass out** 의식을 잃다 **break in** 끼어들다 정답_(a)

15

A Did it rain the whole time you were at the beach?

B No, the showers were ____________.

(a) mandatory (b) sporadic
(c) succinct (d) oblique

번역

A 당신이 해변에 있는 동안 내내 비가 왔나요?
B 아니요, 소나기가 간간이 왔어요.
(a) 의무적인 (b) 산발적인
(c) 간결한 (d) 완곡한

기출 공략

비가 내내 온 것은 아니고 소나기가 왔다고 응답하였으므로 '산발적인'을 뜻하는 (b)가 적절하다.
shower 소나기 **mandatory** 의무적인 **sporadic** 산발적인 **succinct** 간결한 **oblique** 완곡한 정답_(b)

16

A More farm land is being developed into suburbs.

B Yes, cities are ____________ on rural areas.

(a) insinuating (b) articulating
(c) lampooning (d) encroaching

번역

A 더 많은 농지가 교외 주택 단지로 개발되고 있어요.
B 네, 도시들은 시골 지역을 잠식하고 있죠.
(a) 넌지시 비치다 (b) 분명히 표현하다
(c) 풍자하다 (d) 잠식하다

기출 공략

농지가 주택 단지로 개발되고 있는 것은 도시화에 의해 '잠식되는' 것이므로 정답은 (d)이다.
farm land 농지 **suburb** 도시에 인접한 교외 주택 지역 **rural** 시골의 **insinuate** 넌지시 비치다 **articulate** 분명히 표현하다 **lampoon** 풍자하다 **encroach** 잠식하다 정답_(d)

17

A The boss congratulated us on our success!
B It's nice to be ______________ for working hard.

(a) commended (b) authorized
(c) sustained (d) beckoned

번역

A 상사가 우리의 성공을 축하해 줬어요!
B 열심히 일한 것에 대해 공개적으로 칭찬받으니 좋네요.

(a) 공개적으로 칭찬하다 (b) 권한을 부여하다
(c) 지탱하다 (d) 손짓하다

기출 공략

상사가 성공을 축하해 줬다는 말은 칭찬해 줬다는 말이므로 빈칸에는 '칭찬하다'라는 뜻인 (a)가 정답이다.

commend 공개적으로 칭찬하다 **authorize** 공개적으로 칭찬하다
sustain 지탱하다 **beckon** 손짓하다 정답_(a)

18

A I've noticed Westerners don't stand very close to each other.
B It's seen as an ______________ of personal space.

(a) invasion (b) inception
(c) interruption (d) intervention

번역

A 서양인들은 서로 아주 가까이 서지 않더라.
B 개인적인 공간 침해로 간주되거든.

(a) 침해 (b) 개시
(c) 중단 (d) 개입

기출 공략

don't stand very close에서 추측할 수 있는 단어를 생각한다. 서로 가까이 서 있지 않다면 남의 공간을 침해하지 않으려는 것이므로 (a)가 적절하다.

Westerner 서양인 **invasion** 침해 **inception** 개시
interruption 중단 **intervention** 개입 정답_(a)

19

A I'll never finish my thesis.
B But if you just keep working on it, your ______________ will pay off.

(a) perseverance (b) complacency
(c) approbation (d) affluence

번역

A 나는 논문을 절대 못 끝낼 거야.
B 하지만 꾸준히 하기만 한다면 네 인내는 결실을 맺을 거야.

(a) 인내 (b) 안주
(c) 칭찬 (d) 풍부함

기출 공략

빈칸에 들어갈 수 있는 단어는 keep working on it을 한 단어로 표현한 것이다. 끝까지 계속하면 결국 결실을 맺는다는 말이므로 빈칸에 '인내'라는 의미의 (a)가 적절하다.

thesis 학위 논문 **pay off** 성공하다, 성과를 올리다
perseverance 인내 **complacency** 안주 **approbation** 칭찬
affluence 풍부함 정답_(a)

20

A Your article was very moving. Did you get a lot of responses?
B Yes, I've been ______________ with hundreds of reader letters.

(a) inundated (b) infiltrated
(c) deposed (d) hurtled

번역

A 당신의 기사는 정말 뭉클했어요. 반응이 많이 왔나요?
B 네, 수백 통의 독자 편지가 넘치네요.

(a) 넘치게 하다 (b) 침투하다
(c) 물러나게 하다 (d) 돌진하다

기출 공략

기사에 대한 반응이 많았는지 묻는 질문에 독자 편지가 '넘쳐났다'고 대답하는 것이 적절하므로 정답은 (a)이다.

moving 감동시키는 **inundate** 넘치게 하다 **infiltrate** 침투하다
depose 물러나게 하다 **hurtle** 돌진하다 정답_(a)

21

A My students played another prank on me today.
B They really are a funny bunch, always making ______________.

(a) gall (b) mischief
(c) profanity (d) malevolence

번역

A 오늘 학생들이 나한테 또 장난을 쳤어.
B 맨날 기분 나쁘게 만드는 정말 이상한 애들이네.
(a) 뻔뻔스러움 (b) 장난
(c) 모독 (d) 악의

기출 공략

play a prank는 '장난을 치다'라는 의미로 당하는 입장에서는 기분이 나쁠 수 있다. make mischief는 '기분 나쁘게 만들다'라는 의미의 표현으로 빈칸에 들어갈 단어는 (b)이다.

prank 장난 **bunch** 한패, 떼거리 **gall** 뻔뻔스러움 **make mischief** 기분 나쁘게 하다 **profanity** 모독 **malevolence** 악의

정답_(b)

22

A Why was Allie's luggage inspected? Did she have something illegal?
B No, nothing that could be considered ______________. Her laptop just set off the scanner.

(a) contraband (b) tenacious
(c) statutory (d) askew

번역

A 왜 앨리의 짐을 검사했지? 불법적인 것을 갖고 있었어?
B 아니, 밀수품이라고 볼 수 있는 건 없었어. 그녀의 노트북이 검색대 경고음을 울렸을 뿐이야.
(a) 수입 금지의 (b) 완강한
(c) 법에 명시된 (d) 비틀어진

기출 공략

불법적인 물건이 없었다고 했으므로 선택지 중에서 그 범주에 들어갈 수 있는 것은 (a)이다. contraband는 형용사로 '수입 금지의'라는 의미이며, 명사로는 '밀수품'을 의미한다.

inspect 조사하다, 검사하다 **laptop** 노트북 컴퓨터 **set off** (경고음을) 울리다 **contraband** 수입 금지의 **tenacious** 완강한 **statutory** 법에 명시된 **askew** 비틀어진

정답_(a)

23

A Do you know why the police blocked this street?
B The area is ______________ because of an accident.

(a) turned up (b) hemmed in
(c) cordoned off (d) brought back

번역

A 경찰들이 왜 이 길을 차단했는지 아니?
B 사고 때문에 이 지역은 출입이 통제되었어.
(a) 나타나다 (b) 꼼짝 못하게 둘러싸다
(c) 출입을 통제하다 (d) 상기시키다

기출 공략

길을 차단한 이유를 묻고 있으므로 block this street에 해당하는 말이 빈칸에 들어가야 한다. 따라서 (c)가 정답이다.

turn up 나타나다 **hem in** 꼼짝 못하게 둘러싸다 **cordon off** 출입을 통제하다 **bring back** 상기시키다

정답_(c)

24

A Did Sheila really stop by just to borrow a hammer?
B Well, that was her ______________ excuse. She actually wanted to see Dave.

(a) inexorable (b) ostensible
(c) inclement (d) transient

번역

A 쉴라가 정말 단지 망치를 빌리기 위해서 들렀나요?
B 흠, 표면적인 변명은 그거였어요. 사실 데이브를 보고 싶었겠죠.
(a) 거침없는 (b) 표면적인
(c) 날씨가 좋지 못한 (d) 일시적인

기출 공략

쉴라가 데이브를 찾아온 진짜 이유는 망치를 빌리기 위해서가 아니라 데이브를 보기 위해서였다는 것이다. 따라서 망치를 빌리는 것은 그저 표면적인 이유가 되므로 정답은 (b)이다.

stop by 들르다 **inexorable** 거침없는 **ostensible** 표면적인 **inclement** 날씨가 좋지 못한 **transient** 일시적인

정답_(b)

25

A Theo argued really strongly for his proposal!
B Yes, he's quite ______________ when defending issues he cares about.

(a) erratic (b) vehement
(c) phlegmatic (d) resplendent

번역
A 테오가 자신의 제안에 대해 정말 강하게 주장했어요!
B 네, 그는 관심을 갖는 문제를 옹호할 때 아주 격렬해져요.
(a) 변덕스러운 (b) 격렬한
(c) 침착한 (d) 눈부시게 빛나는

기출 공략
테오가 자신의 제안을 강하게 주장했다는 것에 동의를 하고 있으므로 강하게 밀어붙이는 태도를 나타내는 형용사 (b)가 정답이다.
argue 주장하다, 논증하다 **defend** 방어하다, 옹호하다 **care about** 마음을 쓰다, 관심을 가지다 **erratic** 변덕스러운 **vehement** 격렬한 **phlegmatic** 침착한, 냉정한 **resplendent** 눈부시게 빛나는 정답_(b)

26

Court witnesses have a ______________ to tell the truth, as they swear an oath to do so before testifying.

(a) trial (b) case
(c) load (d) duty

번역
법정 증인들은 증언하기 전에 진실을 말하기로 맹세하기 때문에 진실을 말할 의무가 있다.
(a) 재판 (b) 사건
(c) 짐 (d) 의무

기출 공략
법정에서 증언을 할 때 선서를 하는 것은 진실을 말할 '의무' 때문이므로 정답은 (d)이다.
witness 증인, 목격자 **swear** 맹세하다 **oath** 맹세, 서약 **testify** 증언하다, 진술하다 **trial** 재판 **case** 사건 **load** 짐 **duty** 의무 정답_(d)

27

Skilled watchmakers can ______________ timepieces that have been damaged, restoring them to good working order.

(a) tie (b) fix
(c) lay (d) rip

번역
능숙한 시계 기술자가 망가진 시계를 고쳐서 정상적인 상태로 되돌려 놓을 수 있다.
(a) 묶다 (b) 수리하다
(c) 놓다 (d) 찢다

기출 공략
시계를 정상적인 상태로 복원한다는 것은 '수리'를 한다는 말이므로 정답은 (b)이다.
skilled 기술 있는, 능숙한 **watchmaker** 시계 기술자 **timepiece** 시계 **working order** 정상적으로 작동하는 상태 **tie** 묶다 **fix** 수리하다 **lay** 놓다 **rip** 찢다 정답_(b)

28

State-of-the-art labs and government subsidies gave Almex Pharmaceuticals a(n) ______________ over their competitors in research and development.

(a) protest (b) defense
(c) influence (d) advantage

번역
최신식 실험실과 정부 보조금 덕에 알멕스 제약회사가 연구 개발 면에서 경쟁사들보다 유리했다.
(a) 항의 (b) 방어
(c) 영향 (d) 유리한 점

기출 공략
최신식 실험실과 정부 보조금을 갖추었다면 경쟁사들보다 유리한 입장에 있는 것이므로 (d)가 적절하다.
state-of-the-art 최신식의 **subsidy** 보조금, 장려금 **pharmaceutical** 제약의, 약 **protest** 항의 **defense** 방어 **influence** 영향 **advantage** 유리한 점 정답_(d)

29

Alice was surprised but pleased when she was ______________ from among 73 women to be the beauty queen.

(a) selected (b) received
(c) admitted (d) projected

번역

앨리스는 그녀가 73명의 여성들 중에서 미의 여왕으로 뽑혔을 때 놀랐지만 기뻤다.

(a) 선발하다 (b) 받다
(c) 인정하다 (d) 기획하다

기출 공략

73명 중에서 미의 여왕으로 '선발되었다'는 의미이다. 따라서 (a)가 정답이다.

select 선발하다 **receive** 받다 **admit** 인정하다 **project** 기획하다

정답_(a)

30

The Sphinx was buried up to its shoulders in sand until it was ______________ in the twentieth century and revealed to the world.

(a) deprived (b) excavated
(c) depressed (d) redistributed

번역

스핑크스는 20세기에 발굴되어 세상에 모습을 드러낼 때까지 어깨까지 모래 속에 파묻혀 있었다.

(a) 박탈하다 (b) 발굴하다
(c) 저하시키다 (d) 재분배하다

기출 공략

묻혀 있던 스핑크스가 세상에 드러나기 위해서는 '발굴'되어야 하므로 정답은 (b)이다.

deprive 박탈하다 **excavate** 발굴하다 **depress** 저하시키다 **redistribute** 재분배하다

정답_(b)

31

Meeting in secret, the traders ______________ to manipulate stock prices in order to reap unlawful profits.

(a) kindled (b) receded
(c) conspired (d) vanquished

번역

거래자들은 비밀리에 만나서 불법 수익을 얻기 위해 주가를 조작하는 데 공모했다.

(a) 불을 붙이다 (b) 약해지다
(c) 공모하다 (d) 쳐부수다

기출 공략

거래자들이 비밀리에 만나서 주가 조작을 '공모했다'는 의미가 자연스러우므로 정답은 (c)이다.

trader 상인, 거래자 **manipulate** 조종하다, 조작하다 **reap** 거두다, 수확하다 **unlawful** 불법의 **kindle** 불을 붙이다 **recede** 약해지다 **conspire** 공모하다 **vanquish** 쳐부수다

정답_(c)

32

Because the military's spy plane was ______________, there were no crew members aboard to put at risk.

(a) inserted (b) deceived
(c) detached (d) unmanned

번역

군 정찰기가 무인 방식이라서 위험에 처할 수 있는 탑승 조종사들은 없었다.

(a) 끼워 넣은 (b) 속은
(c) 분리된 (d) 무인의

기출 공략

비행기에 탑승한 사람이 없다고 했으므로 '사람이 없는, 무인의'를 뜻하는 (d)가 들어가야 한다.

spy plane 정찰기 **aboard** 탑승한 **put at risk** 위험에 처하게 하다 **inserted** 끼워 넣은 **deceived** 속은 **detached** 분리된 **unmanned** 무인의

정답_(d)

33

The earliest sculptures were quite ______________, but over time sculptures became more refined as artists' skills developed.

(a) fussy (b) crude
(c) tender (d) uptight

번역

초기 조각품들은 매우 투박했지만 시간이 흐르면서 예술가들의 기술이 발달함에 따라 조각품들은 더욱 세련되어졌다.

(a) 까다로운 (b) 투박한
(c) 부드러운 (d) 긴장한

기출 공략

but 앞뒤로 상반된 내용이 들어가야 하므로 more refined와 반대의 의미를 가진 단어를 찾는다. '투박한'이라는 (b)가 정답이다.

sculpture 조각품 **over time** 시간이 흐르면서 **refined** 정제된, 세련된 **fussy** 깐깐한, 까다로운 **crude** 투박한, 조잡한, 천연 그대로의 **tender** 부드러운 **uptight** 긴장한 정답_(b)

34

The bride ______________ the bouquet of flowers over her shoulder to the crowd waiting to catch it.

(a) tossed (b) stroked
(c) hoarded (d) surpassed

번역

신부는 꽃다발을 잡으려고 기다리는 사람들을 향해 어깨 너머로 꽃다발을 던졌다.

(a) 던지다 (b) 쓰다듬다
(c) 비축하다 (d) 능가하다

기출 공략

신부가 꽃다발을 받으려고 기다리는 사람들에게 꽃을 '던지는' 상황이다. 따라서 (a)가 정답이다.

bouquet 꽃다발 **toss** 가볍게 던지다 **stroke** 쓰다듬다 **hoard** 비축하다 **surpass** 능가하다 정답_(a)

35

The unsafe conditions under which Medieval builders worked would be ______________ by the stricter health and safety laws of modern times.

(a) outraged (b) provoked
(c) forbidden (d) misdirected

번역

중세의 건축업자들이 일했던 안전하지 못한 환경은 현대 시대의 더 엄격한 보건과 안전법에 의해 금지될 것이다.

(a) 격분시키다 (b) 유발하다
(c) 금지하다 (d) 잘못 지도하다

기출 공략

중세와 현대가 대조되고 있다. 현대의 더 엄격한 보건과 안전법에 의해 중세의 안전하지 못한 환경이 더 이상 적용되기 어렵다는 것이 문맥상 적절하다. 따라서 '금지하다'는 (c)가 정답이다.

medieval 중세의 **outrage** 격분시키다 **provoke** 유발하다 **forbid** 금지하다 **misdirect** 잘못 지도하다 정답_(c)

36

When a fire broke out in the library, it took firefighters only minutes to ______________ it, preventing serious damage.

(a) reject (b) extract
(c) relinquish (d) extinguish

번역

도서관에서 화재가 일어났을 때 소방관들이 단지 몇 분 만에 불을 꺼서 심각한 피해를 막았다.

(a) 거부하다 (b) 추출하다
(c) 포기하다 (d) 불을 끄다

기출 공략

불이 난 상황에서 심각한 피해를 막았다는 것은 소방관들이 불을 '껐다'는 것을 의미한다. 따라서 (d)가 정답이다.

break out 발생하다 **reject** 거부하다 **extract** 추출하다 **relinquish** 포기하다 **extinguish** 불을 끄다 정답_(d)

37

New rules to keep companies from overcharging customers will be ______________ on mobile phone companies by the government next month.

(a) implied (b) relieved
(c) imposed (d) diverted

번역

기업이 고객에게 과다 청구하는 것을 막는 새로운 규정이 다음 달에 정부에 의해 휴대 전화 회사들에게 적용될 것이다.

(a) 암시하다 (b) 덜다
(c) 적용하다 (d) 전환시키다

기출 공략

새로운 규정이 다음 달에 '적용된다'는 의미가 적절하므로 정답은 (c)이다.

overcharge 과다 청구하다 **imply** 암시하다 **relieve** (고통 등을) 덜다 **impose** (세금을) 부과하다, (법을) 적용하다 **divert** 전환시키다

정답_(c)

38

Since few candidates applied, the company tried to make the job more ______________ by offering extra vacation time.

(a) capable (b) extensive
(c) attractive (d) receptive

번역

지원자가 거의 없었기 때문에 그 회사는 추가 휴가를 제안해서 그 일자리를 더 매력적으로 만들고자 했다.

(a) 유능한 (b) 광범위한
(c) 매력적인 (d) 수용적인

기출 공략

지원자가 적은 상황에서 회사가 휴가를 늘린 것은 더 많은 지원자들을 '끌어들이기' 위한 것이므로 정답은 (c)이다.

capable 유능한 **extensive** 광범위한 **attractive** 매력적인 **receptive** 수용적인

정답_(c)

39

The scholar, not content to make a small addition to knowledge, was determined to make a(n) ______________ research contribution.

(a) residual (b) tentative
(c) intangible (d) substantial

번역

그 학자는 지식에 작은 보탬을 하는 것에 만족하지 않고, 상당한 연구 기여를 하기로 결심했다.

(a) 잔여의 (b) 잠정적인
(c) 무형의 (d) 상당한

기출 공략

조그마한 기여에 만족하지 않았다면, '상당한' 기여를 하기로 마음먹은 것이므로 정답은 (d)이다.

content 만족하는 **addition** 추가된 것, 부가 **be determined to** ~하기로 결심하다 **contribution** 기부, 기여 **residual** 잔여의 **tentative** 잠정적인 **intangible** 무형의 **substantial** 상당한, 견고한, 본질적인

정답_(d)

40

The military launched a(n) ______________ on the rebels in the country's western region, in an attempt to take back control of the area.

(a) pledge (b) assault
(c) assertion (d) platitude

번역

군은 그 지역의 통제권을 회수하기 위해 그 나라의 서쪽 지방에서 반란군에 대해 공격을 시작했다.

(a) 맹세 (b) 공격
(c) 주장 (d) 진부한 이야기

기출 공략

통제권을 다시 가져오려고 한다면 반란군에 대해 '공격'을 시작했다는 의미가 적절하다. 따라서 (b)가 정답이다.

launch 시작하다 **rebel** 반역자, 반란자 **in an attempt to** ~하려는 시도로 **take back** 회수하다 **pledge** 맹세 **assault** 공격 **assertion** 주장 **platitude** 진부한 이야기

정답_(b)

41

A solution that kills bacteria can be sprayed to create a ______________ surface for safe food preparation.

(a) patchy (b) sterile
(c) savvy (d) virile

번역

안전한 음식 준비를 위해 살균한 표면을 만들고자 박테리아를 죽이는 용액이 뿌려질 수 있다.

(a) 군데군데 있는 (b) 살균한
(c) 요령 있는 (d) 남성미 넘치는

기출 공략

안전한 음식 준비를 위해 용액을 뿌린다는 것은 살균을 하는 것이므로 (b)가 정답이다.

solution 용액 **patchy** 군데군데 있는 **sterile** 살균한 **savvy** 요령 있는 **virile** 남성미 넘치는

정답_(b)

42

Medieval soldiers expected to get rich from foreign conquests by ______________ cities that they conquered and bringing the spoils home.

(a) forfeiting (b) plundering
(c) postulating (d) discharging

번역

중세 군인들은 해외 정복 활동에서 그들이 정복했던 도시를 약탈하고 전리품을 고국에 가져오면서 부유해지길 기대했다.

(a) 몰수당하다 (b) 약탈하다
(c) 사실이라고 상정하다 (d) 석방하다

기출 공략

정복했던 도시에 가서 전리품을 가져온다는 것은 그 도시를 '약탈하는' 것이므로 (b)가 정답이다.

quest 정복 **spoil** 약탈품, 전리품 **forfeit** 몰수당하다 **plunder** 약탈하다 **postulate** 사실이라고 상정하다 **discharge** 석방하다

정답_(b)

43

Frank had a feeling that something bad was going to happen, but no one would believe this ______________ of his.

(a) foreclosure (b) forbearance
(c) predilection (d) premonition

번역

프랭크는 뭔가 나쁜 일이 일어날 것 같은 느낌이 들었지만 아무도 그의 이런 불길한 예감을 믿으려 하지 않았다.

(a) 압류 (b) 관용
(c) 매우 좋아함 (d) 불길한 예감

기출 공략

something bad was going to happen이라는 말을 한 단어로 표현한 것을 찾아야 한다. '불길한 예감'이라는 (d)가 정답이다.

foreclosure 압류 **forbearance** 관용 **predilection** 매우 좋아함 **premonition** 불길한 예감

정답_(d)

44

The use of public payphones has become obsolete now that mobile phones have largely ______________ them.

(a) accrued (b) revoked
(c) convened (d) supplanted

번역

휴대 전화가 대체적으로 공중전화를 대신하게 되었기 때문에 공중전화 이용은 한물갔다.

(a) 발생하다 (b) 취소하다
(c) 회의를 소집하다 (d) 대신하다

기출 공략

공중전화는 구식이 되었고 대신 휴대 전화를 쓴다면 휴대 전화가 공중전화를 '대신한' 것이 되므로 정답은 (d)이다.

obsolete 한물간, 구식의 **largely** 대체로, 주로 **accrue** 발생하다 **revoke** 취소하다 **convene** 회의를 소집하다 **supplant** 대신하다

정답_(d)

45

The Untouchables, the lowest caste, were _______________ under India's traditional caste system, shunned completely by all other classes.

(a) adulated (b) salvaged
(c) exempted (d) ostracized

번역

카스트 제도의 가장 낮은 계급인 불가촉천민들은 모든 다른 계급에 의해 완전히 외면을 당하며 인도의 전통 카스트 제도 하에서 배척당했다.

(a) 아첨하다 (b) 구조하다
(c) 면제하다 (d) 배척하다

기출 공략

카스트 제도 하에서 불가촉천민들이 다른 계급에게 완전히 외면당했다고 하는 것은 '배척당했다'는 것이므로 정답은 (d)이다.

untouchable 인도의 불가촉천민(카스트 제도 최하층) **caste** 카스트 제도 **shun** 피하다 **adulate** 아첨하다 **salvage** 구조하다 **exempt** 면제하다 **ostracize** 배척하다 정답_(d)

46

Unemployed and unable to find a decent job, Chloe realized that quitting her previous job on a whim had been _______________.

(a) arid (b) rash
(c) bland (d) feeble

번역

실직하여 괜찮은 일자리를 찾지 못하던 클로이는 이전의 직장을 충동적으로 그만두었던 것이 경솔했음을 깨달았다.

(a) 무미건조한 (b) 경솔한
(c) 지루한 (d) 허약한

기출 공략

이전의 직장을 충동적으로 그만두고 지금 제대로 된 직장을 찾지 못하고 있다면 과거의 행동이 '경솔했다'고 생각하며 후회할 것이므로 (b)가 문맥상 자연스럽다.

decent 괜찮은 **on a whim** 충동적으로 **arid** 무미건조한 **rash** 경솔한 **bland** 지루한 **feeble** 허약한 정답_(b)

47

The relaxed and cheerful way the actors communicated with each other showed there was genuine _______________ between them.

(a) radiation (b) animosity
(c) chemistry (d) ascension

번역

그 배우들이 서로서로 느긋하고 활기차게 의사소통하는 방식은 그들 사이에 정말 좋은 궁합이 있었다는 것을 보여 준다.

(a) 방사선 (b) 적대감
(c) 사람들 간의 궁합 (d) 오름

기출 공략

동료 배우들끼리 잘 어울려 지내는 상황은 서로 공감대가 있고 궁합이 좋다는 것이다. 따라서 (c)가 정답이다. chemistry는 물질 간의 화학 작용뿐만 아니라, 대인 관계에 있어서 사람들 간의 이끌림, 궁합을 나타낼 때 쓸 수 있는 단어이다.

relaxed 느긋한, 여유 있는 **cheerful** 발랄한, 생기를 주는 **genuine** 진짜의, 진품의 **radiation** 방사선 **animosity** 적대감 **chemistry** 사람들 간의 궁합 **ascension** 오름 정답_(c)

48

Going too long without eating can lead one to _______________ on a huge meal and feel bloated as a result.

(a) hark (b) flout
(c) quaff (d) binge

번역

먹지 않고 너무 오래 있으면 결국 폭식하게 되고 배가 터질 듯한 느낌이 든다.

(a) 잘 듣다 (b) 법을 어기다
(c) 벌컥벌컥 마시다 (d) 폭식하다

기출 공략

오래 먹자 않다가 배가 터지도록 부른 느낌이 든다는 것은 중간에 '폭식을 했다'는 말이므로 정답은 (d)이다.

bloated 배가 터질 듯한 **hark** 잘 듣다 **flout** 법을 어기다 **quaff** 벌컥벌컥 마시다 **binge** 폭식하다 정답_(d)

49

The restaurant guide gave Julio's Bistro its highest ______________ for exceptional food and service.

(a) edifice (b) clamor
(c) mandate (d) accolade

번역

레스토랑 가이드는 줄리오 비스트로의 뛰어난 음식과 서비스에 대해 최고의 칭찬을 했다.

(a) 대건축물 (b) 아우성
(c) 지시 (d) 칭찬

기출 공략

빈칸 뒤의 훌륭한 식사와 서비스에 주목한다면 빈칸에는 찬사나 칭찬을 뜻하는 말이 와야 함을 알 수 있다. 따라서 (d)가 정답이다.

exceptional 특출한, 뛰어난 **edifice** 대건축물 **clamor** 아우성
mandate 지시, 명령 **accolade** 칭찬 정답_(d)

50

Even compared to the beauty of her sister, Jennifer was admired for her remarkably ______________ appearance.

(a) garish (b) comely
(c) feckless (d) piquant

번역

아름다운 그녀의 언니와 비교해도, 제니퍼는 눈에 띄게 예쁜 외모로 찬사를 받았다.

(a) 현란한 (b) 예쁜
(c) 무책임한 (d) 매콤한

기출 공략

외모에 대해 찬사를 받았다는 것은 뛰어난 외모임을 알 수 있다. 특히 빈칸 앞에 remarkably는 뒤에 나올 형용사를 긍정적으로 강조해 주고 있다. 따라서 (b)가 정답이다.

admire 존경하다, 칭찬하다 **remarkably** 눈에 띄게
appearance 외모 **garish** (지나치게) 현란한 **comely** 예쁜
feckless 무책임한 **piquant** 매콤한 정답_(b)

Reading Comprehension

1

A recent study of science professors at major American research institutions has found that ______________. The results showed that the professors regarded female job applicants as less competent than males with the same credentials. This attitude held true regardless of the professors' age, sex, field, or tenure status. Perhaps this is not surprising in physics or engineering, which have proportionally more male students than females, but such was the case even in biology, where female students outnumber males. Overall, the likelihood of being hired was lower for women.

(a) there is a pervasive bias against women scientists
(b) the number of female biology students is shrinking
(c) gender bias in biology is generally directed against males
(d) more women are applying to work in physics and engineering

번역

미국 주요 연구 기관의 과학 교수들에 의해 진행된 최근 연구는 여성 과학자들에 대한 편견이 만연하다는 사실을 발견했다. 연구 결과에 따르면 교수들이 같은 자격 요건을 갖춘 남성에 비해 여성 구직자들의 능력이 부족하다는 생각을 하고 있는 것으로 나타났다. 이러한 생각은 해당 교수의 나이, 성별, 분야, 종신 재직 상태와 상관없이 일정했다. 이는 여학생보다 남학생 수가 비교적 많은 물리학이나 공학 분야에서는 놀라운 일이 아닐 수 있겠으나 여학생 수가 남학생 수를 훨씬 더 능가하는 생물학 분야에서도 마찬가지였다. 전반적으로 여성이 고용될 가능성은 더 낮은 것으로 나타났다.

(a) 여성 과학자들에 대한 편견이 만연하다
(b) 생물학 전공의 여학생 수가 줄어들고 있다
(c) 생물학 분야에서의 성차별은 보통 남성에게 향한다
(d) 더 많은 여성이 물리학과 공학 분야에 지원하고 있다

기출 공략

과학 분야 전반에서 실력과 상관없이 여성에 대해 만연해 있는 편견으로 여성의 고용 확률이 낮다는 연구 결과에 대한 내용으로 (a)가 문맥에 가장 적합하다.

job applicant 구직자 **competent** 능력 있는 **credentials** 자격 요건 **hold true** 유효하다, 들어맞다 **tenure status** 종식 재직 상태 **proportionally** 비교적으로 **outnumber** 수적으로 우세하다 **likelihood** 가능성 **pervasive** 만연한 **bias** 편견 **shrink** 줄어들다 정답_(a)

2

Are some languages faster than others? From a perceptual point of view, it appears that ______________. While there is a limit to how fast the muscles in the mouth can physically move, some languages pack more meaning into fewer syllables, and so information can be conveyed at a faster rate. For instance, to describe the field including biology, chemistry, and physics, English says "science"—two syllables—while German says "wissenschaft"—three syllables—and so listeners perceive English to be faster.

(a) distinctions are indiscernible to most listeners
(b) having native pronunciation is important
(c) English speakers are at a disadvantage
(d) differences in speed really do exist

번역

어떤 언어들은 다른 언어들보다 속도가 빠른가? 받아들이는 입장에서 보면 속도의 차이는 실제로 존재하는 것으로 보인다. 사람 입 속 근육이 물리적으로 움직일 수 있는 속도에는 한계가 있지만, 일부 언어들은 더 적은 수의 음절 안에 더 많은 의미를 담기에 더 빠른 시간 안에 정보 전달이 이루어질 수 있는 것이다. 예를 들어, 생물학, 화학, 물리학을 통틀어 설명하는 말을 영어로 "사이언스(science)"라는 두 음절로 표현을 하는데 반해 독일어로는 "비센샤프트(wissenschaft)"라는 세 음절로 표현하기에 듣는 사람들은 영어가 더 빠르다고 받아들이게 되는 것이다.

(a) 듣는 사람 대부분은 그 차이를 알아차리기는 어려운 정도인 것
(b) 원어민다운 발음을 하는 것이 중요하다는 것
(c) 영어 사용자는 불리한 입지에 있다는 것
(d) 속도의 차이는 실제로 존재하는 것

기출 공략

언어에 따라 같은 뜻을 가진 단어도 음절의 수가 다르기 때문에 받아들이는 사람의 입장에서는 언어마다 속도가 다르게 느껴질 수 있다는 내용이다. 따라서 속도의 차이가 실제로 존재한다고 하는 (d)가 문맥에 적합하다.

perceptual 지각의, 받아들이는 **pack** 채워 넣다 **convey** 전달하다, 옮기다 **perceive** 감지하다 **distinction** 구분 **indiscernible** 알 수 없는 **disadvantage** 불리한 입장 정답_(d)

3

A new study on adolescent behavior suggests that ______________. Researchers examined about 4,000 teenagers for one year, tracking the teens' friendship choices and their place in social circles. Their findings showed that teens that held a more central place in their network tended to pick on others more, possibly to solidify their position. Interestingly, the correlation between aggression and popularity in teens was nonexistent in the top 2% of popular students, who were drastically less aggressive.

(a) the desire for popularity prevents aggression
(b) aggression intensifies at the very peak of popularity
(c) social status affects the level of aggression teens display
(d) children are actually most aggressive before adolescence

번역

청소년 행동에 대한 새로운 연구에 의하면 사회적 위치가 십 대들이 공격성을 드러내는 정도에 영향을 미치는 것으로 나타났다. 연구원들은 1년 동안 4천 명 정도의 십 대들을 조사해 그들이 친구를 선택하는 일이나 그들이 어울리는 집단에서의 위치 등을 추적했다. 연구 결과, 집단의 중심에 위치한 십 대들이 다른 친구들을 더 괴롭히는 것으로 드러났는데, 이는 아마도 자신들의 입지를 보다 굳건히 하기 위한 행동인 듯했다. 흥미롭게도 극단적으로 공격성이 낮은 인기도 상위 2%에 해당하는 학생들의 경우에는 공격성과 인기도의 상관관계가 전혀 존재하지 않는다는 것이었다.

(a) 인기에 대한 열망이 공격성을 막는다는
(b) 인기도 최상위에서 공격성이 심화된다는
(c) 사회적 위치가 십 대들이 공격성을 드러내는 정도에 영향을 미치는
(d) 사실상 청소년기 직전의 아동들이 가장 공격적인

기출 공략

청소년이 그들이 속한 집단 내에서 차지하는 위치가 그들의 공격성에 영향을 미친다는 연구 결과에 대한 내용이다. 따라서 사회적 위치가 공격성에 영향을 미친다는 (c)가 정답이다.

adolescent 청소년 **track** 추적하다 **pick on** ~를 괴롭히다 **solidify** 굳히다 **correlation** 연관성, 상관관계 **aggression** 공격성 **nonexistent** 존재하지 않는 **drastically** 극단적으로 **intensify** 심화되다 **display** 드러내다

정답_(c)

4

The lasting love affair in Harvey Diaz's novel, *Daydreams of Fiction*, is not between the main character Julia and her apathetic boyfriend Manuel. Intrigue and romance scenes occur, but they are just temporary distractions. The great love of the protagonist of this novel is not a person but the literary canon. Julia simply lives for classic novels and finds more satisfaction from them than from any interpersonal relationship. The novel is a portrait of a woman who ______________.

(a) holds literature and reading closest to her heart
(b) discovers true love for the people surrounding her
(c) learns why real-life romance outweighs fictional love
(d) spends her troubled life searching for an ideal spouse

번역

하비 디애즈의 소설 〈데이드림 오브 픽션〉에서 지속적인 열애 관계를 유지하는 것은 주인공 줄리아와 그녀의 무심한 남자 친구인 마뉴엘 사이가 아니다. 은밀한 로맨스 장면들이 묘사되긴 하지만 이것은 단지 일시적인 오락 요소에 불과하다. 이 소설 속 위대한 사랑의 주인공은 사람이 아닌 문학 작품들이다. 줄리아는 그저 명작 소설을 위한 삶을 살며 대인 관계에서보다 더 큰 만족을 얻는다. 이 소설은 늘 문학과 독서를 그 무엇보다 생각하는 여인을 묘사하고 있다.

(a) 늘 문학과 독서를 그 무엇보다 생각하는
(b) 주변 사람들에 대한 참된 사랑을 찾는
(c) 현실의 로맨스가 소설 속 사랑보다 더 중요한 이유를 알게 되는
(d) 이상적인 배우자를 찾기 위해 굴곡 많은 인생을 사는

기출 공략

사람보다 소설을 더 사랑하는 줄리아라는 한 여인에 대한 소설이다. 따라서 문학과 독서를 늘 마음에 품고 생각한다는 (a)가 정답이다.

apathetic 무심한, 냉담한 **intrigue** 은밀함 **distraction** 오락 **protagonist** 주인공 **literary canon** 문학 작품 목록 **interpersonal** 대인 관계의 **real-life** 현실의 **outweigh** 더 중요하다

정답_(a)

5

Since university students are easily accessible, many psychological researchers use them as subjects of experiments. However, students might not be representative of humanity as a whole. Now thanks to web technology, a new method of recruiting subjects is available: crowdsourcing. Several online companies offer services where researchers can set up experiments, and web users from many walks of life can participate for minimal compensation. In this way, crowdsourcing ______________.

(a) provides insight into students' psychology
(b) is influenced by the source of research funding
(c) is vulnerable to the prejudices of study subjects
(d) vastly broadens the diversity of research samples

번역

많은 심리학 연구원들은 접근이 용이하다는 이유로 대학생을 연구 대상으로 이용한다. 그러나 학생들은 전체 인류를 대표하지 못할 수도 있다. 이제 인터넷 기술로 연구 대상을 모집하는 새로운 방법이 가능해졌다. 바로 크라우드소싱이다. 몇몇 온라인 회사들은 연구원들이 실험을 할 수 있게 사회 각계각층의 인터넷 사용자들이 최소의 보상을 받고 참여할 수 있도록 하는 서비스를 제공하고 있다. 이러한 방법으로 크라우드소싱은 연구 표본의 다양성을 크게 넓혀 준다.
(a) 학생들 심리에 통찰력을 불어넣고 있다
(b) 연구비 출처에 의한 영향을 받는다
(c) 연구 대상의 편견에 대해 무방비한 상태다
(d) 연구 표본의 다양성을 크게 넓혀 준다

기출 공략

접근이 용이하다는 이유로 그동안 대학생들이 연구 대상으로 많이 사용되었는데 대상이 대학생이라는 한계가 있었다. 이에 반해 크라우드소싱은 각계각층의 다양한 연구 대상 모집이 가능하다고 했으므로 연구 대상이 더 다양하다는 것을 알 수 있다. 따라서 (d)가 정답이다.
representative 대표하는 **humanity** 인류 **walks of life** 각계각층 **compensation** 보상 **insight** 통찰력 **vulnerable** 취약한 **prejudice** 편견 **vastly** 대단히, 크게 **diversity** 다양성

정답_(d)

6

High school teachers often focus on getting students to approach classical novels as literary scholars when instead they should be trying to ______________. Expecting students to pick up on every allusion and nuance of outdated language is not only unrealistic but alienating as well. Teachers should help students realize the importance of classics by showing how the themes of these classics apply to themselves. Supplementing the readings with popular modern movies or music that are loosely based on classics could help students see how certain themes span across various eras and cultures.

(a) stress the novels' historical background
(b) test students' comprehension of the content
(c) focus on appreciating the subtleties of language
(d) show how literature is relevant to students' lives

번역

고등학교 교사들은 종종 학생들에게 문학 작품이 그들의 삶에 어떠한 연관성이 있는지 제시하려고 노력하는 대신 문학 학자처럼 고전 소설에 접근하도록 유도한다. 학생들에게 작품 속 고어가 암시하고 있는 의미와 뉘앙스를 일일이 파악하게 하는 것은 현실에 맞지 않을 뿐더러 오히려 작품과 멀어지게 하는 일이다. 교사들은 학생들로 하여금 고전 작품의 주제가 스스로에게 어떻게 적용될 수 있는지 제시함으로써 고전 작품의 중요성을 일깨워 줘야 한다. 고전 작품에 대략적인 기반을 둔 최신 유행의 영화나 음악을 보조 자료로 이용해 학생들에게 고전을 읽도록 유도한다면 특정 주제가 어떻게 그 수많은 시대와 문화에 걸쳐 왔는지 깨달을 수 있게 할 것이다.
(a) 소설의 역사적 배경을 강조하려고
(b) 내용에 대한 학생들의 이해도를 점검하려고
(c) 언어의 미묘함에 대한 진가를 알아보도록 하는 일에 집중하려고
(d) 문학 작품이 그들의 삶에 어떠한 연관성이 있는지 제시하려고

기출 공략

교사가 고등학생을 대상으로 고전 문학을 가르칠 때 고전 작품에 등장하는 언어를 일일이 파악하게 하는 것보다는 고전의 주제가 학생들 자신의 삶과 어떠한 연관이 있는지를 확인할 수 있도록 도움을 줘야 한다는 내용이다. 글 중반부에 by showing how ~ apply to themselves를 통해 (d)가 정답임을 알 수 있다.
pick up on 알아차리다 **allusion** 암시 **nuance** 뉘앙스 **outdated** 구식인 **alienate** 소원해지게 만들다 **supplement** 보충하다 **loosely** 대략 **span** 걸치다 **era** 시대 **subtlety** 미묘함

정답_(d)

7

With its generous share of antioxidants, tea has long been said to improve cardiovascular health. It is customary, however, in many places to drink tea with milk, a practice that may nullify tea's salutary properties. Scientists speculate that this effect is a result of proteins in milk binding to and neutralizing antioxidants, and they have noted that even non-dairy soy milk has a similar antagonistic effect. So those who continue to add milk to their tea are ______________.

(a) amplifying its negative effects
(b) counteracting its health benefits
(c) introducing more antioxidants to it
(d) impeding digestion of milk proteins

번역

항산화제가 풍부한 차는 오래 전부터 심혈관 건강을 향상시키는 것으로 알려졌다. 그러나 차를 마시는 많은 지역에서 차를 우유와 함께 마시는 것이 관례인 경우가 많은데, 이는 차가 가진 유익한 성질을 무효화할 가능성이 있는 관계이다. 과학자들에 의하면 이는 우유에 함유되어 있는 단백질이 항산화 물질에 엉겨서 항산화 물질을 중화시키는 현상의 결과로, 유제품이 함유되어 있지 않은 두유도 유사한 상극 효과를 갖고 있다고 한다. 따라서 계속해서 차에 우유를 타서 마시는 사람들은 차가 가진 혜택을 저해하고 있는 것이다.

(a) 차의 부정적인 효과를 증폭시키고 있는 것이다
(b) 차가 가진 혜택을 저해하고 있는 것이다
(c) 차에 항산화제를 더 추가하는 것이다
(d) 우유 단백질의 소화를 방해하는 것이다

기출 공략

심혈관 건강에 도움을 주는 항산화 물질이 차에 함유되어 있으나 흔히 첨가해 마시는 우유나 두유의 단백질 성분이 이를 억제해 건강에 도움이 안 된다는 내용이다. 따라서 차가 가진 혜택을 저해한다는 (b)가 정답이다.

antioxidant 항산화제 **cardiovascular** 심혈관의 **customary** 관례적인 **nullify** 무효화하다 **salutary** 유익한 **property** 성질 **speculate** 추측하다 **bind** 엉기다, 묶다 **neutralize** 중화시키다 **non-dairy** 유제품이 함유되지 않은 **antagonistic** 적대적인, 상극의 **amplify** 증폭시키다 **counteract** 대응하다, 저해하다 **impede** 방해하다

정답_(b)

8

Dear Professor Grayson,

Thank you for providing a letter of recommendation for my graduate school application. I am writing because I ______________. In checking the status of my online application, I noticed that the site had some problem uploading your letter. Could you sign into the recommenders' portal and try entering it again? I would offer to do it myself, but confidentiality requirements prohibit me from handling the letter. Thanks again—I hope to be writing soon with news of my acceptance!

Sincerely,

Jessica Sanders

(a) need to ask you to submit the letter again
(b) have misplaced the letter that you sent me
(c) was not accepted to the school of my choice
(d) will require another copy for future applications

번역

그레이슨 교수님께,

제 대학원 진학 원서를 위한 추천서를 써 주셔서 감사드립니다. 교수님께 편지를 드리는 것은 추천서를 다시 제출해 주실 것을 부탁드리기 위해서입니다. 온라인 지원서의 지원 상태를 확인하는 과정에서 웹 사이트의 문제로 교수님의 추천서가 제대로 올라가지 않았다는 것을 알게 되었습니다. 추천인 포털로 접속하시어 다시 한 번 올려 주실 수 있을까요? 제가 직접 처리하고 싶긴 하지만 비밀 유지 때문에 추천서를 제가 다룰 수 없게 되어 있습니다. 다시 한 번 감사드립니다. 조만간 합격 소식을 담아서 편지를 다시 올릴 수 있기를 기대해 봅니다!

제시카 샌더스 올림

(a) 추천서를 다시 제출해 주실 것을 부탁드리기
(b) 보내 주신 추천서를 분실하였기
(c) 원하던 학교에 입학 허가를 받지 못했기
(d) 차후에 지원할 용도로 같은 추천서를 한 장 더 부탁하기

기출 공략

지원한 대학원의 웹 사이트 문제로 교수님이 작성한 추천서가 제대로 제출되지 않은 상황이다. 교수님에게 인터넷으로 다시 한 번 제출해 달라고 부탁하는 내용으로 (a)가 적절하다.

letter of recommendation 추천서 **confidentiality** 비밀 **requirement** 요구 사항 **prohibit** 금하다 **misplace** 엉뚱한 곳에 두다, 분실하다

정답_(a)

9

When the US Constitution emerged from the Constitutional Convention in Philadelphia in 1787, ______________. Its major opponents believed that it would enshrine a ruling aristocratic class—or even an actual monarchy—if it were ratified, and claimed that it was fundamentally flawed. Even its supporters were not completely satisfied with the results. They worried that the document was too weak and incoherent to preserve American republicanism from leaders bent on acquiring excessive power.

(a) its proponents had no misgivings at first
(b) its detractors criticized it in favor of a monarchy
(c) it effectively stripped the aristocracy of all power
(d) it was not immediately embraced without criticism

번역

1787년에 필라델피아에서 열린 헌법 제정 회의에서 미국 헌법이 공개되었을 때 아무런 비판 없이 바로 받아들여진 것은 아니었다. 가장 반대가 심한 사람들은 그 헌법이 비준되면 지배 귀족층, 심지어는 군주를 모시게 될 거라 믿으며 내용에 근본적인 결함이 있다고 주장했다. 지지자들조차 결과물에 완전히 만족한 것은 아니었다. 그들은 그 문서가 과도한 권력을 쟁취하지 못해 안달인 지도자들로부터 미공화주의를 지켜내기엔 너무 약하고 비논리적이라고 걱정을 했다.

(a) 헌법 지지자들은 처음에 아무런 의혹을 갖지 않았다
(b) 비방하는 사람들은 군주제를 지지하며 헌법을 비판했다
(c) 헌법은 귀족들로부터 모든 권력을 효과적으로 빼앗았다
(d) 아무런 비판 없이 바로 받아들여진 것은 아니었다

기출 공략

1787년 미국의 헌법이 최초로 공개되었을 때 반대하는 사람, 지지하는 사람 모두 만족하지 않았다는 내용이다. 따라서 헌법이 바로 받아들여진 것은 아니라는 (d)가 정답이다.

US Constitution 미국 헌법 **emerge** 나타나다, 드러나다 **the Constitutional Convention** 미국 헌법 제정 회의 **opponent** 반대하는 사람 **enshrine** 모시다 **ruling** 지배하는 **aristocratic class** 귀족 계급 **monarchy** 군주제 **ratify** 비준하다 **fundamentally** 근본적으로 **flawed** 결함이 있는 **incoherent** 비논리적인 **republicanism** 미국 공화주의 **be bent on** ~을 하려고 안달인 **proponent** 지지자 **misgiving** 의혹, 불안 **detractor** 비방자 **strip A of B** A에게서 B를 빼앗다 **aristocracy** 귀족 **embrace** 받아들이다

정답_(d)

10

Looking at the period from 1861 to 1957, economist William Phillips observed that in years when unemployment in England was falling, the rate of inflation rose. On the other hand, when unemployment was rising, inflation tended to become lower. These observations led him to posit a pattern that was later dubbed the “Phillips curve,” and in 1958, he published a work summarizing his finding that ______________.

(a) low levels of unemployment effectively curbed inflation
(b) employers resist hiring workers when inflation starts increasing
(c) an inverse relationship exists between inflation and unemployment
(d) English workers’ wages became overly inflated in the twentieth century

번역

경제학자 윌리엄 필립스는 1861년부터 1957년까지의 시기를 관찰하면서 영국의 실업률이 떨어지는 동안 인플레이션 비율이 오르는 것을 확인했다. 반대로 실업률이 오르자 인플레이션은 낮아지는 경향을 보였다. 이러한 관찰 결과 그는 훗날 일명 '필립스 곡선'이라고 불리게 된 패턴을 상정하게 되었으며, 1958년에 그의 발견을 정리한 인플레이션과 실업률은 서로 반대되는 관계가 성립된다는 내용의 논문을 발표하기에 이른다.

(a) 낮은 실업률은 인플레이션을 효과적으로 억제한다
(b) 인플레이션이 오르기 시작하면 고용주들은 근로자들을 고용하지 않는다
(c) 인플레이션과 실업률은 서로 반대되는 관계가 성립된다
(d) 20세기 영국 노동자의 임금이 지나치게 올랐다

기출 공략

경제학자인 윌리엄 필립스가 영국에서 일정 기간 동안 실업률과 인플레이션의 상관관계를 관찰한 결과 인플레이션과 실업률이 서로 상반된다는 사실을 발견했다. 따라서 (c)가 정답이다.

unemployment 실업률 **inflation** 인플레이션, 물가 상승률 **posit** 상정하다 **dub** 별명을 붙이다 **Phillips curve** 필립스 곡선(인플레이션과 실업률의 상관관계를 나타냄) **curb** 억제하다, 제한하다 **inverse** 반대의 **inflate** 부풀다, 오르다

정답_(c)

11

After decades of population decline, the city of Havermore is ______________. While Mayor Margaret Dempsey has stated that she opposes illegal immigration, she has also banned police from arbitrarily inquiring as to an immigrant's status. Furthermore, the city has launched an initiative to help legal immigrants start businesses and access educational opportunities. The city has seen a 10% increase in settlement by recent immigrants in the past year, so the measures seem to be working.

(a) making more accommodations for immigrants
(b) granting all unauthorized immigrants legal status
(c) asking law enforcement to crack down on immigrants
(d) failing to make itself an attractive home for immigrants

번역

수십 년간의 인구 감소를 겪은 하버모어 시는 이민자들에게 더 많은 편의를 제공하고 있다. 마가렛 뎀시 시장은 불법 이민을 반대하는 발표를 하긴 했지만 경찰이 임의로 이민자의 법적 신분을 캐묻는 일을 금지하기도 했다. 게다가, 시는 합법적인 이민자들이 창업을 하고 교육 기회를 이용할 수 있도록 돕기 위한 계획을 착수하기도 했다. 지난 한 해 동안 최근 이민자의 정착이 10%나 증가한 것을 보면, 도입한 조치가 효과를 보고 있는 것으로 보인다.

(a) 이민자들에게 더 많은 편의를 제공하고 있다
(b) 모든 불법 이민자들에게 합법적인 신분을 부여해 주고 있다
(c) 법 집행 기관에 이민자들을 철저히 단속하도록 요구하고 있다
(d) 이민자들에게 매력 있는 정착지로 만드는 데 실패하고 있다

기출 공략

오랜 기간 인구 감소를 겪은 하버모어 시에서 그 해결 방안으로 합법적인 이민자들이 정착할 수 있는 제도를 시작했다고 했다. 이는 이민자들에게 더 많은 편의를 제공하는 것임으로 (a)가 정답이다.

population decline 인구 감소 **illegal immigration** 불법 이민 **ban** 금지하다 **arbitrarily** 임의로, 제멋대로 **as to** ~에 관해서는 **status** (법적) 신분 **initiative** 계획 **measure** 조치 **accommodation** 편의, 배려 **law enforcement** 법 집행 기관 **crack down on** 철저히 단속하다

정답_(a)

12

As a music journalist I feel lucky to ______________. I'm far from being a skilled musician myself, and sometimes I wish I could be more involved in the creative process of music-making. However, my job gives me opportunities to get to know music and the industry in a more intimate and wide-ranging way than most musicians do themselves. Not only do I have the freedom to move across genres and media, but I can also report on the artists' lives, their works, or the music business as a whole.

(a) learn more about my own creative writing process
(b) get practical experience as a professional musician
(c) convince musicians to broaden their stylistic horizons
(d) be able to have a comprehensive view of a diverse field

번역

음악 전문 기자로서 나는 다양한 분야에서 포괄적인 시각을 가질 수 있다는 점이 행운이라고 느낀다. 나는 전문적인 음악가와는 거리가 멀어서 때론 음악을 만드는 창의적인 과정에 더 많이 참여할 수 있으면 좋겠다는 생각이 들기도 한다. 그러나 내 직업은 음악가들보다 오히려 더 깊이 있고 폭넓게 음악과 그 분야에 대해 알 수 있는 기회를 주기도 한다. 각 장르와 매체를 자유롭게 넘나들 수 있을 뿐 아니라 음악가의 삶, 작품 또는 음악이란 사업 분야 전반에 대해서도 보도할 수 있다.

(a) 나만의 창의적인 집필 과정에 대해 더 많은 것을 배울 수 있다는 점
(b) 전문 음악인으로서 실질적인 경험을 얻을 수 있다는 점
(c) 음악가들이 스타일의 범위를 넓히도록 설득할 수 있다는 점
(d) 다양한 분야에서 포괄적인 시각을 가질 수 있다는 점

기출 공략

필자는 음악 전문 기자로서 전문 음악가처럼 음악을 만들 수는 없지만 음악가보다도 더 깊이 있고 폭넓게 알 수 있는 기회가 있다고 했으므로 (d)가 가장 적합하다.

be involved in ~에 참여하다 **intimate** 매우 가까운 **genre** (예술의) 장르 **as a whole** 전반적으로, 전체로 **practical** 실질적인 **convince** 설득하다 **broaden** 넓히다 **horizons** 범위 **comprehensive** 종합적인, 포괄적인

정답_(d)

13

A revolutionary technique which has recently been applied to old manuscripts promises to ______________. By analyzing digital images of manuscripts, researchers have succeeded in separating various layers of text and removing crossed-out portions and corrections, thereby exposing earlier incarnations of various passages. This development allows literary scholars to speculate about why authors made certain revisions to their writing and also shows the true skill great authors had in crafting and re-shaping their creations.

(a) replicate the first printed editions of famous works
(b) provide insights into authors' self-editing processes
(c) restore works to what authors originally wanted published
(d) help modern writers to better edit and organize their works

번역

최근 오래 된 필사본에 적용된 획기적인 기술로 작가들의 편집 과정을 파악하는 것이 가능해질 것 같다. 필사본의 디지털 이미지를 분석함으로써 연구진은 여러 겹의 글씨를 분리해 내는 작업과 글을 지우기 위해 그은 줄이나 수정을 가한 층을 제거하는 작업에 성공해서 몇몇 문구의 전신이 공개되었다. 이렇게 개발된 기술은 문학계 학자들에게 작가들이 어떤 종류의 수정을 무슨 이유로 가했는지를 추측할 수 있게 하고 훌륭한 작가들이 자신들의 작품을 쓰고 다듬는 데 사용한 진정한 기술을 볼 수 있게 해 준다.

(a) 유명한 작품의 초판 인쇄본을 복제하는 것
(b) 작가들의 편집 과정을 파악하는 것
(c) 작가들이 원래 인쇄되길 원했던 작품 그대로 복원하는 것
(d) 현대 작가들이 그들의 작품을 더 잘 편집하고 정리하도록 도움을 주는 것

기출 공략

새로 개발된 획기적인 기술로 옛 작가들의 필사본을 분석해 그들의 글이 처음 쓰이면서 수정되어 가는 과정을 볼 수 있게 되었다는 내용이다. 수정과 편집을 포함해 훌륭한 작가들의 집필 과정을 볼 수 있게 되었다는 (b)가 문맥상 가장 어울린다.

revolutionary 혁명적인, 획기적인 **manuscript** 원고, 필사본 **promise** ~일 것 같다 **crossed-out** 줄을 그어 지운 **incarnation** 생애, 화신 **speculate** 추측하다 **revision** 수정, 정정 **craft** 만들다 **replicate** 복제하다 **insight** 통찰력, 간파

정답_(b)

14

Do feelings of unfairness always lead to a desire for revenge? To explore the relationship between these emotions, researchers devised an experiment during which participants were paired and pitted against each other in a game involving monetary transactions. The game was designed so that participants were fined for taking money from their opponents and so that by the end, both suffered a net loss. While all participants felt the game was unfair, only those who lost more than their opponents felt a desire for revenge. Researchers concluded that by itself an unfair situation ______________.

(a) pushes people to feel exploited unnecessarily
(b) unconsciously makes victims blame themselves
(c) actually prevents those who lost from fighting back
(d) is not cause enough to spur the wish for retribution

번역

불공평하다는 느낌은 항상 복수심으로 이어지는가? 이 두 가지 감정의 관계를 알아내기 위해 연구진들은 연구 참가 대상자들이 서로 짝을 지어 맞붙어 돈이 오가는 대항을 하는 게임을 치르도록 하는 실험을 고안했다. 게임은 참가자가 상대의 돈을 가져가면 벌금을 물게 하여, 결국엔 양쪽 모두 돈을 잃게 되도록 만들어졌다. 참가자들 모두가 게임이 불공평하다고 느꼈으나 자신의 짝보다 더 많은 돈을 잃은 참가자만이 복수심을 느낀 것으로 나타났다. 이로써 연구진들은 불공평한 상황 그 자체만은 복수심을 일으킬 만큼의 충분한 이유가 되지 않는다는 결론을 내렸다.

(a) 사람들로 하여금 불필요하게 착취당하는 느낌을 갖도록 한다
(b) 무의식적으로 피해자 스스로를 탓하게 만든다
(c) 실제로 진 사람이 복수하는 것을 예방한다
(d) 복수심을 일으킬 만큼의 충분한 이유가 되지 않는다

기출 공략

실험에서 불공평한 일을 겪은 사람들 전부가 복수심을 느낀 것이 아니라 자신의 짝보다 손해를 더 많이 본 사람들만이 복수심을 느꼈다는 내용이다. 따라서 불공평한 상황 자체가 복수심을 일으키는 것은 아니라는 (d)가 정답이다.

revenge 복수, 보복 **devise** 고안하다 **pit against** 맞붙게 하다, 대항하게 하다 **monetary transaction** 금전 거래 **net loss** 순손실 **exploit** 착취하다 **unconsciously** 무의식적으로 **blame** ~을 탓하다 **fight back** 반격하다, 복수하다 **spur** 유발하다 **retribution** 보복

정답_(d)

15

With fees that increase the longer one is a customer, auto insurers are sending a message to their long-time customers: it does not pay to stay. Instead of thanking customers for their business, insurers penalize them with higher premiums. ______________, they court new customers with discounted introductory prices, attempting to lure drivers away from other providers. Ultimately, this pricing system works strongly against customer loyalty, since drivers can switch insurers every few years to keep their premiums from creeping upward.

(a) Granted
(b) Otherwise
(c) For instance
(d) At the same time

번역

자동차 보험사들은 오래된 고객일수록 보험료가 증가하는 제도로 그들의 장기 고객에게 해당 회사에 오래 있을 가치가 없다는 정보를 보내고 있는 셈이다. 자기 회사를 이용해 줘서 감사하다는 인사 대신 보험사들은 더 높은 보험료로 고객들을 불리하게 한다. 그와 동시에 새로운 고객에게는 신규 고객 특별 할인으로 환심을 사서, 타 보험사로부터 고객을 빼내가려고 한다. 궁극적으로 이러한 정책은 운전자들이 그들의 보험료가 계속 올라가는 것을 막기 위해 몇 해마다 보험사를 갈아탈 수 있기 때문에 고객의 충성심을 강하게 방해한다.

(a) (다음 내용을) 인정하더라도
(b) 그게 아니라면
(c) 예를 들어
(d) 그와 동시에

기출 공략

보험사에서 오랜 고객에게 오히려 보험료를 더 많이 받는다고 설명하고 있다. 그리고 빈칸 이후부터는 보험사에서 신규 고객에게 할인 혜택을 주며 신규 고객을 유치한다고 했다. 그래서 결국 보험 가입자들이 오래 가입해야 할 이유가 없다는 내용으로, 원인으로 제시된 2가지는 서로 이어지는 내용이므로 (d)가 정답이다.

it pays to ~할 가치가 있다 **penalize** 벌칙을 주다, 불리하게 하다 **premiums** 보험료 **court** 환심을 사다 **introductory price** 신규 가입 특별 가격 **lure away from** ~에서 유인해 꾀어내다 **ultimately** 궁극적으로 **work against** ~에 불리하게 작용하다 **loyalty** 충성도 **creep upward** 기어오르다

정답_(d)

16

Biofuels made of corn and soybeans have been touted as universally beneficial alternatives to oil. They have been hailed as both economically beneficial, in that they can serve as a buffer against oil price fluctuations, and as environmentally beneficial, since the growth of the crops they are based on sequesters atmospheric carbon dioxide. ______________, enthusiasm for biofuels may wane if they are widely adopted: their production demands large amounts of agricultural land, and they can potentially drive up the price of crops that are needed for food.

(a) Likewise
(b) Conversely
(c) Accordingly
(d) Nevertheless

번역

옥수수와 콩으로 만든 바이오 연료는 보편적으로 석유의 유익한 대안으로 알려져 왔다. 석유 가격 변동에 완충 역할을 할 수도 있어 경제적으로 유리할 뿐만 아니라 이들을 바탕으로 하는 작물이 대기 중 이산화탄소도 없애 주기에 환경에도 유익한 것으로 알려져 왔다. 그럼에도 불구하고 바이오 연료가 광범위하게 적용될 경우, 작물을 재배하기 위한 방대한 규모의 농지가 필요하게 되어 잠재적으로 식량에 쓰일 농작물의 가격을 끌어올리는 결과가 초래될 것이므로 바이오 연료에 대한 열정이 시들해질 수도 있다.

(a) 마찬가지로
(b) 반대로
(c) 그래서
(d) 그럼에도 불구하고

기출 공략

경제적으로나 환경적으로 유리한 바이오 연료가 석유의 대안으로 각광받을 거라 알려졌음에도 불구하고 많은 양을 생산할 경우 인류의 식량이 되는 작물 값이 오르는 부작용이 생길 수 있다고 했다. 빈칸을 기준으로 앞에는 긍정적인 내용이 오지만 뒤에는 부정적인 내용이 나오므로 '그럼에도 불구하고'라는 (d)가 정답이다.

biofuel 바이오 연료 **tout** ~이라고 추천하다 **beneficial** 유익한, 이로운 **alternative to** ~의 대안 **hail** 묘사하다 **buffer** 완충제 **fluctuation** 변동 **sequester** 격리하다 **atmospheric** 대기 중의 **carbon dioxide** 이산화탄소 **enthusiasm** 열정, 열광 **wane** 시들해지다 **agricultural land** 농지 **drive up** 끌어올리다

정답_(d)

17

The board of directors has approved a new policy of awarding three days of leave, in addition to those granted in the normal contract, to one staff member from each department who has exhibited superior performance. Eligible workers will be evaluated and nominated by their respective department leaders, and finalists will be chosen by the board. Winners of this bonus leave will be announced at our December team meeting, and the days can be applied from the start of the new year.

Q What is the announcement mainly about?
(a) A plan to calculate the amount of leave used by workers
(b) An initiative to compensate staff for unused vacation days
(c) A scheme to reward excellent workers with additional vacation
(d) An increase in the days of leave granted to workers in their contracts

번역

이사회에서는 각 부서에서 우수한 근무 실적을 나타낸 한 사람에게 일반적인 계약서에 명시된 휴가에 추가로 3일의 특별 휴가를 수여하는 새로운 제도를 승인했다. 자격이 되는 근로자들은 각 부서장에 의해 평가되고 선정될 것이며 이사회에서 최종 대상자들을 선출할 것이다. 해당 포상 휴가의 최종 수혜자들은 12월 부서 회의에서 발표될 예정이며, 휴가는 새해 첫날부터 적용 가능하다.

Q 발표의 주요 내용은?
(a) 근로자들이 사용한 휴가 일수를 계산하는 계획
(b) 직원의 미사용 휴일을 보상하는 계획
(c) 우수 사원에게 포상 휴가를 부여하는 계획
(d) 직원의 근무 계약서에 명시된 휴가 일수 추가

기출 공략

이사회에서 각 부서의 우수 사원을 선정해 추가로 3일의 포상 휴가를 주기로 했다는 내용이므로 (c)가 정답이다.
board of directors 이사회 **leave** 휴가 **exhibit** 드러내다 **eligible** 자격이 되는 **respective** 각각의 **finalist** 최종 선발자 **bonus leave** 포상 휴가 **initiative** 계획 **compensate** 보상하다 **scheme** 계획, 제도

정답_(c)

18

To the Editor:
As our town started developing two decades ago, residents were concerned with how urbanization might destroy the peace of our town. To assuage their concerns, ordinances limiting the amount of noise permitted were passed. However, certain residents are out in force, with their blaring stereos, and warnings are not even being issued. I'm not the only one who believes the noise regulation legislation should be enforced!
Sincerely,
Ann Jameson

Q What is the writer's main point?
(a) Laws on noise need to be upheld more firmly.
(b) Urbanization has not intensified the noise problem.
(c) Residents should oppose the proposed noise legislation.
(d) Warnings have not been effective at lowering noise levels.

번역

편집자님께
20년 전에 우리 마을의 개발이 진행되면서 동네 사람들은 도시화로 인해 마을의 평화가 깨질까 걱정했습니다. 그들의 걱정을 가라앉히기 위해 허용되는 소음 발생 수준을 제한하는 법령이 통과되었습니다. 하지만 일부 주민들이 스테레오를 요란스럽게 크게 틀고 길거리로 나오고 있는데도 경고장이 발급되지 않고 있습니다. 소음 규제법이 엄격히 집행되어야 한다고 생각하는 사람은 저 혼자만이 아닐 겁니다.
앤 제임슨 올림

Q 글쓴이의 요지는?
(a) 소음에 대한 법령이 보다 더 엄격하게 지켜져야 한다.
(b) 도시화는 소음 문제를 증폭시키지 않았다.
(c) 주민들은 발의되어 있는 소음 규정을 반대해야 한다.
(d) 소음을 줄이는 일에 경고가 효과적이지 못했다.

기출 공략

도시화로 마을에 발생할 소음 문제를 걱정해 소음을 규제하는 법령을 만들었으나 제대로 집행이 되고 있지 않아서 소음 피해가 발생하고 있다는 내용이다. 소음 피해에 대한 법령이 더 엄격히 지켜져야 한다는 (a)가 정답이다. (d)는 경고장이 발급되지 않았기에 내용과 맞지 않다.
be concerned with ~에 대해 걱정하다 **urbanization** 도시화 **assuage** 달래다 **ordinance** 법령 **in force** 대거, 대량으로 **blare** (소리를) 요란하게 내다 **issue a warning** 경고장을 보내다 **noise regulation legislation** 소음 규제법 **enforce** 집행하다 **uphold** 지키다 **firmly** 단호히 **intensify** 증폭시키다

정답_(a)

19

English author C. S. Lewis, famous for his magical kingdom of Narnia, was a prescient judge of literary works. He insightfully criticized many of his contemporaries and often independently arrived at opinions years in advance of the rest of his literary circle. For instance, he recognized the genius of P. G. Wodehouse before anyone else and championed the works of Trollope over those of Thackeray, a decision that recent critical history has borne out.

Q What is the writer's main point about C. S. Lewis?

(a) He was regarded as a harsh critic of his literary peers.

(b) His literary precedents were adhered to by subsequent writers.

(c) He recognized talented writers before they were widely accepted.

(d) His Narnia novels have gained increasing acceptance in the literary circle.

번역

마술의 왕국 나니아로 유명한 영국의 작가 C. S. 루이스는 문학 작품에 대해 예지력이 있는 비평가였다. 그는 많은 동시대인들을 통찰력 있게 비평하였고 종종 문단 내 다른 사람들보다 몇 해를 앞서 독자적인 의견을 제시하곤 했다. 예를 들면, 그 누구보다 먼저 P. G. 우드하우스의 천재성을 알아봤고 새커리의 작품보다 트롤럽의 작품들을 옹호하고 나섰는데, 최근 비평사를 보면 그의 결정이 옳았음을 알 수 있다.

Q C. S. 루이스에 대한 글쓴이의 요지는?

(a) 그는 문학 동료들로부터 호된 비평가로 여겨졌다.

(b) 그의 문학적인 전례는 그의 뒤를 이은 작가들로부터 지켜졌다.

(c) 그는 능력 있는 작가들이 널리 인정받기 전부터 그들을 알아봤다.

(d) 그의 소설 나니아는 문단 내에서 점점 더 인정을 받게 되었다.

기출 공략

루이스는 예지력을 가진 작가로서 누구보다 먼저 몇몇 작가들의 천재성을 알아봤다고 했고, 그의 판단은 오늘날 지지를 받고 있다는 내용으로 (c)가 문맥에 가장 부합하는 내용이다.

prescient 선견지명의, 예지력이 있는 **insightfully** 통찰력 있게 **contemporaries** 동시대인들 **independently** 독립적으로 **literary circle** 문단 **champion** 옹호하다 **critical history** 비평사 **bear out** 옳음을 입증하다 **peer** 동료 **precedent** 선례, 전례 **adhere to** ~을 지키다 **subsequent** 뒤를 이은 세대의

정답_(c)

20

It is important that those in the service industry do not categorically equate saying "yes" with customer satisfaction. If a customer makes a request that is not feasible, first apologize and explain clearly why the demand cannot be met. Next, consider the customer's original needs and try to recommend viable alternatives. Finally, by offering a free sample or gift, you can still show customers you care and keep them coming back.

Q What are the instructions mainly about?

(a) The best way to handle impossible customer requests

(b) How to entice customers into buying different products

(c) The importance of carrying out customer requests precisely

(d) How to restore a business's reputation for inadequate service

번역

서비스 산업 종사자들은 고객 만족을 위해 반드시 '네'만 해야 한다는 생각을 버리는 게 중요하다. 실현이 불가능한 요청을 하는 고객에게는 우선 사과를 하고 고객의 요청이 받아들여질 수 없는 사유를 분명하게 설명해야 한다. 그런 다음에는 고객이 원래 필요했던 것이 무엇인지 생각해서 실행 가능한 대안을 제시하라. 마지막으로 무료 샘플이나 선물을 제공함으로써 고객을 소중하게 생각한다는 사실을 증명하고 고객이 다시 올 수 있도록 유도할 수 있다.

Q 지시문의 요지는?

(a) 실현 불가능한 고객 요청에 대응하는 최선의 방법

(b) 고객에게 다른 제품을 구입하도록 유도하는 방법

(c) 고객 요청을 정확하게 수행하는 일의 중요성

(d) 부적절한 서비스로 인한 평판을 회복하는 법

기출 공략

서비스 업종에 종사한다고 해서 고객의 요청을 무조건 다 들어줄 수 없을 때가 많은데, 그러한 경우에 대처할 수 있는 방법에 대한 내용으로 (a)가 가장 적합하다.

categorically 단정적으로 **equate** 동일시하다 **feasible** 실현 가능한 **viable** 실행 가능한 **alternative** 대안 **entice** 유인하다 **carry out** 수행하다 **precisely** 정확히 **restore** 회복시키다, 복원하다 **reputation** 평판 **inadequate** 부적당한

정답_(a)

21

The innovative work of Professor Clifford Mayes attempts to ground a pedagogical method in the psychoanalytical theories of Carl Jung. Following Jung's view that the human mind is endowed with archetypes, Mayes encourages teachers to learn about these timeless symbols—the Hero, Martyr, or Sage—and use them to enrich their classroom practices. For example, Mayes proposes that teaching can be understood as an archetypal heroic quest in which teachers and students ask serious questions together and work through their assumptions, beliefs, and doubts to transform themselves with self-understanding.

Q What is the main topic of the passage?
(a) Mayes's contributions to Jung's theory of archetypes
(b) The role of Jungian archetypes in Mayes's teaching method
(c) Mayes's theory that teachers should undergo psychoanalysis
(d) The ways Jung incorporated Mayes's pedagogy into his theories

번역

클리포드 메이즈 교수의 혁신적인 연구는 칼 융의 정신 분석 이론을 바탕으로 한 교육법을 공고히 하려는 시도를 하고 있다. 인간의 마음은 일정한 전형을 타고난다는 융의 주장에 따라 메이즈는 교사들에게 시대를 초월한 상징인 영웅, 순교자, 또는 현자에 대해 배워서 교실 활동을 강화할 것을 장려하고 있다. 예를 들어, 메이즈는 교육은 교사와 학생이 함께 심각한 질문을 주고받으며 가정과 신념, 그리고 의혹을 풀어 나가 자기 인식으로 변모하는 전형적인 영웅적 탐구로 이해될 수 있다고 주장한다.

Q 지문의 주제는?
(a) 융의 전형 이론에 끼친 메이즈의 기여도
(b) 메이즈의 교육 방법에 나타난 융의 전형 이론의 역할
(c) 교사가 정신 분석을 받아야 한다는 메이즈의 이론
(d) 융이 메이즈의 교육 방법을 그의 이론과 통합한 방법

기출 공략

융의 정신 분석 이론의 영향을 받은 메이즈 교수는 교사들이 교실에서 융의 전형 이론을 바탕으로 한 교육법을 활용해야 한다고 주장한다. 메이즈의 교육 방법에 융의 전형 이론이 얼마나 영향을 미쳤는지에 대한 내용이므로 (b)가 정답이다. (a)와 (d)는 융이 메이즈로부터 영향을 받은 게 아니므로 잘못된 내용이다.

ground 공고히 하다 **pedagogical method** 교육법 **psychoanalytical** 정신 분석의 **be endowed with** ~을 타고나다 **archetypes** 전형 **timeless** 시대를 초월한 **martyr** 순교자 **sage** 현자 **archetypal** 전형적인 **quest** 탐구, 탐험 **assumption** 가정 **incorporate** 통합하다 정답_(b)

22

In 843, the Treaty of Verdun ended years of civil war and divided the Carolingian Empire into three sections—the East, Middle, and West Frankish Kingdoms. However, this division was done without considering the empire's geographical features or the cultural and linguistic differences of its people. Consequently, the Middle Frankish Kingdom quickly disintegrated, and the East and West Kingdoms fought for centuries to gain control of it. Thus, though the treaty was intended to resolve a conflict, it ultimately laid the groundwork for disputes that would persist well into the twentieth century.

Q What is the writer's main point about the Treaty of Verdun?
(a) It distributed land unevenly among three kingdoms.
(b) Its ineffective division of territories led to centuries of conflict.
(c) It established territorial boundaries that remain intact in modern times.
(d) Its design served to unite disparate groups of people in a single empire.

번역

843년에 베르됭 조약은 몇 년 동안 지속되어 온 내전을 끝내고 카롤링거 제국을 동부, 중부, 서부 프랑크 왕국의 세 지역으로 나뉘게 하였다. 그러나 이러한 분할은 이 왕국의 지리적 특징이나 이 지역 사람들의 문화 언어적 차이를 고려하지 않고 이루어졌다. 그 결과 중프랑크 왕국은 빠르게 붕괴되었고 이를 차지하기 위해 동프랑크 왕국과 서프랑크 왕국은 몇 백 년 동안 싸우게 되었다. 따라서 원래 갈등 해소를 위해 체결되었던 조약이 20세기에 들어서도 한참 동안 지속된 분쟁의 기초를 놓은 셈이다.

Q 베르됭 조약에 대한 글쓴이의 요지는?
(a) 세 왕국 사이에 땅을 고르지 않게 나누었다.
(b) 비효율적인 땅 배분은 몇 백 년 동안의 갈등으로 이어졌다.
(c) 현대에도 여전히 존재하는 국경선을 만들어 놓았다.
(d) 이질적인 사람들을 하나의 국가로 통합하는 데 도움이 되었다.

기출 공략

원래는 내전을 막기 위한 조약이었으나 지리적으로나 문화적인 고려 없이 나뉘어진 땅으로 인해 오히려 더 갈등이 심해졌다고 했다. 따라서 (b)가 정답이다.

Treaty of Verdun 베르됭 조약 **civil war** 내전 **Carolingian Empire** 카롤링거 제국 **Frankish Kingdoms** 프랑크 왕국 **geographical** 지리적인 **disintegrate** 붕괴하다 **gain control of** ~을 장악하다 **resolve a conflict** 갈등을 해소하다 **lay the groundwork for** ~의 기초를 쌓다 **persist** 지속되다 **well into** ~을 훨씬 넘어 **unevenly** 고르지 않게 **territorial boundary** 국경 **intact** 온전한 **design** 설계 **serve** 도움이 되다 **disparate** 이질적인 정답_(b)

23

Van Gogh painted two series entitled *Sunflowers*. The first, created in Paris, shows the flowers strewn on the ground, while the second, created in Arles, shows them arranged in vases. The first series was admired by fellow artist Paul Gauguin, whom Van Gogh hoped to impress with the second. Gauguin even acquired two works from the Paris series. Although the *Sunflowers* series were Van Gogh's first works that depicted only sunflowers, he had included sunflowers in some of his earlier still life and landscape paintings.

Q Which of the following is correct about Van Gogh's *Sunflowers* series according to the passage?
(a) Both were created in Paris before Van Gogh moved to Arles.
(b) The flowers in the second series are contained in vases.
(c) Gauguin initially purchased a painting from the second series.
(d) They were Van Gogh's first attempt to paint sunflowers.

번역

반 고흐는 〈해바라기〉라는 제목으로 두 개의 연작을 그렸다. 파리에서 그려진 첫 번째 연작은 꽃이 땅에 흩어져 있는 모습을 보여 주고 있고, 아를에서 그려진 두 번째 연작은 꽃이 꽃병에 정리되어 있는 모습을 보여 주고 있다. 첫 번째 연작은 동료 화가인 폴 고갱으로부터 찬사를 받았고 고흐는 두 번째 연작으로 그를 다시 한 번 감탄하게 만들고 싶어 했다. 고갱은 그의 파리 연작 중 두 개를 구입하기까지 했다. 〈해바라기〉 연작은 해바라기만 묘사한 반 고흐의 첫 작품이었지만 그의 초창기 정물화와 풍경화에도 해바라기가 포함되어 있긴 했다.

Q 반 고흐의 〈해바라기〉 연작에 대해 지문 내용과 일치하는 것은?
(a) 두 연작 모두 반 고흐가 아를로 이사하기 전 파리에서 그려졌다.
(b) 두 번째 연작에서 꽃들은 꽃병에 정리되어 있다.
(c) 고갱은 처음에 두 번째 연작 중 한 작품을 구입했다.
(d) 반 고흐가 해바라기 그림에 도전하는 첫 시도였다.

기출 공략

반 고흐가 그린 〈해바라기〉 연작 중 첫 번째는 파리에서, 두 번째는 아를에서 그려졌기에 (a)는 옳지 않고, 고갱이 구입한 두 개의 작품은 모두 파리에서 그린 첫 번째 연작이었기에 (c)도 옳지 않으며, 해바라기만 그린 작품으로는 〈해바라기〉 연작이 처음이었으나 초창기의 정물화나 풍경화에 해바라기가 포함되어 있었다고 했으므로 (d)도 옳지 않다는 것을 알 수 있다. 아를에서 그린 두 번째 연작은 꽃이 꽃병에 정리되어 있다고 했으므로 (b)가 정답이다.

strew 흩뿌리다 **acquire** 취득하다, 구입하다 **depict** 묘사하다 **still life** 정물화 **landscape painting** 풍경화 **initially** 처음에

정답_(b)

24

Several lots of methylprednisolone acetate shipped from Everhart Pharmaceuticals were found to be contaminated with a fungus which could cause meningitis. The contaminated drug, which is typically injected near the spine to treat pain, has resulted in eight deaths, and almost one hundred have fallen ill. Although not contagious like its bacterial counterpart, fungal meningitis poses severe health risks. If you received spinal injections after May 21, please consult your physician at the first sign of illness. Anti-fungal drugs will be administered only to patients already displaying symptoms.

Q Which of the following is correct according to the announcement?
(a) The contaminated drug is used as a treatment for fungal meningitis.
(b) Nearly one hundred fatalities have been linked to the contaminated drug.
(c) Fungal meningitis is not contracted from others who are infected.
(d) Anti-fungal drugs are being distributed as a preventive measure.

번역

에버하트 제약회사로부터 들어온 메틸프레드니솔론 아세테이트 묶음이 수막염을 일으킬 수 있는 균으로 오염된 것으로 나타났습니다. 오염된 이 약품은 주로 통증 치료를 위해 척추 근처에 주입되었는데 이로 인해 8명의 사망자와 100명에 가까운 환자가 발생했습니다. 박테리아로부터 오는 수막염처럼 전염성은 없지만 균으로부터 오는 수막염도 건강에 몇 가지 위험을 초래합니다. 만약 5월 21일 이후에 척추 주사를 맞았다면 이상 증세가 나타나는 즉시 의사의 진료를 받으십시오. 항진균제는 이상 증세를 보이는 환자에게만 투여할 예정입니다.

Q 발표 내용과 일치하는 것은?
(a) 오염된 약품은 진균성 수막염의 치료에 사용된다.
(b) 오염된 약품으로 인해 약 100명의 사망자가 발생했다.
(c) 진균성 수막염은 감염자로부터 전염되지 않는다.
(d) 예방 차원에서 항진균제를 나눠주고 있다.

기출 공략

지문 중간에서 균에 의한 수막염은 박테리아에 의한 것과 달리 전염성이 없다고 했으므로 정답은 (c)이다.

lot 묶음 **methylprednisolone acetate** 메틸프레드니솔론 아세테이트 **fungus** 균, 곰팡이 **meningitis** 수막염 **spine** 척추 **fall ill** 병들다 **contagious** 전염성의 **counterpart** 대응 관계에 있는 것 **fungal** 진균성의, 곰팡이균의 **pose** 초래하다 **spinal injection** 척추 주사 **consult your physician** 의사의 진료를 받다 **anti-fungal** 항진균성의 **administer** 투여하다 **fatality** 사망

정답_(c)

25

Starista Coffee is making some changes to our Rewards program. We are now offering a free drink for every 10 drinks you buy instead of every 12—and you can now substitute that free drink for any food item priced at $5 or less! Also, we are replacing the paper card and stamp system with plastic Rewards cards. Finally, Rewards members can now receive complimentary flavor syrups and soy milk substitutions with any drink. Thanks for being a member!

Q Which of the following is correct about Starista's Rewards program according to the announcement?

(a) The number of purchases required for a free drink has increased.
(b) Its free reward drink cannot be redeemed for food costing over $5.
(c) It will continue to issue rewards using paper cards and stamps.
(d) Members now get syrup and soy milk substitutions for half-price.

번역

저희 스타리스타 커피는 보상 프로그램의 내용을 변경할 예정입니다. 종전에 음료 12잔에 무료 음료 한 잔을 제공하던 것과는 달리 앞으로는 10잔에 한 잔을 제공할 것이며, 이제 음료 대신 5달러 이하의 어떤 음식으로도 대체할 수 있도록 했습니다! 그리고 도장을 찍던 종이 카드 대신 플라스틱으로 된 적립 카드로 교체할 것입니다. 마지막으로 보상 프로그램 회원께서는 어떤 음료수를 주문하시든 무료로 향시럽이나 두유를 추가할 수 있도록 해 드립니다. 회원이 되어 주셔서 감사합니다.

Q 스타리스타의 보상 프로그램에 대해 지문 내용과 일치하는 것은?

(a) 무료 음료를 받기 위해 구입해야 하는 횟수가 늘었다.
(b) 무료로 보상받는 음료 대신 5달러가 넘는 음식은 받을 수 없다.
(c) 종이 카드와 도장 형태의 보상을 계속할 것이다.
(d) 이제부터 회원들은 반값에 시럽을 추가하거나 두유로 대체할 수 있게 되었다.

기출 공략

지문 중간에서 무료 음료는 5달러 이하의 음식으로 대체할 수 있다고 했으므로 정답은 (b)이다. 무료 음료를 받기 위해 구입해야 하는 횟수는 12잔에서 10잔으로 줄었으므로 (a)는 오답이다.

substitute 대신하다 **complimentary** 무료의 **soy milk** 두유 **substitution** 대용품 **redeem** 교환하다 **issue** 지급하다, 발행하다 **substitution** 대용품

정답_(b)

26

Cellular senescence, or the inability of cells to divide, is a cause of age-related physical degeneration. Aging cells produce a protein called p16 that arrests cell division—a kind of self-destruct protocol. But in experiments on mice, researchers have found a way to use drugs to stop the production of this protein, thus preventing cellular senescence. Administering a certain drug to newborn mice profoundly delayed their aging over their life span. And even more interestingly, the drug successfully reversed signs of physical deterioration in mature mice.

Q Which of the following is correct about the p16 protein according to the passage?

(a) Cellular senescence occurs because cells become unable to produce it.
(b) It is used by aging cells as a way to prevent their own destruction.
(c) Scientists improved the health of mice by giving them a dose of it.
(d) Drugs that blocked it were beneficial to both baby and mature mice.

번역

세포의 노화 또는 세포의 분해 불능은 나이와 관련된 육체 퇴화의 원인이다. 노화되어 가는 세포는 p16이라고 불리는 단백질을 생산해 세포 분해를 저지하는데 이는 일종의 자멸 절차이다. 그런데 생쥐 실험에서 연구원들은 약물을 이용해서 이 단백질의 생산을 멈추게 해 세포 노화를 막는 방법을 발견했다. 새로 태어난 생쥐에게 특정 약품을 투여해 일생 동안 노화를 크게 지연시킬 수 있었다. 게다가 더욱 흥미로운 것은 그 약품이 이미 성장한 생쥐의 육체적 퇴화의 징후도 성공적으로 거꾸로 되돌렸다는 사실이다.

Q p16 단백질에 대해 지문 내용과 일치하는 것은?

(a) 세포에서 이 물질을 만들어 내지 못하기 때문에 세포 노화가 일어난다.
(b) 이 물질은 자기 파괴를 방지하기 위해 노화되어 가는 세포에 의해 사용된다.
(c) 과학자들은 생쥐에게 이 물질을 투여함으로써 생쥐의 건강을 향상시켰다.
(d) 이 물질을 방해하는 약품은 아기 생쥐나 성장한 생쥐 모두에게 유익하게 작용했다.

기출 공략

p16은 단백질의 일종으로 세포의 분해를 저지함으로써 노화를 촉진시킨다. 연구원들이 이 단백질의 생산을 멈추게 하는 약품을 개발해 쥐의 노화를 막는 데 성공했다는 내용이므로 아기 생쥐와 성장한 생쥐 모두에게 유익하다는 (d)가 정답이다.

cellular 세포의 **senescence** 노화 **inability** 무능, 불능 **degeneration** 퇴화 **arrest** 저지하다 **administer** (약을) 투여하다 **profoundly** 상당히, 크게 **life span** 수명 **dose** 복용 **beneficial** 유익한

정답_(d)

27

A recent study has demonstrated that perceiving cuteness affects task performance. Researchers at a Japanese university asked participants to rate the cuteness and pleasantness of different images, and then split participants into groups to test their accuracy and speed in a game of manual dexterity. The first group saw images of puppies and kittens before the game, while the second saw images of older animals. The first group was 12% slower but 44% more accurate than the second group. And it seems cuteness really is the key factor: in subsequent tasks, researchers found that images of enticing food—which participants had rated as more pleasant than kittens—did not have the same effect.

Q Which of the following is correct according to the passage?

(a) Researchers themselves rated how cute the images were.
(b) Participants who looked at older animals performed faster.
(c) Perceiving cuteness improves both accuracy and speed.
(d) Food images were rated as less pleasant than animal images.

번역

최근의 한 연구는 귀여움의 감지가 업무 수행에 영향을 미친다는 사실을 입증했다. 일본의 한 대학교 연구원들은 연구에 참여한 사람들에게 다양한 이미지들을 보여 주고 귀여움과 유쾌한 정도를 평가하게 한 뒤에 그룹으로 나누어 손재주를 실험하는 게임을 통해 정확도와 속도를 측정하였다. 첫 번째 그룹은 게임 직전에 어린 강아지와 고양이를 보게 하였고, 두 번째 그룹에게는 나이 든 동물을 보게 하였다. 첫 번째 그룹이 두 번째 그룹보다 속도는 12% 느렸으나 정확도는 44% 더 높게 나타났다. 따라서 실험에서 귀여움은 실제로 주요 요인인 것으로 드러났다. 뒤따른 실험에서, 실험 참가자들이 아기 고양이보다도 더 유쾌하다고 평가한 군침 돌게 하는 음식 이미지는 결과가 다르게 나왔다.

Q 지문 내용과 일치하는 것은?

(a) 이미지가 귀여운 정도를 연구원들이 직접 평가했다.
(b) 나이 든 동물 이미지를 본 참가자들이 업무를 더 빨리 수행했다.
(c) 귀여움의 감지는 정확도와 속도를 모두 향상시켰다.
(d) 음식 이미지는 동물 이미지보다 덜 유쾌한 것으로 평가되었다.

기출 공략

귀여운 이미지를 본 실험 참가자들은 정확도만 향상되고 속도는 떨어졌다고 했으므로 (b)가 정답이다. 참가자들에게 귀여운 정도를 평가하게 했으므로 (a)는 옳지 않으며, 마지막 부분에서 참가자들은 음식 이미지가 동물 이미지보다 더 유쾌하다고 평가했으므로 (d)도 옳지 않다.

perceive 감지하다 **manual dexterity** 손재주 **key factor** 주요 요인 **subsequent** 뒤따른 **enticing** 유혹적인, 군침 돌게 하는

정답_(b)

28

Russian formalism refers to the theoretical approach of a group of scholars who transformed literary criticism from the 1910s to the 1930s by systematically analyzing the underlying forms that constitute literature. The label of "formalism," coined by the movement's detractors, was rejected by the formalists themselves as a distorted representation of their scholarly objective. After the 1930s, Stalin used the term to denounce elitist art. However, modern literary historians have revived it, since it manages to encompass all of the movement's diverse thinkers.

Q Which of the following is correct about the term "formalism" according to the passage?

(a) It was created by ardent supporters of the movement.
(b) It was deemed a misnomer by those to whom it was applied.
(c) It was used by Stalin to praise the group's systematic analyses.
(d) It has been revived despite being unable to represent diverse theorists.

번역

러시아 형식주의는 문헌을 구성하는 기본 양식을 체계적으로 분석함으로써 1910년대부터 1930년대의 문학 비평을 바꿔 놓은 학자들의 이론적 접근 방법을 일컫는다. 처음에 이 운동을 비방하는 사람들에 의해 붙여진 이 '형식주의'라는 명칭은 그들의 학술 목적을 왜곡하는 용어라는 이유로 형식주의자 당사자들로부터 거부당했다. 1930년대 이후 스탈린은 엘리트주의 예술을 비난하는 용도로 이 용어를 사용하게 된다. 그러나 현대의 문학사가들은 이 용어가 이 운동의 다양한 사상가를 모두 포괄한다는 이유로 다시 부활시켰다.

Q '형식주의'라는 용어에 대해 지문 내용과 일치하는 것은?

(a) 그 운동의 열렬한 지지자에 의해 만들어졌다.
(b) 이 용어가 적용된 사람들에 의해 부적절한 말로 여겨졌다.
(c) 그룹의 체계적인 분석을 칭찬하기 위해 스탈린에 의해 사용되었다.
(d) 다양한 이론가를 대표할 수 없음에도 불구하고 부활되었다.

기출 공략

러시아 형식주의라는 말을 붙인 사람들은 형식주의자를 비방하기 위한 것이었다. 형식주의자 역시 이 용어를 거부했다고 했으므로 (b)가 정답이다.

formalism 형식주의 **theoretical approach** 이론적 접근 방법 **underlying** 근본적인 **constitute** 구성하다 **label** 문구, 칭호 **coin** 새로운 말을 만들다 **detractor** 비방하는 사람 **distorted** 왜곡된 **denounce** 비난하다 **elitist** 엘리트주의적인 **encompass** 아우르다 **ardent** 열렬한 **deem** 여겨지다 **misnomer** 부적절한 말

정답_(b)

29

Because of the chemical similarities between hormones and neurotransmitters, many people believe they are the same thing. However, each substance is released and delivered differently. Hormones are released by the endocrine system: they are produced in specialized glands and must travel long distances through blood vessels to activate receptors on their target cells. Neurotransmitters, on the other hand, are released from the vesicles of a nerve cell and cross only a small space between cells to reach their destination.

Q Which of the following is correct according to the article?

(a) Hormones and neurotransmitters share no chemical characteristics.

(b) Neurotransmitters are the transmitting medium of the endocrine system.

(c) Hormones are conveyed to their target cells through the bloodstream.

(d) Neurotransmitters must travel long distances to reach their target cells.

번역

호르몬과 신경 전달 물질의 화학적 유사성 때문에 많은 사람들은 그 둘이 같은 것이라고 생각한다. 그러나 각각의 물질은 서로 다르게 방출되고 전달된다. 호르몬은 내분비계를 통해서 방출된다. 즉, 호르몬은 특별한 분비선에서 만들어지고, 목표로 삼는 세포의 수용 기관을 작동시키기 위해서는 혈관을 통해 장거리를 이동해야 한다. 반대로, 신경 전달 물질은 신경 세포의 소포에서 방출되어 목표물에 도달하기까지 세포 사이로 매우 짧은 구간을 이동한다.

Q 지문 내용과 일치하는 것은?

(a) 호르몬과 신경 전달 물질은 화학적 유사성이 없다.

(b) 신경 전달 물질은 내분비계의 전달 매체이다.

(c) 호르몬은 혈류를 통해 목표 세포로 전달된다.

(d) 신경 전달 물질은 목표 세포에 이르기 위해 장거리를 이동해야 한다.

기출 공략

호르몬과 신경 전달 물질은 화학적 유사성 때문에 서로 혼동된다는 내용으로 시작하므로 (a)는 옳지 않고, 내분비계 전달 매체는 호르몬이므로 (b)도 옳지 않으며, 장거리를 이동하는 것은 신경 전달 물질이 아닌 호르몬이므로 (d)도 옳지 않다. 호르몬은 목표 세포까지 혈관을 통해 이동하므로 (c)가 정답이다.

neurotransmitter 신경 전달 물질 **substance** 물질 **endocrine system** 내분비계 **gland** 분비선 **blood vessel** 혈관 **receptor** 수용 기관 **vesicle** 소포, 소낭 **nerve cell** 신경 세포 **transmitting medium** 전달 매체 **convey** 전달하다 **bloodstream** 혈류

정답_(c)

30

From about 1000 BC until the sixteenth century AD, the Mesoamerican peoples built huge pyramids. The oldest pyramid constructed by the Olmecs, known as La Venta, stands in Tabasco, Mexico, and was built somewhere between 1000 and 400 BC. Made of earth and stone, with a temple on top, it is believed to have been built for the worship and burial of dignitaries. Unlike at other Mesoamerican pyramids—for instance, the later pyramids of the Mayans—no tombs have been explored at La Venta, since the region's humid climate has made archaeologists cautious about disturbing the site and its contents.

Q Which of the following is correct according to the passage?

(a) La Venta was built before 400 BC by the Olmecs.

(b) The Olmecs' oldest existing pyramid is called Tabasco.

(c) Olmec pyramids are thought to have been used solely for burial.

(d) No tombs have been explored in any Mesoamerican pyramids.

번역

기원전 1000년경부터 서기 16세기까지 메소아메리카인들은 거대한 피라미드를 지었다. 라벤타라고 알려진 올멕인들이 지은 가장 오래된 피라미드는 기원전 1000년과 400년 사이에 지어졌으며 멕시코 타바스코에 있다. 흙과 돌로 만들고 그 위에 신전을 올린 이 피라미드는 고관들을 숭배하고 매장하는 목적으로 지어진 것으로 여겨지고 있다. 훗날 마야인들에 의해 지어진 피라미드처럼 다른 메소아메리카의 피라미드들과는 달리, 주변의 습한 기후로 인해 현장과 그 내용물을 건드리는 것에 대해 고고학자들이 조심스러워 했기 때문에 라벤타에서는 무덤 발굴은 이루어지지 않았다.

Q 지문 내용과 일치하는 것은?

(a) 라벤타는 기원전 400년 이전에 올멕인들에 의해 지어졌다.

(b) 올멕인들이 지은 가장 오래된 피라미드는 타바스코라 불린다.

(c) 올멕인들의 피라미드는 무덤으로만 사용된 것으로 알려졌다.

(d) 그 어떤 메소아메리카 피라미드에서도 무덤 발굴이 이루어지지 않았다.

기출 공략

라벤타는 기원전 1000년과 400년 사이에 지어졌다고 했으므로 기원전 400년 이전에 지어졌다는 (a)가 정답이다. 올멕인들이 지은 가장 오래된 피라미드의 이름은 라벤타이므로 (b)는 옳지 않고, 이 피라미드는 무덤과 숭배용으로 사용되었다고 했으므로 (c)도 옳지 않으며, 기후 조건이 열악한 라벤타를 제외한 다른 메소아메리칸 피라미드는 발굴 작업이 이루어졌다는 것을 알 수 있으므로 (d)도 옳지 않다.

Mesoamerican 고대 중앙아메리카 사람(아즈텍, 마야 문명 등) **burial** 매장 **dignitary** 고관 **archaeologist** 고고학자 **disturb** 건드리다, 방해하다 **solely** 오로지

정답_(a)

31

It has recently been found that high-cocoa mass chocolate has many nutritive properties. It provides daily doses of essential minerals such as magnesium and iron. Chocolate also contains flavonoids, which reduce the risk of blood clots, lowering the risk of heart attacks and strokes. Psychologically, it is said to have a calming effect, as it induces the brain to release endorphins. And surprisingly enough, a compound found in the cocoa bean husk coats the teeth, preventing plaque formation.

Q Which of the following is correct according to the passage?
(a) Flavonoids reduce heart attacks by facilitating blood clotting.
(b) Chocolate has been linked to improved cardiovascular health.
(c) Chocolate calms people by suppressing endorphin release.
(d) A cocoa bean husk compound exacerbates dental plaque.

번역

최근 코코아 함량이 높은 초콜릿은 많은 영양학적인 특성을 지녔다는 사실이 발견되었다. 이런 초콜릿은 마그네슘, 철분과 같은 필수 미네랄의 하루 섭취량을 제공한다. 초콜릿에는 혈액 응고의 위험을 줄이는 플라보노이드도 포함되어 있어 심장 마비와 뇌졸중의 위험도 낮춰준다. 심리학적으로는 뇌에서 엔도르핀을 방출시키도록 유도하기 때문에 마음을 진정시키는 효과가 있다고 알려져 있다. 더구나 놀랍게도 코코아 콩의 겉껍질에서 발견된 물질은 치아를 감싸서 치석의 형성을 방지한다고도 한다.

Q 지문 내용과 일치하는 것은?
(a) 플라보노이드는 혈액 응고를 촉진하여 심장 발작을 감소시킨다.
(b) 초콜릿은 심혈관계 건강의 향상과 관계있는 것으로 나타났다.
(c) 초콜릿은 엔도르핀의 방출을 억제함으로써 사람들을 진정시킨다.
(d) 코코아 콩의 겉껍질에 포함된 물질이 치석을 악화시킨다.

기출 공략

코코아 함량이 높은 초콜릿에 들어있는 플라보노이드 성분은 혈액 응고의 위험을 줄여 심장 마비와 뇌졸중의 위험도 줄여 주고 엔도르핀을 방출해 진정 효과도 있으며 껍질 성분엔 치석을 예방하는 성분도 들어 있다는 내용으로 선택지 중에서 (b)가 정답임을 알 수 있다.

high-cocoa mass 코코아 함량이 높은 **nutritive property** 영양학적 특성 **flavonoid** 플라보노이드 **blood clot** 혈액 응고 **husk** 겉껍질 **facilitate** 촉진하다 **cardiovascular health** 심혈관계 건강 **exacerbate** (문제를) 악화시키다 정답_(b)

32

The newest cosmetic fad is snail slime, a complex mix of proteins that functions both as a protective layer against desiccation and damage as well as an adhesive that allows snails to stick to various surfaces. Its cosmetic properties were recently rediscovered by Chilean snail farmers who recognized its healing effects on their hands. However, its first recorded use dates back to Ancient Greece, with Hippocrates allegedly recommending it as a treatment for skin inflammation. Though scientifically unproven, the mucus is hailed as the latest skincare innovation to increase cell regeneration and replenish moisture.

Q Which of the following is correct about snail slime according to the article?
(a) Snails use it as an adhesive as well as a means to maintain desiccation.
(b) Chilean farmers were the first ever to discover its healing properties.
(c) The ancient Greeks used it to treat inflammation but not on the skin.
(d) There is no scientific evidence supporting its regenerative properties.

번역

최근 유행하는 화장품 원료로 피부에 보호층을 생성해 건조와 손상을 막고 달팽이가 온갖 표면에 달라붙어 있을 수 있도록 도와주는 접착제와 같은 역할을 하는 복합 단백질 물질인 달팽이 점액이 있다. 이 화장품 원료의 성질은 최근에 칠레의 달팽이 농장에서 일하는 사람들이 자신들의 손이 치료되는 효과를 경험한 계기로 재발견되었다. 그러나 이것이 최초로 사용된 기록은 히포크라테스가 피부염 치료제로 추천한 것으로 전해져 내려오는 고대 그리스로 거슬러 올라간다. 과학적으로 증명되지는 않았지만, 달팽이의 점액이 세포의 재생을 돕고 수분을 공급할 수 있는 최신의 혁신적인 피부 관리 수단으로 환영을 받고 있다.

Q 달팽이 점액에 대해 지문 내용과 일치하는 것은?
(a) 달팽이는 접착제뿐만 아니라 건조함을 유지하기 위한 수단으로 사용한다.
(b) 칠레 농민들이 그 치유의 속성을 발견한 최초의 사람들이었다.
(c) 고대 그리스인들이 염증을 치료하기 위해 그것을 사용했으나 피부에 사용하지는 않았다.
(d) 피부 재생 능력을 뒷받침해 줄 과학적 증거는 없다.

기출 공략

화장품 원료로 사용하는 달팽이 점액에 대한 내용이다. 달팽이 점액이 치료 효능이 있다고는 하지만 마지막 문장에서 과학적인 증거는 없다고 했다. 따라서 (d)가 정답이다. 치유의 속성을 최초로 발견한 것은 고대 그리스까지 올라가므로 (b)는 옳지 않으며, 이들도 피부 염증에 사용했으므로 (c)도 옳은 내용이 아니다.

fad 최신 유행 **slime** 점액 **desiccation** 건조 **adhesive** 접착제 **property** 성질, 특징 **date back to** ~로 거슬러 올라가다 **allegedly** 전해지는 바에 따르면 **inflammation** 염증 **mucus** (콧물, 가래와 같은) 점액 **hail** 일컫다 **cell regeneration** 세포 재생 **replenish** 보충하다 **regenerative** 재생시키는 정답_(d)

33

The exorbitant prices that movie theaters charge for candy, popcorn, and soda are frustrating for moviegoers. But if you examine most theaters' operating budgets, the rationale for these prices becomes evident. A large portion of the cost of every ticket actually goes to paying film distributors, and another portion goes to the theaters' staffing and overhead costs. In the end, theater owners' profits are limited—with the exception of proceeds from the snack bar.

Q What can be inferred about food costs in movie theaters from the passage?
(a) They directly pay for the costs of film distribution.
(b) They actually result in theater owners taking a loss.
(c) They constitute the main source of profit to the theater.
(d) They are set by food suppliers independent of the theater.

번역

영화관에서 사탕, 팝콘, 음료수 값으로 청구하는 과도한 가격은 영화 관람객에게 불만스러운 수준이다. 그러나 대부분의 극장 운영에 소요되는 예산을 고려하면 이러한 가격 책정의 근거가 분명해진다. 티켓 비용의 대부분은 실제로 필름 배급사에게 돌아가고, 또 다른 일부는 극장 직원들과 간접 비용으로 들어간다. 결과적으로 극장 소유주의 이익은 스낵 코너를 제외하곤 제한적이다.

Q 지문을 통해 영화관 내의 음식값에 대해 추론할 수 있는 것은?
(a) 영화 배급 비용을 지불하는 데 직접 쓰인다.
(b) 극장 소유주에게는 실제로 손해를 가져온다.
(c) 극장 이익의 주된 공급원이 되고 있다.
(d) 극장과는 별도의 음식 공급업체에 의해 매겨진 것이다.

기출 공략

영화관 스낵 코너의 음식값이 너무 비싼 것이 영화 관람객에게는 불만일 수 있지만 영화관을 운영하는 사람 입장에서는 다른 비용을 제외하면 거의 유일한 수입원이 되는 것이기에 높게 책정될 수밖에 없다는 내용으로 (c)가 정답이다.

exorbitant 과도한, 지나친 **moviegoer** 영화 팬 **operating budget** 운영 예산 **rationale** 근거 **evident** 분명한 **overhead cost** 간접비 **proceeds** 수익금 **constitute** ~이 되다 **independent of** ~와 별개로

정답_(c)

34

Dear Mindy,
Thank you for the lovely flowers you sent me on my birthday! You've always been a pleasure to work with, and I've been more than happy to help you out after your surgery. Your recovery has been going well, and I'm sure you'll be out and about in no time. We can't wait to have you back on the team! Anyhow, I'll see you when I stop by around noon on Thursday to drop off your groceries. Call me if you need anything else!
Thanks again,
Sarah

Q What can be inferred from the letter?
(a) Sarah found out about Mindy's surgery via letter.
(b) Mindy personally delivered the flowers to Sarah.
(c) Sarah is the doctor overseeing Mindy's recovery.
(d) Mindy is housebound from her recent surgery.

번역

친애하는 민디에게
내 생일에 보내 준 멋진 꽃 고마워요! 함께 일해서 늘 즐거웠으며 수술 후에도 제가 도움을 줄 수 있어서 기뻤어요. 회복도 순조로우니 조만간 일어나 외출할 수 있을 거라 믿어요. 모두들 다시 우리 팀에 합류해 함께 일할 날을 손꼽아 기다리고 있어요. 아무튼 목요일에 식료품을 주러 정오에 들를 테니 그때 봐요. 또 필요한 거 있으면 전화하고요.
다시 한 번 고마워요.
사라가

Q 편지를 통해 추론할 수 있는 것은?
(a) 사라는 편지를 통해 민디의 수술에 대해 알게 되었다.
(b) 민디는 사라에게 직접 꽃을 전달했다.
(c) 사라는 민디의 회복을 담당하는 의사다.
(d) 민디는 최근에 받은 수술로 바깥출입이 불가능한 상태다.

기출 공략

편지로 유추할 수 있는 것은 민디와 사라는 같은 직장 동료인데 민디는 얼마 전에 수술을 받아 외출도 못 하며 누워 있는 상태이다. 따라서 (d)가 정답이다. 바깥출입이 불가능한 상태인 민디가 직접 꽃을 전달할 수 없으므로 (b)는 오답이다.

out and about 병상에서 일어나 외출할 수 있게 되는 **in no time** 곧, 조만간 **stop by** ~에 잠시 들르다 **drop off** 가져다주다 **oversee** 관리하다, 관찰하다 **housebound** 외출을 못 하는

정답_(d)

35

In the corporate world, executive compensation has ballooned because of peer benchmarking. This involves assigning pay that equals or exceeds the industry's median pay for a position. When executives earning less than the median renegotiate their contracts, they typically argue that they are underpaid, and boards of directors give them raises. Peer benchmarking leads to an overall increase in average executive pay, while neglecting more valid measures of executives' value.

Q Which statement would the writer most likely agree with?
(a) Peer benchmarking limits executive compensation unfairly.
(b) Boards of directors are accurately assessing the value of executives.
(c) Executives are too wary of the cost increases driven by peer benchmarking.
(d) Peer benchmarking is a problematic way to assign executive compensation.

번역

기업 세계에서 임원 급여는 피어 벤치마킹으로 인해 점점 부풀어 올랐다. 이는 해당 업계의 평균 임금과 동일하거나 능가하는 급여를 지불하는 것을 포함한다. 평균 이하를 버는 간부들은 재계약 협상을 할 때 대게 임금을 적게 받고 있다는 주장을 펼치고 이사회에서는 그들에게 임금을 인상해 준다. 이러한 피어 벤치마킹은 보다 타당하게 임원의 가치를 평가하는 일에는 소홀하면서 전반적으로 임원의 평균 급여를 올리는 결과를 초래하고 있다.

Q 글쓴이가 가장 동의할 것 같은 진술은?
(a) 피어 벤치마킹은 임원 급여를 부당하게 제한한다.
(b) 이사회에서는 임원의 가치를 정확하게 평가하고 있다.
(c) 임원들은 피어 벤치마킹으로 인해 증가되는 비용에 대해 지나치게 조심을 한다.
(d) 피어 벤치마킹은 임원의 급여를 책정하는 데 문제가 있는 방법이다.

기출 공략

동종업계의 다른 임원 연봉과 비교해서 연봉을 책정하는 피어 벤치마킹은 이사회에서 임원에 대해 제대로 평가하는 것을 저해하는 동시에 부족한 근거로 임원의 연봉만 계속 올리고 있다는 내용이다. 따라서 임원의 급여를 책정하는 데 문제가 있다는 (d)가 정답이다.

compensation 연금, 보상 **balloon** 부풀어 오르다 **peer** 동료, 동등한 사람 **median pay** 평균 급여 **underpaid** 급여가 적은 **board of directors** 이사회 **raise** 급여 인상 **assess** 평가하다 **wary of** ~을 조심하는 정답_(d)

36

English explorer Sir Walter Raleigh (1554-1618) is best remembered for his journeys to the New World, but he was also a notable romantic. While in Queen Elizabeth I's court, Raleigh fell in love with one of the queen's ladies-in-waiting. The two secretly married without formally requesting the queen's permission, which earned them several months of imprisonment in the Tower of London. Following their release, Raleigh remained involved in politics, eventually being reelected to Parliament and leading two expeditions to the Americas in search of the gold of the legendary city of El Dorado.

Q What can be inferred from the passage?
(a) Ladies-in-waiting could only marry with the queen's permission.
(b) Raleigh discovered the gold of El Dorado on his second expedition.
(c) Imprisonment in the Tower of London was reserved for violent criminals.
(d) Raleigh's first election to Parliament came after his release from incarceration.

번역

영국의 탐험가 월터 랄리 경(1554-1618)은 신세계 탐험으로 가장 잘 기억되고 있지만, 그는 또한 유명한 로맨틱한 사람이었다. 엘리자베스 1세 여왕의 궁정 시대에 랄리는 여왕의 시녀 중 한 명과 사랑에 빠졌다. 둘은 여왕에게 정식으로 허가를 요청하지도 않고 비밀리에 결혼을 해 런던 탑에서 몇 개월 동안 징역살이를 했다. 출소 이후 랄리는 정치에 관여해 결국 의회에 재당선되어 전설적인 도시인 엘도라도의 금을 찾아 두 차례의 미국 원정을 이끌었다.

Q 지문을 통해 추론할 수 있는 것은?
(a) 여왕의 시녀들은 여왕의 허가를 얻어야만 결혼할 수 있었다.
(b) 랄리는 그의 두 번째 탐험에서 엘도라도의 금을 발견했다.
(c) 런던 탑의 투옥은 강력 범죄자를 위해 마련된 것이었다.
(d) 랄리가 의회에 처음으로 당선된 것은 감금에서 석방된 후였다.

기출 공략

두 사람이 런던 탑에서 징역살이를 한 것은 여왕의 허락을 받지 않고 결혼했기 때문이므로 정답은 (a)이다. 금을 찾아 떠난 두 번의 탐험의 결과 금을 실제로 발견했는지는 알 수 없으므로 (b)는 오답이다.

notable 유명한 **romantic** 로맨틱한 사람 **court** 궁정 **lady-in-waiting** 시녀 **imprisonment** 감금 **expedition** 탐험, 원정 **legendary** 전설적인 **incarceration** 투옥, 감금 정답_(a)

37

The Dunmar Symphony Orchestra and Choir's most recent recording of Handel's *Messiah* has been released this week, to much fanfare. And this time, under the baton of conductor Daniel Runeberg, the piece has taken on a new spirit. Compared to his predecessor, Ivan Singer, Runeberg's conducting is more emotionally charged: the slow pieces are slower and more mournful, and the joyful pieces are more exuberant. Despite their different styles, even the staunchest lover of Singer's recording will not be disappointed, and fans can rest assured that this prestigious orchestra is in good hands with Runeberg.

Q What can be inferred from the review?
(a) The orchestra has previously released a recording of Handel's *Messiah*.
(b) The recent recording was a collaboration between Runeberg and Singer.
(c) The orchestra earned its prestigious reputation under Runeberg's guidance.
(d) The reviewer thinks the recording is spoiled by overly emotional conducting.

번역

던마 교향악단과 합창단의 최신 앨범인 헨델의 〈메시아〉가 대대적인 광고와 함께 이번 주에 발매되었다. 그리고 이번에는 지휘자 다니엘 류버그의 지휘로 작품이 새로운 기백을 띠고 있다. 그의 전임자인 이반 싱어와 비교해 류버그의 지휘는 더 감정이 실려 있다. 느린 곡은 더 느리고 더 애절하고, 명랑한 곡은 더 활기가 넘친다. 서로 다른 그들의 스타일에도 불구하고 싱어의 열렬한 애청자조차도 실망하지 않을 것이고 팬들은 이 일류 교향악단이 류버그의 손에 잘 관리되고 있다고 믿어도 된다.

Q 논평을 통해 추론할 수 있는 것은?
(a) 이 교향악단은 이전에 헨델의 〈메시아〉 음반을 발매한 적이 있다.
(b) 최근 녹음은 류버그와 싱어의 공동 작업으로 만들어졌다.
(c) 이 교향악단은 류버그의 지도 아래 최고의 명성을 얻었다.
(d) 평론가는 과도한 감정이 실린 지휘로 녹음을 망쳤다고 생각하고 있다.

기출 공략

교향악단에서 이전에는 싱어라는 지휘자의 지휘로, 이번에는 류버그라는 지휘자의 지휘로 헨델의 〈메시아〉를 녹음한 사실을 알 수 있으므로 정답은 (a)이다.

fanfare 요란한 광고 **under the baton of** ~의 지휘로 **conductor** 지휘자 **take on** ~을 띠다 **spirit** 기상, 기백 **predecessor** 전임자 **charge** 채우다 **mournful** 애절한 **exuberant** 활기 넘치는 **staunch** 확고한, 충실한 **rest assured** ~임을 믿어도 된다 **prestigious** 일류의 **in good hands with** ~의 손에 잘 관리되는 **collaboration** 공동 작업

정답_(a)

38

While I sometimes regret not having children, as I grow older, I increasingly appreciate the freedom that it has allowed me. (a) It was not a conscious decision; rather my husband and I had busy careers that left us no time to consider having children. (b) But I believe that my marriage has benefited from it, as my child-rearing friends often suffer in their relationships. (c) Moreover, I have been able to explore other passions, like traveling, that would not have been possible with children. (d) This just shows that instead of viewing childbearing as a biological imperative, we should view it as an ethical choice.

번역

나는 가끔 아이를 갖지 않은 것을 후회하면서도 나이가 들면서 점점 나에게 허락된 자유를 감사히 생각하게 된다. (a) 의도적인 결정은 아니었고, 오히려 남편과 나는 자녀를 낳을 생각을 따로 하지 못할 정도로 각자의 일을 하느라 바빴다. (b) 그러나 자녀 양육을 하고 있는 친구들이 그들의 관계에서 고통을 받는 모습을 보면 나는 우리의 결혼 생활이 이로 인해 혜택을 받아 왔다고 생각한다. (c) 더구나 나는 아이들이 있었다면 불가능했을 여행과 같은 또 다른 열정을 추구할 수 있었다. (d) 이는 출산을 생물학적인 의무로 생각하기보다는 윤리적인 선택으로 봐야 한다는 것을 증명한다.

기출 공략

맞벌이하면서 바쁘게 살다 보니 아이가 없는 것이 살짝 후회도 되지만 아이가 없음으로 인해 가질 수 있는 자유와 그로 인한 혜택을 설명하고 있다. (d)는 출산을 의무로 생각하기보다는 선택으로 봐야 한다는 내용으로 앞 내용과 어울리지 않는다.

conscious 의도적인 **benefit from** ~로부터 혜택을 받다 **child-rearing** 자녀를 양육하는 **childbearing** 출산, 분만 **imperative** 의무 사항 **ethical** 윤리적인

정답_(d)

39

Scented household products have become more pervasive in recent years, but they may pose a health risk. (a) Many of the most popular air freshening and laundry products contain chemicals that the government has deemed toxic or hazardous. (b) Generally, the products contain minimal amounts of the chemicals and thus do not have a negative effect on healthy adults. (c) Additionally, manufacturers have been forced to answer to conflicting consumer demands for both scented and scent-free products. (d) However, children are naturally more vulnerable, as are adults who have allergies or sensitivities to certain chemicals.

번역

최근 들어 향기 나는 가정용 제품이 대중화되었으나 건강에 위험을 초래할 수 있다. (a) 가장 인기 있는 공기 청정용이나 세탁용 제품의 대부분은 정부가 독성 또는 유해하다고 판단한 화학 물질이 포함되어 있다. (b) 일반적으로 해당 제품들은 최소량의 화학 물질을 함유하고 있기에 건강한 성인에게는 부정적인 영향을 미치지 않는다. (c) 추가적으로 제조업체들은 상반되는 소비자의 요구에 응해, 향기 나는 제품과 향기 없는 제품을 모두 만들어 내야 하는 상황에 놓였다. (d) 그러나 알레르기나 일부 화학 물질에 민감한 반응을 보이는 성인처럼 아이들은 당연히 더 취약하다.

기출 공략

가정용 방향제나 세제에 포함된 향을 내는 제품 중에는 유해한 화학 원료가 사용된 경우가 많은데 건강한 성인에게는 특별한 해가 없다 하더라도 민감한 체질의 성인이나 아이들에겐 유해할 수도 있다는 내용이다. (c)는 유해성과는 상관없는 내용이므로 전반적인 흐름과 맞지 않음을 알 수 있다.

scented 향기 나는 **pervasive** 만연하는, 스며드는 **pose** (위험 등을) 제기하다 **deem** 여기다, 생각하다 **conflicting** 상충되는 **consumer demand** 소비자 요구 **scent-free** 무향의 **naturally** 당연히 **vulnerable** 취약한 **sensitivity** 예민함

정답_(c)

40

To the ancient Greeks, food was endowed with religious and philosophical significance. (a) As such, they only ate animals hunted in the wild or domesticated ones whose meat had first been sacrificed to the gods. (b) The wealthy were able to afford the luxury of varied foods, while the poor consumed a much less interesting diet. (c) Many ancient Greeks even distinguished between vegetables, deeming certain ones cleaner than others. (d) They also associated certain foods with various gods, such as Dionysus with wine and Persephone with bread.

번역

고대 그리스인들은 음식에 종교나 철학적 의의를 부여했다. (a) 이와 같이 그들은 야생에서 사냥되었거나 가정에서 키우던 가축 중 우선 신들에게 바친 것만을 먹었다. (b) 부유층은 다양하고 고급스러운 음식을 먹을 수 있었던 반면에 빈곤층은 그보다 훨씬 못한 음식을 먹었다. (c) 고대 그리스의 많은 사람들은 어떤 채소들은 다른 것보다 깨끗하다고 여기면서 심지어 채소까지도 구분했다. (d) 그들은 또한 포도주는 디오니소스, 빵은 페르세포네와 연결하는 것과 같이 특정 음식을 다양한 신들과 결부시키기도 했다.

기출 공략

음식에 종교나 철학적 의미를 부여하며 섭취하던 고대 그리스인들의 습성에 관한 내용으로 부유한 사람과 가난한 사람의 음식 차이에 대해서 언급한 (b)는 전반적인 흐름과 맞지 않음을 알 수 있다.

endow 부여하다 **significance** 의의 **domesticate** (동물을) 길들이다 **sacrifice** (제물로) 바치다 **deem** ~라고 여기다 **associate** 결부시키다

정답_(b)

TEST 4

ANSWER KEYS

Listening Comprehension

1 (d)	2 (b)	3 (c)	4 (c)	5 (a)	6 (b)	7 (c)	8 (a)	9 (b)	10 (b)
11 (a)	12 (b)	13 (c)	14 (d)	15 (a)	16 (b)	17 (c)	18 (b)	19 (b)	20 (a)
21 (b)	22 (b)	23 (a)	24 (b)	25 (a)	26 (c)	27 (c)	28 (b)	29 (b)	30 (a)
31 (b)	32 (a)	33 (a)	34 (a)	35 (a)	36 (b)	37 (b)	38 (c)	39 (d)	40 (c)
41 (c)	42 (c)	43 (c)	44 (c)	45 (b)	46 (b)	47 (c)	48 (a)	49 (c)	50 (b)
51 (b)	52 (b)	53 (c)	54 (c)	55 (d)	56 (b)	57 (b)	58 (a)	59 (c)	60 (b)

Grammar

1 (b)	2 (b)	3 (a)	4 (c)	5 (a)	6 (b)	7 (a)	8 (a)	9 (d)	10 (a)
11 (d)	12 (d)	13 (d)	14 (a)	15 (d)	16 (c)	17 (b)	18 (b)	19 (c)	20 (d)
21 (d)	22 (c)	23 (d)	24 (d)	25 (a)	26 (a)	27 (c)	28 (d)	29 (d)	30 (a)
31 (d)	32 (c)	33 (d)	34 (c)	35 (d)	36 (b)	37 (c)	38 (b)	39 (c)	40 (c)
41 (a)	42 (b)	43 (a)	44 (b)	45 (b)	46 (c)	47 (d)	48 (a)	49 (d)	50 (c)

Vocabulary

1 (a)	2 (b)	3 (a)	4 (a)	5 (a)	6 (b)	7 (c)	8 (a)	9 (c)	10 (d)
11 (a)	12 (c)	13 (a)	14 (d)	15 (b)	16 (c)	17 (c)	18 (a)	19 (c)	20 (b)
21 (d)	22 (d)	23 (a)	24 (d)	25 (b)	26 (d)	27 (a)	28 (b)	29 (c)	30 (c)
31 (c)	32 (b)	33 (a)	34 (a)	35 (d)	36 (a)	37 (c)	38 (a)	39 (c)	40 (b)
41 (b)	42 (d)	43 (b)	44 (a)	45 (b)	46 (b)	47 (b)	48 (d)	49 (d)	50 (a)

Reading Comprehension

1 (b)	2 (c)	3 (b)	4 (c)	5 (b)	6 (c)	7 (d)	8 (d)	9 (d)	10 (a)
11 (a)	12 (c)	13 (b)	14 (c)	15 (c)	16 (b)	17 (d)	18 (d)	19 (c)	20 (a)
21 (a)	22 (d)	23 (d)	24 (b)	25 (a)	26 (b)	27 (b)	28 (b)	29 (d)	30 (c)
31 (b)	32 (d)	33 (a)	34 (c)	35 (d)	36 (a)	37 (c)	38 (c)	39 (b)	40 (c)

Listening Comprehension

1

W Excuse me, is the subway nearby?
M ______________________

(a) I'll be right behind you.
(b) No, it runs all night.
(c) I'm already there.
(d) It's just ahead.

번역
W 실례합니다. 근처에 지하철역이 있나요?
M ______________________
(a) 곧 뒤따라갈게요.
(b) 아니요, 그것은 밤새 내내 운영돼요.
(c) 이미 도착했어요.
(d) 바로 앞에 있어요.

기출 공략
여자는 지하철역이 근처에 있는지 묻고 있으므로 바로 앞에 있다고 말한 (d)가 정답이다.
nearby 근처에 **run** 다니다 **ahead** 앞에
정답_(d)

2

M Wow, our hotel room has a spectacular view!
W ______________________

(a) OK, I'll ask for one.
(b) Yes, it's perfect for watching sunsets.
(c) Wait until I reserve it.
(d) Then let's ask to change.

번역
M 와, 우리 호텔 방 경치가 멋지다!
W ______________________
(a) 좋아, 내가 하나 요청할게.
(b) 응, 일몰을 보기에 최적이지.
(c) 내가 예약할 때까지 기다려.
(d) 그러면 바꿔 달라고 요청하자.

기출 공략
호텔 방의 전망이 멋있다고 감탄하는 남자의 말에 대해 적절한 응답은 일몰을 보기에 최적의 장소라고 말한 (b)이다.
spectacular 멋있는 **view** 경치 **sunset** 일몰, 해가 지는 것
정답_(b)

3

W Thanks for sending me these lovely flowers!
M ______________________

(a) They'll be delivered tomorrow.
(b) Sure, I welcome any suggestions.
(c) I'm glad you're enjoying them.
(d) No, I kept them in water.

번역
W 이 예쁜 꽃들을 보내 줘서 고마워.
M ______________________
(a) 그것들은 내일 배달될 거야.
(b) 물론, 어떤 제안이라도 환영해.
(c) 꽃이 마음에 든다고 하니 나도 기뻐.
(d) 아니, 나는 그것들을 물속에 보관해.

기출 공략
여자는 남자가 보내 준 꽃을 마음에 들어 하며 고마워하고 있다. 이에 남자는 자신도 기쁘다고 말하는 (c)가 정답이다.
deliver 배달하다 **suggestion** 제안
정답_(c)

4

M Where can I exchange my foreign currency?
W ______________________

(a) There's a lot of money in it.
(b) That's what they said at the bank.
(c) There's a bank kiosk down the hall.
(d) The exchange rate is rising.

번역

M 환전을 어디서 할 수 있나요?
W ______________________

(a) 그 안에는 돈이 많이 있어요.
(b) 은행에서 그렇게 말했어요.
(c) 복도로 쭉 내려가시면 간이 은행이 하나 있어요.
(d) 환율이 오르고 있어요.

기출 공략

남자는 환전을 할 수 있는 장소를 묻고 있다. 이에 은행의 위치를 알려 주는 (c)가 적절한 응답이다. 남자는 환전할 수 있는 장소를 물었지 환율에 대해 묻지 않았으므로 (d)는 정답이 될 수 없다.
exchange 교환하다 **currency** 화폐 **kiosk** 작은 (간이) 시설
exchange rate 환율

정답_(c)

5

W Hi, please transfer me to Brian Jones. This is his wife.
M ______________________

(a) I'll put you right through.
(b) I'll tell her Brian called.
(c) No, I'm afraid I can't hold.
(d) Sorry, they're both unavailable.

번역

W 여보세요, 브라이언 존스 좀 바꿔 주세요. 저는 그의 아내입니다.
M ______________________

(a) 곧 연결해 드리겠습니다.
(b) 브라이언이 전화했었다고 그녀에게 전해 줄게요.
(c) 아니요, 미안하지만 기다릴 수 없을 것 같아요.
(d) 미안해요. 둘 다 자리에 없어요.

기출 공략

여자가 전화를 걸어 남편인 브라이언 존스를 바꿔 달라고 요청하고 있다. 이에 전화를 연결해 주겠다고 한 (a)가 적절한 응답이다.
transfer 옮기다, 이동시키다 **put ~ through** (전화를) 다른 사람에게 연결시켜 주다 **hold** 기다리다, 버티다 **unavailable** (자리에) 없는

정답_(a)

6

M I need your help solving this math problem.
W ______________________

(a) Sure, as soon as you solve it.
(b) I'm no better at math than you are.
(c) I knew you'd get it right.
(d) Let's do math problems instead.

번역

M 이 수학 문제 푸는 데 도움이 필요해.
W ______________________

(a) 물론, 네가 풀자마자 바로.
(b) 내 수학 실력도 너와 별반 다르지 않아.
(c) 네가 해낼 수 있을 거라고 알고 있었어.
(d) 대신 수학 문제를 풀자.

기출 공략

남자가 여자에게 수학 문제 푸는 것을 도와 달라고 부탁하고 있다. 이에 자신도 수학 실력이 보잘것없다고 말한 (b)가 적절한 응답이다.
no better than ~이나 다름없는 **get ~ right** ~을 정확하게 이해하다, ~을 제대로 해내다

정답_(b)

7

W Do you always stretch before exercising?
M ______________________________

(a) Really? I'd love to.
(b) Only before stretching.
(c) Yes, it's a must.
(d) I'll decide later.

번역

W 너는 운동하기 전에 항상 스트레칭을 하니?
M ______________________________

(a) 정말? 나도 하고 싶어.
(b) 스트레칭을 하기 전에만.
(c) 응, 꼭 해야 해.
(d) 나중에 결정할게.

기출 공략

운동하기 전에 스트레칭을 하는지 묻는 질문에 적절한 응답은 그렇다며 꼭 해야 하는 것이라고 대답한 (c)이다. must는 명사로 쓰일 때 '필수적인 것, 꼭 해야 하는 것'이란 의미이다.

stretch 스트레칭하다 **must** 꼭 필요한 것 정답_(c)

8

M Why did you miss school yesterday?
W ______________________________

(a) Unfortunately, I wasn't feeling well.
(b) The school must've missed it.
(c) No, I decided to stay home.
(d) I took it when I was in school.

번역

M 왜 어제 학교에 안 나왔니?
W ______________________________

(a) 안타깝게도 몸이 좋지 않았어.
(b) 학교는 그것을 놓친 것이 틀림없어.
(c) 아니야, 집에 있기로 결정했어.
(d) 학교에 있을 때 그것을 수강했어.

기출 공략

남자는 여자에게 어제 학교에 나오지 않은 이유를 묻고 있다. 이에 몸이 아파서 나올 수 없었다고 답한 (a)가 적절한 응답이다. (b)는 질문에 나왔던 miss를 이용해서 오답으로 유도하는 선택지이다.

miss school 수업을 빼먹다 정답_(a)

9

W Your car's engine is making a rattling noise.
M ______________________________

(a) It's a good thing I got rid of it.
(b) I've been meaning to get that checked.
(c) I'm surprised you can't hear it.
(d) No, it's coming from the engine.

번역

W 네 자동차 엔진에서 덜덜거리는 소리가 나.
M ______________________________

(a) 그것을 제거해서 다행이야.
(b) 그것을 점검받으려 할 참이었어.
(c) 그 소리가 안 들린다니 놀랍다.
(d) 아니, 그것은 엔진에서 나는 소리야.

기출 공략

여자는 자동차 엔진에서 덜덜거리는 소리가 난다고 말하고 있다. 이에 안 그래도 점검받으려고 했다고 대답한 (b)가 적절한 응답이다.

rattling 덜덜거리는 **it's a good thing** ~해서 다행이다 **get rid of** ~를 없애다 **mean to** ~할 셈이다 정답_(b)

10

M When will I need another exam for my broken foot?

W ____________________

(a) Until it starts to heal.
(b) Not for another six weeks.
(c) When you break your foot.
(d) The first time you broke it.

번역

M 부러진 발을 언제 다시 검사받아야 하죠?

W ____________________

(a) 아물기 시작할 때까지요.
(b) 앞으로 6주 동안은 할 필요 없어요.
(c) 당신 발이 부러질 때에요.
(d) 처음 부러진 때에요.

기출 공략

남자는 부러진 발을 언제 다시 검사받아야 하느냐고 묻고 있다. 이에 앞으로 6주 동안은 검사가 필요 없다고 답한 (b)가 적절한 응답이다.

exam 검사 **broken** 부러진 **heal** (부상이) 아물다 정답_(b)

11

W Could you drop this package off at the post office?

M ____________________

(a) Sorry, I've got too much to do.
(b) Thanks for going all the way.
(c) Don't mention it. It was easy.
(d) That's OK. I can't go anyway.

번역

W 이 소포를 우체국에서 부쳐 주시겠어요?

M ____________________

(a) 미안해요. 할 일이 너무 많아서요.
(b) 동의해 줘서 고마워.
(c) 별거 아니에요. 쉬운 일이었어요.
(d) 괜찮아요. 어쨌거나 갈 수 없어요.

기출 공략

여자는 남자에게 우체국에 들러 소포를 부쳐 달라고 부탁하고 있다. 이에 미안하지만 할 일이 너무 많아서 못 한다고 말한 (a)가 적절한 응답이다.

drop off ~에 갖다 놓다 **all the way** 전적으로 동의하다 정답_(a)

12

M How'd you get so good at running meetings?

W ____________________

(a) One more isn't necessary.
(b) I learned from the best.
(c) I'm sorry for being late.
(d) Please be sure to attend.

번역

M 회의를 어쩌면 그렇게 잘 진행하게 되었니?

W ____________________

(a) 더 이상은 필요 없어.
(b) 최고 고수들에게 배웠지.
(c) 늦어서 미안해.
(d) 반드시 참석하도록 해.

기출 공략

남자는 여자에게 어떻게 회의를 잘 진행하게 되었느냐고 묻고 있다. 이에 최고의 고수들로부터 회의 진행을 배웠다고 대답한 (b)가 적절한 응답이다.

be sure to 반드시 ~하다 정답_(b)

13

W Why is Randy so fed up at his job?

M ______________________________

(a) He didn't complain until after he left.
(b) That's why he's looking for another one.
(c) He feels overworked and underpaid.
(d) I thought you were satisfied with your job.

번역

W 랜디가 자신의 직장에 진저리가 난 이유가 뭐야?

M ______________________________

(a) 그는 떠날 때까지 불만을 제기하지 않았어.
(b) 그래서 그가 또 다른 직장을 찾고 있는 거야.
(c) 그는 과중한 업무에 시달리고 보수도 제대로 못 받는다고 느끼고 있어.
(d) 나는 네가 너의 직업에 만족하고 있다고 생각하고 있었어.

기출 공략

여자는 랜디가 직장에 질린 이유를 묻고 있다. 이에 과로와 낮은 임금 때문이라고 대답한 (c)가 적절한 응답이다.

be fed up ~에 진저리가 나다 **overwork** 과로하다 **underpaid** 보수를 제대로 못 받는

정답_(c)

14

M Where'd you get the inspiration for your latest painting?

W ______________________________

(a) It won't take long to get it done.
(b) I'm not a painter by trade.
(c) It would make a good painting.
(d) I can't attribute it to a single source.

번역

M 당신의 최근 그림은 어디서 영감을 얻으신 건가요?

W ______________________________

(a) 다 끝내는 데는 오래 걸리지 않을 거예요.
(b) 저는 직업 화가가 아닙니다.
(c) 그것은 훌륭한 그림이 될 거예요.
(d) 어떤 한 가지 원천을 들 수 없어요.

기출 공략

남자는 여자에게 어디에서 영감을 받아 그림을 그린 것인지 묻고 있다. 이에 어느 한 가지를 집어서 말할 수는 없다고 말한 (d)가 적절한 응답이다.

inspiration (예술 작품을 낳는) 영감 **take long** 오래 걸리다 **get ~ done** ~를 끝내다 **by trade** 직업적으로 **make** ~가 되다 **attribute A to B** A를 B의 탓으로 돌리다

정답_(d)

15

W The critics hated James Lane's new book. Have you read it?

M ______________________________

(a) Not yet, but I will, no matter what the reviews say.
(b) Yes, but I want to finish his new book first.
(c) Not until I'm done reading his new one.
(d) I'd rather read books by James Lane.

번역

W 비평가들은 제임스 레인의 새 책을 싫어하더라. 그 책 읽어 봤니?

M ______________________________

(a) 아직 안 읽었는데, 비평가들이 뭐라고 하든 간에 읽어 보려고.
(b) 그래, 하지만 우선 그의 새 책을 끝내고 싶어.
(c) 그의 새 책을 다 읽을 때까지는 아니야.
(d) 차라리 제임스 레인의 책을 읽을래.

기출 공략

여자는 남자에게 비평가들이 혹평한 제임스 레인의 책을 읽었는지 묻고 있다. 이에 아직 안 읽었다고 말한 후, 비평가들이 뭐라 하든 한번 읽어 볼 예정이라고 대답한 (a)가 적절한 응답이다.

critic 비평가 **would rather** 차라리 ~하겠다

정답_(a)

16

M Finally! A parking spot.
W I don't think we can park there.
M Why not? It's an empty space.
W ______________________________

(a) Let's wait until it's vacant, then.
(b) The sign above it says it's reserved.
(c) It's bigger than our car.
(d) We should take the car, instead.

번역

M 드디어 주차 공간을 찾았다!
W 저기에 주차할 수 없을 것 같은데.
M 왜? 공간이 비어 있잖아.
W ______________________________

(a) 그러면 자리가 빌 때까지 기다리자.
(b) 그 위의 표지판을 보면 예약되었다고 써 있잖아.
(c) 그것은 우리 차 보다 커.
(d) 우리는 대신 그 차를 가지고 가야 해.

기출 공략

여자가 비어 있는 주차 공간에 주차를 할 수 없을 것 같다고 말하자, 남자는 이유를 묻고 있다. 이에 공간이 예약되었다는 표지가 있다고 대답한 (b)가 적절한 응답이다.

parking spot 주차 공간 **space** 공간 **vacant** 비어 있는

정답_(b)

17

W Are you sure you're cooking those noodles right?
M Yup. I've made spaghetti lots of times.
W But you need to stir them more.
M ______________________________

(a) No, I don't think I'm stirring them too much.
(b) There's enough in the spaghetti already.
(c) Don't worry—I know what I'm doing.
(d) Good idea. Let's have spaghetti.

번역

W 그 면들을 제대로 삶고 있는 게 맞니?
M 그래. 나는 스파게티를 많이 만들어 봤어.
W 하지만 더 휘저어야지.
M ______________________________

(a) 아니, 나는 내가 너무 많이 젓는다고 생각하지 않아.
(b) 이미 스파게티에는 충분히 있어.
(c) 걱정하지 마. 내가 알아서 할 수 있어.
(d) 좋은 생각이야. 스파게티 먹자.

기출 공략

여자는 남자가 스파게티 면을 제대로 삶고 있는 건지 걱정하면서 더 휘저어야 한다고 말하고 있다. 이에 자신이 다 알아서 할 수 있다고 말한 (c)가 적절한 응답이다.

right 정확히, 제대로 **stir** 휘젓다

정답_(c)

18

M Let's join a dance class together.
W I'm no good at that sort of thing.
M Come on. It's not really that hard.
W ______________________________

(a) The class surprised me, too.
(b) Well, I guess I could give it a try.
(c) I went after I took the class.
(d) Actually, I'd rather try dancing.

번역

M 우리 함께 댄스 수업 듣자.
W 나는 그런 거 잘 못해.
M 그러지 마. 그렇게 어렵지 않아.
W ______________________________

(a) 나도 그 수업에 놀랐어.
(b) 음, 한번 시도해 보도록 할게.
(c) 그 수업을 듣고 나는 갔어.
(d) 사실, 차라리 춤을 춰 볼래.

기출 공략

여자가 댄스 수업을 함께 듣자는 남자의 제의를 망설이자, 남자는 댄스 수업이 그렇게 어렵지 않다며 여자를 설득하고 있다. 이에 한번 해 보겠다고 말한 (b)가 적절한 응답이다.

give it a try 시도해 보다 **try –ing** (시험 삼아) ~해 보다

정답_(b)

19

W Want to join me for dinner tonight?
M Sure. Where should we go?
W I'm still debating between a couple of places.
M ______________________________

(a) See you there, then.
(b) Let me know when you decide.
(c) Then be sure to eat first.
(d) In that case, let's eat together.

번역

W 오늘 밤 함께 저녁 먹을래?
M 그래. 어디로 갈까?
W 몇 군데 중에서 고르는 중이야.
M ______________________________

(a) 그러면 거기서 만나.
(b) 결정하면 알려 줘.
(c) 그러면 꼭 먼저 먹도록 해.
(d) 그러면 함께 먹자.

기출 공략

남자와 여자는 함께 저녁을 먹기로 했으나 여자는 아직 장소를 정하지 못하고 있다. 이에 장소를 정하면 알려 달라고 한 (b)가 정답이다. 식사 장소가 아직 결정되지 않았기 때문에 (a)는 정답이 될 수 없다.

debate (결정하기 위해) 고려하다 **a couple of** 몇 군데의

정답_(b)

20

M Your golf game's much better today.
W Thanks, I've been practicing.
M What do you say to playing again next Saturday?
W ______________________________

(a) Sure, but let's try a new course next time.
(b) Of course, don't mention it.
(c) Sorry, I'm not sure where the game is.
(d) Thanks, but only if I learn how to golf.

번역

M 네 골프 실력이 오늘 훨씬 더 좋아진 것 같아.
W 고마워, 계속 연습하고 있었거든.
M 다음 토요일 다시 시합하는 건 어때?
W ______________________________

(a) 물론이지, 하지만 다음에는 새로운 코스에서 해 보자.
(b) 물론이지, 별거 아니야.
(c) 미안해, 경기가 어디서 하는지 잘 모르겠어.
(d) 고마워, 하지만 골프 치는 법을 배우면 할게.

기출 공략

남자와 여자는 골프를 치고 있는데, 남자는 다음 토요일에 골프 시합을 다시 하자고 제안하고 있다. 이에 다음번에는 새로운 코스에서 하자고 한 (a)가 적절한 응답이다.

what do you say to (상대방의 동의 여부를 물을 때) ~하는 건 어때?

정답_(a)

21

W Did you live in Japan long?
M No, just six months.
W Did you have any trouble adjusting?
M ______________________________

(a) That's because I liked it there.
(b) The food took some getting used to.
(c) Probably not until after I leave.
(d) I'll let you know when I get there.

번역

W 일본에 오래 살았니?
M 아니, 여섯 달 있었어.
W 적응하는 게 어렵지는 않았니?
M ______________________________

(a) 그건 거기 있는 게 좋았기 때문이야.
(b) 음식에 익숙해지는 데 시간이 많이 걸렸어.
(c) 내가 떠날 때까지는 아닐 거야.
(d) 내가 거기 도착하면 너에게 알려 줄게.

기출 공략

여자는 6개월 동안 일본에 살았던 남자에게 일본 생활 적응이 어렵지 않았냐고 묻고 있다. 이에 음식에 익숙해지는 데 많은 시간이 걸렸다고 말한 (b)가 적절한 응답이다.

have trouble -ing ~하는 데 어려움을 겪다 **adjust** 적응하다
took some -ing 많은 노력과 시간이 필요하다

정답_(b)

22

M I need to pack for my camping trip.
W Don't forget some warm clothes.
M Isn't it supposed to be warm out?
W ______________________

(a) See, I said those clothes were too hot.
(b) But the temperature might drop at night.
(c) No, the weather's been getting warmer.
(d) In that case, you should go camping.

번역

M 나는 캠핑 여행을 위해 짐을 싸야 해.
W 따뜻한 옷 잊지 말고 챙겨.
M 바깥은 따뜻하지 않을까?
W ______________________

(a) 봐, 내가 그 옷은 너무 덥다고 했잖아.
(b) 하지만 밤에는 기온이 뚝 떨어질 수 있어.
(c) 아니, 날씨가 점점 따뜻해지고 있어.
(d) 그렇다면 너는 캠핑을 가는 것이 좋겠어.

기출 공략

캠핑을 가려는 남자에게 따뜻한 옷을 챙기라고 여자가 말하자 야외는 따뜻하지 않냐고 묻고 있다. 이에 밤에는 기온이 떨어질 수 있다고 말한 (b)가 적절한 응답이다.

be supposed to ~할 예정이다 **in that case** 그런 경우

정답_(b)

23

W I want to write my term paper on *Macbeth*.
M There are two suggested topics on that play.
W Yes, but I don't like either of them.
M ______________________

(a) Then just propose a topic of your own.
(b) Yes, that's the only real viable topic.
(c) I agree. The suggested topics are better.
(d) Try writing about *Macbeth* instead.

번역

W 〈맥베스〉에 대한 기말 과제물을 쓰고 싶어.
M 그 작품에 대해 주제 두 개가 추천되었어.
W 맞아, 하지만 둘 다 마음에 안 들어.
M ______________________

(a) 그러면 너 나름의 주제를 제안해 봐.
(b) 응, 그것은 성공할 수 있는 유일한 주제야.
(c) 맞아. 추천된 주제가 더 좋아.
(d) 대신 〈맥베스〉에 대해서 써 봐.

기출 공략

여자는 〈맥베스〉에 관한 과제물을 작성하려는데, 추천된 두 개의 주제 모두 마음에 들지 않는다고 했다. 이에 나름의 주제를 생각해서 제안해 보라고 말한 (a)가 적절한 응답이다.

term paper 학기말 과제 **play** 연극, 극 **propose** 제안하다
viable 성공할 수 있는, 실현 가능한

정답_(a)

24

W I need a personal reference for a job application.
M Would you like to use my name?
W If you wouldn't mind, yes.
M ______________________

(a) Yes, I received your references.
(b) It would be no trouble at all.
(c) No, they're still hiring for the job.
(d) I've already applied for it, though.

번역

W 입사 지원서에 추천인이 필요해.
M 내 이름을 쓰기를 원하니?
W 응, 너만 괜찮다면.
M ______________________

(a) 응, 너의 추천서를 받았어.
(b) 전혀 문제될 게 없어.
(c) 아니, 그들은 여전히 구인 중이야.
(d) 하지만 이미 지원을 했어.

기출 공략

여자는 남자에게 입사 지원서에 추천인으로 해도 되겠냐고 물어보고 있다. 이에 전혀 문제될 것이 없다고 말한 (b)이다.

reference 추천인, 추천서 **application** 지원서 **apply for** ~에 지원하다

정답_(b)

25

M I've been thinking about taking up yoga.
W You can join the yoga studio I go to.
M Are there beginners' classes?
W ______________________

(a) They cater to all ability levels.
(b) By then, you'd be pretty good.
(c) Even if I'm just warming up.
(d) I wish you'd try it, as well.

번역

M 나는 요가 수업을 받으려고 생각 중이야.
W 내가 다니는 요가 강습소에 등록하면 되겠다.
M 초보자 반도 있니?
W ______________________

(a) 그들은 모든 수준의 학생들을 가르쳐.
(b) 그때가 되면 네 실력은 꽤 괜찮아질 거야.
(c) 내가 그냥 준비 운동을 하고 있다고 해도.
(d) 너도 한번 해 봤으면 좋겠어.

기출 공략

요가 수업을 희망하는 남자는 여자가 다니는 요가 학원에 초보자 반도 있냐고 묻고 있다. 이에 모든 수준의 학생들을 다 받는다고 말한 (a)가 적절한 응답이다.

take up (취미 활동 등을) 시작하다 **studio** (무용 등의) 강습소 **cater to** ~을 충족시키다 **warm up** 준비 운동을 하다 정답_(a)

26

M The speed limits should be lowered on highways.
W The problem's not that they're too high—they're just not observed.
M So how can authorities make highways safer?
W ______________________

(a) No wonder the number of accidents has declined.
(b) They didn't suffer any serious injuries.
(c) They should find ways to enforce existing limits.
(d) That would just make people's journeys longer.

번역

M 고속도로의 최고 제한 속도를 더 낮춰야 해.
W 문제는 제한 속도가 너무 높은 게 아니라, 사람들이 속도 제한을 지키지 않는 거야.
M 그러면 당국이 어떻게 고속도로를 더 안전하게 만들지?
W ______________________

(a) 사고 건수가 줄어든 것도 당연하네.
(b) 그들은 심각한 부상을 전혀 입지 않았어.
(c) 그들은 기존 속도 제한이 준수되도록 법을 집행해야지.
(d) 그러면 사람들의 이동 시간이 더 길어지겠네.

기출 공략

여자는 고속도로 제한 속도가 너무 높은 것이 문제가 아니라 속도 제한이 준수되지 않는 것이 더 문제라고 했다. 따라서 고속도로 안전을 위해서는 사람들이 속도 제한을 지키도록 만들어야 한다는 (c)가 적절한 응답이다.

observe (법을) 준수하다 **authorities** 관계 당국 **no wonder** ~하는 것은 당연하다 **enforce** (법을) 집행하다 정답_(c)

27

M Is Scott usually able to work on a tight schedule?
W Why? Do you need him for an urgent assignment?
M Yes, I need him to write the sales report.
W ______________________

(a) Then tell Scott to stop working in such a rush.
(b) Maybe that's why Scott's taken so long on it.
(c) Well, he's never let me down in a pressing situation.
(d) It's a relief he could finish it on time.

번역

M 스콧은 빡빡한 업무 일정을 소화할 수 있니?
W 왜? 그에게 급박한 업무를 맡겨야 하니?
M 응, 그에게 매출 보고서를 작성하도록 해야 할 것 같아.
W ______________________

(a) 그러면 스콧에게 그렇게 서둘러서 일하지 말라고 해.
(b) 아마 그래서 스콧이 그 일을 오래 끌고 있었나 봐.
(c) 음, 그는 한 번도 급박한 상황에서 나를 실망시킨 적이 없었어.
(d) 그가 시간에 맞춰 끝냈다니 다행이야.

기출 공략

남자는 매출 보고서를 급히 작성해야 할 사람이 필요한데, 스콧이 바쁜 업무를 소화할 능력이 있는지 묻고 있다. 이에 스콧은 급한 업무를 처리하면서 한 번도 실망시킨 적이 없다고 대답한 (c)가 적절한 응답이다.

on a tight schedule 일정이 빡빡한 **urgent** 급박한 **in a rush** 서둘러서 **let ~ down** 실망시키다 **pressing** 급박한 **it's a relief that** ~해서 다행이다 **on time** 시간에 맞춰 정답_(c)

28

W Was the feedback on your philosophy essay helpful?
M I'd hoped for more comments on the content.
W Didn't the feedback address your arguments?
M ______________________

(a) No, I've run out of comments already.
(b) It focused more on my writing style.
(c) Because I didn't want to argue about it.
(d) Not even my philosophy essay was helpful.

번역

W 철학 과제물에 대한 피드백은 도움이 되었니?
M 내용에 대한 의견이 더 많았으면 좋겠어.
W 너의 주장에 대한 피드백이 없었니?
M ______________________

(a) 아니, 이젠 더 이상 할 말이 없어.
(b) 피드백은 문체에 더 초점이 맞춰져 있어.
(c) 나는 그것에 대해 왈가왈부하고 싶지 않아서 그랬어.
(d) 내 철학 과제물조차 도움이 되지 못했어.

기출 공략

남자는 자신의 철학 과제물에 대한 피드백이 부족하다고 느끼고 있다. 이에 여자는 글의 주장에 대한 피드백이 없었냐고 묻고 있다. 이에 피드백이 내용이 아닌 문체에 초점이 맞춰져 있다는 (b)가 적절한 응답이다.

comment 의견 **content** 내용 **address** (문제를) 다루다 **argument** 주장 **run out of** ~이 다 떨어지다, 소진되다 정답_(b)

29

W The museum is packed today!
M Yes, we're lucky to have gotten tickets.
W Is it normally this crowded?
M ______________________

(a) I suppose, but only when it's crowded.
(b) No, only when there's a big exhibit.
(c) There are even more at the museum.
(d) That must be why it's so busy.

번역

W 박물관은 오늘 붐비는구나!
M 응, 우리는 표를 구할 수 있어 다행이었어.
W 평소에 사람이 이렇게 많니?
M ______________________

(a) 그런 것 같아. 하지만 사람이 붐빌 때만이야.
(b) 아니, 큰 전시회가 있을 때만 그래.
(c) 박물관에는 훨씬 더 많아.
(d) 그래서 이렇게 붐비는구나.

기출 공략

여자는 박물관이 매우 붐비는 것을 보고 원래 평소에 사람이 이렇게 많은지 묻고 있다. 이에 평소에는 한산하지만 큰 전시회가 있을 때에는 붐빈다고 대답한 (b)가 적절한 응답이다.

packed 붐비는 **normally** 평소에 **exhibit** 전시회 정답_(b)

30

M I wish I hadn't turned down my last job offer.
W The position was all wrong for you.
M But what if nothing better comes along?
W ______________________

(a) Don't lower your standards out of fear.
(b) No, it's time you started looking for a job.
(c) That's the type of offer you should take.
(d) Then you will regret taking the job.

번역

M 지난번 받았던 취업 제의를 거절하지 말았어야 했어.
W 그 일자리는 너에게 어울리지 않아.
M 하지만 더 좋은 일자리를 찾을 수 없다면 어떻게 할 건데?
W ______________________

(a) 불안하다고 너의 기준을 낮추지 마.
(b) 아니, 이제 너는 구직을 할 때야.
(c) 바로 그런 제안을 네가 받아들여야 하는 거야.
(d) 그러면 너는 그 일자리를 받아들인 것을 후회할 거야.

기출 공략

남자는 더 좋은 조건을 갖춘 일자리를 찾지 못할 수 있다며 지난번 받았던 취업 제의를 거절한 것을 후회하고 있다. 이에 두려움 때문에 기준을 낮추지 말라고 한 (a)가 적절한 응답이다.

turn down 거절하다 **standard** 기준, 척도 **out of fear** 두려움 때문에 **regret** 후회하다 정답_(a)

31

W Grandville Apartments Management Office.
M Hi, I live in 3A. My sink is clogged.
W OK, I'll have it fixed tomorrow morning.
M Could you send someone tonight?
W Let me make some calls and see.
M Thanks, I appreciate it.

Q What is the man mainly trying to do?
(a) Explain that a repairperson is late
(b) Request that someone come fix his sink
(c) Find out how his sink got clogged
(d) Borrow some tools to fix his sink

번역

W 그랜드빌 아파트 관리 사무소입니다.
M 안녕하세요. 저는 3A호에 살고 있습니다. 싱크대가 막혔어요.
W 알겠습니다. 내일 아침에 고쳐 놓도록 하겠습니다.
M 오늘 밤에 고칠 분을 보내실 수 있나요?
W 제가 전화를 해서 알아보도록 하죠.
M 감사합니다.

Q 대화에서 남자가 주로 하고 있는 것은?
(a) 수리공이 늦게 온다는 것을 설명하기
(b) 누군가 싱크대를 고쳐 달라고 요청하기
(c) 싱크대가 어떻게 해서 막혔는지 알아보기
(d) 싱크대 수리 장비 빌리기

기출 공략

남자는 관리 사무소에 전화를 걸어 막힌 싱크대를 수리해 달라고 요청하고 있다. 여자는 내일 아침에 고쳐 놓겠다고 말하자 오늘 수리가 가능한지 물어보고 있다. 따라서 정답은 (b)이다.

management office 관리 사무소 **clogged** (하수도, 변기 등이) 막힌

정답_(b)

32

M I heard you're taking summer classes.
W Yeah, I want to get ahead for next year.
M Don't you want a vacation?
W I'd rather get my required courses out of the way.
M I couldn't imagine studying year-round.
W I want to graduate as soon as possible.

Q What are the man and woman mainly discussing?
(a) The woman's reasons for taking summer classes
(b) The classes they are taking this summer
(c) The man's upcoming summer vacation plans
(d) The difficulties of studying during the summer

번역

M 너 여름 계절 학기 수업 듣는다고 하더라.
W 응, 다음 해를 위해서 학점을 더 많이 따 놓고 싶어서.
M 쉬고 싶지 않은 거니?
W 차라리 빨리 필수 교과 과정을 끝내는 게 낫겠어.
M 1년 내내 공부를 한다는 것이 상상이 안 가.
W 나는 되도록 빨리 졸업하고 싶어.

Q 남녀가 주로 대화하고 있는 것은?
(a) 여자가 여름 계절 학기를 수강하는 이유
(b) 남자와 여자가 이번 여름에 듣는 수업들
(c) 다가오는 여름 방학을 위한 남자의 계획
(d) 여름 동안 공부하는 것의 어려움

기출 공략

여자가 여름 계절 학기를 수강한다는 소식을 들은 남자는 방학인데 왜 쉬지 않느냐고 물어본다. 이에 여자는 빨리 필수 교과 과정을 마치고 졸업을 하고 싶다고 말한다. 따라서 정답은 (a)이다.

summer class 여름 계절 학기 **get ahead** 앞으로 나아가다, 진행하다 **get ~ out of the way** 완료하다, 처리하다 **required course** 필수 수업 **year-round** 1년 내내 **graduate** 졸업하다 **as soon as possible** 되도록 빨리 **upcoming** 다가오는

정답_(a)

33

W You're Timothy West, right? The designer?
M Yes. It's not often I'm spotted in a crowd.
W I was at your fashion show in New York.
M Oh, did we meet there?
W No, I just saw you take a bow at the end.
M Well, I hope you enjoyed the collection.

Q What is the woman mainly doing in the conversation?
(a) Explaining how she recognizes the man
(b) Reminding the man where they were introduced
(c) Complimenting the man's design collection
(d) Expressing her interest in men's fashion

번역

W 당신은 티모시 웨스트 씨 맞죠? 디자이너 아닌가요?
M 맞습니다. 사람들 틈에서 저를 알아보는 일은 흔치 않은데요.
W 뉴욕에서 열린 당신의 패션쇼에 갔었어요.
M 오, 우리가 거기서 만났던가요?
W 아니요. 그냥 쇼 마지막에 당신이 인사하는 것을 봤거든요.
M 음, 컬렉션이 즐거우셨기를 바랍니다.

Q 대화에서 여자가 주로 하고 있는 것은?
(a) 남자를 어떻게 알아볼 수 있었는지 설명하기
(b) 그들이 어디서 서로 소개를 받았는지에 대해 남자에게 상기시키기
(c) 남자의 디자인 컬렉션을 칭찬하기
(d) 남자의 패션에 관심을 표시하기

기출 공략

여자는 남자가 디자이너 티모시 웨스트가 아니냐고 묻고 있다. 여자는 남자의 패션쇼에 가서 쇼 마지막에 인사하러 나온 모습을 봤다고 말하고 있으므로 정답은 (a)이다.

spot (눈에 쉽게 뜨이지 않는 것을) 발견하다 **take a bow** 고개 숙여 인사하다 **collection** 패션 디자이너가 만든 의상들 **recognize** 알아보다 **remind** (기억을) 상기시키다 **compliment** 칭찬하다

정답_(a)

34

M Hello, I'm calling about your subscription to *Great Cooks* magazine.
W Oh, it expired some time ago.
M Would you consider signing up again?
W Actually, I have no time to read it.
M I can offer you the first three months for free.
W It wouldn't make any difference—my mind is made up.

Q What is the woman mainly doing in the conversation?
(a) Declining to restart her subscription to a magazine
(b) Asking to cancel her magazine subscription
(c) Rejecting the offer to subscribe to a new magazine
(d) Denying she allowed her subscription to expire

번역

M 여보세요. 저는 고객님의 〈그레이트 쿡스〉지 구독 때문에 전화를 드렸습니다.
W 오, 얼마 전에 구독이 만료되었는데요.
M 재구독을 고려해 보시겠어요?
W 사실은 읽을 시간이 없어요.
M 고객님이 처음 석 달간 무료로 구독하도록 해 드릴 수 있습니다.
W 그런다고 달라지지는 않아요. 제 마음은 이미 정해졌어요.

Q 대화에서 여자가 주로 하고 있는 것은?
(a) 잡지 재구독을 거절하기
(b) 자신의 잡지 구독을 취소해 달라고 요청하기
(c) 새 잡지 구독 제의를 거절하기
(d) 자신이 구독 기간이 만료되도록 내버려 두었다는 것을 부정하기

기출 공략

여자가 구독한 잡지는 얼마 전에 구독 기간이 종료된 상태이다. 잡지사 직원인 남자는 여자에게 전화를 걸어 구독을 다시 시작해 보라고 권유하고 있다. 이에 여자는 자신은 읽을 시간이 없다며 거절하고 있다. 따라서 정답은 (a)이다.

subscription 구독 **expire** 만료되다 **sign up** 신청하다 **make a difference** (~한 상황에) 영향을 주다 **make up one's mind** 결심하다 **decline** 거절하다 **reject** 거절하다 **subscribe** 구독하다

정답_(a)

35

W Greg told me that Denise split up with him.
M Yes, and he's been taking it pretty hard.
W I can imagine. They were together for so long.
M Right. He's trying not to think about it too much.
W I'll try not to ask him too many questions then.
M That would probably help him get over it.

Q What are the man and woman mainly discussing?
(a) How Greg has been coping with a recent breakup
(b) How Greg regrets deciding to split up with Denise
(c) What Greg has been telling people about Denise
(d) Why Greg decided to split up with his girlfriend

번역

W 그레그가 그러는데 데니스가 그와 헤어졌대.
M 응, 그는 이것 때문에 상심이 커.
W 상상이 가. 그들은 오랫동안 함께했었잖아.
M 그래. 그는 되도록 이 일을 생각하고 싶지 않아 해.
W 그러면 그에게 많은 질문을 하지 말아야겠다.
M 그래야 그가 회복하는 데 도움을 줄 수 있을 것 같아.

Q 남녀가 주로 대화하고 있는 것은?
(a) 최근의 실연에 대한 그레그의 대처 방법
(b) 그레그가 데니스와 헤어진 것을 매우 후회한다는 것
(c) 그레그가 사람들에게 데니스에 대해 말하는 내용
(d) 그레그가 여자 친구와의 이별을 결심한 이유

기출 공략

그레그는 여자 친구로부터 이별을 통보받고 매우 힘든 시간을 보내고 있으며 이별에 대해 빨리 잊어버리려고 노력하는 중이라는 것이 대화의 요지이다. 따라서 정답은 (a)이다.

split up with ~와 헤어지다 **take ~ hard** ~ 때문에 깊은 상처를 받다 **get over** 끝내다 **cope with** 대처하다 **breakup** 이별

정답_(a)

36

M Professor Harrison? I'm wondering about my history assignment.
W What's the issue exactly?
M I was hoping you could take a look at an early draft.
W Well, I can't read the whole thing.
M Would you have time to review an outline and the conclusions?
W Yes, feel free to bring it during office hours.

Q What is the man mainly trying to do?
(a) Request that the professor grade his paper ahead of schedule
(b) Seek feedback on an initial version of his assignment
(c) Ask the professor to reconsider the grade given to a paper
(d) Obtain permission to write an assignment on a specific topic

번역

M 해리슨 교수님? 역사 과제물에 대해 알고 싶은 것이 있는데요.
W 정확히 용건이 뭐죠?
M 교수님이 제 초고를 한번 검토해 주셨으면 좋겠어요.
W 음, 나는 다 읽어 볼 수는 없어요.
M 개요와 결론 부분을 읽을 시간은 되시나요?
W 좋아요. 내가 사무실에 있는 시간에 언제든 가져 오세요.

Q 남자가 주로 하려고 하는 것은?
(a) 일정보다 빨리 자신의 과제물을 채점해 달라고 교수에게 요청하기
(b) 자신의 과제의 초고에 대한 피드백을 구하기
(c) 교수님에게 자신의 과제물에 준 점수를 재고해 달라고 요청하기
(d) 어떤 특정 주제에 대한 과제 작성을 허락받기

기출 공략

남학생은 교수님에게 자신이 작성한 과제물의 초벌 원고를 검토해 줄 수 있는지 물어보고 있으므로 정답은 (b)이다.

assignment 과제 **issue** 문제, 요건 **exactly** 정확히 **take a look at** ~를 한번 보다 **draft** 초벌 원고 **outline** 요지, 개요 **conclusion** 결론 **grade** 성적을 매기다 **ahead of schedule** 일정보다 빨리 **feedback** 피드백 **reconsider** 다시 고려하다 **obtain** 획득하다 **permission** 허락

정답_(b)

37

W Mr. Walsh, I apologize for the Clarkson contract.
M You were supposed to review all the figures before it was sent.
W I know, and I'm sorry I missed the mistake.
M That one slip-up could've cost us a lot of money.
W I know, and I accept full responsibility.
M The client was obliging this time, but this can't happen again.

Q Why is the woman mainly apologizing?
(a) She lost the company a client by sending the wrong contract.
(b) Her review of a contract overlooked a significant error.
(c) She has refused to take the blame for a mistake in a contract.
(d) Her mistake in a contract cost the company a lot of money.

번역

W 왈쉬 씨, 클락슨 계약 건에 대해서 사과드리겠습니다.
M 당신은 보내기 전에 모든 수치들을 확인해야 했었어요.
W 알고 있어요. 오류를 발견하지 못해서 죄송합니다.
M 그 한 가지 부주의한 실수 때문에 우리가 막대한 금액을 손해 볼 수 있었다고요.
W 알고 있습니다. 모든 책임을 지도록 하겠습니다.
M 고객이 이번에는 협조적으로 나왔지만, 이런 일이 다시는 발생하면 안 됩니다.

Q 여자가 사과를 하는 주된 이유는?
(a) 잘못된 계약서를 보내서 회사의 고객 한 명을 잃어버렸다.
(b) 계약서를 검토하는 과정에서 중요한 오류를 발견하지 못했다.
(c) 계약서상의 실수에 대한 책임을 받아들이지 않았다.
(d) 계약서상의 실수 때문에 회사는 많은 손해를 봤다.

기출 공략

여자는 오류가 있는 계약서를 그대로 고객에게 전송해서 회사에 큰 손해를 끼칠 뻔했다. 고객이 이번에는 이 건에 대해 협조적으로 나와서 손해는 면할 수 있었다. 따라서 정답은 (b)이다.

apologize 사과하다 **contract** 계약(서) **figure** (자료상의) 수치 **miss** 놓치다 **slip-up** 부주의로 인한 실수 **cost** ~에게 (손해)를 끼치다 **accept full responsibility** 전적으로 책임지다 **obliging** 협조적인 **overlook** 발견하지 못하다 **take the blame** (잘못한 것에 대해) 책임을 지다

정답_(b)

38

M How do you like living with your roommates?
W To be honest, I don't really like sharing.
M So you're looking for a new place?
W Yes, somewhere closer to my job.
M Isn't that a more expensive neighborhood?
W Yes, but my recent raise can cover the difference.

Q Which is correct about the woman according to the conversation?
(a) She is currently living by herself.
(b) She would prefer to have roommates.
(c) She wants to find a place closer to work.
(d) She is looking at places in a less expensive area.

번역

M 룸메이트와 잘 지내고 있어?
W 솔직히 말하면, 나는 함께 생활하는 것을 별로 안 좋아해.
M 그러면 새집을 찾고 있는 거야?
W 응, 내 직장과 더 가까이 있는 곳으로 말이야.
M 그곳은 더 비싼 동네 아니니?
W 응, 하지만 최근에 봉급이 올라서 높아진 집세를 감당할 수 있어.

Q 대화에서 여자에 관한 내용으로 옳은 것은?
(a) 여자는 현재 혼자 살고 있다.
(b) 여자는 룸메이트와 살고 싶어 한다.
(c) 여자는 직장과 가까운 집을 찾기를 희망한다.
(d) 여자는 좀 더 저렴한 곳에서 집을 찾고 있다.

기출 공략

여자는 현재 룸메이트와 살고 있는데, 혼자 사는 것을 더 좋아해서 새 집을 찾는 중이다. 여자는 직장과 가까운 집을 찾고 있다고 했으므로 정답은 (c)이다. 여자가 거주하기 희망하는 곳은 비싼 지역이므로 (d)는 정답이 될 수 없다.

to be honest 솔직히 말하면 **raise** 임금 인상 **cover** 충당하다

정답_(c)

39

W Your garden looks even better than last year!
M Thanks. We hired a landscaper this time.
W Did you replace the gazebo?
M No. We just painted it.
W I love it. I wish I had the space for a gazebo.
M You do—a smaller one would look great.

Q Which is correct according to the conversation?
(a) The woman prefers the man's garden from last year.
(b) The man personally landscaped his garden.
(c) The man replaced his gazebo this year.
(d) The woman wants to add a gazebo to her garden.

번역

W 네 정원이 작년보다 더 멋있어진 것 같다!
M 고마워. 이번에 정원사를 고용했거든.
W 정자는 바꾼 거니?
M 아니, 그냥 페인트칠한 거야.
W 마음에 든다. 우리 집도 정자를 놓을 공간이 있으면 좋겠는데.
M 있지. 작은 것이 잘 어울릴 것 같아.

Q 대화에서 다음 중 옳은 것은?
(a) 여자는 작년에 보았던 남자의 정원을 더 좋아한다.
(b) 남자는 직접 자신의 정원을 꾸몄다.
(c) 남자는 올해 정자를 바꿨다.
(d) 여자는 자신의 정원에 정자를 들여놓고 싶어 한다.

기출 공략

여자는 남자의 정원에 있는 정자를 보고 자신의 집에도 정자를 들여놓을 수 있었으면 좋겠다고 했으므로 정답은 (d)이다. 여자는 남자의 정원이 작년보다 더 나아졌다고 했고, 남자는 정자를 바꾼 것이 아니라 페인트칠만 새로 한 것이며, 남자가 직접 정원을 꾸민 것이 아니라 조경사를 고용해서 한 것이므로 나머지 선택지는 맞지 않다.

landscaper 조경사 **gazebo** (정원에 있는) 정자 **personally** 직접 **landscape** 조경하다, 풍경을 꾸미다

정답_(d)

40

W Have you finally booked your honeymoon to Mexico?
M Actually, my fiancée decided on Brazil instead.
W Oh, I was in Brazil last year. It was fantastic.
M It'll be the first time for both of us. Did you enjoy the beaches?
W Yes, I've been to Mexico, too, but I like Brazil's beaches better.
M Great. I'm really looking forward to going.

Q Which is correct according to the conversation?
(a) The man will go to Mexico for his honeymoon.
(b) The woman has been to Mexico but not Brazil.
(c) The man and his fiancée have never visited Brazil.
(d) The woman feels the best beaches are in Mexico.

번역

W 드디어 멕시코 신혼여행을 예약했니?
M 사실 내 약혼녀는 브라질로 대신 정했어.
W 오, 나는 작년에 브라질에 있었어. 정말 기가 막히게 좋았어.
M 우리 둘 다 브라질에 처음 가는 거야. 해변에서 재미있게 놀았니?
W 응, 멕시코도 가 봤는데, 브라질 해변이 더 좋았어.
M 잘됐다. 여행이 정말 기대돼.

Q 대화에서 다음 중 옳은 것은?
(a) 남자는 신혼여행차 멕시코로 갈 것이다.
(b) 여자는 멕시코에는 갔지만 브라질은 가 본 적이 없다.
(c) 남자와 그의 약혼녀는 브라질에 가 본 적이 없다.
(d) 여자는 멕시코 해변이 가장 훌륭하다고 생각한다.

기출 공략

남자는 이번 신혼여행지가 브라질이라면서 남자와 약혼녀 모두 브라질에 처음 가보는 것이라고 말하고 있다. 따라서 정답은 (c)이다. 여자는 멕시코와 브라질 둘 다 가 봤는데, 그중 브라질 해변이 더 좋았다고 말하므로 나머지 선택지는 맞지 않다.

book 예약하다 **honeymoon** 신혼여행 **fiancée** 약혼녀 **decide on** (고민 끝에) ~로 결정하다, ~로 선택하다 **look forward to** ~를 기대하다

정답_(c)

41

M I'm sorry, Ms. Hendricks, but I have to resign.
W Oh, really? But you've never mentioned having problems here.
M I know. It's just that I've been offered a job overseas.
W You know you're up for a promotion here next year.
M I do, but this is an opportunity that I just can't pass up.
W Well, we'll be sorry to see you go.

Q Why is the man resigning from his job?
(a) His complaints about his current job have been ignored.
(b) His request for an overseas transfer was turned down.
(c) He wants to take the chance to work for a firm abroad.
(d) He lacks opportunities for promotion at his current job.

번역

M 헨드릭스 씨 죄송합니다만, 저 그만둬야 할 것 같습니다.
W 오, 정말이에요? 하지만 당신이 이곳에서 겪었던 문제점은 없었던 것 같은데요.
M 알고 있습니다. 해외 일자리 제안을 받았거든요.
W 내년에 여기서 당신은 승진될 예정이라는 것을 알고 계실 텐데요.
M 알고 있습니다. 하지만 이것은 지나칠 수 없는 기회입니다.
W 음, 당신이 떠나는 것을 보게 되니 유감이네요.

Q 남자가 직장을 그만 두는 이유는?
(a) 현재 직장에 대한 남자의 불만이 무시되었다.
(b) 남자의 해외 이전 근무 요청이 거절되었다.
(c) 남자는 외국 회사에서 근무할 수 있는 기회를 얻고 싶어 한다.
(d) 남자는 현재 직장에서 승진의 기회가 없다.

기출 공략

남자는 현재 직장에 불만이 없고 내년에 승진될 예정이지만, 외국 회사로부터 들어온 일자리 제의를 수락해서 현재 직장을 그만두려고 한다. 남자는 외국 회사에서 일할 기회를 놓치고 싶지 않다고 했으므로 정답은 (c)이다.

resign (직책에서) 물러나다, 그만두다 **overseas** 해외에, 해외의 **be up for** ~할 예정인 **promotion** 승진 **pass up** (기회 등을) 놓치다, 포기하다 **complaint** 불만 **ignore** 무시하다 **transfer** 이동, 이전 **turn down** 거절하다 정답_(c)

42

M Have you decided who you're voting for in this election?
W I'm voting for the Liberal Party again.
M Me, too. Did you vote for them in the last election?
W Yes. I've been a lifelong supporter of the party.
M I've gone with the Conservative Party on occasion.
W Well, some people do switch sides based on the issues.

Q Which is correct according to the conversation?
(a) The woman is undecided how to vote in this election.
(b) The man is supporting the Conservatives this time.
(c) The woman has always voted for the Liberals.
(d) The man is a consistent supporter of the same party.

번역

M 이번 선거에서 누구에게 투표할지 정했니?
W 이번에도 진보당에 투표할 거야.
M 나도. 너는 지난 선거에도 진보당에 투표했니?
W 응. 나는 그 당을 평생 지지하고 있어.
M 나는 때때로 보수당을 뽑은 적이 있었어.
W 음, 사안에 따라서 당을 바꾸는 사람들도 있지.

Q 대화에서 다음 중 옳은 것은?
(a) 여자는 이번 선거에서 어떻게 투표할지 정하지 않았다.
(b) 남자는 이번에 보수당을 지지하고 있다.
(c) 여자는 늘 진보당에 투표를 해 왔다.
(d) 남자는 동일한 당을 한결같이 지지한다.

기출 공략

이번 선거에서 남자와 여자는 둘 다 진보당에 투표할 예정이다. 여자는 평생 진보당을 지지했고, 남자는 가끔씩 보수당에 투표한 적이 있었다고 하므로 정답은 (c)이다.

voting for ~에게 투표하다 **election** 선거 **liberal** 진보의 **lifelong** 평생의 **supporter** 지지자 **conservative** 보수의 **on occasion** 가끔씩 **switch sides** (지지하는) 편을 바꾸다 **undecided** 결정되지 않은 **consistent** 일관된 정답_(c)

43

W Where did you go for lunch today?
M Dianne wanted to go to the buffet again.
W Nice! The food there is great.
M It is. The problem is—I don't know when to stop.
W It's not like you have a weight problem.
M I know. I just hate feeling bloated all afternoon.

Q What can be inferred about the man from the conversation?
(a) He was dining at the buffet for the first time.
(b) He is concerned about putting on weight.
(c) He regrets having eaten too much at lunch.
(d) He did not find the food at the buffet tasty.

번역

W 오늘 점심 어디서 먹었어?
M 다이앤이 또 뷔페에 가고 싶어 했어.
W 잘했어! 그곳 음식은 훌륭하지.
M 그래. 문제는 내가 언제 멈춰야 한다는 것을 모른다는 것이지.
W 너는 체중 문제 같은 것은 없잖아.
M 알아. 그냥 오후 내내 더부룩한 느낌이 싫어서 그래.

Q 대화로부터 남자에 관해 유추할 수 있는 것은?
(a) 남자는 처음으로 뷔페에서 식사를 하고 있었다.
(b) 남자는 몸무게가 늘어나는 것을 걱정한다.
(c) 남자는 점심 때 너무 많이 먹은 것을 후회한다.
(d) 남자는 뷔페 음식이 맛있다고 생각하지 않는다.

기출 공략

남자는 점심 양을 자제하지 못해 너무 많이 먹고 오후 내내 배가 더부룩한 느낌을 안고 있어야 하는 게 싫다고 말했다. 따라서 점심 때 너무 많이 먹고 후회한다는 (c)가 정답이다.

buffet 뷔페 **bloated** 부어오른 **for the first time** 처음으로 **be concerned about** ~에 대해 걱정하다 **put on weight** 몸무게가 늘다

정답_(c)

44

W Do you still have an electric drill?
M Dave asked for it when he was renovating his garage.
W Oh, do you think he still needs it?
M No, that was more than six months ago.
W I could really use it. I'm fixing up my kitchen.
M OK. Let me have a word about it with Dave.

Q What can be inferred from the conversation?
(a) Dave is continuing renovations on his garage.
(b) The woman already asked Dave to borrow the man's drill.
(c) Dave has not returned the drill he had borrowed.
(d) The man bought a new drill after giving his to Dave.

번역

W 아직 전기 드릴 갖고 있니?
M 데이브가 차고 내부 수리를 할 때 나에게 빌려 달라고 했었어.
W 아, 데이브가 아직도 드릴이 필요할까?
M 아니, 그게 6개월도 더 전이었어.
W 나는 정말로 그게 필요해. 부엌을 고치고 있거든.
M 좋아. 데이브에게 말해 볼게.

Q 대화로부터 유추할 수 있는 것은?
(a) 데이브는 계속해서 차고를 수리하는 중이다.
(b) 여자는 이미 데이브에게 남자의 드릴을 빌리라고 요청을 했다.
(c) 데이브는 드릴을 빌리고는 아직 돌려주지 않았다.
(d) 남자는 데이브에게 드릴을 빌려주고 나서 새것을 구입했다.

기출 공략

여자는 남자의 드릴을 빌리려는데, 현재 데이브가 드릴을 빌려 가서 돌려주지 않은 상태이다. 따라서 정답은 (c)이다. 데이브가 차고 수리 때문에 드릴을 빌린 것은 6개월도 더 전이므로 (a)는 정답이 될 수 없다.

electric drill 전기 드릴 **renovate** 내부 수리를 하다 **garage** 차고 **have a word about A with B** A에 대해 B와 이야기하다

정답_(c)

45

M Remember Freddy Gleeson from high school?
W Sure, he was always playing guitar with his friends.
M That's him. I read he was appointed CEO of FutureCorp.
W That's a surprise! I never really saw him as ambitious.
M He was always focused on making it big in the music world.
W Well, at least he made it big as a businessman.

Q What can be inferred from the conversation?
(a) The woman saw Freddy's promise in high school.
(b) Freddy failed to achieve fame as a musician.
(c) The man used to practice the guitar with Freddy.
(d) Freddy's interest in business was evident in high school.

번역

M 고등학교 때 프레디 글리슨 기억하니?
W 물론, 그는 친구들과 늘 기타를 치곤 했잖아.
M 바로 그 애야. 나는 그가 퓨처코퍼레이션의 대표 이사로 임명되었다는 기사를 읽었어.
W 놀랍다! 나는 그가 야망을 가진 애 같지 않았는데.
M 그 애는 늘 음악계에서 큰 성공을 위해 노력했었지.
W 음, 적어도 사업가로서는 성공했네.

Q 대화로부터 유추할 수 있는 것은?
(a) 여자는 고등학교 때 프레디의 가능성을 알아보았다.
(b) 프레디는 음악가로서의 명성을 얻지 못했다.
(c) 남자는 프레디와 함께 기타 연습을 하곤 했었다.
(d) 프레디가 사업에 관심 있다는 것은 고등학교 때부터 분명히 드러났다.

기출 공략

남자와 여자는 고등학교 동창 프레디 글리슨이 한 회사의 대표 이사가 되었다는 소식을 나누고 있다. 프레디 글리슨은 그가 꿈꿨던 음악인으로서의 성공은 이루지 못했지만 기업가로서는 성공했다는 이야기를 나누고 있으므로 정답은 (b)이다.

appoint 임명하다 **saw A as B** A가 B라고 생각하다 **make it big** 큰 성공을 거두다 **promise** 전망, 미래, 유망함 **fame** 명성, 유명 **evident** 명백한, 분명한

정답_(b)

46

Welcome to our hiking excursion! Before we set out, I'd like to stress the importance of sticking together in the wilderness. Our trail today is crisscrossed with other trails, and most of them see very few hikers and have virtually no signs. Unless you want to end up wandering around on your own—and let me assure you that you don't—I strongly suggest you keep the group in your sight at all times.

Q What is the main purpose of the announcement?
(a) To advise hikers to begin their trip on time
(b) To warn hikers not to get separated from the group
(c) To encourage hikers to stick to well-marked trails
(d) To urge hikers to follow signs on the trails

번역

등산 여행에 오신 것을 환영합니다! 출발하기 전에 제가 야생 지역에서 단체 행동의 중요성에 대해 강조하고 싶습니다. 오늘 우리가 가는 길은 다른 길과 얽혀 있고, 그 길 대부분 지역에는 다른 등산객들을 거의 찾아볼 수 없으며, 사실상 아무런 표지판이 없습니다. 여러분이 혼자서 길을 헤매는 상황으로 끝을 맺고 싶지 않다면 — 여러분들이 절대 그렇게 되지 않도록 제가 확실히 조치를 취하겠지만 — 항상 단체가 보이는 곳에 있으라고 여러분에게 강력하게 권하는 바입니다.

Q 발표의 주요 목적은?
(a) 등산객들에게 시간에 맞춰 여행을 시작하라고 조언하려고
(b) 등산객들에게 단체와 떨어지지 말라고 경고하려고
(c) 등산객들에게 표시가 잘 된 길을 따라가라고 권하려고
(d) 등산객들에게 길 위의 표지를 따라가라고 촉구하려고

기출 공략

화자는 단체 등산에 앞서서 주의 사항을 일러 주고 있다. 여러 개의 등산로가 복잡하며 표지판도 없고, 다른 등산객도 거의 없으므로 혼자서 떨어지면 길을 잃고 헤맬 수 있으므로 단체에서 떨어지지 말라고 당부하고 있다. 따라서 (b)가 정답이다.

excursion 여행, 소풍 **set out** 출발하다 **wilderness** 야생 지역, 황무지 **crisscross** (선이) 교차하다 **virtually** 사실상 **end up -ing** 결국 ~하게 되다 **wander around** 헤매다, 방황하다 **on your own** 혼자서 **assure** 보장하다 **suggest** 제안하다, 권하다 **keep ~ in your sight** ~을 시야에서 놓치지 않다

정답_(b)

47

As we at Bulldog Insurance continue to grow, we've identified a need for greater supervision of the administrative staff and closer coordination of company-wide projects. To this end, I am pleased to announce that Martin Buckley has been promoted to the newly created role of chief supervisor. Martin will oversee the administration and work alongside senior managers to coordinate related projects. Let's give a big welcome to Martin!

Q What is mainly being announced?
(a) The start of a project to integrate different departments
(b) An employee's decision to step down from management
(c) The promotion of a staff member to a new leadership role
(d) A plan to recruit more workers for company projects

번역

불독 보험이 계속해서 성장함에 따라, 우리는 행정 인력에 대한 감독을 확대하고 회사 전체 계획을 더 긴밀히 조직해야 할 필요성을 느끼게 되었습니다. 이를 해결하기 위해서 마틴 버클리 씨가 이번에 새로 생긴 총감독관 자리로 승진되었음을 알리게 되어 기쁩니다. 마틴은 행정 인력을 감독하고 고위 임원들과 관련 계획을 구성하기 위해 함께 일할 것입니다. 마틴을 크게 환영해 줍시다!

Q 발표의 주된 내용은?
(a) 여러 부서 통합 계획의 시작
(b) 관리직에서 물러나고자 하는 한 직원의 결심
(c) 직원의 새로운 관리 직책으로의 승진
(d) 회사 계획을 위한 추가 고용 계획

기출 공략

화자는 새로 마련된 총감독직에 마틴 버클리가 승진되었다는 소식을 전하고 있다. 따라서 정답은 (c)이다. 회사가 성장한다는 언급은 있었지만 그렇다고 직원들을 추가로 채용한다는 언급은 없었으므로 (d)는 정답이 될 수 없다.

identify 발견하다, 확인하다 **supervision** 감시, 관리 **administrative** 행정의 **coordination** 조정, 조직 **to this end** ~한 문제를 해결하기 위해서 **promote** 승진시키다 **supervisor** 감독관, 관리인 **oversee** 감독하다 **administration** 행정 **alongside** ~와 함께 **senior** 고위의 **manager** 관리자 **coordinate** 조직하다 **integrate** 통합하다 **department** 부서 **step down from** ~에서 물러나다 **recruit** 채용하다 정답_(c)

48

Dozens of sugary snack foods use cartoon characters and toy giveaways to market their products directly to children. The problem is that by targeting children, who can't make informed nutritional decisions, these companies undermine parents' efforts to feed their children a healthy diet. Instead of blaming parents for feeding their kids sugary foods, we should enforce measures to curb food companies' advertisements that try to manipulate children.

Q What is the main purpose of the talk?
(a) To advocate restrictions on food advertising to children
(b) To identify snack foods containing excessive levels of sugar
(c) To promote restrictions on the amount of sugar in snack foods
(d) To describe the adverse effects of a poor diet on children

번역

설탕을 많이 함유한 수십 종의 간식은 어린이에게 직접 제품을 홍보하기 위해서 만화 캐릭터와 장난감 사은품을 이용한다. 문제는 이 회사들은 정보에 근거해서 영양을 고려한 결정을 내릴 수 없는 어린이들을 겨냥함으로써, 자녀에게 건강한 음식을 먹이고자 하는 부모의 노력을 약화시킨다는 것에 있다. 우리는 당분이 많은 음식을 먹인다고 부모들을 비난할 것이 아니라, 어린이를 조종하는 식품 회사의 광고를 제한할 수 있는 조치를 집행해야 한다.

Q 담화의 주요 목적은?
(a) 어린이를 겨냥한 식품 광고를 제한하는 것을 지지하기 위해서
(b) 과도한 설탕이 함유된 간식을 찾아내려고
(c) 간식 속의 설탕 함유량을 제한하는 것을 권장하려고
(d) 빈약한 식단이 어린이에게 미치는 부정적 영향을 설명하려고

기출 공략

화자는 식품 회사가 설탕이 많이 함유된 어린이용 간식을 만화 캐릭터나 장난감을 이용해서 판단력이 부족한 어린이에게 직접 홍보하지 못하도록 조치를 취해야 한다고 주장하고 있다. 따라서 정답은 (a)이다.

sugary 설탕을 함유한 **giveaway** 사은품 **market** 광고하다 **target** 겨냥하다 **make an informed decision** 정보를 기반으로 결정을 내리다 **nutritional** 영양의 **undermine** 약화시키다 **enforce** (법을) 집행하다 **measure** 조치 **curb** 억제하다 **manipulate** 조작하다, 조종하다 **advocate** 지지하다 **restriction** 제한 **identify** 알아내다 **excessive** 과도한 **adverse** 부정적인 정답_(a)

49

Teachers, it has come to my attention that most of the student assignments are individual projects. Such reliance on independent work does not reflect the educational goals here at Ridgeville High School, where we strive to develop students' capacity for teamwork. We ask that teachers assign more group projects, as they foster the skills of negotiation and collaboration that help students grow both academically and socially.

Q What is the speaker mainly doing in the talk?
(a) Persuading teachers to give students more individual attention
(b) Justifying the amount of homework assigned at the school
(c) Urging that teachers assign more collaborative schoolwork
(d) Explaining the policy for grading group projects

번역

교직원 여러분, 저는 학생들의 과제물이 대부분 개인 과제물이라는 사실을 알게 되었습니다. 그와 같은 독립적인 과제물은 학생들의 협동 능력을 개발하기 위해 노력하는 이곳 레지빌 고등학교의 교육 목표에 부합하지 않습니다. 우리는 교직원들에게 그룹 과제물을 더 많이 내주라고 권장하려고 합니다. 그룹 과제물은 학생들이 학문적으로, 사회적으로 성장하는 데 도움을 줄 수 있는 협상 및 협동 기술을 함양하기 때문입니다.

Q 담화에서 화자가 주로 하고 있는 것은?
(a) 학생들에게 더 많은 개인적 관심을 기울이라고 교사에게 설득하기
(b) 학교에서 부과하는 과제물의 양을 정당화하기
(c) 교사에게 좀 더 협동을 요구하는 과제물을 부과하라고 촉구하기
(d) 그룹 프로젝트 평가 정책을 설명하기

기출 공략

화자는 개인 프로젝트는 학생들의 협동 능력을 함양하는 학교 교육 목표에 부합하지 않는다며 그룹 과제물의 양을 더 늘려야 한다고 촉구하고 있다. 따라서 정답은 (c)이다.

come to one's attention 눈에 뜨이다 **assignment** 과제물 **reliance** 의존 **strive** 노력하다 **capacity** 능력 **teamwork** 협동, 팀워크 **assign** 할당하다, 배분하다 **foster** 기르다, 함양하다 **negotiation** 협상 **collaboration** 협동 **academically** 학문적으로 **persuade** 설득하다 **justify** 합리화하다 **collaborative** 협동적인 **policy** 정책 **grade** 성적을 매기다 정답_(c)

50

Most medications that combat chronic sleeplessness have long been known to be addictive. For decades, drug companies have tried to create new insomnia medications that do not foster dependence, but subsequent testing has shown that these pills also hooked patients who took them for extended time periods. Now some scientists claim that it will never be safe to take prescription sleeping pills and that ultimately they do more harm than good.

Q What is mainly being reported about prescription sleeping pills?
(a) They remain popular despite recently being proven addictive.
(b) Attempts to overcome their addictiveness have been unsuccessful.
(c) They aggravate the symptoms of sleeping disorders.
(d) Testing has shown they are only effective for short periods of time.

번역

만성적인 불면증을 퇴치하는 데 쓰이는 약물의 대부분은 오랫동안 중독성이 있다고 알려졌다. 수십 년 동안 제약 회사들은 약물 의존성을 키우지 않는 새로운 불면증 약을 개발하려고 노력했지만, 이어지는 실험에서 이 약물들 역시 오랫동안 복용한 환자들을 중독시킨다는 것이 밝혀졌다. 이제 몇몇 과학자들은 처방전이 필요한 수면제를 복용하는 것은 절대로 안전하지 않으며 결국은 백해무익하다고 주장한다.

Q 처방 수면제에 대한 주된 내용은?
(a) 최근에 중독성이 있다고 드러났음에도 불구하고 계속 인기가 있다.
(b) 중독성을 극복하려는 노력은 성공적이지 않다.
(c) 수면 장애 증상을 악화시킨다.
(d) 실험에서 수면제는 단기간에만 효과가 있다는 것이 발견되었다.

기출 공략

예전부터 수면제는 중독성이 있다는 것이 잘 알려져 있어서 여러 제약 회사들이 중독성이 없는 수면제를 개발하려고 노력했지만, 새로 개발된 수면제도 장기간 복용할 경우 중독될 수 있다고 했다. 따라서 중독성이 없는 약을 개발하려는 노력은 성공적이지 않았다는 (b)가 정답이다.

medication 약, 약물 **combat** 퇴치하다 **chronic** 만성적인 **sleeplessness** 불면증 **addictive** 중독성의 **insomnia** 불면증 **foster** 키우다 **dependence** 의존성 **subsequent** 이어지는, 차후의 **hook** 중독시키다 **extend** 연장하다 **prescription** (약물의) 처방 **ultimately** 결국, 궁극적으로 **do more harm than good** 백해무익하다 **aggravate** 악화시키다 **sleeping disorder** 수면 장애 정답_(b)

51

To start our sales meeting, let's talk about upselling, which refers to encouraging upgrades or recommending additional items to complement customer purchases. I know some customers grumble about us being too aggressive, but the fact is—upselling works. When our sales team does upselling, we see consistently higher profits—meaning that even though customers feel we're being pushy, they often see that our suggestions suit their needs.

Q What is the speaker's main point about upselling?
(a) It requires sales staff who know how to use products.
(b) It results in increased profits despite it annoying customers.
(c) It is less effective when sales staff are seen as pushy.
(d) It causes customers to avoid shops with aggressive staff.

번역

연쇄 판매에 대한 이야기로 영업 회의를 시작하겠습니다. 연쇄 판매란 소비자 구매를 보완하기 위해 업그레이드를 권장하거나 추가적인 물품을 권하는 것을 말합니다. 저도 일부 고객들이 우리가 너무 공격적이라며 툴툴거린다는 것을 알고 있지만, 연쇄 판매는 실제로 효과가 있습니다. 우리 영업팀이 연쇄 판매를 하면 한결같이 이익이 높아졌습니다. 이 말은 비록 고객들이 우리가 너무 밀어붙인다고 느끼지만 그들도 종종 우리의 제안이 자신들의 요구에 부합한다는 것을 알고 있다는 뜻입니다.

Q 연쇄 판매에 대한 화자의 요지는?
(a) 제품 사용법을 아는 영업 사원이 있어야 한다.
(b) 고객을 귀찮게 함에도 불구하고 이윤 증가로 이어진다.
(c) 영업 사원이 밀어붙인다는 인상을 줄 때는 효과가 줄어든다.
(d) 고객들이 공격적으로 밀어붙이는 직원들이 있는 매장을 피하게 만든다.

기출 공략

연쇄 판매는 소비자에게 업그레이드나 추가적인 제품을 권유함으로써 매출을 높이는 전략인데, 이 전략은 영업 사원들의 밀어붙이는 태도 때문에 소비자들이 싫어하지만 결국 매출 증가에 기여한다는 것이 화자의 요지이다. 따라서 (b)가 정답이다.

upselling 연쇄 판매 **complement** 보완하다 **grumble** 툴툴거리다 **aggressive** 공격적인 **work** 효과가 있다 **consistently** 지속적으로 **pushy** 밀어붙이는 **suit one's needs** ~의 요구에 부합하다

정답_(b)

52

The highly anticipated rematch between boxers Bobby Smith and Nick Johansson took place at the Golden Bay Arena on Saturday. Defending his title as the reigning middleweight champion for the third time, Smith entered the fight as the clear favorite to win, despite having lost to Johansson in their first encounter three years earlier. The champion did not disappoint his supporters, delivering a commanding performance in which he took each of the first six rounds on points before winning with a knockout in the seventh round.

Q What is the main topic of the report?
(a) How Johansson failed to earn a coveted rematch with Smith.
(b) How Smith successfully retained his boxing title in a rematch.
(c) How Smith won his middleweight boxing title from Johansson.
(d) How Johansson defied expectations that he would lose to Smith.

번역

많은 기대를 모았던 복싱 선수 바비 스미스와 닉 요한슨의 재시합은 토요일 골든베이 경기장에서 이루어졌다. 현 미들급 챔피언으로서의 세 번째 타이틀 방어전에서 스미스는 3년 전 요한슨과의 첫 대면에서 패한 적이 있었음에도 불구하고 뚜렷한 우승 후보로 경기를 시작했다. 챔피언은 그를 응원하는 사람들의 기대를 저버리지 않고, 처음 여섯 라운드에서 차례로 우세한 점수를 따고 7라운드에서 KO승을 거두는 압도적인 경기를 펼쳤다.

Q 기사의 주제는?
(a) 요한슨이 간절히 바란 스미스와의 재경기권 획득을 실패한 과정
(b) 스미스가 재시합에서 성공적으로 복싱 타이틀을 방어한 과정
(c) 스미스가 요한슨으로부터 미들급 타이틀을 획득한 과정
(d) 요한슨이 스미스에게 패할 것이라는 예상을 뒤엎은 과정

기출 공략

복싱 선수인 스미스는 현 미들급 챔피언으로서 닉 요한슨과의 시합에서 압도적으로 우세한 경기를 이끌어 자신의 타이틀을 지켜냈다는 것이 이 기사의 요지이다. 따라서 정답은 (b)이다.

highly anticipated 많은 기대를 받는 **rematch** (전에 시합을 했던 똑같은 선수와 치르는) 재경기 **defend** 방어하다 **the reigning champion** 현 챔피언 **middleweight** (복싱 체급) 미들급 **the favorite to win** 우승 후보자 **encounter** 대면, 상대 **deliver** (결과물을) 내놓다 **commanding** 우세한 **performance** 경기 **on points** (상대편에 비해) 높은 점수로 **knockout** (권투) 녹아웃, KO **covet** 간절히 바라다 **retain** 유지하다 **defy** 무시하다 **lose to** ~에게 패하다

정답_(b)

53

This weekend the Milton Public Library is hosting its second annual book sale. Doors open Saturday and Sunday at 9:30 a.m. and close at 5:00 p.m. The best books tend to go quickly, but if you're searching for real bargains, stop by on Sunday afternoon, as we'll be slashing prices at 2:30 p.m. Entry is free, and all proceeds will go to support our community outreach programs. Complimentary coffee will be available. See you this weekend!

Q Which is correct according to the announcement?
(a) The sale is the first of its kind for Milton Public Library.
(b) The book sale is scheduled for one day.
(c) The prices for books will be lowered on Sunday afternoon.
(d) The library is offering coffee for a small fee.

번역

이번 주말 밀턴 공립 도서관에서 두 번째 연례 도서 세일 행사가 열릴 예정입니다. 토요일과 일요일 오전 9시 30분에서 오후 5시까지 문을 열겠습니다. 가장 좋은 도서들은 빨리 소진될 것이지만 염가 도서를 찾고 계시다면 일요일 오후에 들러 주세요. 오후 2시 30분에 가격을 큰 폭으로 낮춰 판매하겠습니다. 입장은 무료이고, 모든 수익금은 저희 사회봉사 프로그램을 지원하는 데 쓰일 것입니다. 커피를 무료로 제공해 드립니다. 주말에 만납시다!

Q 발표와 일치하는 것은?
(a) 판매 행사는 밀턴 공립 도서관에서 처음 열리는 것이다.
(b) 도서 세일은 하루 동안 예정되어 있다.
(c) 책 가격은 일요일 오후에 내려갈 것이다.
(d) 도서관은 커피를 저렴한 가격에 제공할 예정이다.

기출 공략

도서 세일 행사는 토·일요일 이틀 동안 열리는데, 일요일 오후 2시 30분에 도서 가격을 큰 폭으로 낮춰서 판매한다고 했으므로 정답은 (c)이다. 이번 세일 행사는 두 번째로 열리는 것이고 커피는 무료로 제공된다고 했으므로 나머지 선택지는 맞지 않다.

host (행사를) 열다 **annual** 연례의 **bargain** 저렴하게 구입한 물건 **stop by** 들르다 **slash** 큰 폭으로 줄이다 **entry** 입장 **proceeds** 수익금 **outreach** 봉사 활동 **complimentary** 무료의

정답_(c)

54

The jumping spider has exceptional eyesight compared with other spider species, probably because it hunts its prey rather than capturing it in webs. Its visual system consists of four pairs of eyes, each thought to serve separate functions. Their principal eyes, the pair located in the center of their heads, detect fine detail and ultraviolet light. Those on either side of the principal eyes, called the anterior lateral eyes, are used to detect motion. What the remaining two pairs of eyes do is still unknown.

Q Which is correct about jumping spiders according to the news report?
(a) They capture their prey mainly using their webs.
(b) Their visual system is based on four eyes in total.
(c) They use their principal eyes to sense ultraviolet light.
(d) Their anterior lateral eyes mainly detect fine detail.

번역

깡충거미는 다른 종류의 거미에 비해 뛰어난 시력을 지녔는데, 이는 아마도 거미줄에서 먹이를 붙잡기보다는 직접 사냥해야 하기 때문인 것 같다. 이 거미의 시력 기관은 4쌍의 눈으로 이루어졌는데, 각 쌍은 각기 다른 기능을 담당하는 것으로 여겨진다. 머리의 한가운데에 위치한 앞줄눈은 미세한 세부 모양과 자외선을 감지한다. 앞줄눈의 양옆에 위치한 눈은 전열측안(前列側眼)이라고 불리는데, 이는 움직임을 감지하는 데 사용된다. 나머지 두 쌍의 눈의 기능에 대해서는 아직 알려진 바가 없다.

Q 뉴스 기사에서 깡충거미에 대해 일치하는 것은?
(a) 주로 거미줄을 이용해서 먹이를 잡는다.
(b) 시력 기관은 총 4개의 눈을 기반으로 한다.
(c) 앞줄눈을 이용해서 자외선을 감지한다.
(d) 전열측안은 주로 미세한 세부 모양을 감지한다.

기출 공략

깡충거미는 눈이 총 4쌍이 있는데, 앞줄눈은 미세한 세부 모양과 자외선을 감지하고 양옆에 위치한 전열측안은 움직임을 감지한다고 했으므로 정답은 (c)이다. 깡충거미는 거미줄을 이용하지 않고 직접 먹이를 사냥하며, 총 4쌍, 즉 8개의 눈이 있으므로 나머지 선택지는 맞지 않다.

jumping spider 깡충거미 **exceptional** 뛰어난 **compared with** ~와 비교하여 **capture** 붙잡다 **visual** 시력의 **serve** (역할을) 수행하다 **function** 기능 **principal** 주요한, 주된 **detect** 감지하다 **fine** 미세한 **detail** 세부 모양 **ultraviolet** 자외선의 **anterior** 앞의 **lateral** 옆의 **motion** 움직임 **sense** 감지하다

정답_(c)

55

The White Terror was a two-year period of political upheaval that gripped Hungary after World War I. The intent of its leadership, headed by former Hungarian navy commander Miklós Horthy, was to purge the country of communist sympathizers. Taking advantage of the ouster of the country's communist leadership by Romanian forces, Horthy gathered a military force known as the White Guard and seized power. Then he embarked on a campaign of revenge against communist sympathizers to frighten the population into loyalty.

Q Which is correct according to the lecture?
(a) The White Terror preceded the outbreak of the First World War.
(b) Miklós Horthy sought to reinstate the leaders ousted by Romania.
(c) Hungary's communist government was overthrown by Miklós Horthy.
(d) Communists were the target of the White Guard's campaign of terror.

번역

백색 테러는 제1차 세계 대전 후 헝가리를 지배했던 2년간의 정치적 격변을 말한다. 전 헝가리 해군 지휘관인 미클로시 호르티가 주축이 된 지도부는 그 나라에서 공산주의 동조 세력을 축출하려고 했다. 호르티는 헝가리의 공산주의 지도부가 루마니아 군대에게 쫓겨난 상황을 이용하여 화이트 가드라고 알려진 군대를 모아서 권력을 잡았다. 그리고 그는 공산주의 동조 세력에 대한 보복 활동을 시작하여 국민들을 두려움에 떨게 하여 복종시켰다.

Q 강의와 일치하는 것은?
(a) 백색 테러는 제1차 세계 대전 발발보다 먼저 일어났다.
(b) 미클로시 호르티는 루마니아에게 쫓겨난 지도부를 복귀시키려 했다.
(c) 헝가리의 공산주의 정권은 미클로시 호르티에 의해 전복되었다.
(d) 공산주의자들은 화이트 가드의 공포 정치의 표적이 되었다.

기출 공략

미클로시 호르티는 헝가리의 정치 지도부가 루마니아에 의해 쫓겨난 상황을 이용해서 군대를 조직해 권력을 장악하고 공산주의 동조자들에게 보복을 가했다고 하므로 정답은 (d)이다. 백색 테러는 제1차 세계 대전 후에 발생한 헝가리의 정치적 혼란을 가리킨다.

upheaval (사회적인) 격변, 격동 **grip** 지배하다 **intent** 의도 **leadership** 지도부 **commander** 지휘관 **purge** 축출하다, 내쫓다 **communist** 공산주의의 **sympathizer** 동조자 **take advantage of** ~를 이용하다 **ouster** 축출, 쫓아냄 **military force** 군대 **seize** 붙잡다 **power** 권력 **embark on** 시작하다 **revenge** 보복 **frighten A into B** A를 겁줘서 B하게 하다 **precede** ~에 앞서다 **outbreak** 발생 **reinstate** 복귀시키다 **oust** 내쫓다 **overthrow** 타도하다

정답_(d)

56

Newcomb's Speed Reading Guide is guaranteed to make you a faster reader! In just one week, you'll see its full potential—the ability to read three times as fast as before. And that's not all! You'll also remember more than ever before—twice as much, in fact! This system works for readers of any age, from young children to senior citizens. If you're not completely happy with the product, return it within a month for a full refund, minus shipping and handling costs.

Q Which of the following is correct about the guide according to the advertisement?
(a) It takes about a month to produce results.
(b) It doubles the information people can remember.
(c) It is intended to be used by adults only.
(d) It can be returned for a refund including shipping.

번역

〈뉴콤의 속독 안내서〉는 반드시 여러분이 책을 더 빨리 읽을 수 있도록 만들어 줄 것입니다! 1주일이면 이 책의 최대의 잠재성을 이해하게 될 것입니다. 즉, 여러분은 이전보다 3배 빨리 읽는 능력이 생길 것입니다. 그것이 전부가 아닙니다! 여러분은 또한 이전보다 더 많이 기억할 것입니다. 사실 2배 많이요! 이 시스템을 이용하면 독자의 나이에 관계없이 어린이부터 노년층까지 효과를 볼 수 있습니다. 여러분이 이 제품에 완전히 만족하지 못한다면 한 달 내로 전액 환불받으십시오. 단, 배송 및 처리 비용은 제외됩니다.

Q 광고에서 안내서에 대해 일치하는 것은?
(a) 효과를 보려면 한 달이 걸린다.
(b) 사람들이 기억할 수 있는 정보를 2배로 만들어 준다.
(c) 오직 성인들만 이용하도록 되어 있다.
(d) 배송료를 포함해서 환불받을 수 있다.

기출 공략

〈뉴콤의 속독 안내서〉는 독서 속도를 3배 빠르게, 정보의 기억량을 2배로 늘려 준다고 했으므로 정답은 (b)이다. 이 책은 1주일이면 그 효과를 볼 수 있고, 이 책은 모든 연령층이 이용할 수 있다. 환불 시 배송료와 처리 비용은 제외된다고 했으므로 나머지 선택지는 맞지 않다.

be guaranteed to 반드시 ~하다 **potential** 잠재력, 가능성 **senior citizen** 노인 **completely** 완전히 **full refund** 전액 환불 **shipping** 배송 **produce results** 결실을 맺다

정답_(b)

57

The end of the American Civil War marked a turning point in the United States' development from an agricultural to an industrial society. The trend toward greater industrialization, which had begun before the war, progressed rapidly with the end of hostilities. The country's expansion was aided by its wealth of natural resources as well as the completion of a national railroad four years after the war. These factors contributed to increasing America's economic output tenfold in the half century following the war's end.

Q Which is correct according to the lecture?
(a) The United States became an agricultural society after the Civil War.
(b) The Civil War was preceded by a trend toward greater industrialization.
(c) The national railroad was completed four years before the Civil War.
(d) The Civil War led to half a century of declining economic output.

번역

미국은 남북 전쟁이 끝나면서 농업 사회에서 공업 사회로 전환되었다. 전쟁 전에 시작된 더 큰 산업화로의 움직임은 전쟁이 끝나자 빠르게 진전되었다. 그 나라의 경제 성장은 종전 후 4년이 되던 해에 완공된 국내 철도선과 풍부한 천연자원의 도움을 받았다. 이 요인들은 종전 후 반세기가 되던 해에 미국의 경제가 10배 성장할 수 있도록 도움을 주었다.

Q 강의와 일치하는 것은?
(a) 미국은 남북 전쟁 후에 농업 사회가 되었다.
(b) 남북 전쟁 전에 산업화로 나아가는 움직임이 있었다.
(c) 국내 철도선은 남북 전쟁이 끝나기 4년 전에 완공되었다.
(d) 남북 전쟁은 반세기의 경제 쇠퇴의 원인이 되었다.

기출 공략

남북 전쟁이 시작되기 전에 미국은 이미 산업화로 나아가기 시작했고, 종전 후 산업화 속도가 더 빨라졌다고 하므로 정답은 (b)이다. 철도가 완공된 것은 남북 전쟁이 끝나고 4년 뒤이고, 미국이 10배의 경제 성장을 누리기 시작한 것은 남북 전쟁이 끝난 후 반세기 후이므로 나머지 선택지는 맞지 않다.

the American Civil War 미국 남북 전쟁 **mark a turning point** 전환점이 되다 **agricultural** 농업의 **industrial** 공업의 **industrialization** 공업화 **hostilities** 전쟁 **expansion** 성장 **natural resource** 천연 자원 **completion** 완료 **contribute to** ~에 기여하다 **economic output** 경제적 생산력 **tenfold** 10배의 **complete** 마치다, 끝내다 **decline** 쇠퇴하다 정답_(b)

58

The Hawthorne Studies were originally conceived to determine the effect of lighting conditions on factory workers. However, the project became famous for something else the researchers discovered. The initial results suggested that manipulating lighting increased worker productivity, but it soon became evident that the workers were actually responding to the presence of the researchers. In other words, workers were motivated simply by interest being shown in their work.

Q What can be inferred about the Hawthorne Studies from the talk?
(a) They produced unexpected findings related to workplace motivation.
(b) They demonstrated that motivation has no impact on productivity.
(c) They were hampered by the resistance of workers to the researchers.
(d) They had the unintended effect of reducing workplace productivity.

번역

호손 연구는 원래 조명이 공장 노동자들에게 미치는 영향을 알아보기 위해 계획되었다. 그러나 이 프로젝트는 연구자들이 발견한 다른 것 때문에 유명해졌다. 처음 연구 결과는 조명을 조절하는 것이 노동자들의 생산성을 향상시킨다고 나왔으나, 사실은 노동자들이 연구진들의 참석에 반응한 것임이 밝혀졌다. 다시 말해서, 노동자들은 그저 자신들의 근무에 기울여진 관심 때문에 동기를 부여받았던 것이다.

Q 담화에서 호손 연구에 대해서 유추할 수 있는 것은?
(a) 일터의 동기 부여와 관련해서 예상 외의 연구 결과가 나왔다.
(b) 동기는 생산성에 아무 영향을 미치지 않는다는 것을 보여 주었다.
(c) 연구는 연구자들에 대한 노동자들의 반발로 방해를 받았다.
(d) 일터에서 생산성이 떨어지는 의도하지 않은 결과가 나왔다.

기출 공략

조명이 노동 생산성에 미치는 영향을 알아보기 위해 진행되었던 호손 연구에서 노동자들의 생산성이 높아진 것이 관찰되었는데, 이는 사실 조명 때문이 아니라 자신들을 향한 연구진들의 관심 때문인 것으로 밝혀졌다. 이는 처음에 예상하지 못했던 연구 결과이므로 정답은 (a)이다.

conceive 구상하다, 계획하다 **determine** 알아내다 **lighting** 조명 **initial** 처음의 **manipulate** 조작하다, 조절하다 **productivity** 생산성 **evident** 분명한, 눈에 뜨이는 **presence** 존재 **motivate** 동기를 부여하다 **show interest in** ~에 흥미를 보이다 **unexpected** 예상 외의 **motivation** 동기 **have an impact on** ~에 영향을 미치다 **hamper** 방해하다 **unintended** 의도하지 않은 정답_(a)

59

Today, I want to look at the rise to prominence of amateur theater critics in the age of online blogging. Theater bloggers are on the increase, while professional critics are in decline. Some observers see the trend as bringing an influx of new talent, but I see it as a harbinger of less precise reporting—a drowning out of the authoritative voice of the professional. Theatrical reviews now reflect the confusion of undiscerning amateurs who cannot articulate their standards effectively.

Q Which statement would the speaker most likely agree with?
(a) Bloggers generally outdo professional critics in terms of accuracy.
(b) Modern theatrical productions have lowered their standards.
(c) Experts are needed for accurate evaluation of theatrical productions.
(d) Professional theater critics are unnecessary in modern times.

번역

오늘 저는 온라인 블로깅 시대에 아마추어 연극 비평가들이 중요한 위치를 차지하고 있는 현상에 대해 살펴보고자 합니다. 블로거들은 증가 추세에 있는 반면, 전문 비평가들은 점점 줄어들고 있습니다. 어떤 전문가들은 이런 경향을 새로운 인재들의 유입이라고 보고 있지만 저는 덜 정확한 메시지의 시작이라고 보고 있습니다. 즉, 프로들의 권위 있는 목소리가 질식되고 있는 것이지요. 연극 리뷰는 이제 자신들의 기준을 효과적으로 명료하게 전달할 수 없는 안목 없는 아마추어들의 혼란을 반영하고 있습니다.

Q 화자가 지지할 만한 의견은?
(a) 블로거는 대부분 정확성 면에서 전문 비평가들을 뛰어넘는다.
(b) 현대 연극 제작은 수준이 낮아졌다.
(c) 연극 제작의 정확한 평가를 위해 전문가들이 필요하다.
(d) 전문 연극 비평가들은 현대 시대에는 불필요하다.

기출 공략

화자는 연극을 비평하는 비전문 블로거들이 늘어나는 추세를 주목하면서, 비전문 블로거들은 전문가에 비해 정확한 비평을 하지 못한다고 주장한다. 따라서 정확한 연극 평가를 위해서 전문가들의 목소리가 필요하다고 말한 (c)가 정답이다.

prominence 중요성 **on the increase** 늘어나는 **in decline** 쇠퇴하는 **observer** 전문가 **influx** 유입 **talent** 인재들 **harbinger** 조짐, 징후 **drowning out** 질식, 익사 **authoritative** 권위적인 **undiscerning** 안목이 없는 **articulate** 명료하게 표현하다 **standard** 수준, 기준 **outdo** ~보다 잘하다

정답_(c)

60

Rodney Elliot's new TV series, *Probable Cause*, debuted last night on LBS. Set in a downtown police department, the show has all the ingredients for thought-provoking social commentary. Unlike Elliot's critically acclaimed previous work, however, the new series avoids serious engagement with pressing issues such as poverty and crime. Instead, Elliot relies on fast-paced dialogue crammed with five-syllable words to give his show the veneer of intellectual complexity. Whoever found his previous hit shows genuinely stimulating is bound to find *Probable Cause* disappointing.

Q Which statement would the speaker most likely agree with?
(a) The dialogue of *Probable Cause* is uncommonly subtle and witty.
(b) *Probable Cause* is more superficial than thought-provoking.
(c) *Probable Cause's* first episode set a high standard for later ones.
(d) The acclaim for Rodney Elliot's previous work was unwarranted.

번역

로드니 엘리엇의 새 TV 시리즈인 〈가능성 있는 원인〉은 LBS에서 지난밤 처음 방영되었다. 시내 경찰서를 배경으로 한 이 프로그램은 생각을 자극하는 사회적 논의의 각종 소재를 갖고 있다. 그러나 비평가들의 찬사를 받은 엘리엇의 이전 작품들과는 달리, 새 시리즈는 가난이나 범죄와 같은 긴박한 문제들을 진지하게 다루는 것을 기피하고 있다. 대신 엘리엇은 현학적인 겉치장을 위해 5음절짜리 단어들을 빽빽하게 채워 넣은 빠른 대화 진행에 의지하고 있다. 그의 이전 히트작들이 흥미로운 자극을 주었다고 생각하는 사람들은 〈가능성 있는 원인〉을 보면 반드시 실망할 것이다.

Q 화자가 지지할 만한 의견은?
(a) 〈가능성 있는 원인〉의 대사 속에는 흔히 찾아보기 힘든 절묘함과 해학이 있다.
(b) 〈가능성 있는 원인〉은 생각을 자극한다기보다는 수박 겉핥기식이다.
(c) 〈가능성 있는 원인〉의 첫 회분은 이후의 에피소드에 대한 기대치를 높였다.
(d) 로드니 엘리엇의 이전 작품에 대한 호평은 부당하다.

기출 공략

로드니 엘리엇의 신작 〈가능성 있는 원인〉은 사회의 긴박한 문제를 깊이 있게 다루기보다는, 대사를 고급 어휘들로 꽉 채우는 현학적인 겉치레에 치중했다고 했으므로 정답은 (b)이다.

set (연극, 영화 등의) 배경을 설정하다 **thought-provoking** 생각을 자극하는 **social commentary** 사회적 논의 **critically acclaimed** 비평가로부터 찬사를 받는 **pressing** 긴박한 **cram** 꽉 채워 넣다 **five-syllable** 5음절의 **veneer** 겉치레, 허식 **genuinely** 진실로 **stimulating** 자극적인 **be bound to** 반드시 ~하다 **subtle** 절묘한 **standard** 기준 **unwarranted** 부당한

정답_(b)

Grammar

1

A Have you bought Roland Dupont's latest novel?

B No. All the copies at the bookstore ______________ sold out already.

(a) was
(b) were
(c) is being
(d) are being

번역

A 로널드 듀퐁의 최신 소설을 샀니?
B 아니. 서점에 있는 책은 이미 전부 품절됐어.

기출 공략

동사의 시제와 수일치를 묻는 문제이다. 현재완료로 묻고 있으므로, 현재진행형이 아닌 과거 시제로 답하는 것이 맞다. 주어가 빈칸 바로 앞에 있는 bookstore가 아닌 All the copies이므로 복수 동사인 (b)가 정답이다.

latest 최신의 **copy** (책·신문 등의) 한 부 **sold out** 품절된, 매진된

정답_(b)

2

A How do I know if this fruit is good?

B Just examine it very ______________ for bruises.

(a) careful
(b) carefully
(c) more careful
(d) more carefully

번역

A 이 과일이 좋은지 어떤지 어떻게 알 수 있죠?
B 짓무른 데가 있는지 잘 살펴보기만 하면 돼요.

기출 공략

빈칸은 동사 examine을 수식하는 부사가 들어가야 한다. 빈칸 앞의 very는 원급 형용사나 부사를 수식하는 부사이므로 정답은 (b)이다. 참고로 비교급을 수식하는 부사로는 much, even, still, far, a lot 등을 쓴다.

examine 조사하다 **bruise** 멍, 흠

정답_(b)

3

A Why is Bob never able to pay his share of the rent?

B Because he ______________ spending his money on frivolous things.

(a) keeps
(b) had kept
(c) will keep
(d) will have kept

번역

A 밥은 왜 한 번도 자기 몫의 임대료를 내지 못하는 거예요?
B 그는 늘 쓸데없는 것에 돈을 쓰기 때문이에요.

기출 공략

현재 시제를 이용해서 현재 반복적으로 일어나는 일에 대해서 묻고 있으므로, 현재 시제로 대답해야 하므로 (a)가 정답이다.

share 몫 **rent** 임대료 **frivolous** 시시한, 하찮은

정답_(a)

4

A Do you like Beethoven's early works?

B Yes, they evoke ______________ of Mozart, whom I love.

(a) they
(b) them
(c) those
(d) theirs

번역

A 베토벤의 초기 작품들을 좋아해요?
B 네, 그것들은 제가 정말 좋아하는 모차르트의 작품들을 떠오르게 만들어요.

기출 공략

문맥상 빈칸에 들어갈 명사는 앞에서 언급된 works이다. 앞에서 언급된 단수 명사의 반복을 피하기 위해 that을 쓰며, 복수 명사의 경우에는 복수형인 those를 쓴다. 따라서 (c)가 정답이다.

evoke 떠오르게 하다, 연상시키다

정답_(c)

5

A Was that Cindy's new house we just drove by?
B I'm not sure ______________, to be honest.

(a) where her new house is
(b) where is her new house
(c) of her new house is where
(d) of where is her new house

번역

A 우리가 방금 차로 지나간 곳이 신디의 새집 근처였니?
B 솔직히 말하자면, 그녀의 새집이 어디인지 잘 몰라.

기출 공략

sure 다음에 명사가 목적어로 올 때는 전치사 of나 about이 필요하지만, 절이 올 때는 전치사가 필요하지 않다. 따라서 빈칸에는 의문사 where로 시작하는 간접의문문이 들어감을 알 수 있다. 간접의문문의 어순은 〈의문사+주어+동사〉이므로 (a)가 정답이다.
drive by 차를 타고 ~근처를 지나가다 **to be honest** 솔직히 말하자면

정답_(a)

6

A Was Jack injured in that car accident?
B ______________ a few scrapes, he was unharmed.

(a) Excluded
(b) Excluding
(c) To exclude
(d) To have excluded

번역

A 잭은 그 자동차 사고로 다쳤나요?
B 몇 군데 찰과상을 제외하고, 다친 데는 없어요.

기출 공략

빈칸에 to부정사가 들어가면 '~하기 위해서'라는 목적을 나타내므로 문맥상 어울리지 않는다. '~을 제외하고'라는 뜻으로 분사가 전치사로 굳어져 쓰이는 (b)가 정답이다. 참고로 '~을 포함하여'라는 뜻의 전치사 including과 함께 알아 두자.
injured 부상을 입은, 다친 **scrape** 긁힌 상처, 찰과상
unharmed 다치지 않은

정답_(b)

7

A What kind of chocolate do you like best?
B I like the varieties from Switzerland ______________ you brought back last time, the ones with a chewy center.

(a) that
(b) where
(c) of what
(d) of which

번역

A 어떤 종류의 초콜릿을 가장 좋아하니?
B 네가 지난번에 돌아오면서 갖다 준 스위스산 초콜릿 세트가 마음에 들어, 가운데가 쫄깃쫄깃한 거 말이야.

기출 공략

빈칸은 두 절을 연결하는 접속사 역할과 함께, 빈칸 뒤의 동사 brought의 목적어 역할을 하는 목적격 관계대명사가 들어갈 자리이다. 선행사가 the varieties이므로 that 또는 which가 와야 한다. 따라서 (a)가 정답이다.
variety 각양각색, 다양성 **chewy** 쫄깃한

정답_(a)

8

A Have you picked a vacation spot yet?
B Yes, I ______________ Thailand at the start of May.

(a) am visiting
(b) have visited
(c) have been visiting
(d) will have been visiting

번역

A 휴가지를 벌써 골랐어요?
B 네, 5월 초에 태국을 갈 예정이에요.

기출 공략

문맥상 B가 휴가차 태국을 가는 것은 미래의 일인데, 가까운 미래의 일이나, 이미 예정된 일은 현재 진행 시제가 미래 시제를 대신하므로 (a)가 정답이다.
vacation spot 휴가지

정답_(a)

9

A I can't believe the Sharks lost tonight!

B Yeah, if they'd been better prepared, they ______________ the game.

(a) will win
(b) would win
(c) will be winning
(d) would have won

번역

A 오늘 저녁 샥스 팀이 졌다는 게 믿어지지가 않아!
B 응, 준비를 좀 더 잘 했더라면, 경기에 이겼을 텐데.

기출 공략

if절에 had p.p.가 있는 것으로 보아 가정법 과거완료 구문이다. 문맥상 주절도 과거의 일에 대한 가정을 나타내므로, 가정법 과거완료를 쓰면 된다. 주절에는 〈조동사의 과거형+have p.p.〉를 쓰므로 (d)가 정답이다.

lose 지다, 패하다 정답_(d)

10

A How was your second meeting with your future in-laws?

B Great! I found ______________ and friendly this time.

(a) them even more approachable
(b) their being even more approachable
(c) their even being more approachably
(d) them to be even more approachably

번역

A 미래의 사돈 식구들과의 두 번째 만남은 어땠어?
B 아주 좋았어! 이번에는 훨씬 더 말 붙이기도 쉽고 친근했어.

기출 공략

find가 이루는 구문을 묻는 문제이다. find는 '~라고 여기다[생각하다]'라는 뜻으로 쓰일 때, 〈find+목적어+형용사〉의 구문을 이룬다. 목적어 them 뒤에 비교급 형용사가 이어지는 (a)가 정답이다. even은 비교급을 강조하는 부사이다.

in-law 인척, 시댁 식구들 **friendly** 다정한, 친근한
approachable 말을 붙이기[사귀기] 쉬운 정답_(a)

11

A Any plans for the weekend?

B I was contemplating ______________ at the mall.

(a) on getting done some shopping
(b) some shopping getting it done
(c) to get to doing some shopping
(d) getting some shopping done

번역

A 주말에 무슨 계획 있니?
B 몰에서 쇼핑을 좀 할까 생각하고 있었어.

기출 공략

contemplate는 타동사로, consider와 마찬가지로 동명사를 목적어로 취한다. 따라서 전치사나 to부정사가 이어지는 (a)나 (c)는 일단 제외한다. '쇼핑을 좀 하다'는 do some shopping, 또는 동사 get을 써서 get some shopping done으로 나타낸다. 따라서 (d)가 정답이다.

contemplate 고려하다, 생각하다 정답_(d)

12

A Was Beth too busy to come today?

B She ______________ on her essay when I called her this morning.

(a) concentrates
(b) is concentrating
(c) has concentrated
(d) was concentrating

번역

A 베스는 오늘 너무 바빠서 오지 못했니?
B 오늘 아침에 내가 전화했을 때 에세이에 집중하고 있었어.

기출 공략

문맥상 과거의 특정 시점에 벌어지고 있는 일을 나타내므로, '~하고 있었다'라는 뜻으로 과거 진행 시제가 들어가야 알맞다. 따라서 (d)가 정답이다.

concentrate on ~에 집중하다 정답_(d)

13

A I'm hungry. Is there any food in the fridge?

B Yes, there's ____________ ice cream left over from yesterday.

(a) few
(b) any
(c) little
(d) some

번역

A 배고프다. 냉장고에 음식이 좀 있니?
B 응, 어제 먹고 남은 아이스크림이 좀 있어.

기출 공략

빈칸은 ice cream을 수식하는 어구가 들어갈 자리이다. ice cream은 불가산 명사이므로 few가 아닌 little의 수식을 받지만, a little은 '약간의'라는 뜻인데 반해, 관사 없이 쓰인 (c)는 '거의 없는'이란 뜻이므로 문맥상 어울리지 않는다. any나 some은 가산, 불가산 명사 둘 다를 수식할 수 있지만, any는 부정문이나 의문문에, some은 긍정문에 쓰므로 (d)가 정답이다.

fridge 냉장고 **leave over** ~을 남겨두다 정답_(d)

14

A Do we really need outside sources for our presentation?

B Without ____________, we can't support our thesis.

(a) research
(b) a research
(c) researches
(d) the researches

번역

A 우리는 정말 프레젠테이션을 위한 외부 자료가 필요하니?
B 연구 조사가 없으면, 우리 논문을 뒷받침할 수 없어.

기출 공략

research라는 명사의 쓰임을 묻는 문제이다. research는 불가산 명사이므로, 부정관사 a가 붙거나 복수형으로 쓰지 않는다. 따라서 (a)가 정답이다.

outside source 외부 자료 **support** 뒷받침하다, 지지하다
thesis 논문, 논지 정답_(a)

15

A Doesn't this house have any heating?

B ____________ in the eighteenth century, it only has heat in some rooms.

(a) Building
(b) To be built
(c) Having built
(d) Having been built

번역

A 이 집은 난방 시설이 전혀 없니?
B 18세기에 지어졌기 때문에 일부 방에만 난방 시설이 있어.

기출 공략

빈칸이 접속사와 주어 없이 시작하고 있으므로, 분사구문이 됨을 알 수 있다. 분사구문의 의미상 주어는 주절의 주어인 it(= this house)인데, 분사가 되는 동사 build와 수동의 관계에 있으므로, being p.p. 형태가 되어야 한다. 또한 집이 지어진 것은 과거의 일로, 주절의 시제인 현재보다 이전의 일이므로, 완료형인 having been p.p. 형태가 되어야 하므로 (d)가 정답이다.

heating 난방 (시설) 정답_(d)

16

A Can I offer you a slice of cake?

B No, thanks. I don't care much ____________ sweets.

(a) of
(b) on
(c) for
(d) with

번역

A 케이크 한 조각 드릴까요?
B 고맙지만 괜찮습니다. 단 것을 별로 좋아하지 않거든요.

기출 공략

동사 care 뒤에 오는 전치사를 고르는 문제이다. care는 '~을 신경 쓰다'라는 뜻이고, '~을 무척 좋아하다'라는 뜻으로는 care for를 쓰므로 (c)가 정답이다.

slice (얇게 썬) 조각 **sweet** 단 (것) **care of** ~를 돌보다, 보살피다
care for ~를 무척 좋아하다, ~를 돌보다 정답_(c)

17

A I got Sam a bike for his birthday.
B Good choice. That's the ______________ thing he asked for.

(a) so
(b) very
(c) such
(d) quite

번역

A 샘에게 생일 선물로 자전거를 사 줬어.
B 탁월한 선택이네요. 그게 바로 그가 원하던 거잖아요.

기출 공략

명사 앞에서 '바로 그'라는 뜻으로 쓰이는 것은 very이므로 정답은 (b)이다. (a) so나 (d) quite는 부사이므로 명사를 수식할 수 없고, (c) such는 앞에 정관사 대신 such 뒤에 부정관사를 써서 such a thing으로 써야 한다.

ask for 요청하다 정답_(b)

18

A How did you do in the spelling contest?
B The judges declared ______________ in the competition.

(a) my best spelling
(b) me the best speller
(c) to me as the best speller
(d) to my spelling as the best

번역

A 철자 대회에서 잘 했니?
B 심사위원들이 대회에서 내가 철자 능력이 가장 뛰어나다고 공표했어.

기출 공략

declare가 이루는 문장 구조를 묻는 문제이다. declare는 〈목적어+명사〉를 취해 '목적어가 ~라고 선언하다'라는 뜻으로 쓰인다. 이때 목적어는 명사와 동격 관계에 있으므로, 명사 자리에 사람 명사를 쓴 (b)가 정답이다.

spelling 철자법 **judge** 심사위원 **declare** 선언하다, 공표하다
good speller 철자를 잘 아는 사람 정답_(b)

19

A Is Roger late to work again?
B He comes late almost every day, ______________ I asked him to be more punctual.

(a) in that
(b) as though
(c) even though
(d) provided that

번역

A 로저는 또 지각이에요?
B 그는 거의 매일 늦어요, 제가 좀 더 시간을 엄수하라고 부탁했는데도 말이에요.

기출 공략

빈칸 앞뒤 내용이 '매일 늦는다'와 '시간 엄수를 하라고 부탁하다'로 서로 상반된다. 따라서 '~에도 불구하고'라는 뜻으로 대조나 양보를 나타내는 접속사 (c)가 들어가야 알맞다. (a) in that은 '~라는 점에서', (b) as though는 '마치 ~인 것처럼', (d) provided that은 '만약 ~라면'이란 뜻이다.

punctual 시간을 지키는 정답_(c)

20

A What is the president's priority for his second term?
B My guess is that he'll opt ______________.

(a) to cut to public spending first
(b) first to cut to public spending
(c) cutting first public spending
(d) to cut public spending first

번역

A 재임 기간 동안 대통령의 우선순위는 뭐예요?
B 제 생각으로는 우선 공공 지출을 줄이는 걸 택할 것 같아요.

기출 공략

동사 opt는 목적어로 〈for+명사〉나 to부정사를 취한다. '공공 지출을 줄이다'는 cut public spending으로 나타내므로, (d)가 정답이다.

priority 우선 사항 **term** 기간, 임기 **opt** 택하다 **public spending** 공공 지출 정답_(d)

21

Customers who complete the survey
__________ a coupon for a free latte.

(a) will award
(b) has awarded
(c) was awarded
(d) will be awarded

번역

설문 조사를 작성한 고객들에게는 무료 라테를 받을 수 있는 쿠폰이 주어집니다.

기출 공략

관계절 who complete the survey는 현재 시제이지만 의미상 미래를 뜻한다. 따라서 주절의 시제는 미래 시제가 되어야 알맞다. 고객들에게 쿠폰이 주어지는 것이므로 수동태인 (d)가 정답이다.
complete 작성하다; 완료하다 **award** 수여하다 정답_(d)

22

__________ candidate's position on education seemed the same, so Susan could not decide which one deserved her vote.

(a) All
(b) Few
(c) Every
(d) Other

번역

모든 후보자의 교육에 대한 입장이 똑같은 것 같아서, 수잔은 어떤 후보가 표를 받을 만한지 결정할 수 없었다.

기출 공략

빈칸 뒤에 단수 명사 candidate가 나오는 것에 주의해야 한다. 선택지 중에서 단수 명사를 수식할 수 있는 것은 (c)와 (d)인데, 의미상 '모든'이란 뜻이 되어야 어울리므로 (c)가 정답이다.
candidate 후보자 **position** 위치; 입장, 태도 **deserve** ~을 받을 만하다 **vote** 표 정답_(c)

23

Psychologist Abraham Maslow's paper "A Theory of Human Motivation," __________ he proposed his theory of the hierarchy of needs, was published in 1943.

(a) that
(b) when
(c) in what
(d) in which

번역

심리학자인 에이브러햄 매슬로우의 논문인 〈인간의 동기 부여에 대한 이론〉은 1943년에 출판되었는데, 이 논문에서 그는 욕구의 단계에 대한 자신의 이론을 주장했다.

기출 공략

선택지로 보아 빈칸은 관계사가 들어갈 자리이다. 관계사가 콤마로 삽입된 관계절에서 장소를 나타내는 부사구 역할을 하므로, 〈장소를 나타내는 전치사 in+which〉로 이루어진 (d)가 정답이다. 이는 관계부사인 where로 바꿀 수 있다.
psychologist 심리학자 **motivation** 동기 부여 **propose** 제안하다 **hierarchy** 계급, 체계 **publish** 출판하다 정답_(d)

24

Despite __________, Frank could not solve the math problem before it was due.

(a) he got help from his study group
(b) his study group was helping
(c) his study group helped him
(d) help from his study group

번역

스터디 그룹의 도움에도 불구하고, 프랭크는 기한 전에 수학 문제를 풀지 못했다.

기출 공략

빈칸 앞의 Despite는 전치사이므로, 다음에 절이 아닌 명사구가 와야 한다. 선택지 중에서 (d)만 명사구이고, 나머지는 모두 절의 형태를 갖추고 있다. 따라서 정답은 (d)이다.
despite ~에도 불구하고 **solve** 풀다, 해결하다 **due** 하기로 되어 있는, 예정된 정답_(d)

25

Cloudy weather ____________ until this coming Friday, but the weekend should be clear.

(a) will continue
(b) has continued
(c) will be continued
(d) is being continued

번역

흐린 날씨는 이번 주 금요일까지 계속되겠지만, 주말에는 맑을 것이다.

기출 공략

빈칸 뒤에 미래를 나타내는 부사구가 있으므로, 미래 시제가 되어야 한다. continue는 '계속되다'라는 뜻의 자동사와 '~을 계속하다'라는 뜻의 타동사, 둘 다 쓰이는데, 여기서는 '계속되다'라는 뜻의 자동사가 들어가야 알맞다. 따라서 (a)가 정답이다.

cloudy 흐린 **clear** 맑은

정답_(a)

26

Savoring his mother's famous apple pie, Mike agreed that it was as good as ____________.

(a) ever
(b) it ever
(c) was ever
(d) it was ever

번역

어머니의 유명한 애플파이를 음미하며, 마이크는 그것이 변함없이 맛이 좋다는 데 동의했다.

기출 공략

빈칸 앞의 〈as … as ~〉는 '~만큼 …한'이란 뜻으로, 뒤에 ever를 붙이면 '예전처럼, 변함없이'라는 뜻이다. 따라서 (a)가 정답이다. 〈as … as ever〉를 하나의 표현으로 알아두자. 참고로 as는 as … as possible [necessary/ ever]와 같이 〈as … as+형용사/ 부사〉 형태로 많이 쓰인다.

savor 맛보다, 음미하다

정답_(a)

27

Somewhat of a rebel, Donna ____________ often skip class and go to the movies in her younger days.

(a) may
(b) must
(c) would
(d) should

번역

다분히 반항아였던 도나는 더 어렸을 때는 종종 수업을 빼먹고 영화 보러 가곤 했었다.

기출 공략

in her younger days라는 부사구로 보아, 과거의 일을 나타내고 있음을 알 수 있다. '~하곤 했다'라는 뜻으로 과거의 습관을 나타내는 데 쓰이는 조동사 would가 들어가야 하므로 (c)가 정답이다.

somewhat 얼마간, 다소 **rebel** 반항아 **skip** 거르다, 빼먹다

정답_(c)

28

Seventy percent of those who graduated from high school last year ____________ in a college or university as of this semester.

(a) enroll
(b) enrolls
(c) is enrolled
(d) are enrolled

번역

작년에 고등학교를 졸업한 학생들의 70퍼센트는 이번 학기부터 단과 대학이나 종합 대학에 등록했다.

기출 공략

동사의 태와 수일치에 관한 문제이다. 여기서는 주어가 Seventy percent of those ~ last year로 복수형이므로 복수 동사를 써야 한다. (a)와 (d) 중에서 enroll은 '등록하다', '등록시키다'의 의미로 자동사 타동사 둘 다 쓰인다. 타동사로 쓰이면 수동태 역시 가능한데, 작년에 졸업한 학생의 70퍼센트가 대학 등록을 완료한 상태를 나타내야 한다. 따라서 상태, 완료를 나타내는 수동태가 능동태보다 더 자연스럽다. 따라서 정답은 (d)이다.

graduate from ~을 졸업하다 **as of** ~로부터 **enroll in** ~에 등록하다

정답_(d)

29

Knowing that it was a public holiday, Jenny ______________ traffic to be light, which is why she was surprised by the traffic jam.

(a) expects
(b) is expecting
(c) has expected
(d) had expected

번역

공휴일이라는 것을 알고 있어서, 제니는 교통이 한산할 것이라고 예상했었기에, 교통 정체에 놀랐다.

기출 공략

동사의 시제를 묻는 문제이다. 일의 전후 관계를 파악해 보면, 그녀가 교통이 한산할 것이라고 예상한 것은, 교통 정체에 의해 놀란 것보다 먼저 있었던 일이다. 놀란 것이 과거 시제이므로, 예상한 것은 과거보다 더 이전의 일을 나타내는 과거완료 시제가 되어야 한다. 따라서 (d)가 정답이다.

public holiday 공휴일 **traffic** 교통(량) **light** 많지 않은, 가벼운 **traffic jam** 교통 정체 정답_(d)

30

Carrie was not very tall, but with her high heels on, she had no difficulty ______________ the top shelf of the bookcase.

(a) reaching
(b) to reach
(c) reached
(d) reaches

번역

캐리는 그다지 키가 크지는 않았지만, 하이힐을 신고 있어서 전혀 힘들지 않게 책장 맨 위칸에 닿을 수 있었다.

기출 공략

have no difficulty는 다음에 〈in+동명사〉를 수반하여 '~하는 데 전혀 어려움이 없다'라는 뜻으로 쓰인다. 이때 전치사 in은 대개 생략하므로 정답은 (a)이다. 참고로 '~하는 데 어려움을 겪다'라는 뜻으로 have difficulty -ing도 함께 알아 두자.

shelf 선반 **reach** 도달하다, 닿다 정답_(a)

31

Reginald discovered that getting a mortgage was the only way he ______________ afford to buy a home.

(a) can
(b) may
(c) must
(d) could

번역

레지널드는 주택 담보 대출을 받는 것이 자신이 집을 구입할 수 있는 유일한 방법이라는 것을 깨달았다.

기출 공략

동사 afford는 '~할 여유가 되다'라는 뜻으로, 주로 조동사 can과 함께 쓰인다. 문장에 과거 시제가 나오고 있으므로, 과거형인 (d)가 정답이다.

mortgage 주택 담보 대출 정답_(d)

32

This year, ______________ of students with perfect attendance is at its highest level ever.

(a) percentage
(b) a percentage
(c) the percentage
(d) some percentage

번역

올해는 개근을 한 학생들의 비율이 역대 최고 수준이다.

기출 공략

빈칸은 of 이하의 수식을 받고 있으므로, 정관사 the를 붙인 (c)가 들어가야 한다. the percentage of는 '~의 비율'이라는 뜻으로 단수 취급을 하므로 동사 자리에 is가 나왔다.

perfect attendance 개근 **percentage** 비율, 퍼센트 정답_(c)

33

_____________ develop an interest in poetry and begin writing his own verse.

(a) Jon did not until turned thirty
(b) Not until turned thirty did Jon
(c) Jon turned thirty not until did he
(d) Not until Jon turned thirty did he

번역

존은 서른 살이 되고 나서야 시에 대한 흥미가 생겨 자신의 시를 쓰기 시작했다.

기출 공략

부정어 not과 접속사 until이 이끄는 부사절이 문장 앞으로 나가면, 주절의 주어와 동사는 도치된다. 여기서는 until Jon turned thirty라는 부사절이 not과 함께 문장 앞으로 나간 것이므로, 뒤에 도치를 위해 did를 쓰고 주어 he가 나온 (d)가 정답이다.

develop an interest 흥미가 생기다 **poetry** (집합적으로) 시
verse 운문, 시 **turn** (나이 · 시기가) 되다 정답_(d)

34

The school board members expressed their concern about the superintendent's intention _____________ budget cuts.

(a) instituted
(b) instituting
(c) to institute
(d) having instituted

번역

교육 위원회 위원들은 예산 삭감을 도입하려는 교육감의 의사에 대해 우려를 나타냈다.

기출 공략

빈칸 앞이 완전한 문장이므로, 빈칸 이하는 수식 어구가 되어야 한다. 문맥상 '예산 삭감을 도입하려는'이란 뜻이 되므로, 명사를 뒤에서 수식하는 형용사 역할을 하는 to부정사가 들어가야 알맞다. 따라서 (c)가 정답이다.

school board 교육 위원회 **superintendent** 관리자, 감독관
budget cut 예산 삭감 **institute** 도입하다 정답_(c)

35

Robert was in no position _____________ line in salary negotiations with his employer because he had only joined the company the year before.

(a) taking a too hard
(b) taking too hard a
(c) to take a too hard
(d) to take too hard a

번역

로버트는 불과 일 년 전에 입사했기 때문에 사장과의 급여 인상에서 지나치게 강경한 노선을 취할 입장이 전혀 아니었다.

기출 공략

빈칸 이하는 앞에 있는 명사 position을 수식하는 어구로, '~할 입장이 아니다'라는 뜻이 되려면 to부정사가 들어가야 알맞다. (c)와 (d) 중에서 관사의 위치에 주의해야 하는데, 부사 too는 〈too+형용사+a(n)+명사〉의 어순을 이루므로 (d)가 정답이다.

negotiation 협상 **employer** 고용주, 사장 **join** 가입[입사]하다
take a hard line 강경 노선을 취하다, 강경책을 쓰다 정답_(d)

36

With Trevor _____________ money from the company, it was only a matter of time before he was caught.

(a) continuously embezzled
(b) continuously embezzling
(c) had continuously embezzled
(d) was continuously embezzling

번역

트레버는 회사에서 돈을 계속해서 횡령하고 있었기 때문에 그가 잡히는 것은 시간문제일 뿐이었다.

기출 공략

빈칸 앞에 전치사 with가 있으므로, 콤마 앞부분은 절이 아니라 구가 됨을 알 수 있다. 따라서 빈칸에는 명사를 수식하는 분사가 오는데, 이때 명사와의 관계가 능동이면 현재분사를, 수동이면 과거분사를 쓴다. 여기서는 Trevor라는 사람이 횡령하는 주체가 되므로 현재분사를 쓴 (b)가 정답이다.

continuously 계속해서 **embezzle** 횡령하다 정답_(b)

37

After their weekend trip, the campers were so dirty that it looked as though they ______________ in weeks.

(a) have not showered
(b) are not showering
(c) had not showered
(d) do not shower

번역
주말여행 후에, 야영객들은 너무 지저분해서 몇 주 동안이나 샤워를 하지 않은 것처럼 보일 정도였다.

기출 공략
as though는 '마치 ~인 것처럼'이라는 뜻으로, 뒤에 가정법 구문이 온다. 따라서 빈칸에는 과거 동사나 had p.p.가 올 수 있으므로, (c)가 정답이다. 가정법 과거완료인 had p.p.를 쓰면, 주절보다 더 먼저 있었던 일을 나타낸다.
camper 야영객 **shower** 샤워를 하다 정답_(c)

38

Parents were glad to see that the rapport between the teacher and the students in the classroom ______________ every day.

(a) has improved
(b) was improving
(c) have improved
(d) were improving

번역
학부모들은 교실에서 교사와 학생들 간의 친밀한 관계가 매일 향상되는 것을 보고 기뻐했다.

기출 공략
빈칸은 that절에서 동사 자리로, the rapport를 주어로 한다. 주절의 시제가 과거이므로, 현재완료 시제는 어울리지 않으므로 과거 진행 시제인 (b)와 (d)가 정답 후보이다. 주어가 단수 명사이므로 (b)가 정답이다.
rapport (친밀한) 관계 정답_(b)

39

A new company policy ______________ all employees to turn off their computers when they leave for the day will be implemented next week.

(a) requires
(b) required
(c) requiring
(d) will require

번역
모든 직원들에게 퇴근할 때 각자의 컴퓨터를 끌 것을 요구하는 새로운 회사 규정이 다음 주에 시행될 것이다.

기출 공략
문장의 구조를 파악하는 것이 관건이다. A new company policy will be implemented next week가 기본 문장이고, 빈칸부터 the day까지는 주어를 수식하는 어구인데, 그 안에 when이 이끄는 부사절이 포함되어 있다. 따라서 빈칸에는 분사인 (b)나 (c)가 들어갈 수 있는데, 의미상 policy가 요구하는 주체이므로 능동 관계를 나타내는 현재분사 (c)가 정답이다.
policy 규정, 방침 **turn off** (전원을) 끄다 **implement** 시행하다
정답_(c)

40

The more closely nature is studied, the more widely ______________.

(a) is order to prevail found
(b) found to prevail order is
(c) order is found to prevail
(d) to prevail is order found

번역
자연을 더 면밀히 조사할수록, 질서가 더 널리 만연해 있는 것이 발견된다.

기출 공략
'…하면 할수록 더 ~하다'라는 뜻의 〈the+비교급 …, the+비교급 ~〉 구문이다. 비교급 뒤에는 주어와 동사가 나오므로, 주어에 해당하는 order가 앞에 나오는 (c)가 정답이다. 〈find+목적어+to부정사〉 구문이 수동태가 되면서, 목적어가 주어로 나가고 〈be found to부정사〉의 형태가 된 것이다.
closely 밀접하게, 면밀히 **widely** 널리 **prevail** 만연하다
정답_(c)

41

(a) A It's about time I went for a long ride to try it out my new bike.
(b) B Oh, really? I'd love to come along to get some fresh air and exercise.
(c) A Great. Where shall we go, then? I was thinking of the countryside.
(d) B How about biking around Lake Carol? That would be more exciting.

번역

(a) A 새 자전거를 시험해 보기 위해 장거리 주행을 하러 갈 때가 되었어.
(b) B 아, 정말? 나도 같이 가서 상쾌한 공기도 좀 쐬면서 운동하고 싶다.
(c) A 잘 됐다. 그럼 우리 어디로 갈까? 난 시골을 생각하고 있었어.
(d) B 레이크 캐롤 주변에서 자전거를 타는 건 어때? 그게 더 재미있을 거야.

기출 공략

(a)에서 try out의 목적어로 대명사 it과 명사구인 my new bike가 중복되어 나와 있다. 문맥상 새로운 자전거를 시험해 본다는 말이 되어야 어울리므로 대명사 it를 빼는 것이 적절하다.

it's about time ~을 해야 할 때이다 **come along** 함께 가다

정답_(a) try it out my new bike → try out my new bike

42

(a) A I'm worried my daughter Sarah has become anxious and withdrawn lately.
(b) B That's not unusually for girls her age, but have you tried talking to her about it?
(c) A Yes. She claims there's nothing the matter, but what if she's hiding something?
(d) B Don't worry. With the two of you being so close, she'd tell you if there were.

번역

(a) A 제 딸인 사라가 최근에 불안해하고 내성적이 되어서 걱정이에요.
(b) B 그건 그 나이 때 여자애들에게는 드물지 않은 일이에요, 하지만 그에 관해 따님과 얘기는 해 보셨어요?
(c) A 네. 그 애는 아무 문제없다고 하지만, 혹시 뭔가를 숨기고 있다면 어떡하죠?
(d) B 걱정 말아요. 당신은 따님과 아주 친밀하니까, 만일 문제가 있다면 당신에게 말할 거예요.

기출 공략

(b)에서 That's not 뒤에는 be동사의 보어가 와야 하는데, unusually는 부사이므로 보어가 될 수 없다. 따라서 unusually를 형용사로 바꾸어 보어가 되도록 해야 한다.

withdrawn 내성적인

정답_(b) unusually → unusual

43

(a) A Amy, you've traveled quite a lot, right? Are you knowing much about Eastern Europe?
(b) B I wouldn't say I know that much about the area, but I've visited a few countries there.
(c) A Well, I was thinking of going to Poland next month and wondered if you had any advice.
(d) B Oh, I had a great time there! The food was excellent and the architecture amazing!

번역

(a) A 에이미, 당신은 여행을 꽤 많이 다녔죠? 동유럽에 대해서 많이 알고 있어요?
(b) B 그 지역에 대해서는 그다지 많이 안다고 할 수 없지만 그곳에 있는 몇몇 나라들은 가 본 적 있어요.
(c) A 다음 달에 폴란드에 갈 생각인데, 조언해 주실 게 있나 해서요.
(d) B 아, 그곳에서 정말 즐거웠어요! 음식도 훌륭했고 건축도 놀라웠어요!

기출 공략

(a)에서 know는 진행형으로 쓰일 수 없는 상태 동사이므로, 단순 현재형인 Do you know로 바꿔야 한다.

architecture 건축

정답_(a) Are you knowing → Do you know

44

(a) A I can't believe Tina sank her entire life savings into opening a coffee shop downtown.
(b) B Well, I applaud her of pursuing her dream! I wish I had the courage to take such a big risk.
(c) A That's the problem. Since so many of these businesses fail, it seems the odds are stacked against her.
(d) B With her skill in business and the investors she has behind her, I'm sure she'll be successful.

번역

(a) A 티나가 평생 모은 돈을 시내에 커피숍을 여는 데 전부 쏟아 붓다니 믿기지가 않아.
(b) B 나는 그녀가 자신의 꿈을 좇는 것에 대해 박수 쳐주고 싶어! 나한테도 그렇게 큰 모험을 감행할 용기가 있었으면 좋겠어.
(c) A 그게 문제야. 그러한 아주 많은 사업체들이 실패하기 때문에 상황이 그녀에게는 불리한 것 같거든.
(d) B 그녀의 사업 수완과 그녀를 밀어주는 투자자들이 있으니, 그녀는 반드시 성공할 거야.

기출 공략

(b)에서 pursuing her dream은 그녀에게 박수를 보내는 이유나 근거에 해당하므로, 전치사 for를 써야 어울린다.

sink A into B A를 B에 쏟아 붓다 **life savings** 평생 저축한 돈
the odds are stacked against ... 상황이 ~에게 불리하다

정답_(b) her of pursuing → her for pursuing

45

(a) A Don't tell me you're still working on that proposal for Mr. Jones. You look totally exhausted!

(b) B I've been working on it for straight nine hours today. It needs to be finished by tonight.

(c) A Well, I'm going home in an hour, but if there's anything I can do before then, let me know.

(d) B Thanks. Now that you mention it, I could really use your feedback on a couple of sections.

번역

(a) **A** 설마 존스 씨를 위한 그 제안서를 아직도 작업 중인 건 아니겠죠. 완전히 지쳐 보여요.

(b) **B** 오늘 연속으로 9시간 동안 그 작업 중이에요. 오늘 밤까지는 끝내야 하거든요.

(c) **A** 저는 한 시간 후에 퇴근하지만, 그 전에 제가 뭐 할 일이 있으면 알려 주세요.

(d) **B** 고마워요. 말이 나왔으니 말인데요, 몇 군데에 당신의 의견이 정말 필요해요.

기출 공략

(b)에서 straight의 위치가 어법상 어긋난다. straight가 '연속으로, 연달아'라는 뜻으로 쓰일 때는 기간 뒤에 위치하므로, nine hours straight라고 해야 한다.

proposal 제안(서) **work on** ~을 작업하다 **totally** 완전히 **exhausted** 지친 **straight** 내리, 연속으로 **now that you mention it** 말이 나와서 말인데

정답_(b) straight nine hours → nine hours straight

46

(a) In response to an outbreak of West Nile Virus, Dallas's mayor has declared a state of emergency. (b) A $3 million campaign has also been launched to distribute pesticides via trucks and low-flying planes. (c) As a result, poison control centers have been flooded with calls from people concerning about the sprays. (d) However, the mayor insists that the pesticides, which imitate natural chemicals, are safe for people.

번역

(a) 웨스트 나일 바이러스의 발생에 대응하여, 댈러스 시장은 비상사태를 선포했다. (b) 트럭과 저공 비행기를 통해 살충제를 살포하기 위해 300만 달러짜리 캠페인도 시작되었다. (c) 그 결과, 독극물 관리 센터에는 살포에 대해 우려하는 사람들의 전화가 쇄도했다. (d) 하지만 시장은 살충제가 천연 화학물질과 유사하여 사람에게는 안전하다고 주장하고 있다.

기출 공략

(c)에서 concerning about the sprays는 people을 수식하는 분사이다. 사람을 주어로 해서 '~에 대해서 걱정하다'라고 할 때 be concerned about으로 수동태로 나타내므로, 현재분사가 아닌 과거분사 concerned를 써야 한다.

in response to ~에 응하여 **outbreak** 발생 **declare** 선언하다 **a state of emergency** 비상 상황 **distribute** 나누어 퍼뜨리다 **pesticide** 살충제 **via** ~을 통해 **be flooded with** ~이 쇄도하다, ~으로 넘쳐나다 **imitate** 모방하다

정답_(c) concerning → concerned

47

(a) After Russia's Crimean War, Tsar Alexander II wanted to sell Alaska, which he saw as a financial drain. (b) Initially, he offered the region to both the United States and Britain in an attempt to start a bidding war. (c) When the British expressed no interest in the offer, the US Secretary of State proposed a bargain price. (d) Later, Alaska proved to be rich in resources, making it worth much more than that the US had paid.

번역

(a) 러시아의 크림 전쟁 이후에, 황제인 알렉산더 2세는 알래스카를 팔기를 원했는데, 이곳을 재정 유출의 원인으로 여겼기 때문이었다. (b) 처음에, 그는 입찰 경쟁을 벌이려는 시도로 미국과 영국 양국에 이 지역을 제안했다. (c) 영국이 이 제안에 전혀 관심을 보이지 않을 때, 미국의 국무장관이 할인 가격을 제안했다. (d) 이후, 알래스카는 자원이 풍부한 것으로 밝혀졌는데, 미국이 지불한 것보다 훨씬 더 큰 가치가 있는 것이었다.

기출 공략

(d)에서 than 이하는 '미국이 지불한 것보다'라는 뜻으로, than이 절을 이끄는 접속사 역할을 한다. 따라서 that은 불필요하므로 빼야 맞다.

financial 재정의 **drain** 배수로 **initially** 처음에 **region** 지역 **in an attempt to do** ~하려는 시도로, ~하기 위해 **bidding war** 입찰 경쟁 **a bargain price** 할인 가격 **resource** 자원

정답_(d) than that the US → than the US

48

(a) Numerous studies have suggested that eating fish high omega-3 fatty acids can prevent strokes. (b) One study showed that eating two to four servings of fish per week cut the risk of strokes by up to 6%. (c) Furthermore, people who ate five servings per week were 12% less likely than others to suffer a stroke. (d) Taking omega-3 supplements, however, did not substantially reduce the chances of suffering a stroke.

번역

(a) 많은 연구들에서 오메가 3 지방산이 풍부한 생선을 먹는 것이 뇌졸중을 예방해줄 수 있다고 시사했다. (b) 한 연구에서는 일주일에 생선을 두 번 내지 네 번 먹으면 뇌졸중 위험을 최대 6%까지 줄인다는 것을 보여주었다. (c) 뿐만 아니라, 일주일에 다섯 번 먹는 사람들은 다른 사람들보다 뇌졸중을 겪을 가능성이 12% 더 적었다. (d) 하지만 오메가 3 보충제를 먹는 것은 뇌졸중 발병 확률을 현저히 감소시키지는 않았다.

기출 공략

(a)에서 형용사 high가 명사인 fish를 뒤에서 수식하는 형태이므로, 이 형용사 뒤에 바로 명사구가 또 연결될 수 없다. 따라서 명사구 앞에 전치사 in을 넣어, 앞에 있는 fish high와 연결시켜야 한다.

fatty acid 지방산 **stroke** 뇌졸중 **serving** (음식의) 1인분 **up to** ~까지 **be less likely to do** ~할 가능성[확률]이 더 적다 **supplement** 보충(물) **substantially** 상당히, 많이

정답_(a) high omega-3 fatty acids → high in omega-3 fatty acids

49

(a) New research into fairy-wrens, a bird species living in Australia, shows that they have an interesting way of recognizing their offspring. (b) When a fairy-wren mother is incubating her eggs, she sings a unique tune, which her chicks learn while still inside their eggs. (c) After they hatch, the chicks sing the song to their mother, letting her know that they are not the offspring of another bird. (d) This type of signal is useful in case it helps members of the same family identify each other, allowing them to stick together.

번역

(a) 호주에 사는 새의 종류인 요정 굴뚝새에 대한 새로운 연구에서, 그들이 새끼를 알아보는 흥미로운 방법을 가지고 있다는 것이 밝혀졌다. (b) 어미 요정 굴뚝새는 알을 품고 있을 때, 고유의 선율로 노래를 하는데, 새끼 새들은 알 속에 있을 때 이를 터득한다. (c) 부화하고 난 후에, 새끼 새들은 어미에게 이 노래를 불러 주어, 자신들이 다른 새의 새끼가 아니라는 것을 어미가 알게 한다. (d) 같은 가족 구성원들이 서로를 알아보는 데 도움을 주어 함께 뭉칠 수 있도록 해 준다는 점에서 이러한 종류의 신호는 유용하다.

기출 공략

(d)에서 접속사 in case는 '~할 경우에 대비해서'라는 뜻이므로, 문맥상 어울리지 않는다. it helps 이하가 앞 절의 근거 내지 이유가 되므로, '~라는 점에서 유용하다'라는 의미로 전치사 in 다음에 동명사(helping)를 써야 한다.

fairy-wren 요정 굴뚝새 **offspring** 새끼 **incubate** (알을) 품다 **hatch** 부화하다 **identify** (신원을) 확인하다, 알아보다 **stick together** 함께 뭉치다

정답_(d) useful in case it helps → useful in helping

50

(a) Investigators routinely use databases to match DNA found at crime scenes with samples taken from convicts. (b) Until recently, forensics experts were left with nowhere to turn when these searches failed to turn up matches. (c) Today, however, police can search samples just not from convicted criminals but also from ordinary people. (d) While the process is controversial, experts claim it can yield new leads in otherwise dead-end investigations.

번역

(a) 수사관들은 일상적으로 데이터베이스를 사용하여 범죄 현장에서 발견된 DNA를 범인에게서 채취한 샘플과 대조한다. (b) 최근까지 법의학 전문가들은 이러한 검색에서 일치하는 것을 찾아내지 못하게 되면 다른 방도가 전혀 없었다. (c) 하지만 오늘날에는, 경찰은 범인의 샘플뿐만 아니라 일반 사람들의 샘플도 검색할 수 있다. (d) 그 과정이 논란의 여지가 있기는 하지만, 전문가들은 그렇지 않으면 교착 상태에 빠졌을 수사에서 그 덕분에 새로운 실마리를 얻을 수 있다고 주장한다.

기출 공략

(c)에서 뒤에 but also가 있으므로, 이와 상관접속사로 쓰이는 not only가 있는지 찾아보아야 한다. only 대신 같은 의미의 just를 써서, not just … but also도 상관접속사로 쓰인다. 따라서 just not의 어순을 not just로 바로잡아야 한다.

investigator 수사관 **routinely** 일상적으로 **match** 연결시키다; 일치하는 것 **crime scene** 범죄 현장 **convict** 유죄 선고를 받은 범인 **forensics** 법의학 **turn up** 찾아내다 **controversial** 논란의 여지가 있는 **yield** (수확을) 내다 **dead-end** 막다른

정답_(c) just not from → not just from

Vocabulary

1

A Hello, can you ______________ me to Ms. James, please?
B Certainly. I'll transfer your call now.

(a) connect (b) account
(c) network (d) associate

번역
A 여보세요, 제임스 씨 좀 연결해 주시겠어요?
B 그러죠. 지금 연결해 드릴게요.
(a) 연결하다 (b) 간주하다
(c) 컴퓨터를 연결하다 (d) 연관 짓다

기출 공략
connect, transfer, put through는 모두 전화를 다른 사람에게 연결해 줄 때 사용되는 표현이므로 (a)가 가장 적절하다.
transfer 전달하다 **connect** 연결하다 **account** 간주하다
network 컴퓨터를 연결하다 **associate** 연관 짓다 정답_(a)

2

A When did you notice the security breach?
B I only ______________ it a few minutes ago, sir.

(a) recalled (b) detected
(c) remained (d) supported

번역
A 보안 침입을 언제 인지하셨나요?
B 몇 분 전에 감지했을 뿐입니다.
(a) 기억해 내다 (b) 감지하다
(c) 남아 있다 (d) 지지하다

기출 공략
notice를 달리 표현한 단어를 찾는다. 빈칸은 주목하거나 알아챈 상황에 '감지하다'를 뜻하는 (b)가 가장 적절하다.
breach 위반, 침입 **recall** 기억해 내다 **detect** 감지하다
remain 남아 있다 **support** 지지하다 정답_(b)

3

A What time does the airport shuttle stop running?
B I'm not sure. Try ______________ at the information desk.

(a) inquiring (b) allowing
(c) claiming (d) serving

번역
A 공항 셔틀이 몇 시에 운행을 중단하나요?
B 잘 모르겠어요. 안내 데스크에 물어보세요.
(a) 문의하다 (b) 허락하다
(c) 주장하다 (d) 제공하다

기출 공략
공항 셔틀 운행 시간을 모르니 안내 데스크에 가서 '물어보라'는 것이 문맥상 자연스러우므로 (a)가 가장 적절하다.
run 운영하다, 운행하다 **inquire** 문의하다 **allow** 허락하다
claim 주장하다 **serve** 제공하다 정답_(a)

4

A Someone needs to update the training manual.
B I know. I'm going to start ______________ it tomorrow.

(a) revising (b) retailing
(c) conveying (d) competing

번역
A 누군가 교육 매뉴얼을 최신 정보로 갱신해야 합니다.
B 맞아요. 내일 제가 그걸 수정할 겁니다.
(a) 수정하다 (b) 소매하다
(c) 전달하다 (d) 경쟁하다

기출 공략
매뉴얼을 최신 정보로 갱신한다는 말은 이를 '수정한다'는 뜻이므로 (a)가 가장 적절하다.
update 갱신하다, 최신의 것으로 하다 **revise** 수정하다 **retail** 소매하다 **convey** 전달하다 **compete** 경쟁하다 정답_(a)

5

A Do you ever cheat on your diet?
B No, I've ______________ it for a year.

(a) stuck to (b) held out on
(c) gotten around (d) done away with

번역

A 다이어트를 피한 적 있어요?
B 아니요, 1년 동안 계속하고 있어요.
(a) 계속하다 (b) 비밀로 하다
(c) 피하다 (d) 없애다

기출 공략

다이어트를 피한 적이 있는지에 대한 응답으로 아니라고 했으므로, 반대의 답변을 해야 한다. 따라서 다이어트를 '계속하고 있다'를 뜻하는 (a)가 가장 적절하다. cheat on diet는 '다이어트를 하기로 해 놓고 속이고 많이 먹는다'라는 뜻이다.

stick to 계속하다 **hold out on** 비밀로 하다 **get around** 피하다 **do away with** 없애다

정답_(a)

6

A Were you born here in Toronto?
B No, I'm an Ottawa ______________. I moved to Toronto for university.

(a) origin (b) native
(c) source (d) inmate

번역

A 여기 토론토에서 태어나셨나요?
B 아니요, 오타와 출신입니다. 대학 때문에 토론토로 왔죠.
(a) 기원 (b) 출신자
(c) 근원 (d) 수감자

기출 공략

native는 명사로 '원주민, 토착인, (~의) 출신자'라고 사람을 나타내며, 형용사로 '~ 태생의, 토박이의, 원산의'라는 의미가 있다. 따라서 (b)가 가장 적절하다. origin도 '출신, 혈통, 태생'이라는 명사의 의미가 있지만 사람을 직접 나타내는 명사는 아니다.

origin 기원 **native** 출신자 **source** 근원 **inmate** 수감자

정답_(b)

7

A Did Jamie ask you for a loan, too?
B Yes, he ______________ me for money, but I didn't have any.

(a) aspired (b) retreated
(c) implored (d) consumed

번역

A 제이미도 대출을 요청했나요?
B 네, 돈을 빌려 달라고 애원했는데 제가 돈이 전혀 없었어요.
(a) 열망하다 (b) 후퇴하다
(c) 애원하다 (d) 소모하다

기출 공략

제이미가 대출을 요청한 것에 대해 다시 이야기하고 있으므로, 빈칸은 '요청하다'와 유사한 의미의 단어를 골라야 한다. 따라서 '애원하다'를 뜻하는 (c)가 가장 적절하다.

loan 대출, 융자 **aspire** 열망하다 **retreat** 후퇴하다 **implore** 애원하다 **consume** 소모하다

정답_(c)

8

A Could you cover my morning ______________ on Friday?
B Sorry, I'm already scheduled to work the afternoon one.

(a) shift (b) pass
(c) term (d) switch

번역

A 금요일에 제 오전 교대 근무 좀 해 주실래요?
B 죄송해요, 벌써 저는 오후 교대 근무로 일정이 잡혔어요.
(a) 교대 근무 (b) 통과
(c) 용어 (d) 전환

기출 공략

shift는 교대 근무나 교대 근무 시간을 의미하므로 morning shift라고 하면 오전 근무를 의미한다. 그 밖에 day shift(주간 근무), night shift(야간 근무) 등의 표현도 있다. 따라서 (a)가 가장 적절하다.

schedule 일정을 잡다, 예정하다 **shift** 교대 근무 **pass** 통과 **term** 용어 **switch** 전환

정답_(a)

9

A Why is the train so late today?

B Service has been ______________ by ice on the tracks.

(a) declined (b) deflected
(c) disrupted (d) discarded

번역

A 오늘 기차가 왜 이렇게 늦죠?

B 트랙 위의 눈 때문에 운행에 지장이 있어요.

(a) 줄어들다 (b) 방향을 바꾸다
(c) 방해하다 (d) 버리다

기출 공략

기차 지연의 이유로 트랙 위의 눈 때문에 그렇게 되었다고 했다. 따라서 진행이 안 되는 상황을 표현하는 '방해받다'를 뜻하는 (c)가 가장 적절하다.

decline 줄어들다 **deflect** 방향을 바꾸다 **disrupt** 방해하다 **discard** 버리다

정답_(c)

10

A I need to take this DVD player apart to fix the problem.

B OK, go ahead and ______________ it, then.

(a) eradicate (b) delineate
(c) undermine (d) disassemble

번역

A 문제를 해결하기 위해서 이 DVD 플레이어를 분해해야 합니다.

B 좋아요, 그럼 어서 분해하세요.

(a) 뿌리 뽑다 (b) 상세하게 기술하다
(c) 약화시키다 (d) 분해하다

기출 공략

분해(take apart)를 해야 한다는 말에 동의하며 어서 그렇게 하라고 했으므로 (d)가 가장 적절하다.

take apart 분해하다, 해체하다 **eradicate** 뿌리 뽑다 **delineate** 상세하게 기술하다 **undermine** 약화시키다 **disassemble** 분해하다

정답_(d)

11

A The stock market seems steady lately.

B Yes, I'm glad there hasn't been much ______________ in a while.

(a) instability (b) altercation
(c) prevalence (d) reformation

번역

A 최근에 주식 시장이 꾸준한 것 같아.

B 맞아, 잠깐 동안 크게 불안정하지 않아서 다행이야.

(a) 불안정 (b) 논쟁
(c) 널리 퍼짐 (d) 개혁

기출 공략

주식 시장이 꾸준하다(steady)는 말은 '불안정'하지 않다는 말이므로 (a)가 가장 적절하다.

steady 꾸준한 **instability** 불안정 **altercation** 논쟁 **prevalence** 널리 퍼짐 **reformation** 개혁

정답_(a)

12

A Are you going shopping alone?

B I was going to, but if you want to come, I'd love having a(n) ______________.

(a) amenity (b) affiliation
(c) companion (d) commonality

번역

A 혼자 쇼핑 갈 거야?

B 그럴까 했는데 너도 가고 싶으면 같이 가면 좋지.

(a) 생활 편의 시설 (b) 제휴
(c) 동반자 (d) 공통성

기출 공략

'혼자 가려고 했으나 네가 가고 싶다면' 이후에는 결국 '같이 가자'라는 말이 나와야 한다. 따라서 '동반자, 친구'를 뜻하는 (c)가 가장 적절하다.

alone 홀로 **amenity** 생활 편의 시설 **affiliation** 제휴; 가입 **companion** 동반자 **commonality** 공통성

정답_(c)

13

A Have the police caught the thief?

B Yes. Officers ____________ her this morning.

(a) apprehended (b) sanctioned
(c) explicated (d) confessed

번역

A 경찰이 도둑을 잡았어요?

B 네. 경관들이 오늘 아침에 그녀를 체포했지요.

(a) 체포하다 (b) 인가하다
(c) 설명하다 (d) 자백하다

기출 공략

도둑을 잡았느냐는 질문에 그렇다고 했으므로 caught와 대체될 수 있는 단어를 찾는다. 따라서 '체포하다'를 뜻하는 (a)가 가장 적절하다.

officer 경관, 장교, 관리 **apprehend** 체포하다 **sanction** 인가하다 **explicate** 설명하다 **confess** 자백하다 정답_(a)

14

A Could you follow the teacher's explanation?

B Not at all. I was totally ____________ by it.

(a) abstained (b) eschewed
(c) denounced (d) bewildered

번역

A 선생님의 설명을 이해할 수 있나요?

B 전혀 모르겠어요. 그걸로 완전 어리둥절했습니다.

(a) 자제하다 (b) 멀리하다
(c) 고발하다 (d) 어리둥절하게 하다

기출 공략

설명을 알아들었냐는 말에 전혀 모르겠다고 했으므로 빈칸에도 역시 모른다는 의미가 들어가야 문맥상 자연스럽다. 따라서 '어리둥절한'을 뜻하는 (d)가 가장 적절하다.

abstain 자제하다 **eschew** 멀리하다 **denounce** 고발하다 **bewilder** 어리둥절하게 하다 정답_(d)

15

A Why was Ben so angry when he went home?

B I don't know, but he sure left ____________.

(a) to a tee (b) in a huff
(c) on his toes (d) over the top

번역

A 벤이 집에 갈 때 왜 그렇게 화가 났죠?

B 모르겠어요. 정말 발끈 성을 내며 갔어요.

(a) 딱 맞는 (b) 발끈 성을 내는
(c) 활발한 (d) 정도가 지나친

기출 공략

화가 난 이유를 묻고 있는데, 상대방은 이유는 모르지만 sure(분명히)라는 말을 통해 화는 났다는 사실을 반복하고 있다. 따라서 '발끈 성을 내는'을 뜻하는 (b)가 가장 적절하다.

sure 분명히 **to a tee** 딱 맞는 **in a huff** 발끈 성을 내는 **on one's toes** 활발한 **over the top** 정도가 지나친 정답_(b)

16

A I'm going to paint my entire living room tomorrow.

B That's an ambitious ____________. Good luck!

(a) outfitting (b) upbringing
(c) undertaking (d) overbooking

번역

A 내일 거실 전체를 페인트칠할 거예요.

B 야심찬 일이군요. 잘해 봐요!

(a) 채비 (b) 양육
(c) 일 (d) 예약 초과

기출 공략

거실 전체를 페인트칠하는 것은 야심찬 '일'이라고 할 수 있으므로 '일'을 뜻하는 (c)가 가장 적절하다.

ambitious 야심적인, 의욕적인 **outfitting** 채비 **upbringing** 양육 **undertaking** 일 **overbooking** 예약 초과 정답_(c)

17

A I'm thinking about seeing a doctor about my chest pain.

B Good. Best to ____________ before it becomes serious.

(a) go against the grain (b) take it or leave it
(c) nip it in the bud (d) kick the bucket

번역

A 가슴 통증이 있어서 병원에 가 볼까 해.

B 그래야지. 심각해지기 전에 싹을 잘라 버리는 게 상책이지.

(a) 기질에 맞지 않다 (b) 싫으면 그만두다
(c) 싹을 잘라 버리다 (d) 죽다

기출 공략

어떤 증상이 있어서 병원에 가 보려고 한다는 말에 더 심각해지기 전에 아예 초반부터 제대로 치료하는 게 좋겠다는 대답이 문맥상 적절하다. 따라서 '싹을 잘라 버리다'를 뜻하는 (c)가 알맞다.

chest pain 가슴 통증 **serious** 심각한 **go against the grain** 기질에 맞지 않다 **take it or leave it** 싫으면 그만두다 **nip it in the bud** 싹을 잘라 버리다 **kick the bucket** 죽다

정답_(c)

18

A Ray and I are going to the movies. Want to join us?

B Thanks, but I'm more ____________ to watch videos at home.

(a) inclined (b) consoled
(c) slandered (d) protruded

번역

A 레이와 나는 영화 보러 갈 거야. 같이 갈래?

B 고맙지만 집에서 비디오를 보는 게 더 좋아.

(a) 하고 싶은 (b) 위로를 받는
(c) 비방을 받은 (d) 튀어나온

기출 공략

영화를 보러 가지 않고 집에서 비디오를 보겠다는 의미이므로, 빈칸은 '~을 하고 싶은'을 뜻하는 (a)가 가장 적절하다.

join 합류하다 **inclined** 하고 싶은 **console** 위로하다 **slander** 비방하다 **protrude** 튀어나오다

정답_(a)

19

A Kay called Tom's report worthless.

B She shouldn't have ____________ his work that way.

(a) truncated (b) inculcated
(c) denigrated (d) augmented

번역

A 케이가 톰의 보고서를 아무짝에도 쓸모없는 것이라고 했어.

B 그녀는 그런 식으로 그의 일을 폄하하지 말았어야 했는데 말이야.

(a) 길이를 줄이다 (b) 가르치다
(c) 폄하하다 (d) 늘리다

기출 공략

누군가의 보고서를 쓸모없다고 평가한 것에 대해 그렇게 하지 말았어야 했다는 답변을 하고 있다. 이는 보고서를 '폄하한' 것이므로 정답은 (c)이다.

worthless 쓸모없는, 보잘것없는 **truncate** 길이를 줄이다 **inculcate** 가르치다 **denigrate** 폄하하다 **augment** 늘리다

정답_(c)

20

A The critics were hard on your play.

B That's putting it lightly—their reviews were ____________.

(a) sultry (b) scathing
(c) desultory (d) discerning

번역

A 비평가들이 당신의 연극에 대해 심하게 말했어요.

B 부드럽게 말하면 그렇죠. 그들의 견해는 혹독했어요.

(a) 무더운 (b) 혹독한
(c) 일관성 없는 (d) 안목이 있는

기출 공략

어떤 말을 듣고 That's putting it lightly라고 한다면 사실 그것보다 훨씬 더 심한 상태라는 말을 하고 싶은 것이다. 즉, 당신의 말은 너무 부드럽고 완곡하게 표현한 것이라는 의미이므로, '혹독한'을 뜻하는 (b)가 가장 적절하다.

critic 비평가 **play** 희곡, 연극 **lightly** 가볍게, 부드럽게 **review** 견해 **sultry** 무더운 **scathing** 혹독한 **desultory** 일관성 없는 **discerning** 안목이 있는

정답_(b)

21

A My bags are so big and heavy that they're really difficult to carry.

B If they're that ____________, let's ask for some help.

(a) stalwart (b) lugubrious
(c) expeditious (d) cumbersome

번역

A 내 가방들이 너무 크고 무거워서 정말 들고 가기 어려워.
B 그것들이 그렇게 크고 무겁다면 도움을 좀 요청하자.
(a) 충실한 (b) 침울한
(c) 신속한 (d) 크고 무거운

기출 공략

도움을 요청하려는 이유가 가방들이 너무 크고 무겁기 때문이므로, 빈칸은 이에 해당하는 단어가 들어가야 한다. 따라서 '크고 무거운'을 뜻하는 (d)가 가장 적절하다.

stalwart 충실한 **lugubrious** 침울한 **expeditious** 신속한 **cumbersome** 크고 무거운; 다루기 힘든, 성가신 정답_(d)

22

A Stacy was looking through the files quite ____________.

B She must not have wanted anyone to see her doing it.

(a) infallibly (b) boorishly
(c) ostentatiously (d) surreptitiously

번역

A 스테이시가 몰래 파일을 훑어봤어.
B 그녀는 분명 자신이 그렇게 하는 것을 다른 사람이 보길 원치 않았을 거야.
(a) 틀림없이 (b) 상스럽게
(c) 과시적으로 (d) 몰래

기출 공략

빈칸에 들어갈 단어는 상대방의 반응에서 추측해야 한다. 다른 사람이 자신이 하는 행동을 보길 원하지 않았다면 그 행동은 '몰래, 은밀히' 이루어져야 한다. 따라서 정답은 (d)이다.

look through 훑어보다 **infallibly** 틀림없이 **boorishly** 상스럽게 **ostentatiously** 과시적으로 **surreptitiously** 몰래 정답_(d)

23

A Do many scientists support string theory?

B Yes, it has been ____________ by a lot of physicists.

(a) espoused (b) apprised
(c) recanted (d) divested

번역

A 많은 과학자들이 끈 이론을 지지하나요?
B 네, 많은 물리학자들이 옹호해 오고 있어요.
(a) 옹호하다 (b) 알리다
(c) 철회하다 (d) 빼앗다

기출 공략

많은 과학자들이 끈 이론을 지지하냐는 질문에 긍정으로 답변하고 있으므로, support(지지하다)와 유사한 의미의 단어가 들어가야 한다. 따라서 '옹호받는'을 뜻하는 (a)가 가장 적절하다.

string 끈 **theory** 이론 **physicist** 물리학자 **espouse** 옹호하다 **apprise** 알리다 **recant** 철회하다 **divest** 빼앗다 정답_(a)

24

A Andy has been flattering the boss a lot lately.

B Yes, he's trying to ____________ himself with management.

(a) baffle (b) rejoice
(c) intercede (d) ingratiate

번역

A 앤디가 최근에 상사한테 아부를 많이 하네.
B 그러게, 경영진한테 환심을 사려고 애쓰는구나.
(a) 당황하게 만들다 (b) 크게 기뻐하다
(c) 중재하다 (d) 환심을 사다

기출 공략

〈ingratiate oneself with+사람〉은 '~의 환심을 사다'라는 의미로 쓰이므로, '아부를 많이 한다'는 내용과 문맥상 연결된다. 따라서 (d)가 가장 적절하다.

flatter 아첨하다 **lately** 최근에 **management** 경영진 **baffle** 당황하게 만들다 **rejoice** 크게 기뻐하다 **intercede** 중재하다 **ingratiate** 환심을 사다 정답_(d)

Vocabulary

25

A I wish the coach wouldn't shout at his players that way.

B Me, too. He's practically ______________ orders at them.

(a) pampering (b) bellowing
(c) scorching (d) dousing

번역

A 감독이 선수들에게 그런 식으로 소리를 안 쳤으면 좋을 텐데.
B 맞아. 사실상 선수들에게 고함을 쳐서 명령하는 거지.

(a) 애지중지하다 (b) 고함치다
(c) 그슬리다 (d) 물을 끼얹다

기출 공략

소리 지르지 말았으면 좋겠다는 말에 동의하고 있다. 따라서 shout와 유사한 의미의 단어가 필요하므로 '고함치다'를 뜻하는 (b)가 가장 적절하다.

practically 사실상, 실제로 **order** 명령 **pamper** 애지중지하다
bellow 고함치다 **scorch** 그슬리다 **douse** 물을 끼얹다

정답_(b)

26

Dust & Shine offers a full refund to customers not totally ______________ with its cleaning service.

(a) included (b) obtained
(c) required (d) satisfied

번역

더스트 앤 샤인 사는 청소 서비스에 대해 완전히 만족하지 않는 고객들에게 전액 환불을 제공한다.

(a) 포함된 (b) 얻어진
(c) 요구된 (d) 만족하는

기출 공략

서비스 업체가 전액 환불을 해 준다면 고객을 만족시키지 못했을 경우일 것이다. 따라서 not을 고려하여 '만족하는'을 뜻하는 (d)가 가장 적절하다.

full refund 전액 환불 **totally** 완전히 **include** 포함하다
obtain 얻다 **require** 요구하다 **satisfy** 만족하다

정답_(d)

27

Java Jake's Coffee ______________ 5% of its profits to charities that support the homeless.

(a) donates (b) compels
(c) removes (d) performs

번역

자바 제이크 커피는 노숙자들을 후원하는 자선 단체에 이익금 5%를 기부한다.

(a) 기부하다 (b) 강요하다
(c) 제거하다 (d) 수행하다

기출 공략

회사가 자선 단체에 수익의 일부를 어떻게 할지를 유추해 보면, '기부하다'를 뜻하는 (a)가 가장 적절하다.

charity 자선 단체 **the homeless** 노숙자 **donate** 기부하다
compel 강요하다 **remove** 제거하다 **perform** 수행하다

정답_(a)

28

Patients with diabetes should not take too much vitamin B, as high ______________ of the vitamin can complicate the disease.

(a) vents (b) doses
(c) spans (d) scales

번역

당뇨병 환자들은 비타민을 많이 복용하면 그 병을 악화시킬 수 있으므로, 비타민 B를 너무 많이 섭취하면 안 된다.

(a) 분출구 (b) 복용량
(c) 기간 (d) 규모

기출 공략

as 이하의 절은 당뇨병 환자들이 비타민 B를 많이 섭취하지 말아야 하는 이유인데, 많이 섭취할 경우 당뇨병을 악화시킨다고 하였다. 따라서 비타민 섭취에 대한 내용이 되어야 하므로 '복용량'을 뜻하는 (b)가 가장 적절하다.

diabetes 당뇨병 **complicate** (병을) 악화시키다 **vent** 분출구
dose 복용량 **span** 기간 **scale** 규모

정답_(b)

29

The company changed its advertisements in an attempt to ___________ more consumers to buy its products.

(a) present (b) arrange
(c) convince (d) subscribe

번역

그 회사는 더 많은 소비자들이 자사의 제품을 사도록 설득하기 위한 시도로 광고를 바꾸었다.

(a) 증정하다 (b) 배치하다
(c) 설득하다 (d) 구독하다

기출 공략

회사가 광고를 바꾼 이유는 더 많은 소비자들이 자사의 제품을 사도록 설득하기 하기 위한 방안으로 볼 수 있다. 따라서 '설득하다'를 뜻하는 (c)가 가장 적절하다.

in an attempt to ~하기 위한 시도로 **consumer** 소비자
product 제품 **present** 증정하다 **arrange** 배치하다
convince 설득하다 **subscribe** 구독하다

정답_(c)

30

The Wall Street Crash of 1929 saw financial markets ___________, with stocks losing a quarter of their value in just two days.

(a) tackle (b) divert
(c) plunge (d) detract

번역

1929년 월가 대폭락으로 이틀 만에 주가의 가치가 1/4이나 떨어지면서 금융 시장이 급락했다.

(a) 착수하다 (b) 전환시키다
(c) 급락하다 (d) 다른 데로 돌리다

기출 공략

월가 대폭락, 주가의 가치가 1/4이나 떨어졌다는 말을 통해 금융 시장의 상황을 유추해 보면, '급락하다'를 뜻하는 (c)가 가장 적절하다.

financial 재정의, 금융의 **tackle** 착수하다 **divert** 전환시키다
plunge 급락하다 **detract** 다른 데로 돌리다

정답_(c)

31

As Tom got an invitation to Jane's dinner, he ate a light lunch in ___________ of a good dinner.

(a) devotion (b) departure
(c) anticipation (d) supplement

번역

톰이 제인의 저녁 식사에 초대를 받았기 때문에 그는 멋진 저녁 식사를 기대하며 점심을 가볍게 먹었다.

(a) 헌신 (b) 출발
(c) 기대 (d) 보충

기출 공략

저녁 식사에 초대를 받았기 때문에 점심을 가볍게 먹었다고 했으므로, 멋진 저녁 식사를 '기대'할 수 있음을 유추할 수 있다. 따라서 (c)가 가장 적절하다.

invitation 초대; 초대장 **devotion** 헌신 **departure** 출발
anticipation 기대, 예상 **supplement** 보충

정답_(c)

32

The subject's gaze in the photograph is not straight but ___________ toward an object to the left of the camera.

(a) joined (b) angled
(c) inhibited (d) loosened

번역

사진 속의 대상의 시선이 똑바르지 않고 카메라의 왼쪽에 있는 물체 쪽으로 향했다.

(a) 연결하다 (b) 향하다
(c) 억제하다 (d) 느슨하게 하다

기출 공략

사진 속의 대상이 카메라를 똑바로 쳐다보지 않았다면 시선이 다른 곳으로 '향해' 있는 것이므로 (b)가 가장 적절하다.

subject 그림이나 사진의 대상 **gaze** 응시, 시선 **photograph** 사진 **object** 물체 **join** 연결하다 **angle** 향하다, 맞추다
inhibit 억제하다 **loosen** 느슨하게 하다

정답_(b)

33

The ancient city of Rome was ____________ within a thick wall to protect it from invaders.

(a) enclosed (b) reckoned
(c) implicated (d) circumvented

번역
로마의 고대 도시는 침입자들로부터 보호하기 위해 두꺼운 벽 안에 둘러싸였다.
(a) 둘러싸다 (b) 생각하다
(c) 관련시키다 (d) 모면하다

기출 공략
침입자들로부터 도시를 보호하려는 벽이 있다면 이 벽은 도시를 '둘러싸야'하므로 정답은 (a)이다.
thick 두꺼운 **protect** 보호하다 **invader** 침입자 **enclose** 둘러싸다 **reckon** 생각하다 **implicate** 관련시키다 **circumvent** 모면하다

정답_(a)

34

Banished from his home in France, Napoleon was forced to live in ____________ on the remote island of Saint Helena.

(a) exile (b) mandate
(c) emulation (d) ordination

번역
나폴레옹은 프랑스의 고향에서 추방되어 외딴 섬인 세인트 헬레나에서 유배되어 살아야 했다.
(a) 유배 (b) 권한
(c) 경쟁 (d) 성직위 수여

기출 공략
추방되어서 외딴 섬에 가서 살아야 하도록 강제되었다면 '유배'된 것으로 볼 수 있다. 따라서 (a)가 가장 적절하다.
banish 추방하다 **be forced to** ~하도록 강요받다 **remote** 외딴 **exile** 유배 **mandate** 권한 **emulation** 경쟁 **ordination** 성직위 수여

정답_(a)

35

During the 1960s, many American college students ____________ against the Vietnam War by participating in anti-war rallies.

(a) hesitated (b) backfired
(c) surrendered (d) demonstrated

번역
1960년대 동안 많은 미국 대학생들은 반전 집회에 참여함으로써 베트남전을 반대하는 시위를 했다.
(a) 망설이다 (b) 역효과를 낳다
(c) 항복하다 (d) 시위에 참여하다

기출 공략
반전 집회에 참여하고 베트남전을 반대한다는 내용을 통해 빈칸은 '시위에 참여했다'를 뜻하는 (d)가 가장 적절하다.
participate 참가하다 **rally** 집회 **hesitate** 망설이다 **backfire** 역효과를 낳다 **surrender** 항복하다 **demonstrate** 시위에 참여하다

정답_(d)

36

Golden Retrievers are such ____________ dogs that they put up almost no resistance to commands from humans.

(a) docile (b) scanty
(c) restive (d) feasible

번역
골든 리트리버는 아주 고분고분한 개여서 사람의 명령에 거의 반항을 보이지 않는다.
(a) 고분고분한 (b) 부족한
(c) 침착성이 없는 (d) 실현 가능한

기출 공략
사람의 명령에 거의 반항을 보이지 않는다는 골든 리트리버의 성향은 '고분고분한' 성향으로 유추할 수 있다. 따라서 (a)가 가장 적절하다.
put up 보이다, 내놓다 **resistance** 저항, 반대 **command** 명령 **docile** 고분고분한 **scanty** 부족한 **restive** 침착성이 없는 **feasible** 실현 가능한

정답_(a)

37

Carl trusted Molly with his secrets because he knew she would never ______________ them to other people.

(a) decry (b) repeal
(c) divulge (d) bemoan

번역

칼은 몰리가 다른 사람들에게 자신의 비밀을 누설하지 않을 거라는 걸 알았기 때문에 자신의 비밀에 대해 몰리를 믿었다.

(a) 매도하다 (b) 폐지하다
(c) 누설하다 (d) 한탄하다

기출 공략

비밀을 지켜줄 것이라고 믿는 것은 다른 사람들에게 비밀을 누설하지 않을 것이라고 생각하기 때문일 것이다. 따라서 빈칸은 앞의 never를 고려하여 '누설하다'를 뜻하는 (c)가 가장 적절하다.

trust 믿다 **decry** 매도하다 **repeal** 폐지하다 **divulge** 누설하다 **bemoan** 한탄하다

정답_(c)

38

The defense lawyer stated that the ______________ against his client were completely false.

(a) allegations (b) epidemics
(c) vagaries (d) culprits

번역

피고 측 변호인은 그의 고객에 대한 혐의가 완전히 틀렸음을 진술했다.

(a) 혐의 (b) 유행성 전염병
(c) 예측 불허의 변화 (d) 범인

기출 공략

변호사의 역할은 혐의가 있는 자신의 의뢰인을 변호하는 것이다. 따라서 '혐의'를 뜻하는 (a)가 가장 적절하다.

defense lawyer 피고 측 변호인 **state** 진술하다 **allegation** 혐의 **epidemic** 유행성 전염병 **vagary** 예측 불허의 변화 **culprit** 범인

정답_(a)

39

The drought lasted for several months, leaving the area's waterways severely depleted and its fields ______________.

(a) rankled (b) decreed
(c) parched (d) rectified

번역

가뭄은 몇 달 동안 지속되었는데 그 지역의 수로가 심하게 고갈되고 들판도 바싹 말랐다.

(a) 괴롭히다 (b) 법에 의해 명하다
(c) 바싹 마르다 (d) 수정하다

기출 공략

수로의 물이 고갈될 정도로 가뭄이 계속된다면 들판도 '바싹 마르기' 마련이므로 정답은 (c)이다.

drought 가뭄 **waterway** 수로 **depleted** 고갈된, 바닥난 **rankle** 괴롭히다 **decree** 법에 의해 명하다 **parch** 바싹 마르다 **rectify** 수정하다

정답_(c)

40

While it is true that some Romans enjoyed combat sports, many were so ______________ by the violence that they refused to attend these events.

(a) inverted (b) appalled
(c) fathomed (d) exonerated

번역

일부 로마인들이 전투 스포츠를 즐겼다는 것이 사실인 반면, 많은 로마인들은 폭력으로 소름이 끼쳐 이런 행사에 참여하는 것을 거절했다.

(a) 반전된 (b) 소름이 끼친
(c) 헤아려진 (d) 무죄임이 밝혀진

기출 공략

while이 이끄는 종속절과 주절의 내용이 대조를 이루고 있다. 일부 로마인들은 전투 스포츠를 좋아했지만 다른 많은 로마인들은 그것을 싫어했다는 내용이므로, '소름이 끼친'을 뜻하는 (b)가 가장 적절하다.

combat 전투 **violence** 폭력 **refuse** 거절하다 **inverted** 반전된 **appalled** 소름이 끼친 **fathom** 헤아리다 **exonerate** 무죄임을 밝히다

정답_(b)

41

A tightly focused report has no ______________ details—all information is relevant to the topic at hand.

(a) retaliatory (b) superfluous
(c) expropriated (d) consummate

번역

응집성 있는 보고서는 어떤 불필요한 내용도 없다. 모든 정보는 바로 주제와 관련이 있다.

(a) 보복적인 (b) 불필요한
(c) 도용된 (d) 완전한

기출 공략

응집성이 강한 보고서는 그 안의 모든 정보가 주제와 긴밀히 연결되어 있고, '불필요한' 내용이 없어야 하므로 정답은 (b)이다.

tightly 단단히; 엄격히 **relevant to** ~와 관련 있는 **at hand** 가까운 **retaliatory** 보복적인 **superfluous** 불필요한 **expropriated** 도용된 **consummate** 완전한

정답_(b)

42

ABC Company was fined for ______________ toxic chemicals from its factory into the local river.

(a) liberating (b) executing
(c) acquitting (d) discharging

번역

ABC 회사는 공장에서 지역 강으로 독성의 화학 물질을 방출한 것으로 벌금을 받았다.

(a) 해방시키다 (b) 처형하다
(c) 무죄를 선고하다 (d) 방출하다

기출 공략

회사가 벌금을 받았다면 좋지 않은 행위를 했기 때문일 것이다. 따라서 회사는 공장으로부터 지역의 강에 독성의 화학 물질을 '방출했을' 것으로 유추할 수 있으므로, 빈칸은 (d)가 가장 적절하다.

fine 벌금을 물리다 **toxic** 독성의 **chemical** 화학물질 **local** 지역의 **liberate** 해방시키다 **execute** 처형하다 **acquit** 무죄를 선고하다 **discharge** 방출하다

정답_(d)

43

Animal rights activists ______________ the mistreatment of animals and especially detest those who traffic in endangered species.

(a) impel (b) abhor
(c) exhume (d) emanate

번역

동물 권리 운동가들은 동물의 학대를 혐오하고 특히 멸종 위기에 처한 종을 밀거래하는 사람들을 몹시 싫어한다.

(a) 재촉하다 (b) 혐오하다
(c) 유해를 발굴하다 (d) 발산하다

기출 공략

동물 권리 운동가들은 동물이 부당하게 대우받는 것을 싫어함을 알 수 있으므로, 빈칸은 detest(혐오하다)와 유사한 의미의 단어를 골라야 한다. 따라서 (b)가 정답이다.

mistreatment 학대, 혹사 **detest** 혐오하다 **traffic in** ~을 밀거래하다 **endangered** 멸종 위기에 처한 **species** 종 **impel** 재촉하다 **abhor** 혐오하다 **exhume** 유해를 발굴하다 **emanate** 발산하다

정답_(b)

44

Some hockey players are so ______________ that they will start a fight for the most minor offenses.

(a) bellicose (b) stringent
(c) receptive (d) condensed

번역

어떤 하키 선수들은 너무 호전적이어서 가장 경미한 반칙에도 싸움을 시작할 것이다.

(a) 호전적인 (b) 엄중한
(c) 수용적인 (d) 응축한

기출 공략

별것 아닌 반칙에도 싸움을 시작하는 하키 선수라면 싸움하기를 좋아하는 성향을 가지고 있을 것이다. 따라서 '호전적인'을 뜻하는 (a)가 가장 적절하다.

minor 작은, 가벼운 **offense** 반칙, 위반; 공격 **bellicose** 호전적인 **stringent** 엄중한 **receptive** 수용적인 **condensed** 응축한

정답_(a)

45

Becoming a novelist was the one thing Gerry desired, the thing he ______________ most to achieve.

(a) eluded (b) yearned
(c) solicited (d) surmised

번역

소설가가 된다는 것은 제리가 소망했던 그것, 가장 성취하기를 갈망했던 것이었다.

(a) 교묘히 피하다 (b) 갈망하다
(c) 간청하다 (d) 추측하다

기출 공략

빈칸은 desired(소망했다)와 유사한 의미의 단어가 들어가야 한다. 따라서 '갈망했다'를 뜻하는 (b)가 가장 적절하다.

novelist 소설가 **achieve** 성취하다 **elude** 교묘히 피하다 **yearn** 갈망하다 **solicit** 간청하다 **surmise** 추측하다 정답_(b)

46

After lying ______________ for over a hundred years, the Mount Tongariro volcano suddenly became active again and erupted in August 2012.

(a) reticent (b) dormant
(c) diffident (d) compliant

번역

100년 이상 활동을 중단한 이후 통가리로 화산은 2012년 8월 갑자기 다시 활동을 시작했고 분출했다.

(a) 말이 없는 (b) 활동을 중단한
(c) 자신감이 없는 (d) 순응하는

기출 공략

100년이 지나자 갑자기 화산 활동이 시작되었다는 말은 100년 동안에는 화산 활동이 없었다는 뜻이므로 빈칸에 적절한 말은 (b)이다.

lie 어떤 상태로 계속 있다 **erupt** 분출하다 **reticent** 말이 없는 **dormant** 활동을 중단한 **diffident** 자신감이 없는 **compliant** 순응하는 정답_(b)

47

It was a(n) ______________ of several problems rather than any one of them individually that drove the company into bankruptcy.

(a) invocation (b) confluence
(c) admonition (d) propinquity

번역

회사를 파산하게 만든 것은 어떤 하나씩의 개별적인 문제보다는 여러 가지 문제들이 합쳐진 것이었다.

(a) 간구 (b) 결합
(c) 책망 (d) 가까움

기출 공략

rather than 앞뒤로 상반된 내용이 필요하다. 개별적인 문제 하나하나와 대조되는 뜻으로 여러 문제들이 '결합'되었다는 내용이 적절하다. 따라서 정답은 (b)이다.

individually 개별적으로 **drive** 이르게 하다 **bankruptcy** 파산 **invocation** 간구 **confluence** 결합 **admonition** 책망 **propinquity** 가까움 정답_(b)

48

The word "amateur" often carries negative ______________ because it is associated with a lack of skill or dedication.

(a) cravings (b) pinnacles
(c) deformities (d) connotations

번역

'아마추어'라는 말은 그것이 기술이나 헌신의 부족과 연관되어 있어서 종종 부정적인 함축을 전한다.

(a) 갈망 (b) 절정
(c) 기형 (d) 함축

기출 공략

아마추어라는 단어에 연상되는 것이 긍정적인 것들이 아니므로 그 단어는 부정적인 의미가 있음을 알 수 있다. 따라서 '함축'을 뜻하는 (d)가 가장 적절하다.

negative 부정적인 **be associated with** ~와 결부되다 **lack** 부족 **dedication** 전념, 헌신 **craving** 갈망 **pinnacle** 절정 **deformity** 기형 **connotation** 함축 정답_(d)

49

Roger was such a(n) ______________ worker that he could toil late into the night without showing any signs of exhaustion.

(a) corroded
(b) operative
(c) demeaning
(d) indefatigable

번역

로저는 매우 지칠 줄 모르는 일꾼이어서 어떤 탈진의 기색도 없이 밤늦게까지 일할 수 있었다.

(a) 부식된
(b) 가동되는
(c) 비하하는
(d) 지칠 줄 모르는

기출 공략

어떤 지침의 기색도 없이 밤늦게까지 일할 수 있는 사람을 나타내는 단어는 (d)이다.

toil 장시간 고생스럽게 일하다 **sign** 표시 **exhaustion** 탈진, 기진맥진 **corroded** 부식된 **operative** 가동되는 **demeaning** 비하하는 **indefatigable** 지칠 줄 모르는

정답_(d)

50

Many people ______________ at the prospect of nuclear disarmament because they deem it a high-minded impossibility.

(a) scoff
(b) fawn
(c) wield
(d) merge

번역

많은 사람들은 그것을 고결한 불가능한 일로 생각하기 때문에 핵 군비 축소의 가능성에 대해 비웃었다.

(a) 비웃다
(b) 알랑거리다
(c) 행사하다
(d) 합병하다

기출 공략

어떤 일의 발생이 불가능한 것으로 생각된다면, 그것의 가능성에 대해 사람들의 태도는 부정적일 것이다. 따라서 '비웃다'를 뜻하는 (a)가 가장 적절하다.

prospect 가망, 가능성, 예상 **nuclear disarmament** 핵 군비 축소 **deem** 여기다, 생각하다 **high-minded** 고결한, 고상한 **scoff** 비웃다 **fawn** 알랑거리다 **wield** 행사하다 **merge** 합병하다

정답_(a)

Reading Comprehension

1

The City of Brunsway is holding a ceremony on June 21 to unveil a monument erected to ______________. When the first settlers arrived in the area three centuries ago, they faced daunting challenges simply to obtain the necessities of life. But through sheer industriousness and determination, they built a town that would grow into a thriving city. This granite sculpture will serve as a lasting reminder to younger generations of the qualities of these great people.

(a) recognize the city's historical debt to its neighbors
(b) commemorate the hard work of the city's founders
(c) honor the creations of the city's artistic community
(d) celebrate the prosperity of the city's young workers

번역

브런스웨이 시에서 6월 21일에 도시 창시자들의 노고를 기념하기 위해 세워진 기념비의 제막식을 연다. 300년 전, 최초의 정착민이 이 지역에 도착했을 때, 단순 생활필수품들을 구하는 것도 벅찬 어려움에 직면했었다. 그러나 순수한 부지런함과 의지로 그들은 훗날 번영한 도시로 성장하게 될 소도시를 세웠다. 이 화강암 조각품은 젊은 세대들에게 이 위대한 사람들의 자질들에 대해 지속적으로 상기시키는 역할을 할 것이다.

(a) 그 도시가 주변 지역으로부터 받은 역사적인 영향을 인정하기
(b) 도시 창시자들의 노고를 기념하기
(c) 도시의 예술 커뮤니티의 작품들을 존중하기
(d) 도시의 젊은 노동자들의 번영을 축하하기

기출 공략

단순 생활필수품들을 구하기도 어려운 상황에서 부지런함과 의지로 소도시를 세운 도시 최초의 정착민들에 대한 내용의 글이므로, (b)가 문맥상 옳다. (d)는 마지막 문장에 대한 함정으로, 지문의 내용과는 관련이 없다.

unveil 덮개를 벗기다(제막식을 하다) **erect** 세우다 **daunting** 벅찬 **sheer** 순수한 **industriousness** 부지런함 **determination** 결단력 **thrive** 번성하다 **granite** 화강암 **reminder** 생각나게 하는 것 **prosperity** 번영 정답_(b)

2

Last year, I went to Ukraine to photograph the Black Sea area. Along the way, I visited the historical city of Yalta, which I had known mainly as the site of political negotiations following World War II, and discovered a place quite unlike the one I had imagined. While there was no shortage of beautiful old buildings to photograph, the city was also a popular destination for vacationers from all over Europe thanks to its bustling beaches and seaside cafés. The journey showed me that Yalta ______________.

(a) lacked the historical attractions I had envisioned
(b) had lost its charm as a resort because of the war
(c) held appeal both as a resort and for its history
(d) had changed drastically since I last visited it

번역

지난해 나는 흑해 지역을 촬영하기 위해 우크라이나에 갔었다. 도중에 나는 제2차 세계 대전 후 정치적 협상의 장소로 주로 알려져 있었던 얄타의 역사적인 도시를 방문했고, 내가 상상했던 것과는 전혀 다른 장소를 발견하게 되었다. 카메라에 담을 낡고 아름다운 건축물들이 부족하지도 않았지만, 그 도시는 번화한 해변과 해변가 카페들 덕에 유럽 전역의 여행객들에게 인기 있는 목적지이기도 했다. 그 여행은 얄타가 휴양지로서나 역사적으로나 매력을 가졌다는 것을 내게 보여 주었다.

(a) 내가 생각하고 있던 역사적인 명소들이 부족했다
(b) 전쟁으로 인해 휴양지로서의 매력을 잃었다
(c) 휴양지로서나 역사적으로나 매력을 가졌다
(d) 내가 마지막으로 방문한 이후로 크게 변화했다

기출 공략

필자는 얄타의 역사적인 도시를 방문했는데, 이곳은 아름다운 낡은 건축물들도 부족하지 않았고, 번화한 해변과 해변가 카페들로 유럽 여행객들에게 인기 있는 목적지이기도 했다고 설명한다. 따라서 (c)가 가장 적절하다. 역사적인 명소들이 부족하다는 내용은 나타나 있지 않으므로 (a)는 정답이 아니다.

negotiation 협상 **no shortage of** ~의 부족함이 없는 **destination** 목적지 **thanks to** ~ 덕분에 **bustling** 북적거리는 **envision** 상상하다 **drastically** 급격하게 정답_(c)

3

Some three million shipwrecks sit on the ocean floor. The reason so many of them have not been explored is not lack of technology. Underwater robots make it possible to access even those at great depths. The issue is that this equipment is very expensive, and using it is feasible for exploring a small percentage of shipwrecks only, as the findings in most cases would not even pay for the exploration mission. In essence, the exploration of the world's sunken wrecks ______________.

(a) is on hold until robots are able to probe greater depths
(b) is hindered by financial more than technological issues
(c) has slowed as discoveries of new wrecks have declined
(d) has become very profitable with the use of new methods

번역

약 300만 척의 난파선들이 해저에 가라앉아 있다. 그중 수많은 배들이 탐사되지 않은 이유는 기술력 부족 때문이 아니다. 수중 로봇은 더욱 엄청난 깊이에 있는 것들도 접근 가능하게 한다. 문제는 이 장비가 매우 고가라는 점이며, 대부분의 경우 발견물들로 탐사 비용조차 감당하지 못하기 때문에 난파선의 일부분만 탐사하는 용도로 사용 가능하다. 본질적으로 전 세계의 침몰 난파선 탐사는 기술적인 문제보다 재정적인 문제의 벽에 부딪친다.

(a) 로봇이 더 깊은 곳으로 탐사 할 수 있게 될 때까지 보류되어 있다
(b) 기술적인 문제보다 재정적인 문제의 벽에 부딪친다.
(c) 최신 난파선 발견의 감소로 둔화되고 있다
(d) 새로운 방법의 활용으로 수익성이 매우 높아졌다

기출 공략

난파선을 탐사하지 않는 이유는 기술력 부족 때문이 아니라는 문장이 두 번째로 나온다. 또한 본문 내용상 탐사장비가 고가이며 발견된 물건들이 탐사 비용조차 감당 못하는 것이 문제라고 명시하고 있다. 따라서 (b)가 가장 적절하다. 또한, 본문에서는 수중 로봇이 엄청난 깊이까지 접근 가능하다고 했으나, 새로운 방법에 대한 내용은 포함되어 있지 않아 (d)는 적절하지 않다.

shipwreck 난파(선) **feasible** 실현 가능한 **in essence** 본질적으로 **sunken** 침몰한 **probe** 조사하다 **hinder** 방해하다 **profitable** 수익성이 좋은 정답_(b)

4

With its latest amendments to the city's transportation plan, Knoxville City Council has taken a major step toward ______________. After public hearings, the council voted to adopt amendments to its long-term plan to construct new pedestrian and cycling lanes throughout the city. These new routes, slated to be completed in stages over the next five years, will now include improved signage, lighting, medians, and curbs. These extra features are expected to help realize the project's goal of providing a safe way for residents to pursue healthy, active lifestyles.

(a) expanding public parking areas for the city's commuters
(b) repairing the city's aging paths for walkers and cyclists
(c) making walking and cycling in the city safer and easier
(d) increasing enforcement of safe driving regulations

번역

최근 개정된 도시 교통 계획으로 녹스빌 시의회는 시내에서 걷기 및 자전거 타기를 더욱 안전하고 용이하게 만드는 일을 향해 큰 걸음을 내디뎠다. 공청회 후, 시의회는 시내 전역에 새로운 보행자 및 자전거 길을 짓는 장기 계획 개정안의 채택을 투표로 가결했다. 향후 5년간 단계적으로 완공될 예정인 이 새로운 도로들은 이제 개선된 표지판, 조명등, 중앙 분리대 및 연석을 포함한다. 이러한 추가 기능들은 시민이 건강하고 활동적인 라이프스타일을 추구할 수 있게 안전한 길을 제공하기 위한 프로젝트의 목표를 실현하는 일에 기여할 것으로 기대된다.

(a) 시내 통근자용 공영 주차 구역 확대
(b) 보행자와 자전거 이용자를 위한 도시의 노후 도로 복구
(c) 시내에서 걷기 및 자전거 타기를 더욱 안전하고 용이하게 만드는 일
(d) 안전 운전 규제의 시행 강화

기출 공략

빈칸 바로 다음에 도시 교통 계획의 주요 내용이 제시되고 있다. 즉, 시내 전역에 보행자 및 자전거 도로를 새로 짓는 계획이라고 했으므로 정답은 (c)이다. (b)에서와 같이 노후화된 도로를 고친다는 내용은 없다.

amendment 개정 **public hearing** 공청회 **pedestrian** 보행자 **slate** 예정하다 **in stages** 단계적으로 **signage** 표지판 **median** 중앙분리대, 중앙선 **curb** 연석 **commuter** 통근자 **enforcement** 시행, 집행 **regulations** 규정 정답_(c)

5

The first six months of this year have seen record numbers of collisions between automobiles and animals on rural highways in Bloomview. Why the surge? Insurers blame the unseasonably warm weather, which has encouraged more people to visit their cottages and go camping. This has meant higher than average volumes of traffic on rural highways, where the bulk of the collisions have been recorded. Though hard to know for sure, it does seem that the number of accidents ____________.

(a) indicates that animal populations are out of control
(b) is simply the result of more drivers using roadways
(c) shows more animals are wandering into urban areas
(d) has resulted from the harsh weather on rural highways

번역

올해 상반기에 블룸뷰 지역의 지방 고속도로에서 자동차와 동물 사이의 충돌 사고가 기록적인 수치를 보였다. 왜 급증했을까? 보험사들은 때 아닌 따뜻한 날씨 때문에 더 많은 사람들이 그들의 별장을 방문하거나 캠핑을 가게 된 것을 탓하고 있다. 이것은 대부분의 충돌 사고가 기록된 지방 고속도로의 교통량이 평균보다 높았다는 것을 의미한다. 확실하진 않지만 사고 건수는 단순히 도로를 이용하는 운전자들이 많아진 결과인 것으로 보인다.

(a) 동물의 개체수가 통제 불능 상태임을 나타낸 것
(b) 단순히 도로를 이용하는 운전자들이 많아진 결과인 것
(c) 더 많은 동물들이 도시 지역에서 돌아다니고 있다는 것을 보여 주는 것
(d) 지방 고속도로의 혹독한 날씨에 기인하는 것

기출 공략

보험사들은 때 아닌 따뜻한 날씨 때문에 별장을 방문하거나 캠핑을 가는 사람들이 몰려 지방 고속도로에서 운전자들이 늘어나 충돌 사고가 급증한 것으로 파악했다. 이를 요약한 (b)가 정답이다. 날씨가 좋았기 때문이라고 했기 때문에 혹독한 날씨에 기인한다는 내용의 (d)는 적절하지 않다.

record numbers 기록적인 수치 **collision** 충돌 **automobile** 자동차 **surge** 급증 **unseasonably** 때 아니게 **volume of traffic** 교통량 **the bulk of** ~의 대부분 **out of control** 통제 불능의 **harsh** 혹독한

정답_(b)

6

In his celebrated essay "What Is Enlightenment?," the German philosopher Immanuel Kant argues that the ____________. At the start of his essay, he defines enlightenment as the ability to think independently rather than submit to the dogma of church or state. The only way he sees for people to achieve this level of intellectual maturity is through participation in public debate. Thus, he asserts that only a society that tolerates the free expression of differing viewpoints can foster enlightened individuals.

(a) religious authorities were keen to promote intellectual debate
(b) public debate over freedom of speech would destabilize society
(c) precondition for intellectual independence is freedom of speech
(d) participation in religious or political debates dulled the intellect

번역

"계몽이란 무엇인가?"라는 그의 유명한 에세이에서 독일의 철학자 임마누엘 칸트는 표현의 자유는 지적 독립의 전제 조건이라는 것을 주장하고 있다. 그는 자신의 에세이 서두에서 계몽을 교회와 국가의 신조에 따르는 것이 아닌 독립적으로 생각하는 능력으로 정의한다. 그는 사람들이 이 같은 수준의 지적 성숙을 달성하기 위한 유일한 방법은 공개 토론에 참여하는 것이라고 보았다. 이처럼 그는 자유롭게 서로 다른 관점을 표현하는 것을 허용하는 사회만이 계몽된 개개인을 키울 수 있다고 주장한다.

(a) 종교계 권위자들은 지적인 토론을 추진하기를 간절히 바랐다는 것
(b) 표현의 자유에 대한 공개 토론은 사회를 불안정하게 할 것이라는 것
(c) 표현의 자유는 지적 독립의 전제 조건이라는 것
(d) 종교나 정치적 토론에 참여하는 것은 지성을 둔화시켰다는 것

기출 공략

칸트의 에세이에서는 독립적으로 생각하는 능력을 계몽으로 정의한다고 되어 있다. 또한 공개 토론 참여를 통해 지적 성숙을 달성할 수 있고, 자유로운 표현을 허용하는 사회만이 계몽된 개개인을 키울 수 있다고 했다. 따라서 (c)가 가장 적절하다.

celebrated 유명한 **enlightenment** 계몽 **define** 정의하다 **submit to** ~에 따르다(복종하다) **dogma** 신조 **intellectual maturity** 지적 성숙 **tolerate** 참다, 수용하다 **foster** 키우다 **be keen to ~** ~을 간절히 열망하는 **destabilize** 불안정하게 만들다 **precondition** 전제 조건 **dull** 둔하게 만들다

정답_(c)

7

Having debuted at number one on the bestseller lists, the book *Future Dreams* attempts to bring the natural sciences to a wider audience. There is clearly a need for books that break down complex findings and present them in everyday language. Where the book's writers and editors go wrong is in taking the necessary task of simplification too far. So much is left out of the picture presented in this book that the reader is left with more questions than answers. Ultimately, *Future Dreams* is a work that ____________.

(a) places scientific rigor above commercial success
(b) shows the public has no appetite for science writing
(c) refuses to break down the scientific discoveries it covers
(d) sacrifices too much complexity to make its subject accessible

번역

인기 도서 목록 1위로 오른 〈미래의 꿈〉이라는 책은 더 많은 독자들에게 자연 과학을 보여 주려고 하고 있다. 복잡한 연구 결과를 쉽게 분석해 일상의 언어로 제시하는 도서의 필요성이 분명히 존재한다. 책의 저자와 편집자들이 저지르는 오류는 필요한 단순화 작업을 도를 넘어 지나치게 한다는 것이다. 이 책에는 너무 많은 내용이 빠져버려 독자에게 해답보다는 더 많은 의문점을 남긴다. 결과적으로, 〈미래의 꿈〉은 책의 주제에 다가갈 수 있도록 하기 위해 난이도를 너무 많이 희생한 작품이다.

(a) 과학적인 엄격성을 상업적인 성공보다 우선시한
(b) 대중이 과학 서적에 관심을 갖고 있지 않다는 것을 보여 주는
(c) 책 속에서 다루어진 과학적 발견을 분석하려고 하지 않는
(d) 책의 주제에 다가갈 수 있도록 하기 위해 난이도를 너무 많이 희생한

기출 공략

과학적 주제를 쉽게 풀어서 설명하기 위해 내용을 단순화하는 작업은 필요하지만 너무 지나치게 단순화한 나머지, 책에 중요한 내용이 너무 많이 빠져 있다고 설명한다. 따라서 (d)가 정답이다.

debut 데뷔하다, 첫 출연하다 **break down** 분석하다; 분해하다 **everyday language** 일상어 **simplification** 단순화 **take ~ too far** ~의 도를 지나치다 **out of the picture** 빠지다(제거하다) **rigor** 엄격 **accessible** 접근 가능한 정답_(d)

8

The ancient Greek philosopher Plato wrote dialogues in which the main speaker is his teacher, Socrates. Scholars have wondered whether Plato's depiction of his teacher is historically accurate. Most believe that while the early dialogues are mostly faithful depictions of the master, many of the later dialogues, especially those in which Socrates expounds complex metaphysical theories, are probably creations of Plato's imagination. In essence, these scholars think that Plato ____________.

(a) confined himself to answering Socrates's questions in his later years
(b) derived his metaphysical views from conversations with Socrates
(c) sought new characters to replace Socrates as his views developed
(d) utilized these dialogues to explicate his own philosophical views

번역

고대 그리스의 철학자 플라톤은 그의 스승 소크라테스가 주 연사인 대화록을 기록했다. 학자들은 그의 스승에 대한 플라톤의 묘사가 역사적으로 정확한지 궁금해 했다. 대부분의 학자들은 대체로 초기 대화들은 스승에 대해 충실하게 기록되어 있으되, 특히 소크라테스가 복잡한 형이상학적 이론을 자세히 설명하고 있는 훗날의 대화 내용 대부분은 아마도 플라톤의 상상력에 의해 창작된 것들이라고 믿고 있다. 요컨대 이들 학자들은 플라톤이 자신의 철학적 견해를 설명하기 위해 이 대화록을 이용했다고 생각한다.

(a) 말년에 소크라테스의 질문에 대한 대답 외에는 아무것도 하지 않았다
(b) 소크라테스와의 대화로부터 그의 형이상학적 견해를 도출했다
(c) 그의 견해가 발전함에 따라 소크라테스를 대체할 새로운 인물을 찾았다
(d) 자신의 철학적 견해를 설명하기 위해 이 대화록을 이용했다

기출 공략

지문 내용에 충실한 선택지를 고르는 것이 핵심이다. 지문에서는 학자들이 소크라테스의 복잡한 형이상학적 이론들이 많이 담긴 후기 대화록이 플라톤의 상상력에 의해 창작된 것이라고 생각한다는 내용을 담았으므로, 자신의 철학적 견해를 설명하기 위해 대화록을 이용했다는 (d)가 가장 적절하다.

dialogue 대화 **depiction** 묘사 **expound** 자세히 설명하다 **metaphysical** 형이상학의 **confine oneself to** ~에 국한시키다 **derive** 끌어내다, 파생시키다 **explicate** 설명하다 정답_(d)

9

Today the mayor announced that the City Public Library will be ______________. The move comes in response to a deficit in revenues, which will require budgetary restraint in the coming years. Starting next January, the library will be closing thirty minutes earlier on weekdays, and weekend services, which have been popular with residents, will be eliminated. The city expects to save $250,000 compared to last year. These savings will come from the lower operation costs resulting from the library's reduced hours of service.

(a) freezing the wages paid to its hourly employees
(b) reversing its previous decision to extend its hours
(c) eliminating unpopular services to help the state budget
(d) shortening its operating hours to address budget issues

번역

시장은 오늘 시립 공공 도서관이 예산 문제에 대처하기 위해 운영 시간을 단축할 것이라고 발표했다. 이는 수입 적자에 대응한 조치이며, 향후 몇 년 동안은 예산 통제가 필요할 것으로 보인다. 내년 1월부터 도서관은 평일에 30분씩 일찍 닫을 것이며, 주민들에게 가장 인기 있었던 주말 서비스는 종료된다. 시는 지난해에 비해 25만 달러의 비용 절감을 기대하고 있다. 이러한 비용 절감은 도서관 운영 시간 단축으로 인해 낮아진 운영 비용에서 비롯될 것이다.

(a) 시간제 직원에게 지급되는 임금을 동결할
(b) 운영 시간 연장을 하겠다는 이전의 결정을 번복할
(c) 주 예산에 도움을 주기 위해 비인기 서비스를 제거할
(d) 예산 문제에 대처하기 위해 운영 시간을 단축할

기출 공략

시립 도서관의 수입 적자에 따른 예산 통제에 대한 내용이다. 평일에 30분씩 운영 시간을 단축하고, 주말 서비스는 종료한다는 내용으로, 예산 문제 해결을 위해 운영 시간을 단축한다는 (d)가 적절하다. 정부 예산이나 비인기 서비스를 없앨 것이라는 내용은 없었으므로, (c)는 답이 될 수 없다.

in response to ~에 대응하여 **deficit** 적자 **revenues** 수입 **budgetary restraint** 예산의 통제 **eliminate** 없애다 **freeze** 동결하다 **reverse** 뒤집다 **extend** 연장하다 **address** 다루다, 처리하다

정답_(d)

10

Alexander Pope was the first writer in English literature to ______________. In the early modern period, writers in England relied on the patronage of wealthy people to support their work. However, Pope's popular translations of the ancient Greek epics *The Iliad* and *The Odyssey* enabled him to earn sufficient income to concentrate full-time on producing his own poetry. This was a luxury unavailable to any of his contemporaries in the literary world.

(a) focus on his poetic ambitions without help from patrons
(b) earn more money from his poetry than from his translations
(c) use his wealth to support the works of other struggling artists
(d) direct his attention to gathering donations for translation work

번역

알렉산더 포프는 영국 문학계에서 후원자의 도움 없이 자신의 시적 야망에 초점을 맞춘 첫 번째 작가였다. 전기 근대의 영국의 작가들은 자신의 작품에 대한 지원을 부유한 사람들의 후원에 의존하고 있었다. 그러나 포프는 인기를 얻은 자신의 고대 그리스 서사시 〈일리아드〉와 〈오디세이〉의 번역본들을 통해 자신의 시를 짓는 데 온전히 집중할 수 있을 만큼 충분한 소득을 얻었다. 이는 동시대 문학계 그 누구도 얻을 수 없던 사치였다.

(a) 후원자의 도움 없이 자신의 시적 야망에 초점을 맞춘
(b) 번역일보다 시로 더 많은 돈을 번
(c) 어려움에 처한 다른 예술가들의 작품 활동을 지원하기 위해 자신의 재산을 사용한
(d) 번역 작업을 위한 기부금 모금에 집중한

기출 공략

전기 근대 시대의 대부분의 영국 작가들은 부유한 사람들의 후원에 의존하며 살았으나, 포프는 이와 달리 그의 번역본으로 충분한 소득을 얻어 자신의 시를 짓는 데 집중할 수 있었다는 내용이므로, (a)가 가장 적절하다.

patronage 후원 **translation** 번역 **sufficient** 충분한 **contemporaries** 동시대인 **struggling** 어려움을 겪는

정답_(a)

11

Responding to criticism that teachers' colleges overemphasize abstract pedagogical theory, the Ministry of Education has decided to ______________. Typically, aspiring teachers are required to pass three multiple-choice tests to obtain initial certification. However, in the new system, instead of paper-based tests of theoretical knowledge, teacher trainees will be required to submit lesson plans, homework assignments, and videos of their teaching for certification. These materials will demonstrate actual classroom skills such as the ability to engage students and to account for different learning styles.

(a) adopt more practical criteria in certifying prospective teachers
(b) lower the passing grade for aspiring teachers' certification exams
(c) require teachers to devise more lessons with real-life applications
(d) implement stricter requirements for teachers to maintain certification

번역

교육 대학이 추상적인 교육학적 이론을 지나치게 강조한다는 비판에 응하여 교육부는 미래의 교사들의 자격 인증을 위해 보다 실질적인 기준을 채택하기로 결정했다. 일반적으로 예비 교사들은 첫 자격증 획득을 위해 3회의 선다형 시험에 합격해야 한다. 하지만 새로운 제도에서는 자격증을 위해 교원 연수생은 이론적 지식에 대한 서면 시험 대신 수업 계획, 과제물 부과, 그리고 자신의 강의 동영상을 제출해야 한다. 이러한 자료들은 학생들의 활발한 참여를 유도하거나 학생들의 다양한 학습 스타일을 고려하는 것과 같이 실제 교실 내 역량들을 보여줄 것이다.

(a) 미래의 교사들의 자격 인증을 위해 보다 실질적인 기준을 채택하기로
(b) 예비 교사 자격인증 시험 합격 점수를 낮추기로
(c) 교사들이 현실을 반영한 수업을 더 많이 고안할 것을 요구하기로
(d) 교사 자격증을 유지하기 위해 더 엄격한 요구조건을 시행하기로

기출 공략

교육 대학에서 추상적인 교육학 이론을 강조한다는 비판에 대응하여 실제 교실 내 역량을 보여줄 수 있는 내용들로 자격증 획득 기준을 바꿨다고 했으므로 (a)가 가장 적절하다.

overemphasize 지나치게 강조하다 **pedagogical** 교육학의
aspiring 장차 ~가 되려는(예비의) **account for** ~을 고려하다
prospective 장래의 **real-life application** 실제 적용
implement 시행하다

정답_(a)

12

When villagers in Naluvedapathy, India, took on a project to get into the Guinness World Records in 2002, they had no idea their efforts would ______________. In planting more than 80,000 saplings along their coastline within 24 hours, they set a world record, but they also did more. When the 2004 Indian Ocean tsunami struck two years later, the new coastal forest acted as a shield. While other villages were crushed, causing thousands of casualties, the people of Naluvedapathy were largely unharmed, though some of their homes were flooded.

(a) warn villagers about an approaching tsunami
(b) help them rebuild from the damage of a flood
(c) spare them from the worst of a natural disaster
(d) cause massive flooding in the area two years later

번역

인도의 날루베다파시 마을 주민들이 2002년에 기네스 세계 기록 등재를 위한 프로젝트를 시작했을 때, 그들은 그들의 수고가 최악의 자연 재해로부터 그들을 살려낼 것이라는 생각을 전혀 하지 못했다. 24시간 이내에 해안선을 따라 8만 그루 이상의 묘목을 심음으로써 세계 기록을 달성한 것은 물론, 이보다 더한 것을 해냈다. 2년 뒤 2004년에 인도양 쓰나미가 강타했을 때 이들이 조성해 놓은 이 새로운 해안 숲이 방패 역할을 해주었던 것이다. 다른 마을들은 파괴돼 수천 명의 사상자를 낳았으나, 날루베다파시 사람들 대부분은 일부 주택이 침수되는 것 외에는 무사했던 것이다.

(a) 다가오는 쓰나미에 대해 마을 주민들에게 경고할 것
(b) 그들이 홍수 피해로부터 복구하는 데 도움이 될 것
(c) 최악의 자연 재해로부터 그들을 살려낼 것
(d) 2년 후 그 지역에 대규모 홍수를 일으키게 될 것

기출 공략

날루베다파시 마을 주민들은 해안선을 따라 심은 8만 그루 이상의 묘목 덕분에 다른 마을처럼 수천 명의 사상자를 낳지 않고 대부분 무사했다는 내용이다. 따라서 (c)가 가장 적절하다.

sapling 묘목 **casualty** 사상자 **unharmed** 무사한 **spare** 살리다 **natural disaster** 자연 재해 **massive** 거대한

정답_(c)

13

Researchers have received government approval for a study to assess the use of stem cells to ______________. Following promising results in a similar study on cerebral palsy, a different brain disorder, scientists hope the present study will improve the patients' condition. The study will involve thirty autistic children who had stem cells harvested from their umbilical cords at birth. These cells will be injected into the children's bloodstreams, and the scientists will watch for positive changes in the major areas of impairment associated with autism, including behavioral abnormalities and linguistic deficits.

(a) prevent the early onset of cerebral palsy in participants
(b) produce improvements in children suffering from autism
(c) provide language and behavior training to autistic children
(d) determine genetic factors contributing to a childhood illness

번역

연구자들은 자폐증을 앓고 있는 어린이들의 문제를 개선하기 위해 줄기세포를 사용하는 것을 결정하기 위한 연구에 대해 정부의 승인을 받았다. 또 다른 뇌 장애인 뇌성마비 분야의 유사 연구에서 얻어낸 긍정적인 연구결과에 따라, 과학자들은 본연구가 환자의 상태를 개선시키길 기대하고 있다. 이 연구에서는 출생 시 탯줄에서 줄기세포를 채취한 30명의 자폐아를 대상으로 한다. 아이들의 혈류에 해당 세포를 주입한 뒤 과학자들은 이상 행동이나 언어 장애 등을 포함한 자폐증 관련 주요 결함 부문에서 일어나는 긍정적인 변화를 관찰할 예정이다.
(a) 참여자들의 뇌성마비 조기 발병을 방지하기
(b) 자폐증을 앓고 있는 어린이들의 문제를 개선하기
(c) 자폐아들에게 언어 및 행동 훈련을 제공하기
(d) 유년기 질병에 관계있는 유전적 요인을 알아내기

기출 공략

글의 내용에는 자폐아를 대상으로 한 줄기세포 연구를 통해 이상 행동 또는 언어 장애를 포함한 자폐증 증상에 있어 긍정적인 변화를 기대한다고 나타나 있다. 따라서 (b)가 가장 적절하다. 본문에서는 뇌성 마비 조기 발병 방지나 유년기 질병의 유전적 요인에 대한 내용은 나와 있지 않으므로 (a), (d)는 적절하지 않다.
promising 유망한 **cerebral palsy** 뇌성 마비 **autistic** 자폐증의 **umbilical cord** 탯줄 **bloodstream** 혈류 **impairment** 장애 **abnormality** 비정상 **deficit** 장애, 결함 **onset** 시작 **genetic factors** 유전적 요인 **contribute to** ~에 기여하다

정답_(b)

14

At the end of the seventeenth century, a number of prominent figures ______________. These figures, including Isaac Newton and Jonathan Swift, acknowledged the immense intellectual accomplishments of the modern world. However, believing that dismissing the works of ancient Greece and Rome, as some people were doing, was an act of arrogance, they refused to concede that the modern world had surpassed the ancient world in terms of learning. For these prominent figures, there was no substitute for an education in the classics.

(a) tried to recover sources of learning lost since antiquity
(b) sought to establish new foundations for modern learning
(c) spoke out in support of the enduring value of ancient works
(d) criticized the failure of modern thinkers to surpass the ancients

번역

17세기 말에 다수의 유명 인사들은 고전 작품이 지닌 지속적인 가치를 지지하는 발언을 했다. 아이작 뉴턴과 조너선 스위프트 등을 포함한 이 인사들은 현대 사회가 이루어낸 엄청난 지적 성과를 인정했다. 그러나 일부 사람들이 그랬듯이 고대 그리스와 로마의 작품을 무시하는 것은 오만한 행동이라는 것을 믿었던 그들은 현대 사회가 배움에 있어 고대 사회를 뛰어넘었다는 주장은 인정하기를 거부했다. 이들 유명 인사들에게 고전 작품 교육을 대신할 수 있는 것은 없었다.
(a) 고대로부터 잃어버린 배움의 원천을 되찾으려 했다
(b) 현대적 배움을 위한 새로운 기반을 확립하려 했다
(c) 고전 작품이 지닌 지속적인 가치를 지지하는 발언을 했다
(d) 고대인을 뛰어넘는 데 실패한 현대 사상가들을 비판했다

기출 공략

유명 인사들에게 고전 작품에 대한 교육을 대체할 수 있는 것은 없었다는 마지막 문장으로 보아, 고전 작품의 지속적인 가치를 옹호했다는 것을 알 수 있다. 따라서 (c)가 가장 적절하다. 고대인을 뛰어넘는 데 실패한 현대 사상가들을 비판한 것은 아니므로 (d)는 적절하지 않다.
prominent figure 유명 인사 **acknowledge** 인정하다 **immense** 엄청난 **dismiss** 무시하다 **arrogance** 오만함 **concede** 인정하다 **surpass** 뛰어넘다, 능가하다 **antiquity** 고대 **in support of** ~을 지지하는

정답_(c)

15

To Bingham Electronics:
I am sending you a defective toaster, which a customer service representative assured me would be replaced free of charge. When I plugged it in for the first time, I saw a large spark and heard a loud popping noise. I was completely shocked that your product contained such a dangerous defect. ______________, I have used many of your products in the past without incident, so I remain hopeful that this was simply a chance misfortune. I look forward to receiving a replacement promptly.
Sincerely,
Pam Budgins

(a) Likewise
(b) As a result
(c) Nevertheless
(d) Put another way

번역

빙햄전자 귀중
고객 서비스 담당자가 무상 교환을 보증한 불량 토스터기를 보냅니다. 처음에 전원에 연결했을 때 큰 불꽃이 튀면서 크게 펑 터지는 소리가 났습니다. 저는 당사의 제품에 이렇게 위험한 결함이 있다는 사실에 놀라움을 금치 못하고 있습니다. 그럼에도 불구하고 저는 과거 귀사의 많은 제품을 사고 없이 사용해 왔고 이번은 단순히 어쩌다 운이 없었던 것이라고 믿겠습니다. 빠른 시일 내에 교환 제품을 받기를 기대하겠습니다.
팸 버드긴스 드림
(a) 마찬가지로
(b) 그 결과
(c) 그럼에도 불구하고
(d) 바꿔 말하면

기출 공략

불량 토스터기로 크게 충격을 받았으나, 과거 빙햄전자의 많은 제품들을 사고 없이 사용하고 있어 이번 경우는 단순히 운이 없었던 것으로 넘기고 제품의 교환을 요청하는 편지다. 따라서 (c)가 가장 적절하다.

defective 결함이 있는 **representative** 담당자 **assure** 보장하다, 장담하다 **free of charge** 무료로 **popping noise** 펑 (터지는) 소리 **defect** 결함 **incident** 사건 **misfortune** 불운 **replacement** 대체품 **promptly** 신속히

정답_(c)

16

In the 1980s, Soviet leader Mikhail Gorbachev began loosening censorship of the media. He hoped that this policy would reduce government corruption and strengthen people's trust in their leaders. However, the policy brought about unintended consequences. With greater freedom of information, people became increasingly disillusioned with their leaders, and soon they began demanding a complete change of government. ______________, the policy of freeing the press led to the Soviet Union's demise.

(a) Granted
(b) Ultimately
(c) By contrast
(d) To illustrate

번역

1980년대에 소련 지도자 미하일 고르바초프는 미디어 검열을 완화하기 시작했다. 그는 이 정책이 정부의 부패를 줄이고 지도층에 대한 사람들의 신뢰를 강화하길 바랐다. 그러나 이 정책은 의도하지 않은 결과를 불러왔다. 더욱 확산된 정보의 자유로 인해 사람들은 지도층에 점점 환멸을 느끼게 되었고, 곧 정권의 완전 교체를 요구하기 시작했다. 결국 언론의 자유화 정책은 소련의 붕괴로 이어졌다.
(a) 확실히
(b) 결국
(c) 그에 반해
(d) 설명하자면

기출 공략

본래 정부 부패를 줄이고 지도층에 대한 사람들의 신뢰를 강화하기 위한 목적으로 미디어 검열을 완화했으나, 오히려 사람들이 지도층을 환멸하기 시작했다는 내용이므로, 언론의 자유화 정책이 소련의 붕괴로 이어졌다는 문장 앞에 (b)가 가장 적절하다.

loosen 완화하다 **censorship** 검열 **corruption** 부패, 비리 **unintended** 의도하지 않은 **consequence** 결과 **disillusioned with** ~로 환멸을 느낀 **demise** 사망; 붕괴, 종말

정답_(b)

17

While some tech start-ups have what it takes to be successful, the vast majority will fail. What those in the former category have are products that enable customers to save time or produce superior work. Their products are also easier to use than the competition, such as being easy to install and having intuitive interfaces. Not to be forgotten is the enjoyment their products give users through sleek and attractive designs.

Q What is the main topic of the passage?
(a) How start-ups attract investment in their work
(b) Why most new tech start-ups will ultimately fail
(c) The way tech start-ups foster innovative products
(d) The qualities of products from successful start-ups

번역

일부 IT 신생 기업들은 성공 조건을 가진 반면, 대부분은 실패한다. 전자에 속하는 회사들은 바로 고객이 시간을 절약하거나 뛰어난 결과를 얻어낼 수 있도록 해주는 제품들을 갖추고 있다. 이런 회사의 제품은 또한 설치가 용이하고 직관적인 인터페이스를 갖고 있는 것과 같이 경쟁사 제품보다 사용하기가 더 쉽다. 더불어 세련되고 매력적인 디자인으로 제품이 사용자들에게 주는 즐거움도 빼놓을 수 없다.

Q 지문의 주제는?
(a) 신생 기업들이 자사의 사업에 투자를 유치하는 방법
(b) 대부분의 신생 기업들이 궁극적으로 실패하는 이유
(c) IT 신생 기업들이 혁신적인 제품을 육성하는 방법
(d) 성공한 신생 기업들이 만드는 제품들의 품질

기출 공략

지문의 주요 내용은 성공한 신생 기업들의 제품 특징으로서, 핵심 주제는 (d)라고 볼 수 있다. 대부분의 신생 기업들이 궁극적으로 실패하는 이유에 대해서는 명시적으로 드러내고 있지 않으므로 (b)는 적절하지 않다.

start-up 신생 기업 **majority** 대부분 **competition** 경쟁; 경쟁 상대 **intuitive** 직관적인 **sleek** 세련된 **investment** 투자 **ultimately** 궁극적으로 **foster** 키우다 정답_(d)

18

The English Teaching Association is hosting its annual conference this coming November 13-15 on the topic of English in a globalized world. Those wishing to present their papers at the conference should submit their proposals no later than February 15 for consideration. Papers with either a theoretical or practical focus are welcome, but all submissions should be relevant to the main topic of the conference.

Q What is the main purpose of the announcement?
(a) To propose topics for conference research papers
(b) To recruit volunteers for an upcoming conference
(c) To seek people to review submitted research papers
(d) To provide guidelines for submissions to a conference

번역

영어 교육 협회는 다가오는 11월 13-15일에 세계 속의 영어라는 주제로 연례 학술 대회를 주최한다. 학술 대회에서 자신의 논문을 발표하고 싶은 사람은 사전 검토를 위해 2월 15일 이전까지 제안서를 제출해야 한다. 이론 또는 실용 중점의 논문은 환영하지만, 제출된 모든 제출물은 학술 대회의 핵심 주제와 관련된 것이어야 한다.

Q 공지의 주요 목적은?
(a) 학술 대회의 연구 논문 주제를 제안하기 위해
(b) 다가오는 학술 대회의 자원 봉사자를 모집하기 위해
(c) 제출된 연구 논문을 검토할 사람들을 구하기 위해
(d) 학술 대회에 제출하는 논문에 대한 지침을 제공하기 위해

기출 공략

지문의 내용은 학술 대회에 논문을 발표하고자 할 때 제출 방법과 논문의 내용에 대한 공지다. 따라서 (d)가 가장 적절하다.

proposal 제안(서) **theoretical** 이론적인 **practical** 실용적인 **submission** 제출 **be relevant to** ~와 관련된 정답_(d)

19

To the Editor:
The article entitled "Blaming the Obese" was correct that shaming obese people into changing their lifestyles is ineffective. What we need instead is a comprehensive approach that shows people the importance of making healthy choices. A good place to start would be a nationwide campaign to raise awareness of the illnesses associated with obesity, combined with specific recommendations for effective dieting. Providing information is key to helping people make positive choices.
Jacqueline Baxter

Q What is the writer's main point about obesity?
(a) It should be thought of as an illness.
(b) It is responsible for a rise in health care costs.
(c) It needs to be tackled by better public education.
(d) It cannot be overcome simply with lifestyle changes.

번역

편집자에게:
"비만인들을 탓하다"라는 제목의 기사에서 뚱뚱한 사람들이 라이프 스타일을 바꾸도록 이들에게 수치심을 주는 것이 효과가 없다고 한 것은 옳았다. 우리에게 대신 필요한 것은 사람들에게 건강한 선택을 하는 일의 중요성을 보여주는 포괄적인 접근 방식이다. 그 시작점으로 효과적인 다이어트를 위한 구체적인 권장 사항과 함께 비만 관련 질병에 대한 의식을 높이기 위한 전국적인 캠페인이 좋을 것이다. 정보를 제공하는 것은 사람들이 긍정적인 선택을 하도록 돕는 데 핵심이다.
재클린 박스터

Q 비만에 대한 글쓴이의 요지는?
(a) 질병으로 생각해야 한다
(b) 의료비 증가의 원인이다
(c) 대중을 상대로 더 나은 교육으로 해결해야 한다
(d) 라이프 스타일의 변화만으로는 극복할 수 없다.

기출 공략

사람들에게 건강한 선택의 중요성을 보여주는 포괄적인 접근 방식으로서 비만 관련 질병에 대한 의식을 높이기 위한 전국적인 캠페인이 좋은 시작점일 것이라고 말하고 있다. 따라서 더 나은 대중 교육으로 해결해야 한다는 (c)가 적절하다.

blame 탓하다 **obese** 비만인 **shame** 수치심을 주다 **ineffective** 효과적이지 않은 **comprehensive** 포괄적인 **raise awareness** 인식을 높이다 **be key to** ~하는 데 핵심적이다 **tackle** 해결하다

정답_(c)

20

The so-called "Radium Girls" were a tragic but influential group of women in the history of industrial relations. Working at a paint factory in the early twentieth century, they were exposed to chemicals that their employer knew were toxic. They decided to launch a legal case against their employer, accusing the company of failing to protect its workers. Although their lives were cut short, the women's actions resulted in stronger laws to protect factory workers from dangerous chemicals and to hold companies responsible for negligence.

Q What is the main topic of the passage?
(a) The Radium Girls' positive impact on workers' rights
(b) The discovery of radium's risks through the Radium Girls
(c) Why the US radium company hid its abusive labor practices
(d) How the Radium Girls never received compensation for their suffering

번역

이른바 '라듐 걸즈'는 노사 관계의 역사에 있어서 비극적이면서도 영향력 있는 여성 집단이었다. 20세기 초에 페인트 공장에서 일한 그들은 고용주가 독성임을 알고 있던 화학 물질에 노출되었었다. 그들은 노동자를 보호하지 않은 회사를 고발하며 고용주를 상대로 법적 소송을 제기하기로 결정했다. 그들의 인생은 짧게 끝났지만, 그들의 행동은 위험한 화학 물질로부터 공장 노동자들을 보호하고 기업의 직무유기에 대한 책임을 묻게 하는 더 강력한 법을 낳았다.

Q 지문의 주제는?
(a) 라듐 걸즈가 노동자의 권리에 미친 긍정적인 영향
(b) 라듐 걸즈를 통한 라듐의 위험성 발견
(c) 미국의 라듐 회사가 학대적인 노동 관행을 숨긴 이유
(d) 라듐 걸즈가 그들의 고통에 대한 보상을 받지 못한 원인

기출 공략

라듐 걸즈의 소송은 기업들에게 위험한 화학 물질로부터 공장 노동자들을 보호할 의무를 부과하는 강력한 법을 낳았다는 내용이므로, (a)가 핵심 주제로 가장 적절하다.

so-called 소위 **tragic** 비극적인 **influential** 영향력 있는 **industrial relations** 노사관계 **be exposed to** ~에 노출된 **toxic** 독성의 **legal case** 법적 소송 **accuse** 고발하다 **cut short** 갑자기 끝나다 **hold responsible for** ~에 대한 책임을 묻다 **negligence** 직무유기 **abusive** 학대하는, 폭력적인 **compensation** 보상(금)

정답_(a)

21

Studies have shown that the neurotransmitter dopamine, which facilitates communication between nerve cells, plays an important role in people's ability to store and recall past experiences. In tests where subjects were asked to identify photographs they had been shown six hours earlier, those given a chemical that is converted into dopamine in the brain performed 20% better than those in a placebo group. The findings provide strong evidence that the natural decline of dopamine levels over time is one reason why the elderly have trouble storing and retrieving memories.

Q What is the passage mainly about?
(a) The impact of dopamine levels on memory
(b) The interaction of dopamine with other chemicals
(c) The rate at which dopamine decreases as people age
(d) The influence of recall tests on dopamine production

번역

연구 결과에 따르면 신경 세포 사이에 통신을 용이하게 하는 신경 전달 물질인 도파민은 인간이 과거의 경험을 저장하고 회상하는 능력에 중요한 역할을 한다. 피험자들에게 6시간 전에 보여 준 사진을 가려내도록 한 실험에서, 뇌에서 도파민으로 변환되는 화학물질을 투여한 그룹은 위약 투여 그룹에 비해 20% 더 뛰어난 능력을 나타낸 것으로 드러났다. 연구 결과는 시간 경과에 따른 도파민의 자연적인 감소는 고령자가 기억을 저장하거나 회상하는 데 어려움을 겪는 하나의 이유라는 강력한 근거를 제공하고 있다.

Q 지문의 주요 내용은?
(a) 기억력에 도파민 수준이 미치는 영향
(b) 다른 화학 물질과 도파민의 상호 작용
(c) 노화에 따른 도파민 감소 비율
(d) 도파민 생성에 대한 기억력 검사의 영향

기출 공략

지문에서는 주로 도파민이 기억의 저장과 회상 능력에 중요한 역할을 한다는 내용이며, 이를 뒷받침하기 위해 실험 결과를 인용하고 있다. 따라서 주된 내용은 (a)이다. (c)는 지문에서 확인되지 않는 내용이다.

neurotransmitter 신경 전달 물질 **dopamine** 도파민 **facilitate** 용이하게 하다 **nerve cell** 신경세포 **recall** 회상하다 **convert** 변환하다 **placebo** 위약(의) **retrieve** 되찾다, 회수하다 **interaction** 상호작용 정답_(a)

22

The tone of the works by American novelist Mark Twain underwent a profound change during his career. His most famous works, composed during the middle of his life, are full of humorous satire. These include the classics *Tom Sawyer* and *The Adventures of Huckleberry Finn*. However, toward the end of his life, Twain endured financial hardship as well as the deaths of his wife and daughters. These experiences filled him with bitterness over the perceived injustice of the world, an attitude that found expression in his less commonly read later works.

Q What is the writer's main point about Mark Twain?
(a) He used humor to cope with his financial struggles.
(b) He earned sympathy for writing about his life's tragedies.
(c) His later works were popular despite their growing bitterness.
(d) His work became darker in tone in response to personal misfortunes.

번역

미국 소설가 마크 트웨인 작품의 분위기는 그가 소설가로서 활동하는 동안 엄청난 변화를 겪었다. 그의 인생 중반에 쓰여진 가장 유명한 작품들은 해학적인 풍자로 가득 차 있다. 여기에는 고전문학 〈톰 소여〉와 〈허클베리 핀의 모험〉이 포함되어 있다. 그러나 트웨인은 말년에 재정적인 어려움과 더불어 그의 아내와 딸들의 죽음을 겪었다. 이러한 경험은 그를 불공평한 세상에 대한 비통함으로 가득 차게 했으며, 그의 이런 마음가짐은 사람들에게 덜 읽힌 그의 후기 작품에 표현되어 있다.

Q 마크 트웨인에 대한 글쓴이의 요지는?
(a) 그는 재정적 어려움에 대응하기 위해 유머를 사용했다.
(b) 그의 인생의 비극에 대한 집필로 동정을 얻었다.
(c) 그의 후기 작품들은 점점 더 비통해졌음에도 인기가 있었다.
(d) 그의 작품은 개인적인 불행으로 인해 분위기가 어두워졌다.

기출 공략

마크 트웨인 작품의 분위기가 그의 활동 기간 동안 큰 변화를 겪었다는 내용이다. 인생 중반에 만들어진 작품들은 해학적인 풍자로 가득 차 있는 반면, 말년에 그가 재정적 어려움과 아내와 딸들의 죽음을 겪으면서 쓴 후기 작품들은 세상의 불공평함에 대한 비통함을 보였다. 따라서 (d)가 가장 적절하다.

profound 엄청난 **compose** (글을) 쓰다 **satire** 풍자 **endure** 견디다 **financial hardship** 재정적인 어려움 **bitterness** 비통 **injustice** 불공평함 **cope with** 대처하다 **struggle** 분투 **misfortune** 불행, 불운 정답_(d)

23

The crowd at the protest over the Rothshire Transportation Authority's decision to hike fares grew for the third consecutive day. The authority claims that the price increase, the first in five years, is necessary to keep up with rising costs. However, local groups had begun protests before the hike was even implemented in an attempt to kill the move. Now that the price hike has come into effect, the groups are urging protesters to boycott city buses, which has resulted in a 10% drop in ridership citywide.

Q Which of the following is correct according to the news report?

(a) The number of people attending protests has been in decline.

(b) Bus fares have been raised every year for the past five years.

(c) Protests started after the new fare hike was implemented.

(d) Ridership of buses has been reduced by calls for a boycott.

번역

요금을 인상하겠다는 로샤이어 교통국의 결정에 맞서 시위하는 군중이 사흘 연속 늘어났다. 당국은 5년 만에 처음인 이번 가격 인상은 비용 상승을 따라잡기 위해 필요한 조치라고 주장한다. 그러나 지역 단체들은 이번 움직임을 말살하기 위해 요금 인상이 시행되기 전부터 시위를 시작했다. 요금 인상이 발효된 지금 단체들은 시위대에 시내버스에 대한 보이콧을 촉구하여 전체 도시의 승객 수가 10% 줄어들었다.

Q 뉴스 보도 내용과 일치하는 것은?

(a) 시위에 참여한 사람들의 수가 감소했다.

(b) 버스 요금은 지난 5년 동안 매년 인상되어 왔다.

(c) 시위는 새로운 요금 인상이 시행된 이후에 시작되었다.

(d) 버스 이용자 수는 보이콧 촉구에 의해 감소되었다

기출 공략

시위에 참여한 사람의 수는 증가했으며, 버스 요금 인상은 5년 만에 처음이며, 새로운 요금 인상이 시행되기 이전부터 시위가 시작되었으므로 (a), (b), (c)는 옳지 않다. 시위대는 시내버스에 대한 보이콧을 촉구해서 버스 승객 수가 감소했으므로 정답은 (d)이다.

hike 인상하다 **consecutive** 연속적인 **keep up with** 따라잡다 **implement** 시행하다 **come into effect** 시행되다, 발효되다 **protesters** 시위대(시위자들) **ridership** 승객 수 **decline** 감소 **call for** ~에 대한 촉구

정답_(d)

24

Come to Walker's Office Supply for our annual back-to-school sale! This weekend only, items in the store will be offered at discounts of up to 50%. Show your student ID at checkout and receive an additional 5% off all items except for electronics. And for all purchases over $20, you'll be entered into a lucky draw. Three runners-up will receive mobile phones, and the grand prize winner will take home a new laptop. Don't miss out!

Q Which of the following is correct about Walker's Office Supply according to the advertisement?

(a) Its annual back-to-school sale is on for one week.

(b) Its special discount for students does not apply to all items.

(c) No purchase is required for customers to enter its lucky draw.

(d) The winner of its lucky draw will receive both a phone and a laptop.

번역

워커스 사무용품 판매점의 연례 신학기 할인 행사로 오세요! 이번 주말에만 매장에 있는 품목을 최대 50%까지 할인된 가격으로 제공합니다. 계산대에서 학생증을 제시하고 전자 기기를 제외한 모든 품목에 5% 추가 할인을 받으세요. 그리고 20달러 이상 구매를 하는 경우에는 추첨 행사에 응모됩니다. 세 명의 2등 당첨자들은 휴대 전화를, 1위 당첨자는 신규 노트북을 가져가게 됩니다. 기회를 놓치지 마세요!

Q 워커스 사무용품 판매점에 대해 광고 내용과 일치하는 것은?

(a) 연례 신학기 할인 행사는 일주일 동안 진행된다.

(b) 학생들을 위한 특별 할인은 모든 상품에 적용되지는 않는다.

(c) 추첨 행사 응모는 상품 구매를 필요로 하지 않는다.

(d) 추첨 행사 당첨자는 전화기와 노트북을 모두 받게 된다.

기출 공략

신학기 할인 행사는 주말에만 진행되며, 추첨 행사 응모를 위해서는 20달러 이상 구매를 해야 한다. 또한, 추첨 행사 2등에겐 휴대 전화를, 1등에게는 노트북을 각각 주기 때문에 (a), (c), (d)는 옳지 않다. 학생들을 위한 추가 할인은 전자 기기를 제외하므로 정답은 (b)이다.

at checkout 계산대에서 **except for** ~를 빼고 **lucky draw** 추첨 행사 **runner-up** 2등

정답_(b)

25

Dear Diana,
I meant to write you my first week in Beijing, but it's taken a few weeks to get settled. The apartment provided by the school is a furnished studio, close to work but not quite within walking distance. I assumed I'd be teaching middle school students, but they're actually in preschool. As for the food, it's growing on me, which says a lot considering my reluctance to try new things. Anyway, expect an update from me every other week!
Love,
Georgina

Q Which of the following is correct about the writer according to the letter?
(a) She has already been in Beijing for over a week.
(b) She lives within walking distance of the school.
(c) She teaches classes of middle school students.
(d) She promises to contact her friend once a week.

번역

다이아나에게,
베이징으로 온 첫 주에 편지를 쓰려고 했는데, 자리 잡는 데 몇 주가 걸렸어. 학교에서 제공하는 아파트는 가구가 딸린 원룸인데, 직장에서 가깝지만 걸어서 갈 수 있는 정도의 거리는 아니야. 나는 중학생들을 가르칠 것이라고 생각했는데, 실은 유치원생이네. 새로운 것을 시도하길 꺼려하는 내 성격을 감안하면 음식 맛이 점점 나아지고 있다는 것은 대단한 일이란 생각이야. 어쨌든, 앞으로 격주로 내 소식을 전하도록 할게!
사랑하는 조지나

Q 글쓴이에 대해 편지 내용과 일치하는 것은?
(a) 이미 일주일 이상 베이징에 있었다.
(b) 학교로 걸어서 갈 수 있는 거리에 살고 있다.
(c) 중학생들의 수업을 가르치고 있다.
(d) 일주일에 한 번씩 친구에게 연락할 것을 약속하고 있다.

기출 공략

조지나는 그녀의 직장인 학교에 걸어서 갈 수 있는 정도의 거리는 아닌 원룸에 살며, 중학생이 아닌 유치원생들을 가르치고 있다. 또한 격주로 친구에게 편지를 쓸 거라고 했다. 따라서 (b), (c), (d)는 옳지 않다. 적응하는 데 몇 주가 걸렸다는 내용으로 미루어 (a)가 정답이다.

mean 의도하다 **get settled** 자리 잡다 **furnished** 가구가 딸린 **studio** 원룸 **walking distance** 걸어서 갈 수 있는 거리 **grow on** ~가 점점 좋아지다 **reluctance** 꺼림

정답_(a)

26

The Republic of Ireland was long seen as an economic powerhouse in Europe. Driven by a comparatively modest corporate tax rate of 12.5%, it had the highest levels of growth in Europe from 1995 to 2007. Then things started to go wrong. The country's real estate bubble burst in 2007, leading to six months of recession in the middle of the year. Then the global financial crisis struck in 2008, and Ireland descended into a two-year recession. And it has never recovered from that shock, alternating since then between recession and anemic growth.

Q Which of the following is correct about Ireland according to the passage?
(a) It led Europe with the highest corporate tax up to 2007.
(b) Its recession in 2007 was caused by a housing collapse.
(c) It experienced a two-year recession leading up to 2008.
(d) Its economy after 2010 has continued to expand steadily.

번역

아일랜드는 오랫동안 유럽의 경제 대국으로 간주되었다. 12.5%라는 그다지 높지 않은 법인세율에 의해 1995년부터 2007년까지 유럽 내 가장 높은 성장 수준을 보였다. 그러다 문제가 발생하기 시작했다. 2007년에 부동산의 거품이 터져 연중 6개월간의 경기 침체에 빠지게 되었다. 이후 2008년에 세계 금융 위기가 발생했고, 아일랜드는 2년간의 불황에 빠졌다. 그리고 그 충격으로부터 회복하지 못하여 그로부터 불황과 빈약한 성장을 번갈아가며 겪게 됐다.

Q 아일랜드에 대해 지문 내용과 일치하는 것은?
(a) 2007년까지 가장 높은 법인세로 유럽을 이끌었다.
(b) 2007년 경기 침체는 주택 가격 붕괴에 의해 발생했다.
(c) 2008년까지 2년간의 불황을 겪었다.
(d) 2010년 이후의 경제는 꾸준한 성장을 이어가고 있다.

기출 공략

아일랜드는 1995년에서 2007년까지 높지 않은 법인세율로 유럽 내 가장 높은 성장 수준을 보였으며, 2008년 세계 금융 위기로 2년간의 불황에 빠졌다. 또한, 이때 충격으로부터 회복하지 못해 불황과 빈약한 성장을 번갈아 가며 겪고 있으므로, (a), (c), (d)는 옳지 않다. 따라서 2007년 부동산 거품이 터져 경기 침체에 빠지게 되었다는 내용이므로 (b)가 정답이다.

powerhouse 실세 집단 **comparatively** 비교적 **modest** 그다지 높지 않은 **corporate tax rate** 법인세율 **real estate bubble** 부동산 거품 **lead to** ~로 이어지다 **recession** 불황 **alternate** 번갈아 하다 **anemic** 빈약한 **collapse** 붕괴 **steadily** 꾸준히

정답_(b)

27

The first elephant proven to be capable of producing human speech lives at a zoo in South Korea. The creature, named Koshik, can "speak" five words by inserting his trunk into his mouth and whistling. Although Koshik does not seem to know what the words signify, he apparently learned them from his trainers. Separated from other elephants at the age of five, Koshik spent seven consecutive years without contact with his own kind. This isolation reportedly prompted him to try to bond with his human trainers by imitating their sounds.

Q Which of the following is correct about Koshik according to the passage?

(a) He is the latest of several elephants to make human words.

(b) He produces human sounds by using his trunk to whistle.

(c) He is able to comprehend the meaning of his five words.

(d) He has spent his entire life in isolation from other elephants.

번역

인간의 말을 할 줄 아는 것으로 판명된 최초의 코끼리가 한국의 동물원에서 살고 있다. 고식이라는 이름의 이 동물은 입에 코를 넣고 휘파람을 부는 방법으로 5개의 단어를 '말할 수' 있다. 고식이가 단어의 뜻을 알고 있는 것 같지는 않지만, 조련사에게서 배운 것 같다. 고식이는 5살 때 다른 코끼리들로부터 떨어져서 연속해서 7년 동안은 같은 종과의 접촉 없이 살았다. 이렇게 장기간 격리된 상태로 인해 고식이는 조련사들의 소리를 모방하여 유대감을 형성하려 노력하게 된 것 같다고 한다.

Q 고식이에 대해 지문 내용과 일치하는 것은?

(a) 인간의 단어를 소리 내는 몇몇 코끼리 중 가장 최근의 사례다.

(b) 코를 이용해 휘파람 소리를 사용하여 인간의 소리를 낸다.

(c) 자기가 만들어 내는 단어 다섯 개의 의미를 이해할 수 있다.

(d) 평생을 다른 코끼리와 격리되어 지냈다.

기출 공략

고식은 인간의 말을 할 수 있는 최초의 코끼리이며, 자기가 소리 내는 단어 다섯 개의 의미를 이해하고 있는 것 같지는 않으며, 5살 때부터 7년 간 격리되어 지냈으므로 (a), (c), (d)는 옳지 않다. 입에 코를 넣고 휘파람을 분다는 내용을 통해 (b)가 정답임을 알 수 있다.

signify 의미하다 **consecutive** 연이은 **isolation** 격리 **reportedly** 전해진 바에 의하면 **prompt** 촉구하다 **bond with** ~와 유대감을 형성하다 **imitate** 모방하다

정답_(b)

28

Tenants not renewing their leases must vacate their apartments by noon the day after the end of their lease period. Vacated rooms must be clean and contain all furniture in its original condition. Any costs related to cleaning or replacing items will be deducted from the tenant's security deposit. This deposit minus any charges will be transferred directly to tenants' bank account within ten days of vacating. Those wishing to receive a check must make arrangements with the building manager.

Q Which of the following is correct according to the passage?

(a) Apartments must be vacated on the final day of the lease period.

(b) The cost of cleaning the room is the responsibility of the tenant.

(c) Tenants receive security deposits back on their move-out day.

(d) Bank transfer is the sole means of receiving the security deposit.

번역

임대 계약을 갱신하지 않는 세입자는 임대 기간 종료일 다음날 정오까지 아파트를 비워야 한다. 비운 방들은 깨끗한 상태여야 하며 가구들도 모두 원래의 상태로 있어야 한다. 청소 또는 물품 교체와 관련한 비용은 임차인의 보증금에서 공제된다. 모든 비용을 뺀 나머지 보증금은 전출 후 10일 이내에 바로 임차인의 은행 계좌로 송금된다. 수표로 받고자 하는 사람은 건물 관리인과 미리 협상을 해야 한다.

Q 지문 내용과 일치하는 것은?

(a) 아파트는 임대 기간의 마지막 날에 비워야 한다.

(b) 방 청소 비용은 임차인의 몫이다.

(c) 임차인은 전출하는 날에 보증금을 돌려받는다.

(d) 은행 송금이 보증금을 받을 수 있는 유일한 방법이다.

기출 공략

임차인은 임대 기간 종료일의 다음날 정오까지 아파트를 비워야 하며, 보증금은 전출 후 10일 이내로 임차인의 은행 계좌로 송금된다. 또한 협의에 따라서는 수표로도 보증금을 받을 수 있다. 따라서 (a), (c), (d)는 옳지 않다. 청소 또는 물품 교체와 관련한 비용은 임차인의 보증금에서 공제된다고 했으므로 (b)가 옳은 내용이다.

tenant 세입자, 임차인 **lease** 임대 **vacate** 비우다 **deduct from** ~에서 공제하다 **security deposit** 보증금 **move-out day** 이사 나가는 날 **bank transfer** 계좌 이체 **sole means** 유일한 방법

정답_(b)

29

The love interests of the famous spy movie character James Bond are known as the Bond Girls. The actress Ursula Andress is usually credited as the first of these women for her role as Honey Ryder in the film *Dr. No*. However, an actress much less famous today, Linda Christian, had appeared more than a decade earlier as James Bond's lover. The reason she is not remembered as the first Bond Girl is that her role as Valerie Mathis in *Casino Royale* was in a television show rather than a feature film.

Q Which of the following is correct according to the passage?

(a) The film *Dr. No* starred Linda Christian as Honey Ryder.
(b) Ursula Andress is now less famous than Linda Christian.
(c) Linda Christian became a Bond Girl after Ursula Andress.
(d) The first Bond Girl appeared on television rather than film.

번역

유명한 스파이 영화의 캐릭터인 제임스 본드의 애정 상대는 본드 걸로 알려져 있다. 어슐라 안드레스는 일반적으로 영화 〈닥터 노〉의 허니 라이더 역으로 최초의 본드 걸로 인정받고 있다. 그러나 요즘엔 훨씬 덜 알려진 린다 크리스천은 10년도 더 전에 제임스 본드의 연인으로 출연했었다. 그녀가 첫 번째 본드 걸로 기억되지 않는 이유는 그녀가 맡았던 〈카지노 로얄〉에서의 발레리 마티스 역은 영화가 아닌 TV 프로그램이었기 때문이다.

Q 지문 내용과 일치하는 것은?
(a) 영화 〈닥터 노〉에서 허니 라이더 역으로 린다 크리스천이 출연했다.
(b) 어슐라 안드레스는 현재 린다 크리스천보다 덜 유명하다.
(c) 린다 크리스천은 어슐라 안드레스 이후에 본드 걸이 되었다.
(d) 첫 번째 본드 걸은 영화가 아닌 TV에 등장했다.

기출 공략

영화 〈닥터 노〉의 허니 라이더 역으로 출연한 여배우는 어슐라 안드레스이다. 린다 크리스천이 현재 어슐라 안드레스보다 덜 유명하다고 볼 수 있다. 마지막으로 린다 크리스천이 어슐라 안드레스보다 먼저 본드 걸이 되었다. 따라서 (a), (b), (c)는 옳지 않다. 최초로 본드 걸을 맡은 배우가 유명하지 않은 이유는 영화가 아닌 TV에 출연했기 때문이라고 했으므로 정답은 (d)이다.

love interest 애정 상대 **credited as** ~로 여겨지는 **feature film** 장편 영화

정답_(d)

30

The creator of the first commercially successful typewriter was an American named Christopher Sholes. Intent on improving earlier typewriter models, he created one with two rows of letters arranged alphabetically, but the keys had a tendency to get stuck. To solve this problem, he redesigned the keyboard so that the most commonly used letter combinations were separated, giving birth to the first QWERTY keyboard layout. Eventually, he sold the rights to this creation to a large company, which made further modifications to his keyboard layout and began large-scale manufacturing of the typewriter.

Q Which of the following is correct about Christopher Sholes according to the passage?

(a) He is credited with inventing the very first typewriter.
(b) His first typewriter model featured a QWERTY keyboard.
(c) He altered his first keyboard design to stop jamming.
(d) His QWERTY keyboard design has remained unchanged.

번역

상업적으로 성공한 첫 타자기의 발명가는 크리스토퍼 숄스라는 이름의 미국인이었다. 초기 타자기 모델을 개선하기 위해 그는 알파벳 순서로 배열된 문자들이 두 줄로 된 타자기를 만들었는데, 자판의 단추가 안으로 박혀서 안 나오는 경향이 있었다. 이 문제를 해결하기 위해 그는 일반적으로 가장 많이 쓰이는 문자의 조합을 분리한 자판을 다시 디자인했고, 이것으로 첫 QWERTY 자판 배치를 탄생시킨 것이다. 결국 그는 자신의 창작물에 대한 권리를 큰 회사에 팔았고, 회사는 그 자판 배치에 추가 수정을 가하여 타자기의 대량 생산을 하게 되었다.

Q 크리스토퍼 숄스에 대해 지문 내용과 일치하는 것은?
(a) 최초의 타자기를 발명한 것으로 유명하다.
(b) 그의 첫 번째 타자기 모델은 QWERTY 자판을 사용한다.
(c) 박힘 방지를 위해 그의 첫 번째 자판 디자인을 변경했다.
(d) 그의 QWERTY 자판 디자인은 수정되지 않았다.

기출 공략

크리스토퍼 숄스는 최초의 타자기가 아닌, 상업적으로 성공한 첫 타자기를 발명한 사람이며, QWERTY 자판은 그가 개발한 자판이 박히는 문제를 수정하기 위해 만들어낸 것이며, 그가 회사에 그의 창작물을 팔고 난 후, 회사가 자판 배치를 추가적으로 수정하여 대규모 생산을 시작했다. 따라서 옳은 것은 (c)이다.

tendency 경향 **modification** 수정 **layout** 배치; 설계 **large-scale manufacturing** 대량 생산 **credit** 인정하다 **alter** 바꾸다 **jam** (막혀서) 움직이지 않다

정답_(c)

31

An international team of scientists has discovered a new planet that could support life. The planet has been dubbed HD 40307g. It is one of six planets orbiting the same star, three of which were newly discovered by the team. The others are all too close to the star to support life, but HD 40307g, the most distant one, orbits at the same distance as Earth from the Sun. This would give it an Earth-like climate. Scientists also say the planet is relatively close to Earth—a mere 42 light years away, compared with Kepler-22b, another Earth-like planet, which is 600 light years away.

Q Which of the following is correct about HD 40307g according to the passage?

(a) It belongs to a solar system that has three planets in all.

(b) It is further from its star than the other planets in its system.

(c) It orbits too far from its star to have an Earth-like climate.

(d) It is located 42 light years closer to Earth than Kepler-22b.

번역

과학자들로 이루어진 국제적인 팀은 생명체가 살 수 있는 새로운 행성을 발견했다. 이 행성은 HD 40307g로 불리고 있다. 이것은 같은 항성 주위를 돌고 있는 여섯 개의 행성 중 하나인데, 이 중 세 개는 팀에서 새롭게 발견한 행성이다. 다른 모든 행성들은 생명체가 살기에는 항성에 너무 가까이 있지만, 가장 멀리 있는 HD 40307g는 지구와 태양 사이의 거리와 같은 거리로 궤도를 돈다. 이 때문에 지구와 비슷한 기후를 보인다. 과학자들은 또한 이 행성이 지구와 비슷한 행성인 케플러-22b가 지구와 600광년의 거리에 위치해 있는 것과 비교했을 때 상대적으로 가까운 42광년에 불과한 거리에 있다고 한다.

Q HD40307g에 대해 지문 내용과 일치하는 것은?

(a) 전체 세 개의 행성을 포함하는 태양계에 속해 있다.

(b) 속해 있는 계 내의 다른 행성들보다 항성에서 멀다.

(c) 지구와 같은 기후를 갖기엔 항성에서 너무 멀리 돌고 있다.

(d) 케플러-22b보다 지구와 42광년 가까이 위치해 있다.

기출 공략

지문 내용에 따르면 HD40307g는 하나의 항성(태양) 주위를 도는 여섯 개의 행성을 포함하는 계에 속해 있으며, 지구와 비슷한 기후를 가지고 있다. 또한 케플러-22b보다 558광년 더 지구에 가깝게 위치해 있다. 다른 행성은 항성과 너무 가까워 생명체가 살기 힘든 반면 HD 40307g는 태양과 지구와의 거리와 비슷하게 항성과 떨어져 있다고 했으므로 (b)가 정답이다.

be dubbed ~로 불리다 **orbit** 궤도를 돈다 **star** 항성
distant (멀리) 떨어져 있는 **solar system** 태양계 정답_(b)

32

Brooksville is still recovering from last Wednesday's hurricane, which caused well over $25 million in damage. Residents continue to rely on gas-powered generators, as the city's electrical grid has yet to be restored. At the same time, residents are struggling to obtain fuel because only two-thirds of gas stations are operating due to a lack of supply. Meanwhile, only a fraction of the city's buses are running, so many people have been unable to return to work.

Q Which of the following is correct about Brooksville according to the article?

(a) It has sustained no more than $25 million worth of damage.

(b) It has restored electricity to only a small number of homes.

(c) Two-thirds of its gas stations are closed due to lack of supply.

(d) Public transportation has resumed in a few of its neighborhoods.

번역

브룩스빌은 2500만 달러를 훌쩍 넘는 피해를 일으킨 지난 수요일의 태풍으로부터 여전히 회복하는 중이다. 시의 전력망이 아직 복구 전이기 때문에 주민들은 가스 발전기에 계속 의존하고 있다. 이와 동시에 공급량 부족으로 주유소의 3분의 2만이 영업 중이기 때문에 주민들은 연료를 얻는 데 힘들어하고 있다. 한편, 시내버스도 일부만 운영되고 있어 많은 사람들이 직장으로 복귀할 수 없는 상황이다.

Q 브룩스빌에 대해 지문 내용과 일치하는 것은?

(a) 2500만 달러가 넘지 않는 피해를 입었다.

(b) 소수의 가정집에 전력을 복구했다.

(c) 공급량 부족으로 주유소의 3분의 2는 문을 닫았다.

(d) 대중교통은 몇 군데 지역에서 운영을 재개했다.

기출 공략

지문에서 브룩스빌은 지난 수요일 태풍으로 2500만 달러가 훌쩍 넘는 피해를 입었으며, 전력망이 아직 복구 전이라고 명시하고 있다. 또한 공급량 부족으로 주유소의 3분의 2만 운영 중이라고 했기 때문에 (a), (b), (c)는 옳지 않다. 시내버스가 일부 운영되고 있다는 내용이 있으므로 (d)가 정답이다.

well over 훌쩍 넘는 **gas-powered generators** 가스 발전기
electrical grid 전력망 **fraction** 일부분 **sustain** (피해를) 입다
resume 재개하다 정답_(d)

33

In 1987, when the Joffrey Ballet decided to stage the ballet *The Rite of Spring* as originally choreographed by Vaslav Nijinsky, they faced a conundrum: the ballet's original choreography, first created in 1913, had only been performed eight times before being lost. While subsequent ballet companies had created new dance sequences, the Joffrey Ballet decided to hire Millicent Hodson to reconstruct the original Nijinsky version. Using photographs, reviews, and eyewitness interviews, Hodson essentially pieced together the original choreography while filling in any gaps with her own original ideas.

Q What can be inferred from the passage?
(a) The Joffrey Ballet created a partial reconstruction of Nijinsky's work.
(b) Millicent Hodson discovered a copy of Vaslav Nijinsky's choreography.
(c) No audience members from Nijinsky's performances were alive in 1987.
(d) Nijinsky devised eight versions of the choreography for *The Rite of Spring*.

번역

1987년에 조프리 발레단이 본래 와스라후 니진스키가 안무를 짠 〈봄의 제전〉을 공연하기로 결정했을 때 그들은 어려운 문제에 직면했다. 1913년에 처음 만들어진 발레의 오리지널 안무는 사라지기 전까지 단 여덟 차례밖에 공연되지 않았었다. 이후의 발레단들은 새로운 안무를 창작해 왔으나 조프리 발레단은 오리지널 니진스키 버전을 복원하기 위해 밀리센트 호드슨을 고용하기로 결정했다. 호드슨은 사진, 비평 및 목격자 인터뷰 등을 사용하여 빈 곳은 자신의 독창적인 아이디어로 메우며 오리지널 안무를 짜 맞추었다.

Q 지문을 통해 추측할 수 있는 것은?
(a) 조프리 발레단은 니진스키 작품을 부분적으로 복원했다.
(b) 밀리센트 호드슨은 와스라후 니진스키 안무의 사본을 발견했다.
(c) 니진스키 공연의 관객들 중 1987년에 살아있는 사람은 없었다.
(d) 니진스키는 〈봄의 제전〉의 안무를 여덟 개의 버전으로 창안했다.

기출 공략

호드슨은 사진, 비평 및 목격자 인터뷰를 활용하기도 했지만, 빈 곳은 자신의 아이디어로도 메웠다. 따라서 니진스키 작품을 부분적으로 복원했다는 (a)가 가장 적절하다.
stage 무대에 올리다(공연하다) **choreograph** 안무를 짜다 **conundrum** 어려운 문제 **choreography** 안무 **subsequent** 이후의 **reconstruct** 복원하다 **eyewitness** 목격자 **piece together** (조각을 모아) 종합하다 정답_(a)

34

Within a week of getting my degree in business administration, I landed a job as an intern at a major company. I was excited about the opportunity to learn how a business worked from real executives. On my first day, my supervisor had me sort files and make copies. It didn't take long before I became disillusioned. I hadn't signed up for a job that had nothing to teach me. Three months later, still doing menial chores, I left in search of an employer that I could learn from.

Q What can be inferred about the writer?
(a) He was let go after a three-month probation period.
(b) He was not able to meet the demands of the position.
(c) He wanted to have more challenging responsibilities.
(d) He left the company in order to start his own business.

번역

경영학 학위를 취득한 후 일주일 안에 나는 대기업에서 인턴으로 일을 시작했다. 나는 회사가 돌아가는 법을 실제 관리자들로부터 배울 수 있는 기회에 마음이 들떠 있었다. 출근 첫 날, 상사는 나에게 파일 정리와 복사 작업을 지시했다. 내 환상이 깨지기까지 오래 걸리진 않았다. 나는 애초에 내게 가르치는 것이 아무것도 없는 일자리를 찾아 계약한 것이 아니었다. 3개월 후, 여전히 하찮은 업무를 하고 있던 나는 배움을 얻을 수 있는 고용주를 찾아 떠났다.

Q 필자에 대해 추측할 수 있는 것은?
(a) 3개월간의 수습 기간 후에 잘렸다.
(b) 자리에 맞는 직무를 수행할 능력이 없었다.
(c) 더 도전적인 일을 맡고 싶어 했다.
(d) 자기 사업을 시작하기 위해 회사를 떠났다.

기출 공략

필자는 하찮은 일이 아닌, 자신이 배움을 얻을 수 있는 일을 찾아서 3개월 후에 자발적으로 이직했다. 따라서 지문의 내용으로 알 수 있는 것은 (c)이다.
business administration 경영학 **land a job** 일을 시작하다 **executive** 관리자 **supervisor** 상사 **disillusion** 환상을 깨뜨리다 **sign up for** 일을 하겠다고 서명하고 고용되다 **menial** 하찮은 **probation period** 수습 기간 **meet** 충족시키다 **demand** 요구
정답_(c)

35

Anne Moore built her following with novels that satisfy the reader's sense of justice. Her heroes are always rewarded and her villains punished. This has led critics to take issue with her for her supposedly one-sided worldview—and her latest novel, *Eventualities*, seems like her effort to prove them wrong. This novel demonstrates life's injustice, or the tendency for bad things to happen to good people. Unfortunately, her loyal fans will not find the same satisfaction they enjoyed in her previous works in this monument to cynicism.

Q What can be inferred from the review?

(a) Anne Moore wrote her latest book to satisfy her followers.

(b) The critics praised Anne Moore for showing justice served.

(c) The villain of *Eventualities* is punished at the book's conclusion.

(d) *Eventualities* is less uplifting than Anne Moore's previous works.

번역

앤 무어는 독자의 정의감을 만족시키는 소설로 팬층을 확보했다. 영웅들은 항상 보상을 받고, 악당들은 처벌된다. 이에 비평가들이 그녀의 소위 편파적인 세계관에 문제를 삼았는데, 그녀의 최신 소설 〈만일의 사태〉는 이러한 그들의 평가가 틀렸다는 것을 증명하기 위한 그녀의 노력으로 보여진다. 이 소설은 인생의 불공평함과 좋은 사람들에게 나쁜 일이 생기는 사건들이 그려져 있다. 불행하게도, 그녀의 열렬한 팬들은 냉소주의자들을 향한 이 기념비적 작품으로는 그녀의 전작에서 느꼈던 동일한 만족감을 발견하지 못할 것이다.

Q 비평을 통해 추측할 수 있는 것은?

(a) 앤 무어는 그녀의 팬들을 만족시키기 위해 최신 책을 썼다.

(b) 비평가들은 정의가 실현되는 것을 보여주는 앤 무어에 찬사를 보냈다.

(c) 〈만일의 사태〉의 악당은 책의 결론 부분에서 처벌된다.

(d) 〈만일의 사태〉는 앤 무어의 전작들보다 덜 희망적이다.

기출 공략

앤 무어는 권선징악적 내용의 소설들로 팬층을 확보했는데, 편파적인 세계관이라는 비평가들에 반응하여 최신 소설 〈만일의 사태〉를 썼다. 이 소설은 인생의 불공평함이나 좋은 사람들에게 나쁜 일들이 생기는 내용이 담겨 있어 전작보다 덜 희망적이라고 추측할 수 있다. 따라서 (d)가 가장 적절하다.

following 추종자들, 팬들 **sense of justice** 정의감 **take issue with** ~에 대해 이의를 재기하다 **supposedly** 소위, 이른바 **one-sided** 편파적인 **prove wrong** 잘못을 증명하다 **injustice** 부당함, 불평등 **cynicism** 냉소주의 **serve justice** 정의를 실현시키다 **villain** 악당 **uplifting** 희망적인

정답_(d)

36

With only modest advertising, the rapid growth of clothing company Rathberger has taken the fashion world by surprise. The company owes its success to an innovative business strategy. Rather than following its competitors and sending its manufacturing overseas, where labor costs are lower, the company manufactures its products domestically. This allows it to monitor quality more closely and keep the cost of transporting its goods to stores at a minimum. Most importantly, it appeals to its customers' sense of national pride in products made right at home.

Q What can be inferred about Rathberger from the article?

(a) Its labor costs are higher than those of its competitors.

(b) Its clothes are sold mostly on the international market.

(c) Its strategy is to sacrifice quality to keep costs at a minimum.

(d) Its success stems mainly from extensive advertising methods.

번역

소소한 양의 광고만으로 급속한 성장을 이룬 의류 회사 라스버거는 세계 패션계를 깜짝 놀라게 했다. 이 회사는 혁신적인 비즈니스 전략 덕분에 성공을 이뤄냈다. 경쟁사처럼 인건비가 더 낮은 해외로 생산을 맡기지 않고 제품을 국내에서 생산하고 있다. 이로 인해 더 엄격하게 품질 관리를 할 수 있고, 점포 배송 비용을 최소로 유지할 수 있게 되었다. 가장 중요한 것은, 모국에서 만들어진 제품이라는 것에 대한 고객들의 애국심에 호소가 된다.

Q 기사를 통해 라스버거에 대해 추측할 수 있는 것은?

(a) 인건비가 경쟁사의 인건비보다 높다.

(b) 회사의 옷은 해외 시장에서 주로 많이 판매된다.

(c) 회사의 전략은 품질을 희생해서 비용을 최소화하는 것이다.

(d) 회사의 성공은 주로 대규모 광고 방법으로부터 시작되었다.

기출 공략

라스버거는 다른 경쟁사들처럼 인건비가 더 낮은 해외로 생산을 맡기지 않고 국내에서 생산하며, 이를 통해 엄격하게 품질을 관리하는 동시에 배송비를 최소화한다. 따라서 경쟁사보다 인건비가 높을 것이라고 추측이 가능하다.

modest 소소한; 겸손한 **take by surprise** ~을 깜짝 놀라게 하다 **domestically** 국내에서 **monitor** 감시하다, 감독하다 **transport** 수송하다 **stem from** ~로부터 기인하다 **extensive** 광범위한

정답_(a)

37

The so-called relative age effect is the correlation observed between a child's date of birth and level of achievement. When children are born just after cut-off dates for school and sports teams, they are somewhat older than their peers. For example, children born at the start of the school year selection period can be almost a year older than their classmates. This head start appears to give children an enduring physical and intellectual edge on average, as many studies confirm that those born just after major cut-off dates predominate in elite sports, higher education, and even business.

Q What can be inferred from the passage?

(a) Birth rates are higher near the end of school selection periods.

(b) Having older peers tends to improve people's athletic abilities.

(c) The influence of a person's birth month can persist into adulthood.

(d) Longer selection periods tend to reduce disparities in performance.

번역

이른바 상대적 연령 효과는 아이의 출생일과 성취도 사이에서 관찰되는 상관관계다. 학교나 스포츠팀의 연령 제한 날짜 직후에 태어난 아이들은 또래 아이들보다 약간 나이가 많다. 예를 들어, 학년 선택 기간 시작일 즈음에 태어난 아이들은 자신의 학급 친구들보다 거의 한 살 더 나이가 많을 수 있다. 연령 제한 날짜 직후에 태어난 아이들이 엘리트 스포츠와 고등 교육, 심지어 사업에서 두드러진다는 연구 결과가 확인되고 있는 것을 보면 이들이 처한 이와 같은 유리한 입지는 평균적으로 아이들에게 신체적으로나 지적으로 지속적인 우위에 있게 하도록 만드는 것 같다.

Q 지문을 통해 추측할 수 있는 것은?

(a) 출산율은 학교 선택 기간 말에 더 높다.

(b) 주변에 나이가 더 많은 또래가 있는 것이 운동 능력을 개선시키는 경향이 있다.

(c) 사람이 태어난 달이 주는 영향력이 성인기까지 지속될 수 있다.

(d) 더 긴 학년 선택 기간이 역량 차이를 줄이는 경향이 있다.

기출 공략

연령 제한 날짜 직후에 태어난 아이들이 지속적으로 신체적 및 지적 우위를 갖는다는 내용으로, (c)가 가장 적절하다.

so-called 소위, 이른바 **correlation** 상관관계 **cut-off dates** 연령 제한 날짜(학년 구분 출생일자) **head start** 유리함 **edge** 유리한 점 **predominate** 두드러지다 **elite sports** 엘리트 스포츠 **persist into** ~까지 지속되다 **disparity** 차이

정답_(c)

38

One simple precaution can reduce the risk of electrical fires in the home. (a) Homeowners should never plug more than a few devices into a single electrical outlet. (b) When sockets are overloaded, they can cause fires that spread rapidly throughout the home. (c) Generating electricity from various alternative sources can contribute to protecting the earth's environment. (d) By spreading devices throughout the home, people decrease the risk of overloading sockets.

번역

한 가지 간단한 예방 조치로 가정에서 전기 화재의 위험을 줄일 수 있다. (a) 집주인들은 하나의 콘센트에 몇 개 이상의 장치들을 꽂지 말아야 한다. (b) 콘센트가 과부하되면, 집안 전체에 빠르게 번지는 화재를 일으킬 수 있다. (c) 다양한 대체 원료로부터 전기를 생산하는 것은 지구 환경 보호에 기여할 수 있다. (d) 가정 내 기기를 골고루 분산시키면 콘센트의 과부하로 인한 위험을 줄일 수 있다.

기출 공략

지문의 전체적인 내용은 가정 내 전기 화재에 대한 예방 조치로 콘센트 과부하 위험을 줄이는 방법에 대해 얘기하고 있다. 그러나 (c)는 대체 원료와 지구 환경 보호에 대한 내용으로, 어울리지 않는 문장이다.

precaution 예방 조치 **electrical outlet** 콘센트 **socket** 콘센트 **overload** 과부하시키다 **generate** 전기를 발생시키다

정답_(c)

39

The introduction of a new gender-neutral pronoun into Sweden's national encyclopedia has some critics fuming. (a) They view the new word as an unwelcome attempt to meddle with their native language. (b) Those who live in Sweden are said to enjoy the highest levels of gender equality in the world. (c) In their view, the word represents an attempt by feminists to force their politics on society at large. (d) These critics claim that the language's two traditional gendered pronouns are perfectly adequate.

번역

스웨덴의 국가 백과사전에 새롭게 등장한 성중립적 대명사가 일부 비평가들의 화를 돋우었다. (a) 그들은 그 새로운 단어가 그들의 모국어를 간섭하는 반갑지 않은 시도로 바라보고 있다. (b) 스웨덴에 살고 있는 사람들은 세계 최고 수준의 남녀평등을 누린다고 한다. (c) 그들의 관점에서 그 신조어는 페미니스트들이 전반적으로 사회에 그들의 정치적 견해를 강요하는 시도를 나타낸다. (d) 이 비평가들은 그들 언어에 전통적으로 존재하는 두 개의 성 대명사가 완벽하게 적절하다고 주장한다.

기출 공략

지문의 전체적인 내용은 스웨덴의 성중립적 대명사에 대한 비평가들의 견해를 나타내는데, (b)는 이와 달리 스웨덴의 남녀평등 수준에 대해 말하고 있으므로, (b)가 문맥에 어울리지 않는 내용임을 알 수 있다.

gender-neutral 성중립적인 **pronoun** 대명사 **encyclopedia** 백과사전 **fume** (화가 나서) 씩씩대다 **meddle with** 건드리다, 간섭하다 **gender equality** 남녀평등 **at large** 전반적으로 **adequate** 충분한, 적절한

정답_(b)

40

A.K. Ramanujan was a twentieth-century scholar noted for his controversial ideas about Indian literature. (a) The greatest uproar he caused originated from an essay interpreting various depictions of the Hindu gods Sita and Rama. (b) In this essay, Ramanujan noted that some ancient sources present the pair as siblings rather than as husband and wife. (c) The ancient works of Indian literature describing the gods contain not only stories but also philosophical reflections. (d) This seriously offended Hindu students who had grown up with the more traditional image of the gods as wedded.

번역

A.K. 라마누잔은 인도 문학에 대한 논란이 많은 발상으로 유명한 20세기 학자였다. (a) 그가 일으킨 가장 큰 논란은 힌두교의 신 시타와 라마에 대한 다양한 묘사를 해석하는 그의 에세이에서 비롯되었다. (b) 에세이에서 라마누잔은 어떤 고대 자료들이 그 둘을 남편과 아내가 아닌 남매로 나타내고 있다는 것을 언급했다. (c) 신들이 등장하는 인도 문학의 고대 작품들은 이야기뿐 아니라 철학적인 성찰도 포함되어 있다. (d) 이는 두 신이 혼인한 사이라는 더 전통적인 이미지를 안고 자란 힌두교 학생들을 매우 불쾌하게 만들었다.

기출 공략

A.K. 라마누잔의 논란이 많은 에세이에 대한 내용이다. 그는 어떤 고대 자료들이 힌두교 신 시타와 라마를 남편과 아내가 아닌 남매로 나타냈다는 것을 언급하였다. 이에 두 신에 대한 전통적인 이미지를 건드려 힌두교 학생들을 불쾌하게 했다는 내용이다. (c)는 이와 달리 인도 문학의 고대 작품들과 그 속의 철학적인 성찰에 대한 내용으로, 전체 지문의 내용과 어울리지 않는다.

scholar 학자 **noted for** ~로 유명한 **controversial** 논란이 많은 **uproar** 논란 **originate from** ~에서 비롯되다 **depiction** 묘사, 서술 **siblings** 형제자매 **philosophical reflections** 철학적 성찰 **offend** 불쾌하게 하다 **wedded** 혼인한

정답_(c)

TEST 5

ANSWER KEYS

Listening Comprehension

1 (a)	2 (c)	3 (a)	4 (c)	5 (c)	6 (d)	7 (d)	8 (a)	9 (a)	10 (d)
11 (b)	12 (d)	13 (a)	14 (b)	15 (d)	16 (b)	17 (a)	18 (a)	19 (d)	20 (a)
21 (b)	22 (d)	23 (d)	24 (a)	25 (c)	26 (d)	27 (b)	28 (c)	29 (a)	30 (b)
31 (a)	32 (a)	33 (b)	34 (b)	35 (c)	36 (b)	37 (c)	38 (d)	39 (d)	40 (b)
41 (b)	42 (d)	43 (b)	44 (c)	45 (b)	46 (c)	47 (a)	48 (b)	49 (c)	50 (d)
51 (c)	52 (b)	53 (c)	54 (c)	55 (c)	56 (d)	57 (b)	58 (c)	59 (b)	60 (b)

Grammar

1 (c)	2 (b)	3 (c)	4 (b)	5 (b)	6 (d)	7 (a)	8 (d)	9 (c)	10 (b)
11 (c)	12 (a)	13 (a)	14 (a)	15 (b)	16 (a)	17 (b)	18 (c)	19 (b)	20 (b)
21 (c)	22 (c)	23 (c)	24 (a)	25 (b)	26 (b)	27 (c)	28 (a)	29 (a)	30 (b)
31 (a)	32 (b)	33 (c)	34 (a)	35 (a)	36 (b)	37 (d)	38 (a)	39 (d)	40 (d)
41 (d)	42 (b)	43 (b)	44 (b)	45 (c)	46 (d)	47 (c)	48 (a)	49 (a)	50 (d)

Vocabulary

1 (b)	2 (d)	3 (d)	4 (c)	5 (d)	6 (c)	7 (c)	8 (b)	9 (a)	10 (a)
11 (d)	12 (c)	13 (d)	14 (a)	15 (c)	16 (d)	17 (a)	18 (c)	19 (a)	20 (a)
21 (a)	22 (c)	23 (d)	24 (b)	25 (c)	26 (c)	27 (b)	28 (a)	29 (c)	30 (c)
31 (a)	32 (a)	33 (b)	34 (c)	35 (c)	36 (b)	37 (c)	38 (d)	39 (c)	40 (c)
41 (a)	42 (d)	43 (b)	44 (d)	45 (b)	46 (a)	47 (d)	48 (a)	49 (a)	50 (b)

Reading Comprehension

1 (d)	2 (a)	3 (b)	4 (c)	5 (c)	6 (b)	7 (b)	8 (c)	9 (a)	10 (a)
11 (d)	12 (a)	13 (a)	14 (c)	15 (d)	16 (c)	17 (d)	18 (d)	19 (c)	20 (c)
21 (a)	22 (a)	23 (a)	24 (c)	25 (a)	26 (d)	27 (c)	28 (d)	29 (b)	30 (c)
31 (c)	32 (b)	33 (b)	34 (d)	35 (b)	36 (d)	37 (b)	38 (b)	39 (d)	40 (c)

Listing Comprehension

1

W Would you watch the baby while I run an errand?

M ______________________________

(a) Sure, take your time.
(b) Sorry, she was just here.
(c) I appreciate the offer.
(d) No problem, I'll be quick.

번역

W 내가 볼일 보러 가는 동안에 아기 좀 봐줄래?

M ______________________________

(a) 물론, 천천히 해.
(b) 미안, 아기는 방금 여기에 있었어.
(c) 제안 고마워.
(d) 문제없어. 빨리 할게.

기출 공략

여자는 남자에게 볼일 보러 가는 동안 아기를 봐 달라고 부탁하고 있다. 이에 적절한 응답은 그러겠다며 천천히 다녀오라고 대답한 (a)이다. (d)는 No problem까지는 어울리는 응답이지만, 그 뒤의 내용이 대화 상황과 어울리지 않으므로 정답이 될 수 없다.

run an errand 심부름을 하다, 볼일을 보다 **take one's time** 천천히 하다 **appreciate** 감사하다 정답_(a)

2

M Hi, it's Jack calling. Can I talk to Alice?

W ______________________________

(a) Jack just stepped out.
(b) I think you should call her.
(c) I'll go get her for you.
(d) She gave me your number.

번역

M 안녕하세요, 저는 잭이에요. 앨리스와 통화할 수 있을까요?

W ______________________________

(a) 잭은 방금 나갔어요.
(b) 당신은 그녀에게 전화를 하는 것이 좋겠어요.
(c) 그녀를 데리고 올게요.
(d) 그녀가 당신의 전화번호를 나에게 줬어요.

기출 공략

남자는 전화를 걸어 앨리스를 바꿔 달라고 말하고 있다. 이에 앨리스를 불러오겠다고 말한 (c)가 적절한 응답이다. 전화를 건 당사자가 잭이므로 (a)는 적절한 응답이 될 수 없다.

step out 나가다 **get** ~를 데리고 오다 정답_(c)

3

W Was that the actress from *Destiny* who just passed us?

M ______________________________

(a) Could be. I heard she lives nearby.
(b) It never came through our city.
(c) Yeah, it's too bad she just passed away.
(d) No, I didn't catch the show.

번역

W 방금 우리 앞을 지나간 사람은 〈데스티니〉에 나왔던 여배우 아니니?

M ______________________________

(a) 그럴 수도 있지. 그 배우가 근처에 산다는 말을 들은 적이 있어.
(b) 그것은 우리 도시를 통과하지 않았어.
(c) 응, 그녀가 막 이 세상을 떠났다니 정말 안됐어.
(d) 아니, 나는 그 공연을 보지 않았어.

기출 공략

여자는 방금 지나간 사람을 보고 〈데스티니〉에 나온 여배우가 아니냐고 묻고 있다. 이에 적절한 응답은 그럴 수 있다며 그 배우가 이 근처에 산다는 말을 들은 적이 있다고 답한 (a)이다.

nearby 근처에 **come through** 통과하다 **pass away** 사망하다 정답_(a)

4

M When are you going to finish that book you're writing?

W ______________________

(a) Whenever you finish it.
(b) It hasn't even been released yet.
(c) I should be done in about a month.
(d) I saw it at the store but didn't buy it.

번역

M 네가 집필하고 있는 책은 언제 끝낼 거니?

W ______________________

(a) 네가 끝낼 때 언제든지.
(b) 그것은 심지어 아직도 출간되지 않았어.
(c) 약 한 달 후에 끝낼 거야.
(d) 나는 가게에서 그것을 봤지만 구입하지는 않았어.

기출 공략

남자는 여자에게 책 집필을 언제 끝낼 거냐고 묻고 있다. 이에 한 달 후라고 답한 (c)가 적절한 응답이다. 남자의 질문은 책 집필 완료 시기를 묻는 것이지 출간 시기를 묻는 것이 아니므로 (b)는 정답이 될 수 없다.

release 출시하다 정답_(c)

5

W Have you mailed Frank's package for him yet?

M ______________________

(a) Yes, whenever he gives it to me.
(b) No, he's asked me to mail it instead.
(c) I sent it by courier an hour ago.
(d) I ordered it to my address.

번역

W 프랭크를 대신해서 그의 소포를 보내줬니?

M ______________________

(a) 응, 그가 나에게 그것을 줄 때 언제든지.
(b) 아니, 그는 대신 나에게 우편으로 부쳐 달라고 부탁했어.
(c) 나는 한 시간 전에 택배로 보냈어.
(d) 나는 내 주소로 그것을 주문했어.

기출 공략

여자는 프랭크의 소포를 발송했냐고 묻고 있다. 이에 한 시간 전에 택배로 부쳤다고 대답한 (c)가 정답이다.

mail 우편으로 부치다 **courier** 택배원, 택배 회사 정답_(c)

6

M Tanya? What brings you to Miami?

W ______________________

(a) You should visit Miami, too!
(b) It's too bad I missed you.
(c) I only brought two suitcases.
(d) I just arrived on business.

번역

M 타냐? 마이애미에는 어쩐 일로 왔니?

W ______________________

(a) 너도 마이애미에 가 봐야 해!
(b) 네가 그 자리에 안 나와서 너무 유감이야.
(c) 나는 두 개의 여행 가방만 가져왔어.
(d) 그냥 사업차 온 거야.

기출 공략

남자는 여자에게 무슨 일로 마이애미에 왔느냐고 묻고 있다. 이에 사업차 왔다고 대답한 (d)가 적절한 응답이다. 남자와 여자 둘 다 현재 마이애미에 있으므로 (a)는 정답이 될 수 없다.

miss (있어야 할 것이) 없다는 것을 알다[눈치 채다] **on business** 사업차 정답_(d)

7

W Want to ride bikes with Josh and me?
M ______________________

(a) OK, as long as bikes aren't involved.
(b) Sorry, I was too busy to join you.
(c) Yeah, I wish Josh could've come.
(d) Sure, I could use the exercise.

번역

W 조시와 나랑 자전거 탈래?
M ______________________

(a) 좋아, 자전거가 아니라면 말이야.
(b) 미안해, 너무 바빠서 너희들과 함께 할 수 없었어.
(c) 응, 조시도 올 수 있었으면 좋았을 텐데.
(d) 좋아, 나는 운동이 필요했어.

기출 공략

함께 자전거를 타러 가자는 여자의 제안에 적절한 응답은 운동을 해야 한다며 그러겠다고 대답한 (d)가 적절하다. 여자의 말은 지금 자전거를 타러 가자는 말이므로 (b)처럼 과거형으로 대답하는 것은 적절하지 않다.

as long as ~하는 한 **involved** 관여하는, 연루된 정답_(d)

8

M That girl looks familiar. What's her name?
W ______________________

(a) She was in our grade, but I don't recall.
(b) I used to be called Lizzy.
(c) I doubt she'll remember.
(d) Now that I hear it, the name rings a bell.

번역

M 저 여자아이는 낯이 익어. 이름이 뭐니?
W ______________________

(a) 저 아이는 우리와 같은 학년이었는데, 이름이 생각이 안 나네.
(b) 나는 리지라고 불렸던 적이 있었어.
(c) 나는 그녀가 기억할 거라고 생각하지 않아.
(d) 듣고 보니, 그 이름 들은 적이 있는 것 같다.

기출 공략

남자는 낯이 익어 보이는 여자아이를 가리키며 이름이 뭔지 묻고 있다. 이에 적절한 응답은 같은 학년이었다는 것은 알고 있는데 이름이 기억이 안 난다고 대답한 (a)이다. (b)는 주어가 I 대신 She였다면 정답이 될 수 있는 선택지이다.

familiar 익숙한, 친숙한 **recall** 생각나다 **doubt** (~가 아닐 거라고) 의심하다 **ring a bell** 들어본 기억이 있다 정답_(a)

9

W Why were you late to the office meeting?
M ______________________

(a) I just lost track of time.
(b) Because it ran over.
(c) Actually, I was supposed to attend.
(d) That's OK. You don't need to apologize.

번역

W 사무실 회의에는 왜 늦었니?
M ______________________

(a) 나는 그저 시간 가는 줄 몰랐어.
(b) 회의 시간이 길어져서.
(c) 사실 나는 참석하기로 되어 있었어.
(d) 괜찮아. 사과할 필요 없어.

기출 공략

여자는 회의에 늦은 이유를 묻고 있다. 이에 적절한 남자의 응답은 시간 가는 줄 몰랐다고 답한 (a)이다. 회의에 늦은 이유를 묻고 있는데 회의 시간이 길어졌기 때문이라고 말한 (b)는 적절한 응답이 될 수 없다.

lose track of time 시간 가는 줄 모르다 **run over** (일정 시간을) 넘어서다 **apologize** 사과하다 정답_(a)

10

M Did you buy us tickets to another romantic comedy?

W ______________________

(a) Well, only if you'd canceled.
(b) Sorry, I didn't know you wanted to see it.
(c) No, it's a funny love story.
(d) I didn't. This one's a social drama.

번역

M 너 또 로맥틱 코미디 표를 산 거니?
W ______________________

(a) 음, 네가 취소했을 경우에만.
(b) 미안, 네가 그것을 보고 싶어 하는지 몰랐어.
(c) 아니, 그것은 웃기는 러브 스토리야.
(d) 아니야. 이것은 사회극이야.

기출 공략

남자는 여자에게 저번에 이어서 또 로맨틱 코미디 표를 샀냐고 묻고 있다. 이에 적절한 응답은 이번 영화는 사회극이라고 대답한 (d)이다. (c)에서 funny love story는 곧 로맨틱 코미디에 대한 다른 표현이므로 No라고 대답하는 것은 적절하지 않다.

cancel 취소하다 **social drama** (사회 문제를 다룬) 영화, 연극

정답_(d)

11

W Sorry I couldn't come to the beach with you yesterday.

M ______________________

(a) Thanks for waiting until I got there.
(b) No problem. We can meet up another time.
(c) It's OK, it'll be too hot, anyway.
(d) It was great to see you there.

번역

W 어제 너와 함께 해변에 못 가서 미안해.
M ______________________

(a) 내가 도착할 때까지 기다려 줘서 고마워.
(b) 괜찮아. 다음에 만나면 되지.
(c) 괜찮아, 어쨌든 매우 더울 거야.
(d) 거기서 너를 만나서 반가웠어.

기출 공략

여자는 남자에게 어제 함께 해변에 가지 못한 것에 대해 사과하고 있다. 이에 다음에 같이 가면 된다고 말한 (b)가 적절한 응답이다.

meet up (약속해서) 만나다 **another time** 언제 다시 한 번
anyway 어쨌든

정답_(b)

12

M Isn't Greg too young to be the new head coach?

W ______________________

(a) No, he's not overqualified.
(b) That's because he waited until he was older.
(c) Perhaps when the players promote him.
(d) We'll see how he does with his first game.

번역

M 그레그는 신임 감독이 되기에는 너무 젊지 않니?
W ______________________

(a) 아니, 그는 필요 이상으로 자격을 많이 갖추지 않았어.
(b) 그것은 그가 나이가 들 때까지 기다렸기 때문이야.
(c) 아마도 선수들이 그를 추대할 때가 되겠지.
(d) 그가 첫 경기에서 어떻게 하는지 보면 알겠지.

기출 공략

남자는 그레그가 감독직을 맡기에는 너무 젊지 않느냐고 묻고 있다. 이는 그가 감독으로서의 그레그의 능력을 의심하는 것이다. (d)에서 그레그가 앞으로 맞이할 첫 경기에서 어떻게 대처하는지 보자는 말은 그때 감독으로서의 능력을 알게 될 것이라는 뜻이므로 적절한 응답이다.

coach (스포츠 팀의) 감독 **overqualified** 필요 이상으로 많은 자격을 갖고 있는 **promote** 승진시키다

정답_(d)

13

W How did you learn to speak fluent Russian?

M ______________________________

(a) I picked it up while living there.
(b) As soon as I start taking classes.
(c) I don't think I have time to learn it.
(d) Just enough to get by while on vacation.

번역

W 당신은 어떻게 러시아 어를 유창하게 말하는 것을 배웠나요?

M ______________________________

(a) 그곳에서 살면서 습득한 거예요.
(b) 수업을 듣기 시작하자마자요.
(c) 나는 그것을 배울 시간이 없을 것 같아요.
(d) 휴가 동안에 그럭저럭 지낼 정도로만이에요.

기출 공략

여자는 남자에게 어떻게 러시아 어를 그렇게 유창하게 할 수 있게 되었느냐고 묻고 있다. 이에 대해 러시아에 살면서 언어를 습득할 수 있었다고 대답한 (a)가 적절한 응답이다.

fluent 유창한 **pick up** (언어 등을) 습득하다 **get by** 그럭저럭 잘 살아가다 **on vacation** 휴가차 정답_(a)

14

M Should I toss these leftovers?

W ______________________________

(a) No, I'm not hungry yet.
(b) Just wrap them up for later.
(c) I'm sure there'll be enough.
(d) Only if you plan to eat them.

번역

M 이 남은 음식들을 버려야 할까?

W ______________________________

(a) 아니, 나는 아직 배가 안 고파.
(b) 그냥 싸 놨다가 나중에 먹어.
(c) 나는 충분할 것으로 확신해.
(d) 네가 그것들을 먹을 계획인 경우에만.

기출 공략

남자는 먹다 남은 음식을 어떻게 처리할지 물어보고 있다. 이에 대해 싸 놨다가 나중에 먹으라고 말한 (b)가 적절한 응답이다. (d)는 남자가 남은 음식을 보관해야 하는지 물었다면 정답이 될 수 있는 선택지이다.

toss 버리다 **leftovers** 먹다 남은 음식 **wrap up** (포장지 등으로) 싸다 정답_(b)

15

W Thanks for dropping by. It's been great catching up.

M ______________________________

(a) The weekend would be better.
(b) Sure! We'll catch up by then.
(c) I think that'd be for the best.
(d) Let's not leave it so long next time.

번역

W 들러 줘서 고마워. 그간 소식을 나눌 수 있어서 즐거웠어.

M ______________________________

(a) 주말이 더 좋을 것 같아.
(b) 물론! 우리는 그때까지 따라잡을 거야.
(c) 나는 그것이 최선일 것 같아.
(d) 다음에는 자주 연락하자.

기출 공략

여자가 남자에게 그간 소식을 나눠 즐거웠다고 말하는 것으로 미루어 보아, 두 사람은 오랜만에 만났음을 알 수 있다. 이에 적절한 남자의 응답은 다음에는 좀 더 자주 연락하자고 말한 (d)이다.

drop by 들르다 **catch up** (최신 소식을) 접하다, 따라잡다 **for the best** 최선인 정답_(d)

16

W Any plans for break?
M I'm just going home to see my parents.
W The entire week?
M ____________________

(a) I suppose you can ask them.
(b) No, only half the time.
(c) Yes, they're visiting for the entire week.
(d) The next day, actually.

번역

W 너는 휴가 계획 없니?
M 그냥 우리 부모님을 찾아뵈러 집에 갈 예정이야.
W 일주일 내내 집에 가 있을 거야?
M ____________________

(a) 나는 네가 그들에게 물어봐도 될 것 같아.
(b) 아니, 반주 동안만.
(c) 응, 부모님이 그 주 내내 와 계실 거야.
(d) 사실 그 다음 날.

기출 공략

남자는 휴가차 부모님 댁에 방문할 예정이라고 말하자, 여자는 일주일 내내 부모님 댁에 있을 것이냐고 묻고 있다. 이에 적절한 응답은 일주일의 절반 동안만 가 있을 예정이라고 답한 (b)이다.

break 휴가 **entire** 전체의 **I suppose** ~인 것 같다 **actually** 사실

정답_(b)

17

M Do you turn your heating off during the day?
W No, it gets too cold if I do.
M Isn't keeping it on expensive, though?
W ____________________

(a) A bit, but comfort's my first priority.
(b) It's better than sweating all day.
(c) Yes, but you should conserve energy.
(d) No, a heater needs to be installed.

번역

M 너는 낮 동안 난방을 끄고 있니?
W 아니, 만일 끄면 너무 추워져.
M 하지만 난방을 켜고 있으면 비용이 많이 들지 않아?
W ____________________

(a) 조금 그렇지, 하지만 나는 무엇보다 안락한 것이 중요해.
(b) 하루 종일 땀을 흘리고 있는 것 보다는 낫지.
(c) 그래, 하지만 너는 에너지를 절약해야 해.
(d) 아니, 히터 설치는 필요해.

기출 공략

낮 동안에도 난방을 켜 놓고 있는 여자에게 난방비가 비싸지 않느냐고 묻고 있다. 이에 적절한 응답은 비용이 나가도 안락한 것이 더 중요하다고 말한 (a)이다.

on (전기 등이) 켜 있는 **comfort** 편안함, 안락 **priority** 우선순위 **conserve** 보존하다 **install** 설치하다

정답_(a)

18

W I'm grateful you helped me move.
M It was no trouble.
W Can I take you out to dinner sometime as a thank-you?
M ____________________

(a) I'll never turn down a free meal!
(b) But dinner cost more than the furniture!
(c) I thought you cooked it yourself.
(d) Call me anytime you want my cooking.

번역

W 이사 도와줘서 고맙다.
M 별로 힘들지 않았어.
W 감사의 표시로 조만간 내가 저녁을 사도 되겠니?
M ____________________

(a) 공짜 식사는 절대 거절을 안 하지!
(b) 하지만 저녁 식사가 가구보다 더 비싸!
(c) 나는 네가 직접 요리했다고 생각했어.
(d) 내 요리를 먹고 싶으면 언제든 전화해.

기출 공략

여자는 이사를 도와준 남자에게 감사의 표시로 저녁을 사겠다고 제안한다. 이에 적절한 응답은 공짜 식사 제안을 받아들이는 (a)이다.

grateful 감사하는 **thank-you** 감사(의 표시) **turn down** 거절하다

정답_(a)

19

M Will you be free on Halloween?
W There is one party I might go to.
M Well, I'm going to be throwing one, too.
W ______________________________

(a) Too bad your party got canceled.
(b) I'll send you an invitation once I decide.
(c) Good thing it's before Halloween.
(d) All right, then I'll be there for sure.

번역

M 핼러윈에 시간 되니?
W 내가 갈 지도 모르는 파티가 하나 있어.
M 음, 나도 파티를 열 예정인데.
W ______________________________

(a) 네 파티가 취소되었다니 너무 안됐다.
(b) 결정되면 너에게 초대장을 보낼게.
(c) 핼러윈 전이라서 다행이다.
(d) 좋아, 그러면 꼭 거기에 가도록 할게.

기출 공략

남자는 핼러윈에 파티를 열 예정인데 여자에게 올 수 있느냐고 묻고 있다. 이에 적절한 응답은 반드시 가겠다고 대답한 (d)가 적절하다. 초대를 하는 사람은 여자가 아닌 남자이므로 (b)는 정답이 될 수 없다.

throw (파티를) 열다 **invitation** 초대장 **for sure** 반드시

정답_(d)

20

W All ready for your trip?
M No, I still need to pack.
W Make sure you don't forget your passport.
M ______________________________

(a) Oh, thanks for reminding me.
(b) I'll just fill in the paperwork.
(c) There's a separate line for foreigners.
(d) That's OK. Take mine instead.

번역

W 여행 준비 다 되었니?
M 아니, 아직 짐을 싸야 해.
W 잊지 말고 여권 챙겨.
M ______________________________

(a) 오, 상기시켜줘서 고마워.
(b) 그냥 서류 작성할게.
(c) 외국인을 위한 줄이 따로 있어.
(d) 괜찮아. 대신 내 것을 가져가.

기출 공략

여자는 여행 짐을 싸야 하는 남자에게 잊지 말고 여권을 챙기라고 당부하고 있다. 이에 적절한 응답은 상기시켜줘서 고맙다고 말한 (a)이다.

remind 생각나게 하다 **separate** 독립된

정답_(a)

21

M I'm hungry. Are we almost at the diner?
W The flyer says to make a right at Westview.
M OK. Which side of the street is it on?
W ______________________________

(a) Just across the street from the diner.
(b) That I don't know. It doesn't say.
(c) It's probably on the main street.
(d) I'm sure you made the right choice.

번역

M 배고파. 식당에는 거의 다 왔니?
W 전단지에 웨스트뷰가에서 우회전하라고 쓰여 있는데.
M 좋아. 그 거리의 어느 쪽에 있지?
W ______________________________

(a) 그냥 식당에서 거리를 건너가.
(b) 그것은 모르겠어. 여기에 쓰여 있지 않아.
(c) 아마도 시내 중심가에 있을 거야.
(d) 분명히 네가 올바른 선택을 했을 거야.

기출 공략

남자와 여자는 전단지를 보면서 웨스트뷰가에 있는 식당을 찾아가고 있다. 남자는 웨스트뷰가의 어느 쪽에 식당이 있는지 묻고 있다. 이에 적절한 응답은 그것은 전단지에 쓰여 있지 않다며 모르겠다고 대답한 (b)이다.

almost 거의 **make a right** 우회전하다 **main street** 중심가
make the right choice 옳은 선택을 하다

정답_(b)

22

W Pacific Airlines, how can I help you?

M Hi, I just joined your frequent traveler club, and I have some questions.

W Sure, do you have your membership card handy?

M ______________________________

(a) No, but fortunately I do have my card.
(b) I'll send my membership application first.
(c) Yes, just let me know where I can find it.
(d) Hold on, I'll pull it from my wallet.

번역

W 퍼시픽 항공입니다. 무엇을 도와 드릴까요?
M 안녕하세요. 방금 프리퀀트 트래블러 클럽에 가입했는데, 몇 가지 질문이 있어요.
W 네, 회원 카드를 지참하고 계신가요?
M ______________________________

(a) 아니요, 하지만 다행히 제 카드가 있네요.
(b) 제가 회원 신청서를 먼저 보내 드릴게요.
(c) 네, 그냥 제가 어디서 찾을 수 있는지 알려주세요.
(d) 기다려 주세요, 제가 지갑에서 꺼낼게요.

기출 공략

남자가 자신이 가입한 항공사의 여행 서비스에 궁금한 점이 있어서 여자에게 질문하려고 하자, 여자는 회원 카드의 지참 여부를 묻고 있다. 따라서 지갑에서 꺼낼 테니 기다리라고 말한 (d)가 적절한 응답이다.

frequent 빈번한 **have ~ handy** 지참하다 정답_(d)

23

M I can't believe how humid this summer is.

W You should've been here last summer. It was much worse.

M Really? Worse than this?

W ______________________________

(a) It was more tolerable.
(b) Right, it wasn't as humid.
(c) Not sure. I just moved here myself.
(d) This year's nothing in comparison.

번역

M 이번 여름은 어쩌면 이렇게 습할 수가 있니.
W 너는 작년 여름에 여기에 와 봤어야 했어. 그때는 더 했거든.
M 정말? 이보다 더?
W ______________________________

(a) 좀 더 참을 만했어.
(b) 맞아, 이렇게 습하지는 않았어.
(c) 잘 모르겠어. 나는 막 이곳으로 이사 왔거든.
(d) 올해는 그때에 비하면 아무것도 아니야.

기출 공략

남자가 이번 여름이 매우 습하다고 말하자, 여자는 작년 여름이 더 습했다고 말하고 있다. 이에 남자는 놀라서 이보다 더 심했는지 물어보고 있다. 이에 대해 작년에 비하면 아무것도 아니라고 말한 (d)가 여자의 응답으로 가장 적절하다.

humid 습한 **tolerable** 참을만한 **in comparison** 비교하면

정답_(d)

24

W Why'd the city reschedule the Easter marathon?

M It conflicted with the holiday parade route downtown.

W Can't the marathon just be rerouted?

M ______________________________

(a) Apparently it'd inconvenience a lot of businesses.
(b) Yes, the parade has been moved downtown.
(c) That's exactly what the parade is for.
(d) Not unless the parade runs its course.

번역

W 시가 이스터 마라톤 대회 일정을 재조정한 이유가 뭐지?
M 마라톤 경로가 공휴일의 시내 퍼레이드 경로와 겹쳐서야.
W 마라톤 경로를 바꿀 수는 없나?
M ______________________________

(a) 듣자 하니 그렇게 하면 많은 상인들의 장사에 지장을 준다고 하네.
(b) 응, 퍼레이드는 시내로 옮겨졌어.
(c) 바로 그것이 퍼레이드의 목적이야.
(d) 퍼레이드가 자연스럽게 진행되지 않는 경우는 그렇지 않아.

기출 공략

여자는 마라톤 경로가 퍼레이드 경로와 겹치는 바람에 마라톤이 다른 날로 옮겨졌다는 소식을 듣고, 마라톤 경로를 바꾸면 날짜를 옮기지 않아도 되지 않느냐고 묻고 있다. 이에 적절한 응답은 그렇게 하면 상인들의 장사에 지장을 줄 것이라고 말한 (a)가 정답이다.

reschedule 일정을 재조정하다 **conflict with** ~와 겹치다 **route** 경로 **reroute** 경로를 다시 정하다 **apparently** 듣기로, 듣자 하니 **inconvenience** 불편을 끼치다 **business** 사업, 상업, 장사 **run its course** 자연스럽게 진행되다 정답_(a)

25

M Let's join the mountain temple group tour on Friday.
W I called yesterday, but the tour's booked up.
M Then how about we go on our own?
W ______________________________

(a) OK, as long as you don't mind groups.
(b) Sure. That way everything will be guided.
(c) That might be better, since we'd have more flexibility.
(d) Only if the group tour is included.

번역

M 금요일 단체 산지 사찰 관광에 참여하자.
W 어제 전화해 봤는데, 관광 예약이 꽉 찼대.
M 그러면 우리 스스로 가는 것은 어떨까?
W ______________________________

(a) 좋아, 네가 단체들을 꺼리지만 않는다면.
(b) 물론이지. 그렇게 하면 모든 것이 안내되지.
(c) 더 융통성이 생기니까 그렇게 하는 게 더 좋겠다.
(d) 단체 여행이 포함될 경우에만.

기출 공략

남자는 사찰 관광 예약이 꽉 찼다는 소식을 듣자, 그럼 자기들끼리 가는 것은 어떠냐고 묻고 있다. 이에 적절한 응답은 융통성 있게 움직일 수 있어서 그게 더 좋겠다고 말한 (c)이다.

temple 사찰 **be booked up** 예약이 꽉 차다 **on one's own** 스스로 **flexibility** 융통성 **only if** ~일 경우에만

정답_(c)

26

W My car battery's dead. I must've left my headlights on.
M Oh, no! Do you have jumper cables?
W No. Can I borrow yours?
M ______________________________

(a) I can just borrow them from you.
(b) At least your headlights weren't on.
(c) Thanks. I appreciate your advice.
(d) Let me check if I have them.

번역

W 내 자동차 배터리가 다 닳았어. 내가 전조등을 켠 채로 놔뒀나 봐.
M 오, 저런! 점퍼 케이블 있니?
W 아니, 네 것을 빌려도 되겠니?
M ______________________________

(a) 너에게서 그것들을 빌리면 되지.
(b) 적어도 네 전조등이 켜져 있지는 않았잖아.
(c) 고마워. 너의 조언에 감사해.
(d) 내가 가지고 있나 확인해 볼게.

기출 공략

남자는 배터리가 다 닳은 여자의 자동차를 시동 걸기 위해 여자에게 점퍼 케이블이 있는지 묻고 있다. 이에 여자는 없다면서 남자의 것을 빌릴 수 있는지 묻고 있다. 따라서 적절한 응답은 점퍼 케이블이 있나 확인해 보겠다고 말한 (d)이다.

dead (배터리가) 다 닳은 **headlight** 전조등 **jumper cable** 점퍼 케이블(클립이 달려 있는 케이블) **appreciate** 감사히 여기다

정답_(d)

27

M What's wrong? You seem down.
W I messed up on my midterm.
M Ouch. How much does it count for?
W ______________________________

(a) I'm not counting on my course grades.
(b) It's worth a quarter of the course.
(c) The final will be even harder.
(d) I'll just cram for the test.

번역

M 무슨 일 있니? 기운이 없어 보인다.
W 중간시험을 망쳤어.
M 이런. 중간시험이 차지하는 비중이 얼마나 되니?
W ______________________________

(a) 나는 내 수업 성적을 기대하지 않아.
(b) 그것은 전체 수업의 1/4에 해당돼.
(c) 기말 시험이 훨씬 더 어려울 거야.
(d) 나는 그냥 벼락치기 할래.

기출 공략

남자는 중간시험을 망친 여자에게 시험의 비중이 얼마나 되는지 묻고 있다. 이에 적절한 응답은 전체 수업 과정의 1/4에 해당된다고 말한 (b)이다.

mess up on ~를 망치다 **count for** 가치가 있다, 중요하다 **count on** ~에 기대를 걸다, ~에 의지하다 **worth** ~의 가치가 있는 **cram for** (시험을 위해) 벼락치기 공부하다

정답_(b)

28

W Victor ignored me at his party.
M Maybe he was too preoccupied with his other guests.
W To even acknowledge me?
M ______________________

(a) Yeah, that was nice of him.
(b) We've already been introduced.
(c) That he has no excuse for.
(d) But I'm not going to the party.

번역

W 빅터는 파티에서 날 못 본 척했어.
M 아마도 다른 손님들 때문에 너무 정신없어서 그랬을 거야.
W 그냥 나를 알은척도 못 해?
M ______________________

(a) 그래, 그가 그랬다니 참 좋은 사람이야.
(b) 우리는 이미 서로 소개받았어.
(c) 그것은 변명의 여지가 없구나.
(d) 하지만 나는 파티에 가지 않을 거야.

기출 공략

빅터가 파티에서 여자를 그냥 알은척도 안 했다는 말을 듣고 할 수 있는 남자의 적절한 응답은 빅터의 행동이 변명의 여지가 없다고 말한 (c)이다.

ignore 무시하다, 못 본 척하다 **preoccupied** (생각에) 사로잡힌 **acknowledge** 알은척하다 **excuse** 변명 정답_(c)

29

M Let's stop getting our milk delivered.
W Isn't it convenient, though?
M But it sometimes spoils because we forget to bring it inside.
W ______________________

(a) OK. Let's just cancel it, then.
(b) Tell the delivery guy to leave it.
(c) Just put it outside when you get home.
(d) Right, delivery is more convenient.

번역

M 우유 배달 그만 시키자.
W 그래도 편리하지 않니?
M 하지만 우리가 우유를 안으로 가져오는 것을 잊기 때문에 우유가 때때로 상하잖아.
W ______________________

(a) 좋아. 그러면 그만 취소하자.
(b) 배달부에게 그것을 놔두라고 말해.
(c) 집에 오거든 그냥 밖에 놔둬.
(d) 맞아, 배달이 더 편리하지.

기출 공략

우유를 집으로 가지고 들어오는 것을 잊어버리면, 우유가 상하기도 해서 배달을 중단시키자고 남자는 말한다. 따라서 적절한 여자의 응답은 남자의 의견에 동의하며 우유 배달을 취소하자고 말한 (a)이다.

deliver 배달하다 **convenient** 편리한 **spoil** 상하다 정답_(a)

30

W I heard your assistant is quitting.
M Yeah. It caught me completely off guard.
W Really? Weren't there any signs?
M ______________________

(a) That's why I can't work for her anymore.
(b) She never gave the slightest hint.
(c) I haven't told her about it yet.
(d) That's how I knew well in advance.

번역

W 너의 조수가 그만둔다며.
M 맞아. 너무 갑작스러운 소식이었어.
W 정말? 어떤 낌새도 없었니?
M ______________________

(a) 그것이 내가 더 이상 그녀를 위해 일할 수 없는 이유야.
(b) 그녀는 조금의 힌트도 주지 않았어.
(c) 나는 아직 그것에 대해 그녀에게 말하지 않았어.
(d) 그것이 내가 훨씬 전에 알았던 방법이야.

기출 공략

남자는 자신의 조수가 그만둔다는 소식을 갑작스럽게 접했다고 말하고 있다. 이에 여자는 그만두려는 낌새도 없었는지 묻고 있다. 따라서 적절한 응답은 그만둔다는 힌트를 조금도 보이지 않았다고 말한 (b)이다.

assistant 조수 **catch ~ off guard** ~를 (방심한 상태에서) 갑자기 놀라게 하다 **hint** 힌트, 암시 **in advance** 미리 정답_(b)

31

W What's the most exotic thing you'd ever eat?
M I'd try anything at least once.
W Even snails? Or chicken feet?
M Sure! I've had those before.
W Wow. You're more adventurous about food than I am.
M I guess I just like trying new things.

Q What is the main topic of the conversation?
(a) The man's willingness to try exotic food
(b) Which exotic foods the man enjoyed the most
(c) The best way to enjoy exotic foods
(d) Why the woman refuses to eat exotic food

번역

W 네가 먹어본 가장 이국적인 요리는 무엇이니?
M 모든 요리를 적어도 한 번은 다 먹어봤어.
W 달팽이 요리도? 닭발도?
M 물론이지! 전에 먹어본 적이 있지.
W 와. 너는 나보다 음식에 대해 더 모험적이구나.
M 그냥 나는 새로운 것을 시도해 보는 것을 좋아하는 거지.

Q 대화의 주제는?
(a) 이국적인 음식을 기꺼이 먹어 보려는 남자의 의지
(b) 남자가 가장 맛있게 먹었던 이국적인 음식
(c) 이국적인 음식을 즐기는 가장 좋은 방법
(d) 여자가 이국적인 음식 먹기를 거절하는 이유

기출 공략

남자는 모든 이국적인 음식을 적어도 한 번은 먹어 봤다면서 자신은 새로운 것을 시도하는 것을 좋아한다고 말하고 있다. 따라서 정답은 (a)이다.

exotic 이국적인 **at least** 적어도 **snail** 달팽이 **adventurous** 모험적인 **willingness** 기꺼이 하려는 마음 **refuse** 거절하다

정답_(a)

32

M Are you all moved into your new place?
W Not quite. I'm still waiting for my refrigerator to arrive.
M I thought you were getting it yesterday.
W I was supposed to, but they keep giving me excuses.
M So, when are they coming?
W Not sure. I have to call them again.

Q What is mainly being discussed in the conversation?
(a) A delay in the delivery of an appliance
(b) The woman's opinion of a delivery service
(c) Measures being taken to retrieve a lost item
(d) The woman's troubles with a faulty refrigerator

번역

M 새 집으로 이사는 다 끝냈니?
W 다 끝냈다고는 할 수 없어. 아직 내 냉장고가 도착하기를 기다리고 있어.
M 어제 받을 것이라고 생각했는데.
W 그러기로 되어 있었는데 그들이 계속 핑계를 대는 거야.
M 그래서 그들은 언제 오니?
W 모르겠어. 다시 전화해 봐야지.

Q 대화의 주제는?
(a) 가전제품 배달 지연
(b) 배달 서비스에 대한 여자의 의견
(c) 잃어버린 물건을 회수하기 위해 취하는 조치
(d) 결함이 있는 냉장고 때문에 여자가 겪는 고생

기출 공략

여자가 최근 새 집으로 이사를 갔는데, 냉장고가 아직 도착하지 않아 기다리고 있다는 내용이다. 따라서 정답은 (a)이다. 여자는 배달 서비스에 대한 의견을 말한 적이 없고 물건을 잃어버린 것이 아니라 배달되지 않은 것이고, 냉장고가 결함이 있는 것도 아니므로 나머지 선택지는 맞지 않다.

be supposed to ~하기로 되어있다 **give ~ excuses** ~에게 핑계를 대다 **delay** 지연 **delivery** 전달, 배달 **appliance** 가전제품 **measure** 조치, 해결 방법 **retrieve** 되찾다, 회수하다 **faulty** 결함이 있는

정답_(a)

33

M I want to travel abroad but I'm on a budget. Any suggestions?
W What about a place where you have family or friends?
M I have friends in Istanbul.
W Could you stay with them? It'd save on hotel costs.
M Probably. Have you been there?
W Sure. There are so many sights to see.

Q What is the man mainly doing in the conversation?
(a) Debating whether to move to Istanbul
(b) Getting advice on where to take a vacation
(c) Asking about accommodations in Istanbul
(d) Determining his budget for an overseas trip

번역

M 나는 해외여행을 가고 싶은데 예산이 넉넉하지 않아. 좋은 생각 없니?
W 가족이나 친구가 사는 곳은 어때?
M 이스탄불에 친구들이 살고 있어.
W 그들과 함께 머무는 것은 어때? 호텔비를 절약할 수 있잖아.
M 그럴 수 있겠다. 거기 가 봤니?
W 물론이지. 가 볼 만한 곳이 많아.

Q 대화에서 남자가 주로 하고 있는 것은?
(a) 이스탄불로 이사 갈지 고민하기
(b) 어디에서 휴가를 보낼지 조언 얻기
(c) 이스탄불의 숙박 시설에 대해 묻기
(d) 해외여행 예산 정하기

기출 공략

남자는 여자에게 한정된 예산으로 갈 수 있는 해외여행에 대한 조언을 구하고 있다. 이에 여자는 가족이나 친구가 사는 곳으로 가면 숙박비를 절약할 수 있다고 이야기한다. 따라서 정답은 (b)이다.

abroad 해외에 **on a budget** 한정된 예산으로 **suggestion** 제안 **save on** ~에서 절약되다 **sights** 가 볼 만한 곳 **debate** 심사숙고하다 **determine** 결정하다 정답_(b)

34

W Do your wrists still hurt from typing?
M Yeah, that's why I'm using this wrist-rest for my keyboard.
W Have you tried strengthening exercises?
M Yep, and I've been sleeping with braces on.
W Have you noticed any improvement?
M A little, but I'm still taking a pain reliever.

Q What is the main topic of the conversation?
(a) Problems the man is having with his computer
(b) Measures the man is taking to remedy his wrist pain
(c) How the man's wrist-rest aggravated his pain
(d) How the man improved his typing skills

번역

W 타이핑 때문에 손목이 아직도 아프니?
M 응, 그래서 키보드용 손목 지지대를 쓰고 있어.
W 강화 운동을 해 본 적이 있니?
M 응, 버팀대를 착용한 채로 잠자리에 들고 있어.
W 조금이라도 개선된 것 같니?
M 약간, 하지만 아직 진통제를 복용 중이야.

Q 대화의 주제는?
(a) 남자가 컴퓨터 때문에 겪는 문제
(b) 남자가 손목 통증을 개선하기 위해 취하는 조치
(c) 손목 지지대가 남자의 통증을 악화시킨 방식
(d) 남자가 자신의 타이핑 기술을 향상시킨 방법

기출 공략

남자는 타이핑 때문에 손목에 통증이 생겨 여러 방법을 써서 통증을 줄이려 하고 있다. 즉, 타이핑 할 때 손목 지지대를 사용하고, 버팀대를 착용한 채로 잠들고, 진통제를 복용하는 등 다양한 방법을 쓰고 있으므로 정답은 (b)이다.

wrist-rest 손목 지지대 **strengthen** 강화하다 **brace** 버팀대 **improvement** 개선 **pain reliever** 진통제 **measure** 조치 **remedy** 개선하다 **aggravate** 악화하다 정답_(b)

35

W Excuse me, where's Gate 59?
M That's in the south terminal.
W This isn't the south terminal?
M No, you'll need to take a shuttle to get there.
W But they didn't mention a shuttle when I checked in for my flight.
M Well, it's not far. Just follow the red signs.

Q What is the man mainly doing in the conversation?
(a) Determining the woman's current location
(b) Trying to find his flight's gate
(c) Assisting a confused traveler
(d) Checking the woman in for her flight

번역

W 실례합니다. 59번 게이트가 어디 있나요?
M 그것은 남쪽 터미널에 있어요.
W 여기가 남쪽 터미널 아닌가요?
M 아니에요. 거기로 가려면 셔틀을 타야 해요.
W 하지만 제가 탑승 수속을 밟을 때에는 셔틀 이야기는 못 들었어요.
M 음, 여기서 멀지 않아요. 붉은색 표시만 따라가세요.

Q 대화에서 남자가 주로 하고 있는 것은?
(a) 여자의 현재 위치 알아내기
(b) 자신의 비행기 출구를 찾으려 하기
(c) 혼란에 빠진 여행객 돕기
(d) 여자의 탑승 수속 처리하기

기출 공략

여자는 남쪽 터미널에서 비행기를 탈 수 있는데, 남쪽 터미널이 아닌 곳에서 게이트를 찾고 있어서 남자가 길을 안내해 주고 있다. 따라서 정답은 (c)이다.

terminal 공항 터미널 **shuttle** 셔틀 차량 **check in for one's flight** 비행기 탑승 수속을 밟다 **determine** 알아내다, 밝히다 **current** 현재의 **assist** 돕다 **confused** 헷갈리는

정답_(c)

36

M Let's put the new table over by the TV.
W But it would block the screen.
M Well, I thought you wanted to throw that TV out eventually.
W Still, no need to block it now. How about by the fireplace?
M Won't that look cluttered?
W No, it'll be cozy.

Q What is the conversation mainly about?
(a) Removing a table that is underutilized
(b) Deciding how to position a table
(c) Putting the TV in a more convenient space
(d) Decorating a remodeled apartment

번역

M 새 테이블을 TV 옆에 놓자.
W 하지만 그러면 화면이 가려지잖아.
M 음, 나는 네가 결국 저 TV를 버리고 싶어 할 거라고 생각했는데.
W 그래도 지금 가릴 필요는 없지. 벽난로 옆은 어떠니?
M 어수선해 보이지 않을까?
W 아니, 아늑할 거 같아.

Q 대화의 주제는?
(a) 제대로 활용되지 못하는 테이블 치우기
(b) 테이블을 어떻게 배치할지 결정하기
(c) 더 편한 공간에 TV 설치하기
(d) 개조된 아파트 꾸미기

기출 공략

남자와 여자는 테이블을 어디에 놓을지를 놓고 실랑이를 벌이고 있다. 여자는 테이블을 TV 옆에 놓으면 화면이 가려진다고 하고, 남자는 테이블을 벽난로 옆에 놓으면 너무 어수선해 보일 거라며 서로 옥신각신하고 있으므로 정답은 (b)이다.

block 막다 **throw out** 내다 버리다 **eventually** 결국 **fireplace** 벽난로 **cluttered** 어수선한 **underutilized** 충분히 활용되지 못한 **position** (특정 위치에) 놓다 **remodel** 개조하다

정답_(b)

37

W Remember that watch you wanted my opinion on?
M Yeah, I'm still wondering if I should buy it for my wife.
W Well, it's on sale now.
M How big is the discount?
W I think it's 35% off.
M Thanks, I'll take a look!

Q What is the woman mainly doing in the conversation?
(a) Negotiating for a better discount on a watch
(b) Offering to lower the price on a gift for the man's wife
(c) Informing the man of a deal on a watch he showed her
(d) Telling the man that the watch he gave his wife is now on sale

번역

W 나에게 의견을 물어봤던 그 손목시계 기억하니?
M 응, 내 아내에게 사 줄지 아직 고민이야.
W 음, 그거 지금 세일 중이야.
M 할인 폭이 얼마나 되니?
W 35% 할인인 것 같아.
M 고마워, 한번 봐야겠다.

Q 대화에서 여자가 주로 하고 있는 것은?
(a) 손목시계 가격 할인을 더 받기 위한 협상
(b) 남자의 아내를 위한 선물의 가격 인하 제안
(c) 남자가 여자에게 보여 주었던 시계의 세일 행사를 남자에게 알리기
(d) 남자가 아내에게 준 시계가 세일 중이라는 것을 남자에게 알리기

기출 공략

남자는 아내에게 선물하고 싶은 시계에 대한 의견을 여자에게 물어본 적이 있는데, 여자는 지금 이 시계가 세일 중임을 남자에게 알리고 있다. 따라서 정답은 (c)이다. 남자는 아직 아내에게 시계를 사 주지 않았으므로 (d)는 정답이 될 수 없다.

on sale 할인 중인 **discount** 할인 **negotiate** 협상하다 **lower** 낮추다 **deal** 할인 가격

정답_(c)

38

M How are the wedding plans going?
W Pretty well. I just have to tie up some loose ends.
M Have you finalized the seating chart?
W Mostly—I'm just waiting on guests who haven't responded yet.
M I see. And your floral arrangements are all set?
W Yes. I just need to get bridesmaids' gifts.

Q Which is correct about the woman according to the conversation?
(a) Her wedding preparations are finished.
(b) She has not started the seating arrangement.
(c) All of her guests have responded.
(d) She has decided on the flowers for the wedding.

번역

M 결혼 계획은 어떻게 되어가니?
W 꽤 잘 되어가. 단지 몇 가지 마무리 지어야 할 부분이 있어.
M 좌석 표는 다 끝냈니?
W 대부분 – 아직 답장을 보내지 않은 손님들의 답을 기다리고 있어.
M 그렇구나. 꽃 배치는 다 정했니?
W 응. 이제 신부 들러리 선물만 사면 돼.

Q 대화에서 여자에 관한 내용으로 옳은 것은?
(a) 여자의 결혼 준비는 완료되었다.
(b) 여자는 좌석 배치를 시작하지 않았다.
(c) 여자의 하객들은 모두 답장을 보냈다.
(d) 여자는 결혼식에 쓸 꽃에 대해 결정했다.

기출 공략

여자는 결혼식을 위한 꽃 배치를 모두 완료했다고 했으므로 정답은 (d)이다. 여자의 결혼식 준비는 아직 마무리 되지 않은 부분이 있고, 좌석 배치 문제는 아직 답장이 없는 하객들의 소식을 기다리는 중이므로 나머지 선택지는 맞지 않다.

tie up loose ends 끝마무리하다 **finalize** 마무리하다 **wait on** ~을 기다리다 **floral** 꽃의 **arrangement** 배열, 배치 **bridesmaid** (신부) 들러리 **decide on** ~으로 결정하다

정답_(d)

39

W Did you see that new action film?
M Yeah, on Monday. I wasn't impressed, though.
W Really? I enjoyed it.
M The action scenes were really boring.
W I bet you went just because you loved the book.
M Yeah, and I do like the lead actor, too.

Q Which is correct about the man according to the conversation?
(a) He saw the action film on Sunday.
(b) He only enjoyed the movie's action scenes.
(c) He disliked the book the film was based on.
(d) He is a fan of the film's main star.

번역

W 그 새로운 액션 영화 봤니?
M 응, 월요일에. 그런데 그렇게 인상적이지는 않았어.
W 정말? 나는 재미있게 봤는데.
M 액션 장면이 정말 지루했어.
W 너는 책을 재미있게 읽어서 영화를 보러 간 것 같구나.
M 응, 그리고 나는 또한 주인공을 정말 좋아하거든.

Q 대화에서 남자에 관한 내용으로 옳은 것은?
(a) 남자는 일요일에 액션 영화를 봤다.
(b) 남자는 영화의 액션 장면만 재미있게 봤다.
(c) 남자는 영화의 바탕이 된 책을 좋아하지 않았다.
(d) 남자는 영화 주인공의 팬이다.

기출 공략

남자가 읽은 소설을 기반으로 액션 영화가 만들어졌는데, 남자가 이 영화를 본 이유는 소설을 워낙 재미있게 읽었고, 주인공 역을 맡은 배우를 무척 좋아하기 때문이었으므로 정답은 (d)이다. 남자는 이 영화의 액션 장면이 지루했다고 했으므로 (b)는 정답이 될 수 없다.

impressed 감명받은, 인상 깊은 **I bet** 틀림없이 ~라고 생각하다 **lead actor** 주인공 **dislike** 싫어하다 **be based on** ~를 기반으로 하다

정답_(d)

40

M Can I send this letter to Germany by air?
W Sure. That's one dollar and 45 cents.
M I'd like to ship this parcel there too, but to someone else.
W Would you prefer air mail or surface mail?
M Surface is fine.
W OK. Just write the parcel's contents on this customs form.

Q Which is correct according to the conversation?
(a) The man requests air mail for both the parcel and the letter.
(b) Both pieces of mail will be shipped to Germany.
(c) The parcel and the letter have the same recipient.
(d) Only the letter requires customs forms.

번역

M 이 편지를 독일에 항공편으로 보낼 수 있나요?
W 물론이죠. 1달러 45센트가 되겠습니다.
M 이 소포도 독일로 보내고 싶습니다. 다른 수신자에게로요.
W 항공 우편을 이용하시겠습니까, 아니면 보통 우편을 이용하시겠습니까?
M 보통 우편이 좋겠어요.
W 좋습니다. 이 세관 서류에 소포의 내용물을 써 주세요.

Q 대화에서 다음 중 옳은 것은?
(a) 남자는 소포와 편지 둘 다 항공 우편으로 보낼 것을 요청한다.
(b) 두 개의 우편물은 다 독일로 배송될 것이다.
(c) 소포와 편지의 수신인은 동일하다.
(d) 편지만 세관 서류 작성이 필요하다.

기출 공략

남자는 편지와 소포를 보내는데, 편지는 항공 우편, 소포는 보통 우편을 통해서 둘 다 독일로 보내려고 하고 있으므로 정답은 (b)이다. 두 우편물 다 독일로 가지만 각각 수신인이 다르고, 세관 서류 작성이 필요한 것은 소포이므로 나머지 선택지는 맞지 않다.

ship 배송하다 **parcel** 소포 **air mail** 항공 우편 **surface mail** 보통 우편 **contents** 내용물 **customs** 세관, 관세 **recipient** 수신인, 수령자

정답_(b)

41

W Are Sid and Katy joining us on tomorrow's hike?

M Just Katy. Sid injured his ankle going down the stairs yesterday.

W Didn't he hurt it earlier this spring?

M Yeah, playing soccer. But it's the left ankle this time, not the right.

W Wow. Both ankles injured in just six months?

M I know. I hope he recovers as quickly as last time.

Q Which is correct about Sid according to the conversation?
(a) Neither he nor Katy will join the hike.
(b) He hurt his left ankle yesterday.
(c) His most recent injury is from playing soccer.
(d) Both his ankles are currently injured.

번역

W 시드와 케이티는 내일 우리와 함께 등산하는 거니?
M 케이티만. 시드는 어제 계단을 내려오면서 발목을 다쳤어.
W 올봄에도 다치지 않았니?
M 응, 축구하다가. 하지만 이번에는 오른쪽이 아니라 왼쪽 발목이야.
W 와, 6개월 사이에 두 발목이 다 부상당한 거야?
M 그러게 말이야. 지난번처럼 빨리 회복되었으면 좋겠다.

Q 대화에서 시드에 관한 내용으로 옳은 것은?
(a) 시드와 케이티 둘 다 등산에 참여하지 않을 것이다.
(b) 시드는 어제 왼쪽 발목을 다쳤다.
(c) 그의 가장 최근 부상은 축구를 하다가 발생했다.
(d) 그의 양쪽 발목이 현재 다친 상태이다.

기출 공략

시드는 어제 계단을 내려가다가 발목이 다쳐 등산을 못 하게 되었다. 발목이 다친 것은 이번이 두 번째인데, 첫 번째는 축구를 하다가 오른쪽 발목을, 두 번째는 어제 계단을 내려오다 왼쪽 발목을 다쳤다고 했으므로 정답은 (b)이다.

ankle 발목 **recover** 회복하다 **currently** 현재 정답_(b)

42

M Excuse me. Is there a cafeteria in this building?

W No, but there's a restaurant on Harbor Avenue.

M I just started working here, so I'm not sure where that is.

W It's just one block north.

M OK, thanks. And does this building have an ATM?

W Yes, next to the convenience store in the lobby.

Q Which is correct according to the conversation?
(a) The building has a cafeteria on the first floor.
(b) The man has been working in the building for years.
(c) Harbor Avenue is one block south of the building.
(d) The building has an ATM and a convenience store.

번역

M 실례합니다. 이 건물에 구내식당이 있나요?
W 없어요, 하지만 하버 대로에 식당이 하나 있어요.
M 막 여기서 일을 하기 시작해서 식당이 어디 있는지 모르겠어요.
W 북쪽으로 한 블록 가시면 있어요.
M 알겠어요, 감사합니다. 그리고 이 건물에는 현금자동입출금기가 있나요?
W 네, 로비에 편의점 옆에 있어요.

Q 대화에서 다음 중 옳은 것은?
(a) 건물 1층에 구내식당이 있다.
(b) 남자는 수년 동안 이 건물에서 근무해 왔다.
(c) 하버 대로는 건물 남쪽 방향으로 한 블록 떨어져서 있다.
(d) 건물 안에는 현금자동입출금기와 편의점이 있다.

기출 공략

현금자동입출금기의 위치는 로비에 있는 편의점 옆이라고 했으므로 현금자동입출금기와 편의점 둘 다 건물 내부에 있음을 알 수 있다. 따라서 정답은 (d)이다. 건물 안에는 구내식당이 없고, 남자는 건물에서 막 근무하기 시작했으며 하버 대로는 건물 북쪽 방향으로 가야 있다고 했으므로 나머지 선택지는 맞지 않다.

cafeteria 구내식당 **ATM** 현금자동입출금기(= automatic teller machine) **convenience store** 편의점 정답_(d)

43

W Great job arranging the promotional display.
M Thanks. It was a fun new challenge.
W Most people don't get the design right the first time, but you're a natural!
M I'd love to do it again.
W Then we'll start assigning you to do displays from now on.
M That'd be great!

Q What can be inferred about the man from the conversation?
(a) He taught the woman how to design promotional displays.
(b) He is inexperienced in display design.
(c) He had several earlier designs rejected by the woman.
(d) He is the woman's supervisor.

번역

W 홍보 전시를 잘해 주었어요.
M 고마워요. 그것은 재미있는 새로운 도전이었어요.
W 대부분 처음에는 디자인을 제대로 하지 못하는데, 당신의 재능은 천부적이에요!
M 또 다시 할 수 있으면 좋겠어요.
W 그러면 우리는 지금부터 당신에게 전시 업무를 맡기기 시작할게요.
M 그렇게 해 주신다면 정말 감사해요!

Q 대화로부터 남자에 관해 유추할 수 있는 것은?
(a) 남자는 여자에게 홍보 전시를 디자인하는 방법을 가르쳤다.
(b) 남자는 전시를 디자인해 본 경험이 없다.
(c) 남자는 여자로부터 거절당한 몇 건의 초기 디자인이 있었다.
(d) 남자는 여자의 상사이다.

기출 공략

여자는 처음 홍보 전시 디자인을 맡기면 제대로 하는 사람들이 매우 드문데, 남자는 재능이 천부적이라며 칭찬하고 있다. 이로부터 남자는 디자인 경험이 없음에도 처음 맡아서 한 디자인을 매우 잘 해냈음을 알 수 있다. 따라서 정답은 (b)이다.

arrange 배치하다 **promotional display** 홍보 목적의 상품 전시 **challenge** 도전 **natural** 천부적 재능을 지닌 사람 **assign** (업무를) 배정하다 **inexperienced** 경험이 없는 **reject** 거절하다 **supervisor** 상사, 감독관

정답_(b)

44

M Does your restaurant have an evacuation plan?
W Yes. There's a flight of stairs for emergency use.
M Only one? How would people escape?
W This building has four emergency staircases in addition to ours.
M I see. And they're all easily accessible from here?
W Yes. Everyone could escape safely.

Q What can be inferred from the conversation?
(a) The restaurant is not prepared for emergencies.
(b) The whole building is occupied by the restaurant.
(c) The restaurant is not on the ground floor.
(d) The man is an employee of the restaurant.

번역

M 당신의 식당은 대피 계획을 갖추고 있나요?
W 네. 비상시 사용할 수 있는 계단이 있어요.
M 하나밖에 없어요? 그러면 사람들이 어떻게 탈출하죠?
W 이 빌딩은 우리 것 외에도 4개의 비상계단이 있어요.
M 알겠어요. 그러면 그것들은 모두 여기서 쉽게 접근할 수 있어요?
W 네. 모든 사람이 안전하게 대피할 수 있어요.

Q 대화로부터 유추할 수 있는 것은?
(a) 식당은 비상 상황에 대비가 안 되어 있다.
(b) 식당이 빌딩 전체를 차지하고 있다
(c) 식당의 위치는 1층이 아니다.
(d) 남자는 식당의 직원이다.

기출 공략

비상 상황에 식당에서 탈출하려면 계단을 이용해야 하므로 식당은 1층이 아닌 다른 층에 있음을 알 수 있다. 따라서 정답은 (c)이다. 식당의 비상계단은 하나 있지만 건물에는 4개의 비상계단이 더 있고, 모든 계단은 식당에서 접근하기 쉬운 위치에 있으므로 (a)는 정답이 될 수 없다.

evacuation 탈출 **a flight of stairs** 한 줄로 연속된 계단 **emergency** 비상 상황 **escape** 탈출하다 **staircase** 계단 **accessible** 접근할 수 있는 **occupy** 차지하다 **ground floor** 1층

정답_(c)

45

W I heard you went to the amusement park last weekend.

M Yeah, we had a good time, but I doubt you would've enjoyed it.

W Actually, I've been thinking about trying a roller coaster again.

M I thought you were done with them forever.

W Well, I'd like to try out a smaller one.

M I wish you'd told me. You could have joined us!

Q What can be inferred from the conversation?
(a) The woman was invited to last weekend's amusement park trip.
(b) The woman previously had an unpleasant roller coaster ride.
(c) The man is going back to the amusement park this weekend.
(d) The man prefers to go to amusement parks by himself.

번역

W 내가 듣기에 너 지난 주말에 놀이공원에 갔다고 하더라.
M 응, 우리는 재미있게 놀았는데, 너는 갔어도 재미있게 놀지 못했을 거야.
W 사실, 다시 한 번 롤러코스터를 타 볼 생각이었어.
M 나는 네가 롤러코스터와는 완전히 끝을 냈다고 생각했는데.
W 음, 더 작은 롤러코스터를 한번 타 보고 싶었지.
M 그럼 나에게 말하지 그랬니. 너도 우리와 함께 갈 수 있었을 텐데.

Q 대화로부터 유추할 수 있는 것은?
(a) 여자는 지난 주말 놀이공원 나들이에 초대를 받았다.
(b) 여자는 전에 롤러코스터를 탄 경험이 좋지 않게 남았다.
(c) 남자는 이번 주말에 놀이공원에 다시 갈 것이다.
(d) 남자는 혼자서 놀이공원에 가는 것을 선호한다.

기출 공략

남자의 두 번째 말에서 여자가 롤러코스터와는 완전히 끝을 냈다고 생각했다는 점으로 보아, 여자의 롤러코스터 경험이 기억에 안 좋게 남아 있음을 유추할 수 있다. 따라서 정답은 (b)이다.

amusement park 놀이공원 **be done with** ~와 끝장내다 **try out** ~를 해 보다 **previously** 이전에 **unpleasant** 불쾌한

정답_(b)

46

Although the stereotypical diamond is colorless, these valuable gemstones occur naturally in almost every color. A diamond's hue is influenced by various factors. Trace amounts of boron and nitrogen in diamonds cause the gems to look blue or yellow. Radiation exposure turns a diamond green and is also thought to be the cause of pink and red hues. Finally, deformation of a diamond's atomic structure results in a brown color, which lowers the gem's value.

Q What is the talk mainly about?
(a) Where colored diamonds are found in nature
(b) How diamonds are processed to remove color impurities
(c) What causes diamonds to have different colors
(d) Why colored diamonds are less valuable than white ones

번역

다이아몬드는 색깔이 없는 것이 보통이지만, 이 고가의 보석은 자연적으로 거의 모든 색깔을 띤 모습으로 생성될 수 있다. 다이아몬드 빛깔은 다양한 요인에 영향을 받는다. 다이아몬드 내에 붕소와 질소가 미세한 양만 있어도 이 보석은 파랑 또는 노랑 빛깔을 띨 수 있다. 방사능에 노출되면 다이아몬드는 초록색으로 변하고, 또한 분홍색이나 붉은색이 될 수 있다고 여겨지기도 한다. 마지막으로 다이아몬드의 분자 구조가 변형되면 갈색으로 변하는데, 이렇게 되면 보석의 가치가 떨어진다.

Q 담화의 주제는?
(a) 색깔이 있는 다이아몬드가 자연에서 발견되는 장소
(b) 색의 불순도를 제거하기 위한 다이아몬드 처리 방법
(c) 다이아몬드가 다른 색을 띠는 원인
(d) 색깔을 띤 다이아몬드가 흰색 다이아몬드에 비해 가치가 덜 나가는 이유

기출 공략

다이아몬드는 투명한 색뿐만 아니라, 환경에 따라 다양한 색깔을 띨 수 있다고 한다. 붕소와 질소가 약간만 있어도 파랑이나 노랑 빛깔을 띨 수 있고, 방사능에 노출되면 초록색 혹은 분홍색이나 붉은색을 띨 수 있다는 등 색깔을 변화시킬 수 있는 다양한 요인에 대해 설명하고 있다. 따라서 정답은 (c)이다.

stereotypical 전형적인 **colorless** 색깔이 없는 **valuable** 귀중한, 가치가 높은 **gemstone** 보석 **occur** 발생하다 **naturally** 자연적으로 **trace** 소량의 **boron** 붕소 **nitrogen** 질소 **gem** 보석 **radiation** 방사능 **exposure** 노출 **deformation** 변형 **atomic** 분자의 **in nature** 자연에서 **process** 처리하다 **impurity** 불순물

정답_(c)

47

Management has recently been planning a company-wide "green team" initiative, and we're ready to begin implementing the initial steps of that plan. First, we are changing our stationery provider to Greentree Supplies, which specializes in recycled products. Second, we are switching to an electricity company that uses renewable energy. In the coming months, look forward to further improvements, including the installation of solar panels and new incentives for carpooling.

Q What is mainly being announced?
(a) Measures the company is taking to be more environmentally friendly
(b) The company's upcoming plan to take over Greentree Supplies
(c) Restructuring of the company's "green team" employees
(d) Reasons why the company is changing its environmental policies

번역

경영진은 최근 회사 전체적으로 "친환경 팀" 계획을 구상하고 있는데, 우리는 이 계획의 첫 번째 단계를 시작할 준비가 되었습니다. 우선, 우리는 문구류 공급자를 재활용품을 전문으로 취급하는 그린트리 서플라이즈로 바꿀 예정입니다. 둘째, 우리는 재활용 가능한 에너지를 사용하는 전기 회사로 바꿀 예정입니다. 다가오는 달에 태양판 설치와 새로운 카풀 장려책을 포함해서 더 진전된 개선을 기대하셔도 좋습니다.

Q 안내되고 있는 주된 내용은?
(a) 회사가 취하는 보다 높은 수준의 친환경 정책
(b) 회사의 곧 있을 그린트리 서플라이즈 인수 계획
(c) 회사의 "친환경 팀" 직원 구조 조정
(d) 회사가 환경 정책을 변경하는 이유

기출 공략

협력 업체를 재활용품 공급자와 재활용 가능한 에너지를 공급하는 전기 회사로 바꾸고, 태양판 설치나 카풀 장려 등 회사의 향후 친환경 정책들이 언급되고 있으므로 정답은 (a)이다.

management 경영(진) **green** 친환경의 **initiative** 기획, 계획 **implement** 시행하다 **initial** 처음의 **stationery** 문구류 **provider** 공급자 **specialize in** ~을 전문으로 하다 **recycle** 재활용하다 **renewable** 재활용 가능한 **installation** 설치 **solar panel** 태양열 판 **incentive** 장려 제도 **carpooling** 승용차 함께 타기 **measure** 조치 **environmentally friendly** 친환경적인 **upcoming** 다가오는 **restructuring** 구조조정, 재구성 정답_(a)

48

There is a growing movement to pass legislation mandating the labeling of products containing genetically modified organisms, or GMOs. But certain members of the scientific community have criticized this. These scientists claim that labeling isn't necessary. They say that genetic modification doesn't materially change foods. They also argue that there is no evidence that GMO foods pose a danger to consumers' health, and that labeling foods with a GMO mark will only alarm consumers needlessly.

Q What is the talk mainly about?
(a) How new laws ban the labeling of GMO foods
(b) Certain scientists' resistance to GMO-labeling
(c) Scientists' rationale for advocating bans of GMO foods
(d) Why GMO foods are harmful to consumers' health

번역

유전자 조작 식품, 즉 GMO가 함유된 제품의 표시를 의무화하는 법안을 통과하려는 움직임이 점점 늘어나고 있다. 하지만 과학계의 일부에서 이에 대한 비판이 제기되었다. 이들의 주장에 따르면 표시는 불필요하다는 것이다. 그들은 유전자 조작은 식품의 질료를 변화시키지 않는다고 말한다. 또 그들은 유전자 조작 식품이 소비자의 건강을 위협한다는 증거가 전혀 없음에도, 식품에 GMO 표시를 하는 것은 불필요하게 소비자들을 불안하게 만들 뿐이라고 주장한다.

Q 담화의 주제는?
(a) 새 법이 유전자 조작 식품 표시를 어떻게 금지하는가
(b) 어떤 과학자들의 유전자 조작 식품 표시에 대한 반대
(c) 유전자 조작 식품 반대를 지지하는 과학자들의 논리
(d) 유전자 조작 식품이 소비자의 건강에 해로운 이유

기출 공략

담화는 일부 과학자들이 유전자 조작 식품 표시 의무화에 반대하는 근거에 대해 설명하고 있다. 유전자 조작이 식품의 질료를 바꾸지 않는다는 점, 유전자 조작 식품이 건강을 위협한다는 증거가 없음에도 이를 표시하는 것은 소비자를 쓸데없이 불안하게 만들 수 있다는 점이 소개되었다. 따라서 정답은 (b)이다.

legislation 법 **mandate** 의무화하다 **labeling** 표시 **genetically modified organism** 유전자 조작 생명체 **materially** 질료적으로 **evidence** 증거 **pose a danger to** ~에 위험을 가하다 **alarm** 불안하게 하다 **resistance** 저항, 반대 **rationale** 논리 정답_(b)

49

Attention staff: some of you have had problems installing the latest version of our security program on your computers. If you've gotten error messages, remember that you must first uninstall the previous version. You can do this by running the old version's uninstall file, which is located in your computer's applications folder. Only after running the uninstall program can you install and use the updated software.

Q What is the speaker mainly doing in the announcement?
(a) Explaining why the company's security software has become outdated
(b) Warning employees about computers with compromised security
(c) Providing instructions to resolve a problem installing a security update
(d) Instructing employees to remove uninstallation files from their computers

번역

직원들은 주목해 주시기 바랍니다: 여러분 중 일부가 컴퓨터에 보안 프로그램의 최신 버전을 설치하는 데 문제가 있다고 합니다. 오류 메시지가 나온 경우, 우선 이전 버전을 삭제해야 한다는 점을 기억하셔야 합니다. 여러분은 컴퓨터의 애플리케이션 폴더에 있는 이전 버전의 삭제 파일을 작동해서 삭제할 수 있습니다. 삭제 프로그램을 작동한 후에만 최신 소프트웨어를 설치해서 사용할 수 있습니다.

Q 발표에서 화자가 주로 하는 것은?
(a) 회사의 보안 소프트웨어가 구식이 되어버린 이유를 설명하기
(b) 직원들에게 보안이 위태로워진 컴퓨터에 대해 경고하기
(c) 보안 업데이트 설치 문제를 해결할 수 있는 설명 제공하기
(d) 직원들에게 자신들의 컴퓨터에서 삭제 파일을 제거하라고 지시하기

기출 공략

화자는 보안 업데이트를 설치하려면 이전 버전을 삭제해야 새 버전이 설치된다고 말하고 있다. 새 프로그램 설치가 안됐던 사람들은 애플리케이션 폴더 속의 삭제 프로그램을 작동해서 구 프로그램을 삭제해야 한다고 알려주고 있다. 따라서 정답은 (c)이다.

version 버전, 형태 **security** 보안 **uninstall** (프로그램을) 삭제하다 **previous** 이전의 **application** 응용 프로그램 **updated** 최신의 **outdated** 시대에 뒤떨어진, 구식의 **warn** 경고하다 **compromise** 위태롭게 하다, 손상시키다 **instruction** 지시사항

정답_(c)

50

We're here today to discuss a worrying trend in the most recent election. While overall voter turnout in provincial elections has been gradually increasing over the years, analysts found that the number of low-income voters is down 28% from the last election. What this means is that high earners constituted a significantly larger proportion of the voting population, and the voice of low-income voters has not been properly represented in this year's results.

Q What is the speaker's main point?
(a) The number of voters in this election has decreased over the last.
(b) Many wealthier people are opting not to vote.
(c) Analysts have been ignoring a pronounced voting trend.
(d) Weak low-income voter turnout has skewed election results.

번역

우리가 오늘 여기에 모인 것은 가장 최근의 선거에서 나타난 우려되는 경향에 대해 논의하기 위해서입니다. 지방 선거의 전체적인 투표율은 해가 갈수록 증가하는 추세지만, 분석가들은 저소득층 유권자의 수는 지난 선거 대비 28% 감소했음을 발견했습니다. 이것은 고소득층이 투표 인구 중 상당히 많은 부분을 차지하고 있다는 것과, 저소득층 유권자의 목소리가 올해 선거 결과에 제대로 반영되지 않았다는 것을 의미합니다.

Q 화자의 요점은?
(a) 이번 선거 투표 인원수는 지난번에 비해 줄어들었다.
(b) 많은 부유층 사람들은 투표를 안 하고 있다.
(c) 분석가들은 눈에 뜨이는 투표 경향을 무시하고 있다.
(d) 저소득층의 낮은 투표율은 선거 결과를 왜곡했다.

기출 공략

선거에서 투표율이 전반적으로 늘어나긴 했는데, 저소득층의 투표율이 지난 선거에 비해 줄었다며, 저소득층의 목소리가 이번 선거 결과에 반영되지 않았다고 말하고 있다. 따라서 저소득층의 낮은 투표율은 선거 결과를 왜곡했다고 말한 (d)가 정답이다.

overall 전반적인 **turnout** 투표율 **provincial election** 지방 선거 **gradually** 점차적으로 **low-income** 저소득층의 **earner** 소득자 **constitute** 구성하다 **significantly** 상당하게 **proportion** 비율 **voice** 목소리, 의견 **properly** 제대로 **represent** 나타나다 **opt** 선택하다 **pronounced** 눈에 뜨이는 **skew** 왜곡하다

정답_(d)

51

Bed bugs are tiny parasitic insects that live in fabrics and feed on blood. Because infestations are hard to eradicate, prevention is crucial. At home, keep rooms clutter-free, since bed bugs thrive in any environment where they can hide. Washing linens in very hot water is also wise, as this kills unhatched eggs. Finally, since these tiny critters often inhabit mattresses, covering your mattress with plastic will ensure that it remains free of bed bugs.

Q What is the main topic of the talk?
(a) Why bed bugs prefer to live in beds and fabrics
(b) The best way to eradicate bed bugs in public spaces
(c) Methods for preventing bed bug infestations at home
(d) How bed bug infestations spread through contact

번역

빈대는 섬유 속에 살면서 피를 빨아 먹는 작은 기생충이다. 빈대의 번식은 박멸하기 힘들기 때문에 예방책이 중요하다. 빈대는 숨을 수 있는 환경이면 어디든 번식하므로 가정에서는 잡동사니 없이 방을 깔끔하게 유지하는 것이 좋다. 리넨을 아주 뜨거운 물에서 세탁하는 것 역시 좋은 방법인데, 이 방법이 부화하지 않은 알들을 죽이기 때문이다. 마지막으로 이 작은 생물은 종종 매트리스에서 살기 때문에 매트리스를 비닐로 덮어씌우면 빈대가 유입되는 것을 확실히 막아줄 것이다.

Q 담화의 주제는?
(a) 빈대가 침대와 섬유 속에 사는 것을 선호하는 이유
(b) 공공장소에서 빈대를 박멸할 수 있는 가장 좋은 방법
(c) 가정에서 빈대가 번식하는 것을 예방하는 방법
(d) 빈대의 번식이 접촉을 통해서 퍼지는 과정

기출 공략

담화는 가정에서 취할 수 있는 빈대 번식 예방법이 소개되고 있다. 집안을 잡동사니 없이 깔끔하게 유지하기, 리넨을 뜨거운 물에 세탁하기, 빈대가 주로 번식하는 매트리스를 비닐로 덮기 등 여러 가지 방법들이 소개되고 있다. 따라서 정답은 (c)이다.

bed bug 빈대 **parasitic** 기생하는 **fabric** 섬유, 옷감 **feed on** ~를 먹고 살다 **infestation** 번식, 우글거림 **eradicate** 박멸시키다 **prevention** 예방 **crucial** 중요한 **clutter-free** 잡동사니가 없는 **thrive** 번성하다 **linen** 리넨 **unhatched** 부화하지 않은 **critter** 생물 **inhabit** ~에 살다 **mattress** 매트리스 **ensure** 반드시 ~하게 하다

정답_(c)

52

One interesting technique in contemporary literature involves fracturing a linear storyline and reconstructing it in surprising ways. Kurt Vonnegut's *Slaughterhouse-Five* exemplifies this literary tactic, as episodes from protagonist Billy Pilgrim's life are not presented chronologically. Vonnegut fragmented the time-line of Pilgrim's life and structured it so that he could effectively juxtapose occurrences which would otherwise seem unconnected. This is one of the defining characteristics of this modern novel.

Q What is the speaker's main point about *Slaughterhouse-Five*?
(a) Its unusual structure was imitated in other modern novels.
(b) It distorts time to emphasize the relatedness of incongruous events.
(c) It is a modern novel that is reminiscent of older literature.
(d) The protagonist's life appears fragmented in spite of its linear storyline.

번역

현대 문학의 한 가지 재미있는 기법에는 선형적인 줄거리를 조각내어 의외의 방법으로 재구성하는 것이 있다. 커트 보네거트의 〈제5 도살장〉에서는 이 문학적 기법의 전형적인 예를 볼 수 있는데, 주인공 빌리 필그림의 삶에 관한 에피소드가 시간 순서로 제시되어 있지 않다. 보네거트는 필그림의 삶의 시간 순서를 분해해서 그렇게 하지 않았더라면 서로 관계없이 보일 사건들을 효과적으로 병치할 수 있도록 구성했다. 이것이 이 현대 소설의 결정적인 특징 중 하나이다.

Q 〈제5 도살장〉에 대한 화자의 요지는?
(a) 그 흔치 않은 구성은 다른 현대 소설에서 그대로 따라 했다.
(b) 서로 어울리지 않는 사건의 연관성을 강조하기 위해 시간을 왜곡한다.
(c) 더 오래된 문학을 떠올리게 하는 현대 소설이다.
(d) 주인공의 삶이 선형적인 줄거리임에도 단편화되어 나타난다.

기출 공략

보네거트는 〈제5 도살장〉에서 시간적 순서로 제시했다면 서로 관계없이 보일 각 사건들을 효과적으로 병치했다고 했으므로 정답은 (b)이다.

technique 기법 **contemporary** 현대의 **fracture** 깨뜨리다 **reconstruct** 재구성하다 **exemplify** 전형적인 예가 되다 **tactic** 기법, 기교 **protagonist** (소설, 영화 속) 주인공 **chronologically** 시간 순서로 **fragment** 분해하다 **juxtapose** 병치하다 **occurrence** 사건 **unconnected** 관계없는 **defining** 결정적인 **imitate** 모방하다 **distort** 왜곡하다 **emphasize** 강조하다 **relatedness** 연관성 **incongruous** 어울리지 않는 **reminiscent** 떠올리는, 생각나게 하는

정답_(b)

53

Everyone, I want to confirm that our company is considering moving our offices into a different building. The Human Resources Department needs more space following its recent staff increases, and the Marketing Department has had to give its conference room up to the Customer Service Department. Moreover, because each department is currently on its own floor, collaboration is inconvenient. We are searching for a suitable new space and will keep you posted.

Q Which is correct according to the announcement?

(a) All departments in the company have recently cut their staff size.

(b) The Customer Service Department gave its conference room up to Marketing.

(c) The Human Resources and Marketing Departments are on different floors.

(d) The company has already found a new space to move into.

번역

여러분, 저는 우리 회사가 사무실을 다른 건물로 옮기는 것을 검토하고 있다는 사실을 확인해 드리고 싶습니다. 인사부는 최근 인원을 증원함에 따라 더 많은 공간이 필요해졌고, 마케팅 부서는 회의실을 고객 서비스 부서에 넘겨주게 되었습니다. 더욱이, 각 부서는 현재 각 층에 따로 있기 때문에 상호간의 협력이 불편합니다. 우리는 적당한 새 공간을 찾는 중이며, 계속 소식을 알려 드리겠습니다.

Q 공고와 일치하는 것은?

(a) 회사의 모든 부서는 최근에 인원을 감축했다.

(b) 고객 서비스 부서는 마케팅 부서에게 회의실을 넘겨주었다.

(c) 인사부와 마케팅 부서는 다른 층에 있다.

(d) 회사는 이미 이사 갈 새 장소를 찾았다.

기출 공략

회사의 이전 이유로 언급된 것 중 하나는 각 부서가 모든 층에 따로따로 배치되었기 때문에 부서 간 협력이 어렵다는 점이다. 이로부터 인사부와 마케팅 부서도 다른 층에 있음을 알 수 있으므로 정답은 (c)이다.

confirm 확인하다 **department** 부서, 과 **customer service** 고객 서비스 **give A up to B** A를 B에게 넘기다 **collaboration** 협력 **inconvenient** 불편한 **suitable** 적당한

정답_(c)

54

Polycythemia is a condition characterized by the overproduction of red blood cells. It develops in response to oxygen deprivation and can be an effect of certain diseases. It also occurs in hikers at high altitudes, where the atmosphere has less oxygen. Scientists researching polycythemia have begun studying the Sherpa people, who do not develop the condition despite their high-altitude habitat in Nepal's mountains. Researchers have found that this immunity to polycythemia is the result of changes in Sherpas' genetic makeup, and they are studying these changes to develop treatments for the condition.

Q Which is correct about polycythemia according to the talk?

(a) It occurs when the body makes too few red blood cells.

(b) It causes oxygen deprivation in those with other diseases.

(c) Sherpa people have evolved so as not to develop it.

(d) Genetics has been ruled out as a way to develop treatments for it.

번역

적혈구 증가증은 적혈구 세포의 과잉 생산 상태를 말한다. 이것은 산소 부족에 대한 반응으로 발생하고 어떤 질병의 영향으로 나타나기도 한다. 이것은 또한 대기 중 산소량이 적은 고지대에서 등산객들에게 나타난다. 적혈구 증가증을 연구하는 과학자들은 셰르파 부족을 연구하기 시작했는데, 이 부족 사람들은 네팔 산맥의 고산 지역에 거주함에도 불구하고 이 증세가 나타나지 않는다. 연구진들은 적혈구 증가증에 대한 내성이 셰르파의 유전자 구조가 바뀐 결과라는 것을 알아내고, 이 증상 치료법을 개발하기 위해 이 유전자 변형을 연구하고 있다.

Q 담화에서 적혈구 증가증에 대해 일치하는 것은?

(a) 신체 내의 적혈구 생산량이 너무 부족하기 때문에 발생한다.

(b) 다른 질병이 있는 사람에게서 산소 부족 증세를 야기한다.

(c) 셰르파 부족들은 이 병에 걸리지 않는 방향으로 진화해 왔다.

(d) 유전학은 이 질병 치료를 개발하는 방법으로 제외되었다.

기출 공략

적혈구 증가증은 고산 지대같이 산소가 부족한 환경에 있을 때 생길 수 있는데, 아예 고산 지대에서 생활하는 셰르파 부족들은 적혈구 증가증이 나타나지 않는다고 하였다. 과학자들이 이 부족들의 유전자를 조사해 본 결과, 유전자 구조가 변했다는 것이 확인되었다고 했으므로 (c)가 정답이다.

polycythemia 적혈구 증가증 **characterize** 특징을 나타내다 **overproduction** 과잉 생산 **red blood cell** 적혈구 **deprivation** 박탈, 부족 **altitude** 고도 **atmosphere** 대기 **habitat** 서식지, 생활하는 곳 **immunity** 면역 **genetic** 유전의 **makeup** 구성 **evolve** 진화하다 **rule out** 제외하다

정답_(c)

55

Here at the Crystal Lake Resort, we're offering a special summer's-end discount on all our outdoor team-building programs. For groups of 10 or more, we're offering 15% off to celebrate the end of the season! We have both one-day and overnight programs for all ages and backgrounds, and can accommodate groups of up to 25. Try a wilderness trekking course, take a canoe trip, or learn to sail on our very own Crystal Lake. Check out our website today!

Q Which is correct about the Crystal Lake Resort according to the advertisement?
(a) It is only discounting select team-building programs.
(b) It is offering discounts to open the summer season.
(c) It conducts team-building programs of varying durations.
(d) It requires a minimum of 25 participants for group programs.

번역

저희 크리스털 레이크 리조트는 모든 야외 팀워크 구축 프로그램을 위한 막바지 여름 특별 할인을 제공해 드립니다. 저희는 시즌의 끝을 기념하기 위해 10인 이상의 단체에게 15% 할인을 제공해 드립니다. 저희는 모든 연령, 각계각층의 고객을 위한 1일 및 하룻밤 프로그램들이 모두 있고, 최대 25명까지 받을 수 있습니다. 야생 산행 코스, 카누 여행을 시도해 보시거나, 아니면 우리만의 크리스털 레이크에서 요트 타는 것을 배워 보세요. 오늘 저희 웹 사이트를 확인해 주세요!

Q 광고에서 크리스털 레이크 리조트에 대해 일치하는 것은?
(a) 선별된 팀워크 구축 프로그램에 한해 할인을 제공한다.
(b) 여름 시즌을 시작하기 위해서 할인을 제공한다.
(c) 다양한 기간의 팀워크 구축 프로그램을 운영한다.
(d) 단체 프로그램을 위해 최소한 25명의 참가자가 필요하다.

기출 공략

크리스털 레이크 리조트는 모든 연령, 각계각층의 고객을 위한 1일 및 하룻밤 프로그램들이 모두 있다고 했으므로 다양한 프로그램이 있음을 알 수 있다. 따라서 정답은 (c)이다. 할인은 모든 팀워크 구축 프로그램에 적용되고, 최소 10명에서 최대 25명이 참가할 수 있으며, 이 할인 행사는 여름 막바지를 기념하기 위한 것이므로 나머지 선택지는 맞지 않다.

team-building 팀워크 구축 **accommodate** ~에게 (공간을) 제공하다 **wilderness** 자연 지역, 황야 **trekking** (가벼운) 산행 **select** 선별된, 엄선된 **varying** 다양한

정답_(c)

56

Until the nineteenth century, young boys in the West wore dresses just as girls did. This was because fabric was expensive, and dresses, unlike trousers, could have tucks sewn into the bottom edge, which could be unfolded to lengthen the garment as the child grew. When boys wore their first trousers around age seven, it was called "breeching." For boys from well-to-do families, breeching was a celebratory occasion that merited gifts of money. For boys of lesser means, breeching was a less festive milestone, signifying their eligibility to participate in paid labor.

Q Which is correct according to the talk?
(a) In the nineteenth century boys wore dresses instead of girls.
(b) Trousers were better at accommodating young boys' growth.
(c) Boys were typically not breeched until they reached adulthood.
(d) Breeching signaled that poorer boys were ready to begin working.

번역

19세기까지 서양의 어린 소년들은 여자아이들처럼 드레스를 입었다. 그 이유는 옷감은 비쌌고, 바지와 달리 드레스는 옷단을 아랫단 안에 넣어서 박을 수 있었는데, 이렇게 하면 아이가 자라면서 옷감을 다시 펼쳐 옷의 길이를 늘일 수 있다. 소년들이 7살 즈음 자신의 첫 바지를 입는 것을 '브리칭(바지 입히기)'이라고 불렀다. 부유한 가정의 소년들에게 브리칭은 금일봉을 받을 만한 기념 사건이었다. 생활 형편이 안 좋은 소년들에게 브리칭은 덜 기념비적인 사건이었는데, 이는 보수 노동에 참여할 자격을 얻었다는 것을 의미했다.

Q 담화와 일치하는 것은?
(a) 19세기에 소년들은 소녀들을 대신해서 드레스를 입었다.
(b) 바지는 어린 소년들의 성장에 더 쉽게 맞출 수 있었다.
(c) 소년들은 일반적으로 성인이 될 때까지 바지를 입지 않았다.
(d) 브리칭은 가난한 소년들에게 노동을 시작할 준비가 되었다는 것을 의미했다.

기출 공략

서양의 소년들은 19세기까지 여자아이들과 마찬가지로 드레스를 입었는데, 드레스는 아이들의 성장에 맞춰 길이를 조절할 수 있었기 때문이었다. 바지를 입기 시작한 것은 7살 전후가 되었는데, 생활 형편이 넉넉하지 않은 가정의 아이들의 경우 보수를 받고 노동을 시작할 나이가 되었음을 의미했다. 따라서 정답은 (d)이다.

fabric 옷감 **tuck** (접어서 기운) 주름, 단 **sew** 바느질하다 **bottom edge** 밑단 **unfold** 펼치다 **lengthen** (길이를) 늘이다 **garment** 옷, 의복 **celebratory** 축하의 **occasion** 순간, 사건 **merit** 받을 만하다 **gift of money** 금일봉 **means** 돈, 재력, 수입 **festive** 축제의, 기념일의 **milestone** 중요한 단계 **signify** 의미하다 **eligibility** 적임, 적격 **accommodate** ~에 맞추다 **adulthood** 성년, 성인임 **signal** 의미하다

정답_(d)

57

An Indian man named Saroo who was lost to his family in 1986 recently made headlines when he found them. At age five, Saroo was separated from his elder brother on a cross-country train. He wound up in Calcutta, far from his home in Khandwa. With no idea of how to get home, he entered an orphanage and was adopted by an Australian couple. Twenty-five years later, he used Internet satellite images to scan India for familiar landmarks, finally locating his hometown. He travelled to India in 2012, and was reunited with his family there.

Q Which is correct about Saroo according to the news report?
(a) He left Calcutta and ended up stranded in Khandwa.
(b) His adoptive parents were foreigners to India.
(c) His birth family located him using satellite images.
(d) He found that his birth family was living in Australia.

번역

1986년 가족과 떨어져 버린 사루라는 이름의 인도인 남자가 최근 가족을 찾으면서 신문 머리기사를 장식했다. 사루는 5살 때 국토횡단 열차에서 큰 형과 떨어지게 되었다. 그는 결국 칸드와에 있는 집에서 멀리 떨어진 캘커타에 남겨졌다. 그는 집에 돌아갈 방법을 몰라 고아원에 들어간 뒤, 호주의 부부에게 입양되었다. 25년 후, 그는 인터넷 위성 이미지를 이용하여 인도의 친숙한 지형지물을 찾아보다가 드디어 그의 고향의 위치를 찾아냈다. 그는 2012년 인도로 가서 그의 가족과 재회했다.

Q 뉴스 기사에서 사루에 대해 일치하는 것은?
(a) 그는 캘커타를 떠나 칸드와에서 오도 가도 못 하는 신세가 되었다.
(b) 그의 양부모는 인도의 이방인이었다.
(c) 그의 친가족은 위성 이미지를 이용해서 그를 찾았다.
(d) 그는 자신의 친가족이 호주에 살고 있다는 것을 알아냈다.

기출 공략

인도인인 사루는 5살 때 가족을 잃어버리고 고아원에 들어가서 호주 부부에게 입양되었다고 했으므로 양부모는 인도인이 아닌 외국인이라고 말한 (b)가 정답이다.

name ~에게 ~라는 이름을 짓다 **be lost to** ~의 수중에 없다 **make headlines** 대대적으로 보도되다 **be separated from** ~와 헤어지다 **cross-country** 국토를 횡단하는 **wind up** 결국 ~하게 되다 **orphanage** 고아원 **satellite** 위성 **reunite** 다시 만나게 하다 **stranded** 오도 가도 못 하는 **adoptive** 입양으로 맺어진 **foreigner** 외국인

정답_(b)

58

Attention airport bus passengers: due to an accident on the airport's main highway, all buses must take a detour along the southwest expressway. With current traffic congestion, this will add half an hour to the journey. If you would prefer to take the train, you may bring your bus ticket with your receipt to the counter for a full refund. If you choose to take the bus or do not have your receipt, we are offering a coupon for 10% off your next ride with us.

Q What can be inferred from the announcement?
(a) There is only one road leading to the airport.
(b) The accident occurred on the highway half an hour ago.
(c) Bus ticket holders cannot get a refund without a receipt.
(d) The bus company will exchange bus tickets for train tickets.

번역

공항버스 승객들은 주목해 주시기 바랍니다. 공항으로 가는 주요 고속도로에 사고가 나서 모든 버스는 남서 고속도로로 우회해야 합니다. 현재 교통 정체 때문에 도착하는 데 30분이 더 걸리겠습니다. 만일 여러분이 기차 이용을 선호하시면, 영수증과 함께 버스표를 지참해서 카운터로 환불받으러 오세요. 만일 버스를 타기로 결정하셨거나 영수증이 없으시다면 다음번 이용을 위해 10퍼센트 할인 쿠폰을 지급해 드립니다.

Q 안내방송으로부터 유추할 수 있는 것은?
(a) 공항으로 가는 길은 하나밖에 없다.
(b) 30분 전에 고속도로에서 사고가 발생했다.
(c) 버스표 소지자들은 영수증 없이 환불받을 수 없다.
(d) 버스 회사는 버스표를 기차표와 교환해 줄 것이다.

기출 공략

우회 도로의 교통 정체로 인해서 버스 대신 기차를 타고 공항에 가기를 희망하는 사람들은 버스표를 영수증과 함께 가져오면 환불해 주겠다고 했으므로 정답은 (c)이다.

passenger 승객 **take a detour** 우회하다 **expressway** 고속도로 **traffic congestion** 교통 정체 **full refund** 전액 환불 **occur** 발생하다 **exchange** 교환하다

정답_(c)

59

In business today, we deal with more emails than ever. And we've all heard that we should strive for "inbox zero"—that magical state where we've checked and responded to every email. But I'm here to argue that inbox zero is a fruitless pursuit. I personally have abandoned it, and even though I have almost 500 unread messages, my business hasn't suffered. I've focused on the handful of messages that really matter, assuming that if someone I've ignored really wants my attention, they'll write again.

Q Which statement would the speaker most likely agree with?
(a) Businesses should realize the importance of inbox zero.
(b) The majority of emails do not require immediate attention.
(c) It is best to ignore all emails and communicate in person.
(d) Failing to respond to all emails leads to negative consequences.

번역

오늘날 사업 세계에서 우리는 어느 때보다 더 많은 전자 메일을 처리하고 있습니다. 그리고 우리는 모두 '인박스 제로', 즉 모든 메일을 다 확인하고 답장을 완료하는 마법의 상태를 위해 노력해야 한다는 말을 듣습니다. 하지만 저는 이 자리에서 인박스 제로는 생산성 없는 노력이라고 주장하려고 합니다. 저는 개인적으로 이 노력을 단념했는데, 저는 거의 500개의 미확인 메시지가 있음에도 제 사업은 문제를 겪지 않았습니다. 저는 제가 무시한 메일을 작성한 사람이 저의 관심을 진실로 원하면, 다시 메일을 쓰게 되리라는 믿음 하에 몇 안 되는, 정말로 중요한 메시지에만 관심을 기울입니다.

Q 화자가 가장 지지할 만한 의견은?
(a) 사업체들은 인박스 제로의 중요성에 대해 깨달아야 한다.
(b) 전자 메일의 대다수는 즉각적인 관심을 요구하지 않는다.
(c) 모든 전자 메일을 무시하고 직접적으로 소통하는 것이 최선이다.
(d) 모든 전자 메일에 답장을 보내지 못하는 것은 부정적인 결과로 이어진다.

기출 공략

화자는 정말 중요한 몇 개의 메일만 처리하고 나머지 메일은 무시해도 사업을 하는데 아무런 지장이 없다고 말하면서, 인박스 제로는 무의미하다고 주장하고 있으므로 정답은 (b)이다.

strive for ~를 위해 노력하다 **inbox** (전자 메일의) 받은 편지함 **fruitless** 생산성 없는, 결실 없는 **pursuit** 추구, 뒤쫓음 **personally** 개인적으로 **abandon** 포기하다 **unread** 읽지 않은 **suffer** (어려움을) 겪다 **handful** 몇 안 되는, 소량의 **assume** 가정하다 **ignore** 무시하다 **majority** 다수 **immediate** 즉각적인 **negative** 부정적인 **consequence** 결과

정답_(b)

60

Last week, participants from various clinical drug trials filed a class action lawsuit against Genovian firm Wellspring Pharmaceuticals, alleging that the company engaged in gross ethical abuses. Plaintiffs have claimed that the company's research department has violated as-yet-undisclosed laws regarding human experimentation. While the proceedings are expected to be highly publicized, it is difficult to foresee the outcome, as class action lawsuits over scientific abuses have no precedent in Genovia.

Q What can be inferred from the news report?
(a) Court proceedings have already begun in the case.
(b) The lawsuit is the first of its kind in Genovia.
(c) Human experimentation is banned in Genovia.
(d) The media is showing no interest in the lawsuit.

번역

지난주 다양한 약물 임상 실험 참가자들이 제노비아의 회사인 웰스프링 제약 회사를 상대로 집단 소송을 했다. 이들의 주장에 따르면 이 회사는 중대한 비윤리적 행동에 관여했다는 것이다. 원고들은 이 회사의 연구소가 아직은 공개되지 않은 인간 실험에 관한 법을 위반했다고 주장한다. 소송 절차는 대대적으로 보도될 전망이지만, 과학적 비윤리에 관한 집단 소송은 제노비아에서 전례가 없기 때문에 그 결과를 예측하기는 어렵다.

Q 뉴스 기사로부터 유추할 수 있는 것은?
(a) 이 사건의 소송 절차는 이미 시작되었다.
(b) 이런 경우의 소송은 제노비아에서 처음 있는 일이다.
(c) 제노비아에서는 인간을 상대로 한 실험은 금지되어 있다.
(d) 언론은 이번 소송에 아무런 관심을 보이지 않는다.

기출 공략

과학의 비윤리적 남용에 대한 집단 소송은 전례가 없어 이번 약물 실험을 상대로 한 소송 결과를 예측하기 힘들다고 했으므로 정답은 (b)이다.

participant 참가자 **clinical** 임상의 **file a class action lawsuit** 집단 소송을 하다 **pharmaceutical** 약물 **allege** (증거 없이) ~라는 혐의를 제기하다 **engage in** ~에 참가하다, ~에 연루되다 **gross** 중대한; 역겨운 **ethical** 윤리적인 **abuse** 남용, 학대 **plaintiff** 원고, 고소인 **violate** 위반하다 **as-yet-undisclosed** 아직 공개되지 않은 **proceeding** 절차; 진행 **publicize** 알리다, 광고하다 **foresee** 예측하다 **outcome** 결과 **precedent** 전례

정답_(b)

Grammar

1

A Do I have to give a speech at the ceremony?

B Yes, all award winners ______________ an acceptance speech.

(a) preparing to require
(b) require preparation to
(c) are required to prepare
(d) are prepared to be required

번역

A 제가 시상식에서 연설을 해야 하나요?

B 네, 모든 수상자들은 수락 연설을 준비해야 해요.

기출 공략

빈칸은 winners를 주어로 하는 동사가 들어갈 자리이다. 빈칸 뒤의 an acceptance speech를 목적어로 하여 의미가 자연스러운 것은 '수락 연설을 준비하다'라는 뜻이 될 수 있는 prepare이다. '수상자에게 수락 연설을 준비하는 것이 요구되다'라는 뜻으로 be required to do(~하는 것이 요구되다, ~해야 한다) 표현이 쓰인 (c)가 정답이다.

give a speech 연설하다 **ceremony** 의식, 식 **award winner** 수상자 **acceptance** 수락

정답_(c)

2

A Have you read John Aldrin's latest novel?

B I have. I ______________ it right after its release.

(a) buy
(b) bought
(c) was buying
(d) have bought

번역

A 존 올드린의 최신 소설을 읽어 봤어요?

B 네. 출간되고 나서 바로 샀어요.

기출 공략

Have you read라고 현재완료로 묻고 있다고 해서 대답도 현재완료를 고르지 않도록 주의한다. B의 대답에서 특정 과거 시점을 나타내는 부사구 right after its release가 함께 쓰였으므로 현재완료가 아닌, 과거 시제로 나타내야 한다. 따라서 (b)가 정답이다.

latest 최신의 **release** 발매, 발표, 개봉

정답_(b)

3

A What are you doing tonight?

B I'm going to see some friends of ______________.

(a) me
(b) my
(c) mine
(d) myself

번역

A 오늘 저녁에 뭐 할 거예요?

B 친구들을 몇 명 만날 거예요.

기출 공략

이중 소유격에 관한 문제이다. 관사나 some, any 등의 한정사는 소유격과 나란히 쓰지 않는다. 이런 한정사가 소유격과 함께 쓰일 때는 명사 앞에 한정사를 쓰고 명사 뒤에 〈of+소유대명사〉를 쓰는데, 소유를 나타내는 of와 소유대명사가 이중으로 나온다고 해서 이를 이중 소유격이라고 한다. 여기서는 some과 나란히 쓰이는 것을 피하기 위해 of 뒤에 소유대명사 mine이 필요하므로 (c)가 정답이다.

정답_(c)

4

A We haven't seen Marcie much lately.

B She ______________ really busy with her classes these days.

(a) is being
(b) has been
(c) was being
(d) will have been

번역

A 우리 최근에 마시를 별로 못 봤네.

B 그녀는 요즘 수업 때문에 정말로 바빠.

기출 공략

lately나 these days는 주로 과거나 현재완료 시제와 함께 쓰인다. be동사가 진행형(being)으로 쓰이는 경우는 수동태 진행형(be being p.p.)이거나 일시적으로 발생하는 행동에 대해 쓰이는 것 외에는 없다. 따라서 정답은 (b)이다.

lately 최근에 **be busy with** ~ 때문에 바쁘다

정답_(b)

5

A Is the zoo close enough to walk to?

B No, it's ____________ across town. We should take the subway.

(a) much
(b) way
(c) that
(d) so

번역

A 동물원이 걸어갈 만큼 가깝니?

B 아니, 그건 마을 저 건너편에 있어. 우리는 지하철을 타는 게 좋을 거야.

기출 공략

빈칸의 단어 없이도 빈칸이 있는 문장은 완벽한 문장이므로 빈칸은 부사가 들어갈 자리이다. '저 멀리 건너편에'라는 뜻으로 (b) way가 들어가야 알맞다. 이때 way는 '아주 멀리, 훨씬 더'라는 뜻이다.

across 건너편에 정답_(b)

6

A Grace is so good at swimming.

B I know. I ____________ like to learn how to swim like her.

(a) can
(b) must
(c) could
(d) would

번역

A 그레이스는 수영을 정말 잘해.

B 맞아. 나도 그녀처럼 수영하는 법을 배우고 싶다.

기출 공략

문맥상 빈칸 뒤에 있는 like to와 함께 '~하고 싶다'라는 소망을 나타내는 조동사가 들어가야 한다. would like to가 '~하고 싶다'는 뜻이므로 (d)가 정답이다.

be good at ~에 능숙하다 정답_(d)

7

A Did you stay long after I left the library last night?

B Not ____________ much work left, I went home shortly after.

(a) having
(b) to have
(c) having had
(d) to have had

번역

A 어젯밤에 내가 도서관을 떠난 후에 늦게까지 남아 있었니?

B 일이 많이 남지 않아서, 곧바로 집에 갔어.

기출 공략

선택지로 보아 빈칸은 분사구문이나 to부정사가 들어간다. to부정사가 들어가면 '~하지 않기 위해서'라는 뜻이 되므로 문맥상 자연스럽지 않다. 완료분사인 (c)를 쓰면, 분사구문의 일이 주절보다 앞서 일어난 일이 되므로 역시 문맥상 자연스럽지 않다. 따라서 (a)가 정답이다.

shortly after 금세, 곧 정답_(a)

8

A What's the company getting us for Christmas?

B I think we ____________ a gift card, like last year.

(a) give
(b) will give
(c) are given
(d) will be given

번역

A 회사에서 크리스마스 때 우리에게 뭘 줄까요?

B 작년처럼 상품권을 받을 것 같아요.

기출 공략

주어인 we는 상품권을 받는 입장이므로, 동사 give는 수동태가 되어야 한다. 정황상 상품권은 앞으로 받게 될 것이므로, 미래 시제를 쓴 (d)가 정답이다.

gift card 상품권 정답_(d)

9

A How's your job search going?
B OK. I've really realized ______________.

(a) to value of the networking
(b) of the networking value
(c) the value of networking
(d) valuing of networking

번역

A 일자리 찾는 것은 어떻게 되어 가고 있니?
B 잘 되고 있어. 인맥의 중요성을 진심으로 깨달았어.

기출 공략

realize는 타동사이므로 전치사 없이 바로 목적어를 취하므로 (c)나 (d)가 가능하다. '~의 가치'는 명사 value를 쓰면 되므로 (c)가 정답이다.

job search 구직 **realize** 깨닫다 **value** 가치, 중요성
networking 관계망, 인맥 정답_(c)

10

A Can I take the morning off tomorrow?
B We have a meeting at 10 a.m., so ______________ to the office.

(a) rather you would come
(b) I would rather you come
(c) you would rather coming
(d) I rather would you coming

번역

A 내일 오전에 휴가를 써도 될까요?
B 오전 10시에 회의가 있으니, 출근하는 게 좋겠어요.

기출 공략

'~하는 게 좋겠다'라는 표현은 would rather이다. 빈칸은 '네가 ~하는 게 좋겠다'라는 뜻으로, would rather 다음에 〈주어+동사〉가 나올 수 있는데 흔히 과거형 동사가 쓰이나 동사원형도 쓸 수 있다. 따라서 (b)가 정답이다.

take off ~동안 쉬다, 휴가를 내다 정답_(b)

11

A Where are you traveling this summer?
B Right now, Hawaii is ______________.

(a) my choosing destination
(b) choice of the destination
(c) my destination of choice
(d) the destination of choosing

번역

A 올 여름에 어디로 여행을 갈 거예요?
B 지금 당장은 하와이가 제가 선택한 목적지예요.

기출 공략

빈칸은 '내가 선택한 목적지'라는 뜻의 어구가 들어가야 자연스럽다. my destination of choice 또는 the destination of my choice와 같이 쓸 수 있으므로 (c)가 정답이다.

destination 목적지 정답_(c)

12

A When do you get up on Sundays?
B ______________ alone, I'd probably sleep till noon, but my roommate wakes me up around 9 a.m.

(a) Left
(b) Leaving
(c) Having left
(d) To be leaving

번역

A 일요일에는 몇 시에 일어나요?
B 혼자 내버려두면 아마 정오까지 잘 거예요. 하지만 룸메이트가 아침 9시경에 깨워요.

기출 공략

뒤에 완전한 절이 나오므로 빈칸부터 alone까지는 수식어구가 되어야 한다. 의미상 조건을 의미하는 분사구문이 적절한데, 분사구문의 생략된 주어인 I가 동사 leave(내버려두다)의 대상이므로, 수동태를 나타내는 과거분사가 들어가야 한다. 또한 빈칸 뒤에 목적어가 없는 것만 봐도 과거분사가 들어감을 알 수 있으므로 (a)가 정답이다.

wake up 깨우다 정답_(a)

13

A Who's helping with the charity drive?

B Well, it's ______________ given that Fran will volunteer.

(a) a
(b) the
(c) any
(d) every

번역

A 누가 자선모금 운동을 도울 거예요?
B 음, 프랜이 자원할 것은 확실해요.

기출 공략

it's a given that이라는 표현을 모르면 답을 고르기 어려운 문제이다. it's a given that은 '~은 기정사실이다, ~은 확실하다'라는 뜻이다. 따라서 (a)가 정답이다.

charity drive 자선모금 운동 **given** 기정사실 **volunteer** 자원하다

정답_(a)

14

A Derek's leading another project? He's already so busy!

B Well, the boss personally requested that he ______________ it.

(a) oversee
(b) will oversee
(c) has overseen
(d) is overseeing

번역

A 데렉이 또 다른 프로젝트를 이끌거라고요? 그는 이미 너무 바빠요!
B 글쎄요, 사장님이 개인적으로 그가 감독할 것을 요청했어요.

기출 공략

that절의 동사 형태를 묻는 문제에서는 that 앞에 요구, 제안, 권고 등을 뜻하는 동사가 있는지 먼저 확인해 본다. 이러한 동사 다음에 나오는 that절에서는 동사원형을 쓴다. request는 요구에 속하므로 동사원형을 쓴 (a)가 정답이다.

lead 이끌다, 지휘하다 **personally** 개인적으로 **request** 요청하다 **oversee** 감독하다

정답_(a)

15

A We just missed the bus again! This is the third time that happened today.

B I know. ______________ such bad luck before!

(a) Have never had we
(b) Never have we had
(c) Have we had never
(d) Never we have had

번역

A 또 버스를 막 놓쳤어! 오늘 세 번째야.
B 맞아. 우리는 전에 이렇게 운이 안 좋았던 적이 없었는데 말이야!

기출 공략

선택지에 never가 있으므로 부정어 never가 문장 앞에 위치할 경우 도치되는 구문을 묻는 문제임을 알 수 있다. not, never, little 같은 부정어구가 문두로 나가면 주어와 동사가 도치되는데, 여기서는 현재완료를 이루는 조동사 have가 주어와 도치되어야 하므로 (b)가 정답이다.

miss 놓치다

정답_(b)

16

A Are there any leftovers from dinner?

B Yes, we have ______________ leftover spaghetti in the fridge.

(a) some
(b) a few
(c) many
(d) several

번역

A 저녁 식사 때 남은 음식 좀 있니?
B 응, 냉장고에 스파게티가 좀 남은 게 있어.

기출 공략

a few, many, several 뒤에는 복수 명사가 나와야 한다. some은 복수 가산명사, 불가산명사 둘 다 수식할 수 있으므로 (a)가 정답이다.

leftover (식사 후에) 남은 음식 **fridge** 냉장고

정답_(a)

17

A People say Ted's quite well off.

B Really? His simple lifestyle shows no signs of his ______________ wealth.

(a) purport
(b) purported
(c) purporting
(d) being purported

번역

A 사람들이 말하길 테드가 꽤 잘 산다고 하던데요.

B 정말요? 그의 소박한 생활 방식에서는 알려진 것처럼 그가 부자라는 표시가 전혀 나지 않아요.

기출 공략

purport는 원래 '주장하다'라는 뜻인데, 명사 앞에서 purported는 '~라고 알려진'이라는 뜻으로 쓰인다. 그가 부자라고 알려졌다는 의미이므로 빈칸에 (b)가 들어가야 알맞다.

quite 꽤, 상당히 **well off** 부유한, 잘 사는 **sign** 징후, 조짐 **wealth** 부, 부유함 **purport** 주장하다 정답_(b)

18

A It's warmer than I expected.

B Yes, we ______________ have brought our sweaters.

(a) couldn't
(b) mustn't
(c) needn't
(d) won't

번역

A 내가 예상했던 것보다 따뜻하네.

B 응, 스웨터를 가져올 필요가 없었겠다.

기출 공략

〈didn't need to 동사원형〉과 〈needn't have p.p.〉의 의미상 차이를 알아두는 것이 좋다. 둘 다 과거의 의미가 있지만, 전자는 그냥 '~할 필요가 없었다'는 의미이고, 후자는 '~할 필요가 없었는데 이미 했다'는 의미이다. 빈칸에 (c) needn't를 쓰면 '날씨가 따뜻해서 스웨터를 가지고 올 필요가 없었는데 가져왔다'는 의미가 되므로 (c)가 정답이다.

정답_(c)

19

A I feel sorry for Cindy. She's been unemployed for a year!

B It must be hard ______________ her, both financially and socially.

(a) of
(b) on
(c) among
(d) against

번역

A 신디가 안쓰러워. 일 년 동안 실직 상태잖아!

B 경제적으로나 인간관계에 있어서 그녀에게는 분명 힘들 거야.

기출 공략

'~에게 힘들다'라는 뜻으로 hard 뒤에 오는 전치사를 묻는 문제이다. 형용사나 명사 뒤에서 영향을 받는 대상을 나타낼 때 전치사 on을 쓰므로 (b)가 정답이다.

feel sorry for ~를 안쓰럽게 여기다 **unemployed** 실직한 **financially** 재정적으로 **socially** 사회적으로 정답_(b)

20

A Medical dramas make it seem like doctors have lots of free time.

B Yeah, doctors have far less time than they're ______________.

(a) having portrayed
(b) portrayed as having
(c) having been portrayed
(d) portrayed as having been

번역

A 의학 드라마를 보면 의사들이 여가 시간이 많은 것처럼 보여.

B 맞아, 의사들은 묘사되는 것보다 훨씬 시간이 없어.

기출 공략

문맥상 than 이하는 '의사들이 시간이 있는 것으로 묘사되다'라는 뜻으로 they're portrayed as having time이 되어야 한다. 이때 having 다음에 목적어 time은 앞부분과 중복되므로 생략한다. 따라서 (b)가 정답이다.

free time 여가 시간 **portray** 그리다, 묘사하다 정답_(b)

21

As a caregiver in a daycare center, Cecilia was accustomed to ______________ the emotional outbursts of young children.

(a) handle
(b) handled
(c) handling
(d) have handled

번역

어린이집의 보육 교사로서, 세실리아는 어린아이들의 감정적 폭발을 다루는 데 익숙했다.

기출 공략

be accustomed to는 '~에 익숙하다'라는 뜻으로, 이때 to는 전치사이다. 따라서 전치사 다음에는 동명사가 나와야 하므로 (c)가 정답이다. 빈칸 앞에 to를 to부정사의 일부로 착각하여 동사원형인 (a)를 고르지 않도록 주의한다.

caregiver 돌보는 사람 **daycare center** 어린이집
be accustomed to ~에 익숙하다 **emotional** 감정의, 정서의
outburst 폭발

정답_(c)

22

Julia does not suffer from stage fright, ______________ years performing on stage when she was young.

(a) spent
(b) spending
(c) having spent
(d) to have spent

번역

줄리아는 어릴 때 무대에서 공연하면서 수년을 보냈기 때문에 무대 공포증을 겪지 않는다.

기출 공략

빈칸 이하는 완전한 절 뒤에서 동사로 시작하고 있으므로, 분사구문이 된다. 분사구문을 만들기 위해 의미상 이유를 나타내는 접속사(as / since / because)와 주어(she)가 생략되었으며, 줄리아가 어린 시절 무대에서 수년간 공연한 것은 과거의 일로, 주절의 현재보다 이전에 일어난 일이므로, 완료분사인 (c)를 쓰는 것이 알맞다.

stage fright 무대 공포증 **perform on stage** 무대에서 공연하다

정답_(c)

23

The man's friends, many ______________ he had known since childhood, gathered at his home for his sixtieth birthday party.

(a) whom
(b) whose
(c) of whom
(d) of whose

번역

그 남자의 친구들 대다수는 그가 어린 시절부터 알았던 사람들로, 그의 60번째 생일 파티를 위해 그의 집에 모였다.

기출 공략

선택지로 보아 빈칸은 관계대명사가 들어간다. 빈칸이 있는 절은 '그가 어린 시절부터 알았던 친구들 중 대다수'를 뜻하므로 빈칸은 의미상 of them이 되어야 하고, them은 선행사 the man's friends를 나타내므로 관계대명사 whom으로 바꾸면 적절한 관계대명사절이 된다. 따라서 정답은 (c)이다.

gather 모이다; 모으다

정답_(c)

24

Following extensive pilot testing, the software was redesigned ______________ the needs of its users.

(a) to better accommodate
(b) as a better accommodation
(c) as better to accommodate of
(d) to a better accommodation of

번역

광범위한 예비 테스트를 거친 후에, 그 소프트웨어는 사용자의 요구에 더 잘 부응할 수 있도록 재정비되었다.

기출 공략

빈칸 뒤에 명사와 이어지려면, 이 명사를 목적어로 취하는 동사가 오는 것이 자연스럽다. 따라서 '~하기 위해서'라는 뜻으로 to부정사인 (a)가 적절하다. better는 부사 well의 비교급으로 '더 잘 부응하다'라는 뜻으로 accommodate를 수식하는 역할을 한다.

extensive 광범위한 **pilot testing** 예비 테스트 **redesign** 재정비하다 **accommodate** 수용하다; 부응하다

정답_(a)

25

The president could not persuade legislators _______________ the kinds of laws he had promised to voters during his campaign.

(a) enact
(b) to enact
(c) enacting
(d) are enacting

번역

대통령은 그가 선거 운동 동안 유권자들에게 약속했던 법을 제정하도록 입법의원들을 설득하지 못했다.

기출 공략

빈칸은 persuade(~하도록 설득하다)의 목적 보어가 들어갈 자리이다. 이 동사는 목적 보어로 to부정사를 취하며 〈persuade+목적어+to부정사(목적 보어)〉의 구조로 (b)가 정답이다.

persuade 설득하다 **legislator** 입법자, 국회의원 **voter** 유권자 **enact** 제정하다

정답_(b)

26

Over a third of the books in the library _______________ when a fire broke out there last weekend.

(a) was burned
(b) were burned
(c) has been burned
(d) have been burned

번역

도서관의 도서 중 3분의 1 이상이 지난 주말 그곳에서 화재가 발생했을 때 불타 버렸다.

기출 공략

시제와 수일치에 관한 문제이다. 명확한 과거 시점을 나타내는 when 부사절이 있으므로 과거 시제가 들어가야 알맞다. 주어에 a third of 처럼 숫자 표현이 나오면 of 뒤에 나오는 명사의 수에 따라 동사의 수가 결정된다. of 뒤에 복수 명사인 the books가 나오므로, 동사도 복수형이 되어야 한다. 따라서 (b)가 정답이다.

break out 발생하다

정답_(b)

27

The number of members in the soccer club _______________ over the last several years.

(a) have not changed
(b) are not changing
(c) has not changed
(d) is not changing

번역

축구 클럽 회원 수는 지난 몇 년간 변하지 않았다.

기출 공략

시제와 수일치를 묻고 있다. 빈칸 뒤에 '지난 몇 년간'이라는 부사구로 보아 과거부터 현재까지 계속되는 일을 나타내므로, 현재완료 시제가 어울린다. 주어는 The number (of)이고 '(~의) 숫자'라는 뜻으로, 단수 명사이므로 단수 동사로 받는 (c)가 정답이다. 참고로 주어 자리에 a number of(많은)가 나오면 복수 동사로 받는데, 이 경우와 혼동하지 않도록 한다.

several 몇몇의

정답_(c)

28

Audiences said that Joey Caltone's new movie was the best they _______________ all year, though most critics disagreed.

(a) had seen
(b) were seeing
(c) will have seen
(d) had been seeing

번역

관객들은 조이 칼톤의 새로운 영화가 일 년 내내 본 영화 중 최고였다고 했지만, 대부분의 평론가들은 동의하지 않았다.

기출 공략

최상급 표현 뒤에는 '여지껏 ~해 본 중에'라는 뜻으로 주로 완료 시제가 나온다. 여기서는 기준이 되는 시점이 앞에 나오는 과거 시제로, 과거보다 더 이전에 봤던 영화들 중에서 최고라는 의미이므로 과거완료를 써야 알맞다. 따라서 (a)가 정답이다.

audience 관객 **critic** 평론가 **disagree** 동의하지 않다

정답_(a)

29

The contractor's estimates, which were acceptable last week, ______________ too expensive now in light of upcoming budget cutbacks.

(a) are
(b) had been
(c) have been
(d) were being

번역

그 도급업자의 견적은 지난주에는 받아들일 만한 수준이었지만, 곧 있을 예산 삭감을 고려하면 지금은 너무 비싸다.

기출 공략

빈칸 앞의 관계절에는 last week와 함께 과거 시제가 나오지만, 빈칸 다음의 주절에는 now라는 부사가 나온다. 현재 시점에서 '너무 비싸다'라는 뜻이므로 현재 시제가 들어가야 알맞다. 따라서 (a)가 정답이다.

contractor 계약자, 도급업자 **estimate** 견적 **acceptable** 받아들일 수 있는 **in light of** ~을 고려하여 **upcoming** 곧 있을 **budget cutback** 예산 삭감 정답_(a)

30

______________, persistent rain delays put the tennis tournament two hours behind schedule.

(a) Much disappointment of fans
(b) Much to fans' disappointment
(c) Fans' much to disappointment
(d) Fans' disappointment of much

번역

팬들에게는 매우 실망스럽게도, 계속되는 우천으로 테니스 시합은 일정보다 두 시간 늦어졌다.

기출 공략

'~가 실망스럽게도'라는 뜻으로 〈to+소유격+disappointment〉를 쓴다. 이때 강조하는 부사 much는 to 앞에 온다. 따라서 (b)가 정답이다. 참고로 to her surprise(그녀가 놀랍게도)처럼 〈to+소유격+감정 명사〉의 표현을 알아두자.

persistent 끊임없이 지속되는 **delay** 지연, 연기 **behind schedule** 일정보다 늦은 **disappointment** 실망 정답_(b)

31

After teaching himself the basics of writing poems, Jerome decided to take a class in ______________.

(a) poetry
(b) poetries
(c) the poetry
(d) some poetries

번역

시 작문의 기초를 독학한 후에, 제롬은 시에 관한 수업을 듣기로 결정했다.

기출 공략

poetry라는 명사의 쓰임을 묻는 문제이다. 비슷한 의미의 poem은 구체적으로 한 편의 시를 뜻하므로, 부정관사를 붙이거나 복수형이 가능하다. 하지만 poetry는 시라는 전체 집단을 가리키는 집합 명사로, 부정관사를 붙이거나 복수형으로 쓰지 않는다. 따라서 (a)가 정답이다.

basics 기본, 기초 **poem** (한 편의) 시 정답_(a)

32

Tucked away in a remote northwestern county ______________ the state's most popular hiking trails.

(a) is
(b) are
(c) is being
(d) are being

번역

북서부의 외딴 주의 한적한 곳에 그 주에서 가장 인기 있는 하이킹 코스가 있다.

기출 공략

문장이 Tucked away라는 분사로 시작하고 있으며, in a remote northwestern county는 장소 부사구로 주어, 동사가 도치된 구조이다. 따라서 빈칸에 들어갈 동사의 주어는 빈칸 뒤에 나오는 the state's most popular hiking trails이다. tucked away는 '한적한 곳에 위치한'이란 뜻으로 상태를 나타내므로 진행형이 어울리지 않으며, 주어가 복수 명사이므로 복수 동사를 쓴 (b)가 정답이다.

(be) tucked away 한적한 곳에 위치하다 **remote** 외딴, 먼 **northwestern** 북서부에 있는 **county** 카운티(미국의 자치주) **state** 미국의 주(州) **hiking trail** 하이킹 코스 정답_(b)

33

If the warranty ____________ before its expiration date, the computer's repairs would have cost Erica nothing.

(a) is being renewed
(b) has been renewed
(c) had been renewed
(d) was being renewed

번역

보증서가 만기일 전에 갱신되었더라면, 에리카는 컴퓨터 수리에 전혀 비용이 들지 않았을 것이다.

기출 공략

뒤에 would have cost가 가정법 과거완료(would have p.p.)를 나타내므로, if절에도 가정법 과거완료가 들어가야 한다. 또한 보증서는 갱신되는 대상이므로 과거완료 수동태 형태인 had been p.p.로 (c)가 정답이다.

warranty 보증서 **expiration date** 만기일 **repair** 수리 **renew** 갱신하다 정답_(c)

34

Phuket, Thailand, is a good honeymoon vacation spot, ____________ some people claim that it is overrun with tourists.

(a) although
(b) in case
(c) unless
(d) as if

번역

태국의 푸켓은 일부 사람들이 관광객들로 넘쳐난다고 제기함에도 불구하고 훌륭한 신혼여행지이다.

기출 공략

접속사를 고르는 문제이므로 빈칸 앞뒤 문장의 연결 관계를 파악해야 한다. 푸켓이 훌륭한 신혼여행지라는 장점과 그곳이 관광객들로 넘쳐난다는 단점은 서로 대조를 이룬다. 따라서 '~이지만, ~에도 불구하고'라는 뜻의 (a)가 정답이다. (b)는 '~하는 경우에 대비해서', (c)는 '~하지 않는 한', (d)는 '마치 ~인 것처럼'이란 뜻이다.

vacation spot 휴양지 **claim** 주장하다, 제기하다 **be overrun with** ~로 넘치다 정답_(a)

35

Everyone was surprised when the Gray Jays won the game, since ____________ odds were so strongly against them.

(a) the
(b) little
(c) much
(d) every

번역

그레이 제이즈가 시합에 이겼을 때 모두들 놀랐는데, 이길 확률이 그들에게 매우 불리했기 때문이다.

기출 공략

빈칸 뒤에 odds는 '승산, 가능성'이란 뜻으로 쓰이고 있다. 이 경우 odds는 시합에 이길 확률, 가능성을 뜻하므로 정관사 the를 붙인 (a)가 정답이다.

strongly 강하게, 몹시 **against** ~에게 불리한 정답_(a)

36

Patrick was humble about his success, saying that he would never have made it so far if not ____________ him.

(a) the opportunities afforded for
(b) for the opportunities afforded
(c) the opportunities were afforded for
(d) for the opportunities were afforded

번역

패트릭은 자신의 성공에 대해 겸손해 하면서, 만약 자신에게 기회가 주어지지 않았더라면, 지금까지도 결코 성공하지 못했을 것이라고 말했다.

기출 공략

빈칸 앞에 would never have made it이 가정법 구문이므로 빈칸도 가정법이 들어가야 한다. if 뒤에 주어 없이 바로 not이 나오는 것에 주의해야 한다. if not for는 '~이 없었더라면'이라는 뜻으로, if it were not for 또는 if it had not been for에서 주어와 동사가 생략된 형태이다. afforded는 opportunities를 수식하는 분사가 되어야 하므로 (b)가 정답이다.

humble 겸손한 **make it** 해내다, 성공하다 **so far** 지금까지 **opportunity** 기회 **afford** 제공하다 정답_(b)

37

The coaching staff offers guidance and support for all students, ______________ age or ability.

(a) up to
(b) far from
(c) rather than
(d) regardless of

번역

코칭스태프는 연령이나 능력에 상관없이 모든 학생들에게 지도와 지원을 제공한다.

기출 공략

빈칸에 어울리는 전치사구를 고르는 문제이다. 문맥상 '연령이나 능력에 상관없이'라는 뜻이 되어야 자연스러우므로 (d)가 정답이다. (a)는 '~까지', (b)는 '전혀 ~이 아닌', (c)는 '~보다는'이라는 뜻이다.

coaching staff 코칭스태프, 코치진 **guidance** 지도 **support** 지지, 지원

정답_(d)

38

Getting eight hours of sleep every night is of course desirable but, for most working adults, ______________.

(a) unfeasible
(b) unfeasible to
(c) is unfeasible to
(d) is unfeasible to get

번역

매일 밤 8시간의 수면을 취하는 것은 물론 바람직하지만, 대부분의 일하는 성인들에게는 실현 불가능한 일이다.

기출 공략

접속사 but은 대등한 어구나 절을 연결하는데, 문맥상 '바람직하지만 실현 불가능하다'라는 의미로 빈칸에는 앞에 나온 형용사 보어 desirable과 대등한 어구인 (a)가 들어가야 알맞다.

desirable 바람직한 **unfeasible** 실행할 수 없는

정답_(a)

39

Parents were already protesting funding cuts, rumors ______________ had reached them weeks before.

(a) that
(b) which
(c) of that
(d) of which

번역

학부모들은 이미 기금 삭감에 항의하고 있었는데, 그들은 그에 대한 소문을 몇 주 전에 접했다.

기출 공략

문맥상 소문(rumors)은 기금 삭감(funding cuts)에 대한 것이므로 rumors of funding cuts를 관계대명사가 있는 표현으로 바꾸면 rumors of which가 된다. 따라서 정답은 (d)이다. 참고로 전치사 뒤에는 관계대명사 that을 쓸 수 없다.

protest 항의하다 **funding cut** 기금 삭감 **rumor** 루머, 소문

정답_(d)

40

The brain injuries of athletes ______________ to those of soldiers, since they frequently present in similar ways.

(a) often liken
(b) often likens
(c) is often likened
(d) are often likened

번역

운동선수의 뇌 부상은 군인들의 뇌 부상에 종종 비유되는데, 그것들이 흔히 비슷한 방식으로 발현되기 때문이다.

기출 공략

빈칸은 동사가 들어갈 자리로, 주어인 The brain injuries는 liken(비유하다)의 대상이 되므로 수동태가 되어야 한다. 또한 빈칸 뒤에 목적어 없이 전치사가 나오는 것에서도 be likened to(~에 비유되다)라는 수동태가 됨을 알 수 있다. 주어가 복수 명사이므로 복수 동사를 쓴 (d)가 정답이다.

athlete 운동선수 **frequently** 자주, 흔히 **present** 나타나다

정답_(d)

41

(a) A I heard that you've just come back from Lake Baikal. How was it?
(b) B Great! I'd recommend going to anyone wanting a nice vacation.
(c) A Was it easy to find accommodation at a hotel there? I heard it's quite remote.
(d) B Actually, I stayed in a cabin where one of my Russian friends owns.

번역

(a) **A** 레이크 바이칼에서 막 돌아왔다고 들었어요. 어땠어요?
(b) **B** 정말 멋졌어요! 멋진 휴가를 원하는 사람이라면 누구에게나 권하고 싶어요.
(c) **A** 그곳 호텔에서 숙소를 찾는 것은 쉬웠나요? 꽤 외딴 곳이라고 들어서요.
(d) **B** 사실, 제 러시아 친구 중 한 명이 소유하고 있는 통나무집에 묵었어요.

기출 공략

(d)에서 관계부사 where의 쓰임이 맞지 않다. 관계절에서 동사 owns의 목적어가 빠져 있으므로 목적격 관계대명사를 써야 한다. 따라서 where 대신 which나 that을 쓰거나, 목적격 관계대명사는 생략할 수 있으므로 where만 빼도 된다.

accommodation 숙소 **cabin** 통나무집

정답_(d) where → that/ which

42

(a) A Are you going to be doing the marathon for cancer research next month?
(b) B Of course I do. I've already started collecting donations for it.
(c) A Great! You should join me and my friends in our training sessions.
(d) B OK! I'd love to, since I've been pretty bored training by myself.

번역

(a) **A** 다음 달에 암 연구를 위한 마라톤을 할 거예요?
(b) **B** 물론이죠. 저는 이미 기부금 모금도 시작했어요.
(c) **A** 잘됐네요! 우리 훈련 시간에 저와 제 친구들과 함께 하셔도 되는데요.
(d) **B** 좋아요! 저 혼자 훈련하는 것이 좀 지루해져서 그러고 싶어요.

기출 공략

(b)에서 Of course 다음에는 A의 질문을 받아서, I am going to ~가 되는데, be going to는 '~할 예정이다'라는 의미의 미래 시제를 나타내므로 will로 대답해야 한다.

donation 기부(금) **by oneself** 혼자

정답_(b) Of course I do → Of course I will

43

(a) A Did Sam mention how he did on his math final?
(b) B He hasn't told me already. It seems like he's upset about his score.
(c) A Really? That's a shame. He studied so hard for it, too.
(d) B I know! Plus, it was one of his favorite classes this semester.

번역

(a) **A** 샘이 수학 기말시험을 어떻게 치렀는지 말했니?
(b) **B** 아직 말하지 않았어. 자기 점수에 대해 속상해하는 것 같았어.
(c) **A** 정말? 그렇다니 안됐다. 샘도 시험에 대비해서 열심히 공부했는데.
(d) **B** 알아! 게다가 그것이 이번 학기에 샘이 가장 좋아하는 수업 중 하나였잖아.

기출 공략

(b)에서 already는 '벌써'라는 뜻이므로 의미가 자연스럽지 않다. 부정문에서 '아직'이란 뜻으로 쓰이는 yet이 들어가야 알맞다.

mention 언급하다 **final** 기말시험 정답_(b) already → yet

44

(a) A Did you see the huge crowd of people outside the stadium while you were driving home?
(b) B Yeah, but I didn't pay attention what was happening. What was all the commotion about?
(c) A There's apparently some kind of free concert by a heartthrob pop star that teen girls love.
(d) B Oh, I heard about that on the radio. I didn't know it was happening tonight, though.

번역

(a) **A** 운전하면서 집으로 오다가 경기장 밖의 엄청난 군중을 봤어?
(b) **B** 응, 하지만 무슨 일이 일어나는지는 관심이 없었어. 그 소동은 다 뭐였어?
(c) **A** 십대 소녀들이 우상으로 여기는 팝스타의 무료 공연 같은 것이 있었나 봐.
(d) **B** 아, 라디오에서 들었어. 하지만 그게 오늘 저녁에 있다는 건 몰랐어.

기출 공략

(b)에서 명사 attention 다음에 바로 what이 이끄는 명사절이 나오므로 연결이 어색하다. pay attention은 '관심을 갖다'라는 뜻으로 뒤에 관심이나 주의의 대상이 나올 때는 전치사 to가 있어야 한다.

commotion 소란, 소동 **heartthrob** 동경의 대상, 우상

정답_(b) attention what was → attention to what was

45

(a) A Timothy Sawyer's lead in the race for governor seems to be slipping as of late.
(b) B Yeah, but the polls show he has still been able to maintain a slight advantage.
(c) A I suppose. But do you think he has held onto all of those votes until election day?
(d) B Definitely. He just needs to make it through the final few days of the campaign.

번역

(a) **A** 주지사 경쟁에서 티모시 소여의 우세가 최근에 떨어지고 있는 것 같아요.
(b) **B** 네, 하지만 여론조사에서는 그가 여전히 약간 우세를 유지해오고 있다고 나와요.
(c) **A** 맞아요. 하지만 그가 선거 당일까지 그 표들을 모두 유지할 거라고 생각해요?
(d) **B** 물론이죠. 그는 선거 유세 마지막 며칠만 버티면 돼요.

기출 공략

(c)에서 until election day는 미래의 때를 나타내므로, has held라는 현재완료가 어울리지 않는다. 따라서 미래 시제를 쓰는 것이 알맞으므로 he will hold onto로 고쳐야 한다.

lead 선두, 우세 **governor** 주지사 **as of late** 최근에 **poll** 여론조사 **slight** 약간의 **advantage** 유리한 점, 이점 **hold onto** 꽉 붙잡다, 유지하다 **definitely** 확실히, 분명히 **make it through** ~을 버티다, 통과하다

정답_(c) he has held onto → he will hold onto

46

(a) Even the most educated Europeans knew little about the world outside Europe in the early 1400s. (b) To the south, the deserts of northern Africa were mysterious lands for most people. (c) To the east, Asia was rarely visited, and stories about life there were so incredible that few believed them. (d) And to the west of Europe lay the Atlantic Ocean, but at the time nobody knew how widely it was.

번역

(a) 가장 교육을 많이 받은 유럽인들조차도 1400년대 초기에는 유럽의 바깥 세상에 대해서는 아는 바가 거의 없었다. (b) 남쪽으로는, 북아프리카의 사막들이 대부분의 사람들에게는 신비로운 땅이었다. (c) 동쪽으로는, 아시아에는 거의 가 본 적이 없어서, 그곳의 삶에 대한 이야기들은 너무 믿기지 않는 것이어서 거의 아무도 믿지 않았다. (d) 그리고 유럽의 서쪽으로는 대서양이 놓여 있었지만, 그 당시에는 그것이 얼마나 넓은지 아무도 몰랐다.

기출 공략

(d)의 how widely it was에서 widely는 was의 보어 자리이므로, 부사가 아닌 형용사가 되어야 한다. 따라서 widely 대신 wide를 써야 맞다.

educated 많이 배운, 학식 있는 **mysterious** 신비로운 **rarely** 좀처럼 ~않는 **incredible** 믿을 수 없는 **lie** 놓여 있다, 위치해 있다 **widely** 널리

정답_(d) widely → wide

47

(a) Somewhat unusually, Bach did not end his secular cantata BWV34a in a chorale. (b) To do so would have been customary in Bach's time in this type of work. (c) Yet neither in this cantata or in its non-secular adaptation does Bach do so. (d) Instead, he ends the piece with a chorus for voices, strings, and continuo.

번역

(a) 다소 특이하게도, 바흐는 그의 세속 칸타타 BWV34a를 합창으로 끝내지 않았다. (b) 그렇게 하는 것이 바흐의 시대에 이런 종류의 작품에서는 관례적이었을 것이다. (c) 하지만 이 칸타타에서도, 또한 비세속적으로 각색한 작품에서도 바흐는 그렇게 하지 않는다. (d) 대신에, 그는 인간의 목소리와 현악기, 콘티누오가 이루는 화음으로 곡을 끝내고 있다.

기출 공략

(c)에서 neither와 or의 조합이 어색하다는 것을 바로 알아차려야 한다. neither는 nor와 짝을 이루어 상관접속사로 쓰이며 'A도 B도 아니다'라는 뜻이다.

somewhat 다소 **unusually** 특이하게 **secular** 세속적인 **chorale** 합창 **customary** 관례적인 **adaptation** 각색 **piece** 작품 **string** 현악기 **continuo** 콘티누오, 통주 저음

정답_(c) or → nor

48

(a) Plantera Mosquito Spray alleviates the discomfort resulted from mosquito and insect bites. (b) This pleasant-smelling spray is also effective at keeping insects at bay during outdoor activities. (c) Those seeking added protection can put our spray directly onto their clothing and shoes. (d) And with its all-natural menthol-based formula, Plantera is safe for use even on young children.

49

(a) Recently, the United States space agency, NASA, which renamed two of its orbiting satellites. (b) These were given new names to honor James Van Allen, a magnetospheric scientist. (c) The Van Allen Probes, as they are now called, are intended to observe radiation belts around Earth. (d) Their mission is to help scientists understand how these belts respond to incoming solar radiation.

50

(a) A rod-wielding character called Krampus is part of the Christmas tradition in regions of Austria and Germany. (b) This likely began as part of a pagan tradition to ward off the harsh winter weather and was later incorporated into the holiday. (c) Clad in a shaggy fur costume and a hideous mask, Krampus appears on the streets in early December with Santa Claus. (d) While the saint gives sweet treats to good children, and Krampus threatens bad children with lashes from his rod.

48

(a) 플랜테라 모기 스프레이는 모기 및 벌레 물림으로 인한 불편을 완화시켜 줍니다. (b) 향이 좋은 이 스프레이는 또한 야외 활동 중에 벌레의 접근을 막는 데도 효과적입니다. (c) 추가로 몸을 보호할 것을 찾는 사람들은 옷이나 신발 위에 바로 우리 회사의 스프레이를 뿌리면 됩니다. (d) 또한 멘톨을 기본으로 하는 천연 제조법으로 인해, 플랜테라는 어린 아이들에게도 안전하게 사용할 수 있습니다.

기출 공략

(a)는 앞에 alleviates라는 동사가 있으므로, resulted 이하는 discomfort를 수식하는 어구가 되어야 한다. result from은 '~로부터 생기다, ~에서 기인하다'라는 뜻으로, 의미상 능동이므로 현재분사인 resulting이 되어야 한다.

alleviate 완화하다 **discomfort** 불편 **insect bite** 벌레 물림 **keep ~ at bay** ~을 가까이 못 오게 하다, ~의 접근을 막다 **added** 추가된 **formula** 제조법 정답_(a) resulted → resulting

번역

(a) 최근 미국의 항공우주국인 NASA는 궤도를 도는 위성 두 개의 이름을 다시 지었다. (b) 이것들에는 천체 자기권 과학자인 제임스 반 앨런을 기리기 위해 새로운 이름들이 붙여졌다. (c) 반 앨런 탐사선들은 현재 불려지는 대로, 지구 주위의 복사대를 관찰하는 것이 목적이다. (d) 그것들의 임무는 다가오는 태양 복사에 이 벨트가 어떻게 반응하는지를 과학자들이 이해하도록 돕는 것이다.

기출 공략

(a)는 the United States space agency, NASA가 주어이고, renamed가 동사이므로, 관계대명사 which는 불필요하다. 따라서 which를 삭제해야 한다.

space agency 항공우주국 **rename** 이름을 다시 짓다 **orbit** 궤도를 돌다 **honor** 기리다, 존경하다 **magnetospheric** 천체 자기권의 **probe** 탐사선 **radiation belt** 복사대 **respond to** ~에 반응하다 **incoming** 도착하는, 들어오는

정답_(a) NASA, which renamed two → NASA, renamed two

번역

(a) 크람푸스라고 불리는, 회초리를 휘두르는 인물은 오스트리아와 독일 지역에서 크리스마스 전통의 일부이다. (b) 이것은 혹독한 겨울 날씨를 물리치기 위한 이교도 전통의 일부로 시작해서 나중에 휴일로 통합되었을 가능성이 있다. (c) 크람푸스는 텁수룩한 털 의상과 흉측한 마스크를 쓰고 12월 초에 산타클로스와 함께 거리에 나타난다. (d) 성인이 착한 아이들에게 사탕이나 과자를 주는 반면에, 크람푸스는 회초리를 휘둘러 나쁜 아이들을 위협한다.

기출 공략

(d)는 앞절에 종속접속사 while이 있는데, 두 절 사이에 and라는 등위접속사가 또 들어가 있으므로 불필요한 접속사를 빼야 한다. 문맥상 두 절이 대조를 이루므로, while을 남겨두고 and를 빼는 것이 알맞다.

rod 회초리, 매 **wield** 휘두르다 **pagan** 이교도 **ward off** 피하다, 물리치다 **harsh** 혹독한 **be incorporated into** ~로 통합되다 **clad in** ~을 입은 **shaggy** 털이 텁수룩한 **hideous** 흉측한 **saint** 성인 **sweet treat** 사탕, 과자 등의 단 음식 **lash** 채찍질

정답_(d) good children, and Krampus → good children, Krampus

Vocabulary

1

A Excuse me, where's the post office?
B Sorry, I'm new here and not ______________ with the area.

(a) curious (b) familiar
(c) adequate (d) acceptable

번역
A 실례합니다. 우체국이 어디죠?
B 죄송합니다. 여기 처음이라 이 지역에 익숙하지 않네요.
(a) 호기심이 많은 (b) 익숙한
(c) 적절한 (d) 받아들일 수 있는

기출 공략
길을 물어보는 사람에게 이곳이 처음이라고 답변했으므로, 이 지역에 '익숙하지' 않다고 해야 자연스럽다. 따라서 (b)가 가장 적절하다.
curious 호기심이 많은 **familiar** 익숙한 **adequate** 적절한 **acceptable** 받아들일 수 있는

정답_(b)

2

A What do the rings on the Olympic flag represent?
B Each one ______________ one of the five continents.

(a) signs in (b) bears on
(c) shows up (d) stands for

번역
A 올림픽기에 있는 고리들은 무엇을 나타내나요?
B 각 고리는 5개 대륙을 상징합니다.
(a) 입실 서명을 하다 (b) 관계가 있다
(c) 나타나다 (d) 상징하다

기출 공략
오륜기에 있는 고리들이 무엇을 나타내는지 묻고 있다. represent(나타내다)와 유사한 단어가 들어가야 하므로 정답은 (d)이다.
ring 고리 **represent** 나타내다, 상징하다 **sign in** 입실 서명을 하다 **bear on** 관계가 있다 **show up** 나타나다 **stand for** 상징하다, 나타내다

정답_(d)

3

A Would using visual aids help my students concentrate?
B Sure, that'll make them ______________.

(a) vivid (b) vague
(c) audible (d) attentive

번역
A 시각보조교재를 쓰면 우리 학생들을 집중시키는 데 도움이 될까요?
B 그럼요, 학생들이 주의를 기울이도록 할 겁니다.
(a) 생생한 (b) 모호한
(c) 잘 들리는 (d) 주의를 기울이는

기출 공략
질문에 나온 단어가 답변에서도 유사한 의미로 달리 표현되고 있는 구조이다. concentrate(집중시키다)와 유사한 의미로 (d)가 적절하다.
visual aid 시각보조교재 **concentrate** 집중시키다 **vivid** 생생한 **vague** 모호한 **audible** 잘 들리는 **attentive** 주의를 기울이는

정답_(d)

4

A What are the airline's rules on cancellations?
B I'll call them to find out their ______________.

(a) settings (b) features
(c) regulations (d) conclusions

번역
A 취소에 관한 항공사 규정은 어떻게 되죠?
B 규정을 알기 위해 항공사에 전화해 볼게요.
(a) 배경 (b) 특징
(c) 규정 (d) 결론

기출 공략
항공사의 규정(rules)을 물었는데 그것을 알기 위해서 전화해 보겠다고 했으므로 빈칸은 rules와 유사한 단어가 들어가야 한다. 따라서 (c)가 정답이다.
find out 알아내다 **setting** 배경 **feature** 특징 **regulation** 규정 **conclusion** 결론

정답_(c)

5

A I'd like to see that documentary about bullying.

B Let's go to the ____________ being held at the community center, then.

(a) outlook (b) highlight
(c) watching (d) screening

번역

A 왕따에 관한 다큐멘터리를 보고 싶군요.
B 그렇다면 주민센터에서 열리고 있는 영화 상영회에 가 봅시다.
(a) 관점 (b) 강조
(c) 관찰 (d) 영화 상영회

기출 공략

다큐멘터리를 보고 싶다는 말을 듣고 그것을 볼 수 있는 곳으로 안내하고 있다. 선택지 중에서 (d)가 documentary와 가장 잘 어울린다.
bullying 약자 괴롭히기, 왕따 **hold** 개최하다, 열다 **community center** 주민센터 **outlook** 관점 **highlight** 강조 **screening** 영화 상영회

정답_(d)

6

A Was the project proposal you gave me the final version?

B No, it was only the first ____________.

(a) sort (b) raise
(c) draft (d) sight

번역

A 당신이 저한테 준 프로젝트 제안서가 최종본이었나요?
B 아니요, 겨우 첫 번째 초안일 뿐입니다.
(a) 종류 (b) 증가
(c) 초안 (d) 시력

기출 공략

제안서가 최종본이었냐는 질문에 아니라고 대답하고 있다. 빈칸 앞에 first가 있는 것으로 보아, 제안은 초안임을 알 수 있으므로 정답은 (c)이다.
proposal 제안서 **sort** 종류 **raise** 증가 **draft** 초안 **sight** 시력

정답_(c)

7

A Do you have any ____________ into why Paula and Drew broke up?

B They've been reticent about it, so I have no clue.

(a) prospect (b) scheme
(c) insight (d) notice

번역

A 폴라와 드류가 왜 헤어졌는지 알아?
B 그들이 그것에 대해 말을 안 해서 나도 아는 게 없어.
(a) 전망 (b) 계획
(c) 간파 (d) 주목

기출 공략

폴라와 드류가 헤어진 것에 대해 아는 게 없다고 했으므로, 빈칸은 그들이 헤어진 이유를 알고 있는지에 대한 내용이 와야 한다. 따라서 '간파'를 뜻하는 (c)가 가장 적절하다.
break up 헤어지다 **reticent** 말이 없는 **have no clue** 전혀 알지 못하다 **prospect** 전망 **scheme** 계획 **insight** 이해, 간파; 통찰력 **notice** 주목

정답_(c)

8

A I gained weight during the holidays.

B Me, too. I always get a bit ____________ from all the sweet treats.

(a) bushy (b) chubby
(c) tangled (d) bundled

번역

A 휴가 동안 살이 쪘어.
B 나도 그래. 항상 모든 달콤한 간식 때문에 좀 통통해지네.
(a) 숱이 많은 (b) 통통한
(c) 헝클어진 (d) 묶은

기출 공략

서로 살이 쪘다고 말을 하고 있으므로 살이 쪘다는 표현이 빈칸에 들어가야 한다. 따라서 (b)가 가장 적절하다.
gain weight 체중이 늘다 **sweet treat** 달콤한 음식 **bushy** 숱이 많은 **chubby** 통통한 **tangled** 헝클어진 **bundled** 묶은

정답_(b)

9

A Do you think the mayor will actually cut taxes?

B I doubt it. That promise should be regarded with ___________.

(a) suspicion (b) obscurity
(c) conjecture (d) imagination

번역

A 시장님이 정말로 세금을 감면할 거라고 생각해?
B 그럴 것 같지 않아. 그 약속은 수상한 점이 있어.
(a) 수상한 느낌 (b) 모호함
(c) 추측 (d) 상상력

기출 공략

세금 감면에 대해서 부정적인 답을 하고 있다. 결국 I doubt it과 같은 말이 빈칸에도 반복되어야 한다. 따라서 (a)가 정답이다.
mayor 시장 **cut taxes** 세금을 감면하다 **regard** 생각하다, 간주하다 **suspicion** 수상한 느낌, 의심 **obscurity** 모호함 **conjecture** 추측 **imagination** 상상력 정답_(a)

10

A I should have thought more carefully before opening my mouth.

B Well, from now on, consider the ___________ before each statement.

(a) consequences (b) supplements
(c) terminations (d) remainders

번역

A 말을 하기 전에 더 신중히 생각했어야 했는데.
B 흠, 지금부터라도 말에 앞서 결과를 생각해 봐.
(a) 결과 (b) 보충
(c) 종료 (d) 나머지

기출 공략

말을 하기 전에 더 신중했어야 한다는 것은 말을 하기 전에 말을 한 후 벌어질 상황도 생각해 보라는 것이므로 (a)가 가장 적절하다.
consequence 결과 **supplement** 보충 **termination** 종료 **remainder** 나머지 정답_(a)

11

A Our production process is too complex. We should fix it.

B I agree. A complete ___________ is needed.

(a) upstart (b) markup
(c) shortfall (d) overhaul

번역

A 우리 생산 과정은 너무 복잡해요. 고쳐야 합니다.
B 맞아요. 완전한 점검이 필요합니다.
(a) 갑자기 출세한 사람 (b) 가격 인상
(c) 부족분 (d) 점검

기출 공략

생산 과정을 고쳐야 한다는 말에 동의하고 있으므로 빈칸은 '점검'을 뜻하는 (d)가 가장 적절하다. (a)는 명사일 때 사람을 나타낸다.
process 과정 **complex** 복잡한 **fix** 고치다 **complete** 완전한 **upstart** 갑자기 출세한 사람 **markup** 가격 인상 **shortfall** 부족분 **overhaul** 점검 정답_(d)

12

A Did you see the soccer game last weekend?

B No. I've been too ___________ in my studies to follow sports lately.

(a) wrested (b) splurged
(c) immersed (d) relinquished

번역

A 지난 주말에 축구 경기 봤어?
B 아니. 최근에 공부에 너무 몰두해서 스포츠를 챙겨 보지 못했어.
(a) 빼앗긴 (b) 돈을 펑펑 쓴
(c) 몰두한 (d) 포기한

기출 공략

축구 경기를 보지 못한 이유이므로 빈칸에는 다음에 이어지는 공부와 연계해서 '몰두한'을 뜻하는 (c)가 와야 문맥상 적절하다.
follow 진행 상황을 지켜보다 **wrest** 빼앗다 **splurge** 돈을 물 쓰듯 하다 **immerse** 몰두시키다 **relinquish** 포기하다 정답_(c)

13

A Can you keep a secret?
B You bet. I'm always ______________ when it comes to private information.

(a) uncovered (b) secluded
(c) arduous (d) discreet

번역

A 비밀 지킬 수 있어요?
B 그럼요. 사적인 정보에 관해서라면 전 항상 신중해요.
(a) 노출된 (b) 한적한
(c) 고된 (d) 신중한

기출 공략

비밀을 지킬 수 있다고 한 후 부연 설명하고 있으므로 빈칸은 '신중한'을 뜻하는 (d)가 가장 적절하다.

you bet 물론이지 **when it comes to** ~에 관해서 **private** 사적인 **uncovered** 노출된 **secluded** 한적한 **arduous** 고된 **discreet** 신중한 정답_(d)

14

A Ed told me we're getting a new director.
B That's just ______________. Nothing's been officially announced yet.

(a) speculation (b) summation
(c) captivation (d) provision

번역

A 새 이사님이 오신다고 에드가 얘기하던데.
B 아직 추측일 뿐이야. 공식적으로 아무것도 아직 발표가 안 되었지.
(a) 추측 (b) 요약
(c) 매혹 (d) 제공

기출 공략

빈칸 뒤에서 공식적으로 아무것도 발표되지 않았다는 내용이 나오므로, 빈칸은 앞에서 말한 것에 대한 '추측'을 뜻하는 (a)가 가장 적절하다.

director 이사 **officially** 공식적으로 **speculation** 짐작, 추측 **summation** 요약 **captivation** 매혹 **provision** 제공 정답_(a)

15

A Did Jane save her lottery winnings?
B No, she ______________ them all on useless things.

(a) begrudged (b) dismantled
(c) squandered (d) circumvented

번역

A 제인이 그녀의 복권 당첨금을 저축했어?
B 아니, 쓸데없는 것들에 다 낭비했지.
(a) 시기하다 (b) 분해하다
(c) 낭비하다 (d) 우회하다

기출 공략

복권 당첨금을 저축하지 않았다고 하였으므로, 빈칸에는 당첨금 전부를 쓸데없는 것들에 '낭비했다'는 표현의 (c)가 적절하다.

lottery winning 복권 당첨 **useless** 쓸데없는 **begrudge** 시기하다 **dismantle** 분해하다 **squander** 낭비하다 **circumvent** 우회하다 정답_(c)

16

A The doorbell keeps ringing, but there's nobody there.
B Maybe some kids are playing a ______________.

(a) skid (b) feud
(c) treat (d) prank

번역

A 대문 벨이 계속 울리는데 대문에 아무도 없어.
B 아마 몇몇 아이들이 장난을 하고 있나 보네.
(a) 미끄러짐 (b) 불화
(c) 대접 (d) 장난

기출 공략

벨이 울려 나가보니 아무도 없다는 말을 듣고 아이들을 언급하는 것으로 보아 빈칸은 '장난'을 뜻하는 (d)가 가장 적절하다.

skid 미끄러짐 **feud** 불화 **treat** 대접 **prank** 장난 정답_(d)

Vocabulary

17

A Our stocks have lost so much value!

B Don't worry. Things will improve, and we'll _____________ our losses.

(a) recoup (b) realign
(c) reassure (d) reanimate

번역

A 우리 주식은 가치가 너무 많이 떨어졌어요!
B 걱정 마세요. 상황이 나아질 거고, 우리는 손실을 만회할 겁니다.
(a) 만회하다 (b) 재편성하다
(c) 안심시키다 (d) 되살리다

기출 공략

주가 하락에 대해 걱정하자 안심시키고 있다. 긍정적인 단어가 와야 하는데 손실에 대해 다시 '만회할' 것이라는 (a)가 문맥상 가장 적절하다.
stock 주식 **loss** 손실 **recoup** 만회하다 **realign** 재편성하다
reassure 안심시키다 **reanimate** 되살리다 정답_(a)

18

A Has the jury reached its verdict yet?

B No. They are still in _____________ over the case.

(a) intention (b) justification
(c) deliberation (d) consolidation

번역

A 배심원단이 아직 평결을 내리지 않았나요?
B 아직요. 아직도 사건에 대해 심의 중입니다.
(a) 의도 (b) 정당화
(c) 심의 (d) 강화

기출 공략

배심원단이 아직 평결을 내리지 않았다면 사건에 대해 여전히 논의하고 있다고 유추할 수 있으므로, 빈칸은 '심의'를 뜻하는 (c)가 가장 적절하다.
jury 배심원단 **reach a verdict** 평결을 내리다 **intention** 의도
justification 정당화 **deliberation** 심의 **consolidation** 강화
정답_(c)

19

A Max failed his driver's license test, but he doesn't seem discouraged.

B Yeah, he isn't _____________ by such small setbacks.

(a) daunted (b) tolerated
(c) proffered (d) condoned

번역

A 맥스는 운전면허 시험에 떨어졌지만 낙담한 것 같진 않아.
B 그러게, 그는 그런 작은 좌절로 기죽지 않지.
(a) 기죽은 (b) 참는
(c) 제의받은 (d) 용납된

기출 공략

맥스가 낙담한 것 같지 않다는 말에 동의하고 있으므로, 빈칸에는 앞의 not과 함께 '기가 죽지 않는다'는 (a)가 적절하다.
setback 좌절, 방해 **daunt** 기죽게 하다 **tolerate** 참다
proffer 제안하다 **condone** 용납하다 정답_(a)

20

A I saw you sleeping at your desk earlier today!

B I sometimes _____________ for a few minutes while studying.

(a) doze (b) slant
(c) wither (d) dwindle

번역

A 오늘 일찍 네가 책상에 엎드려 자고 있는 걸 봤지 뭐야!
B 가끔씩 공부하다가 몇 분 동안 깜빡 잠이 들어.
(a) 깜빡 잠이 들다 (b) 기울어지다
(c) 시들다 (d) 줄어들다

기출 공략

책상에서 자고 있는 걸 봤다는 말에 대한 답변으로, 빈칸에 '깜빡 잠이 들다'를 뜻하는 (a)가 오면 앞의 sleeping을 부연하는 내용이 되므로 가장 적절하다.
doze 깜빡 잠이 들다 **slant** 기울어지다 **wither** 시들다
dwindle 줄어들다 정답_(a)

21

A Do you buy generic drugs or branded ones?

B Being somewhat ______________, I usually try to get the cheaper generic ones.

(a) frugal (b) monetary
(c) superfluous (d) magnanimous

번역

A 상표가 없는 약을 사니, 아니면 유명 상표의 약을 사니?

B 나는 다소 검소하기 때문에 주로 더 저렴하고 상표가 없는 약을 사려고 해.

(a) 검소한 (b) 통화의
(c) 불필요한 (d) 아량이 있는

기출 공략

빈칸 뒤에 더 저렴하고 상표가 없는 약을 사려고 한다고 했으므로, 빈칸에는 돈을 아낀다는 말이 문맥상 필요하다. 따라서 '검소한'을 뜻하는 (a)가 정답이다.

generic drug 상표 미등록으로 싸게 파는 약 **branded** 유명 상표의 **frugal** 검소한 **monetary** 통화의 **superfluous** 불필요한 **magnanimous** 아량이 있는

정답_(a)

22

A Will your old car make it through this winter?

B It had better ______________! I can't afford a new one now.

(a) take in (b) pass on
(c) hold up (d) play off

번역

A 네 오래된 차가 올 겨울을 견뎌낼까?

B 버텨야 해! 지금은 새 차를 살 여유가 없거든.

(a) 흡수하다 (b) 넘겨주다
(c) 견디다 (d) ~인 체하다

기출 공략

새 차를 살 여유가 없다면 기존의 차를 계속 타야 하는 것이므로, 빈칸에는 차가 이번 겨울을 '견뎌야 한다'를 뜻하는 (c)가 가장 적절하다.

make it through 통과하다 **can't afford** ~할 여유가 없다 **take in** 흡수하다 **pass on** 넘겨주다 **hold up** 견디다 **play off** ~인 체하다

정답_(c)

23

A Allie can't decide whether to go to her best friend's wedding or her cousin's.

B She's in a tough spot. That's quite a ______________.

(a) quibble (b) malady
(c) detriment (d) conundrum

번역

A 앨리가 가장 친한 친구 결혼식에 가야 할지, 사촌의 결혼식에 가야 할지 결정을 못 하네.

B 곤란한 상황이네. 아주 어려운 문제야.

(a) 트집 (b) 병폐
(c) 손상 (d) 어려운 문제

기출 공략

양자택일의 상황에서 결정을 못 해 곤란해 하고 있다. 이런 상황과 관련하여 '어려운 문제'를 뜻하는 (d)가 가장 적절하다.

tough spot 곤란한 위치 **quibble** 트집 **malady** 병폐 **detriment** 손상 **conundrum** 어려운 문제

정답_(d)

24

A Kevin really dressed up for the party. His outfit is fabulous!

B He certainly looks ______________ in his tuxedo.

(a) tepid (b) dapper
(c) salutary (d) intractable

번역

A 케빈이 정말 파티에 잘 차려 입었네. 옷이 멋져!

B 그가 턱시도를 입으니 진짜 말쑥하게 보여.

(a) 미지근한 (b) 말쑥한
(c) 유익한 (d) 다루기 힘든

기출 공략

파티에서 멋지게 입은 케빈을 보고 칭찬하는 내용이므로, 빈칸은 그의 모습이 '말쑥하게' 보인다는 (b)가 가장 적절하다.

dress up 옷을 갖춰 입다 **outfit** 옷 **fabulous** 멋진, 굉장한 **tepid** 미지근한 **dapper** 말쑥한 **salutary** 유익한 **intractable** 다루기 힘든

정답_(b)

25

A You're really working hard on your dissertation, Elaine.

B Yeah, I'm ______________ it so I can submit it early.

(a) chalking up to (b) limbering up for
(c) plugging away at (d) casting around for

번역

A 일레인, 너는 정말로 열심히 논문 작업 중이구나.
B 응, 부지런히 해야 일찍 제출할 수 있지.

(a) ~ 탓으로 돌리다 (b) 몸을 풀다
(c) 부지런히 하다 (d) 두루 찾다

기출 공략

열심히 논문 작업 중이구나라는 말을 듣고 그것에 대한 이유로 논문을 일찍 제출하기 위해서라고 답변했다. 따라서 빈칸은 working hard와 유사한 의미가 필요하므로 '부지런히 하다'를 뜻하는 (c)가 정답이다.

dissertation 논문 **chalk up to** ~ 탓으로 돌리다 **limber up** 몸을 풀다 **plug away** 부지런히 하다 **cast around for** 두루 찾다

정답_(c)

26

Although the condo is outside the city, it is near the subway, making it easy for residents to ______________ to work downtown.

(a) capture (b) progress
(c) commute (d) approach

번역

아파트가 시 외곽에 있음에도 불구하고, 지하철이 가까워서 거주자들이 시내까지 일하러 통근하기가 쉽다.

(a) 포착하다 (b) 진행하다
(c) 통근하다 (d) 접근하다

기출 공략

시 외곽에 사는 아파트 거주민들이 지하철이 가까워 시내까지 일하러 가기 쉽다는 내용으로 보아 빈칸은 '통근하다'를 뜻하는 (c)가 가장 적절하다.

condo 아파트 **resident** 거주자 **capture** 포착하다 **progress** 진행하다 **commute** 통근하다 **approach** 접근하다

정답_(c)

27

The babysitter gave the children ______________ amounts of cake so that no child could complain another had received more.

(a) eager (b) equal
(c) literal (d) smooth

번역

아이 돌보미는 아이들에게 동일한 양의 케이크를 주었기 때문에 어떤 아이들도 다른 아이가 더 많이 받았다는 불평을 할 수 없었다.

(a) 열렬한 (b) 동일한
(c) 문자 그대로의 (d) 부드러운

기출 공략

베이비시터로부터 케이크를 받은 아이들이 누가 더 받았는지에 대해 불평을 하지 않았다고 했으므로, 베이비시터는 아이들에게 불평이 없도록 '동일한' 양의 케이크를 나눠 주었음을 유추할 수 있다. 따라서 빈칸은 (b)가 가장 적절하다.

babysitter 베이비시터, 보모 **complain** 불평하다 **eager** 열렬한 **equal** 동일한 **literal** 문자 그대로의 **smooth** 부드러운

정답_(b)

28

Two rival parties formed a(n) ______________ before the election, agreeing to support each other against the ruling party.

(a) alliance (b) rupture
(c) expedition (d) precedence

번역

두 경쟁 정당은 집권당에 대항하여 서로 지지하기로 합의하면서 선거 전에 동맹을 형성했다.

(a) 동맹 (b) 파열
(c) 탐험 (d) 우선

기출 공략

경쟁관계에 있는 두 정당이 어떤 사항에 대해 합의를 했다면 뜻을 같이 하기로 뭉쳤다는 것이므로, 빈칸은 '동맹'을 뜻하는 (a)가 적절하다.

rival 경쟁자 **party** 정당 **form** 형성하다 **election** 선거 **support** 지지하다 **ruling party** 집권당 **alliance** 동맹 **rupture** 파열 **expedition** 탐험 **precedence** 우선

정답_(a)

29

Many people eat garlic for its ______________ properties, believing that it will cure them of various ailments.

(a) prescriptive (b) imminent
(c) medicinal (d) stubborn

번역

많은 사람들이 마늘이 다양한 질병을 치료할 것이라고 믿으며 그것의 약효가 있는 특성 때문에 먹는다.

(a) 규정하는 (b) 임박한
(c) 약효가 있는 (d) 완고한

기출 공략

사람들이 마늘이 다양한 질병을 치료할 것이라고 믿는다고 했으므로, 마늘을 먹는 이유는 이러한 특성에 해당할 것이다. 따라서 '약효가 있는'을 뜻하는 (c)가 정답이다.

property 성질, 특성 **ailment** 질병 **prescriptive** 규정하는 **imminent** 임박한 **medicinal** 약효가 있는 **stubborn** 완고한

정답_(c)

30

The revelation that cave paintings in Spain were created by Neanderthals ______________ archaeologists who had believed Neanderthals incapable of symbolic artwork.

(a) conceded (b) excavated
(c) astonished (d) surmounted

번역

스페인의 동굴 벽화들이 네안데르탈인에 의해 만들어졌다고 밝혀진 것은 네안데르탈인들이 상징적인 삽화를 그릴 수 없다고 믿었던 고고학자들을 깜짝 놀라게 만들었다.

(a) 인정하다 (b) 발굴하다
(c) 깜짝 놀라게 하다 (d) 넘어서다

기출 공략

네안데르탈인이 그렸다는 동굴 벽화가 네안데르탈인은 이런 걸 그리지 못한다고 보았던 고고학자들을 어떻게 느끼도록 했을지 생각해 본다. 따라서 고고학자들을 '깜짝 놀라게 했다'는 뜻의 (c)가 적절하다.

revelation 밝혀짐, 폭로 **cave painting** 동굴 벽화 **archaeologist** 고고학자 **incapable of** ~할 수 없는 **artwork** 삽화; 예술품 **concede** 인정하다 **excavate** 발굴하다 **astonish** 깜짝 놀라게 하다 **surmount** 넘어서다

정답_(c)

31

Bacteria are so resistant to extreme conditions that they can survive in harsh climates where other organisms would ______________.

(a) perish (b) herald
(c) invoke (d) broach

번역

박테리아는 극단적인 조건에도 잘 견디기 때문에 다른 유기체들이 죽을 혹독한 기후에서도 살아남을 수 있다.

(a) 죽다 (b) 예고하다
(c) 호소하다 (d) 끄집어내다

기출 공략

생존력이 강한 박테리아는 혹독한 기후에서 살 수 있지만, 다른 유기체들은 그러한 기후에서 생존하기 어려울 것임을 유추할 수 있다. 따라서 빈칸은 '죽다'를 뜻하는 (a)가 가장 적절하다.

resistant ~에 잘 견디는 **extreme** 극단적인 **survive** 살아남다 **harsh** 혹독한 **organism** 유기체, 생물체 **perish** 죽다, 소멸되다 **herald** 예고하다 **invoke** 호소하다 **broach** 끄집어내다

정답_(a)

32

Holman's Cough Syrup provides ______________ from cold and flu symptoms so you can get the rest you need.

(a) relief (b) merit
(c) virtue (d) regard

번역

홀만 감기 시럽은 감기와 독감 증상을 완화시켜 필요한 휴식을 취할 수 있다.

(a) 완화 (b) 장점
(c) 미덕 (d) 존경

기출 공략

감기약이 증상을 어떻게 되도록 만들어야 이 약을 먹은 사람들이 휴식을 취할 수 있을지 생각해 보면 빈칸은 '완화'를 뜻하는 (a)가 가장 적절하다.

flu 독감 **symptom** 증상, 증세 **relief** 완화 **merit** 장점 **virtue** 미덕 **regard** 존경; 고려

정답_(a)

33

Runners build up their ____________ by running increasingly greater distances until they can go for hours without stopping.

(a) breadth (b) stamina
(c) extension (d) hindrance

번역

육상선수들은 그들이 멈추지 않고 몇 시간 동안 달릴 수 있을 때까지 점점 더 먼 거리를 달리면서 체력을 강화한다.

(a) 폭 (b) 체력
(c) 연장 (d) 방해

기출 공략

몇 시간 동안 쉬지 않고 달릴 수 있도록 거리를 점차 늘려가며 달리기 연습을 하면 '체력'이 늘어날 수 있으므로 빈칸의 정답은 (b)이다.

build up 강화하다 **increasingly** 점점, 더욱 더 **distance** 거리 **breadth** 폭 **stamina** 체력 **extension** 연장 **hindrance** 방해

정답_(b)

34

Employees need to understand a company's policies, so staff handbooks should use language that is ____________ and unambiguous.

(a) perceptive (b) susceptible
(c) comprehensible (d) commemorative

번역

직원들은 회사의 정책들을 이해해야 한다. 그래서 직원 안내서는 이해할 수 있고 분명한 언어를 써야 한다.

(a) 통찰력 있는 (b) 민감한
(c) 이해할 수 있는 (d) 기념하는

기출 공략

직원들이 회사의 정책들을 이해하려면 안내 책자에는 '이해할 수 있는' 말로 쓰여져야 할 것이다. 따라서 빈칸의 정답은 (c)이다.

handbook 편람, 안내서 **unambiguous** 모호하지 않은, 분명한 **perceptive** 통찰력 있는 **susceptible** 민감한 **comprehensible** 이해할 수 있는 **commemorative** 기념하는

정답_(c)

35

Religious believers sometimes show their ____________ by undertaking pilgrimages to distant shrines.

(a) divinity (b) exertion
(c) devotion (d) symmetry

번역

종교적인 믿음이 있는 사람들은 가끔 먼 성지에 성지 순례를 함으로써 그들의 신앙심을 보여 준다.

(a) 신성 (b) 노력
(c) 신앙심 (d) 대칭

기출 공략

종교적인 믿음이 있는 사람들이 성지 순례를 하는 이유는 그들의 '신앙심'을 표현하기 위함이다. 따라서 빈칸은 '신앙심'을 뜻하는 (c)가 가장 적절하다. devotion은 '전념, 헌신'이라는 뜻 외에 '신앙, 신앙심'을 의미한다.

believer 종교를 믿는 사람 **undertake** 착수하다 **pilgrimage** 순례, 성지 참배 **shrine** 성지 **divinity** 신성; 신 **exertion** 노력 **devotion** 신앙심 **symmetry** 대칭

정답_(c)

36

Keeping a spare tire is important in case a sudden ____________ should cause one of your tires to become flat.

(a) exposure (b) puncture
(c) dejection (d) revelation

번역

여분의 타이어를 갖고 있는 것은 갑자기 타이어 펑크로 당신의 타이어 바람이 빠지는 경우를 대비해서 중요하다.

(a) 노출 (b) 펑크
(c) 낙담 (d) 폭로

기출 공략

여분의 타이어를 가지고 다니는 것은 타이어의 '펑크'에 대비하기 위한 것이므로 정답은 (b)이다.

spare 여분의 **in case** ~할 경우에 대비해서 **flat** 바람이 빠진 **exposure** 노출 **puncture** 펑크 **dejection** 낙담 **revelation** 폭로

정답_(b)

37

The earthquake was so strong it ____________ windows in hundreds of buildings.

(a) splintered (b) crumbled
(c) shattered (d) kindled

번역

지진이 너무 강력해서 수백 개의 건물들의 창문을 산산조각 내었다.

(a) 쪼개다 (b) 바스러뜨리다
(c) 산산조각 내다 (d) 불을 붙이다

기출 공략

강력한 지진이 건물의 창문에 영향을 준 결과를 생각해 보면 빈칸은 '산산조각 내었다'를 뜻하는 (c)가 가장 적절하다. (b)의 crumble은 빵이나 케이크 등을 가루로 만들다는 뜻이므로 정답이 될 수 없다.

hundreds of 수백 개의 **splinter** 쪼개다 **crumble** 바스러뜨리다 **shatter** 산산조각 내다 **kindle** 불을 붙이다

정답_(c)

38

Suzie was so ____________ upon learning that she would not receive the scholarship that her friends could barely console her.

(a) extolled (b) resilient
(c) garnered (d) distraught

번역

수지는 그녀가 장학금을 받지 못할 것을 알고 완전히 제정신이 아니게 되어 그녀의 친구들은 그녀를 거의 위로할 수 없었다.

(a) 극찬을 받은 (b) 탄력 있는
(c) 모아진 (d) 완전히 제정신이 아닌

기출 공략

장학금을 받지 못할 것을 알고 친구들이 거의 위로할 수가 없었다고 했으므로, 이 소식을 접하고 '제정신이 아니었음'을 알 수 있다. 따라서 빈칸은 (d)가 가장 적절하다.

console 위로하다 **extol** 극찬하다 **resilient** 탄력 있는 **garner** 모으다 **distraught** 완전히 제정신이 아닌

정답_(d)

39

After waging war for decades, Napoleon was finally ____________ at the Battle of Waterloo, the defeat effectively ending his military career.

(a) decomposed (b) unimpaired
(c) vanquished (d) culminated

번역

수십 년 동안 전쟁을 치른 후 나폴레옹은 그의 군사 경력을 효과적으로 종결시킨 패배인 워털루 전투에서 마침내 패배했다.

(a) 분해된 (b) 손상되지 않은
(c) 패배한 (d) 끝이 난

기출 공략

the defeat 이하는 앞에 나오는 the Battle of Waterloo를 설명하고 있으므로 결국 빈칸에도 the defeat에 해당하는 표현이 적절하다. 따라서 '패배한'을 뜻하는 (c)가 가장 적절하다.

wage war 전쟁을 수행하다 **for decades** 수십 년 동안 **defeat** 패배 **effectively** 효과적으로 **military** 군사의 **decompose** 분해하다 **unimpaired** 손상되지 않은 **vanquish** 패배시키다 **culminate** 완결시키다

정답_(c)

40

Unwary investors have been ____________ out of their savings by scam artists promoting dubious high-yield investments.

(a) endeavored (b) redeemed
(c) swindled (d) initiated

번역

부주의한 투자자들은 미심쩍은 수익성이 높은 투자를 홍보하는 사기꾼들에 의해 저축한 돈을 사기당했다.

(a) 노력하다 (b) 만회하다
(c) 사기 치다 (d) 시작하다

기출 공략

투자할 때 주의하지 않으면 고수익성을 앞세운 투자 사기꾼들에게 '사기를 당하게' 되므로 빈칸의 정답은 (c)이다.

unwary 부주의한 **investor** 투자자 **savings** 저축한 돈, 저금 **scam artist** 사기꾼 **promote** 홍보하다 **dubious** 의심하는, 수상쩍은 **high-yield** 수익성이 높은 **investment** 투자 **endeavor** 노력하다 **redeem** 만회하다 **swindle** 사기 치다 **initiate** 시작하다

정답_(c)

41

First published in 1711, the daily publication *The Spectator* had a modest ____________ of about 3,000 copies.

(a) circulation (b) reciprocity
(c) concurrence (d) replacement

번역
1711년에 처음 발간된 일간지 〈스펙테이터〉의 판매 부수는 약 3천 부로 보통의 양이었다.
(a) 판매 부수 (b) 호혜주의
(c) 동시 발생 (d) 대체

기출 공략
일간지와 숫자로 표현된 부수 사이에 들어갈 문맥상 적절한 단어는 '판매 부수'를 뜻하는 (a)이다.
publish 출간하다 **publication** 출판물, 발행물 **modest** 보통의 **copy** 부, 권 **circulation** 판매 부수 **reciprocity** 호혜주의 **concurrence** 동시 발생 **replacement** 대체 정답_(a)

42

Lisa threw a ball and watched her dog run to ____________ it so that she could throw it again.

(a) clinch (b) probe
(c) boost (d) fetch

번역
리사는 공을 던졌고 그 공을 다시 던질 수 있게 하기 위해 자신의 개가 그 공을 가지러 달려가는 것을 지켜보았다.
(a) 성사시키다 (b) 정밀 조사하다
(c) 밀어 올리다 (d) 가지고 오다

기출 공략
던졌던 공을 다시 던지려면 개가 그 공을 '가지고 와야'하므로 (d)가 정답이다.
clinch 성사시키다 **probe** 정밀 조사하다 **boost** 밀어 올리다 **fetch** 가지고 오다 정답_(d)

43

Emperor Augustus ____________ the poet Ovid from Rome, forcing him to leave the city and live in Tomis.

(a) diverged (b) banished
(c) bordered (d) detached

번역
아우구스투스 황제는 로마의 시인 오비디우스를 추방하여 그가 도시를 떠나 토미스에 살도록 했다.
(a) 갈라지다 (b) 추방하다
(c) 인접하다 (d) 떼어내다

기출 공략
있던 곳을 강제로 떠나서 다른 곳에서 살아야 한다면 빈칸은 '내쫓는다'는 의미의 단어가 어울린다. 따라서 '추방하다'를 뜻하는 (b)가 정답이다.
emperor 황제 **poet** 시인 **diverge** 갈라지다 **banish** 추방하다 **border** 인접하다 **detach** 떼어내다 정답_(b)

44

With its emphasis on combining all aspects of learning, from physical to emotional to intellectual, Xavier School takes a ____________ approach to education.

(a) convalescent (b) discursive
(c) syntactic (d) holistic

번역
육체적인 것에서부터 감정적인, 지적인 부분까지 학습의 모든 면을 결합하는 것을 강조하는 사비에르 학파는 교육에 대한 전체론적인 접근법을 취한다.
(a) 회복하는 (b) 산만한
(c) 통사론의 (d) 전체론적인

기출 공략
학습에 있어서 신체, 감정, 지적인 부분을 전부 아우르는 방법은 어느 한 요소에 집중하는 것이 아닌 '전체적인' 접근 방법이라고 할 수 있다. 따라서 '전체론적인'을 뜻하는 (d)가 가장 적절하다.
emphasis 강조 **combine** 결합하다 **aspect** 측면 **physical** 육체적인 **emotional** 감정적인 **intellectual** 지능의, 지적인 **school** 학파 **convalescent** 회복하는 **discursive** 산만한 **syntactic** 통사론의 **holistic** 전체론적인 정답_(d)

45

Readers doubted the authenticity of Richard Wingman's autobiography, as it described many events that seemed highly ______________.

(a) presumptive (b) implausible
(c) substantive (d) infallible

번역

리차드 윙맨의 자서전이 매우 믿기 어려워 보이는 많은 사건들을 서술했기 때문에 독자들은 그것이 진짜인지 의심했다.

(a) 추정상의 (b) 믿기 어려운
(c) 실질적인 (d) 틀림없는

기출 공략

이유를 나타내는 as절에 들어갈 단어가 필요하다. 결과 부분인 주절에서 자서전이 진짜인지 의심했다고 했으므로 정답은 (b)이다.

authenticity 확실성 **autobiography** 자서전 **describe** 묘사하다, 서술하다 **presumptive** 추정상의 **implausible** 믿기 어려운 **substantive** 실질적인 **infallible** 틀림없는 정답_(b)

46

Hegel's ambitions for himself were ______________, as he hoped he would be remembered as history's greatest philosopher.

(a) lofty (b) aloof
(c) jovial (d) cordial

번역

헤겔은 역사상 가장 위대한 철학자로 기억되길 원했기 때문에 자신을 위한 야망이 원대했다.

(a) 원대한 (b) 냉담한
(c) 아주 쾌활한 (d) 다정한

기출 공략

역사상 가장 위대한 철학자로 기억되길 바라는 것은 야망이 아주 큰 것이므로, 빈칸은 '원대한'을 뜻하는 (a)가 가장 적절하다.

ambition 야망 **philosopher** 철학자 **lofty** 드높은 **aloof** 냉담한 **jovial** 아주 쾌활한 **cordial** 다정한 정답_(a)

47

In a show of ______________ with the hurricane's victims, citizens across the nation sent food aid and blankets to the devastated coastal area.

(a) torpor (b) impetus
(c) temerity (d) solidarity

번역

허리케인 피해자들과 결속을 보여 주면서 전국의 시민들은 식량 원조와 담요를 완전히 파괴된 해안 지방에 보냈다.

(a) 무기력 (b) 추진력
(c) 무모함 (d) 결속

기출 공략

허리케인 피해자들에게 구호품을 보내는 것은 피해자들에게 우리는 남이 아니라는 '결속'을 보이는 것이라고 할 수 있다. 따라서 빈칸은 (d)가 정답이다.

victim 피해자 **across the nation** 전국 각지에서 **food aid** 식량 원조 **devastated** 완전히 파괴된 **torpor** 무기력 **impetus** 추진력 **temerity** 무모함 **solidarity** 결속 정답_(d)

48

The relationship between the houses of York and Lancaster was so ______________ that they fought a war that spanned decades.

(a) rancorous (b) exuberant
(c) conducive (d) imperious

번역

요크 가와 랭캐스터 가의 관계는 너무 원한이 깊어서 그들은 수십 년에 걸쳐 전쟁을 했다.

(a) 원한이 사무친 (b) 활기가 넘치는
(c) 도움이 되는 (d) 오만한

기출 공략

수십 년에 걸쳐서 전쟁을 치르는 관계가 되려면 서로의 사이가 적대적일 것이다. 따라서 '원한이 사무친'을 뜻하는 (a)가 가장 적절하다.

span 기간에 걸치다 **rancorous** 원한이 사무친 **exuberant** 활기가 넘치는 **conducive** 도움이 되는 **imperious** 오만한

정답_(a)

49

Genetic evidence has been used to _____________ Darwin's theory of evolution, proving its veracity beyond a reasonable doubt.

(a) corroborate (b) capitulate
(c) enunciate (d) abrogate

번역

유전적인 증거는 합리적인 의심을 넘어서는 진실성을 증명하면서 다윈의 진화론을 명확히 입증하는 데 쓰였다.

(a) 명확히 입증하다 (b) 굴복하다
(c) 명확히 발음하다 (d) 철폐하다

기출 공략

다윈의 진화론을 입증하는 유전적 증거는 진화론이 옳다는 것을 '확실히 확인시켜 준' 것이므로 정답은 (a)이다.

genetic 유전의 **evolution** 진화 **veracity** 진실성
corroborate 명확히 입증하다 **capitulate** 굴복하다
enunciate 명확히 발음하다 **abrogate** 철폐하다

정답_(a)

50

Rather than planting crops every year, farmers leave their fields _____________ occasionally so that the soil can regain nutrients.

(a) surly (b) fallow
(c) forlorn (d) odious

번역

농부들은 매년 농작물을 심기보다 때때로 그들의 땅을 경작을 쉬는 상태로 두므로 땅은 영양분을 다시 되찾을 수 있다.

(a) 무례한 (b) 농지를 놀리는
(c) 황량한 (d) 혐오스러운

기출 공략

농작물을 매년 심지 않고 영양분을 되찾게 한다는 것은 추수 후에 경작을 한동안 하지 않는다는 말이므로 정답은 (b)이다.

occasionally 가끔 **regain** 되찾다, 회복하다 **nutrient** 영양분
surly 무례한 **fallow** 농지를 놀리는 **forlorn** 황량한 **odious** 혐오스러운

정답_(b)

Reading Comprehension

1

This weekend, residents of North Hills Apartment Complex are asked to ______________. With temperatures expected to exceed 40°C, more people will be using air conditioners, and the government is worried about meeting the demand for electricity. So select areas have been asked to lower their energy consumption, and North Hills is included in this effort. If you must use your air conditioner, please set it at no lower than 25°C.

(a) stay indoors to keep cool during the heat wave
(b) check that their air conditioners are working
(c) submit ideas for ways to conserve energy
(d) limit the use of air conditioners at home

번역

이번 주말에 노스 힐스 아파트 단지 주민께서는 가정 내 에어컨 사용을 제한할 것을 요청드립니다. 40℃를 넘을 것으로 예상되는 기온에 더 많은 사람들이 에어컨을 사용하게 될 것이고, 이에 정부는 전력 수요를 충족할 수 있을지 걱정하고 있습니다. 이에 따라 특정 지역들은 에너지 소비량을 줄이는 일에 협조해줄 것을 요청받고 있으며, 이런 노력에 노스 힐스가 포함됩니다. 에어컨을 꼭 사용해야 한다면, 25℃ 이하로는 설정하지 말아 주십시오.

(a) 폭염 기간 동안 시원하게 있기 위해 실내에 머무를 것
(b) 에어컨이 작동하고 있는지 확인할 것
(c) 절전하는 방법에 대한 아이디어를 제시할 것
(d) 가정 내 에어컨 사용을 제한할 것

기출 공략

지문은 무더위 동안 정부에서 특정 지역에 에너지 소비량을 낮출 것을 요청하고 있다는 내용이다. 노스 힐스 지역도 이에 따라 가정 내 에어컨 설정 온도를 25도 이하로는 설정하지 말 것을 요청받고 있다. 따라서 (d)가 가장 적절하다.

exceed 초과하다 **meet** 충족시키다 **demand** 수요 **select** 특정의 **consumption** 소비(량) **heat wave** 폭염 **conserve energy** 절전 **limit** 제한하다

정답_(d)

2

The proprietor of Fantastis Circus, Guy Spight, has created a circus that ______________. Having spent years working as an organizer at an animal rights advocacy organization, Spight knew about the abuse of animals in entertainment venues, zoos and circuses particularly. So he went on to found a unique human-only circus, where all the acts are performed by skilled acrobats, magicians, and clowns. So far, the project has been successful, and it is even expanding with a second touring troupe.

(a) embodies his values about the ethical treatment of animals
(b) takes great care to treat its animal performers humanely
(c) re-trains abused animals from zoos to perform in public
(d) has drawn criticism from opponents of animal cruelty

번역

판타스티스 서커스의 소유자 가이 스파이트는 동물을 윤리적으로 대하는 본인의 가치관을 담은 서커스를 만들었다. 몇 년 동안 동물 권리 옹호 단체의 창시자로 일해 온 스파이트는 특히 오락시설, 동물원 및 서커스 내 동물 학대에 대해 알고 있었다. 그래서 그는 숙련된 곡예사, 마술사, 그리고 광대들로 모든 공연을 하는 오직 사람만으로 구성된 독특한 서커스를 창단했다. 현재까지 이 프로젝트는 성공적이었으며, 두 번째 순회 공연단을 창단하는 데까지 이르렀다.

(a) 동물을 윤리적으로 대하는 본인의 가치관을 담은
(b) 공연하는 동물들을 인도적으로 대하는 데 세심한 주의를 기울이는
(c) 대중공연을 위해 동물원에서 학대당해 온 동물들을 재훈련하는
(d) 동물 학대를 반대하는 사람들에게 비판을 받게 된

기출 공략

가이 스파이트는 이전에 동물 권리 옹호 단체에서 일하면서 동물원 및 서커스와 같은 오락 시설 내 동물 학대에 대해 알고 있었으며, 이 때문에 그는 사람만으로 구성된 서커스를 창단하여 성공적으로 이어나가고 있다. 따라서 그의 서커스는 (a)와 같다. 그는 사람만으로 구성된 서커스를 운영하기 때문에 (b)는 적절하지 않다.

proprietor 소유주 **advocacy** 옹호 **venue** 현장, 장소 **found** 설립하다 **troupe** 공연단 **embody** 구체화하다; 포함하다 **ethical** 윤리적인, 도덕적인 **humanely** 인도적으로 **abuse** 학대하다 **animal cruelty** 동물 학대

정답_(a)

3

It is common for wine drinkers to open a bottle of wine to let it "breathe" before drinking. However, it is important to remember that exposing wine to the air ______________. Exposure to oxygen can temper the tannins in the wine and improve its character—but this is only true of younger wines. More aged and fragile wines are a different story. The delicate aroma and flavor of a very old wine are in danger of collapsing just hours, or even minutes, after being opened.

(a) amplifies muted tannins to improve the wine's taste
(b) has a different effect depending upon the wine's age
(c) can damage the character of even the youngest wines
(d) enhances the subtleties of an older wine's flavor profile

번역

와인을 마시는 사람들이 와인을 마시기 전에 병을 따서 와인이 '숨 쉴' 수 있도록 하는 경우를 흔히 볼 수 있다. 그러나 와인을 공기에 노출시키는 것이 와인의 나이에 따라 다른 효과를 갖고 있다는 것을 기억해야 한다. 산소에 노출되면 와인 속 탄닌 성분을 부드럽게 하여 그 성질을 향상시킬 수 있지만 이것은 덜 성숙된 와인에만 해당되는 사실이다. 더 숙성되고 섬세한 와인의 경우에는 얘기가 다르다. 매우 숙성된 와인의 부드러운 향과 맛은 개봉 후 단 몇 시간, 심지어 몇 분 안에 사라질 위험이 있다.

(a) 와인의 맛을 좋게 하기 위해 약해진 탄닌을 증폭시킨다
(b) 와인의 나이에 따라 다른 효과를 갖고 있다
(c) 가장 덜 숙성된 와인까지 그 성질을 손상시킬 수 있다
(d) 더 숙성된 와인의 맛의 미묘함을 향상시킨다

기출 공략

와인을 산소에 노출시키면 와인의 숙성 정도에 따라 다른 효과를 보인다. 덜 숙성된 와인은 와인 속 탄닌이 부드러워져 그 성질을 좋게 하지만, 숙성된 와인은 그 섬세한 향과 맛을 잃을 위험이 있다. 따라서 (b)가 가장 적절하다.

expose 노출시키다 **temper** 완화하다 **muted** 약해진, 조용해진 **aged** 숙성된 **fragile** 섬세한 **be in danger of** ~할 위험이 있다 **collapse** 무너지다, 사라지다 **amplify** 증폭시키다 **enhance** 향상시키다 **subtlety** 미묘함

정답_(b)

4

As a teacher, I've often witnessed parents praising their children, even though the children have done nothing especially remarkable. This kind of blanket positivity is thought to increase children's self-esteem, but I consider it frivolous. Instead of giving children empty praise for mediocre work or for being attractive, parents should compliment specific actions and actual achievements, such as successfully completing an important project. Praise is of course important for self-esteem, but ______________.

(a) parents can be too stingy in offering it
(b) only when it is applied to innate talents
(c) it should focus on genuine accomplishments
(d) parents should avoid commending specific deeds

번역

교사로서 나는 자녀가 특별히 뛰어난 일을 하지 않았음에도 불구하고 칭찬하는 부모들을 종종 봐왔다. 이런 식의 전면적인 긍정이 아이의 자존심을 높여준다고 여기지만, 나는 이를 경솔하다고 여긴다. 자녀들에게 일반적인 일에 대해서나 외모가 예쁘다는 식의 내실 없는 칭찬을 하기보다는 중요한 프로젝트를 성공적으로 마치는 것과 같이 구체적인 행동과 실제 성과에 대해서 칭찬을 해야 한다. 칭찬은 자존감을 위해 물론 중요하지만 진정한 성과에 초점이 맞추어져야 한다.

(a) 부모들은 칭찬하는 데 너무 인색할 때가 있다
(b) 타고난 재능에 대해 적용하는 경우에만 그렇다
(c) 진정한 성과에 초점이 맞추어져야 한다
(d) 부모들은 특정 행동을 칭찬하는 것은 피해야 한다

기출 공략

필자는 자녀가 특별히 뛰어난 일을 하지 않았는데도 칭찬을 하는 부모들을 종종 보았는데, 이를 경솔하다고 생각하고 있다. 또한 칭찬은 구체적인 행동 및 실제 성과에 대해서만 해야 한다고 말한다. 따라서 (c)가 가장 적절하다.

remarkable 뛰어난 **blanket positivity** 전면적인 긍정 **self-esteem** 자존심 **frivolous** 바보 같은, 경솔한 **empty praise** 빈(의미 없는) 칭찬 **mediocre** 보통 수준의 **stingy** 인색한 **commend** 칭찬하다 **deed** 행위

정답_(c)

5

In 2011, residents in the Romanian city of Constanta learned that ______________. After finding a flock of dead birds near the city, residents worried that an avian flu outbreak was brewing, and they quickly alerted authorities. Caution was warranted since a 2010 outbreak of avian flu in Romania led to a large poultry cull. However, a medical analysis by Constanta's veterinary authorities revealed that residents were safe; the birds had actually died of alcohol poisoning after eating fermented grape waste left over from wine-making.

(a) their quick action prevented a bird flu outbreak
(b) a 2010 strain of avian flu had spread to their area
(c) a suspected public health hazard was a false alarm
(d) grape waste can be used as a remedy for sick birds

번역

2011년에 루마니아 도시 콘스탄타의 주민들은 공중 보건에 위협이 되는 사태가 허위 경보였다는 것을 알게 됐다. 도시 근처에 죽은 새 떼를 발견한 뒤 주민들은 조류 독감이 발생하고 있다고 걱정하여 즉시 정부당국에 알렸다. 2010년 루마니아에서 터진 조류 독감이 대규모 가금류 살처분으로 이어져 주의가 필요했다. 그러나 콘스탄타의 수의학 관계자들에 의한 의학 분석 결과 주민들은 안전하다는 사실이 밝혀졌다. 새들은 사실 와인 제조 후에 남은 발효된 포도의 폐기물을 먹은 후 알코올 중독으로 죽었던 것이다.

(a) 그들의 신속한 조치가 조류 독감 발생을 예방했다
(b) 2010년 조류 독감의 한 종류가 그들 지역에 퍼졌다
(c) 공중 보건에 위협이 되는 사태가 허위 경보였다
(d) 병든 새들을 위한 치료제로 포도 폐기물을 사용할 수 있다

기출 공략

2011년에 콘스탄타 주민들은 도시 근처의 죽은 새 떼를 보고, 조류 독감이 일어난 것을 걱정하여 정부 당국에 알렸는데, 수의학 관계자들의 분석 결과, 새들은 조류 독감이 아닌 발효된 포도 폐기물을 먹고 알코올 중독으로 죽었던 것으로 나타났다. 따라서 (c)가 적절하다. 결과적으로 조류 독감이 아닌 걸로 밝혀졌기 때문에, 주민들의 신속한 조치가 조류 독감을 예방했다는 (a)는 옳지 않다.

resident 주민 **avian flu** 조류 독감 **outbreak** 발병 **brew** 생기다, 발생하다 **caution** 주의, 경계 **warrant** 당연한 것으로 하다 **poultry cull** 가금류 살처분 **veterinary authorities** 수의학 관계자 **die of** ~로 죽다 **fermented** 발효된 **strain** 종류 **suspected** 미심쩍은, 의심나는 **public health hazard** 공중 보건에 위협이 되는 일 **false alarm** 허위 경보 **remedy** 치료약

정답_(c)

6

At yesterday's city council meeting, Stanfield mayor Michael Goldsmith declared that he would not approve the budget for the coming year until the council ______________. Goldsmith meticulously dissected individual lines of the budget to underscore his point, detailing numerous instances where imprecise estimates and definitions made it impossible to evaluate the budget's viability. Noting that the city was currently in surplus, he warned council members that poor accounting would create a deficit. Council members, who have unanimously supported the budget, have one month to address Goldsmith's concerns.

(a) agrees to resolve the deficit in the city's current budget
(b) clarifies sloppy explanations of certain items in the budget
(c) gives him a chance to publicly critique their budget proposal
(d) reaches a consensus among themselves over budgetary disputes

번역

어제 시의회 회의에서 스탠필드 시장 마이클 골드스미스는 의회가 예산의 특정 항목에 대한 엉성한 설명을 명확하게 할 때까지 다음 연도 예산안을 승인하지 않겠다고 선언했다. 골드스미스는 자신의 요점을 강조하기 위해 부정확한 추정치와 정의들이 예산안의 실행 가능성을 평가 불가능하게 만들었던 수많은 사례들을 지적하며, 개별적인 예산 종목을 꼼꼼하게 분석했다. 지금까지는 시가 흑자 상태라는 사실에 주목하면서 그는 잘못된 회계 처리가 적자를 불러올 것이라고 의원들에게 경고했다. 예산안을 만장일치로 지지한 시의회 의원들은 앞으로 한 달 안에 골드스미스가 제기한 문제에 대응해야만 한다.

(a) 시의 현재 예산 적자를 해결하는 데 동의할
(b) 예산의 특정 항목에 대한 엉성한 설명을 명확하게 할
(c) 그에게 공개적으로 예산안을 비판할 기회를 줄
(d) 예산상의 논쟁에 대해 그들 사이에서 합의에 도달할

기출 공략

스탠필드 시의 시장 골드스미스는 개별적인 예산 종목을 꼼꼼하게 분석하여, 부정확한 추정치와 정의들에 대해 지적하며 잘못된 회계 처리가 시 예산의 적자를 불러올 수 있다고 의원들에게 경고한다. 따라서 (b)가 지문의 내용상 가장 적절하다.

meticulously 꼼꼼하게 **dissect** 해부하다; 분석하다 **lines of budget** 예산의 종목 **underscore** 강조하다 **imprecise** 부정확한 **viability** 실행 가능성 **note** 주목하다 **surplus** 흑자 **deficit** 적자 **unanimously** 만장일치로 **address** 고심하다; 처리하다 **sloppy** 엉성한 **consensus** 합의 **budgetary** 예산상의

정답_(b)

7

American entrepreneur George Eastman is known for ______________. He patented the first roll holder film in 1885 with William Walker, which allowed cameras to advance multiple exposures. Prior to his invention, cameras were only capable of taking single shots and often required technical knowledge and heavy equipment, which made them the exclusive domain of professionals. In 1888, Eastman launched the first mass-produced Kodak camera, which sold for $25. The simplicity of using this device sparked a photography craze.

(a) patenting the technology for stationary single-shot cameras
(b) creating easy-to-use film and cameras that popularized photography
(c) pioneering new ways to teach photography to amateur photographers
(d) developing specialized features on cameras for professional photographers

번역

미국의 기업가인 조지 이스트먼은 사진 촬영을 대중화시킨 사용이 편리한 필름 및 카메라를 제작한 일로 알려져 있다. 그는 1885년에 윌리엄 워커와 함께 최초로 롤필름의 특허를 냈고, 그것은 한 번에 여러 장의 사진을 찍는 것이 가능하게 했다. 이 발명품 이전의 카메라들은 한 번에 한 장의 사진밖에 찍을 수 없었고, 종종 기계에 대한 지식과 무거운 장비가 필요했기 때문에 전문가들만의 독점 영역이었다. 1888년 이스트만은 25달러에 판매되고 최초의 대량 생산된 코닥 카메라를 출시했다. 이 장치의 간단한 사용법은 사진 촬영 열풍을 촉발시켰다.

(a) 고정된 한 장짜리 카메라 기술에 대한 특허를 취득한 일
(b) 사진 촬영을 대중화시킨 사용이 편리한 필름 및 카메라를 제작한 일
(c) 아마추어 사진작가들에게 사진술을 가르치는 새로운 방법을 개척한 일
(d) 전문 사진작가들을 위한 카메라의 특수 기능을 개발한 일

기출 공략

최초의 롤필름에 대한 특허를 취득한 조지 이스트먼은 필름을 한 번 장착하고 찍을 수 있는 사진의 분량을 늘리는 기술을 개발해 1888년에 최초의 대량 생산된 코닥 카메라를 출시했다. 이 카메라는 사용이 쉬워 사진 촬영 열풍을 일으켰다고 한다. 따라서 (b)가 가장 적절하다.

entrepreneur 사업가 **patent** ~의 특허를 취득하다 **exposure** (필름의) 사진 1장의 분량 **exclusive** 독점적인 **domain** 영역 **spark** 촉발시키다 **craze** 열풍 **stationary** 고정의 **easy-to-use** 사용하기 편리한, 쉬운 **photography** 사진 촬영

정답_(b)

8

Dear Professor Lemmon,

I have finished reviewing your proposed syllabus for next semester's survey course in women's literature. Although I found your inclusion of certain controversial modern works refreshing, I felt that too many of the readings were contemporary texts. For a general survey course, the historical breadth of the syllabus should be as comprehensive as possible. Before you submit the syllabus to the department for formal approval, I suggest that you adjust it so that it ______________.

Sincerely,
Dr. Blake Stevens
Dean, English Department

(a) excludes texts which may be too controversial
(b) focuses more on contemporary women's issues
(c) includes a balance of classic and modern works
(d) gives less attention to outdated traditional texts

번역

레몬 교수님께,

다음 학기용으로 교수님이 제안한 여성 문학 개론 강의 계획서의 검토를 마쳤습니다. 특정 논쟁의 대상인 현대 작품을 포함시킨 점은 신선했지만, 너무 많은 읽을거리들이 현대의 지문이라고 느꼈습니다. 일반적인 개론 강좌의 강의 요강에서 다루는 역사적인 범위는 가급적 포괄적이어야 합니다. 학과에 공식 승인을 위해 강의 계획서를 제출하시기 전에, 고전과 현대 작품이 균형을 이루도록 조정할 것을 권합니다.

감사합니다
브레이크 스티븐스 박사
영문학과 과장

(a) 지나치게 논란이 있을 것 같은 지문을 제외하도록
(b) 현대 여성들의 문제에 초점을 더 맞추도록
(c) 고전과 현대 작품의 균형을 이루도록
(d) 시대에 뒤떨어진 전통적인 지문에는 덜 집중하도록

기출 공략

영문학과장은 강의 계획서에 특정 논쟁의 대상인 현대 작품이 포함된 것은 신선하지만, 선정된 작품들이 너무 현대의 것에 치중되어 있어서 시대적으로 포괄적이게 조정되어야 한다고 말하고 있다. 이에 따라 고전과 현대 작품의 균형을 이루도록 조정해서 강의 계획서를 제출하라고 권장한다는 내용이 가장 적절하다. 따라서 (c)가 정답이다.

proposed 제안된 **syllabus** 강의 계획서 **survey course** 개론 강좌 **controversial** 논란이 있는 **refreshing** 신선한 **contemporary** 현대의 **breadth** 폭 **comprehensive** 포괄적인 **outdated** 시대에 뒤떨어진

정답_(c)

9

When astronomers first began observing planetary systems outside our solar system, gas giants were among the first planets they detected, so they believed that gas giants were the most common type of planet. However, these astronomers could only observe solar systems close to our own, where conditions seem to be particularly conducive to the formation of gas giants. Recently, the Kepler observatory, which is on a mission to search for Earth-like planets in more distant areas of the galaxy, has transmitted data showing that small, rocky planets are actually much more common. Thus, many astronomers now believe that gas giants ______________.

(a) are less prevalent than once estimated
(b) orbit stars that are smaller than expected
(c) exist in abundance in the galaxy's outskirts
(d) share many similarities with smaller planets

번역

천문학자들이 처음에 우리 태양계 밖의 행성계를 관찰하기 시작했을 때 가장 먼저 발견된 것이 가스체 거대 행성들이었기에 그들은 이들이 가장 일반적인 유형의 행성이라고 믿었다. 그러나 이 천문학자들은 가스체 거대 행성이 형성되는 데 특히나 도움이 되는 것처럼 보이는 환경인 우리와 가까운 태양계만 관찰할 수 있었다. 최근에 은하계의 더 먼 지역에서 지구와 유사한 행성을 조사하는 임무를 수행 중인 케플러 망원경은 실상은 작은 암석투성이의 행성이 훨씬 더 흔하다는 것을 보여주는 데이터를 전송해 왔다. 따라서 많은 천문학자들은 이제 가스체 거대 행성들이 한때 예상했던 것보다는 덜 일반적이라고 생각을 한다.

(a) 한때 예상했던 것보다는 덜 일반적이라고
(b) 예상보다 더 작은 별의 주변을 돈다고
(c) 은하의 외곽에 많이 존재한다고
(d) 작은 행성들과 많은 유사점을 갖고 있다고

기출 공략

천문학자들이 우리 태양계 밖 최초의 행성계를 발견했을 때 처음으로 본 것이 가스체 거대 행성들이었는데, 이때 이것이 가장 일반적인 유형의 행성이라고 믿었다. 그러나 이후 케플러 망원경에서 보내온 데이터에 근거하여 작은 암석투성이의 행성들이 훨씬 더 흔하다는 것을 알게 되었다. 따라서 (a)가 정답이다.

astronomer 천문학자 **planetary system** 행성계 **gas giant** 가스상의 거대 혹성 **conducive** ~에 좋은(도움이 되는) **formation** 형성 **Kepler observatory** 케플러 망원경 **be on a mission** ~한 임무를 띤 **transmit** 전송하다 **prevalent** 일반적인 **orbit** 주변을 공전하다 **in abundance** 풍부하게 **outskirts** 변두리, 교외

정답_(a)

10

In most Slavic languages, the terms used to indicate foreigners and natives ______________. For instance, the name which Slavic peoples apply to themselves as a group—*Slovenin*—is believed to derive from "*slovo*," meaning "word," and describes Slavs as "people who can speak." Meanwhile, the term used to denote foreigners in most Slavic languages has the root "*nemec*," meaning "dumb, mute," suggesting that people from other geographic locations cannot speak. While crude by today's sensibilities, the terms probably reflect the lack of linguistic exchange between early Slavs and other ethnic groups.

(a) refer to whether a person knows a Slavic language or not
(b) derive from historical names for places in medieval Europe
(c) trace their roots back to labels given by non-Slavic outsiders
(d) reflect Slavic culture's traditional dedication to multilingualism

번역

대부분의 슬라브어에서 외국인과 원주민을 나타내는 데 사용되는 용어는 그 사람이 슬라브 언어를 알고 있는지 없는지를 가리킨다. 예를 들어, 슬라브 사람들이 자신들을 하나의 그룹으로 부르는 Slovenin이라는 용어는 '단어'라는 의미의 'slovo'에서 유래한 것으로 여겨지며, 슬라브 사람들을 '말할 수 있는 사람들'로 표현한다. 한편, 대부분의 슬라브어에서 외국인을 나타내는 데 사용되는 용어는 '벙어리의, 무언의'라는 의미의 'nemec'라는 어원을 가지고 있으며, 이는 다른 지리적 위치에서 온 사람들이 말을 할 수 없다는 것을 뜻한다. 오늘날 감성에 의하면 저속하지만, 이런 용어들은 아마 초기 슬라브 사람들과 다른 인종과의 언어적 교류가 부족했음을 반영한다.

(a) 그 사람이 슬라브 언어를 알고 있는지 없는지를 가리킨다
(b) 중세 유럽의 역사적인 지명에서 파생되었다
(c) 슬라브가 아닌 외부인에 의해 부여된 꼬리표로 그 뿌리가 거슬러 올라간다
(d) 다국어에 대한 슬라브 문화의 전통적인 헌신을 반영한다

기출 공략

슬라브어에서 슬라브 사람들이 자신들을 하나의 그룹으로 부르는 용어는 '말할 수 있는 사람들'이라는 의미인 반면, 외국인을 나타내는 데 사용하는 용어는 '벙어리의, 무언의'라는 의미이다. 따라서 (a)가 가장 적절하다.

indicate 나타내다 **denote** 나타내다, 지시하다 **crude** 저속한 **sensibility** 감성, 감각 **linguistic** 언어적인 **ethnic** 민족의; 인종의 **dedication** 헌신

정답_(a)

11

A Sense of Aging by George Arthur is a ______________. Readers follow Eugene, a man going through a midlife crisis. With few dreams left in life, he revisits his past only to find his memories and beliefs challenged. This is a tightly woven meditation on the intricate web of causes and effects that can dictate one's sense of self. As a short work involving big ideas, it is necessarily dense, with every word working to capacity. By the novella's end, you will feel as if you have read a modern classic.

(a) moving exploration of a young man's memory loss
(b) long-winded tale of a man with a troubled past
(c) rapturous meditation on the pursuit of dreams
(d) concise but complex narrative of middle age

번역

조지 아서의 〈센스 오브 에이징〉은 중년의 간결하지만 복잡한 이야기다. 독자들은 유진이라는 중년의 위기를 겪고 있는 남자를 따라간다. 그는 인생에서 꿈이 거의 남지 않은 상태에서 과거를 되짚어보지만, 그의 기억과 신념에 대한 도전만 받게 된다. 이 책은 자아의식을 결정짓는 원인과 결과의 복잡한 관계를 단단히 짜놓은 명상록이다. 큰 관념을 다루는 단편으로, 모든 단어가 내용에 알맞게 쓰인 필연적으로 짜임새가 있는 작품이다. 소설의 마지막쯤에 당신은 현대적 고전을 읽었다고 느낄 것이다.

(a) 젊은 남자의 기억 상실에 대한 감동적인 탐구
(b) 불안한 과거를 가진 남자의 장황한 이야기
(c) 꿈의 추구에 대한 황홀한 명상록
(d) 중년의 간결하지만 복잡한 이야기

기출 공략

조지 아서의 〈센스 오브 에이징〉은 단편 작품으로 어느 중년 남자의 시선을 따라 그가 과거를 되짚어보며, 자아의식을 결정짓는 원인과 결과의 복잡한 관계에 대해 서술한 명상록이다. 따라서 (d)가 가장 적절하다.

midlife crisis 중년의 위기 **revisit** 되돌아가다 **woven** 짜여진 **meditation** 묵상 **intricate** 복잡한 **dictate** 결정하다 **sense of self** 자아의식 **dense** 밀도가 높은 **novella** 중편 소설 **long-winded** 장황한 **troubled** 불안한 **rapturous** 열광적인 **pursuit** 추구, 쫓음 **concise** 간결한 **narrative** 묘사, 이야기

정답_(d)

12

Various species of eucalyptus trees grow in Australia, many of them in rain forests. The seeds of these trees have evolved a unique ability to withstand wildfires, and so the Australian government places eucalyptus in a conservation category separate from other rain forest trees. However, this has had unintended effects: while other rain forest tree species receive protection from over-harvesting, the eucalyptus, which is valuable to the timber industry, is not protected from logging. Thus, the eucalyptus tree's evolutionary advantages have actually ______________.

(a) played an unfavorable role in its conservation
(b) made it less valuable to industries that harvest it
(c) created a risk of logging for other rain forest trees
(d) harmed its ability to survive fires in the rain forest

번역

유칼립투스 나무의 다양한 수종이 호주, 특히 열대 다우림에서 많이 자란다. 이 나무의 씨앗은 산불을 견디는 독특한 특징을 발전시켰다. 그래서 호주 정부는 유칼립투스를 타 열대 다우림 나무들과는 구분되는 보호 범주에 놓았다. 하지만 이것이 의도하지 않은 결과를 초래했다. 다른 열대 우림 수종은 과잉 벌목으로부터 보호를 받고 있으나, 목재 산업의 귀한 존재인 유칼립투스는 벌목으로부터 보호받지 못했다. 이와 같이, 유칼립투스 나무가 가지게 된 진화의 장점은 사실상 나무를 보존하는 일에 불리하게 작용했다.

(a) 나무를 보존하는 일에 불리하게 작용했다
(b) 그것을 수확하는 산업에 그 가치를 떨어뜨리게 했다
(c) 다른 열대 우림 나무들을 벌목의 위험에 빠뜨렸다
(d) 열대 우림 속 산불에서 살아남는 능력을 해쳤다

기출 공략

유칼립투스 나무는 산불을 견디는 씨앗의 독특한 특징 때문에 호주 정부로부터 타 열대 우림 나무들과는 다른 환경보전 범주로 분류되었다. 하지만 결과적으로는 유칼립투스 나무는 벌목으로부터 보호받지 못하게 되었다. 따라서 (a)가 정답이다.

rain forest 열대 우림 **evolve** 진화하다; 발전시키다 **withstand** 견디다 **conservation** 보존 **unintended** 의도하지 않은 **over-harvesting** 과잉 벌목 **logging** 벌목 **unfavorable** 불리한 **harm** 해치다

정답_(a)

13

The Sophists of ancient Greece were itinerant intellectuals who traveled and taught philosophy, often charging a hefty fee. They have a modern reputation for being deceptive rhetoricians, but it is possible that the portrayal of these Sophists as greedy, intellectually bankrupt instructors was biased. Most of the extant descriptions of their work are by contemporaries who strongly opposed the Sophists' techniques. Particularly, Socrates and Plato considered the Sophists' practice of charging money for education deplorable and thought their ideas were a kind of pseudo-philosophy. Thus, modern ideas about the Sophists may actually ____________.

(a) be based on gross misrepresentations of their work
(b) come from a description they applied to themselves
(c) stem from criticisms they made of their contemporaries
(d) have arisen from challenges to Plato's and Socrates's works

번역

고대 그리스의 소피스트들은 종종 큰 액수의 돈을 청구하고, 떠돌아다니며 철학을 가르치는 떠돌이 지식인들이었다. 그들은 현 시대에서 사기 수사학자들이란 평판을 듣고 있지만, 이들 소피스트들에 대해 탐욕적이며 지적으로 결핍된 교사라는 묘사가 편견일 가능성이 있다. 그들 작품에 대해 현존하는 설명 대부분은 소피스트들의 기법에 강하게 반대했던 동시대 사람들에 의한 것이다. 특히 소크라테스와 플라톤은 교육에 대해 요금을 청구하는 행동을 개탄스럽다고 여겼으며, 그들의 사상을 일종의 가짜 철학으로 생각했다. 따라서 소피스트들에 대한 현대의 사상은 실제로는 그들 작품에 대한 총체적 와전에 근거한 것일지 모른다.

(a) 그들 작품에 대한 총체적 와전에 근거한 것
(b) 그들 스스로에게 적용한 묘사로부터 나온 것
(c) 그들이 동시대 인물들을 비판한 내용에서 기인한 것
(d) 플라톤과 소크라테스의 작품에 대한 도전으로부터 생겨난 것

기출 공략

사기 수사학자, 탐욕적이며 지적으로 결핍된 교사라는 이런 소피스트들에 대한 현 시대의 묘사가 그들에 강하게 반대했던 동시대 인물들에 의한 것이기 때문에, 이는 편견일 가능성이 있다는 내용이다. 따라서 (a)가 적절하다.

itinerant 떠돌아다니는 **intellectual** 지식인 **hefty** 고액의 **deceptive** 사기의 **rhetorician** 수사학자 **portrayal** 묘사 **greedy** 탐욕스러운 **biased** 편견을 가진 **extant** 현존하는 **deplorable** 개탄스러운 **pseudo-philosophy** 가짜 철학 **gross** 총체적인 **misrepresentation** 와전 **stem from** ~에서 기인하다

정답_(a)

14

Research on capsaicin, the chemical that makes peppers hot, has taken a step toward proving ____________. The primary purpose of peppers—as with all fruits—is to disperse seeds. However, just as fruit attracts helpful organisms which spread the seeds, like birds, it also attracts harmful microbes that destroy seeds, like fungus. Studying wild pepper plants, a group of international researchers found that in areas with a high prevalence of fungus, peppers contained more capsaicin, a natural anti-fungal agent. These findings support the hypothesis that environmental factors trigger adaptive responses in the chemistry of fruits.

(a) why only some people find the spicy hot taste of peppers attractive
(b) that plants' adaptive responses have an influence on their environment
(c) that fruits' chemistry is influenced by the microbes in their environment
(d) how helpful and harmful organisms interact to affect the chemistry of fruit

번역

고추를 맵게 만드는 화학물질인 캡사이신에 대한 연구는 열매의 화학 작용이 주변 미생물의 영향을 받는다는 것을 증명하는 데 한 걸음 더 나아가게 했다. 모든 열매처럼 고추의 주요 목적은 씨를 퍼뜨리는 것이다. 그러나 열매는 새처럼 씨를 뿌려주는 유용한 생물들을 유인하는 것과 마찬가지로, 곰팡이와 같이 씨앗을 파괴하는 유해 미생물들을 유인하기도 한다. 어느 국제 연구 단체에서는 야생 고추나무 연구 결과 곰팡이가 만연한 지역에서 자란 고추들이 천연 항매제인 캡사이신을 더 많이 갖고 있다는 것을 발견했다. 이러한 연구 결과는 환경적 요인들이 열매의 화학적 적응 반응을 유발한다는 가설을 뒷받침해준다.

(a) 왜 일부의 사람들만 고추의 매운 맛에 매력을 느끼는지를
(b) 식물의 적응 반응은 환경에 영향을 미친다는 것을
(c) 열매의 화학 작용이 주변 미생물의 영향을 받는다는 것을
(d) 유용하거나 유해한 생물들이 어떻게 상호작용하여 열매의 화학적 성질에 영향을 미치는지를

기출 공략

고추는 다른 열매와 마찬가지로 씨앗을 퍼뜨리는 유용한 생물들을 유인하기도 하지만, 동시에 곰팡이처럼 씨앗을 파괴하는 유해 미생물들을 유인하기도 한다. 또한, 야생 고추의 연구를 통해 주변에 곰팡이가 만연한 지역에서는 고추가 천연 항매제인 캡사이신을 더 많이 가지고 있는 것을 발견했기 때문에 (c)가 가장 적절하다. 유용한 생물들과 유해 생물들이 상호작용한다는 내용은 없으므로, (d)는 적절하지 않다.

take a step toward ~를 향해 한 걸음 더 나아가다 **microbe** 미생물 **disperse** 분산시키다 **organism** 생물(체) **fungus** 곰팡이 **prevalence** 만연, 보급 **anti-fungal agent** 항매제 **hypothesis** 가설 **adaptive response** 적응 반응

정답_(c)

15

All living languages are in flux. As speakers innovate new forms, both the vocabulary and syntax of living languages are continually altered. And though these changes are often so subtle that they are nearly imperceptible, they become apparent over long spans of time. ______________, when modern readers read Shakespeare, they can clearly see that English has undergone changes both in the words it uses and in its sentence structure.

(a) Even so
(b) Thereafter
(c) Meanwhile
(d) For instance

번역

모든 현용 언어는 항상 변한다. 말하는 이들이 새로운 형태를 만들어 내면서, 현용 언어의 어휘와 구문은 지속적으로 변경된다. 이러한 변화는 종종 거의 감지할 수 없을 정도 매우 미미하지만, 오랜 시간이 흐르고 나면 뚜렷해진다. 예를 들어, 현 시대의 독자들이 셰익스피어의 작품을 읽을 때 사용하는 단어와 문장 구조 모두에 있어서 영어가 변화를 겪었다는 것을 확실히 알 수 있다.

(a) 그럼에도 불구하고
(b) 그 후
(c) 한 편
(d) 예를 들어

기출 공략

모든 현용 언어는 늘 변화를 겪어 단어와 구문이 지속적으로 바뀌는데, 이런 변화는 오랜 기간을 두고 보면 뚜렷해진다는 내용이다. 마지막 문장은, 현 시대의 독자들이 셰익스피어의 작품을 읽을 때 영어에서 사용하는 단어와 문장 구조 모두 변했다는 것을 알 수 있다는 내용이므로, 주제에 대한 예시가 된다. 따라서 (d)가 가장 적절하다.

living language 현용 언어 **in flux** 항상 변하다(유동적이다) **innovate** 새로 만들어내다 **syntax** 구문 **alter** 바꾸다, 변경하다 **subtle** 미묘한 **imperceptible** 감지할 수 없는 **apparent** 분명한 **undergo** 겪다, 경험하다

정답_(d)

16

As I've gotten older, I've come to see my family's interest in music fade. When I was a child, everyone in my family could sing or play at least one instrument proficiently. Music was a pastime that we enjoyed together. ______________, these days my grandchildren are so distracted with readily available entertainment that they have little interest in learning instruments for more than a short time. They therefore never develop their musical skills enough to experience the thrill of playing together. I'm afraid they are missing out on a great experience.

(a) Hence
(b) Likewise
(c) By contrast
(d) Put another way

번역

나는 나이가 들수록, 음악에 대한 우리 가족의 관심이 점점 사라지는 것을 알게 됐다. 내가 어렸을 때 우리 가족은 모두 노래를 하거나 적어도 하나의 악기를 능숙하게 연주할 수 있었다. 음악은 우리가 함께 즐길 수 있는 취미였다. 반면에 요즘 내 손자들은 쉽게 이용할 수 있는 오락거리에 정신이 팔려 짧은 시간 이상 악기를 배우는 것에 관심을 가지고 있지 않다. 그래서 손자들은 합주하는 전율을 경험할 만큼의 음악적 기량들을 결코 발전시키지 못한다. 나는 그들이 좋은 경험을 놓치고 있는 것이 유감이다.

(a) 따라서
(b) 마찬가지로
(c) 반면에
(d) 다른 말로 하면

기출 공략

전반부에는 어렸을 때 온 가족이 노래를 할 수 있거나 적어도 하나의 악기를 능숙하게 연주할 수 있다는 내용과, 음악이 가족이 함께 즐길 수 있는 취미였다는 내용이 있다. 후반부에는 이에 반해 손자들이 짧은 시간 이상 악기를 배우는 것에 관심을 갖지 않으며, 합주하는 전율을 경험할 만큼 음악적 기량들을 발전시키지 못한다는 내용이다. 두 개의 상반된 내용이 대조되고 있으므로 (c)가 가장 적절하다.

come to see 점점 ~을 알게 되다 **proficiently** 능숙하게 **pastime** 취미 **be distracted with** ~에 정신이 팔려 산만한 **miss out on** ~을 놓치다

정답_(c)

17

Dear Ms. Huston,
Douglas McIntyre, who was previously employed at your firm, has applied for the position of head teller here at Global Savings & Trust and has identified you as a reference. It would be of tremendous assistance if you would verify your reference of him. If you wish to do so, please download and complete the attached reference questionnaire and send it back to us at your earliest convenience. Thank you.
Sincerely,
James O'Reilly

Q What is the main purpose of the letter?
(a) To ask for an employment application
(b) To verify an applicant's current employment
(c) To obtain information about a vacant teller position
(d) To request a reference from an applicant's former employer.

번역

휴스턴님께,
이전에 당신의 회사에 근무했던 더글러스 매킨타이어 씨께서 여기 〈글로벌 세이빙즈 & 트러스트〉의 책임 은행원 직책에 지원을 하여 추천인으로 당신을 지목했습니다. 그의 추천 사실을 확인해 주시면 큰 도움이 될 것입니다. 추천 확인을 해 주시려면 첨부한 추천인 질문지를 내려받아 작성을 완료하시고, 가능한 한 빠른 시간 안에 저희에게 회신 주시기 바랍니다. 감사합니다.
감사합니다
제임스 오레일리

Q 편지의 주요 목적은?
(a) 입사 지원서를 요청하기 위해
(b) 입사 지원자의 현재 고용상태를 확인하기 위해
(c) 은행원 공석에 대한 정보를 취득하기 위해
(d) 입사지원자의 이전 고용주에게 추천서를 요청하기 위해

기출 공략

제임스 오레일리는 지원자 더글러스 매킨타이어의 이전 고용주 휴스턴에게 그의 추천을 확인해 줄 것을 부탁하면서 추천서 작성을 요청했다. 따라서 (d)가 정답이다.
tremendous 대단한, 엄청난 **assistance** 도움 **verify** 확인하다 **questionnaire** 질문지

정답_(d)

18

Chaim Potok's *The Chosen* is unambiguously bound to Brooklyn's Jewish culture of the mid-twentieth century. Even so, it is eminently relatable. Main characters Reuven and Danny, though their experience is foreign to many readers, go through the same kind of emotional turmoil as readers might. Even Brooklyn, with its distinct culture, somehow manages to resemble a hometown anywhere. It is because *The Chosen* speaks to the greater human experience that it is able to be simultaneously universal and personal.

Q What is the writer's main point about *The Chosen*?
(a) It shows Brooklyn as a multicultural society.
(b) It has characters that relate to each other well.
(c) It describes the immigrant experience convincingly.
(d) It appeals to a diverse audience despite its specificity.

번역

체임 포톡의 〈선택받은 민족〉은 두 말할 나위 없이 20세기 중반 브루클린의 유대인 문화와 연관된 내용이다. 그럼에도 불구하고 대단히 공감이 간다. 주인공인 루벤과 대니의 경험은 많은 독자들에게 낯설긴 해도 그들 또한 독자들이 겪었을 법한 감정의 혼란을 겪는다. 독특한 문화를 가진 브루클린임에도 여느 고향과 왠지 닮아 있다. 〈선택받은 민족〉은 보다 광범위한 인간의 경험에 대해 이야기하고 있기 때문에 보편적인 동시에 개별적일 수 있다.

Q 〈선택받은 민족〉에 대한 필자의 요지는?
(a) 브루클린을 다문화 사회로 나타낸다.
(b) 서로에 공감하는 인물들을 포함하고 있다.
(c) 이민의 경험을 설득력 있게 묘사하고 있다.
(d) 그 특이성에도 불구하고 다양한 독자들의 마음을 끈다.

기출 공략

〈선택받은 민족〉은 20세기 중반 브루클린의 독특한 유대인 문화가 배경임에도 불구하고 많은 독자들에게 공감을 일으킨다. 또한 〈선택받은 민족〉은 광범위한 인간의 경험에 대해 이야기하므로 보편적이면서도 개별적일 수 있다고 했으므로 (d)가 가장 적절하다.
unambiguously 명확하게 **bound** 묶인; 구속된 **eminently** 대단히 **relatable** 결부시킬 수 있는; 공감이 가는 **go through** 겪다 **turmoil** 혼란 **distinct** 뚜렷한, 독특한 **simultaneously** 동시에 **multicultural** 다문화의 **immigrant** 이민 **convincingly** 설득력 있게 **specificity** 특수함, 독특함

정답_(d)

19

Anything that diverts a driver's attention from the road can be risky because it can undermine driving ability. Among all distractions, drinking coffee is perhaps the most common—and the most dangerous. As a hot liquid, coffee presents a particularly distracting hazard if spilled. Recent laws have banned the use of handheld electronic devices while driving, and it seems that coffee, as a similarly dangerous distraction, should also be off-limits to drivers.

Q What is the writer's main point?
(a) Coffee-related car accidents have recently increased.
(b) Handheld devices should not be used when driving.
(c) Bans for drinking coffee while driving should be instated.
(d) Drivers tend to underestimate the dangers of multitasking.

번역

운전자의 주의를 도로가 아닌 다른 곳으로 돌리게 하는 것은 운전 능력을 약화시킬 수 있기 때문에 위험할 수 있다. 모든 주의를 산만하게 하는 것 중에 커피를 마시는 것이 아마도 가장 일반적이고 가장 위험하다. 고온의 액체인 커피는 쏟을 경우 특히나 주의를 딴 데로 돌리는 위험요소가 된다. 최근의 법률은 운전 중 휴대용 전자기기의 사용을 금지했다. 커피도 이와 유사하게 위험한 방해 요소로서 운전 중에는 금지되어야 할 듯하다.

Q 필자의 요지는?
(a) 커피와 관련된 자동차 사고가 최근 증가하고 있다.
(b) 운전 시 휴대용 전자기기를 사용해서는 안 된다.
(c) 운전 중 커피 마시는 것을 금지하는 법이 적용되어야 한다.
(d) 운전자들은 동시에 여러 일을 하는 것의 위험을 과소평가하는 경향이 있다.

기출 공략

운전 중에 커피를 마시는 것이 특히나 흘릴 경우 위험하다는 내용이다. 또한 최근의 법률은 운전 중 휴대용 전자기기의 사용을 금하고 있는데 이와 비슷하게 커피 마시는 것도 운전 중에는 금지되어야 한다고 말한다. 따라서 (c)가 가장 적절하다.

divert 주의를 딴 데로 돌리다 **risky** 위험한 **undermine** 약화시키다 **distraction** 주의를 방해하는 것 **hazard** 위험(요소) **ban** 금지하다 **handheld** 휴대용의 **off-limits** 금지된 **instate** 임명하다 **underestimate** 과소평가하다

정답_(c)

20

In workplaces, team members' new ideas are often criticized and dismissed because initial proposals are often not fully formed and usually have some problems. But carefully considering an idea's potential and trying to enhance its strengths is far more productive than finding fault with its weaknesses. Brainstorming and constructive criticism can eliminate weaknesses and transform a good idea into a great one. The best workplaces harness the power of new ideas and refine them until they are usable.

Q What is the passage mainly about?
(a) How to know when to dismiss an idea for being too problematic
(b) The importance of challenging an idea to identify its weaknesses
(c) How focusing on positive over negative criticism can improve ideas
(d) Techniques for transforming negative relationships into positive ones

번역

직장에서 팀원들의 새로운 아이디어는 종종 비판을 받고 묵살 당하는데, 이는 최초 제안이 종종 완벽하게 형성되지 않았기 때문이며, 일반적으로 몇 가지 문제를 가지고 있기 때문이다. 그러나 신중하게 해당 아이디어의 잠재성을 고려하고 강점을 강화하려고 하는 것이 약점에 대해 트집을 잡는 것보다 훨씬 더 생산적이다. 브레인스토밍과 건설적인 비판은 약점을 없애고 좋은 아이디어를 더 좋은 아이디어로 바꿀 수 있다. 최고의 직장에서는 새로운 아이디어의 힘을 이용하고 사용 가능할 때까지 개선을 한다.

Q 지문의 주요 내용은?
(a) 문제가 많은 아이디어를 거부해야 할 때를 아는 방법
(b) 이이디어의 약점을 파악하기 위해 이의를 제기하는 것의 중요성
(c) 부정적인 비판보다 긍정적인 비판에 집중하는 것이 어떻게 아이디어를 향상시킬 수 있는가
(d) 부정적인 관계를 긍정적인 관계로 바꾸는 기술

기출 공략

지문에서는 직장에서 새로운 아이디어에 대해 약점에 대해 트집을 잡는 것보다 강점을 더 강화하려는 것이 더 생산적이라고 말한다. 브레인스토밍과 건설적 비판을 통해 약점을 없애고 좋은 아이디어를 더 좋게 할 수 있다고 한다. 따라서 (c)가 지문의 주된 내용으로 가장 적절하다.

dismiss 묵살하다 **potential** 가능성, 잠재성 **enhance** 강화하다 **productive** 생산적인 **find fault** ~에 트집을 잡다 **constructive criticism** 건설적인 비판 **eliminate** 없애다 **harness** 이용하다 **refine** 개선하다 **problematic** 문제가 많은

정답_(c)

21

Graphic designer Alphonse Mucha was such an embodiment of the Art Nouveau movement that many referred to it as *le style Mucha*. However, Mucha himself did not associate with the movement. He believed that the name Art Nouveau—meaning "new art" in French—was absurd, since in his view art was eternal and could not be appropriately labeled "new." Nevertheless, the intricate lines and muted colors of Mucha's work are regarded as the epitome of Art Nouveau by art lovers today.

Q What is the writer's main point about Alphonse Mucha?
(a) His art typified Art Nouveau though he rejected the label.
(b) His artwork contradicts the philosophy behind Art Nouveau.
(c) His artwork was renounced by Art Nouveau for its muted colors.
(d) His artistic style was affected by his disillusionment with Art Nouveau.

번역

그래픽 디자이너 알폰스 무하는 아르누보 운동의 강력한 상징으로 여겨지는 그래픽 디자이너로서 많은 사람들이 아르누보 운동을 '무하 스타일'로 불렀다. 그러나 무하는 자신을 그것과 관련 지어 생각하지 않았다. 그의 관점에서 예술은 영원한 것이어서 '새로운' 것이라고 분류되는 것이 적절하지 않을 수 있기 때문에 불어로 '새로운 예술'이란 의미인 아르누보라는 말 자체가 터무니없다고 생각했던 것이다. 그럼에도 불구하고, 무하 작품의 복잡한 선들과 차분한 색상들은 오늘날 미술 애호가들에 의해 아르누보의 전형으로 간주되고 있다.

Q 알폰스 무하에 대한 글쓴이의 요지는?
(a) 스스로 꼬리표를 거부하긴 했지만 그의 예술은 아르누보를 대표했다.
(b) 그의 작품은 아르누보 배경에 깔려있는 철학을 부정한다.
(c) 그의 작품이 차분한 색상을 이유로 아르누보로부터 배제됐다.
(d) 그의 예술적 스타일은 아르누보에 대한 그의 환멸의 영향을 받았다.

기출 공략

무하는 자신을 아르누보 운동과 관련지어 생각하지 않았지만, 그의 작품의 복잡한 선들과 차분한 색상들로 인해 그는 오늘날 미술 애호가들에 의해 아르누보를 대표하는 디자이너로 간주되고 있다. 따라서 (a)가 가장 적절하다.

embodiment 전형, 화신 **associate with** ~와 어울리다, ~와 관련하다 **absurd** 터무니없는 **eternal** 영원한 **appropriately** 적절하게 **intricate** 복잡한 **muted** 부드러운 **epitome** 전형 **typify** 대표하다 **contradict** 부정하다 **renounce** 버리다 **disillusionment** 환멸

정답_(a)

22

Edgemark Grocery has been reluctant to embrace digital media. However, the growth of online food retailing can be a boon for our company. By analyzing consumers' online purchase habits, we can tailor advertising to appeal to the individual and reach certain demographic groups more effectively. Moreover, purchase data can be used to help us manage our stock more efficiently. For the sake of our continued profitability, we must take advantage of the positive aspects of digital retailing.

Q What is the main purpose of the passage?
(a) To detail how Edgemark can capitalize on digital media
(b) To state the positive aspects of advertising with Edgemark
(c) To express Edgemark's rationale for renouncing digitization
(d) To provide support for Edgemark's resistance to digital media

번역

엣지마크 식료품점은 디지털 미디어를 받아들이기를 꺼려해 왔다. 그러나 온라인 음식 소매업의 성장이 우리 회사에 혜택이 될 수 있다. 소비자들의 온라인 구매 습관을 분석함으로써 개인을 대상으로 맞춤형 광고를 만들고 특정 인구 집단에 더욱 효율적으로 다가갈 수 있을 것이다. 더불어 소비자의 구매 정보는 우리의 주식을 더욱 효율적으로 관리하는 데 도움이 되도록 활용될 수 있다. 우리가 지속적으로 수익을 내려면 디지털 소매업의 긍정적인 측면을 기회로 활용해야 한다.

Q 지문의 주요 목적은?
(a) 엣지마크가 디지털 미디어를 이용할 방법에 대해 설명하기 위해
(b) 엣지마크를 통한 광고의 긍정적인 측면을 언급하기 위해
(c) 디지털화를 포기하는 엣지마크의 근거를 표현하기 위해
(d) 디지털 미디어에 대한 엣지마크의 저항을 지지하기 위해

기출 공략

그동안 디지털 미디어를 받아들이기를 꺼려해 온 식료품점이 여러 가지 방법으로 디지털화를 추진해야 하는 이유를 설명한 글이기에 (a)가 글의 주된 목적이다.

reluctant 꺼리는 **embrace** 받아들이다 **retailing** 소매업 **boon** 혜택 **tailor** 맞추다 **demographic** 인구 통계의 **for the sake of** ~를 위해서 **profitability** 수익성 **take advantage of** ~을 기회로 활용하다 **capitalize on** ~을 이용하다 **rationale** 근거, 이유 **renounce** 포기하다 **digitization** 디지털화 **resistance** 저항

정답_(a)

23

Do you love traveling to exotic locales and photographing them? If so, you could win a two-week all-expenses paid vacation for two at the world-renowned Peithos Resort in Cyprus. To participate in the contest, send your best travel photo to travelphoto@medtravelmag.com by June 15. The winning entry will be featured in the August issue of *Mediterranean Travel* along with the editors' twenty other top picks. Limit one photograph per entrant. Multiple entries will be disqualified.

Q Which of the following is correct about the contest according to the announcement?
(a) The prize is a two-week vacation for two people.
(b) Photos mailed before June 15 will not be eligible.
(c) The best entry will be printed in the June issue.
(d) Participants can send in more than one picture.

번역

이국적인 장소로 여행을 가서 사진 찍는 것을 좋아하시나요? 만약 그렇다면, 여러분은 키프로스에 있는 세계적으로 유명한 페이토스 리조트로 2주간 2인 경비 전액 지원 여행권을 탈 수도 있습니다. 콘테스트에 참여하시려면 6월 15일까지 travelphoto@medtravelmag.com에 귀하의 가장 멋진 여행 사진을 보내 주세요. 우승 사진은 〈지중해 여행〉 8월호에 에디터들이 뽑은 20장의 다른 최고의 사진들과 함께 실릴 것입니다. 참여자 한 명당 한 장의 사진으로 제한합니다. 복수 응모자는 자격이 박탈됩니다.

Q 콘테스트에 대해 공지 내용과 일치하는 것은?
(a) 상품은 두 사람을 위한 2주일간의 휴가다.
(b) 6월 15일 전에 보내진 사진들은 자격이 없다.
(c) 최고의 응모 사진은 6월호에 실릴 것이다.
(d) 참가자들은 한 장 이상의 사진을 보낼 수 있다.

기출 공략

상품은 페이토스 리조트로 2주간 2인 경비 전액 지원 여행권이다. 따라서 (a)가 정답이다. 사진은 6월 15일 이전에 보내야 하며, 우승 사진은 8월호에 실릴 예정이고 응모는 참가자 1인 당 한 장의 사진으로 제한되므로 나머지 선택지는 옳지 않다.

exotic 이국적인 **locale** 장소 **all-expenses paid** 비용 전액이 지원되는 **world-renowned** 세계적으로 유명한 **August issue** 8월호 **entrant** 참여자 **disqualified** 자격을 잃은 **eligible** 자격이 있는 **participant** 참가자

정답_(a)

24

The modern practice of venture capitalism, where a company assesses business proposals and funds the best ones, started with French academic Georges Doriot. Having immigrated to the United States to complete his MBA at Harvard Business School, Doriot later became a professor there. After serving in the US Army in World War II, he returned to Harvard and founded the American Research and Development Corporation, which accepted investments and backed promising business ventures. When his company merged with a competitor in 1972, he had invested in over 150 companies.

Q Which of the following is correct about Georges Doriot according to the passage?
(a) He emigrated from France after earning his MBA degree there.
(b) He immigrated to the US to accept a faculty position at Harvard.
(c) He developed contemporary venture capitalism while at Harvard.
(d) His company went bankrupt in 1972 because of intense competition.

번역

회사가 사업 제안서 평가를 통해 그중 최고로 선택된 대상에 자금을 투자하는 현대의 벤처 자본주의 사업방식은 프랑스 학자 조르주 도리오로부터 시작되었다. 하버드 경영 대학원에서 MBA를 취득하기 위해 미국으로 이주한 도리오는 훗날 그곳에서 교수가 되었다. 제2차 세계대전 중 미군에 복무한 후 그는 하버드로 돌아와 투자를 받아 유망 벤처 기업을 후원하는 미국 연구 개발 회사를 설립했다. 1972년에 그의 회사가 경쟁사와 합병할 당시, 그는 이미 150개 이상의 기업에 투자한 상태였다.

Q 조르주 도리오에 대해 지문 내용과 일치하는 것은?
(a) 그는 프랑스에서 MBA 학위를 취득한 후, 프랑스에서 이주했다.
(b) 그는 하버드 대학의 교직원 직책을 맡기 위해 미국으로 이주했다.
(c) 그는 하버드 대학에서 현대의 벤처 자본주의를 개발했다.
(d) 그의 회사는 치열한 경쟁으로 인해 1972년에 파산했다.

기출 공략

지문의 내용에 따르면, 도리오는 현대의 벤처 자본주의 사업방식을 시작하였고, 미국 하버드 경영 대학원에서 MBA를 취득하기 위해 미국으로 이주해서 하버드에서 교수가 되었다. 또한 150개 이상의 기업에 투자하고 있던 1972년에 그의 회사는 경쟁사와 합병을 했다. 따라서 (c)가 정답이다.

venture capitalism 벤처 자본주의 **assess** 평가하다 **fund** 투자하다 **found** 설립하다 **back** 후원하다 **promising** 유망한 **merge** 합병하다 **competitor** 경쟁사 **emigrate** 이민을 가다 **faculty position** 교수직 **contemporary** 현대의 **go bankrupt** 파산하다

정답_(c)

25

One fun and easy way to make soap is the melt-and-pour method. This uses a material called glycerin. Since caustic chemicals are needed to derive the otherwise harmless glycerin, simply buy blocks of ready-made glycerin base. Once you have it, melt the glycerin down. Fragrance and dye can be added to this base. Next, pour the soap into the mold of your choice and wait until it hardens. Your new homemade soap will leave traces of moisture-attracting glycerin on your skin and help keep it soft.

Q Which of the following is correct according to the instructions?
(a) The melt-and-pour method uses a pre-made glycerin base.
(b) Ready-made glycerin soap base contains caustic chemicals.
(c) Fragrance and color are added before melting the glycerin.
(d) Glycerin-based soaps repel moisture from skin's surface.

번역

비누를 만드는 방법 중에 재미있고 쉬운 방법 하나는 녹여서 붓는 방식이다. 이것은 글리세린이라는 재료를 사용한다. 가성 화학물질이 그것과는 다른 무해한 글리세린을 얻기 위해 필요하기 때문에 그냥 간단하게 기성품 글리세린 베이스 몇 조각을 구입한다. 이렇게 구한 글리세린을 녹인다. 향료 및 염료는 이 베이스에 추가하면 된다. 그런 다음에는 원하는 틀에 비누를 부어 굳을 때까지 기다린다. 이렇게 만들어진 새로운 수제 비누는 피부에 수분을 끌어들이는 글리세린 성분을 조금씩 남기면서 피부를 부드럽게 유지하는 데 도움을 줄 것이다.

Q 설명서 내용과 일치하는 것은?
(a) 녹이고 붓는 방법은 기성품 글리세린 베이스를 사용한다.
(b) 기성품 글리세린 비누 베이스는 가성 화학물질을 함유하고 있다.
(c) 향기와 염료는 글리세린을 녹이기 전에 추가한다.
(d) 글리세린을 원료로 하는 비누는 피부 표면에서 수분의 침투를 막는다.

기출 공략

이미 만들어져 나오는 글리세린 비누 베이스는 가성 화학물질을 포함하지 않으며, 향기와 염료는 베이스를 녹인 후에 추가한다. 또한, 글리세린을 원료로 하는 비누는 피부에 수분을 흡수시켜 피부를 부드럽게 유지시켜 준다. 따라서 (a)가 올바른 내용이다.

melt-and-pour method 녹여서 붓는 방식 **caustic** 가성의, 부식성의 **chemical** 화학물질 **derive** 얻어내다 **ready-made** 기성품의 **fragrance** 향 **dye** 염료 **mold** 틀 **harden** 굳다 **pre-made** 기성품의 **repel** 침투하지 못하게 하다

정답_(a)

26

Hurricanes in the Atlantic Ocean used to be named after saints or by their latitude-longitude positions. However, such identification methods were often confusing and subject to error. In 1953, the US National Hurricane Center began using a list of women's names, and in 1979, the list expanded to include men's names. Today, an international committee of the World Meteorological Organization is in charge of maintaining and updating the list, and there are six lists containing 21 names each, which are recycled. Names are sometimes retired if a hurricane causes severe damage: for instance, Irene was retired in 2011.

Q Which of the following is correct according to the passage?
(a) Saints' names started to be given to hurricanes in 1953.
(b) Men's names were included in the first hurricane name list.
(c) There are a total of 21 names being reused to name hurricanes.
(d) The name Irene will never be used to name a future hurricane.

번역

대서양의 허리케인은 성자의 이름을 따거나 그것이 발생한 위치의 위경도에 따라 이름이 지어지곤 했다. 그러나 이러한 식별 방법은 종종 혼란을 초래하거나 오류가 생길 가능성이 있었다. 1953년에 미 국립 허리케인 센터는 여성 이름 목록을 사용하기 시작했고, 1979년에는 그 목록에 남성 이름을 추가해 확장시켰다. 오늘날은 세계 기상기구의 국제위원회가 이 목록의 유지와 갱신 업무를 담당하고 있으며, 재활용되는 21개의 이름이 각각 포함된 6개의 목록을 갖고 있다. 심각한 피해를 초래한 허리케인의 경우에는 때때로 이름이 퇴출되기도 한다. 예를 들어 아이린은 2011년에 퇴출되었다.

Q 지문 내용과 일치하는 것은?
(a) 1953년부터 허리케인에 성자의 이름이 사용되기 시작했다.
(b) 남성 이름은 첫 번째 허리케인 이름 목록에 포함되어 있었다.
(c) 총 21개의 이름이 허리케인의 이름을 붙이는 데 재사용되고 있다.
(d) 앞으로 발생할 허리케인 이름으로 아이린은 사용되지 않을 것이다.

기출 공략

성자의 이름은 1953년 이전 허리케인에 사용되었으며, 남성 이름은 1979년에 여성에 이어 두 번째로 허리케인 이름 목록으로 포함됐다. 또한 21개의 이름이 포함된 6개의 이름 목록이 있으며, 심각한 피해를 가져온 허리케인 아이린은 퇴출되어 더 이상 허리케인 이름으로 사용되지 않을 것이므로 (d)가 옳은 내용이다.

saint 성인 **latitude** 위도 **longitude** 경도 **confusing** 헷갈리는 **subject to** ~에 걸리기 쉬운 **expand** 확대되다 **maintain** 유지하다 **retire** 퇴출하다 **severe** 심각한

정답_(d)

27

A favorite musician of Pope Julius III, Giovanni da Palestrina transformed the religious music of sixteenth-century Italy. His most famous compositions were masses. These masses, which were unaccompanied by instruments, explored the possibilities of the human voice as a heavenly instrument used to glorify God. Though these works were a cappella like earlier Gregorian chants, they differed from them. While chants consisted of a single melody, Palestrina's masses used a technique called polyphony, in which multiple melodies harmonize with each other. Palestrina's distinct contribution to religious music lasted well beyond the Renaissance.

Q Which of the following is correct about Giovanni da Palestrina according to the passage?

(a) His vocal music was disdained by Pope Julius III.

(b) His masses were instrumental pieces without words.

(c) His music combined different vocal lines in harmony.

(d) His effect on music's style ended with the Renaissance.

번역

교황 율리우스 3세가 가장 좋아하는 음악가 조반니 다 팔레스트리나는 16세기 이탈리아의 종교 음악을 탈바꿈시켰다. 그의 가장 유명한 작품은 미사였다. 이 무반주의 미사들은 하나님을 찬양하는 데 사용되는 천국의 악기로서 인간 목소리의 가능성을 살피도록 했다. 이 작품들은 이전의 그레고리오 성가와 같은 무반주곡이었으나 그것과는 달랐다. 성가는 하나의 선율로 이루어져 있는 반면, 팔레스트리나의 미사는 여러 멜로디가 서로 조화를 이루는 다성음악 기술을 사용했다. 종교 음악에 팔레스트리나의 남다른 공헌은 르네상스 시대를 훨씬 지나 오래도록 계속되었다.

Q 조반니 다 팔레스트리나에 대해 지문 내용과 일치하는 것은?

(a) 그의 보컬 음악은 교황 율리우스 3세에 의해 무시되었다.

(b) 그의 미사들은 가사 없는 기악곡이었다.

(c) 그의 음악은 서로 다른 성악 선율들을 조화롭게 결합했다.

(d) 음악 스타일에 끼친 그의 영향력은 르네상스 시대로 끝이 났다.

기출 공략

팔레스트리나의 음악은 여러 멜로디가 조화를 이루는 다성음악 기술을 사용했으므로, (c)가 정답이다.

transform 탈바꿈시키다 **composition** 작품 **mass** 미사곡 **unaccompanied** 무반주의 **explore** 살피다 **glorify** 찬양하다 **chant** 성가 **polyphony** 다성음악 **distinct** 뚜렷한 **contribution** 공헌 **well beyond** ~을 지나 오래도록 **disdain** 무시하다

정답_(c)

28

In the 1960s, a tonsillectomy was one of the first options a doctor would consider for patients with recurrent throat infections, and thus the surgery was very common. Today, merely having a tendency towards infection is no longer considered a sufficient reason to perform a tonsillectomy. The medical profession now believes the procedure does not adequately prevent infections. However, doctors will still remove infected and swollen tonsils if an individual's breathing or ability to swallow is impaired.

Q Which of the following is correct about tonsillectomies according to the passage?

(a) They were a rarely performed procedure in the 1960s.

(b) They were abandoned since they exacerbated throat infections.

(c) They are now believed to be the best way to prevent throat infections.

(d) They are still performed when breathing is hindered by enlarged tonsils.

번역

1960년대에는 편도선 절제술이 의사가 재발성 인두 감염 환자를 위해 고려하는 첫 번째 선택 중 하나였고, 따라서 이 수술은 매우 흔한 것이었다. 오늘날에는 단순하게 감염이 나타나는 경향만으로는 편도선 절제술을 하는 데 충분한 이유로 간주되지 않는다. 이제 의료 전문가들은 이 수술이 감염을 적절히 막아주지 않는다는 생각을 한다. 그러나 호흡이나 삼키는 능력이 저하된 경우에 의사들은 여전히 감염되고 부은 편도선을 제거하기도 한다.

Q 편도선 절제술에 대해 지문 내용과 일치하는 것은?

(a) 1960년대에 거의 집도되지 않는 수술이었다.

(b) 인후 감염을 악화시킨다는 이유로 폐지되었다.

(c) 현재는 인후 감염을 예방하는 최선의 방법으로 생각되고 있다.

(d) 편도선 비대에 의해 호흡이 방해되는 경우에는 여전히 집도되고 있다.

기출 공략

편도선 절제술은 1960년대에 재발성 인두 감염 환자들을 위한 첫 번째 선택으로 고려되어 흔하게 집도되었다. 그러나 오늘날에는 이 수술이 제대로 감염을 막을 수 없다고 생각되고 있으며, 호흡이나 삼키는 기능이 저하된 경우에만 집도되고 있다. 따라서 (d)가 적절하다.

tonsillectomy 편도선 절제술 **recurrent** 재발하는 **infection** 감염 **adequately** 충분히, 적절히 **impaired** 손상된, 기능을 못하는 **abandon** 포기하다 **exacerbate** 악화하다 **hinder** 방해하다 **enlarged tonsil** 부어 오른 편도선

정답_(d)

29

Have the cold and snow got you down? You're in luck because Skyblue Airline is offering special winter vacation fares. You can fly to any of our domestic locations for the low cost of $89. You can even earn double BlueMile Rewards if you complete our online customer satisfaction survey. Regular baggage fees apply for all customers, and in-flight meal costs are not included. These fares are only valid through the end of the month, so act now!

Q Which of the following is correct according to the advertisement?

(a) Domestic fares start at $89 and increase by distance.
(b) Filling out a survey confers extra BlueMile Rewards.
(c) In-flight meals are provided at no cost to customers.
(d) Discounted flights will be available after the month ends.

번역

추위와 눈 때문에 우울하십니까? 그렇다면 운이 좋으십니다. 저희 스카이 블루 항공이 특별한 겨울 휴가 운임을 제공하고 있기 때문입니다. 89달러의 저렴한 비용으로 저희가 제공하는 국내 행선지 어디로든 날아갈 수 있습니다. 온라인 고객 만족도 조사를 완료하는 경우에는 블루마일 포인트를 두 배로 적립할 수도 있습니다. 모든 승객에게 일반 수하물 요금이 적용되며, 기내식 비용은 포함되어 있지 않습니다. 이 요금은 월말까지만 유효하므로 지금 당장 서두르세요!

Q 광고 내용과 일치하는 것은?

(a) 국내 요금은 89달러부터 시작하여 거리에 따라 증가한다.
(b) 설문을 작성하면 블루마일 포인트를 추가로 부여한다.
(c) 기내식은 고객에게 무료로 제공된다.
(d) 이번 달 이후에 할인된 운임 서비스를 이용할 수 있다.

기출 공략

국내 요금은 거리에 상관없이 89달러의 비용이 든다. 기내식은 비용에 포함되어 있지 않으며, 특별 운임은 월말까지만 유효하다. 온라인 고객 만족도 조사를 완료하면 보상이 2배 적립된다고 했으므로 정답은 (b)이다.

domestic 국내의 **baggage fee** 수하물 요금 **in-flight meal** 기내식 **valid through** ~까지 유효한 **confer** 부여하다

정답_(b)

30

Joe Rosenthal's World War II photo of six soldiers, five US Marines and one Navy corpsman, hoisting a flag on Iwo Jima on February 23, 1945, instantly became iconic. But that was not the only flag-raising event of the day. Earlier in the day, a flag was raised atop the same mountain, and the event was photographed by Louis Lowery. However, Colonel Chandler Johnson deemed that flag too small and gave orders to raise a second, larger flag. Because both events were photographed, confusion ensued after the publication of Rosenthal's image.

Q Which of the following is correct according to the passage?

(a) Rosenthal's photo depicts six US Marines raising a flag.
(b) The two flags were raised on different mountains on Iwo Jima.
(c) Lowery's photo was taken prior to Rosenthal's iconic photo.
(d) Colonel Johnson was unaware that a flag had already been hoisted.

번역

1945년 2월 23일 유황도에 국기를 게양하는 6명의 병사들(5명의 미 해병대와 1명의 해군 위생병)을 찍은 조 로젠탈의 제2차 세계대전 사진은 순식간에 상징적인 이미지가 되었다. 하지만 그것은 그날의 유일한 국기 게양 행사가 아니었다. 같은 날, 더 이른 시간에 똑같은 산 정상에 기가 올려졌고, 이 장면은 루이스 라워리에 의해 촬영되었다. 그러나 챈들러 존슨 대령은 깃발이 너무 작다고 생각하여, 더 큰 두 번째 깃발을 올리도록 명령했던 것이다. 두 게양식 모두가 촬영되었기 때문에 로젠탈의 사진 공개 후 논란이 계속되었다.

Q 지문의 내용과 일치하는 것은?

(a) 로젠탈의 사진은 깃발을 올리고 있는 6명의 미 해병대를 묘사한다.
(b) 두 깃발은 유황도에 있는 서로 다른 두 산에 게양되었다.
(c) 라워리의 사진은 로젠탈의 상징적인 사진 이전에 촬영되었다.
(d) 존슨 대령은 깃발이 이미 게양되었던 사실을 몰랐다.

기출 공략

라워리가 찍은 사진은 게양된 깃발이 너무 작아 보여서 더 큰 깃발을 게양한 뒤 다시 사진을 찍었는데, 이 두 번째 사진이 조 로젠탈이 찍은 것이므로 정답은 (c)이다.

corpsman 위생병 **hoist** 게양하다 **iconic** ~의 상징이 되는 **atop** 꼭대기에 **deem** ~라고 생각하다 **ensue** 계속하여 일어나다 **depict** 묘사하다 **prior to** ~전에 **unaware** 모르는

정답_(c)

31

The TotalMaxx is the lightest, most powerful vacuum on the market today, with two layers of dust filtration and a weight of just 4.5 kg! We're so sure that you'll love it that we'll give you a full 30 days from the time of delivery to test it. If you're not satisfied, send it back for a full refund, minus any shipping and handling charges. We'll even send you a complimentary iron with your trial, yours to keep even if you return the vacuum.

Q Which of the following is correct according to the advertisement?
(a) The vacuum boasts the heaviest weight on the market today.
(b) The trial starts 30 days after initially ordering the vacuum.
(c) The shipping cost of the trial vacuum will not be refunded.
(d) The iron must be returned along with the trial vacuum.

번역

토탈맥스는 두 겹의 먼지 필터와 단 4.5kg의 무게로 현재 시중에서 가장 가볍고, 가장 강력한 진공청소기입니다! 상품 테스트를 위해 배송된 날부터 30일을 꽉 채워 드리는 것은 그만큼 이 제품을 고객님께서 좋아하실 것에 확신이 있기 때문입니다. 만족하지 않으신 경우에 상품을 돌려보내시면 모든 배송 및 취급 비용을 뺀 금액을 전액 환불해 드립니다. 심지어 저희는 여기에 진공청소기를 반품하더라도 돌려보낼 필요 없는 무료 다리미도 함께 보내드립니다.

Q 광고 내용과 일치하는 것은?
(a) 진공청소기는 현재 시장에서 가장 무거운 중량을 자랑한다.
(b) 진공청소기를 주문한 직후부터 30일 후에 체험 기간이 시작된다.
(c) 체험용 진공청소기의 배송비는 환불되지 않는다.
(d) 다리미는 체험용 진공청소기와 함께 반환되어야 한다.

기출 공략

진공청소기는 시장 내 가장 가벼운 것이며, 체험 기간은 배송 완료 시점부터 30일간이다. 또한 다리미는 고객이 진공청소기를 반품해도 반환할 필요가 없는 사은품이다. 반품시 배송 및 취급비는 환불되지 않는다고 했기에 (c)가 정답이다.

full refund 전액 환불 **shipping and handling** 배송 및 취급
complimentary 무료의 **yours to keep** 계속 가질 수 있는
initially 처음의

정답_(c)

32

With the exception of those born before January 1, 1957, all new Duade University students must provide proof of immunization for measles, rubella, and mumps. Religious exemption letters and vaccine contraindication statements written by a physician can be submitted in lieu of the Student Immunization Record form. Should an outbreak occur, however, students who have not been vaccinated will be asked to leave campus. First term students may register without immunization records, but those who do not comply with immunization requirements by the beginning of their second academic term will be blocked from registration.

Q Which of the following is correct according to the passage?
(a) Students born before 1957 must provide proof of immunization.
(b) A physician's statement may be used as a substitute for the form.
(c) Vaccinated students must vacate campus in the event of an outbreak.
(d) Students must have proof of immunization to register for their first term.

번역

1957년 1월 1일 이전에 태어난 사람을 제외한 모든 듀에이드 대학의 신입생들은 홍역, 풍진 및 유행성 이하선염의 예방 접종 증명서를 제시해야 한다. 학생 예방 접종 기록 문서 대신 의사가 쓴 종교적 면제 확인서나 백신 사용 금지 진술서를 제출할 수 있다. 그러나 질병이 발생한 경우 예방 접종하지 않은 학생은 캠퍼스를 떠날 것을 요청 받을 것이다. 첫 학기의 학생은 예방 접종 기록 없이도 등록을 할 수 있지만, 두 번째 학기 초까지 예방 접종 요구 사항을 준수하지 않은 학생은 등록이 차단된다.

Q 지문 내용과 일치하는 것은?
(a) 1957년 이전에 태어난 학생은 예방 접종 증명서를 제시해야 한다.
(b) 증명서 대신 의사 진술서를 사용할 수 있다.
(c) 질병이 발생한 경우, 예방 접종을 받은 학생은 캠퍼스를 떠나야 한다.
(d) 학생은 첫 학기에 등록하기 위해 예방 접종 증명서를 반드시 제시해야 한다.

기출 공략

지문에 따르면, 의사 진술서로 예방 접종 증명서를 대체할 수 있다. 나머지 선택지는 모두 지문과 반대되는 내용이다. 따라서 정답은 (b)이다.

immunization 예방 접종; 면역 **measles** 홍역 **rubella** 풍진
mumps 유행성 이하선염 **exemption** 면제 **contraindication** 사용 금지 사유 **in lieu of** ~대신에 **outbreak** (질병 등의) 발발
vaccinate 예방 주사를 맞히다 **comply with** 준수하다, 지키다
physician's statement 의사 진술서

정답_(b)

33

The financial struggles of fast-food franchise Pizza Palace have led to the hiring of management guru Craig Murray. Murray, formerly of Burgermeister's, is known for innovative techniques to reduce employee turnover. Pizza Palace currently has a sky-high turnover rate, which Murray attributes to incompetent management, and the cost of training new employees has meant major profit losses for the franchise. Given Murray's previous successes, it is likely that the employee retention rate and the company's profits will soar again soon.

Q What can be inferred about Craig Murray from the passage?
(a) He does not believe that employee satisfaction affects profits.
(b) He caused a decrease in employee turnover at his past jobs.
(c) He feels more money should be allotted to train new hires.
(d) He believes high employee turnover has positive effects.

번역

패스트푸드 프랜차이즈인 피자 팰리스의 재정적 어려움은 경영 전문가 크레그 머레이의 고용으로 이어졌다. 이전 버거메이스터스에서 일했던 머레이는 직원 이직률을 줄이는 혁신적인 방식으로 유명한 사람이다. 피자 팰리스는 현재 하늘 높은 줄 모를 정도로 높은 수준의 이직률을 보이고 있는데, 머레이는 이를 무능한 경영의 결과로 보았으며, 신입 사원 교육비가 프랜차이즈의 큰 이익 손실의 원인이라고 보았다. 머레이의 이전 성공들을 감안했을 때, 고용 유지율과 회사 이익이 곧 다시 급증할 가능성이 있을 것으로 보인다.

Q 지문을 통해 크레그 머레이에 대해 추론할 수 있는 것은?
(a) 직원의 만족도가 이익에 영향을 미친다고 생각하지 않는다.
(b) 그의 이전 직장에서 직원 이직률의 감소를 야기했다.
(c) 그는 신입 사원을 교육시키는 일에 더 많은 돈이 할당되어야 한다고 생각한다.
(d) 그는 높은 직원 이직률이 긍정적인 효과를 갖는다고 생각한다.

기출 공략

머레이는 직원 이직률을 줄이는 혁신적인 방식으로 유명한 사람이며, 이전에 그의 성공들을 감안했을 때 고용 유지율과 회사 이익이 다시 급증할 가능성이 있다는 내용으로 보아 그는 전 직장에서 직원 이직률 감소를 이뤄냈다는 것을 추측할 수 있다. 따라서 정답은 (b)이다.
financial struggle 재정적인 어려움 **guru** 전문가 **turnover** 이직률 **sky-high** 매우 높은 **attribute to** ~의 탓으로 돌리다 **incompetent** 무능력한 **retention rate** (고용) 유지율 **soar** 치솟다 **allot** 배당하다 정답_(b)

34

Dear Laura,
Thanks for inviting us to dinner last week. It was fun hearing about your vacation—so much so that Martin and I are eager to check out Tahiti as soon as the twins are old enough to travel. Also, it was great to see Jonathan while he was home from college. If he'd like to earn some extra money, we'd be happy to hire him to mow our lawn like last summer. Have him call us!
All the best,
Margaret

Q What can be inferred from the letter?
(a) Martin and Margaret have been to Tahiti before.
(b) Margaret recommended that Laura go to Tahiti.
(c) Jonathan has no prior lawn cutting experience.
(d) Jonathan is older than Margaret's twins.

번역

로라에게,
지난주 저녁 식사에 우리를 초대해 주셔서 고맙습니다. 여행 이야기도 얼마나 재미있게 들었는지 마틴이랑 저도 우리 쌍둥이들이 여행이 가능할 정도로 크기만 하면 타히티에 가보고 싶어졌어요. 그리고 대학에 있다가 집으로 와 있는 조나단을 볼 수 있어서 정말 좋았어요. 혹시 조나단이 용돈을 좀 더 벌고 싶어 한다면, 지난여름처럼 우리 집 잔디 깎는 일을 기꺼이 부탁할게요. 우리에게 직접 전화하라고 해 주세요!
안녕히 계세요,
마가렛 드림

Q 편지를 통해 추론할 수 있는 것은?
(a) 마틴과 마가렛은 타히티에 가 본 적이 있다.
(b) 마가렛은 로라가 타히티로 갈 것을 권장했다.
(c) 조나단은 잔디 깎는 일에 경험을 가지고 있지 않다.
(d) 조나단은 마가렛의 쌍둥이들보다 나이가 더 많다.

기출 공략

조나단은 지난주에 대학에서 집으로 왔었고, 용돈을 벌기 위해 작년에 마가렛 집의 잔디를 깎은 적이 있다. 반면, 마가렛의 쌍둥이들은 아직 여행도 갈 나이가 아니라고 했으므로 (d)가 정답이다.
so much so that ~할 정도로 매우 그러하다 **be eager to** ~을 하고 싶어 하다 **check out** 확인해 보다 **mow lawn** 잔디를 깎다 **prior experience** 사전 경험 정답_(d)

35

Mobsters and outlaws are often the heroes of films, but businesspeople seldom are. Instead, they are portrayed as manipulative and underhanded. Though many businesspeople are philanthropists who use their wealth to improve communities, this is hardly ever depicted in films. And films virtually never show how businesspeople conduct the workaday affairs that make our economy run. Filmmakers should give up the "greedy businessperson" stereotype—and should trade in the "heroic outlaw" one while they are at it.

Q Which statement would the writer most likely agree with?
(a) Films have overplayed businesspeople's philanthropic acts.
(b) Movies cast an unreasonably negative light on businesspeople.
(c) Greed is unfairly portrayed as a characteristic of only mobsters.
(d) Filmmakers should focus more on criminal activity by businesspeople.

번역

조직 폭력배와 무법자는 종종 영화 속의 영웅이지만, 사업가들은 거의 그렇지 않다. 대신에 그들은 영악하고 비열한 인물처럼 그려진다. 많은 사업가들이 지역 사회 발전을 위해 자신의 재산을 투자하는 자선 사업가들임에도 불구하고, 이런 점이 영화에서 묘사되는 일은 거의 없다. 그리고 영화는 사실상 사업가들이 우리 경제를 돌아가게 하는 평범한 업무를 수행하는 방식을 절대 보여 주지 않는다. 영화 제작자들은 '탐욕스러운 사업가'라는 정형화된 이미지를 버리고 기왕이면 이들을 '영웅적인 무법자'의 자리와 서로 교체하도록 해야 한다.

Q 필자가 가장 동의할 것 같은 진술은?
(a) 영화들은 사업가의 자선 행위를 지나치게 과장했다.
(b) 영화들은 사업가들을 부당하게 부정적인 시각으로 비추고 있다.
(c) 탐욕은 편파적이게도 조직 폭력배의 특성으로만 그려진다.
(d) 영화 제작자들은 사업가에 의한 범죄 행위에 더 초점을 맞추어야 한다.

기출 공략

필자는 영화에서 사업가들을 영악하고 비열한 인물처럼 그리며, 그들이 실질적으로 우리 경제를 돌아가게 하기 위해 하는 평범한 업무들에 대해서는 결코 보여주지 않는다고 한다. 따라서 (b)가 정답이다.

mobster 조직 폭력배 **outlaw** 범법자 **businesspeople** 사업가들 **manipulative** 영악한 **underhanded** 비열한 **philanthropist** 자선 사업가 **hardly ever** 거의 ~하지 않는다 **depict** 묘사하다 **virtually** 사실상; 거의 **workaday affairs** 평범한 업무 **stereotype** 고정된 이미지 **trade in** 교환하다 **cast light on** ~을 밝히다 **greed** 탐욕 정답_(b)

36

Much has been made of India's growing middle class, but it is only the wealthiest of the urban population who can claim a typical Western middle-class lifestyle. By and large, India's population is still rural and impoverished, and this poorer demographic is driving India's continued population growth. In fact, by 2030 India's population is projected to surpass that of China. The majority of this population will be concentrated in the poorest regions, where basic necessities are scarce.

Q What can be inferred about India from the passage?
(a) Its middle class population is rapidly dwindling.
(b) Its birth rate is currently lower than that of China.
(c) Its wealth is slowly gravitating toward its rural areas.
(d) Its rural areas have higher birth rates than urban areas.

번역

인도의 성장하는 중산층에 대해 말이 많아왔으나, 도시 인구 중 가장 부유한 사람들만이 서양 중산층의 라이프 스타일을 추구할 수 있다. 대체로 인도의 주민들은 여전히 빈곤한 시골에 집중되어 있으며 이들 빈곤층이 인도의 지속적인 인구 성장을 이끌어가고 있다. 사실 2030년에는 인도의 인구가 중국의 인구를 넘어설 것으로 예상되고 있다. 이 인구의 대부분은 기본 필수품조차 부족한 가장 가난한 지역들에 집중될 것이다.

Q 지문을 통해 인도에 대해 추론할 수 있는 것은?
(a) 중산층 인구가 급속히 줄어들고 있다.
(b) 출산율은 현재 중국보다 낮다.
(c) 부가 천천히 시골 지역으로 이동하고 있다.
(d) 시골 지역은 도시 지역보다 높은 출산율을 보인다.

기출 공략

지문의 내용에서는 대부분의 인도 주민은 여전히 빈곤한 시골에 집중되어 있으며, 인구 성장을 이끌어가는 주체도 이들 빈곤층이라고 언급하고 있다. 따라서 (d)의 내용을 추론할 수 있다.

much has been made of ~에 대해 말이 많았다 **claim** 차지하다 **by and large** 대체로 **impoverished** 빈곤한 **demographic** 인구통계집단 **project** 예상하다 **surpass** 능가하다 **concentrate** 집중하다 **basic necessities** 기본 생활필수품 **scarce** 부족한 **dwindling** (점점) 줄어드는 **gravitate** ~로 가다 **birth rate** 출산율 정답_(d)

37

The philosophical discipline of bioethics is supposed to guide the moral direction of medical research. Its exponents used to function as expert gatekeepers, ensuring that advances in medical technology stayed on the path of humane decision making. However, modern bioethics has become entangled, most unfortunately, with politics, which has had a negative effect on bioethicists' governance. The field cannot properly function while politicians continue to not only question but also contradict and legislate against the judgments of bioethics experts.

Q Which statement about bioethics would the writer most likely agree with?
(a) Politicians have little incentive to meddle with it.
(b) Bioethicists should be the sole arbiters of the field.
(c) It has little practical application in modern medicine.
(d) It has a negative effect on politicians' ability to legislate.

번역

생명 윤리의 철학적 학문 분야는 의학 연구의 도덕적 방향성을 안내해야만 한다. 이 분야의 주창자들은 의료 기술의 발전이 인도적인 의사 결정의 노선 위에 있는지 확인하는 전문적인 문지기 역할을 수행해 왔었다. 그러나 현대의 생명 윤리는 가장 불운하게도 정치와 얽혀버려 생명 윤리학자들의 통제 방식에 부정적인 영향을 주게 되었다. 정치인들이 생명 윤리 전문가들의 판단에 대해 계속해서 문제를 제기할 뿐만 아니라 이에 반대하며 법률을 제정한다면 이 분야가 제 구실을 할 수 없게 된다.

Q 생명 윤리에 대해 필자가 가장 동의할 것 같은 진술은?
(a) 정치가들은 이에 관여하여 얻을 수 있는 인센티브가 거의 없다.
(b) 생명 윤리학자들이 이 분야의 유일한 결정권자여야 한다.
(c) 현대 약학에서 실제 활용도가 적다.
(d) 법률을 제정하는 정치인의 역량에 부정적인 영향을 미친다.

기출 공략

정치와 현대의 생명 윤리가 서로 얽히게 되어 생명 윤리학자들의 통제 방식에 부정적인 영향을 불러일으켰고, 정치인들이 계속해서 생명 윤리 전문가들의 판단에 문제 제기를 하거나 이에 반대하여 법률을 제정한다면 학문 분야가 제구실을 할 수 없다는 주장이다. 따라서 필자는 (b)에 동의할 가능성이 높다.

discipline 학문 분야(지식 분야) **bioethics** 생명 윤리 **exponent** 주창자 **ensure** 보장하다 **humane** 인도적인 **entangled** 얽힌 **governance** 통제 **contradict** 반박하다 **legislate** 법률을 제정하다 **meddle with** ~에 관여하다 **arbiter** 결정권자

정답_(b)

38

Perfectionism is not usually a problem unless that desire is combined with a tendency to put things off. (a) Perfectionists often suffer from procrastination, stemming from the fear that they cannot fulfill their own expectations. (b) Perfectionists may demand perfection from others, which can further hinder their ability to form relationships. (c) The problem is that by doing this, perfectionists are only able to temporarily delay shame and embarrassment. (d) Procrastination eventually backfires when they rush to complete tasks and end up completing them poorly.

번역

완벽주의는 일반적으로 일을 뒤로 미루는 성향과 결합되지 않는 한 문제가 되지 않는다. (a) 완벽주의자들은 종종 자기 자신의 기대에 부응하지 못하는 것에 대한 두려움으로 인하여 생긴 미루는 버릇으로 고생한다. (b) 완벽주의자들은 또한 남들에게서도 완벽을 바랄 수 있는데, 이는 관계 형성 능력을 더욱 더 방해할 수 있다. (c) 문제는 이런 방법으로는 완벽주의자들이 수치심과 당혹감을 일시적으로 지연시킬 수밖에 없다는 것이다. (d) 미루는 버릇은 그들이 작업을 완료하기 위해 서두르다 결국 형편없이 완성할 때 결과적으로 역효과를 낳게 된다.

기출 공략

지문의 전체적인 내용은 완벽주의자들이 보통 미루는 버릇으로 고생하는데, 이는 자기 자신의 기대에 부응하지 못하는 것에 대한 두려움으로부터 오는 것이라고 하며, 이에 대한 문제점에 대해 이어서 서술하고 있다. 그러나 (b)는 완벽주의자가 타인과 관계를 형성하는 문제에 관련한 내용으로 전체 지문의 내용과 어울리지 않는다.

perfectionism 완벽주의 **be combined with** ~와 결합되다 **put things off** (일)을 미루다 **procrastination** 미루는 버릇 **stem from** ~에 기인하다 **hinder** 방해하다 **backfire** 역효과를 낳다

정답_(b)

39

As apex predators, sharks are erroneously viewed by humans as aquatic killing machines, devouring huge quantities of prey. (a) In actuality, because they are cold-blooded, sharks require relatively little food energy and eat far less than expected. (b) They eat only about 2% of their body weight daily, while dolphins eat up to four times as much. (c) Dolphins, of course, are warm-blooded, so extra food is needed to maintain their body temperature. (d) The probability of sharks attacking humans increases in areas where there are more people in the water.

번역

사람들은 최상위 포식자인 상어를 엄청난 양의 사냥감을 한 번에 집어 삼키는 물에 사는 살인 기계라는 오인을 한다. (a) 실제로는 상어들이 냉혈동물이기 때문에 비교적 적은 음식 에너지를 필요로 하고, 예상보다 훨씬 덜 먹는다. (b) 돌고래는 상어가 먹는 양의 4배나 더 먹는 반면, 상어들은 매일 자기 체중의 약 2% 정도만 먹는다. (c) 물론 돌고래는 온혈동물이라서 체온을 유지하기 위해 더 많은 음식을 필요로 한다. (d) 상어가 사람을 공격할 가능성은 물속에 더 많은 사람들이 있는 지역에서 증가한다.

기출 공략

지문의 전체적인 내용은 상어가 인간들에게 물에 사는 살인 기계로 오인되고 있지만 실제로는 먹는 양이 그렇게 많지 않다는 것으로 (d)가 전체 주제와 관련이 적은 내용을 언급하고 있다.

apex 정점, 최고조 **erroneously** 잘못되게 **aquatic** 물속에 사는 **devour** 집어삼키다 **prey** 사냥감 **in actuality** 실제로 **cold-blooded** 냉혈의 **warm-blooded** 온혈의 **probability** 가능성

정답_(d)

40

For nearly two centuries, the Warsaw Confederation of 1573 ensured that Poland and Lithuania were the most religiously tolerant nations in Europe. (a) Prior to the signing of the confederation, religious freedom existed in the Polish-Lithuanian Commonwealth, but it was not officially recognized. (b) After the death of King Zygmunt II, nobles created the confederation because they feared this religious tolerance would be eliminated. (c) Because the king had no heir, Henry III of Valois was elected King of the Polish-Lithuanian Commonwealth. (d) The document guaranteed that the religiously diverse peoples of the region would continue to coexist peacefully.

번역

1573년의 바르샤바 동맹은 2세기 가까운 세월 동안 폴란드와 리투아니아가 유럽에서 가장 종교적으로 관대한 나라임을 보장했다. (a) 동맹에 서명하기 전에는 폴란드-리투아니아 연방에 종교의 자유가 존재하긴 했지만 공식적으로 인정되지는 않았다. (b) 왕 지그문트 2세의 죽음 이후 귀족들은 종교적 관용이 없어질 것을 두려워해 동맹을 구성했다. (c) 왕이 후계자가 없었기에, 발루아의 헨리 3세는 폴란드-리투아니아 연방의 국왕으로 선출되었다. (d) 문서는 종교적으로 다양한 그 지역의 민족들이 평화적으로 공존을 지속할 것을 보장했다.

기출 공략

지문은 1573년 바르샤바 동맹에 관련된 내용으로, (a), (b), (d) 모두 종교의 자유와 관련해 종교적 관용을 보장해 주는 동맹에 대해 언급하고 있으나 (c)는 주제와 동떨어진 내용을 담고 있다.

ensure 보장하다 **tolerant** 관대한 **confederation** 동맹, 연합 **officially** 공식적으로 **recognized** 인정되는 **noble** 귀족 **eliminate** 없애다 **heir** 후계자 **diverse** 다양한 **coexist** 공존하다

정답_(c)

TEST 6

ANSWER KEYS

Listening Comprehension

1 (b)	2 (c)	3 (b)	4 (d)	5 (c)	6 (b)	7 (b)	8 (b)	9 (b)	10 (d)
11 (b)	12 (c)	13 (b)	14 (a)	15 (b)	16 (a)	17 (d)	18 (a)	19 (c)	20 (a)
21 (c)	22 (a)	23 (c)	24 (a)	25 (a)	26 (b)	27 (c)	28 (b)	29 (a)	30 (c)
31 (a)	32 (a)	33 (c)	34 (c)	35 (a)	36 (d)	37 (b)	38 (c)	39 (c)	40 (b)
41 (d)	42 (c)	43 (a)	44 (d)	45 (b)	46 (d)	47 (b)	48 (d)	49 (b)	50 (d)
51 (d)	52 (d)	53 (b)	54 (b)	55 (d)	56 (c)	57 (b)	58 (c)	59 (c)	60 (d)

Grammar

1 (a)	2 (d)	3 (a)	4 (b)	5 (d)	6 (c)	7 (d)	8 (b)	9 (b)	10 (b)
11 (d)	12 (b)	13 (a)	14 (b)	15 (d)	16 (a)	17 (c)	18 (c)	19 (a)	20 (a)
21 (b)	22 (d)	23 (c)	24 (b)	25 (d)	26 (d)	27 (c)	28 (d)	29 (c)	30 (a)
31 (d)	32 (c)	33 (c)	34 (b)	35 (a)	36 (b)	37 (a)	38 (d)	39 (b)	40 (c)
41 (d)	42 (b)	43 (b)	44 (c)	45 (c)	46 (c)	47 (a)	48 (d)	49 (c)	50 (d)

Vocabulary

1 (c)	2 (b)	3 (c)	4 (b)	5 (c)	6 (b)	7 (c)	8 (d)	9 (c)	10 (b)
11 (d)	12 (a)	13 (d)	14 (b)	15 (a)	16 (c)	17 (b)	18 (b)	19 (c)	20 (c)
21 (a)	22 (a)	23 (c)	24 (b)	25 (c)	26 (d)	27 (a)	28 (b)	29 (b)	30 (c)
31 (a)	32 (d)	33 (d)	34 (d)	35 (a)	36 (a)	37 (c)	38 (c)	39 (d)	40 (a)
41 (c)	42 (b)	43 (a)	44 (b)	45 (a)	46 (d)	47 (c)	48 (a)	49 (c)	50 (c)

Reading Comprehension

1 (d)	2 (a)	3 (d)	4 (d)	5 (b)	6 (c)	7 (b)	8 (a)	9 (a)	10 (b)
11 (b)	12 (a)	13 (d)	14 (c)	15 (d)	16 (b)	17 (c)	18 (b)	19 (a)	20 (c)
21 (d)	22 (d)	23 (c)	24 (a)	25 (c)	26 (d)	27 (d)	28 (a)	29 (c)	30 (b)
31 (c)	32 (c)	33 (a)	34 (b)	35 (b)	36 (d)	37 (d)	38 (d)	39 (c)	40 (c)

Listening Comprehension

1

M I'm calling for Mary. Is she there?
W ____________________

(a) I didn't get the message.
(b) Sorry, she's not in.
(c) She wants to talk to Mary.
(d) Sure, I'll hold.

번역

M 메리하고 통화하려고 전화했어요. 거기 있나요?
W ____________________

(a) 메시지를 받지 못했어요.
(b) 미안하지만, 지금 여기 없어요.
(c) 그녀는 메리와 이야기하고 싶어 해요.
(d) 물론이죠, 기다릴게요.

기출 공략

남자는 메리와 통화하려고 전화했다고 말한다. 이에 적절한 응답은 메리는 지금 없다고 대답한 (b)이다. (d)는 전화를 건 사람이 할 수 있는 말이므로 전화를 받은 여자의 대답으로는 적절하지 않다.

be not in 안에 없다 **hold** 기다리다 정답_(b)

2

W Excuse me. Where can I find the frozen foods section?
M ____________________

(a) I've eaten enough.
(b) With the frozen foods.
(c) It's one aisle down.
(d) Because they're more convenient.

번역

W 실례합니다. 냉동식품 코너는 어디 있나요?
M ____________________

(a) 저는 충분히 먹었어요.
(b) 냉동식품과 함께요.
(c) 통로 한 칸만 따라서 내려가세요.
(d) 그것들이 더 편리하니까요.

기출 공략

여자는 냉동식품의 위치를 묻고 있는 것으로 보아, 식료품점에 있음을 알 수 있다. 이에 적절한 응답은 통로 한 칸을 따라가면 있다면서 냉동식품의 위치를 알려 준 (c)이다.

frozen food 냉동식품 **section** 구역, 구획 **aisle** 통로
convenient 편리한 정답_(c)

3

M Would you like some strawberry shortcake?
W ____________________

(a) Not until I've had a piece.
(b) Thanks. It looks delicious.
(c) I'm more into shortcake.
(d) Sure, help yourself to more.

번역

M 딸기 쇼트케이크 좀 먹을래?
W ____________________

(a) 한 조각 먹을 때까지는 아니야.
(b) 고마워. 맛있어 보인다.
(c) 나는 쇼트케이크가 더 좋아.
(d) 물론이야. 더 먹어.

기출 공략

남자는 여자에게 쇼트케이크를 먹으라고 권하고 있다. 이에 적절한 응답은 고맙다며 맛있어 보인다고 권유를 받아들인 (b)가 정답이다. (d)는 Sure까지만 듣고 끝까지 듣지 않으면 잘못 고를 수 있는 오답 선택지이다.

shortcake 쇼트케이크(과일을 얹어 놓은 디저트용 케이크)
help oneself to ~를 스스로 가져다 먹다 정답_(b)

4

W Thanks for lending me your biology notes.
M ________________________________

(a) Sorry that I didn't take any.
(b) I really appreciate it, too.
(c) Let me know when you want them back.
(d) Sure, I hope they were helpful.

번역

W 나에게 생물학 노트를 빌려줘서 고마워.
M ________________________________

(a) 필기를 하나도 하지 않아서 미안해.
(b) 나도 정말 고마워.
(c) 되돌려 받기 원할 때 알려 줘.
(d) 그래, 나도 내 노트가 도움이 되었으면 해.

기출 공략

여자는 남자가 생물학 노트를 빌려준 것에 대해 고마움을 표하고 있다. 이에 대해 자신의 노트가 도움이 되었으면 좋겠다고 말한 (d)가 가장 적절한 응답이다.

take notes 필기를 하다 **appreciate** 감사하다 정답_(d)

5

M When will the next bus come?
W ________________________________

(a) It usually stops here.
(b) Just ten minutes ago.
(c) It shouldn't be much longer.
(d) Shortly after the bus arrives.

번역

M 다음 버스는 언제 오니?
W ________________________________

(a) 주로 여기에 정차해.
(b) 막 10분 전에.
(c) 오래 걸리지 않을 거야.
(d) 버스가 도착하고 금방.

기출 공략

남자는 다음 버스 도착 시간을 묻고 있다. 이에 대해 (버스가 도착하는 데는) 오래 걸리지 않을 것이라고 대답한 (c)가 적절한 응답이다. 질문 내용은 버스가 언제 떠났는지 묻는 것이 아니므로 (b)는 정답이 될 수 없다.

should ~일 것이다 **shortly** 곧, 금방 정답_(c)

6

W Too bad our hotel suite's on the ground floor.
M ________________________________

(a) Right. That's why we booked it.
(b) I know. I was hoping for a skyline view.
(c) It's because there aren't any ground floor rooms.
(d) I agree. It couldn't be better.

번역

W 우리 스위트룸이 1층에 있어서 너무 아쉬워.
M ________________________________

(a) 맞아. 그래서 우리가 예약한 거야.
(b) 그러게 말이야. 나는 스카이라인이 보이는 경치를 원했었는데.
(c) 1층에 남은 방이 없어서 그랬어.
(d) 맞아. 더할 나위 없이 좋아.

기출 공략

여자는 스위트룸이 1층에 있는 것을 못마땅해 하고 있다. 이 상황에서 남자는 (b)와 같이 여자의 말에 맞장구치며 스카이라인이 보이는 경치를 원했다고 대답할 수 있다. (d)의 couldn't be better는 '더할 나위 없이 좋다'는 말로 여자의 말에 동의하는 I agree와 어울리지 않는다.

suite (호텔의) 스위트룸 **ground floor** 1층 **book** 예약하다 **skyline view** 스카이라인이 보이는 경치 **couldn't be better** 더할 나위 없이 좋은 정답_(b)

7

M What did you say your husband does?
W ______________________________

(a) No, but you've asked before.
(b) He runs the family business.
(c) He usually does, but he forgot.
(d) Yes, he's away on business.

번역

M 남편이 무슨 일 하신다고 하셨죠?
W ______________________________

(a) 아니요, 하지만 전에 물어보셨어요.
(b) 그는 가족 사업을 운영하고 있어요.
(c) 그는 주로 그렇게 하지만 잊어버렸어요.
(d) 네, 그는 출장 가고 여기 없어요.

기출 공략

남자는 여자의 남편의 직업이 무엇인지 다시 묻고 있다. 이에 가족 사업을 운영한다고 대답한 (b)가 적절한 응답이다. 의문사로 묻는 질문에는 Yes나 No로 대답할 수 없으므로 (d)는 정답이 될 수 없다.

on business 업무차 정답_(b)

8

W What'd you get at the souvenir stand?
M ______________________________

(a) On my last trip.
(b) Just some gifts.
(c) To remember my vacation.
(d) To bring you a souvenir.

번역

W 기념품 가판대에서 무엇을 샀니?
M ______________________________

(a) 내 마지막 여행 때.
(b) 그냥 몇 가지 선물들.
(c) 내 휴가를 기억하기 위해서.
(d) 너에게 기념품을 가져다주려고.

기출 공략

여자는 남자에게 기념품 가판대에서 무엇을 샀는지 묻고 있다. 이에 대해 선물 몇 개를 샀다고 대답한 (b)가 적절한 응답이다. (c)나 (d)는 기념품을 산 이유에 대한 내용이므로 정답이 될 수 없다.

souvenir 기념 선물 **stand** 가판대 정답_(b)

9

M Did you visit many countries on this trip?
W ______________________________

(a) As many as I possibly can.
(b) I managed to squeeze in half a dozen.
(c) I've traveled abroad once before.
(d) Two weeks as of today.

번역

M 이번 여행에서 많은 나라에 가 봤니?
W ______________________________

(a) 내가 갈 수 있는 만큼 많이.
(b) 6개 나라를 방문할 짬을 겨우 냈지.
(c) 전에 해외여행을 한 번 가 본 적이 있어.
(d) 오늘부로 2주가 되었어.

기출 공략

남자는 여자가 이번 여행 중에 많은 나라를 방문했는지 묻고 있다. 이에 짬을 내서 6개국에 방문할 수 있었다는 (b)가 적절한 응답이다. 남자는 과거에 대한 일을 물었는데 (a)는 시제가 과거가 아니므로 정답이 될 수 없다.

squeeze in ~할 짬을 내다 **travel abroad** 해외로 여행을 가다
as of ~로부터 시작하여 정답_(b)

10

W Can you believe how close yesterday's basketball game was?

M ______________________________

(a) No, the turnout was less than expected.
(b) I'd like to join, but I haven't played in a long time.
(c) Yes, it was clearly a one-sided match.
(d) I know. The teams fought it out right till the end.

번역

W 어제 농구 경기가 얼마나 막상막하였는지 믿을 수 있니?

M ______________________________

(a) 아니, 관중 수는 예상보다 적었어.
(b) 나도 함께 하고 싶어, 하지만 오랫동안 경기를 한 적이 없어.
(c) 응, 그것은 확실히 일방적으로 우세한 경기였어.
(d) 그러게 말이야. 두 팀은 마지막까지 끈질기게 싸웠어.

기출 공략

여자는 어제 농구 경기가 막상막하였다고 말하고 있다. 이에 적절한 응답은 이 말에 맞장구치며 두 팀 다 끝까지 끈질기게 싸웠다고 말한 (d)가 정답이다. (c)에서 one-sided는 한쪽 팀이 일방적으로 우세하다는 뜻으로 여자의 말과 반대되어 정답이 될 수 없다.

close 막상막하인 **turnout** 참가자 인원, 관중 인원 **less than expected** 예상보다 적은 **in a long time** 한참 된 **one-sided** 한쪽으로 치우친 **fight it out** 끝까지 싸우다

정답_(d)

11

M I think I left my scarf at the restaurant last night.

W ______________________________

(a) I'd show it to the waiter before you leave.
(b) Call to see if anyone found it.
(c) You should probably return it there.
(d) Take it with you when you go back.

번역

M 나는 지난밤 식당에서 목도리를 두고 온 것 같아.

W ______________________________

(a) 나라면 네가 떠나기 전에 그것을 웨이터에게 보여 줬을 거야.
(b) 누군가 그것을 찾았는지 전화해서 확인해 봐.
(c) 그곳에서 그것을 되돌려줘야 할 거야.
(d) 다시 갈 때 그것을 가지고 가.

기출 공략

식당에 목도리를 두고 온 것 같다고 한 말에 대해 식당에 전화해서 확인해 보라고 말한 (b)가 적절한 응답이다. 남자는 목도리의 주인이므로 (c)와 같은 응답은 정답이 될 수 없다.

scarf 목도리, 스카프 **return** 돌려주다 **take A with B** B가 A를 가지고 나가다

정답_(b)

12

W Are you sure you turned off all the lights?

M ______________________________

(a) Yes, it's better to leave one on.
(b) But I could've sworn I turned them on.
(c) I'm positive. I double-checked before leaving.
(d) Probably, since I had them when I got out.

번역

W 모든 불을 다 끈 것 맞니?

M ______________________________

(a) 응, 불 하나는 켜 놓고 있는 것이 더 좋아.
(b) 하지만 내가 불을 켰다고 맹세할 수 있었는데.
(c) 맞아. 나가기 전에 재차 확인했어.
(d) 아마도, 내가 나갔을 때 그것들을 가지고 있었으니까.

기출 공략

여자는 남자에게 불을 전부 다 끈 것이 확실한지 묻고 있다. 이에 대해 나가기 전에 (불을 끈 것을) 재차 확인했다고 대답한 (c)가 적절하다.

leave ~ on ~을 (전기를) 켠 상태로 두다 **swear** 맹세하다 **positive** (사실임을) 확신하는 **double-check** 재확인하다

정답_(c)

13

M Were you offended by Karen's joke earlier?
W ______________________________

(a) Then she'd better not take it seriously.
(b) I just didn't find it that amusing.
(c) No, I don't really think she's upset.
(d) Me, too—I thought she was hilarious.

번역

M 저번에 캐런의 농담 때문에 기분이 상했니?
W ______________________________

(a) 그러면 그녀는 그것을 심각하게 받아들이지 않는 게 좋아.
(b) 그냥 그것이 그렇게 재미있는지 모르겠어.
(c) 아니, 나는 그녀가 화났다고는 정말로 생각하지 않아.
(d) 나도. 그녀는 매우 재미있다고 생각했어.

기출 공략

남자는 여자에게 지난번 캐런의 농담이 언짢았는지 묻고 있다. 따라서 캐런의 농담에 대한 여자의 생각으로 캐런의 농담이 재미있는지 모르겠다고 대답한 (b)가 가장 적절하다.

offend 언짢게 하다 **take ~ seriously** ~를 심각하게 받아들이다
hilarious 아주 우스운 정답_(b)

14

W What a beautiful day! We should've gone to the beach!
M ______________________________

(a) Don't worry. We'll have other chances.
(b) But I wish you'd gone with me.
(c) The weather will clear up soon.
(d) Right. I'm glad we decided against it.

번역

W 날씨가 정말 좋다! 해변에 갔으면 좋았을 것을!
M ______________________________

(a) 걱정하지 마. 또 기회가 있을 거야.
(b) 하지만 너도 나와 함께 갔으면 좋았을 것을.
(c) 날씨는 곧 갤 거야.
(d) 맞아. 그것을 안 하기로 해서 다행이야.

기출 공략

여자는 날씨가 좋은 것을 보고 해변에 갔다면 좋았을 것이라고 말한다. 이에 대해 또 기회가 있을 것이라며 걱정 말라고 말한 (a)가 적절한 응답이다.

clear up (날씨가) 개다 **decide against** ~하지 않기로 결정하다
정답_(a)

15

M How was the feedback on the draft of your term paper?
W ______________________________

(a) But I haven't submitted the final version.
(b) It underscored some serious weaknesses.
(c) So I'd be able to make some changes.
(d) Writing one is a course requirement.

번역

M 학기말 과제물 초안에 대한 피드백은 어때?
W ______________________________

(a) 하지만 최종본은 제출하지 않았어.
(b) 몇 가지 심각한 약점들에 대해 강조했어.
(c) 그래서 수정을 좀 할 수 있을 거야.
(d) 과제물을 작성하는 것은 수업의 요구 사항이야.

기출 공략

남자는 여자에게 학기말 과제물 초안에 대해 어떤 피드백을 받았는지 묻고 있다. 이에 적절한 대답은 피드백에 대한 내용이 와야 한다. 따라서 몇 가지 심각한 약점들에 대해 강조했다고 응답한 (b)가 가장 적절하다.

submit 제출하다 **underscore** 강조하다 **weakness** 약점
make changes 수정하다 **requirement** 요구 사항 정답_(b)

16

W Hannah's struggling in school.
M We should get her some help.
W What do you suggest?
M ____________________

(a) Maybe she needs a tutor.
(b) Then study a little harder.
(c) Ask her to help you after school.
(d) She's doing fine on her own.

번역

W 한나가 학교 수업을 따라가기 힘들어 해.
M 우리는 그녀에게 도움을 주는 게 좋을 것 같아.
W 무슨 좋은 생각 있니?
M ____________________

(a) 아마 개인 교사가 필요할지도 모르지.
(b) 그러면 좀 더 열심히 공부해.
(c) 방과 후에 너를 도와 달라고 그녀에게 부탁해.
(d) 그녀는 스스로 혼자 잘 하고 있어.

기출 공략

한나가 학교 수업을 잘 따라갈 수 있도록 도움을 주자고 남자가 제안하자, 여자는 무슨 좋은 생각이 있는지 묻고 있다. 따라서 개인 교사가 필요할지도 모르겠다고 대답한 (a)가 적절한 응답이다.

struggle with ~를 힘겨워하다 **tutor** 개인 교사 **on one's own** 스스로

정답_(a)

17

M Why wasn't Amy at the meeting?
W She was excused because she claimed to be too busy.
M Is that an adequate reason?
W ____________________

(a) Then she needs more work to do.
(b) You probably just didn't see her at the meeting.
(c) The meeting couldn't go on.
(d) The boss seemed to think so.

번역

M 에이미는 왜 회의에 참석하지 않았니?
W 그녀는 너무 바쁘다고 해서 회의에서 빠졌어.
M 그게 타당한 이유니?
W ____________________

(a) 그러면 그녀는 할 일이 더 필요하지.
(b) 아마 너는 회의에서 그녀를 못 봤을 거야.
(c) 회의는 계속될 수 없었어.
(d) 상사는 그렇다고 생각하는 것 같았어.

기출 공략

남자는 에이미가 바쁘다는 이유로 회의에 빠졌다는 말을 듣고, 이것이 회의에 빠질 수 있는 타당한 이유가 되는지 묻고 있다. 이에 상사는 그렇게 생각하는 것 같다고 대답한 (d)가 적절한 응답이다.

be excused (의무에서) 면제받다 **claim** 주장하다 **adequate** 적절한 **go on** 지속되다

정답_(d)

18

W I heard your son was in a car accident.
M Yes, he was just a bit shaken up.
W So he wasn't injured?
M ____________________

(a) Thankfully, he escaped unharmed.
(b) Not until he's fully healed.
(c) It happened while he was driving.
(d) No, it wasn't his fault.

번역

W 네 아들이 교통사고를 당했다며.
M 응, 그냥 좀 놀란 것뿐이야.
W 그래서 다치진 않은 거야?
M ____________________

(a) 다행히도, 다치지 않았어.
(b) 완전히 회복될 때까지는 아니야.
(c) 운전을 하고 있었을 때 발생했어.
(d) 아니, 그것은 아들의 잘못이 아니야.

기출 공략

여자는 남자의 아들이 교통사고를 당했다는 소식을 듣고 다치지 않았는지 묻고 있다. 이에 적절한 대답은 사고는 당했지만 다치지는 않았다고 대답한 (a)이다. 여자는 사고가 언제 발생했는지, 누구의 잘못인지 묻는 것이 아니므로 (c), (d)는 정답이 될 수 없다.

shake up 놀라게 하다 **injured** 다친, 부상당한 **unharmed** 다치지 않은 **fault** 잘못

정답_(a)

19

M Why don't you visit a clinic for that cough?
W I just need some rest. It'll clear up.
M It could be more serious than you think.
W ______________________

(a) But I don't want to get a cough.
(b) Take some medicine for it.
(c) I'll go if I'm not better by tomorrow.
(d) Wait until you stop coughing.

번역

M 그렇게 기침을 하면 병원에 가 보지 그러니?
W 그냥 휴식이 필요할 뿐이야. 기침은 호전될 거야.
M 네가 생각하는 것보다 더 심각한 것일 수도 있어.
W ______________________

(a) 하지만 나는 기침을 하고 싶지 않아.
(b) 약을 좀 먹어 봐.
(c) 내일까지 호전되지 않으면 갈게.
(d) 기침이 멈출 때까지 기다려 봐.

기출 공략

기침은 휴식을 취하면 나을 것이라며 병원에 가지 않으려는 여자에게 남자는 더 심각한 병일 수도 있다고 말한다. 이에 적절한 응답은 내일까지 기다려서 나아지지 않으면 병원에 가 보겠다고 말한 (c)이다.

clinic 병원 **cough** 기침 **clear up** (병 등이) 사라지다, (병 등을) 없애다 정답_(c)

20

W That guy just threw his trash into the river!
M People often do that here.
W Don't they care about the environment?
M ______________________

(a) Not as much as they should.
(b) My mistake, it won't happen again.
(c) At least he didn't toss it into the river.
(d) Maybe he found it in the garbage.

번역

W 저 남자가 강에 쓰레기를 그냥 내던졌어!
M 사람들은 여기서 자주 그래.
W 그 사람들은 환경에 신경을 안 쓰니?
M ______________________

(a) 신경 써야 할 만큼 하지 않고 있는 것이지.
(b) 내 실수야. 다시는 안 그럴게.
(c) 적어도 그는 강물에 던져 넣지는 않았어.
(d) 아마도 그는 그것을 쓰레기통에서 찾았겠지.

기출 공략

강에 쓰레기를 버리는 사람들은 환경에 신경을 쓰지 않느냐고 반문하는 여자의 말에 대해 적절한 응답은 신경 써야 할 만큼 하지 않고 있다고 말한 (a)가 정답이다. 쓰레기를 버린 당사자는 대화 속의 남자가 아니므로 (b)는 정답이 될 수 없다.

it won't happen again 다시는 안 그럴게, 이런 일이 다시는 없도록 할게 **toss** 던져 버리다 **garbage** 쓰레기통 정답_(a)

21

M How was your trip to China?
W I wish I'd gone there on my own.
M You didn't enjoy the group tour?
W ______________________

(a) That's why I decided not to go there.
(b) Agreed. Group tours are the way to go.
(c) It was a bit too regimented for my taste.
(d) Just so I didn't have to go by myself.

번역

M 중국 여행은 어땠니?
W 나 혼자 갔으면 좋았을 뻔 했어.
M 단체 여행이 재미없었니?
W ______________________

(a) 그래서 내가 거기에 가지 않기로 결정한 거야.
(b) 맞아. 단체 여행이 가장 바람직한 방법이야.
(c) 너무 제약하는 것들이 많아 내 취향에 안 맞았어.
(d) 나 혼자 거기 갈 필요가 없도록 말이야.

기출 공략

이번 중국 여행을 차라리 혼자 갔으면 좋았을 것이라고 아쉬워하는 여자에게 남자는 단체 여행이 재미없었는지 묻고 있다. 이에 적절한 대답은 단체 여행은 제약 사항이 많아 자신의 취향에 맞지 않았다고 대답한 (c)가 정답이다.

be the way to go 가장 바람직한 방법[결정]이다 **regimented** (규율, 관리가) 엄격한 정답_(c)

22

W Have you found a date for the dance?
M I'm still looking.
W I have a friend who might be interested.
M ______________________

(a) Great! Set me up with her, please.
(b) Sure. I'll ask around for you.
(c) Then you should bring a date.
(d) I don't know anyone single.

번역

W 댄스파티 상대는 찾았니?
M 아직 찾고 있는 중이야.
W 내 친구 중에 가고 싶어 하는 사람이 있는데.
M ______________________

(a) 잘됐다! 나에게 소개시켜 줘.
(b) 물론이야. 너를 위해 사람들에게 물어볼게.
(c) 그러면 너는 상대를 데리고 와야 해.
(d) 나는 미혼인 사람을 하나도 몰라.

기출 공략

남자는 댄스파티에 가고 싶은데 아직 파트너를 못 구한 상태이다. 이에 여자는 댄스파티에 가고 싶은 친구가 한 명 있다고 말하고 있다. 따라서 남자의 적절한 응답은 그 친구를 자신에게 소개해 달라고 말한 (a)이다.

date 데이트 상대 **set A up with B** A에게 B를 소개해 주다 **ask around** 여러 사람에게 물어보다 **single** 미혼인

정답_(a)

23

M Excuse me. Didn't you go to Pineridge High School?
W I did. Have we met before?
M I'm Rob Hudson. You used to hang out with my sister Alice.
W ______________________

(a) I don't know. Let's see if she can make it.
(b) Then I must've mistaken her for someone else.
(c) Oh, right. We were inseparable back then.
(d) Yes, that's my sister sitting over there.

번역

M 실례합니다만, 파인리지 고등학교에 다니지 않으셨나요?
W 맞아요. 우리가 전에 만난 적이 있었던가요?
M 저는 롭 허드슨이에요. 당신은 내 여동생 앨리스와 함께 다니곤 했었잖아요.
W ______________________

(a) 모르겠어요. 그녀가 나올 수 있는지 알아볼게요.
(b) 그렇다면 제가 그녀를 다른 사람으로 착각한 것이군요.
(c) 오, 맞아요. 그때 우리는 떨어지고는 못 사는 사이였었지요.
(d) 맞아요. 저기에 앉아 있는 사람은 제 여동생이에요.

기출 공략

남자는 여자가 파인리지 고등학교를 나왔는지 물어본 뒤, 학창 시절 자신의 여동생인 앨리스와 늘 함께 다니지 않았느냐고 이야기한다. 이에 대해 맞다면서 자신들 둘은 떼어놓을 수 없는 가까운 관계였다고 말한 (c)가 적절한 응답이다.

hang out with ~와 어울려 다니다 **make it** (시간에) 맞춰 도착하다 **mistake A for B** A를 B라고 착각하다 **inseparable** 떨어뜨릴 수 없는

정답_(c)

24

W This cafeteria line is endless!
M Let's try the other dining hall.
W Won't it be just as crowded?
M ______________________

(a) It can't be worse than this.
(b) Thank goodness we missed the crowds.
(c) Only after everyone leaves.
(d) Not if both of us eat first.

번역

W 구내식당 줄이 끝없이 이어져 있잖아!
M 다른 식당에 가 보자.
W 거기도 똑같이 붐비지 않을까?
M ______________________

(a) 이것보단 나쁘지 않을 거야!
(b) 사람들이 북적거리지 않아 다행이다.
(c) 모든 사람들이 떠난 후에만.
(d) 우리 둘 다 먼저 먹지 않으면 안 돼.

기출 공략

구내식당의 줄이 끝없이 이어져 있는 것을 보고 다른 식당을 이용하자는 남자의 말에 여자는 거기도 붐비지 않겠느냐고 묻고 있다. 이에 적절한 응답은 적어도 이곳보다는 나을 것이라고 말한 (a)이다.

line (사람들의) 줄 **endless** 끝없는 **dining hall** 큰 식당 **thank goodness** 다행이다 **miss** ~을 피하다

정답_(a)

25

M Want to go for a walk in the park?
W Sure, but I should finish this essay first.
M When should we go then?
W ____________________

(a) In an hour, give or take.
(b) After we get back from the walk.
(c) It takes fifteen minutes to get there.
(d) As long as I'm working on it.

번역

M 공원으로 산책 갈래?
W 좋아, 하지만 우선 나는 이 에세이를 끝내야 해.
M 그럼 언제 갈까?
W ____________________

(a) 대략 1시간 후에.
(b) 우리가 산책을 갔다 오고 나서.
(c) 거기까지 가는 데는 15분이 걸려.
(d) 내가 그 작업을 하는 동안만.

기출 공략

공원을 가자고 제안하는 남자에게 여자는 우선 에세이를 끝내야 한다고 말한다. 이에 남자는 언제 가는 것이 좋은지 묻고 있다. 적절한 응답은 대략 1시간 후라고 답한 (a)이다.

go for a walk 산책 가다 **give or take** 대략 **as long as** ~하는 동안 **work on** ~를 작업하다 정답_(a)

26

W We're holding a fundraiser this Saturday.
M To raise money for what?
W Underprivileged kids. Interested in volunteering?
M ____________________

(a) Sure, I'll ask if they're available.
(b) Definitely—count me in.
(c) Actually, we have enough volunteers.
(d) The kids sure appreciated your help.

번역

W 우리는 이번 토요일에 모금 행사를 열 거야.
M 무엇 때문에 돈을 모금하려고?
W 혜택을 못 받는 어린이들을 위한 것이지. 자원 봉사에 관심 있니?
M ____________________

(a) 물론, 그들이 시간이 나는지 물어볼게.
(b) 물론이지. 나도 끼워 줘.
(c) 사실, 우리는 자원자가 충분해.
(d) 그 어린이들은 분명히 너의 도움에 감사해 했어.

기출 공략

여자는 혜택을 못 받는 어린이들을 위한 모금 행사에 자원할 것인지 남자에게 묻고 있다. 이에 적절한 대답은 자신도 끼워 달라고 말한 (b)이다. (a)에서 they는 underprivileged kids를 가리키므로 이 어린이들이 행사에 자원할 수 있는지 물어본다는 것은 논리에 맞지 않으므로 정답이 될 수 없다.

fundraiser 모금 행사 **raise** (자금을) 모으다 **underprivileged** (사회에서) 혜택을 못 받는 **volunteering** 자원, 지원 **count ~ in** ~을 포함시키다, 끼워 주다 **appreciate** 감사히 여기다 정답_(b)

27

M Have you mailed the Christmas cards?
W No, I need to write a few more.
M But they need to be mailed today to arrive on time.
W ____________________

(a) Good thing I haven't mailed them yet.
(b) Then I'll hold off on shipping.
(c) I'll hurry and send them out today, then.
(d) I didn't know they were arriving tomorrow.

번역

M 크리스마스카드 보냈니?
W 아니, 아직 몇 개 더 써야 해.
M 하지만 카드가 제시간에 도착하려면 오늘 보내야 해.
W ____________________

(a) 내가 아직 그것들을 보내지 않아서 다행이야.
(b) 그러면 배송을 늦출게.
(c) 그럼 서둘러서 오늘 보내도록 할게.
(d) 그것들이 내일 도착하는 줄 모르고 있었어.

기출 공략

남자는 크리스마스카드를 아직 다 못 썼다는 여자에게 카드를 오늘 보내야 제 시간에 도착할 수 있다고 말하고 있다. 이에 적절한 대답은 서둘러서 오늘 보내겠다고 말한 (c)이다.

hold off on 미루다 정답_(c)

28

W How did your son enjoy his visit to the zoo?
M He couldn't get enough of the animals.
W Was it his first experience there?
M ______________________

(a) No, my father took me there.
(b) Yeah, that's why he was so excited.
(c) The zoo would have been better.
(d) Not yet—maybe next time.

번역

W 너의 아들은 동물원에서 재미있게 놀았니?
M 동물들과 질리는 줄 모르고 신나게 놀았어.
W 네 아들은 동물원을 처음 가 보는 거니?
M ______________________

(a) 아니, 우리 아버지가 나를 거기에 데려다 주셨어.
(b) 응, 그래서 아들이 그렇게 신났던 거야.
(c) 동물원이 더 나을 수 있었겠다.
(d) 아직 아니야. 아마 다음에.

기출 공략

남자의 아들이 동물원에서 질리는 줄 모르고 재미있는 시간을 보냈다고 하자 여자는 아들이 동물원에 처음 가 본 것인지 묻고 있다. 이에 적절한 대답은 처음이라서 그렇게 신나게 놀았던 것이라고 대답한 (b)이다.

can't get enough of 아무리 ~해도 질리지 않다 정답_(b)

29

M Wasn't that election documentary fascinating?
W Maybe if you're knowledgeable about politics.
M But you keep up with the news, don't you?
W ______________________

(a) Still, too much of the program went over my head.
(b) Sure, I'll notify you if I hear anything.
(c) Well, I wish it had addressed politics.
(d) Yeah. I can't wait to see it.

번역

M 그 선거 다큐멘터리는 재미있지 않았니?
W 아마도 정치에 대해 아는 것이 많으면 그렇겠지.
M 하지만 너는 뉴스를 계속 챙겨 보잖아. 그렇지 않니?
W ______________________

(a) 그래도 프로그램의 너무 많은 부분이 이해하기 힘들었어.
(b) 물론, 내가 무슨 소식을 듣게 되면 너에게 알려 줄게.
(c) 음, 그 작품이 정치를 다뤘으면 좋겠는데.
(d) 그래. 얼른 보고 싶다.

기출 공략

여자는 선거에 대한 다큐멘터리를 재미있게 보려면 정치에 대해 많이 알아야 할 것 같다고 말하자, 남자는 뉴스를 계속 챙겨 보지 않느냐고 묻고 있다. 이에 적절한 대답은 그래도 이해하기 어려운 내용이 많이 나왔다고 대답한 (a)이다.

fascinating 재미있는, 매력적인 **knowledgeable** 아는 것이 많은 **keep up with** (최신 소식을) 따라잡다 **go over ones' head** 이해하기 어렵다 **address** (문제를) 다루다 정답_(a)

30

W Have you seen the poetry quotes posted on subways?
M Isn't it nice? The transit authority replaced some ads with them.
W Yeah, but doesn't that mean some revenue has been lost?
M ______________________

(a) Really? It's great the earnings increased that much.
(b) I don't think the ads will cover it.
(c) Maybe, but I think it's totally worth it.
(d) It's being used to fund projects like this.

번역

W 지하철에 부착된 시 인용구들 봤니?
M 좋지 않니? 교통 당국이 광고 몇 개를 시로 교체한 거야.
W 응, 하지만 그러면 이익 중 일부를 손해 보지 않을까?
M ______________________

(a) 정말? 수입이 그만큼 늘어났다니 잘됐다.
(b) 나는 광고가 손실을 충당할 수 있을 거라고 생각하지 않아.
(c) 그럴지도 모르지, 하지만 나는 그럴 만한 가치가 있다고 생각해.
(d) 그것은 이런 프로젝트에 자금을 공급하기 위해서 사용되고 있어.

기출 공략

광고가 있던 자리에 시 인용구를 부착하면 광고 수익금이 사라지지 않는지 묻는 질문에 적절한 응답은 그래도 그럴 만한 가치가 있다고 대답한 (c)이다.

poetry 시(詩), 운문 **quote** 인용문 **transit** 교통 **authority** 당국 **revenue** 수익 **earnings** 수입, 소득 **cover** 충당하다 **worth** ~할 가치가 있다 **fund** 자금을 대다 정답_(c)

31

M Hi, Phillips Furniture? Can I change an order I made?
W Certainly! What was your name?
M Adam Carroll.
W You bought a mahogany end table?
M That's right. I'd like to purchase one more.
W Sure, no problem. They should arrive together tomorrow.

Q What is the man mainly doing in the conversation?
(a) Adding an item to an order
(b) Replacing an item on an order
(c) Inquiring about the delivery date
(d) Changing the name on a delivery form

번역

M 안녕하세요, 필립스 가구점이죠? 제가 주문한 것을 변경해도 될까요?
W 물론이죠! 성함이 어떻게 되시나요?
M 아담 캐롤이에요.
W 손님은 마호가니 보조 테이블을 구입하셨죠?
M 맞아요. 하나 더 구입하고 싶어요.
W 알겠습니다. 그렇게 하세요. 물건은 내일 한꺼번에 도착할 것입니다.

Q 대화에서 남자가 주로 하고 있는 것은?
(a) 물품을 추가해서 주문하기
(b) 다른 물건으로 주문을 변경하기
(c) 배송 날짜에 대해 문의하기
(d) 배송 주문서에 이름 변경하기

기출 공략

남자는 가구점에서 테이블을 하나 구매했는데, 같은 제품으로 하나 더 추가해서 주문하려고 전화했으므로 정답은 (a)이다.
mahogany 마호가니 나무 **end table** (소파 등의 옆에 놓는) 작은 보조 테이블 **replace** 바꾸다 **inquire** 문의하다 **delivery** 배송 **form** 양식, 서류

정답_(a)

32

W How's the yard work going?
M Terrible! My lawn's been overtaken by weeds.
W Why don't you just pull them out?
M That would be a lot of work.
W Then you could try some herbicide.
M OK. I'll give that a try.

Q What is the woman mainly doing in the conversation?
(a) Suggesting ways to remove weeds from a lawn
(b) Advising the man not to use herbicides
(c) Arguing that weeding gardens is better than using herbicides
(d) Offering to help the man pull his weeds

번역

W 마당 작업은 어떻게 되어가니?
M 엉망이야! 내 잔디밭은 잡초가 다 차지해 버렸어.
W 그냥 뽑아 버리지 그러니?
M 그건 일이 많아질 거야.
W 그러면 제초제를 써 봐.
M 좋아. 한번 해 보지 뭐.

Q 대화에서 여자가 주로 하고 있는 것은?
(a) 잔디밭에서 잡초를 제거할 방법 제안하기
(b) 남자에게 제초제를 사용하지 말라고 조언하기
(c) 직접 잡초를 제거하는 것이 제초제를 사용하는 것 보다 좋다고 주장하기
(d) 남자가 잡초를 뽑는 것을 돕겠다고 제안하기

기출 공략

남자의 집 잔디는 잡초가 무성하게 자라 엉망인 상태이다. 여자는 남자에게 잡초를 직접 뽑거나 제초제를 사용하라고 말하는 등 잡초를 제거할 몇 가지 방법을 제안하고 있으므로 정답은 (a)이다.
overtake 갑작스럽게 영향을 주다, 추월하다 **weed** 잡초, 잡초를 제거하다 **pull ~ out** ~를 잡아 뽑다 **herbicide** 제초제 **give ~ a try** ~를 한번 시도해 보다 **remove** 제거하다

정답_(a)

33

M Welcome back from vacation!
W Thanks. I'm still exhausted from the flight.
M How long was it?
W Nine hours, and I didn't get any sleep.
M That's a long one.
W Yeah, it'll take a while to get back to normal.

Q What is the woman mainly complaining about?
(a) Having to cut her vacation short
(b) Having to wait for a late flight
(c) Her difficulty recovering from her trip
(d) Her need to rest on her vacation

번역

M 휴가를 보내고 다시 잘 돌아온 것을 환영해!
W 고마워. 아직도 비행 때문에 피곤해.
M 비행시간은 얼마나 됐어?
W 9시간이었는데, 잠을 한숨도 못 잤어.
M 오랜 비행이었네.
W 응, 다시 정상으로 돌아오려면 시간이 좀 걸릴 것 같아.

Q 여자가 주로 불평하는 것은?
(a) 휴가 기간을 줄여야 했던 것
(b) 늦은 비행시간을 기다려야 했던 것
(c) 여독을 푸는 어려움
(d) 휴가를 가서 쉬어야 할 필요성

기출 공략

여자는 방금 막 휴가에서 돌아오는 길이다. 장시간 비행에 잠을 한숨도 못 자서 매우 피곤한 상태이기 때문에 정상 컨디션으로 돌아오기까지 시간이 좀 걸릴 것 같다고 말하고 있으므로 정답은 (c)이다.

exhausted 지친 **get back to normal** 정상으로 돌아오다 **recover** 회복하다

정답_(c)

34

W We missed a delivery while we were out.
M Let's go to the post office to get it.
W Nah. They'll deliver the package tomorrow.
M The post office is closed tomorrow.
W Then it can wait until the next day.
M I'd rather go now. I can't wait that long.

Q What is the man mainly doing in the conversation?
(a) Insisting that they leave after their package is delivered
(b) Suggesting that they send their package tomorrow
(c) Trying to convince the woman they should pick up a package
(d) Scheduling the time for a package delivery

번역

W 우리가 밖에 있어서 배달될 물건을 받지 못했네.
M 우체국에 가서 찾아오자.
W 아니, 내일 소포를 배달해 주겠지.
M 내일은 우체국이 문을 닫잖아.
W 그럼 다음날에 배달될 수 있잖아.
M 나는 지금 가 볼래. 그렇게 오래 기다릴 수 없어.

Q 대화에서 남자가 주로 하고 있는 것은?
(a) 소포가 배달된 후에 나가자고 주장하기
(b) 내일 소포를 보내자고 제안하기
(c) 소포를 찾아오자고 여자를 설득하기
(d) 소포 배송 일자 정하기

기출 공략

남자와 여자가 외출한 사이에 배달원이 왔다가 다시 가 버린 상황이다. 남자는 배달원이 다시 올 때까지 기다리면 너무 오래 걸릴 것이라며 직접 우체국에 가서 소포를 찾아오겠다고 말하고 있으므로 정답은 (c)이다.

miss 놓치다 **package** 소포 **wait** 나중에 처리되다 **insist** 주장하다 **convince** 설득하다 **pick up** 물건을 찾아오다 **schedule** 일정을 정하다

정답_(c)

35

M I'm finished painting the living room. How does it look?
W It looks a little thin. How many coats did you apply?
M Two. That should have been enough.
W Did you use a primer?
M No. I didn't think it was necessary.
W That explains why the old color's coming through.

Q What is the woman mainly trying to do in the conversation?
(a) Determine why the paint on the walls looks thin
(b) Persuade the man to paint the other rooms of the house
(c) Discover why the man decided to paint the living room
(d) Prevent the man from applying another coat of paint

번역

M 나는 거실 페인트칠을 끝냈어. 어때 보이니?
W 칠이 좀 얇아 보인다. 덧칠은 얼마나 한 거니?
M 두 번. 그 정도면 충분했어야 했는데.
W 밑칠 페인트를 사용했니?
M 아니, 필요하다고 생각하지 않았어.
W 그래서 옛날 색이 비치는 거구나.

Q 대화에서 여자가 주로 하려고 하는 것은?
(a) 벽의 페인트가 얇아 보이는 이유를 찾기
(b) 남자에게 집의 다른 방을 페인트칠하라고 설득하기
(c) 남자가 거실을 페인트칠하려고 결심한 이유를 알아내기
(d) 남자가 페인트를 한 번 더 덧칠하는 것을 말리기

기출 공략

여자는 거실의 페인트칠이 너무 얇게 입혀진 것 같다며 남자가 페인트를 몇 번 덧칠했고, 밑칠 페인트를 사용했는지 물어보고 있다. 이로부터 여자는 페인트칠이 얇아 보이는 이유를 찾고 있음을 알 수 있다. 따라서 정답은 (a)이다.

coat (표면을 덮은) 칠 **apply** (페인트, 크림을) 칠하다, 바르다 **primer** 밑칠 페인트 **come through** (색, 액체 등이) 베어나다 **determine** 알아내다 **persuade** 설득하다 **prevent** 막다

정답_(a)

36

W I want to go to this concert, but it's sold out.
M Maybe someone's selling tickets online.
W But ticket resellers charge too much.
M Not always. Sometimes they just can't go.
W So they sell their tickets at face value?
M Right. Anyway, it couldn't hurt to look.

Q What is the man mainly advising the woman to do?
(a) Avoid purchasing overpriced tickets from resellers
(b) Arrive at the show early to look for extra tickets
(c) Sell her tickets online for their face value
(d) Find people online selling tickets they cannot use

번역

W 나는 이 콘서트에 가고 싶은데, 표가 매진됐어.
M 아마 누군가가 온라인으로 표를 팔고 있을 거야.
W 하지만 표를 되파는 사람들은 값을 너무 비싸게 부르잖아.
M 항상 그런 건 아니야. 가끔 못 가는 사람들이 있잖아.
W 그래서 그 사람들이 표를 액면가에 판다고?
M 그래. 어쨌든, 한번 찾아본다고 손해 볼 건 없잖아.

Q 남자가 여자에게 주로 조언하는 것은?
(a) 재판매하는 사람들에게 가격이 부풀려진 표를 사는 것을 피할 것
(b) 남은 표를 구하기 위해 공연장에 일찍 도착할 것
(c) 여자의 표를 온라인에 액면가로 팔 것
(d) 자신들이 이용할 수 없는 표를 파는 사람들을 온라인에서 찾아볼 것

기출 공략

여자는 가고 싶은 콘서트가 있는데 표가 매진된 상황이다. 이에 남자는 표는 사놓고 콘서트에 못 가게 된 사람들이 온라인에서 표를 되팔 것이라며, 이 사람들을 찾아보라고 말하고 있다. 따라서 정답은 (d)이다.

sold out 매진된 **reseller** 재판매하는 사람 **charge** 가격을 청구하다, 값을 부르다 **face value** 액면가 **it doesn't hurt to** ~하는 것이 좋다, ~한다고 손해 보지 않는다 **overpriced** 가격이 비싸게 매겨진 **extra** 추가의, 여분의

정답_(d)

37

M I don't understand your love for abstract art.
W It's always had an emotional impact on me.
M But it doesn't have recognizable subjects.
W That's just it. You simply experience the feeling it creates.
M A lot of the images are ugly, though.
W Even so, there are powerful ideas behind those images.

Q What is the woman mainly doing in the conversation?
(a) Arguing that abstract art engages the mind rather than the emotions
(b) Defending the appeal abstract art has for her
(c) Describing how abstract art is created
(d) Challenging the man's support for abstract art

번역

M 나는 네가 추상화를 좋아하는 게 이해가 안 돼.
W 추상화는 늘 나에게 감동을 줘.
M 하지만 그림 속에는 알아볼 수 있는 주제가 없잖아.
W 바로 그거야. 그냥 그림이 만들어내는 느낌을 경험하면 되는 거야.
M 하지만 많은 이미지들이 추하잖아.
W 그렇다고 해도 그 이미지들 뒤에는 강력한 사상이 숨어 있어.

Q 대화에서 여자가 주로 하고 있는 것은?
(a) 추상화는 감정보다는 생각을 다룬다고 주장하기
(b) 추상화가 여자에게 호소하는 매력에 대해 변호하기
(c) 추상화가 탄생되는 과정을 설명하기
(d) 추상화에 대한 남자의 지지에 대해 반론을 제기하기

기출 공략

여자는 추상화는 구체적인 주제를 알아볼 수 없어도 이 그림이 만들어 내는 느낌을 경험할 수 있게 하며, 추한 이미지들도 그 뒤에는 강력한 사상이 숨어 있다고 말하고 있으므로 정답은 (b)이다.
abstract art 추상 미술, 추상화 **emotional** 감정적인 **impact** 영향 **recognizable** 알아볼 수 있는 **subject** 주제 **experience** 경험하다 **engage** 고용하다, 이용하다 **defend** 변호하다 **challenge** 이의를 제기하다

정답_(b)

38

W You got a new cell phone! Is that the latest model?
M I wanted to save money, so I bought the next to latest one.
W How long will it be before you've paid for it?
M Actually, I paid the full price in advance—no installment plan.
W Isn't it more expensive to do it that way?
M Sure, but I can terminate my contract without a penalty later.

Q Which is correct about the man according to the conversation?
(a) He purchased the most recent cell phone model.
(b) He saved money by signing up for an installment plan.
(c) He passed up a discount by paying for his phone up front.
(d) He is liable for a penalty if he cancels his phone contract.

번역

W 너 새 휴대폰 샀구나! 최신 모델이니?
M 나는 돈을 아끼고 싶어서 최신 모델보다 이전 것을 샀어.
W 값을 다 지불하는 데 얼마나 걸리니?
M 사실, 미리 전액을 지불했어. 할부 서비스를 이용하지 않고.
W 그렇게 하면 더 비싸지 않니?
M 물론 그렇지만, 나중에 위약금을 지불하지 않고 계약을 종료할 수 있잖아.

Q 대화에서 남자에 대해 일치하는 것은?
(a) 남자는 가장 최신 휴대폰 모델을 샀다.
(b) 남자는 할부 프로그램을 신청해서 돈을 절약했다.
(c) 남자는 휴대폰 값을 미리 지불해서 할인을 받지 않았다.
(d) 남자는 휴대폰 계약을 취소하면 위약금을 지불해야 한다.

기출 공략

남자는 돈을 아끼기 위해 최신 휴대폰 모델보다 이전 모델을 구입했는데, 이후 계약 해지 시에 위약금을 지불하지 않으려고 할인을 못 받더라도 할부를 이용하지 않고 한꺼번에 비용을 지불했다고 했으므로 정답은 (c)이다.
pay the full price 제값을 다 주다 **in advance** 미리 **installment plan** 할부 판매 **terminate** 종료하다 **contract** 계약 **penalty** 위약금 **sign up for** ~를 신청하다 **pass up** (기회를) 거절하다 **up front** 미리, 선불로 **be liable for** (법적으로) ~의 의무가 있다

정답_(c)

39

M What smells so delicious? Is it roast beef?
W Good guess. But it's actually a pork roast.
M Wow. What's the occasion?
W Nothing special. I just wanted to try a new recipe.
M Should I run out and get some cake for dessert?
W No need. I've already baked a pie.

Q Which is correct about the woman according to the conversation?
(a) She is preparing a meal of roast beef.
(b) She is cooking for a special event.
(c) She has never used this recipe before.
(d) She has not made any plans for dessert.

번역

M 무슨 냄새가 이렇게 좋니? 구운 소고기니?
W 비슷했어. 사실 구운 돼지고기야.
M 와, 무슨 일 있니?
W 특별한 일은 없어. 그냥 새로운 요리법을 시도해 보고 싶었어.
M 나가서 디저트로 케이크를 좀 사올까?
W 그럴 필요 없어. 이미 파이를 구워 놓았거든.

Q 대화에서 여자에 대해 일치하는 것은?
(a) 여자는 구운 소고기 요리를 준비하고 있다.
(b) 여자는 특별한 행사를 위해 요리하고 있다.
(c) 여자는 전에 이 요리법을 시도해 본 적이 없다.
(d) 여자는 디저트를 만들 계획이 전혀 없다.

기출 공략

여자는 디저트와 함께 구운 돼지고기 요리를 만들고 있던 중이었다. 남자가 무슨 일로 이런 요리를 하는지 묻자 여자는 그냥 새로운 요리법을 시도해 보고 싶었다고 말하고 있으므로 정답은 (c)이다.

good guess 그럴듯한 짐작 **what's the occasion?** 무슨 (좋은) 일 있니? **recipe** 요리법

정답_(c)

40

W I think we should apply for a loan to fix the car.
M But there's so much paperwork involved.
W It's not that hard. We can do it online.
M But what if we get denied after all that work?
W We won't. We have decent jobs and no debts.
M All right, but only because interest rates are so low now.

Q Which is correct according to the conversation?
(a) The woman wants the loan to purchase a new car.
(b) Loan applications can be submitted via the web.
(c) The man and woman are currently unemployed.
(d) Interest rates are at their peak at the moment.

번역

W 우리는 자동차를 수리하려면 대출을 받아야 할 것 같아.
M 하지만 그렇게 하려면 서류를 작성할 게 아주 많아.
W 그렇게 어려운 일은 아니야. 온라인으로도 할 수 있어.
M 하지만 그 일을 다 하고도 거절당하면?
W 그렇게 되지는 않을 거야. 우리는 반듯한 직장이 있고 빚이 없잖아.
M 좋아, 하지만 지금은 금리가 낮아서 동의하는 거야.

Q 대화와 일치하는 것은?
(a) 여자는 신차를 구입하기 위해 대출 받기를 원한다.
(b) 대출 신청은 인터넷을 통해 제출할 수 있다.
(c) 남자와 여자는 현재 실직 상태이다.
(d) 현재 금리가 최고 상태이다.

기출 공략

자동차 수리를 위해 대출을 받자는 여자의 말에 대해 남자는 서류 작업이 너무 복잡하지 않겠느냐고 말한다. 이에 여자는 서류 작성은 인터넷으로도 할 수 있다고 말하고 있으므로 정답은 (b)이다.

loan 대출 **paperwork** 서류 작업 **involved** 관련된 **deny** 거절하다 **decent** 반듯한, 괜찮은 **debt** 빚 **interest rate** 금리 **application** 신청 **submit** 제출하다 **unemployed** 실직한 **at one's peak** 최고 수준에 있는

정답_(b)

41

M How much are you asking for your home?
W We'd like at least $219,000.
M That much, huh? Was it appraised by a professional?
W No, but it's competitively priced.
M Have you gotten any offers?
W There was a bid for $210,000, but we're not budging one bit.

Q Which is correct about the woman according to the conversation?
(a) She has listed her home for $210,000.
(b) She has had her house appraised by a realtor.
(c) She has yet to receive an offer on her home.
(d) She is unwilling to reduce her asking price.

번역

M 집을 얼마에 팔고 싶으신가요?
W 적어도 21만 9천 달러였으면 좋겠어요.
M 그렇게나 많이요? 전문가에게 감정을 받으신 건가요?
W 아니요, 하지만 저렴하게 부른 거예요.
M 거래 요청을 받으신 적이 있어요?
W 21만 달러짜리 입찰이 들어온 적은 있어요. 하지만 이 가격에서 조금도 내리지는 않을 거예요.

Q 대화에서 여자에 대해 일치하는 것은?
(a) 여자는 집을 21만 달러의 가격에 매겼다.
(b) 여자는 집을 부동산 업자에게 감정 받았다.
(c) 여자는 집에 대한 거래 요청을 아직 받지 못했다.
(d) 여자는 자신이 요구한 가격을 내릴 의사가 없다.

기출 공략

여자는 자신이 팔려고 하는 집의 가격을 21만 9천 달러로 책정하고 그 이하로는 팔지 않겠다고 하므로 정답은 (d)이다. 21만 달러는 여자가 원하는 집 가격이 아니라 입찰 받은 가격이고, 여자의 집 가격은 부동산 업자가 아니라 여자가 직접 결정한 가격이므로 나머지 선택지는 맞지 않다.

appraise (가격을) 감정하다 **competitively priced** 경쟁력 있게(저렴하게) 가격이 책정된 **bid** 입찰 **not budge** 조금도 움직이지 않다 **list** (~의 가격에) 팔 물건으로 내놓다 **realtor** 부동산 업자 **unwilling** ~할 의지가 없는 **asking price** 호가, 부르는 가격

정답_(d)

42

W My favorite baseball player was caught using steroids.
M Again? He received a fifty-game suspension for his first offense, right?
W Yeah. This is the second time, so he got twice that.
M That's it? He should be banned from the sport.
W He will if he gets caught again. He also lost his record for the most hits.
M Wow, what a shame!

Q Which is correct about the baseball player according to the conversation?
(a) He had been caught for steroids twice before.
(b) He has been suspended for the next fifty games.
(c) He will receive a lifetime ban if he commits an additional offense.
(d) He will retain his record for the most hits.

번역

W 내가 제일 좋아하는 야구 선수가 스테로이드를 복용하다 발각됐어.
M 또? 그 선수는 처음 걸렸을 때 50경기 출전 금지명령을 받았지 않니?
W 맞아. 이번이 두 번째라서, 못 나가는 경기가 그 두 배는 될 거야.
M 겨우 그거야? 그는 스포츠에서 퇴출되어야 해.
W 만일 또 걸리면 그렇게 될 거야. 그리고 그의 최다 안타 기록도 취소됐어.
M 와, 정말 유감스러운 일이야!

Q 대화에서 야구 선수에 대해 일치하는 것은?
(a) 그는 전에 스테로이드 복용 건으로 두 번 걸렸다.
(b) 그는 다음 50경기에 출전 금지명령을 받았다.
(c) 그는 또 한 번 규정을 어기면 영원히 출전을 금지당한다.
(d) 그는 최대 안타 기록을 유지할 것이다.

기출 공략

한 야구 선수가 스테로이드를 복용하다 걸렸는데, 이번이 두 번째라고 했다. 이 선수는 전에는 50경기 출전 금지, 이번에는 그 두 배의 경기에 출전할 수 없게 될 것이고 그의 최다 안타 기록도 취소되었다. 이후 또 한 번 어길 시에는 영원히 경기에 출전할 수 없게 된다고 했으므로 정답은 (c)이다.

catch 걸리다, 적발하다 **steroid** 스테로이드 **suspension** 금지 **offense** 위반 **the most hits** 최다 안타 **what a shame** 유감스러운 일이다 **lifetime** 평생의 **commit** (나쁜 일을) 저지르다 **retain** 유지하다, 보유하다

정답_(c)

43

M I didn't get the research position at Stenella University.
W I'm sorry. I know you've always wanted to work there.
M Yes. Dan White got it. He's more qualified.
W Well, Stenella will have other openings, right?
M Right. I can always apply there again later.
W And by that time you'll have even more relevant experience.

Q What can be inferred about the man from the conversation?
(a) He is familiar with Dan White's credentials.
(b) He had no experience related to the position.
(c) He is planning to quit his research career.
(d) He currently works for Stenella University.

번역

M 나는 스테넬라 대학의 연구원 직을 얻지 못했어.
W 안됐다. 넌 늘 그곳에서 일할 수 있기를 바랐는데.
M 맞아. 댄 화이트가 거기에 취직됐어. 그가 더 자격을 더 갖추었지.
W 음, 스테넬라 대학은 다른 자리도 뽑을 것 아니니?
M 맞아. 나중에 언제든 다시 지원할 수 있어.
W 그리고 그때까지 너는 훨씬 더 관련된 경험을 쌓을 거야.

Q 대화에서 남자에 대해서 유추할 수 있는 것은?
(a) 남자는 댄 화이트의 능력에 대해 잘 알고 있다.
(b) 남자는 직책에 관련된 업무 경험이 전혀 없다.
(c) 남자는 그의 연구직을 그만둘 계획이다.
(d) 남자는 현재 스테넬라 대학에서 근무하고 있다.

기출 공략

남자는 자신이 원하는 대학 연구원 자리에 댄 화이트가 취직되었다고 말하면서 그가 자신보다 그 자리를 맡을 자격이 된다고 인정한다. 따라서 정답은 댄 화이트의 능력에 대해 잘 알고 있다고 말한 (a)이다.

position 자리, 직책 **qualified** 자격을 갖춘 **opening** 빈 일자리 **by that time** ~할 때까지는, ~할 즈음에는 **relevant** 관계있는 **be familiar with** ~에 익숙하다 **credential** 자격 정답_(a)

44

W Will it take long to set up a camp site for tonight?
M Getting the tent ready will take me an hour.
W Well, we should do it before it starts getting dark.
M But this isn't really a suitable place to camp.
W Then why don't we just rent a cabin tonight?
M OK, but we'll definitely use the tent tomorrow.

Q What can be inferred from the conversation?
(a) The light outside is too dim to set up the tent.
(b) The man and woman cannot afford to rent a cabin.
(c) The man has never set up the tent before.
(d) The trip is scheduled to last more than one day.

번역

W 오늘 밤 야영지를 준비하는데 오래 걸릴까?
M 텐트를 설치하는 것은 나에겐 한 시간이 걸릴 거야.
W 음, 어두워지기 전에 하는 것이 좋겠다.
M 하지만 이곳은 야영을 하기에 적당하지 않아.
W 그러면 그냥 오두막집을 빌리는 건 어때?
M 좋아. 하지만 내일은 반드시 텐트를 사용하도록 하자.

Q 대화로부터 유추할 수 있는 것은?
(a) 바깥 조명은 텐트를 치기에는 너무 어둡다.
(b) 남자와 여자는 오두막집을 빌릴 여유가 없다.
(c) 남자는 전에 텐트를 친 적이 없다.
(d) 여행은 하루 이상 지속될 예정이다.

기출 공략

남자와 여자는 오늘 밤 야영을 할 예정이었지만, 장소가 적당하지 않아 오두막집에 묵기로 한다. 남자는 내일은 반드시 텐트를 이용하자고 했으므로 적어도 여행 기간은 하루 이상임을 알 수 있다. 따라서 정답은 (d)이다.

set up 설치하다, 준비하다 **camp site** 야영지 **get ~ ready** ~를 준비하다 **take** ~의 시간이 걸리다 **suitable** 적당한 **rent** 대여하다 **cabin** 오두막집 **definitely** 기필코 **dim** 어둑한, 침침한 **afford to** ~할 (금전적) 여유가 있다 **be scheduled to** ~할 예정이다 정답_(d)

45

M Have you finished the novel for our book club?

W Not yet. I've been bogged down by work.

M The discussion takes place next week.

W Don't worry. I don't plan on going anywhere this weekend.

M Good, because we enjoy your insights.

W I already have plenty to say, and I'll have more when I'm through.

Q What can be inferred about the woman from the conversation?

(a) She has yet to start reading the club's latest novel selection.

(b) She plans to spend the weekend reading the book.

(c) She is attending the club's discussion for the first time.

(d) She does not expect to complete the novel in time.

번역

M 우리 독서 클럽에서 선정한 소설 다 읽었니?

W 아직. 일 때문에 발목이 잡혔어.

M 독서 토론은 다음 주에 있어.

W 걱정하지 마. 이번 주말에 아무 데도 안 갈 테니까.

M 좋아. 우리는 너의 깊이 있는 의견을 좋아하거든.

W 이미 의견이 많이 있어. 책을 다 읽으면 더 많아질 거야.

Q 대화에서 여자에 대해서 유추할 수 있는 것은?

(a) 여자는 독서 클럽의 최근 선정 소설을 읽기 시작하지 않았다.

(b) 여자는 책을 읽으면서 주말을 보낼 계획이다.

(c) 여자는 처음으로 독서 클럽의 토론에 참가할 것이다.

(d) 여자는 제시간에 소설 읽기를 끝내지 못할 것으로 예상된다.

기출 공략

남자는 독서 클럽에서 선정한 소설을 다 읽지 못한 여자에게 독서 토론은 다음 주에 잡혔다고 말한다. 이에 여자는 걱정 말라며 이번 주말에 아무 데도 가지 않을 것이라고 말하고 있다. 이로부터 여자는 주말 시간을 이용해서 책을 다 읽을 예정임을 알 수 있으므로 정답은 (b)이다.

bog down (다른 일을 못하도록) 발목을 붙잡다 **take place** (사건이) 발생하다 **plan on** ~할 계획이다 **insight** 통찰력, 정곡을 찌르는 이해 **be through** 끝마치다 **attend** 참석하다 **complete** 끝내다

정답_(b)

46

With the state's new carbon tax coming into effect this spring, many are concerned that lower income people will see their cost of living rise. It is important to emphasize that people earning below a minimum threshold will be exempt from the new policy. Also, those earning only slightly more will be eligible for tax credits to offset the cost of their payments. The tax will not place a financial burden on people already struggling to make ends meet.

Q What is the main purpose of the talk?

(a) To present the benefits of a new tax proposal

(b) To explain why a recent tax increase was repealed

(c) To describe the effect of a tax on household incomes

(d) To ease fears that a new tax will harm low-income people

번역

주에서 새로 도입된 탄소세가 이번 봄에 발효됨에 따라, 많은 사람들이 저소득층의 생활비가 오를 것이라고 우려하고 있습니다. 수입이 최소 생활비에 못 미치는 사람들은 새로운 정책 대상에서 제외된다는 것을 강조해서 이야기하고 싶습니다. 또한 수입이 최소 생활비를 겨우 넘어서는 사람들에게는 세금 비용을 상쇄하는 세금 공제 자격이 주어질 것입니다. 이 세금은 입에 풀칠하느라 이미 고생하고 있는 사람들에게 금전적인 부담을 주지 않을 것입니다.

Q 담화의 주요 목적은?

(a) 새로운 세금안의 혜택들을 소개하기 위하여

(b) 최근의 세금 인상이 무효화된 이유를 설명하기 위하여

(c) 세금이 가계 수입에 미치는 영향을 설명하기 위하여

(d) 새로운 세금이 저소득층에게 불이익이 될 것이라는 우려를 해소하기 위하여

기출 공략

수입이 최소 생활비에 못 미치는 사람들은 탄소세 대상에서 제외되며, 수입이 최소 생활비를 겨우 넘어서는 사람들은 세금 공제 혜택을 주겠다고 하였다. 앞으로 새롭게 발효될 탄소세가 저소득층에게 세금 부담을 가중시키지 않을 것이라고 설명하고 있으므로 정답은 (d)이다.

carbon 탄소 **tax** 세금 **come into effect** (법이) 발효되다 **income** 소득 **cost of living** 생활비 **minimum threshold** 최저 하한선 **be exempt from** ~에서 면제되다 **eligible** 자격이 있는 **tax credit** 세금 공제 **offset** 상쇄하다 **burden** 짐, 부담 **struggle** 고군분투하다 **make ends meet** 겨우 먹고 살 만큼 벌다 **proposal** 제안, 계획 **repeal** 무효화하다

정답_(d)

47

The Glenville Arts Center has installed new automated ticketing kiosks for people who have made online reservations. These devices are easy to use. Simply input the confirmation number received when the tickets were reserved online. After checking the seat assignments, click "Enter," and swipe the credit card that was used to pay for the tickets. The kiosk will then issue the tickets along with a receipt.

Q What is the main purpose of the announcement?

(a) To urge people to confirm their reservations online

(b) To describe how to retrieve tickets from new kiosks

(c) To inform customers of payment options for tickets

(d) To explain how to reserve concert tickets online

번역

그렌빌 아트 센터는 온라인으로 예매한 사람들을 위해 새 자동 티켓 발권소를 설치했습니다. 이 기계는 사용하기 쉽습니다. 표를 온라인으로 예매할 때 받았던 확인 번호를 입력하기만 하세요. 좌석 배치를 확인한 후, 'Enter'를 누르고 표 값을 지불하는 데 사용했던 신용 카드를 인식기에 넣고 긁으세요. 그러면 영수증과 함께 표가 발권될 것입니다.

Q 안내방송의 주요 목적은?

(a) 사람들에게 온라인으로 예매를 확인하라고 촉구하기 위하여

(b) 새로운 발권소에서 표를 받는 방법을 설명하기 위하여

(c) 고객에게 표 결제 방법을 알려 주기 위하여

(d) 콘서트 표를 온라인으로 예매하는 방법을 설명하기 위하여

기출 공략

온라인으로 표를 예매한 사람들은 자동 발권기에서 표를 받을 수 있다면서 이용 방법을 설명하고 있으므로 정답은 (b)이다. 온라인으로 예매를 하는 방법이 아니라 표를 발권 받는 방법에 관한 것이므로 (d)는 정답이 될 수 없다.

install 설치하다 **automated** 자동화된 **kiosk** 간이 건조물 **reservation** 예약 **device** 기계 **confirmation** 확인 **seat assignment** 좌석 배치 **swipe** (카드를) 인식기에 넣고 긁다 **issue** 발급하다 **receipt** 영수증 **retrieve** 되찾다 **payment option** 결제 방법

정답_(b)

48

Susan Gould's first album was a hit with its emotional lyrics perfectly matching her impassioned vocal style. Her follow-up effort, *Ghostlife*, keeps to the musical style of that recording, captivating listeners with rustic banjo sounds, but the songs are devoid of the poignancy of her debut. Throughout *Ghostlife*, Gould's vocals lack genuine emotion, and her lyrics, despite touching on heartbreak and divorce, seem more formulaic than from the heart.

Q What is the speaker's main point about Susan Gould?

(a) Her emotional singing style has limited her success.

(b) Her lyrics have addressed sadder topics over time.

(c) Her singing style is not suited to emotional songs.

(d) Her latest recording lacks the passion of her previous one.

번역

수잔 골드의 첫 앨범은 열정적인 발성 스타일과 완벽하게 어울리는 감성적인 가사로 히트를 쳤다. 뒤이은 앨범 〈고스트라이프〉는 기존에 녹음된 음악 스타일을 유지하며 시골풍의 밴조 사운드로 듣는 이들을 사로잡았지만, 이번 곡들에는 그녀의 첫 앨범에 녹아있었던 애절한 감정을 찾아볼 수 없다. 〈고스트라이프〉 전체적으로 골드의 목소리는 진솔한 감정이 부족하고, 가사는 상심과 이혼을 언급하고 있음에도 불구하고 가슴에서 우러나온다기 보다는 진부한 패턴을 따르는 듯 보인다.

Q 수잔 골드에 대한 화자의 요지는?

(a) 감성적인 노래 스타일 때문에 크게 성공할 수 없었다.

(b) 가사는 갈수록 점점 더 슬픈 주제를 다뤘다.

(c) 노래 스타일은 감성적인 노래와 어울리지 않는다.

(d) 최근 녹음 작업은 이전에 있었던 열정이 결여되어 있다.

기출 공략

수잔 골드의 첫 앨범은 감성적인 가사와 열정적인 발성 스타일이 완벽하게 어울려 히트를 쳤지만, 뒤이은 두 번째 앨범은 전반적으로 진솔한 감정이 부족하고 진부한 패턴을 보인다고 했으므로 정답은 (d)이다.

emotional 감성적인 **lyrics** 가사 **impassioned** 열정적인 **follow-up** 후속의 **keep to** ~를 지키다, 유지하다 **captivate** (주의를) 사로잡다 **rustic** 시골의 **banjo** (악기) 밴조 **be devoid of** ~이 없는 **poignancy** 애절함 **genuine** 진실된 **touch on** 언급하다 **heartbreak** 상심 **divorce** 이혼 **formulaic** 공식을 따르는, 진부한 **address** 다루다 **previous** 이전의

정답_(d)

49

While the first step in alleviating poverty in the developing world is providing adequate food and shelter, a long-term solution to the problem must focus on other issues. One of these is access to fuel. When people spend all their time and money seeking fuel, they cannot use these resources for things with more enduring benefits. Providing people with fuel for cooking, for example, would allow them to focus their time and money on education or business. This would do more in the long run to break the cycle of poverty.

Q What is the speaker's main point?
(a) Rising fuel costs have increased poverty worldwide.
(b) Access to fuel can help people escape chronic poverty.
(c) Fuel donations are misused in poor countries.
(d) The search for new fuel reserves is rarely successful.

번역

개발도상국의 가난을 줄이는 첫 단계가 적절한 식량과 거주지를 제공하는 것이라면, 이 문제에 대한 장기적인 해결을 위해서는 다른 문제들이 집중되어 다뤄져야 한다. 이 중 하나는 연료를 이용할 수 있도록 하는 것이다. 사람들이 자신들의 시간과 비용을 연료를 찾는 데 써야 한다면, 그들은 이 자원을 더 지속적인 이익을 낼 수 있는 분야에 사용할 수 없다. 예를 들어, 사람들에게 요리를 위한 연료가 제공되면 이들의 시간과 비용이 교육이나 사업에 쓰일 수 있을 것이다. 이것은 장기적으로 가난의 악순환을 깨는데 더 많은 기여를 할 것이다.

Q 화자의 요지는?
(a) 연료비의 증가는 전 세계적으로 가난을 증가시켰다.
(b) 연료 접근성은 사람들이 만성적인 가난에서 벗어나게 해 준다.
(c) 기부된 연료는 가난한 나라에서 남용되고 있다.
(d) 새로운 연료 매장지 조사는 성공한 적이 드물다.

기출 공략

개발도상국의 가난을 줄이기 위해서 식량과 거주지 제공에서 그칠 것이 아니라, 연료 접근성을 해결해야 교육과 사업이 성장해서 만성적인 가난 문제가 해결될 수 있다는 것이 이 글의 요지이다. 따라서 정답은 (b)이다.

alleviate (고통, 어려움을) 경감시키다 **poverty** 가난 **adequate** 적절한 **shelter** 거주지, 거처 **access** 접근성, 이용 가능성 **fuel** 연료 **resource** 자원 **enduring** 지속적인 **in the long run** 장기적으로 **the cycle of poverty** 가난의 반복 **escape** 벗어나다 **chronic** 만성적인 **donation** 기부 **misuse** 남용하다 **rarely** 거의 ~않다

정답_(b)

50

The famous Prague Castle in the Czech Republic incorporates over a thousand years of European architecture. While it was built as a simple fortress, its inhabitants gradually added other buildings for a variety of purposes. Many of these were constructed centuries apart, using the style popular at the time. This means the castle now serves as a valuable reference for a range of different periods in the region's architectural history—showcasing Romanesque, Gothic, Neoclassical, and other styles.

Q What is the main topic of the talk?
(a) The reason Prague Castle was rebuilt in different styles
(b) How the use of Prague Castle has changed over time
(c) The efforts to preserve the architecture of Prague Castle
(d) How Prague Castle displays several architectural styles

번역

체코 공화국의 유명한 프라하 성은 천 년이 넘는 유럽 건축 역사를 담고 있다. 이 성은 단순한 요새로 건축되었지만, 그곳 주민들은 다양한 목적의 다른 건물들을 점차적으로 추가하였다. 이것들 중 다수가 100여 년 간격으로 세워졌는데, 이것들은 당시에 인기 있는 양식으로 건축되었다. 즉, 이 성은 현재 로마네스크, 고딕, 신고전주의 및 다른 양식을 갖추고 있어 그 지역 건축 역사의 다양한 시기를 보여주는 귀중한 참고 자료 역할을 하는 것이다.

Q 담화의 주제는?
(a) 프라하 성이 다른 양식으로 재건축된 이유
(b) 프라하 성의 용도가 시기별로 변한 방식
(c) 프라하 성 건축물을 보존하기 위한 노력
(d) 프라하 성이 여러 건축 양식을 나타내는 방식

기출 공략

프라하 성 건물들은 성이 완공되고 나서 100여 년 간격으로 추가적으로 건축된 것들이 많아, 오늘날 당시 유행하던 다양한 건축 양식들이 섞여 있는 모습을 볼 수 있다고 했으므로 정답은 (d)이다.

incorporate 통합하다 **architecture** 건축술 **fortress** 요새 **inhabitant** 주민 **gradually** 점진적으로 **construct** 건설하다, 짓다 **serve** ~의 역할을 하다 **valuable** 귀중한 **reference** 참고 자료 **region** 지역 **showcase** 진열하다, 소개하다

정답_(d)

51

The phenomenal success of the original *Grand Master* video game has inspired a decade of hit sequels. However, the game's plot has run its course, and its world has been fully explored by the game's developers. Now is the time to bring the series to its conclusion. The forthcoming installment in the series will be the final one. The creators of *Grand Master* would like to thank the game's developers for their hard work over the years.

Q What is mainly being announced about the *Grand Master* series?
(a) The decline of its popularity since its initial release
(b) Its revision in response to complaints
(c) The creation of a different game based on it
(d) Its discontinuance after the next installment

번역

원조 〈그랜드 마스터〉 비디오 게임의 경이적인 성공에 고무되어, 뒤이어 히트를 거둔 후속작들이 10년에 걸쳐 나왔습니다. 그러나 이 게임의 줄거리는 이제 다 소진되었고, 게임 개발자들이 개척할 세계는 더 이상 남아있지 않습니다. 이제 이 시리즈를 끝내야 할 때입니다. 이 시리즈에서 앞으로 출시될 편이 마지막이 될 것입니다. 〈그랜드 마스터〉의 창시자들은 게임 개발자들에게 수년간의 노고에 대해 감사드립니다.

Q 〈그랜드 마스터〉 시리즈에 대해 안내되고 있는 주된 내용은?
(a) 첫 출시 이후 인기의 하락
(b) 불평에 대응하여 이루어진 개선
(c) 이 게임을 기반으로 한 다른 게임의 개발
(d) 다음 편 출시 이후 출시의 중지

기출 공략

〈그랜드 마스터〉 비디오 게임은 10년 동안 히트작이 연이어 출시되었는데, 이제 줄거리와 소재가 다 소진되어 앞으로 발매될 작품을 마지막으로 더 이상 〈그랜드 마스터〉 시리즈는 출시되지 않을 것이라고 했으므로 정답은 (d)이다.

phenomenal 경이적인 **inspire** 고무하다, 자극하다 **sequel** 후속작 **run its course** 모든 과정을 거치다, 자연히 사라지다 **explore** 탐험하다, 밝히다 **conclusion** 결론 **forthcoming** 다가오는, 곧 있을 **installment** (연속물의) 1회분 **decline** 쇠퇴 **initial** 초기의 **revision** 개정, 수정 **in response to** ~에 대응하여 **discontinuance** 중단

정답_(d)

52

The English poet Percy Bysshe Shelley wrote *The Masque of Anarchy* in response to a massacre of innocent civilians at a political rally. In the poem, he calls on people to gather in opposition to those in power. But he also advises people not to fight back against violent attempts to repress them. By remaining passive, he claims, people can shame those who protect the powerful, such as the cavalry responsible for the massacre. This shame, he says, will force the army to abandon its leaders and thereby initiate a radical change to the power structure of society.

Q What is the speaker's main point about *The Masque of Anarchy*?
(a) It promotes armed resistance to repressive governments backed by the army.
(b) It urges people to lobby powerful political leaders to reform the military.
(c) It asserts that oppressive leaders are shamed when the military attacks civilians.
(d) It advocates using passive resistance to oppression to overthrow the powerful.

번역

영국 시인 퍼시 버시 셸리는 정치 집회에서 무고한 민간인들이 학살된 것을 보고 〈혼돈의 가면극〉을 썼다. 그는 시를 통해서 사람들에게 권력자들에 대항해서 뭉칠 것을 촉구한다. 하지만 한편으로 사람들에게 자신들을 폭력으로 억압하려는 시도에 반격하지 말라고 조언한다. 그는 수동적인 태도를 유지함으로써, 대학살 책임이 있는 기사 같은 권력층을 비호하는 자들이 수치심을 느끼게 할 수 있다고 주장한다. 그는 말하기를 이 수치심으로 인해서 군대는 자신들의 지도자를 버리고, 그렇게 함으로써 사회의 권력 구조에 대한 급진적인 변화를 시작하게 될 것이라고 한다.

Q 〈혼돈의 가면극〉에 대한 화자의 요지는?
(a) 군부가 비호하고 있는 억압적인 정부에 대한 무력 저항을 장려한다.
(b) 사람들이 권력이 있는 정치 지도자들에게 로비를 하도록 촉구하여 군대를 개혁하게 한다.
(c) 군대가 민간인을 공격할 때 억압적인 지도자들은 부끄러움을 느낀다고 주장한다.
(d) 억압에 수동적으로 저항하여 권력자들을 내쫓는 것을 지지한다.

기출 공략

시인은 〈혼돈의 가면극〉을 통해서 권력층에 대항하기 위해 폭력적인 방법이 아닌, 수동적인 저항의 필요성을 강조한다. 그럼으로써 권력층을 비호하고 있는 자들을 부끄럽게 만들고 그들 스스로 급진적으로 권력 구조를 바꾸도록 유도할 수 있다고 했다. 따라서 정답은 (d)이다.

masque 가면 **anarchy** 혼돈, 무정부 상태 **massacre** 대학살 **rally** 집회 **call on** ~을 요구하다 **in opposition to** ~에 반대하여 **repress** 억압하다 **cavalry** 기사 **abandon** 포기하다, 버리다 **initiate** 시작하다 **radical** 급진적인 **resistance** 저항 **repressive** 억압적인 **back** 지지하다 **urge** 촉구하다 **lobby** 로비하다 **reform** 개혁하다 **oppressive** 억압적인 **overthrow** (정부를) 전복시키다

정답_(d)

53

Paramount Travel is offering a new guided walking tour of the old sections of historic Port Drummond. The tours run twice per day—once in the morning and once in the evening—every Tuesday, Thursday, Saturday, and Sunday. Each tour is two hours long and follows an identical course. Morning walks are $40 and evenings are $50. Special group rates are available for bookings of six or more people if booked five days in advance. Come see the city from a new perspective—book your walking tour today!

Q Which is correct about Paramount Travel's walking tour according to the advertisement?
(a) It is available at two separate times seven days per week.
(b) It takes the same route in both the morning and evening.
(c) The morning tour costs more than the evening one.
(d) Special rates are offered to groups of five people.

번역

파라마운트 여행사는 새롭게 가이드와 함께하는 역사상 유명한 포트 드러몬드의 구 시가지 도보 관광을 제공하고 있습니다. 이 관광은 매주 화요일, 목요일, 토요일, 일요일의 아침과 저녁에 하루 두 번 운영됩니다. 각 관광 시간은 2시간이고 동일한 코스를 따라 진행됩니다. 아침 도보는 40달러, 저녁 도보는 50달러가 되겠습니다. 단체 특별 할인은 6인 이상이 5일 전에 예약한 경우 이용 가능합니다. 오셔서 새로운 시각에서 도시를 구경하세요. 오늘 도보 관광을 예약하시기 바랍니다!

Q 광고에서 파라마운트 여행사의 도보 관광에 대해 일치하는 것은?
(a) 일주일에 7일, 두 차례에 걸쳐 이용 가능하다.
(b) 아침과 저녁 코스가 똑같다.
(c) 아침 관광은 저녁 관광보다 비용이 더 나간다.
(d) 5인으로 구성된 단체에게 특별 할인이 제공된다.

기출 공략

여행사가 제공하는 도보 여행은 아침과 저녁, 하루에 두 번 같은 코스를 따라 진행된다고 했으므로 정답은 (b)이다. 이 프로그램은 화요일, 목요일, 토요일, 일요일에 운영되고, 비용은 저녁 관광이 더 비싸며, 특별 할인을 받으려면 6인 이상의 단체가 예약해야 하므로 나머지 선택지는 맞지 않다.

historic 역사상 유명한 **identical** 동일한 **in advance** 미리 **perspective** 관점 **route** 경로

정답_(b)

54

Today's meeting is about a change to employees' schedules. With business slow this year, we have looked at cost-cutting measures and decided to close for one additional day per week, bringing our workweek to four days. This will mean less pay across the board, as there will be fewer hours to be worked, but everyone's hourly rate will remain unchanged. Plus, we will be able to avoid any layoffs. Please understand that this policy is in the interest of everyone keeping their jobs and current health benefits.

Q Which is correct about the company according to the announcement?
(a) It has opted to cut four days from its schedule.
(b) It is maintaining workers' current hourly rate of pay.
(c) It plans to reduce the number of its employees.
(d) It is cutting the health benefits offered to workers.

번역

오늘 회의는 직원들의 업무 일정 변화에 관한 것입니다. 올해 사업이 침체되어 우리는 비용을 절감할 수 있는 방법을 살펴본 결과, 일주일에 하루를 더 문을 닫기로 결정해서 근무일이 4일로 줄어들게 되었습니다. 이것은 근무 시간이 줄어든 반면 시간당 보수는 그대로 유지됨에 따라 회사 전체적으로 급여가 줄어든다는 것을 의미합니다. 그리고 우리는 어떤 형태든 해고를 피할 수 있습니다. 이 정책은 자신들의 일자리와 현재의 건강보험 혜택을 유지하는 모든 사람들을 위한 것임을 이해해 주시기 바랍니다.

Q 발표에서 회사에 대해 일치하는 것은?
(a) 근무 시간에서 4일을 줄이기로 결정했다.
(b) 현재 직원들의 시급은 같은 수준으로 유지하려고 한다.
(c) 직원들 수를 줄이려고 계획하고 있다.
(d) 직원들에게 제공되는 건강보험 혜택을 삭감하려고 한다.

기출 공략

회사는 사업이 침체됨에 따라서 비용 절감을 위한 조치로 주 5일 근무에서 주 4일 근무로 전환한다고 발표하고 있다. 시간당 보수는 그대로 유지되기 때문에 각 직원들에게 돌아가는 봉급은 그만큼 줄어들 것이라고 하므로 정답은 (b)이다.

cost-cutting 비용을 절감하는 **measure** 조치 **across the board** 전반적으로 **hourly rate** 시간당 받는 임금 **layoff** 해고, 인원 감축 **in the interest of** ~를 위하여 **health benefits** 건강 혜택, 의료 보험 **opt** ~를 선택하다

정답_(b)

55

A study of fossils from a prehistoric wombat has shed new light on the species. Previously believed to have roamed the forest floor, the species is now thought to have been primarily a tree-dweller. Its extremely long forearms and short hind legs suggest it spent its time dangling from trees like modern orangutans. And an analysis of its jawbone and teeth reveals that it consumed foliage rather than meat. The species likely died out as the temperate rainforests that covered its home in Australia gave way to an increasingly dry climate.

Q Which is correct about the prehistoric wombat according to the talk?
(a) Scientists now believe it dwelled mainly on the forest floor.
(b) Fossils reveal it had relatively long hind legs and short forearms.
(c) It is thought to have subsisted on a diet of both plants and meat.
(d) Evidence suggests it was wiped out by an ever more arid climate.

번역

선사시대의 웜뱃의 화석 연구는 이 동물을 새롭게 조명했다. 이 동물은 이전에는 숲 속의 땅 위에서 돌아다닌다고 여겨졌었는데, 이제는 주로 나무에서 생활했던 것으로 여겨지고 있다. 매우 긴 팔뚝과 짧은 뒷다리는 오늘날의 오랑우탄처럼 나무에서 매달리며 시간을 보냈음을 암시하고 있다. 그리고 턱뼈와 이빨을 분석한 결과 이 동물은 고기보다는 나뭇잎을 먹고 살았음이 밝혀졌다. 호주의 서식지를 뒤덮었던 열대 우림의 온화한 기후가 점점 건조한 기후에 자리를 넘겨주면서 이 동물은 멸종했을 가능성이 있다.

Q 담화에서 선사시대의 웜뱃에 대해 일치하는 것은?
(a) 현재 과학자들은 이 동물이 주로 숲 속의 땅 위에서 생활했다고 믿고 있다.
(b) 화석은 이 동물이 뒷다리는 상대적으로 길었고, 팔뚝은 짧았다는 것을 보여주고 있다.
(c) 식물과 동물 둘 다 먹고 살았다고 여겨진다.
(d) 증거에 따르면 점점 건조해지는 날씨 때문에 사라졌다는 것을 알 수 있다.

기출 공략

담화문 마지막에서 기온이 온화했던 열대 우림에서 생활했던 웜뱃은 기후가 점점 건조해지면서 멸종했을 가능성이 있다고 말한다. 따라서 (d)가 일치하는 내용이다.

prehistoric 선사시대의 **wombat** (동물) 웜뱃 **shed light on** ~를 조명하다 **roam** 돌아다니다 **tree-dweller** 나무에서 사는 동물 **forearm** (손목과 팔꿈치 사이의) 팔뚝 **hind legs** 뒷다리 **dangle** 매달리다 **jawbone** 턱뼈 **consume** 섭취하다 **foliage** 잎 **temperate** 온화한 **dwell** 거주하다, 생활하다 **subsist on** ~를 먹고 살다 **wipe out** 박멸하다 **arid** 건조한 정답_(d)

56

The municipal government has launched a lawsuit against CityCable for monopolistic business practices. The company has been the sole provider of cable TV services in the city since 2010, when it purchased its only competitor, Smoothview Cable. Since then, CityCable has hiked its fees by 25%. Residents wanting to subscribe to cable TV services have had no choice but to pay up, and the company's subscriber numbers, along with its revenues, have grown steadily. The city government claims competition needs to be restored to the industry.

Q Which is correct according to the news report?
(a) CityCable was purchased by Smoothview Cable in 2010.
(b) Smoothview is currently the city's only cable TV services provider.
(c) Cable TV services in the city cost 25% more now than in 2010.
(d) The number of cable TV subscribers has declined because of the fee hikes.

번역

지방 정부는 시티케이블을 상대로 독점적인 사업 관행에 대해 소송을 시작했다. 이 회사는 2010년 유일한 경쟁자였던 스무스뷰 케이블을 인수한 이래로 도시에서 케이블 TV 서비스를 공급하는 유일한 업체가 되었다. 그 이후로, 시티케이블은 25%까지 요금을 인상했다. 케이블 TV 서비스를 이용하고 싶은 주민들은 인상된 비용을 지불하는 것 외에는 방법이 없었고, 그 회사의 가입자 수는 수익과 함께 점점 증가했다. 시 정부는 이 산업에 경쟁 체제를 되살려야 한다고 주장한다.

Q 뉴스 보도와 일치하는 것은?
(a) 시티케이블은 2010년에 스무스뷰 케이블이 인수했다.
(b) 스무스뷰는 현재 시의 유일한 케이블 TV 서비스 공급업체이다.
(c) 시의 케이블 TV 서비스는 지금 2010년보다 25% 더 비싸다.
(d) 케이블 TV 가입자 수는 요금 인상 때문에 줄어들었다.

기출 공략

시티케이블은 2010년에 스무스뷰 케이블을 인수하고 나서 시의 유일한 케이블 TV 서비스 공급업체가 되어 요금을 25%까지 인상했다고 했으므로 정답은 (c)이다. 서비스 가입자 수는 줄어들지 않고 증가했다고 했으므로 (d)는 정답이 될 수 없다.

municipal 지방 자치제의, 시의 **lawsuit** 소송 **monopolistic** 독점적인 **practice** 업무, 관행 **sole** 유일한 **provider** 공급자 **competitor** 경쟁자 **hike** 인상하다, 인상 **subscribe to** (서비스를) 이용하다, ~를 구독하다 **have no choice but to** ~외에는 방법이 없다 **subscriber** (서비스) 이용자, 구독자 **revenue** 이익 **competition** 경쟁 **restore** 복구시키다 정답_(c)

57

The development of a new synthetic polymer may revolutionize the field of skin prosthetics. Because it contains nickel, this material is able to detect pressure and conduct electricity in much the same way human skin communicates sensations of pressure to the brain. Furthermore, when cut, it is capable of "healing" spontaneously. It can repair itself within minutes and with minimal loss in its electrical conductivity, and it can do so without external stimuli such as heat or light.

Q Which is correct about the new synthetic polymer according to the lecture?
(a) Physical pressure blocks its ability to conduct electricity.
(b) It is capable of repairing itself after being damaged.
(c) Slicing it causes it to lose a substantial amount of conductivity.
(d) It requires external stimuli such as heat for regeneration.

번역

새로운 합성 고분자의 개발은 인공피부기관 분야에 혁명을 가져 올 수 있다. 이 물질은 니켈을 함유하고 있어서, 인간의 피부가 압력의 느낌을 두뇌로 전달해 주듯이 압력을 감지해서 전기를 흘려보낼 수 있다. 게다가, 이것은 베였을 때 자발적으로 '회복'된다. 그것은 전기 전도성 상실이 최소화된 채 몇 분 내로 스스로 복구되는데, 열과 빛과 같은 외부의 자극 없이도 그렇게 될 수 있다.

Q 강의에서 새로운 합성 고분자에 대해 일치하는 것은?
(a) 물리적인 압력은 전기를 전도할 수 있는 능력을 막는다.
(b) 손상된 후 스스로 회복할 수 있는 능력이 있다.
(c) 그것을 자르는 것은 전도 능력을 상당 부분 상실하게 만든다.
(d) 재생시키려면 열과 같은 외부 자극이 필요하다.

기출 공략

새로운 합성 고분자는 손상된 경우 열과 빛과 같은 외부 자극 없이도 스스로 회복할 수 있는 능력이 있다고 했으므로 정답은 (b)이다.

synthetic polymer 합성 고분자 **revolutionize** 혁명을 일으키다 **prosthetic** 인공 기관 **nickel** 니켈 **detect** 감지하다 **conduct electricity** 전기를 통과시키다, 전도하다 **communicate** (신호, 정보를) 보내다 **sensation** 느낌 **spontaneously** 자발적으로 **electrical conductivity** 전도성 **external** 외부의 **stimulus** 자극 (복수: stimuli) **block** 막다 **slice** 자르다 **substantial** 상당한 **regeneration** 재생, 갱생

정답_(b)

58

There is a problem with the way history is taught in high schools. Studying history should give students access to centuries of experience, and it is experience that informs judgment. However, students spend so much time cramming names and dates that they don't even realize history has a practical application. What students should be doing is using history's examples to analyze and discuss current issues. This would make the study of history not only more relevant to their lives but also more useful.

Q Which statement would the speaker mostly likely agree with?
(a) The study of history is inherently impractical.
(b) The way history is taught in schools has changed recently.
(c) Studying history should help students understand current issues.
(d) Teachers should challenge students' memories in history class.

번역

고등학교의 역사 교육 방식에 문제가 있다. 학생들은 역사를 공부함으로써 수 세기에 걸친 경험을 접하게 되는데, 이 경험은 판단에 영향을 준다. 그러나 학생들은 너무나 많은 시간을 이름과 날짜를 외우는 데 보냄으로써 나머지 역사가 실제적으로 응용될 수 있다는 사실조차 깨닫지 못한다. 학생들이 해야 하는 것은 오늘날의 문제를 분석하고 토론하는 데 역사 속의 실례를 이용하는 것이다. 이렇게 하면 역사 공부는 학생들의 삶과 더욱 관계가 깊어질 뿐 아니라 더 유용하게 될 것이다.

Q 화자가 지지할 만한 의견은?
(a) 역사 공부는 본래 비실용적이다.
(b) 학교에서 역사를 가르치는 방식은 최근 바뀌었다.
(c) 역사 공부는 학생들이 현재의 문제들을 이해하는 데 도움을 주어야 한다.
(d) 교사들은 역사 수업 시간에 학생들의 암기력을 시험해야 한다.

기출 공략

화자는 역사 수업 시간에 학생들에게 수많은 이름과 날짜를 외우게만 할 게 아니라, 역사적인 사실을 이용해서 현대 사회의 문제를 보다 더 깊이 있게 들여다 볼 수 있도록 해야 한다고 주장하고 있으므로 정답은 (c)이다.

inform ~에 영향을 주다 **cram** 벼락치기 공부하다, 한꺼번에 많은 양을 암기하다 **application** 적용, 응용 **analyze** 분석하다 **current issue** 시사 문제 **relevant** 관계있는 **inherently** 원래, 본래 **impractical** 비실용적인

정답_(c)

59

Native fishermen on the Hawaiian island of Maui have voiced opposition to a proposal to help endangered monk seals. The plan would see federal officials bring a small number of the seals to Maui from other islands to the north. This is expected to increase their reproduction. The fishermen are against the proposal because they believe the plan would lead to restricted fishing rights. They argue that the government's priority should be the livelihoods of native fishermen.

Q What can be inferred about Hawaiian monk seals from the report?
(a) Federal officials greatly overestimate their numbers on Maui.
(b) The plan calls for them to be moved to areas without fishing.
(c) Native fishermen view them as a threat to their livelihoods.
(d) They are more common in Maui than the islands to the north.

번역

하와이의 마우이 섬 원주민 어부들은 멸종 위기의 몽크바다표범을 살리기 위한 계획에 반대의 목소리를 내고 있다. 이 계획에 따르면 연방 정부 관계자들은 다른 섬에서 마우이 섬으로 온 몇 마리의 바다표범을 북쪽으로 이동시킬 것이다. 이렇게 하면 그들의 번식이 증가할 것이라고 예상된다. 어부들이 이 계획에 반대하는 이유는 이 계획으로 인해 자신들의 어업권이 제한될 것이라고 믿기 때문이다. 그들은 정부의 우선순위는 원주민 어부들의 생계 보장이어야 한다고 주장한다.

Q 보도에서 하와이의 몽크바다표범에 대해 유추할 수 있는 것은?
(a) 연방 정부 관계자들은 마우이 섬의 몽크바다표범 수를 몹시 과대평가한다.
(b) 이 계획은 몽크바다표범을 어업이 없는 지역으로 이동시킬 것을 요구한다.
(c) 원주민 어부들은 몽크바다표범을 자신들의 생계를 위협하는 것으로 믿고 있다.
(d) 몽크바다표범은 북쪽에 인접한 섬보다 마우이 섬에 더 많다.

기출 공략

연방 정부가 멸종 위기에 처한 몽크바다표범을 살리기 위해 바다표범을 북쪽으로 이동시키려는 계획에 대해 마우이 섬 어부들이 반대하고 있다. 그 이유는 이 조치가 자신들의 생계를 위협할 것이라고 보고 있기 때문이므로 정답은 (c)이다.

fisherman 어부 **voice** (의견을) 표현하다 **opposition** 반대 **endangered** 멸종위기에 처한 **monk seal** 몽크바다표범 **federal** 연방의 **reproduction** 번식 **be against** ~에 반대하는 **restrict** 제한하다 **priority** 우선순위 **livelihood** 생계 **overestimate** 과대평가하다 **call for** 요구하다 **threat** 위협 **common** 흔한, 일반적인

정답_(c)

60

Adjusting clocks seasonally to shift daylight hours from the morning to the evening, called Daylight Saving Time, was first adopted by Germany in 1916. In the midst of World War I, the country was facing frequent shortages of fuel. By shifting daylight hours to the evening, the government reduced the number of hours people needed to light their homes—and people hardly noticed the darker mornings, since they usually slept through the early part of the day anyway.

Q What can be inferred about Daylight Saving Time from the talk?
(a) It resulted in increased demand for fuels.
(b) It encouraged people to sleep more hours each day.
(c) It caused a public outcry in Germany when it was implemented.
(d) It was conceived as a way of reducing energy consumption.

번역

계절에 따라 일조 시간을 아침에서 저녁 시간대로 옮기기 위해 시계를 조정하는 일광 절약 시간제는 1916년 독일에서 처음 채택되었다. 제1차 세계대전 중반에 이 나라는 연료 부족 사태가 자주 발생했다. 일조 시간을 저녁 시간대로 옮김으로써, 정부는 사람들이 집에 불을 켜는 데 필요한 시간을 줄였다. 그러자 사람들은 어두운 아침을 맞이하는 경우가 좀처럼 없었는데, 이는 그들이 어쨌든 그 날의 이른 아침 시간을 잠을 자는 데 쓰기 때문이었다.

Q 담화에서 일광 절약 시간제에 대해 유추할 수 있는 것은?
(a) 연료에 대한 수요가 증가하게 만들었다.
(b) 사람들이 나날이 잠을 더 자도록 권장했다.
(c) 이 제도가 시행되었을 때 독일에서 대중들의 분노가 야기되었다.
(d) 에너지 소비를 줄이는 방법의 일환으로 만들어졌다.

기출 공략

일광 절약 시간제는 해가 떠 있는 일조 시간을 저녁 시간대로 옮겨서 불을 켜야 하는 시간을 줄임으로써 연료를 절약할 수 있게 했다고 했으므로 정답은 (d)이다.

seasonally 계절별로 **daylight hours** 일조 시간 **Daylight Saving Time** 일광 절약 시간제 **adopt** 채택하다 **midst** 중앙, 한가운데 **frequent** 빈번한 **notice** 알아차리다 **result in** ~를 야기하다 **outcry** (대중들의) 격한 반응 **implement** 시행하다 **conceive** 고안하다, 계획하다

정답_(d)

Grammar

1

A Should we try fixing the printer?

B No, neither of us ______________ qualified to do that.

(a) is
(b) are
(c) was
(d) were

번역

A 우리가 프린터를 수리해 볼까요?
B 아니요, 우리 둘 다 그럴 만한 자격이 없어요.

기출 공략

정황상 프린터를 수리하는 일이 현재 필요한 것이므로, 그럴 자격이 없다는 것도 현재 시제로 나타내야 알맞다. neither가 주어일 경우 단수 동사를 써야 하므로 (a)가 정답이다.

fix 고치다 **qualified** 자격이 있는

정답_(a)

2

A You have ______________ handwriting I've ever seen.

B Thanks. It's because my teachers stressed penmanship in school.

(a) lovely
(b) most lovely
(c) more lovely
(d) the loveliest

번역

A 너는 이제까지 내가 본 가장 아름다운 글씨체를 가졌구나.
B 고마워. 선생님들께서 학교에서 서체를 강조하셨기 때문이야.

기출 공략

빈칸 뒤에서 현재완료 시제 절이 수식하고 있으므로, 문맥상 최상급이 들어가야 알맞다. '이제까지 …한 것 중에 가장 ~한'이라는 의미가 된다. 따라서 (d)가 정답이다. lovely는 more나 the most를 붙여 비교급이나 최상급을 만드는 형용사가 아님에 주의한다.

handwriting 필적, 필체 **stress** 강조하다 **penmanship** 서체

정답_(d)

3

A Will the drinks stay cold till lunchtime?

B Yes. ______________ in a cooler, they'll be fine for a couple of hours.

(a) Kept
(b) To keep
(c) Keeping
(d) Having kept

번역

A 음료가 점심시간까지 계속 시원할까?
B 응. 아이스박스에 보관하면, 두어 시간 동안은 괜찮을 거야.

기출 공략

뒤에 완전한 절이 나오고, 접속사와 주어 없이 문장이 시작하므로 빈칸은 분사구문이 들어가야 한다. 분사구문의 생략된 주어는 주절의 주어인 they, 즉 the drinks이므로 동사 keep과 수동 관계에 있다. 따라서 앞에 Being이 생략된 과거분사 (a)가 정답이다.

cooler 쿨러, 아이스박스

정답_(a)

4

A Why didn't you buy the shirt?

B I ______________, but my size wasn't in stock.

(a) wanted
(b) wanted to
(c) wanted it to
(d) wanted to do

번역

A 왜 그 셔츠를 사지 않았니?
B 그러고 싶었지만, 내 사이즈의 재고가 없었어.

기출 공략

빈칸에는 원래 wanted to buy the shirt가 들어가야 하는데, 상대방이 한 말과 중복되는 buy the shirt는 생략할 수 있다. 이때 to부정사의 일부인 to는 남겨둔다는 것에 주의한다. 이렇게 남겨진 to를 대부정사라고 한다. 따라서 정답은 (b)이다.

in stock 비축된, 재고가 있는

정답_(b)

5

A I wonder what Terry's up to—she hasn't called me in a while.

B I'll see if I can contact her, since I ______________ from her in ages, either.

(a) won't hear
(b) didn't hear
(c) hadn't heard
(d) haven't heard

번역

A 테리가 뭐 때문에 바쁜지 모르겠어. 한동안 전화도 없었어.
B 내가 연락할 수 있으면 알아볼게. 나도 그녀로부터 소식을 들은 지 오래됐거든.

기출 공략

빈칸 뒤에 in ages는 '오랫동안'이란 뜻으로, 정황상 오래 전부터 현재까지 계속 소식을 못 듣고 있다는 말이므로, 현재완료 시제가 들어가야 알맞다. 따라서 (d)가 정답이다.

be up to ~로 바쁘다 **in a while** 한동안 **contact** 연락하다 **in ages** 오랫동안 정답_(d)

6

A I'm worried about all my overdue parking tickets.

B Well, it's not too late ______________ them all off.

(a) pay
(b) paid
(c) to pay
(d) paying

번역

A 기한이 지난 주차 위반 딱지들 전부가 걱정이에요.
B 음, 그것 전부를 지불하기에 너무 늦지 않았어요.

기출 공략

빈칸 앞에 too late를 보고 바로 to부정사를 떠올릴 수 있어야 한다. 〈too+형용사+to부정사〉는 '너무 …해서 ~할 수 없다, ~하기에는 너무 …하다'라는 뜻이다. 따라서 (c)가 정답이다.

overdue (지불·반납 등의) 기한이 지난 **parking ticket** 주차 위반 딱지 **pay off** 다 갚다, 청산하다 정답_(c)

7

A How fast ______________ at the time of the accident?

B Not that fast. Around 30 kilometers per hour.

(a) had you driven
(b) are you driving
(c) have you driven
(d) were you driving

번역

A 사고 당시에 얼마나 빨리 운전하고 있었어요?
B 그렇게 빠르지 않았어요. 시속 약 30킬로미터쯤이요.

기출 공략

빈칸 뒤에 at the time of the accident는 '사고 당시에'라는 뜻으로, 과거의 특정 시점을 지칭한다. 문맥상 그 시점에서 진행 중이던 일을 묻고 있으므로, 과거진행 시제가 들어가야 알맞다. 따라서 (d)가 정답이다.

per hour 시간당 정답_(d)

8

A Let's go sailing today.

B ______________, we should wait until tomorrow.

(a) What of the darkening with skies
(b) What with the skies darkening
(c) With skies what are darkening
(d) With what of darkening skies

번역

A 오늘 요트 타러 가요.
B 하늘이 어두워지고 있으니, 내일까지 기다리는 게 좋겠어요.

기출 공략

선택지로 보아 '하늘이 어두워지고 있으니' 정도의 말이 들어감을 짐작할 수 있다. '~때문에'라는 의미의 what with 다음에 〈명사+분사〉 형태가 이어지는 (b)가 정답이다. 이때 분사는 명사를 수식하는 역할을 한다.

sail 요트 타다 **darken** 어두워지다 정답_(b)

9

A Dave had better not come to work late again.
B I know. He's going to get himself ______________.

(a) fire
(b) fired
(c) firing
(d) to be fired

번역

A 데이브는 다시는 회사에 지각하지 않아야 할 텐데요.
B 맞아요. 그는 해고될 거예요.

기출 공략

빈칸 앞에 동사 get은 목적어와 목적 보어를 취하여 '목적어가 ~하도록 만들다'라는 사역의 의미를 갖는다. 여기서는 목적어인 himself가 '해고당하는' 입장이므로, 목적 보어 자리에 수동을 나타내는 과거분사가 들어가야 알맞다. 따라서 (b)가 정답이다.

had better not ~하지 않는 게 좋다 **fire** 해고하다 정답_(b)

10

A The bake sale is going great!
B Yeah, we're doing ______________ better than any of us imagined.

(a) so
(b) far
(c) very
(d) such

번역

A 빵 바자회는 아주 잘 되고 있어요!
B 네, 우리가 생각했던 것보다 훨씬 더 잘 하고 있어요.

기출 공략

빈칸은 비교급인 better를 수식하는 부사가 들어갈 자리이다. 선택지 중에서 비교급 형용사나 부사를 수식할 수 있는 것은 (b)이다. far 외에도 still, much, even 등이 비교급을 수식하는 부사로 쓰인다.

bake sale 빵 바자회(학교나 자선단체에서 기금을 모으기 위해 빵이나 과자를 구워 파는 행사) 정답_(b)

11

A Can you tell me the movie listings for this week?
B Yes, we ______________ *Snipes* and *The Bank Job*.

(a) show
(b) showed
(c) have shown
(d) are showing

번역

A 이번 주 영화 목록을 알려주시겠어요?
B 네, 〈스나입스〉와 〈더 뱅크 잡〉을 상영하고 있습니다.

기출 공략

이번 주의 영화 목록이므로, 현재 상영하고 있다는 의미로 현재진행 시제가 들어가야 알맞다. 따라서 (d)가 정답이다. 여기서 show는 '상영하다, 보여주다'라는 의미이다.

listing 리스트, 목록 정답_(d)

12

A Why did you come home so late?
B I lost track of time, ______________ in a laboratory experiment.

(a) absorb
(b) absorbed
(c) absorbing
(d) having absorbed

번역

A 집에 왜 그렇게 늦게 왔니?
B 실험실 실험에 열중해서 시간 가는 줄 몰랐어요.

기출 공략

빈칸에는 분사구문이 들어가는데, 문맥상 실험에 '몰두하느라' 시간 가는 줄 몰랐다는 말이 되어야 자연스럽다. 동사 absorb는 '흡수하다, 관심을 빼앗다'라는 뜻이고, 수동태인 be absorbed in을 쓰면, '~에 몰두하다, 열중하다'라는 뜻이다. 따라서 수동의 분사구문 being absorbed가 되어야 하는데 being은 생략 가능하므로 (b)가 정답이다.

lose track of time 시간 가는 줄 모르다 **laboratory** 실험실 **experiment** 실험 정답_(b)

13

A Is Sue going to stay with Joe?
B No. She still wants to break up with him ______________ I tried to talk her out of it.

(a) even though
(b) as long as
(c) provided
(d) unless

번역

A 수는 조와 계속 사귈 거래?
B 아니. 내가 헤어지지 말라고 설득해 봤지만, 그녀는 여전히 그와 헤어지기를 원해.

기출 공략

두 절을 연결하는 접속사를 고르는 문제이다. 그녀가 여전히 헤어지기를 원한다는 것과 내가 그러지 말라고 설득했다는 것은 서로 대립되는 내용이다. 따라서 양보를 나타내는 (a)가 들어가야 알맞다. (b)는 '~이기만 하면', (c)는 '만약 ~라면', (d)는 '~하지 않는 한'이라는 뜻이다.
break up with ~와 결별하다 **talk A out of** A를 설득해서 ~를 하지 못하게 하다 정답_(a)

14

A How long does it take to get to Boston from Philadelphia?
B That depends on ______________ of transportation you choose.

(a) some mode
(b) the mode
(c) a mode
(d) mode

번역

A 필라델피아에서 보스턴까지 도착하는 데 얼마나 걸리지?
B 그건 네가 선택하는 교통수단에 달렸지.

기출 공략

명사 mode의 쓰임을 묻는 문제이다. mode는 '방식, 유형'이란 뜻으로 가산 명사이다. 따라서 단수 명사로 쓰일 때는 부정관사가 붙어야 하고, some이 수식할 때는 복수 명사가 되어야 하므로 (a)와 (d)는 형태상 맞지 않다. 빈칸 뒤에 of 이하의 수식을 받으므로, 정관사 the의 수식을 받는 (b)가 정답이다.
depend on ~에 달려 있다 **transportation** 교통 정답_(b)

15

A Why did you take an aptitude test?
B I wanted to find out ______________ for me.

(a) a career what is suited
(b) suited careers are what
(c) a suitable career what is
(d) what careers are suitable

번역

A 적성 시험을 왜 보았니?
B 어떤 직업이 나에게 적합할지 알아보고 싶었어.

기출 공략

어순을 묻는 문제이다. 선택지로 보아 빈칸에는 find out의 목적어가 되는 절이 들어감을 알 수 있다. 의문사 what이 절의 맨 앞에 나와 간접의문문의 형태로 〈의문사+주어+동사〉인 (d)가 정답이이다.
aptitude 적성 **find out** 알아내다 **career** 직업, 직종 **suitable for** ~에 어울리는, 적합한 정답_(d)

16

A Your puppy is really cute! Has she been housebroken?
B Not quite. I've been trying for weeks, but ______________.

(a) she just seems impossible to train
(b) I just seem impossible to train her
(c) it just seems impossible her training
(d) training her just seems to impossible

번역

A 댁의 강아지가 정말 귀엽네요! 강아지가 대소변을 가리나요?
B 아직 아니에요. 몇 주 동안 노력하고 있는데, 얘를 길들이는 건 불가능한 것 같아요.

기출 공략

impossible이 이루는 구문에 관한 문제이다. impossible은 사람을 주어로 쓰지 않으므로, I를 주어로 하는 (b)는 어법에 어긋난다. 하지만 (a)의 경우, 원래는 it just seems impossible to train her에서 to 부정사의 목적어인 her가 주어 자리로 나간 형태이다. 이렇게 주어가 to부정사의 목적어 역할을 하는 경우에는 사람 주어도 가능하므로 (a)가 정답이다.
housebroken (애완동물이) 대소변을 가리도록 길들여진 정답_(a)

17

A How did you find the hotel after getting lost in Rome?

B ____________ for hours, we finally stumbled upon it.

(a) Wander
(b) Wandered
(c) Having wandered
(d) To have wandered

번역

A 로마에서 길을 잃어버린 후에 어떻게 호텔을 찾았어요?
B 몇 시간 동안 헤매다 우리는 마침내 우연히 찾았어요.

기출 공략

선택지로 보아, 빈칸은 분사구문이 들어감을 알 수 있다. 분사구문의 의미상 주어인 we가 wander의 주체이므로, 능동형인 (c)가 들어가야 한다. having p.p. 형태의 완료분사를 쓴 이유는 헤맨 것이 호텔을 우연히 찾은 것보다 먼저 일어난 일이기 때문이다.

get lost 길을 잃다 **stumble upon** ~을 우연히 발견하다
wander 헤매다

정답_(c)

18

A I think it's time we moved.

B But I'm satisfied ____________.

(a) where do we live now
(b) with now where do we live
(c) with living where we do now
(d) now living with where we do

번역

A 우리가 이사할 때가 된 것 같아요.
B 하지만 나는 지금 우리가 사는 곳에 만족해요.

기출 공략

be satisfied with가 '~에 만족하다'라는 뜻이므로, 빈칸은 전치사 with로 시작해야 한다. (b)와 (c) 중에서 with 다음에 어순이 올바른 것은 (c)이다. 전치사 with 다음에 동명사 living이 나오고, 다음에 where가 이끄는 부사절이 나오는 구조이다. when이 시간 부사절을 이끄는 것처럼 where는 장소 부사절을 이끌 수 있다.

be satisfied with ~에 만족하다

정답_(c)

19

A Why are you revising your book?

B My editor had ____________ about the ending.

(a) some reservations
(b) the reservations
(c) any reservation
(d) the reservation

번역

A 당신의 책을 왜 수정하고 있어요?
B 편집자가 결말에 대해서 의구심을 좀 가져서요.

기출 공략

선택지에 보이는 reservation은 흔히 '예약'이라는 뜻으로만 알고 있는데, 이 단어에는 '의구심'이란 뜻도 있다. have reservations는 '의구심을 갖다, 의구심이 생겨 보류하다'라는 의미이다. '의구심을 좀 갖다, 약간의 의구심을 갖다'라는 뜻으로 (a)가 들어가야 알맞다.

revise 수정하다; 개정하다 **editor** 편집자 **reservation** 의구심

정답_(a)

20

A What do you think of the proposal to raise the minimum wage?

B It would be a blow ____________ companies that are already struggling to pay workers.

(a) to
(b) of
(c) up
(d) by

번역

A 최저 임금 인상안에 대해 어떻게 생각해요?
B 이미 직원들에게 급여를 지불하느라 고군분투하고 있는 회사들에게는 충격일 거예요.

기출 공략

문맥에 맞는 전치사를 고르는 문제이다. 회사에게 가해지는 충격이라는 의미이므로 '~에게'라는 뜻으로 대상, 방향을 나타내는 (a)가 들어가야 알맞다.

proposal 제안 **raise** 인상하다 **minimum wage** 최저 임금
blow 강타, 충격 **struggle** 분투하다

정답_(a)

21

______ young people these days aspire to be movie stars or famous pop singers.

(a) Each
(b) Many
(c) Much
(d) Every

번역

요즘 많은 젊은이들은 영화배우나 유명한 대중 가수가 되기를 열망한다.

기출 공략

빈칸 뒤에 복수 명사인 people이 나오므로 (b) many가 들어가야 알맞다. Each와 Every는 단수 명사를 수식하고, much는 불가산 명사를 수식하므로 모두 적절하지 않다.

aspire 열망하다 정답_(b)

22

Shannon ______ as an engineer for more than five years before she realized she wanted to open her own business.

(a) works
(b) is working
(c) has worked
(d) had been working

번역

섀넌은 5년 넘게 엔지니어로 일하다가 자신의 사업체를 열고 싶다는 것을 깨달았다.

기출 공략

before나 after가 이끄는 부사절이 나오면 주절과 일의 선후 관계가 성립한다. before절이 나타내는 시점 이전부터 계속 엔지니어로 일하고 있었던 것이므로, 과거 특정 시점까지 계속되는 일을 나타내는 과거완료진행 시제가 들어가야 알맞다. 따라서 (d)가 정답이다.

realize 깨닫다 정답_(d)

23

Jason was not very hopeful when he asked his mother if he ______ borrow her car, so he was elated when she consented.

(a) will
(b) shall
(c) could
(d) would

번역

제이슨은 어머니에게 차를 빌릴 수 있는지 물어볼 때 그다지 희망을 갖지 않았기에, 어머니가 허락하자 신이 났다.

기출 공략

조동사는 문장의 의미만 파악하면 쉽게 답을 고를 수 있는 문제이다. 문맥상 '차를 빌릴 수 있는지'라는 뜻의 가능을 나타내므로 조동사 can이 들어가야 어울린다. 시제가 과거이므로 could를 쓴 (c)가 정답이다.

hopeful 희망에 찬 **elated** 기쁜, 신이 난 **consent** 허락하다, 동의하다 정답_(c)

24

Researchers say that medical costs ______ much lower if people did not smoke so much.

(a) were
(b) would be
(c) will have been
(d) would have been

번역

연구가들은 사람들이 담배를 그렇게 많이 피우지 않는다면 의료비가 훨씬 줄어들 거라고 말한다.

기출 공략

의미상 빈칸 뒤의 if절은 직설법이 아니라, 가정법 과거 구문임을 알 수 있다. 따라서 빈칸은 가정법 과거의 주절로 〈조동사의 과거형+동사원형〉이 들어가야 하므로, (b)가 정답이다.

researcher 연구가 **medical cost** 의료비 정답_(b)

25

The worker was caught ______________ unemployment benefits unlawfully and was ordered to pay back $20,000.

(a) claim
(b) claimed
(c) to claim
(d) claiming

번역

그 직원은 불법적으로 실업 수당을 청구한 것이 적발되어서 20,000 달러를 되갚으라는 명령을 받았다.

기출 공략

〈catch+목적어+현재분사〉는 '목적어가 ~하는 것을 적발하다[붙잡다]'라는 뜻이다. 이때 목적어가 주어로 나가는 수동태가 되면, 〈be caught+현재분사〉의 형태가 된다. 따라서 빈칸에는 현재분사인 (d)가 들어가야 한다.

unemployment benefits 실업 수당 **unlawfully** 불법적으로 **pay back** 되갚다 **claim** (보상금 등을) 청구하다 정답_(d)

26

The resort ______________ the couple chose to stay featured a private beach.

(a) that
(b) what
(c) which
(d) where

번역

그 커플이 머물려고 선택한 리조트의 특징은 전용 비치가 있다는 것이다.

기출 공략

문장에서 featured가 동사이므로, 빈칸부터 stay까지는 주어인 The resort를 수식하는 절임을 알 수 있다. 그런데 stay 뒤에 장소부사구가 빠져 있는 것으로 보아 빈칸은 관계부사 where가 와야 한다. 따라서 정답은 (d)이다.

feature ~을 특징으로 하다 **private** 사유의, 전용의 정답_(d)

27

The legislative branch of government is called the Parliament in the UK ______________ in the US it is known as the Congress.

(a) until
(b) since
(c) while
(d) wherever

번역

정부의 입법부는 영국에서는 Parliament라고 불리는 반면에, 미국에서는 Congress로 알려져 있다.

기출 공략

빈칸 앞뒤로 영국과 미국의 경우가 대조되고 있다. 따라서 '~하는 반면에'라는 뜻의 접속사 while이 들어가야 어울리므로 (c)가 정답이다. (b) since는 '~때문에, ~이후로'라는 뜻으로 쓰인다.

legislative branch 입법부 **parliament** 의회 **be known as** ~로 알려져 있다 **congress** 의회, 국회 정답_(c)

28

Highland High School's basketball team won the state championship despite ______________ for the competition.

(a) qualifying barely successful
(b) it barely succeeded to qualify
(c) it barely qualified successfully
(d) barely succeeding in qualifying

번역

하이랜드 고등학교의 야구팀은 간신히 대회 출전 자격을 얻는 데 성공했지만, 주 우승을 차지했다.

기출 공략

despite는 전치사이므로 빈칸에는 절이 아니라 구가 들어가야 한다. (a)와 (d) 중에서 의미가 통하는 것은 (d)로, succeeding이 이끄는 동명사구를 부사인 barely가 수식하고 있는 형태이다. succeed in은 '~하는 데 성공하다'라는 뜻으로, 전치사 in이 qualifying이라는 동명사를 다시 목적어로 취하고 있다. qualify는 '자격을 얻다'라는 뜻이므로 빈칸 뒤의 전치사 for와 자연스럽게 연결된다.

championship 선수권, 결승전 **competition** 대회, 시합 **qualify** 자격을 얻다 **barely** 간신히 정답_(d)

Grammar

29

After the fire, the residents worked hard to rebuild the downtown area, much of which ____________.

(a) is razed
(b) was razing
(c) had been razed
(d) had been razing

번역

화재 후에 주민들은 대부분이 완전히 파괴된 도심 지역을 재건하기 위해 열심히 노력했다.

기출 공략

much of which 이하는 the downtown area를 선행사로 하는 관계대명사 절이다. 관계대명사 which 자리에 선행사를 넣어 해석해 보면, '도심 지역의 대부분이 완전히 파괴되었다'라는 뜻이다. 도심 지역이 완전히 파괴된 것은 주민들이 재건하기 위해 노력한 것보다 앞서 일어난 일이므로, 과거완료 시제를 쓰는 것이 알맞다. 따라서 (c)가 정답이다.

resident 주민 **rebuild** 재건하다 **downtown** 도심의 **raze** 완전히 파괴하다 정답_(c)

30

The city councilors ____________ terms were ending soon were careful not to support any controversial policies.

(a) whose
(b) which
(c) when
(d) who

번역

그 시의원들은 곧 임기가 끝나기에, 논란이 되는 어떤 정책도 지지하지 않으려고 조심했다.

기출 공략

빈칸부터 soon까지는 주어인 The city councilors를 수식하는 절이다. 선행사인 The city councilors가 이 관계절에서 terms를 수식하는 소유 형용사 역할을 하므로, 빈칸에는 소유격 관계대명사가 들어가야 적절하다. 따라서 (a)가 정답이다.

city councilor 시의원 **term** 임기 **support** 지지하다 **controversial** 논란이 되는 **policy** 정책 정답_(a)

31

Many tourists fail to heed warnings about petty crime because they ____________ and so do not fully appreciate the risks.

(a) are never victimizing
(b) have never victimized
(c) are never being victimizing
(d) have never been victimized

번역

많은 관광객들은 경범죄에 대한 경고에 주의를 기울이지 않는데, 그들이 범죄를 당해 본 적이 없어서 위험을 충분히 인식하지 못하기 때문이다.

기출 공략

빈칸 앞의 주어인 they가 가리키는 것은 many tourists로, 문맥상 이들이 범죄에 '희생되어 본 적이 없어서' 범죄의 위험을 잘 모른다는 뜻이 되어야 자연스럽다. 따라서 수동태 문장이 되어야 한다. 또한 기준 시점이 현재이므로, 현재까지의 경험을 나타내는 현재완료 시제가 되어야 적절하다. 따라서 현재완료 수동태를 나타내는 (d)가 정답이다.

heed 주의를 기울이다 **warning** 경고 **petty crime** 경범죄 **appreciate** (제대로) 인식하다 **victimize** 희생시키다 정답_(d)

32

The actress offended animal lovers by carrying a small dog in her handbag ____________ an accessory.

(a) if it were
(b) as it were
(c) as if it were
(d) it were as if

번역

그 여배우는 마치 액세서리처럼 작은 강아지를 핸드백에 넣어 가지고 다녀서 동물 애호가들의 기분을 상하게 했다.

기출 공략

선택지로 보아, 빈칸에는 접속사와 주어, 동사가 들어간다. 문맥상 '마치 ~인 것처럼'이라는 뜻의 접속사 as if를 이용하여 '마치 강아지(it)가 액세서리인 것처럼'이라는 뜻이 되어야 자연스럽다. as if 다음에는 가정법을 쓰므로, be동사는 인칭에 상관없이 were를 써야 한다. 따라서 (c)가 정답이다.

offend 기분 상하게 하다 **accessory** 액세서리 정답_(c)

33

John's numerous career changes made for an unusual work history, ____________ none of the standard résumé styles seemed appropriate.

(a) which
(b) whom
(c) for which
(d) for whom

번역

존의 수많은 직업 변천은 특이한 이력이라서, 일반적인 이력서 양식은 어느 것도 그 이력에 적합하지 않아 보였다.

기출 공략

선택지로 보아 빈칸에는 관계대명사가 들어가는데, 빈칸 뒤 관계절에 주어나 보어가 모두 갖춰져 있다. 따라서 빈칸에 들어가는 말은 부사구 역할을 한다는 것을 알 수 있다. 문맥상 appropriate for the work history가 성립하므로, 빈칸에는 for which가 들어가야 알맞다. 따라서 (c)가 정답이다.

numerous 수많은 **unusual** 특이한 **make for** ~의 원인이 되다 **work history** 이력 **résumé** 이력서 **appropriate** 적합한

정답_(c)

34

____________ people what they hate most about politics, many would say corruption.

(a) You were to ask
(b) Were you to ask
(c) Were to ask you
(d) To ask you were

번역

만약 사람들에게 그들이 정치에 대해서 무엇을 가장 싫어하느냐고 묻는다면, 많은 이들이 부정부패라고 말할 것이다.

기출 공략

선택지를 보고 도치 구문을 묻는 문제임을 알아차려야 한다. 주절의 would say는 가정법을 나타내므로, 빈칸은 가정법 조건절이다. 다소 실현 불가능한 일을 가정할 때 if절에 were to를 쓰는데, 접속사 if를 생략하면 주어와 동사가 도치되므로 (b)가 정답이다.

hate 몹시 싫어하다 **politics** 정치 **corruption** 부패

정답_(b)

35

To achieve gender equality, it is essential that every woman ____________ the same opportunities as men.

(a) receive
(b) received
(c) will receive
(d) has received

번역

양성 평등을 이루기 위해서는 모든 여성이 남성과 동등한 기회를 받는 것이 필수적이다.

기출 공략

〈it is+형용사+that절〉 구문에서 essential, necessary처럼 중요성, 필요성을 나타내는 형용사가 나오면 that절에는 〈should+동사원형〉 또는 should가 생략된 동사원형을 쓸 수 있다. 따라서 (a)가 정답이다. 주장, 요구 등을 나타내는 동사(suggest, insist, demand) 뒤의 that절에 동사원형을 쓰는 것과 함께 알아 두자.

achieve 달성하다 **gender equality** 양성 평등 **essential** 필수적인, 매우 중요한

정답_(a)

36

The South American nation of Venezuela has ____________ of natural resources such as petroleum.

(a) abundance
(b) an abundance
(c) the abundance
(d) some abundance

번역

남아메리카 국가인 베네수엘라는 석유와 같은 천연자원이 풍부하다.

기출 공략

an abundance of는 '많은 양의 ~'라는 뜻으로 쓰이는 표현으로 (b)가 정답이다.

natural resource 천연자원 **petroleum** 석유

정답_(b)

37

The sudden dismissal of the company's three top executives last week ____________ precipitated by a series of abysmal earnings reports.

(a) was
(b) were
(c) is being
(d) are being

번역

지난주에 회사의 고위 간부 세 명의 갑작스러운 해고는 일련의 최악의 수익 보고서에 의해 촉발되었다.

기출 공략

선택지로 보아 빈칸이 동사 자리이므로, 빈칸 앞 전체가 주어에 해당한다. 이 중에서 핵심어는 The sudden dismissal이고 나머지는 수식어이다. last week라는 과거를 나타내는 부사가 있으므로 시제는 과거가 되어야 하고, 주어가 단수이므로 단수 동사를 쓴 (a)가 정답이다.

dismissal 해고 **top executive** 고위 간부 **precipitate** 촉발시키다 **a series of** 일련의 **abysmal** 최악의, 최저의 **earnings** 소득, 수입

정답_(a)

38

Bylaw enforcement officers have been instructed to crack down on those found ____________.

(a) of violation in parking rules of city
(b) violating of rules of city parking
(c) violating in parking rules of city
(d) in violation of city parking rules

번역

규정 시행 관리자들은 시의 주차 법규를 위반하다가 적발된 사람들을 엄히 단속하라는 지시를 받았다.

기출 공략

빈칸 앞에 those found는 '발견된[적발된] 사람들'이라는 뜻으로, 빈칸은 이들의 상태를 설명하는 어구가 들어가야 알맞다. in violation of가 '~을 위반하는'이란 뜻이므로 '시의 주차 법규를 위반하다'라는 뜻의 (d)가 정답이다. (c)는 violating 뒤에 전치사 in을 빼면 가능한 답이 된다.

bylaw 규칙, 규정 **enforcement** 시행, 집행 **instruct** 지시하다 **crack down on** ~을 엄히 단속하다

정답_(d)

39

The student's father requested a meeting with the school principal ____________ her earliest possible convenience.

(a) to
(b) at
(c) on
(d) for

번역

그 학생의 아버지는 시간이 되는 대로 가능한 한 빨리 교장과의 만남을 요청했다.

기출 공략

빈칸 이하는 '가능한 한 빨리 그녀가 편리한 때에'라는 뜻으로, 때를 나타내는 부사구이다. 따라서 시간 앞에 쓰는 전치사가 필요하며 '~가 편리한 때에'를 뜻하는 at one's convenience로 쓰이므로 (b)가 정답이다.

principal 교장

정답_(b)

40

Attempts ____________ a universal intelligence test that can be administered to humans, animals, and even artificial intelligence programs.

(a) devising are underway
(b) underway are devising
(c) are underway to devise
(d) to devise are underway

번역

인간과 동물, 심지어 인공 지능 프로그램에까지 적용할 수 있는 보편적인 지능 시험을 고안하려는 시도가 진행 중이다.

기출 공략

빈칸은 Attempts를 주어로 하는 동사가 들어갈 자리이다. 시도가 '진행 중이다'라는 의미로 are underway가 들어가야 알맞다. 그런데 are underway와 빈칸 뒤의 내용을 이어 줄 말이 필요한데, to devise가 들어가면 '보편적인 지능 시험을 고안하는 시도가 진행 중'이라는 의미가 되어 문장의 의미가 자연스럽다. 따라서 (c)가 정답이다.

attempt 시도 **universal** 보편적인 **intelligence** 지능 **administer** 집행하다 **artificial intelligence** 인공 지능 **underway** 진행 중인 **devise** 고안하다

정답_(c)

41

(a) A I haven't been able to concentrate on my work at all today.
(b) B Why? Is the stress of the job making you lose focus?
(c) A No, I keep getting calls asking me to buy random products.
(d) B Oh, those calls can be really distracted, especially at work.

번역

(a) **A** 나는 오늘 일에 전혀 집중할 수가 없었어.
(b) **B** 왜? 일에 대한 스트레스가 집중력을 잃게 만든 거야?
(c) **A** 아니, 마구잡이로 제품을 구입하라고 요청하는 전화를 계속 받고 있거든.
(d) **B** 아, 그런 전화는 정말 산만하게 만들지, 특히 직장에서는 말이야.

기출 공략

(d)에서 distracted는 '정신이 산만해진'이란 뜻으로, 주로 사람을 주어로 한다. 그런데 여기서는 주어인 those calls가 '정신을 산만하게 만드는' 주체이므로, 과거분사가 아닌 현재분사를 써야 한다.

random 임의의, 무작위의 정답_(d) distracted → distracting

42

(a) A Has Don introduced you to his new girlfriend yet? I heard she's from Japan.
(b) B I met her last week. She's actually an American speaks Japanese like a native.
(c) A Oh, do you know how she managed to become so proficient in the language?
(d) B Yes, her mother is Japanese, so she learned the language while growing up.

번역

(a) **A** 돈이 자기 새 여자 친구를 너에게 벌써 소개시켜줬니? 그녀가 일본 출신이라고 들었는데.
(b) **B** 지난주에 만났어. 그녀는 사실 원어민처럼 일본어를 구사하는 미국인이야.
(c) **A** 아, 너는 그녀가 어떻게 그렇게 그 언어에 유창하게 되었는지 아니?
(d) **B** 응, 그녀의 어머니가 일본인이셔서, 자라면서 그 언어를 배웠대.

기출 공략

(b)의 두 번째 문장에는 하나의 절에 동사가 2개(is, speaks)가 있어 어법상 어긋난다. speaks 이하를 an American을 수식하는 주격 관계대명사절로 고치면 된다.

proficient 능숙한

정답_(b) an American speaks → an American who speaks

43

(a) A I can't believe how quickly four years of college have gone by!
(b) B True! Who would've thought we graduated in a few weeks?
(c) A Speaking of which, are you going to attend the graduation ceremony?
(d) B Of course I am! My parents wouldn't have it any other way.

번역

(a) **A** 대학 4년이 얼마나 빨리 지나가 버렸는지 믿기지가 않아!
(b) **B** 맞아! 우리가 몇 주 후에 졸업하리라고 누가 생각했겠니?
(c) **A** 말이 나왔으니 말인데, 너는 졸업식에 참석할 거니?
(d) **B** 물론이지! 우리 부모님이 달리 참석하실 방법이 없잖아.

기출 공략

(b)에서 in a few weeks는 미래를 나타내는 부사구인데, graduated라는 과거 시제를 쓰고 있어 어색하다. 과거 시점에서 미래에 확실하게 결정된 일을 나타내는 would be graduating이라고 해야 한다.

go by 지나가다 **speaking of which** 말이 나온 김에

정답_(b) we graduated → we would be graduating

44

(a) A My daughter told me that your son is tied with her for first place in their math class.
(b) B Yes. Harry has been working exceptionally hard all semester to get to where he is now.
(c) A Addie's desire to be number one among her classmates mean she's been studying harder than ever, as well.
(d) B That's great! Let's hope their grades go up even more due to a little friendly competition.

번역

(a) **A** 제 딸이 말하기를 댁의 아드님이 수학 수업에서 제 딸과 동점으로 1등이라고 하더군요.
(b) **B** 네. 해리가 지금의 자리에 이르기 위해 학기 내내 특별하게 열심히 공부를 해 왔어요.
(c) **A** 반에서 일등을 하겠다는 애디의 바람은 애디 역시 이전보다 열심히 공부하고 있다는 말이에요.
(d) **B** 그거 잘 됐네요! 그 애들의 성적이 어느 정도 선의의 경쟁으로 인해 훨씬 더 많이 오르기를 기대해 봅시다.

기출 공략

(c)에서 주어가 Addie's desire이므로, 동사는 단수형인 means가 되어야 한다. 이렇게 주어와 동사가 멀리 떨어져 있는 경우에는 반드시 주어와 동사의 수가 일치하는지를 확인해 보아야 한다.

tie 동점을 이루다, 비기다 **exceptionally** 특별히 **friendly competition** 선의의 경쟁 정답_(c) mean → means

45

(a) A Excuse me, what's this 10% charge tacked on at the bottom of my bill?
(b) B That's a standard service charge we add for parties of eight or more people.
(c) A Oh, but I wasn't aware of that charge was automatically added, so I left a tip.
(d) B I apologize for the confusion. I'll see to it that your service charge is refunded.

번역

(a) A 실례지만, 계산서 아래에 추가된 이 10% 요금은 뭐죠?
(b) B 8명 이상의 일행에 대해 저희가 추가하는 일반적인 서비스 요금입니다.
(c) A 아, 하지만 요금이 자동으로 추가된다는 것을 몰라서 팁을 두었는데요.
(d) B 혼란을 드려서 죄송합니다. 손님의 서비스 요금이 환불되도록 조치하겠습니다.

기출 공략

(c)에서 aware 다음에는 〈of+명사(구)〉나 that절이 나올 수 있다. 그런데 of 뒤에 that절이 나오고 있으므로 전치사 of는 빼야 한다.

charge 요금 **tack** 덧붙이다 **bill** 계산서 **standard** 일반적인 **party** 일행 **be aware of** ~을 알다 **automatically** 자동으로 **confusion** 혼란, 혼동 **see to it that** ~하도록 조치하다

정답_(c) aware of → aware

46

(a) According to marriage counselors, nagging is among the top reasons why marriages dissolve. (b) In fact, experts say it is almost as toxic to relationships as adultery or financial woes. (c) It causes to argue couples rather than communicate about the root problems in their marriage. (d) For this reason, experts recommend establishing effective communication patterns early on.

번역

(a) 결혼 상담가들에 따르면, 잔소리를 하는 것이 결혼이 파경에 이르는 주된 이유들 중 하나라고 한다. (b) 실제로, 전문가들은 이것이 거의 간통이나 재정적 문제만큼 관계에 해롭다고 말한다. (c) 이것은 부부들로 하여금 그들의 결혼에 근본적인 문제에 대해서 소통하기보다는 언쟁하게 만든다. (d) 이런 이유로, 전문가들은 초기에 효과적인 소통 패턴을 확립할 것을 권한다.

기출 공략

(c)에서 동사 causes 다음에 목적어와 목적 보어의 위치가 바뀌어 있다. causes couples to argue가 되어야 '부부들로 하여금 언쟁하게 만들다'라는 뜻으로 자연스러운 문장이 된다.

counselor 상담가 **nag** 잔소리를 하다 **dissolve** (공식적으로) 끝내다; 끝나다 **toxic** 유독한 **adultery** 간통 **financial** 재정적인 **woe** 고민, 문제 **establish** 확립하다 **early on** 초기에

정답_(c) causes to argue couples → causes couples to argue

47

(a) Scientists have discovered that plastic breaks down much more quickly in sea water than previous thought. (b) Despite a reputation for sticking around for centuries, plastic has been found to decompose in sea water in less than a year. (c) While this might seem like good news, the fact that plastic breaks down quickly is actually of concern to scientists. (d) The decomposition process releases harmful chemicals that can seriously damage the natural environment.

번역

(a) 과학자들은 플라스틱이 이전에 생각했던 것보다 훨씬 더 빨리 바닷물에서 분해된다는 것을 발견했다. (b) 수세기 동안 그대로 머무른다는 평판에도 불구하고, 플라스틱은 바닷물에서 채 일 년이 안 되어 분해되는 것으로 밝혀졌다. (c) 이것은 좋은 소식처럼 보일 수도 있지만, 플라스틱이 빨리 분해된다는 사실은 실제로 과학자들에게는 걱정거리이다. (d) 분해 과정에서 자연 환경을 심각하게 해칠 수 있는 유해한 화학 물질이 배출되기 때문이다.

기출 공략

(a)에서 than 이하는 '이전에 생각되었던 것보다'라는 뜻으로 뒤에 it (= plastic) was가 생략되었다. 따라서 thought는 명사가 아니라 분사이므로 형용사의 수식을 받는 것이 어색하다. 분사는 형용사와 마찬가지로 부사가 수식하므로, previous를 부사인 previously로 고쳐야 한다.

break down 분해되다 **stick around** (가지 않고) 머무르다 **decompose** 분해되다 **release** 배출하다 **chemical** 화학 물질

정답_(a) previous thought → previously thought

48

(a) Favoring the use of limbs on one side of the body is common among such animals as monkeys and birds. (b) Recent research has added walruses to the list, as they mainly rely on their right flipper to forage for food. (c) Researchers in Greenland found that walruses used their right flipper 90% of the time when unearthing clams. (d) The physiological reason behind this behavior is that the bones in their right flipper are longer than that in their left.

번역

(a) 몸의 한 쪽에 있는 사지를 사용하는 것을 좋아하는 것은 원숭이나 새 같은 동물들에게는 흔한 것이다. (b) 최근의 연구에서는 이 목록에 바다코끼리가 추가되었는데, 그들은 먹이를 찾아다니기 위해 주로 오른쪽 지느러미 발에 의존하기 때문이다. (c) 그린란드에 있는 연구자들은 바다코끼리가 조개를 파는 시간의 90%는 오른쪽 지느러미 발을 사용한다는 것을 알아냈다. (d) 이러한 행동 뒤에 놓인 생리적인 이유는 그들의 오른쪽 지느러미 발에 있는 뼈가 왼쪽 지느러미 발에 있는 것보다 길기 때문이다.

기출 공략

(d)에서 than 뒤에 that은 앞에 나온 명사의 반복을 피하기 위해서 사용된 것이다. that in their left와 상응하는 어구를 앞에서 찾아보면, the bones in their right flipper이다. 따라서 the bones라는 복수 명사를 대신하므로 복수형인 those를 써야 한다.

favor 편애하다 **limb** 사지, 날개 **walrus** 바다코끼리 **flipper** 지느러미 발 **forage for** ~을 찾아다니다 **unearth** 파내다 **clam** 조개 **physiological** 생리적인

정답_(d) that → those

49

(a) Studies have found a positive correlation between the use of university support services and student success. (b) These services include everything from counseling students on academic problems to providing assistance with computer issues. (c) One problem is that male students much less likely to access support services than their female counterparts. (d) It has been suggested that this difference could be contributing to poor academic achievement among males.

번역

(a) 연구에서 대학의 지원 서비스 이용과 학생의 성공 간에 긍정적인 상관관계를 발견했다. (b) 이 서비스에는 학업 문제에 대해 학생들을 상담하는 것부터 컴퓨터 문제에 대한 지원을 제공하는 것까지 모든 것이 포함된다. (c) 한 가지 문제점은 남학생들이 여학생들보다 지원 서비스를 훨씬 덜 이용하는 경향이 있다는 것이다. (d) 이러한 차이가 남학생들의 저조한 학업 성적의 원인이 될 수 있다는 것이 시사되었다.

기출 공략

(c)에서 보어 역할을 하는 that절에 동사가 없다. '~할 가능성이 있는'이라는 뜻의 likely to access support services가 보어이므로 be 동사가 들어가면 되는데, male students가 주어이므로 동사는 are가 된다.

correlation 상관관계 **counsel** 상담하다 **academic** 학업의 **assistance** 지원, 도움 **less likely to** ~할 가능성이 더 적은 **access** 접근하다, 이용하다 **counterpart** 대응 관계에 있는 상대 **contribute to** ~의 원인이 되다

정답_(c) male students much → male students are much

50

(a) Although rarely mentioned as a weight-loss strategy, eating hot peppers can help people burn extra calories. (b) Research has shown that a chemical called capsaicin is responsible for the calorie burning power of hot peppers. (c) People given a compound related to capsaicin have also been shown to burn more calories than usual. (d) Still, scientists are quick to warn that consuming hot peppers would not be seen as a simple path to weight-loss.

번역

(a) 체중 감량 전략으로 좀처럼 언급되지 않지만, 고추를 먹는 것이 사람들이 여분의 칼로리를 연소시키는 데 도움을 줄 수 있다. (b) 연구에서는 캡사이신이라고 하는 화학물질이 고추의 칼로리 연소 능력의 원인이라는 것을 보여 주었다. (c) 캡사이신과 관련 있는 화합물을 복용한 사람들 또한 평소보다 더 많은 칼로리를 연소시키는 것으로 나타났다. (d) 그럼에도 불구하고, 과학자들은 고추를 섭취하는 것이 체중 감량에 이르는 간편한 방법으로 여겨져서는 안 된다고 신속하게 경고하고 있다.

기출 공략

(d)에서 that절은 경고하는 내용이므로, '~하지 않을 것이다'라는 뜻의 would not이 어울리지 않는다. '~해서는 안 된다'라는 뜻으로 should not이 되어야 문맥상 적절하다.

rarely 좀처럼 ~않는 **mention** 언급하다 **be responsible for** ~의 원인이다 **compound** 화합물 **related to** ~와 관련 있는 **consume** 섭취하다

정답_(d) would → should

Vocabulary

1

A Can I pay with my credit card?
B Sorry, we only ______________ cash.

(a) perform (b) occupy
(c) accept (d) elect

번역
A 신용 카드로 계산할 수 있나요?
B 죄송합니다, 저희는 현금만 받습니다.
(a) 수행하다 (b) 차지하다
(c) 받아들이다 (d) 선출하다

기출 공략
계산대에서 할 수 있는 흔한 대화이다. 신용 카드는 안 되고 현금만 가능하다는 답변으로 '받는다'는 의미의 (c)가 가장 적절하다.
cash 현금 **perform** 수행하다 **occupy** 차지하다 **accept** 받아들이다 **elect** 선출하다 정답_(c)

2

A Why is this road to the city closed?
B There are fallen trees from the storm ______________ the way.

(a) checking (b) blocking
(c) catching (d) holding

번역
A 도시로 가는 이 도로가 왜 폐쇄되었죠?
B 폭풍우로 인해 넘어진 나무들이 길을 막고 있어요.
(a) 확인하다 (b) 막다
(c) 잡다 (d) 쥐다

기출 공략
도로가 폐쇄된 이유를 묻고 있다. 이에 폭풍우로 인해 넘어진 나무들이 길을 '막고 있다'는 답변으로 (b)가 가장 적절하다.
fallen 넘어진 **storm** 폭풍우 **check** 확인하다 **block** 막다 **catch** 잡다 **hold** 쥐다 정답_(b)

3

A Hello, could you put me through to Dr. Kane, please?
B Sorry, he's on vacation now and can't be ______________.

(a) gained (b) neared
(c) reached (d) attached

번역
A 안녕하세요, 케인 박사님을 바꿔 주시겠어요?
B 죄송합니다, 지금 휴가 중이셔서 연락이 어렵습니다.
(a) 얻다 (b) 가까워지다
(c) 연락하다 (d) 첨부하다

기출 공략
전화로 케인 박사가 있는지 묻자 그는 휴가 중이라고 응답하였으므로, 연락이 어렵다고 해야 문맥상 의미가 알맞다. 따라서 '연락되다'를 뜻하는 (c)가 가장 적절하다.
put through 전화로 연결해 주다 **gain** 얻다 **near** 가까워지다 **reach** 연락하다 **attach** 첨부하다 정답_(c)

4

A Did you hear that a gas pipe downtown blew up last night?
B Yes. Thankfully no one was hurt when it ______________.

(a) lightened (b) exploded
(c) shocked (d) abused

번역
A 어젯밤에 시내 가스관이 터졌다는 소식 들었어?
B 응. 다행히도 그게 폭발했을 때 아무도 안 다쳤대.
(a) 밝아지다 (b) 폭발하다
(c) 놀라게 하다 (d) 남용하다

기출 공략
상황을 다시 설명하는 빈칸에는 blew up과 유사한 단어가 필요하므로 '폭발했다'를 뜻하는 (b)가 가장 적절하다.
blow up 폭파되다 **thankfully** 다행히도 **lighten** 밝아지다 **explode** 폭발하다 **shock** 놀라게 하다 **abuse** 남용하다
정답_(b)

5

A Can you send me a copy of the Henderson file?

B Sure, I'll ___________ it to you as soon as I can.

(a) display (b) expand
(c) forward (d) approach

번역

A 핸더슨 파일 한 부 보내 주실래요?
B 그럼요, 가능한 한 빨리 보내겠습니다.
(a) 전시하다 (b) 확대하다
(c) 보내다 (d) 다가가다

기출 공략

send를 달리 표현한 말로 선택지 중에서 (c)가 가장 적절하다. 문맥만으로 쉽게 정답을 고를 수 있는 문제이다.

copy 사본 **display** 전시하다 **expand** 확대하다 **forward** 보내다 **approach** 다가가다 정답_(c)

6

A Did Stella smash up her car?

B Yes, she made a total ___________ of it.

(a) bunch (b) wreck
(c) batch (d) load

번역

A 스텔라가 자기 차를 부수었어요?
B 네, 완전히 망가뜨렸죠.
(a) 다발 (b) 파괴
(c) 묶음 (d) 짐

기출 공략

스텔라의 행동에 대해 Yes라고 했으므로 빈칸에는 smash up(부수다)을 대체할 수 있는 단어가 필요하다. 따라서 '파괴'를 뜻하는 (b)가 가장 적절하다.

smash up 다 때려 부수다 **total** 완전한, 전면적인 **bunch** 다발 **wreck** 파괴 **batch** 묶음 **load** 짐 정답_(b)

7

A Daniel was so ___________ of your project proposal.

B I know. He found fault in every little thing.

(a) crisp (b) daring
(c) critical (d) reformed

번역

A 대니얼이 당신의 프로젝트 제안서에 대해 너무 비판적이네요.
B 맞아요. 그는 매사 아주 작은 것에서도 흠을 찾죠.
(a) 바삭바삭한 (b) 대담한
(c) 비판적인 (d) 개선된

기출 공략

빈칸의 힌트는 상대방의 말에서 찾는다. I know로 보아 둘 다 결국 같은 말을 하고 있음을 알 수 있으므로 found fault를 대신할 수 있는 표현을 찾으면 '비판적인'을 뜻하는 (c)가 가장 적절하다.

proposal 제안서 **fault** 흠, 잘못 **crisp** 바삭바삭한 **daring** 대담한 **critical** 비판적인 **reformed** 개선된 정답_(c)

8

A How long will it be until the Internet is working again?

B The technicians should ___________ service within an hour.

(a) relay (b) recall
(c) relieve (d) restore

번역

A 인터넷이 다시 될 때까지 얼마나 걸릴까요?
B 기사들이 1시간 내에 서비스를 복구할 겁니다.
(a) 중계하다 (b) 생각나게 하다
(c) 덜어 주다 (d) 복구하다

기출 공략

빈칸은 인터넷 서비스가 1시간 내에 다시 될 것이라는 내용이 되어야 한다. 따라서 '복구하다'를 뜻하는 (d)가 가장 적절하다.

technician 기술자, 기사 **relay** 중계하다 **recall** 생각나게 하다 **relieve** 덜어 주다 **restore** 복구하다 정답_(d)

Vocabulary

9

A Traveling can be a great learning experience, right?

B Yes, it certainly does ____________ one's outlook.

(a) spread (b) convey
(c) broaden (d) regenerate

번역

A 여행은 훌륭한 학습 경험이 될 수 있어, 그렇지?
B 그럼, 분명 우리의 세계관을 넓히지.
(a) 펼치다 (b) 전달하다
(c) 넓히다 (d) 회생시키다

기출 공략

여행의 장점에 대해 동의하면서 부연 설명을 하고 있다. 세계관에 어울리는 동사는 '넓히다'를 뜻하는 (c)이다.
outlook 관점, 세계관 **spread** 펼치다 **convey** 전달하다
broaden 넓히다 **regenerate** 회생시키다 정답_(c)

10

A Have I missed Flight 107 to Dubai?

B Not yet, but you'll have to go to the gate ____________ to make it.

(a) rashly (b) swiftly
(c) concisely (d) thoroughly

번역

A 제가 두바이행 107편을 놓쳤나요?
B 아직 아닙니다만, 시간에 맞추시려면 게이트로 빨리 가셔야 합니다.
(a) 무분별하게 (b) 신속하게
(c) 간결하게 (d) 철저하게

기출 공략

비행기를 아직 놓친 건 아니지만 시간에 맞추려면 게이트로 '빨리' 가라고 말하는 것이 문맥상 적절하다. 따라서 빈칸은 '신속하게'를 뜻하는 (b)가 적절하다.
make it 시간 맞춰 가다 **rashly** 무분별하게 **swiftly** 신속하게
concisely 간결하게 **thoroughly** 철저하게 정답_(b)

11

A Is Tom a close friend of yours?

B No, he's more of an ____________.

(a) evidence (b) utterance
(c) observance (d) acquaintance

번역

A 톰이 당신과 친한 친구였나요?
B 아니요, 아는 사람에 가깝죠.
(a) 증거 (b) 발언
(c) 준수 (d) 아는 사람

기출 공략

친한 친구냐는 질문에 아니라고 답했으므로 다른 관계를 드러내는 단어가 필요하다. acquaintance는 '면식, 얼굴을 아는 것'의 의미가 있고 사람 자체를 나타내기도 하므로 빈칸은 (d)가 가장 적절하다.
more of 오히려 **evidence** 증거 **utterance** 발언
observance 준수 **acquaintance** 아는 사람 정답_(d)

12

A Did Jim say he wants to move offices?

B Not outright, but he strongly ____________ it.

(a) implied (b) conformed
(c) symbolized (d) hypothesized

번역

A 짐이 사무실을 옮기고 싶다고 말했나요?
B 노골적으로는 아니지만 강하게 그런 의사를 풍겼죠.
(a) 은연중에 풍기다 (b) 순응하다
(c) 상징하다 (d) 가설을 세우다

기출 공략

not outright라는 말에 주목하자. 노골적으로 표현한 것은 아니지만 강하게 자신의 의사를 암시했다는 것이 문맥상 적절하므로 (a)가 정답이다.
outright 노골적으로 **imply** 은연중에 풍기다 **conform** 순응하다
symbolize 상징하다 **hypothesize** 가설을 세우다 정답_(a)

13

A Your company is really turning things around this year!

B Yes, our stock price has ___________ by 20% from last year's low.

(a) derived (b) attained
(c) compiled (d) rebounded

번역

A 올해 당신의 회사가 정말 호전되었네요!

B 네, 주가가 작년의 최저치에서 20프로 반등했어요.

(a) 비롯되다 (b) 획득하다
(c) 편집하다 (d) 반등하다

기출 공략

회사가 호전되었다는 말에 긍정으로 답변하고 있으므로, 주가가 작년의 최저치에서 20% 올랐다는 내용이 되면 논리상 적절하다. 따라서 '반등했다'를 뜻하는 (d)가 정답이다.

turn around 호전되다 **stock price** 주가 **low** 낮은 수준, 최저치 **derive** 비롯되다 **attain** 획득하다 **compile** 편집하다 **rebound** 반등하다

정답_(d)

14

A Why did Vincent quit eating red meat?

B His doctor said it was ___________ to his health.

(a) conspicuous (b) detrimental
(c) susceptible (d) exorbitant

번역

A 왜 빈센트가 붉은 고기 먹는 걸 그만뒀죠?

B 의사가 건강에 해롭다고 했거든요.

(a) 눈에 잘 띄는 (b) 해로운
(c) 민감한 (d) 과도한

기출 공략

빈센트가 붉은 고기를 더 이상 먹지 않는 이유로 그의 주치의가 붉은 고기가 그의 건강에 '해롭다'고 대답한 (b)가 가장 적절하다.

quit 그만두다, 그만하다 **conspicuous** 눈에 잘 띄는 **detrimental** 해로운 **susceptible** 민감한 **exorbitant** 과도한

정답_(b)

15

A I didn't like that new movie. I don't understand what the hype's all about.

B Oh, really? It was highly ___________ by movie reviewers. They loved it.

(a) acclaimed (b) fabricated
(c) instigated (d) procured

번역

A 저 새 영화 별로였어. 무엇 때문에 난리였는지 이해가 안 되네.

B 아, 정말? 영화 평론가들한테는 아주 극찬을 받았는데. 그들은 좋아했거든.

(a) 격찬하다 (b) 날조하다
(c) 선동하다 (d) 입수하다

기출 공략

영화에 대한 상반된 의견을 말하고 있다. 평론가들이 그것을 좋아했다면 (a)와 같은 반응을 했을 것이다. 나머지는 대화와 거리가 멀다.

hype 대대적인 과장된 광고, 과장 보도 **reviewer** 비평가 **acclaim** 격찬하다 **fabricate** 날조하다 **instigate** 선동하다 **procure** 입수하다

정답_(a)

16

A I hate flying economy class. There's never enough leg room.

B Try business class. It's less ___________.

(a) scarce (b) durable
(c) cramped (d) insulated

번역

A 이코노미 클래스를 타고 비행하는 게 싫어. 다리 뻗을 공간이 전혀 충분하지 않아.

B 비즈니스 클래스를 타 봐. 덜 좁아.

(a) 드문 (b) 내구성이 있는
(c) 비좁은 (d) 절연 처리가 된

기출 공략

이코노미 클래스가 좁아서 싫다고 했으므로 비즈니스 클래스를 권하는 이유에는 공간이 좀 더 넓다는 말이 나와야 하므로 (c)가 정답이다.

leg room 다리를 뻗을 수 있는 공간 **scarce** 드문 **durable** 내구성이 있는 **cramped** 비좁은 **insulated** 절연 처리가 된 정답_(c)

17

A I wish the presenter would speak more loudly.
B I know. I can't ______________ a word he's saying.

(a) take after (b) make out
(c) dwell on (d) put off

번역

A 발표자가 더 크게 말한다면 좋을 텐데.
B 그러게. 그가 얘기하는 걸 하나도 알아들을 수가 없어.
(a) 닮다 (b) 알아듣다
(c) 숙고하다 (d) 연기하다

기출 공략

서로 같은 의견을 말하고 있다. 발표자가 더 크게 말하지 않기 때문에 알아듣기 어렵다는 것이 문맥상 자연스러우므로 (b)가 가장 적절하다.
presenter 발표자 **loudly** 크게 **take after** 닮다 **make out** 알아듣다 **dwell on** 숙고하다 **put off** 연기하다 정답_(b)

18

A I haven't had any energy lately.
B I'm also feeling so ______________ that I don't want to do any work.

(a) retired (b) sluggish
(c) adamant (d) divergent

번역

A 요즘에 기운이 없어.
B 나도 너무 활기가 없어서 어떤 일도 하고 싶지가 않네.
(a) 은퇴한 (b) 활기 없는
(c) 단호한 (d) 나뉘는

기출 공략

기운이 없다는 말을 듣고 자신도 마찬가지라고 했으므로 빈칸에는 haven't had any energy에 해당하는 말이 들어가야 한다. 따라서 '동작이 둔한, 활기 없는'을 뜻하는 (b)가 가장 적절하다.
retired 은퇴한 **sluggish** 활기 없는 **adamant** 단호한 **divergent** 나뉘는 정답_(b)

19

A How will you pay your bills if you quit your job?
B I have some money saved to ______________ in case of an emergency.

(a) tell me off (b) buy me out
(c) tide me over (d) stand me up

번역

A 일 그만두면 고지서는 어떻게 낼 거야?
B 비상시에 꾸려 나갈 수 있게 모아 놓은 돈이 좀 있어.
(a) 야단을 치다 (b) 매수하다
(c) 헤쳐 나가도록 하다 (d) 바람맞히다

기출 공략

비상시를 위해 돈을 저축했는데 이 돈은 비상시를 '견딜 수 있는' 돈이 되므로 (c)가 가장 적절하다.
in case of emergency 비상시에 **tell off** 야단을 치다 **buy ~ out** 매수하다 **tide ~ over** (어려움을) 헤쳐 나가도록 하다 **stand up** 바람맞히다 정답_(c)

20

A Fairfield's CEO was accused of ______________ millions of dollars!
B Yes, I heard he siphoned funds into an offshore account.

(a) riveting (b) curtailing
(c) embezzling (d) reprimanding

번역

A 페어필드의 대표 이사가 수백만 달러를 횡령한 걸로 기소되었어요!
B 그러게요. 해외 은행으로 자금을 빼돌렸다고 들었어요.
(a) 고정시키다 (b) 삭감시키다
(c) 횡령하다 (d) 질책하다

기출 공략

기소가 되려면 불법적인 일을 저질렀다는 것인데 해외 은행으로 자금을 빼돌렸다는 부연 설명을 보아 선택지 중에서 '횡령하다'를 뜻하는 (c)가 가장 적절하다.
siphon (돈을) 빼돌리다 **offshore account** 해외에 있는 은행 **rivet** 고정시키다 **curtail** 삭감시키다 **embezzle** 횡령하다 **reprimand** 질책하다 정답_(c)

21

A I told Joyce the driver's test is easy, so she shouldn't worry.

B That's good. I'm sure it helped ______________ her fears.

(a) allay (b) malign
(c) exculpate (d) dissemble

번역

A 조이스한테 운전면허 시험이 쉽다고 했기 때문에 조이스는 걱정하지 않을 거야.

B 잘됐네. 그녀의 두려움을 가라앉히는 데 도움이 되었겠다.

(a) 가라앉히다 (b) 비방하다
(c) 무죄를 입증하다 (d) 숨기다

기출 공략

운전면허 시험이 쉽다고 말하면서 걱정을 덜어준 것은 두려움을 '가라앉힌' 것이므로 정답은 (a)이다.

fear 두려움, 걱정 **allay** 가라앉히다 **malign** 비방하다
exculpate 무죄를 입증하다 **dissemble** 숨기다

정답_(a)

22

A Did you hear Mark's angry speech at the meeting?

B Yes, I thought his ______________ would never end.

(a) tirade (b) refuge
(c) fissure (d) deluge

번역

A 회의에서 마크의 화가 난 발언 들었어요?

B 네, 그의 장황한 비난이 절대 끝나지 않을 것 같았어요.

(a) 장황한 비난 (b) 피난처
(c) 길게 갈라진 틈 (d) 쇄도

기출 공략

빈칸은 angry speech를 대신할 말을 찾아야 한다. tirade가 '장황한 비난, 연설'을 뜻하므로 (a)가 가장 적절하다.

speech 말, 발언, 연설 **tirade** 장황한 비난 **refuge** 피난처
fissure 길게 갈라진 틈 **deluge** 쇄도; 대홍수

정답_(a)

23

A Heather loves to give people advice.

B I know, but I wish she didn't ______________ so freely.

(a) lop it off (b) take it up
(c) dish it out (d) count it in

번역

A 헤더는 사람들한테 충고하는 걸 좋아해.

B 맞아, 하지만 그녀가 너무 마음대로 조언을 하지 않는다면 좋을 텐데.

(a) 쳐내다 (b) 받아들이다
(c) 조언을 하다 (d) 포함시키다

기출 공략

헤더가 충고하는 걸 좋아한다는 말에 긍정했지만 but으로 이어지므로 너무 마음대로 지나치게 충고하지는 않았으면 한다는 것이 자연스럽다. 따라서 '조언을 하다'는 표현의 (c)가 가장 적절하다.

freely 자유롭게 **lop off** 쳐내다 **take up** 받아들이다 **dish out** 조언을 하다 **count in** 포함시키다

정답_(c)

24

A Be careful, or your boat will float away!

B No, it won't. It's ______________ to the dock with a rope.

(a) baffled (b) tethered
(c) consigned (d) infatuated

번역

A 조심해, 그렇지 않으면 보트가 떠내려갈 거야!

B 아니야, 그렇지 않아. 밧줄로 부두에 묶여 있어.

(a) 당황스러운 (b) 묶인
(c) 맡겨진 (d) 미쳐 있는

기출 공략

보트가 떠내려가지 않는다고 자신 있게 말하려면 적어도 부두에 잘 '묶여' 있어야 하므로 (b)가 가장 적절하다.

float away 떠내려가다 **dock** 부두 **baffle** 당황하게 만들다
tether (밧줄로) 묶다, 매다 **consign** 맡기다, 위탁하다 **infatuate** 열중하게 하다

정답_(b)

25

A Another report on the city's budgetary problems came out.

B Yes, the city is certainly ______________ by financial problems.

(a) salvaged (b) ensconced
(c) beleaguered (d) incarcerated

번역

A 도시의 예산 문제에 관한 또 다른 보고서가 나왔어요.
B 네, 시는 분명 재정 문제로 궁지에 몰렸네요.
(a) 구조된 (b) 안락하게 자리를 잡은
(c) 궁지에 몰린 (d) 감금된

기출 공략

빈칸에는 시가 재정적인 문제로 처한 상황에 어울리는 표현이 와야 한다. 시가 재정적인 문제로 '궁지에 몰렸다'는 뜻이 적절하므로 (c)가 정답이다.

salvage 구조하다 **ensconce** 안락하게 자리를 잡다
beleaguer 궁지에 몰아넣다 **incarcerate** 감금하다 정답_(c)

26

Stanley Brewer's art had a great ______________ on later painters, setting the style that was popular for many years.

(a) shift (b) extent
(c) herald (d) impact

번역

스탠리 브루어의 미술은 수년간 인기가 있었던 스타일을 만들어내면서 후대 화가들에게 큰 영향을 줬다.
(a) 변화 (b) 범위
(c) 전조 (d) 영향

기출 공략

수년간 인기가 있었던 스타일을 만들어 내었다면 후대 화가들에게 큰 '영향'을 주었을 것으로 예상할 수 있다. impact는 전치사 on과 결합하여 쓰이는 것도 결정적인 힌트가 되므로 정답은 (d)이다.

later 뒤의, 후의 **shift** 변화 **extent** 범위; 한도 **herald** 전조
impact 영향 정답_(d)

27

This year's Oktoberfest celebration is expected to ______________ millions of visitors to Munich, Germany.

(a) draw (b) devote
(c) submit (d) produce

번역

올해 옥토버페스트 행사는 수백만 명의 방문객들을 독일 뮌헨으로 끌어들일 것으로 예상된다.
(a) 끌어들이다 (b) 헌신하다
(c) 제출하다 (d) 생산하다

기출 공략

행사의 목적은 사람들이 방문하도록 유인하는 것이므로, 빈칸은 수백만 명의 사람들을 '끌어들인다'는 표현의 (a)가 가장 적절하다.

celebration 기념행사 **draw** 끌어들이다 **devote** 헌신하다
submit 제출하다 **produce** 생산하다 정답_(a)

28

During severe winters, some animals go so long without finding food that they die of ______________.

(a) prominence (b) starvation
(c) expiration (d) obedience

번역

혹독한 겨울 동안 어떤 동물들은 먹이를 못 찾은 상태로 오래 있다가 굶주림으로 죽는다.
(a) 두드러짐 (b) 굶주림
(c) 만료 (d) 복종

기출 공략

동물들이 혹독한 겨울 동안 먹이를 찾지 못하고 오래 지내게 되면 '굶주림'으로 죽게 될 것이다. 따라서 빈칸은 (b)가 가장 적절하다.

die of ~로 죽다 **prominence** 두드러짐 **starvation** 굶주림
expiration 만료 **obedience** 복종 정답_(b)

29

Those not given a spot at Everton Academy this year may reapply next year, by which time ______________ may be possible.

(a) succession (b) enrollment
(c) concurrence (d) reconciliation

번역

올해 에버튼 아카데미에 입학 허가를 못 받은 사람들은 내년에 다시 지원할 수 있고, 그때는 등록이 가능할 것이다.

(a) 연속 (b) 등록
(c) 동의 (d) 화해

기출 공략

올해 입학을 못하더라도 내년에 다시 지원을 할 수 있다고 했으므로 빈칸에는 지원, 입학과 관련된 단어가 들어가야 한다. 따라서 '등록'을 뜻하는 (b)가 가장 적절하다.

spot 위치, 자리 **reapply** 다시 지원하다 **succession** 연속 **enrollment** 등록, 입학 **concurrence** 동의 **reconciliation** 화해

정답_(b)

30

As part of their lease, ______________ must pay for any damage they do to their apartment while living there.

(a) shelters (b) patrons
(c) tenants (d) rentals

번역

임대차 계약의 일환으로 세입자들은 아파트에 사는 동안 그곳에 끼치는 어떤 손해라도 배상해야 한다.

(a) 주거지 (b) 고객
(c) 세입자 (d) 대여

기출 공략

lease(임대차 계약)에는 집주인과 세입자가 있는데 세입자에 관한 내용을 이야기하고 있으므로, 빈칸은 (c)가 가장 적절하다.

lease 임대차 계약 **do damage** 손해를 끼치다 **shelter** 주거지 **patron** 단골, 고객; 후원자 **tenant** 세입자 **rental** 대여 정답_(c)

31

In a successful ______________ on a counterfeiting operation, police confiscated thousands of dollars in fake $100 bills.

(a) raid (b) descent
(c) enterprise (d) recollection

번역

화폐 위조 작업에 대한 성공적인 현장 급습에서 경찰들은 100달러 위조지폐로 된 수천 달러를 압수했다.

(a) 급습 (b) 하강
(c) 기업 (d) 기억

기출 공략

경찰이 위조지폐 압수에 성공할 수 있었던 것은 갑자기 들이닥쳐 현장을 잡았기 때문이다. 따라서 빈칸은 '급습'을 뜻하는 (a)가 적절하다.

counterfeit 위조하다 **confiscate** 압수하다 **fake** 가짜의 **raid** 급습 **descent** 하강 **enterprise** 기업; 사업 **recollection** 기억; 회상

정답_(a)

32

Objects that are too small to be seen with the naked eye can be made visible if ______________ with a microscope.

(a) inflated (b) disposed
(c) extended (d) magnified

번역

맨눈으로 보기에 너무 작은 물체들은 현미경으로 확대된다면 볼 수 있다.

(a) 부풀리다 (b) 배치하다
(c) 연장하다 (d) 확대하다

기출 공략

너무 작아서 눈으로 보지 못하는 미세한 것은 현미경을 통해 확대해서 본다. 따라서 (d)가 정답이다.

object 물체 **naked eye** 맨눈 **visible** 눈에 보이는 **microscope** 현미경 **inflate** 부풀리다 **dispose** 배치하다 **extend** 연장하다 **magnify** 확대하다 정답_(d)

33

The global tiger population is thought to be around 3,200, but an actual census has not been done, so this is just a(n) ______________.

(a) allegory (b) premise
(c) deletion (d) estimate

번역

지구 상의 호랑이 수는 대략 3,200마리로 간주되지만, 실제 개체 조사를 한 것이 아니므로 이것은 추정일 뿐이다.

(a) 우화 (b) 전제
(c) 삭제 (d) 추정

기출 공략

빈칸의 힌트는 an actual census has not been done에 있다. 확실한 데이터가 아니라는 의미로 '추정'을 뜻하는 (d)가 적절하다.

population 인구, 개체 수 **census** 인구 조사 **allegory** 우화 **premise** 전제 **deletion** 삭제 **estimate** 추정

정답_(d)

34

The protesters, determined to see the dictator removed from power, staged a demonstration to have him ______________.

(a) instated (b) amended
(c) undertaken (d) overthrown

번역

독재자가 권력에서 물러나는 걸 보기로 결심한 시위자들은 그를 끌어내리기 위한 시위를 벌였다.

(a) 취임시키다 (b) 수정하다
(c) 착수하다 (d) 끌어내리다

기출 공략

시위자들이 독재자가 권력에서 물러나는 걸 보기로 결심하여서 시위를 했다면, 빈칸은 removed(물러나게 한)와 유사한 단어가 필요하다. 따라서 빈칸은 '끌어내리는'을 뜻하는 (d)가 가장 적절하다.

stage (행사를) 조직하다 **demonstration** 시위, 데모 **instate** 취임시키다 **amend** 수정하다 **undertake** 착수하다 **overthrow** 전복시키다; 끌어내리다

정답_(d)

35

The hinge on the old chest was stuck, so Lyle had to ______________ it open with a crowbar.

(a) pry (b) halt
(c) evoke (d) dodge

번역

낡은 상자에 있는 경첩이 꽉 끼여서 라일은 쇠지렛대로 들어 올려 열어야만 했다.

(a) 지레로 들어 올리다 (b) 멈추다
(c) 환기시키다 (d) 재빨리 피하다

기출 공략

상자에 경첩이 꽉 끼어서 상자를 열기 위해 쇠지렛대를 사용하고 있으므로, 빈칸은 경첩을 제거하기 위한 내용이 들어가야 한다. 따라서 '지레로 들어 올리다'를 뜻하는 (a)가 문맥상 가장 적절하다.

hinge 경첩 **chest** 궤, 상자 **crowbar** 쇠지렛대 **pry** 지레로 들어 올리다 **halt** 멈추다 **evoke** 환기시키다 **dodge** 재빨리 피하다

정답_(a)

36

Teachers should strive to ______________ student engagement in the classroom, since active participation improves learning outcomes.

(a) foster (b) ordain
(c) portray (d) relegate

번역

교사들은 적극적인 참여가 학습 결과를 향상시키기 때문에 학생들의 수업 참여를 조성하려고 애써야 한다.

(a) 조성하다 (b) 정하다
(c) 묘사하다 (d) 격하시키다

기출 공략

학생들의 적극적인 수업 참여가 학습 결과에 긍정적인 영향을 준다면, 교사들은 학생들의 수업 참여를 독려해야 할 것이다. 따라서 빈칸은 학생들의 수업 참여를 '조성한다'는 뜻의 (a)가 가장 적절하다.

strive 노력하다, 힘쓰다 **engagement** 참여 **outcome** 결과 **foster** 조성하다 **ordain** 정하다 **portray** 묘사하다 **relegate** 격하시키다

정답_(a)

37

The pace of the action film built up gradually until it ______________ in a thrilling finale.

(a) exasperated (b) encroached
(c) culminated (d) harangued

번역
그 액션 영화는 흥분되는 마지막 장면에 이를 때까지 속도가 점차 높아졌다.
(a) 화나게 하다 (b) 침입하다
(c) (절정에) 이르다 (d) 열변을 토하다

기출 공략
액션 영화의 속도는 마지막 장면에 이를 때까지 점차 높아졌다라고 하면 문맥상 적절하다. 따라서 빈칸은 '(절정에) 이르다'를 뜻하는 (c)가 가장 적절하다.
pace 속도 **build up** 강력해지다, 점점 커지다 **thrilling** 아주 신나는, 흥분되는 **finale** 마지막 부분 **exasperate** 화나게 하다 **encroach** 침입하다 **culminate** (절정에) 이르다 **harangue** 열변을 토하다
정답_(c)

38

The theater apologizes for postponing the start of the show, which will now ______________ at 8 o'clock and end at 10 o'clock.

(a) dispense (b) originate
(c) commence (d) encapsulate

번역
그 극장은 쇼의 시작을 미룬 것에 대해 사과하는데, 그것은 이제 8시에 시작해서 10시에 끝난다.
(a) 나누어 주다 (b) 유래하다
(c) 시작하다 (d) 요약하다

기출 공략
빈칸 뒤에 끝나는 시간이 나오므로 빈칸에는 시작한다는 내용이 들어가야 한다. 따라서 (c)가 정답이다.
postpone 연기하다, 미루다 **dispense** 나누어 주다 **originate** 유래하다 **commence** 시작하다 **encapsulate** 요약하다
정답_(c)

39

The Dalai Lama is ______________ by followers of Tibetan Buddhism, who regard him as their spiritual leader.

(a) recapitulated (b) personified
(c) epitomized (d) venerated

번역
달라이 라마는 그를 정신적 지도자로 생각하는 티베트 불교 신자들에 의해 존경받는다.
(a) 개요를 말하다 (b) 의인화하다
(c) 요약하다 (d) 존경하다

기출 공략
달라이 라마를 정신적 지도자로 생각한다는 부분으로 보아 빈칸에는 존경을 받는다는 내용이 적절하므로 (d)가 정답이다.
regard A as B A를 B로 간주하다, 생각하다 **recapitulate** 개요를 말하다 **personify** 의인화하다 **epitomize** 요약하다 **venerate** 존경하다
정답_(d)

40

Far from asking superficial questions, the psychologist ______________ deeply into the reason behind his patient's depression.

(a) probed (b) faltered
(c) deviated (d) skimmed

번역
그 심리학자는 피상적인 질문들을 절대 묻지 않고 환자의 우울증 이면에 있는 이유를 깊게 캐물었다.
(a) 캐묻다 (b) 흔들리다
(c) 벗어나다 (d) 훑어보다

기출 공략
심리학자가 환자가 안고 있는 문제점을 파악하려면 그것의 이유에 대해 깊이 있게 조사하거나 캐물을 것이다. 따라서 빈칸은 '캐묻다'를 뜻하는 (a)가 가장 적절하다.
far from -ing 전혀 ~가 아닌 **superficial** 피상적인 **psychologist** 심리학자 **depression** 우울증 **probe** 캐묻다 **falter** 흔들리다 **deviate** 벗어나다 **skim** 훑어보다
정답_(a)

41

The story of the protagonist's birth, which was mysterious at the outset, gradually _____________ throughout the course of the novel.

(a) elongated (b) detached
(c) unfolded (d) reprised

번역
주인공의 탄생의 이야기는 처음에 미스터리였는데, 소설이 전개되면서 점차 밝혀졌다.
(a) 길게 늘이다 (b) 분리하다
(c) 밝혀지다 (d) 반복하다

기출 공략
주인공의 탄생 이야기는 처음에는 밝혀지지 않았지만, 소설이 진행됨에 따라 점차 밝혀졌다고 해야 문맥상 자연스럽다. 따라서 빈칸은 '밝혀졌다'를 뜻하는 (c)가 가장 적절하다.
protagonist (영화, 책 등의) 주인공 **mysterious** 불가사의한, 신비한 **outset** 시초, 발단 **course** 추이, 전개 **elongate** 길게 늘이다 **detach** 분리하다 **unfold** 밝혀지다 **reprise** 반복하다
정답_(c)

42

As team leader, Linda _____________ full responsibility for the team not meeting its deadline, sparing her subordinates blame.

(a) prefaced (b) assumed
(c) allocated (d) prioritized

번역
팀 리더로서 린다는 팀이 마감을 맞추지 못한 것에 대한 전적인 책임을 맡아서, 부하 직원들이 책임을 모면하게 했다.
(a) 서문을 쓰다 (b) 책임을 맡다
(c) 할당하다 (d) 우선순위를 매기다

기출 공략
팀원들이 책임을 모면하게 하려면 팀장이 책임을 떠안았을 것이므로 선택지 중에서는 (b)가 문맥상 자연스럽다.
spare 모면하게 하다 **subordinate** 부하, 하급 직원 **blame** 책임 **preface** 서문을 쓰다 **assume** 책임을 맡다 **allocate** 할당하다 **prioritize** 우선순위를 매기다
정답_(b)

43

Medieval knights swore their _____________ to a lord in order to confirm their loyalty.

(a) allegiance (b) constraint
(c) admonition (d) compulsion

번역
중세 기사들은 충성심을 견고하게 하기 위해 영주에게 충성을 맹세했다.
(a) 충성 (b) 제약
(c) 충고 (d) 강요

기출 공략
중세 기사들이 충성심을 견고히 하기 위해 영주에게 맹세했을 만한 것은 영주를 따르겠다는 '충성'일 것이다. 따라서 (a)가 정답이다.
knight 기사 **swear** 맹세하다 **lord** 중세 영주, 귀족 **confirm** 견고하다; 확인하다 **loyalty** 충성심 **allegiance** 충성 **constraint** 제약 **admonition** 충고 **compulsion** 강요
정답_(a)

44

In response to concerns over its aging _____________ of airplanes, Blue Airways just purchased ten new jetliners.

(a) sect (b) fleet
(c) scale (d) forte

번역
노후화된 비행기들에 대한 우려에 대응하여 블루 항공은 10대의 새 제트 여객기를 사들였다.
(a) 종파 (b) 무리
(c) 규모 (d) 강점

기출 공략
선택지의 fleet은 비행기나 배의 '무리, 집단'을 뜻하며 앞의 aging(노후화된)의 수식을 받을 수 있다. 따라서 (b)가 정답이다.
in response to ~에 대응하여 **jetliner** 제트 여객기 **sect** 종파 **fleet** 함대; 집단, 무리 **scale** 규모 **forte** 강점
정답_(b)

45

Reports of excess amounts of pesticide on some of its vegetables ______________ the otherwise sterling reputation of the produce company.

(a) tarnished (b) rendered
(c) berated (d) grazed

번역

일부 채소들에 과도한 살충제 양에 관한 보고는 보고되지 않았다면 훌륭했을 농산물 회사의 평판을 손상시켰다.

(a) 손상시키다 (b) 되게 하다
(c) 질책하다 (d) 방목하다

기출 공략

알려지지 않았다면 평판이 좋았을 회사의 살충제 사용 보고는 그 이미지를 훼손시켰을 것이므로 (a)가 가장 적절하다.

excess 과도한, 지나친 **pesticide** 살충제 **otherwise** 그렇지 않았다면 **sterling** 훌륭한 **reputation** 평판 **produce** 농산물 **tarnish** 손상시키다 **render** 되게 하다 **berate** 질책하다 **graze** 방목하다

정답_(a)

46

The remote tribe was notoriously ______________ to outsiders, attacking anyone who was not a member of their group.

(a) prudent (b) grievous
(c) repentant (d) antagonistic

번역

그 외딴 부족은 자신들의 일원이 아닌 사람들은 누구든지 공격하여 외부인들에게 악명이 높을 정도로 적대적이었다.

(a) 신중한 (b) 비통한
(c) 뉘우치는 (d) 적대적인

기출 공략

외딴 부족은 외부인들을 공격한다고 했으므로, 빈칸은 '적대적인'을 뜻하는 (d)가 가장 적절하다.

remote 외딴 **tribe** 부족 **notoriously** 악명 높게 **prudent** 신중한 **grievous** 비통한 **repentant** 뉘우치는 **antagonistic** 적대적인

정답_(d)

47

The scientists disagreed about the storm's ______________, some arguing that it would veer west and others that it was headed north.

(a) embankment (b) vanguard
(c) trajectory (d) locution

번역

과학자들은 태풍의 경로에 대해 의견이 일치하지 않았는데, 일부는 그것이 방향을 서쪽으로 확 틀 것이라고 하였고 다른 이들은 북쪽으로 향한다고 주장했다.

(a) 둑 (b) 선봉
(c) 경로 (d) 말투

기출 공략

태풍의 이동 방향에 대해 과학자들의 의견이 일치하지 않고 있으므로, 빈칸은 '경로'를 뜻하는 (c)가 가장 적절하다.

veer 방향을 확 틀다 **embankment** 둑 **vanguard** 선봉 **trajectory** 궤적; 경로 **locution** 말투

정답_(c)

48

Although the company had many small debts, when added together, the ______________ amount was beyond its means to repay.

(a) aggregate (b) syndicated
(c) acquiescent (d) collaborative

번역

회사가 여러 자잘한 부채가 있지만, 그게 다 합쳐졌을 때 총 액수는 갚을 수 있는 수입을 넘어섰다.

(a) 총계의 (b) 많은 신문에 배급된
(c) 묵인하는 (d) 공동의

기출 공략

빈칸은 amount(수량)를 수식하고 있으므로, 바로 앞의 when added together(부채가 다 합쳐졌을 때)에 해당하는 말이 들어가야 한다. 따라서 '총계의'를 뜻하는 (a)가 가장 적절하다.

means 갖고 있는 재력, 수입 **repay** 갚다 **aggregate** 총계의 **syndicated** 많은 신문에 배급된 **acquiescent** 묵인하는 **collaborative** 공동의

정답_(a)

49

The boundary between the two properties was clearly ______________ by a fence separating them.

(a) extirpated (b) perforated
(c) demarcated (d) underpinned

번역

두 부동산의 경계는 그것을 분리하는 울타리에 의해 분명히 경계가 표시되었다.

(a) 제거하다 (b) 구멍을 뚫다
(c) 경계를 표시하다 (d) 보강하다

기출 공략

부동산의 경계는 그것을 분리하는 울타리에 의해 구분될 것이므로, 빈칸은 '경계가 표시된'을 뜻하는 (c)가 가장 적절하다.

property 부동산, 재산 **extirpate** 제거하다 **perforate** 구멍을 뚫다 **demarcate** 경계를 표시하다 **underpin** 보강하다 **정답**_(c)

50

Following the massive hurricane, the prime minister ______________ the international community to provide humanitarian assistance.

(a) saluted (b) revered
(c) beseeched (d) elucidated

번역

거대한 허리케인이 지나간 후에 장관은 국제 사회에 인도주의적 지원 제공을 간청했다.

(a) 경례하다 (b) 숭배하다
(c) 간청하다 (d) 설명하다

기출 공략

거대한 허리케인이 지나간 후라면 인도주의적 지원을 '요청하는' 것이라고 유추할 수 있다. 따라서 정답은 (c)이다.

massive 거대한 **humanitarian** 인도주의적인 **assistance** 도움, 지원 **salute** 경례하다 **revere** 숭배하다 **beseech** 간청하다 **elucidate** 설명하다 **정답**_(c)

Reading Comprehension

1

Starting October 20, Savannah Adventures is closing temporarily as the zoo undergoes construction to ______________. The individual enclosures currently housing most of our animals will be replaced by carefully concealed fences around the park's edges. Those visiting after the reopening will not feel like they are in a zoo, but instead like they have stepped out into the wilds of Africa. Future visits will be by guided tour only, using custom off-road vehicles to give visitors animal encounters just like those on actual African safaris.

(a) make the safari experience more affordable
(b) separate the animals into individual enclosures
(c) allow visitors to bring their vehicles into the park
(d) give customers a more authentic safari experience

번역

10월 20일부터 사바나 어드벤처가 관람객들께 더욱 실감나는 사파리 체험을 제공하기 위해 동물원 공사를 하는 관계로 임시 폐쇄됩니다. 현재 동물들의 대부분을 수용하고 있는 개별 담들은 공원 끝 둘레에 꼼꼼히 감춰진 울타리로 대체될 것입니다. 다시 개방한 후 방문하는 분들은 동물원에 있기보다는 아프리카 야생에 들어왔다고 느끼실 겁니다. 다음에 오실 관람객들은 주문 제작한 비포장용 차량을 타고 실제 아프리카 사파리 관광객들처럼 동물을 직접 대면할 수 있도록 하는 가이드 투어만 가능합니다.

(a) 사파리 체험을 좀 더 알맞은 가격에 맞추도록
(b) 동물들을 각 울타리에 분리하기 위해
(c) 관람객들이 차량을 공원에 가져올 수 있도록 하기 위해
(d) 관람객들께 더욱 실감나는 사파리 체험을 제공하기 위해

기출 공략

동물원의 임시 폐쇄를 알리는 안내문으로, 빈칸에는 임시 폐쇄하는 이유가 와야 한다. 동물원을 새 단장하여 실제 사파리 체험과 같은 투어를 하게 될 것이라고 했으므로 (d)가 정답이다.

temporarily 일시적으로, 임시로 **undergo** ~을 겪다, 치르다 **enclosure** 울, 담 **house** 수용하다, 살 곳을 제공하다 **conceal** 숨기다, 감추다 **edge** 가장자리 **step out into** ~로 나아가다 **custom** 주문제작한 **off-road vehicle** 비포장도로를 달릴 수 있는 차량 **encounter** 마주침, 조우 **safari** 사파리 여행(아프리카에서 야생 동물들을 구경하거나 사냥하는 여행) **affordable** (가격이) 알맞은 **authentic** 진짜인, 진짜와 똑같게 만든

정답_(d)

2

Dear Leonard,
I'm writing to ______________. I started feeling really sick Saturday evening and couldn't bring myself to leave the house. I didn't call because I figured you were busy with guests, and didn't want to disturb your birthday celebrations! Andrea told me it was fun, so I'm sad to have missed it. Anyhow, I'll make it up to you by buying you dinner—just name the day.
Take care,
Lisa

(a) say I'm sorry I couldn't make it to your birthday party
(b) apologize for forgetting your birthday last Saturday
(c) find out how Andrea's birthday party went
(d) invite you out for dinner on my birthday

번역

레오나드 씨께
당신 생일 파티에 못 가서 죄송하다는 말씀을 드리려 이렇게 편지를 씁니다. 토요일 저녁 너무 아프기 시작해서 도저히 집을 나설 수가 없었어요. 당신이 손님들 접대하느라 바쁘고, 생일 축하 행사를 방해하고 싶지 않아 전화하지 않았습니다! 안드레아가 생일 파티가 즐거웠다고 하던데, 제가 가지 못해 아쉬워요. 아무튼, 저녁 식사를 사는 것으로 보상할게요. 날짜만 정해 주세요.
건강하세요.
리사

(a) 당신 생일 파티에 못 가서 죄송하다는 말씀을 드리려
(b) 지난 토요일이 당신 생일이었다는 걸 잊어서 사과하려고
(c) 안드레아의 생일 파티가 어땠는지 알아보려고
(d) 제 생일날 저녁 식사에 초대하려고

기출 공략

이 편지는 생일 파티에 못 간 이유와 대신 저녁 식사를 대접하겠다는 내용의 사과 편지이다. I'm writing to는 '~을 위해 이 편지를 쓴다'이므로 편지의 목적이 빈칸에 와야 한다. 생일 파티에 못 가 미안하다는 (a)가 정답이다. 생일을 잊은 게 아니므로 (b)는 오답이며, 레오나드의 생일이었으므로 (c)도 틀렸다.

can't bring oneself to ~할 마음이 내키지 않다 **figure** 판단하다, 생각하다 **disturb** 방해하다 **celebration** 기념행사 **anyhow** 아무튼 **make it up to** ~에게 (손해를) 보상하다 **name** (날짜 등을) 말하다, 정하다 **make it** (모임 등에) 가다, 참석하다

정답_(a)

3

With its tropical climate, pristine blue waters, and white-sand beaches, the Caribbean is one of the world's busiest tourist destinations. But you can still have a peaceful vacation in the Caribbean by choosing one of its lesser known islands like Dominica, Grenada, or Bonaire. Visitors will experience pure bliss as these islands boast secluded beaches and water-front bungalows without the tourist bustle. So book your trip to one of these destinations today and ____________.

(a) learn why they are now the busiest in the Caribbean
(b) see what the Caribbean offers besides just the beaches
(c) find out why they are a better option than the Caribbean
(d) enjoy a tranquil Caribbean vacation away from the crowds

번역

열대 기후, 오염되지 않은 푸른 바다, 그리고 하얀 모래 해변이 있는 카리브 해는 세계에서 가장 관광객들로 붐비는 관광지 중 한 곳입니다. 그러나 도미니카, 그레나다, 보네르 등 좀 덜 알려진 섬들을 선택하신다면 여러분은 여전히 카리브 해에서 평화로운 휴가를 즐기실 수 있습니다. 이 섬들은 다른 관광객들의 북적임 없이 한적한 해변과 바다가 보이는 방갈로를 갖추고 있어, 관광객들은 진정한 행복을 경험하시게 될 것입니다. 오늘 이 관광지들 중 한 곳으로 여행 예약을 하셔서, 사람들로부터 벗어나 평온한 카리브 해 휴가를 즐기십시오.

(a) 그곳들이 카리브 해에서 지금 가장 붐비는 이유를 아십시오
(b) 카리브 해가 해변 외에 제공하는 것을 보십시오
(c) 그곳들이 카리브 해보다 더 나은 선택인 이유를 발견하십시오
(d) 사람들로부터 벗어나 평온한 카리브 해 휴가를 즐기십시오

기출 공략

관광 홍보 안내문이다. 카리브 해의 비교적 덜 알려진 섬에서 한적하고 평온한 휴가를 즐길 수 있다고 광고하고 있다. 문맥상 빈칸에는 (d)가 와야 알맞다. (c)는 이 안내문에서 선전하는 섬들이 카리브 해에 속해 있으므로 오답이다.

tropical 열대 지방의, 열대의 **pristine** 자연 그대로의, 오염되지 않은 **tourist destination** 관광지 **bliss** 더 없는 행복 **boast** (자랑할 만한 것을) 갖추다 **secluded** 한적한, 외딴 **bungalow** 단층집, 방갈로 **bustle** 부산함, 북적거림 **besides** ~외에 **option** 선택, 옵션 **tranquil** 고요한, 평온한

정답_(d)

4

The fisheries of Galton Bay are in serious decline, and quick legislative action is needed to correct the situation. Over the past two decades, the catch allowance for commercial fishing boats has remained constant. However, the number of such ships that have received permits to ply the bay's waters has swelled. This has placed mounting pressure on fish stocks, which are currently at precarious levels. It is time to ease the strain on the bay's fisheries by reversing this damaging trend of ____________.

(a) raising the catch allowance for individual fishing boats
(b) allowing fishing boats to harvest unlimited numbers of fish
(c) concentrating fishing rights in the hands of fewer companies
(d) granting fishing permits to ever more commercial fishing vessels

번역

골턴 만의 어업이 심각한 쇠퇴를 겪고 있고 이 사태를 바로 잡으려면 빠른 법적 조치가 필요하다. 지난 20년간 상업용 어선의 어획 허용량은 일정하게 유지되었다. 그러나 이 만에서 고기를 잡도록 허가받는 상업용 어선의 숫자가 늘어났다. 이것은 생선의 비축량에 점점 많은 압력을 가해서 현재 위험한 수준에 이르렀다. 점점 늘어나는 상업용 어선에 어업권을 허가하는 이런 해로운 흐름을 역전시켜서, 이 만의 어업에 긴장을 풀어줄 때가 되었다.

(a) 각 어선에 어획 허용량을 늘리는
(b) 어선들이 무제한 물고기를 잡을 수 있도록 허용하는
(c) 더 적은 회사 쪽에 어업권을 집중시키는
(d) 점점 늘어나는 상업용 어선에 어업권을 허가하는

기출 공략

골턴 만에 상업용 어선의 증가로 어류가 줄어들고 있어 심각한 상황이라고 얘기하고 있다. 빈칸 앞에 this damaging trend(이런 해로운 흐름)에 해당하는 내용이 빈칸에 들어가야 자연스럽다. 따라서 정답은 (d)이다.

fishery 어업 **bay** 만(灣) **decline** 쇠퇴 **legislative action** 입법 조치 **catch** 어획고 **allowance** 허용량 **constant** 일정한 **permit** 허가, 허가증 **ply** (정기적으로) 다니다, 왕복하다 **swell** 늘어나다, 증가하다 **mounting** 증가하는 **stock** 비축물 **precarious** 위태로운, 위험한 **ease the strain** 긴장을 풀다 **reverse** 뒤집다 **damaging** 피해를 주는, 해로운 **concentrate** 집중하다, 모으다 **grant** 승인하다, 허락하다 **vessel** 선박, 배

정답_(d)

5

The seventeenth-century English poet John Milton contended that ______________. After being deserted by his wife, Milton published a series of pamphlets on the legal conditions for divorce at the time, in which he claimed there was no need to prove that a spouse was at fault to obtain a divorce. Citing Scripture for support, he defended the right to terminate a marriage if a couple found each other's company unbearable. This shocked conservatives, who unleashed a storm of protest against Milton and tried to have his pamphlets banned.

(a) divorce laws had made it too easy for spouses to separate
(b) incompatibility alone is a legitimate reason to end a marriage
(c) divorces should be banned since Scripture strictly forbids them
(d) married couples should resolve their differences rather than separate

번역

17세기 영국 시인인 존 밀턴은 성격 차이 하나만으로도 타당한 이혼 사유가 될 수 있다고 주장했다. 부인에게 버림받은 후 밀턴은 그 당시 이혼의 법적 조건에 관한 여러 팸플릿을 출간했는데, 그 책에서 그는 이혼을 하기 위해 배우자가 잘못이 있다고 증명할 필요는 없다고 주장했다. 뒷받침을 위해 성서를 인용하면서, 그는 부부가 서로를 참을 수 없게 되면 이혼할 권리가 있다고 옹호했다. 이것은 보수주의자들에게 충격을 주었고, 이들은 밀턴에게 빗발치는 항의를 했으며 팸플릿을 금지시키려고 했다.

(a) 이혼법은 배우자들이 헤어지는 것을 너무 쉽게 만들었다고
(b) 성격 차이 하나만으로도 타당한 이혼 사유가 될 수 있다고
(c) 성경에서 이혼을 엄격히 금했기 때문에 이혼을 해서는 안 된다고
(d) 결혼한 부부는 헤어지기 보다는 차이를 해결해야 한다고

기출 공략

존 밀턴이 이혼을 옹호하는 팸플릿을 출간하여 보수주의자들의 항의를 받게 된 일화를 설명하고 있다. 존 밀턴이 주장한 내용이 빈칸에 들어가야 하는데, (a), (c), (d)는 모두 이혼에 부정적인 내용으로 존 밀턴의 의견과는 다르다. 정답은 (b)이다.

contend 주장하다 **desert** 버리다, 저버리다 **divorce** 이혼 **spouse** 배우자 **cite** 인용하다 **Scripture** 성서 **terminate** 끝내다 **conservative** 보수주의자, 보수적인 사람 **unleash** (강력한 반응, 감정 등을) 촉발시키다 **a storm of protest** 빗발치는 항의 **incompatibility** 성격의 불일치, 양립할 수 없음 **legitimate** 정당한, 타당한 **forbid** 금하다

정답_(b)

6

A recent study looked at the effect of ocean acidification on the ability of marine organisms to build and maintain their shells. The study found that ocean acidification, caused by rising levels of carbon dioxide in the atmosphere, dissolved the shells of clams, oysters, and some sea snail species. Yet the effect was reversed for other species, such as lobsters, crabs, and prawns, which were able to build thicker shells in acidic water conditions. These findings show that shell-building sea creatures ______________.

(a) exhibit changing patterns of migration due to more acidic oceans
(b) are declining as a result of the rise in the acidification of sea water
(c) respond differently to ocean acidification depending on the species
(d) have evolved into forms not requiring shells because of acidic oceans

번역

해양 생물이 껍질을 만들고 유지하는 능력에 해양의 산성화가 미치는 영향에 대한 연구가 최근 있었다. 연구 결과, 대기의 이산화탄소 수치가 높아지면서 생긴 해양 산성화는 조개, 굴, 기타 바다 달팽이 종들의 껍질을 녹였다. 그러나 가재, 게, 새우 같은 다른 종들에겐 반대 효과가 나왔는데, 이 종들은 산성수 조건에서 더 두꺼운 껍질을 만들 수 있기 때문이다. 이러한 결과에서 알 수 있는 것은 껍질을 만드는 해양 생물들은 종에 따라 해양 산성화에 다르게 반응한다는 것이다.

(a) 더욱 산성화된 바다 때문에 이동 패턴이 바뀌는 것을 보여 준다
(b) 바닷물의 산성화가 높아지는 결과로 줄어들고 있다
(c) 종에 따라 해양 산성화에 다르게 반응한다는 것이다
(d) 산성화된 바다 때문에 껍질이 필요 없는 형태로 진화했다

기출 공략

해양의 산성화와 껍질을 가진 해양 생물 간의 연관성을 연구한 결과를 설명하고 있다. 산성화로 껍질이 녹는 종들이 있는 반면, 더 두꺼운 껍질을 만드는 종들도 있다는 두 가지 상반된 연구 결과가 나왔다. 따라서 종에 따라 해양 산성화에 다르게 반응한다는 (c)가 문맥상 빈칸에 알맞다.

acidification 산성화 **marine organism** 해양 생물 **carbon dioxide** 이산화탄소 **atmosphere** (지구의) 대기 **dissolve** 녹이다 **clam** 조개 **oyster** 굴 **species** 종(種) **prawn** 새우 **migration** 이주, 이동 **decline** 줄어들다 **evolve** 진화하다

정답_(c)

7

The Northern Miners' Union has gone on strike to ______________. This comes after a strike last spring, during which miners in the south refused to work until they received a promise of improved salaries and retirement benefits. The current strike in the north, however, follows a series of deadly accidents which gave rise to the perception that the company has failed to invest in minimizing dangers to workers. The union claims its members have no alternative but to walk off the job until the company commits to the investments necessary to rectify the situation.

(a) secure government sponsorship of unions
(b) petition for safer working conditions for miners
(c) demand wage increases on par with southern miners
(d) protest inadequate medical coverage for union members

번역

북부 광부 노조는 광부들의 더욱 안전한 작업 조건을 탄원하기 위해 파업에 들어갔다. 이번 파업은 지난봄 파업 이후 처음으로, 지난봄에는 남부 광부들이 임금과 퇴직 연금의 인상을 약속받을 때까지 작업을 거부했다. 그러나 현재 북부의 파업은 회사가 노동자의 위험을 최소화하는 데 투자를 실패했다는 인식을 불러일으키는 일련의 사망 사건 후에 일어났다. 노조는 회사가 이 상황을 바로잡는 데 필요한 투자를 할 때까지 작업을 중단하는 것 외에는 대안이 없다고 주장했다.

(a) 정부의 노조 후원을 확보하기 위해
(b) 광부들의 더욱 안전한 작업 조건을 탄원하기 위해
(c) 남부 광부와 같은 임금 인상을 요구하기 위해
(d) 불충분한 노조원 의료 혜택을 항의하기 위해

기출 공략

북부 광부 노조가 파업에 들어간 이유를 본문에서 찾아야 한다. 세 번째 문장에서 회사가 노동자의 위험을 최소화하는 데 실패하여 여러 사망 사고들이 일어난 후 이 파업에 들어갔다고 한다. 이 파업의 목적이 광부들의 안전한 작업 환경을 보장받는 것임을 알 수 있다. 따라서 정답은 (b)이다. 북부 노조의 파업은 남부 노조의 파업 이유와 전혀 상관없으므로 (c)는 오답이다.

miner 광부 **union** 노조, 조합 **go on strike** 파업에 들어가다 **retirement** 은퇴, 퇴직 **perception** 지각, 자각, 인식 **minimize** 최소화하다 **alternative** 대안 **walk off the job** (파업을 위해) 작업을 중단하다 **commit to** ~에 전념하다 **rectify** (잘못된 것을) 바로잡다 **sponsorship** 후원 **petition** 탄원하다 **wage** 임금 **on par with** ~와 같은, 동등한 **inadequate** 불충분한, 부적당한 **medical coverage** 의료 혜택

정답_(b)

8

Valerie Lee's *Wyoming Dreams* depicts a world in which people's visions of the future are never realized. Her characters cultivate romance only to be torn apart by random accidents. They have to give up scholarships they worked their whole lives to earn when their parents are stricken by mysterious illnesses. This is a world where fate is cruel—where free will bows under inexorable powers beyond one's control. In essence, the book tells of characters who ______________.

(a) pursue dreams that are ever thwarted by chance misfortunes
(b) take control of their destinies to avoid being ruled by fate
(c) learn that persistence ultimately pays off with fulfillment
(d) compromise their moral integrity to achieve success

번역

밸러리 리의 〈와이오밍의 꿈〉은 사람들의 미래에 대한 비전이 결코 실현되지 않는 세계를 묘사하고 있다. 그녀의 주인공들은 연애를 하다가 단지 임의의 사건들로 헤어지게 된다. 또한 부모가 알 수 없는 병에 걸려, 그들이 평생 전력투구한 장학금을 포기해야 한다. 이 세계는 자유의지가 인간의 통제 밖에 있는 냉혹한 힘에 굴복당하는, 운명이 잔인한 세계이다. 본질적으로, 이 책은 우연한 불행 때문에 좌절된 꿈을 좇는 주인공들의 이야기이다.

(a) 우연한 불행 때문에 좌절된 꿈을 좇는
(b) 운명에 굴복되지 않으려고 운명을 통제하는
(c) 끈기가 결국 성공을 이룬다는 것을 배우는
(d) 성공을 얻기 위해 도덕성을 버리는

기출 공략

한 소설의 내용을 다루고 있다. 빈칸에는 이 책에 나오는 주인공들의 특징이 들어가야 한다. 본문에서 예로 든 주인공들은 운명에 좌절되는 모습들을 볼 수 있다. 따라서 (a)가 빈칸에 알맞다.

depict 묘사하다, 그리다 **cultivate** (누구와의 관계를) 구축하다, 쌓다 **tear apart** 분열시키다, 떼어 놓다 **random** 무작위의 **scholarship** 장학금 **cruel** 잔인한 **bow** 받아들이다, 굴복하다 **inexorable** 냉혹한 **thwart** 좌절시키다 **chance** 우연한 **destiny** 운명 **persistence** 고집, 인내력 **pay off** 갚다; 성공하다 **fulfillment** 실현, 성취 **compromise** (원칙 등을) 굽히다, 양보하다 **moral integrity** 도덕적 청렴함

정답_(a)

9

In Finland, urban planners examine parks and other public spaces following a snowfall in order to ______________. The freshly fallen snow obscures constructed pathways, so people choose their own ways to navigate the area. The footprints they leave in the snow yield valuable information about the most natural paths for visitors. These so-called desire lines are then used by planners to make actual footpaths that are as efficient and user-friendly as possible.

(a) discover routes for trails that pedestrians find natural
(b) gauge which paths are most hazardous in snowy weather
(c) clear user-friendly paths so that visitors can use them safely
(d) find inspiration for ideas about how to beautify public spaces

번역

핀란드에서는 눈이 내린 후에 보행자들이 자연스럽게 찾은 길의 경로를 알아내기 위해 도시 설계자가 공원과 기타 공공장소들을 조사한다. 방금 내린 눈은 기존 통로를 가려서, 사람들이 그 지역을 돌아다닐 때 자기만의 길을 선택한다. 눈길에 남긴 발자국은 방문자들에게 가장 자연스러운 길에 대한 중요한 정보를 남긴다. 그런 다음 이러한 소위 희망선을 이용하여 설계자는 가능한 한 가장 효율적이고 이용하기 쉬운 실제 인도를 만든다.

(a) 보행자들이 자연스럽게 찾은 길의 경로를 알아내기 위해
(b) 눈 내리는 날씨에 어떤 길이 가장 위험한지 평가하기 위해
(c) 방문자들이 안전하게 이용할 수 있도록 사람들이 많이 이용하는 길을 청소하기 위해
(d) 공공장소를 아름답게 꾸미는 방법에 대한 아이디어의 영감을 얻기 위해

기출 공략

핀란드의 도시 설계자들이 사람들이 지나다니는 길을 만드는 방법을 설명하고 있다. 눈이 내렸을 때 보행자들이 자연스럽게 만든 길이 가장 효율적이고 이용하기 쉽다고 판단하고 실제로 그 통로로 인도를 만든다는 것이다. 따라서 빈칸에는 눈이 내린 뒤, 도시 설계자들이 공공장소를 조사하는 이유인 (a)가 적합하다.

urban 도시의 **obscure** 가리다, 덮어 감추다 **pathway** 길, 진로 **yield** (결과나 수익을) 내다, 낳다 **footpath** 인도, 보도 **user-friendly** 이용하기 쉬운 **trail** (지나간) 자국, 흔적 **gauge** 평가하다, 판단하다 **hazardous** 위험한 **inspiration** 영감 **beautify** 아름답게 하다, 아름답게 꾸미다

정답_(a)

10

Geologists studying the Hawaiian Islands have recently found that ______________. In trying to predict the islands' future, the scientists observed erosion patterns, with a keen interest in how water circulation strips the islands of minerals. They discovered that more minerals are removed from the island by water circulating beneath its mountains than by water running over its surface. This internal loss of materials will be the main cause of the mountains' disintegration over millions of years.

(a) water currents around the island are eroding its coastlines
(b) the island's mountains are slowly being eroded from within
(c) the island's water supply is being contaminated by minerals
(d) soil erosion from mountains' surfaces is flattening the islands

번역

하와이 섬을 연구하는 지질학자들은 이 섬의 산들이 조금씩 안쪽에서 부식되고 있음을 최근 발견했다. 섬의 미래를 예측하는 데 있어, 과학자들은 부식 패턴을 관찰했는데, 어떻게 물 순환이 섬에서 미네랄을 가져가는지 깊게 관심을 가졌다. 연구진은 섬 표면 위로 흐르는 물 보다는 산 밑으로 순환하는 물에 의해 더 많은 미네랄이 섬에서 빠져나간다는 사실을 알아냈다. 이러한 물질의 내부적인 손실은 수백만 년에 걸쳐 산이 붕괴되는 주 원인이 될 것이다.

(a) 섬 주변의 물살이 섬의 해안선을 침식시키고 있음을
(b) 이 섬의 산들이 조금씩 안쪽에서 부식되고 있음을
(c) 섬의 수도 공급이 미네랄에 의해 오염되고 있음을
(d) 산 표면의 흙 침식 때문에 섬이 평평해지고 있음을

기출 공략

빈칸에는 최근 지질학자들이 발견한 연구 결과 내용이 들어가야 한다. 하와이 섬의 산들 안쪽에서 미네랄이 빠져나가 조금씩 부식되어 결국 산이 붕괴될 수 있음을 경고하고 있다. 따라서 정답은 (b)이다.

geologist 지질학자 **erosion** 부식, 침식 **keen** 강한, 깊은 **circulation** 순환 **strip** (껍질 등을) 벗기다; 박탈하다, 빼앗다 **disintegration** 붕괴, 분열 **current** (물, 공기의) 흐름 **erode** 침식하다, 부식하다 **contaminate** 오염시키다 **flatten** 평평하게 하다

정답_(b)

11

The fungus species *Cordyceps unilateralis* has developed a surprising method of spreading through the jungle. The fungus's spores enter the bodies of a specific ant species and slowly consume the ants' soft tissues. This process changes the ants' behavior—forcing them to climb a plant and clamp onto it before being killed by the fungus. This aids the fungus: when it finishes growing inside the ant, it sprouts from its host and releases its spores, and because the spores fall from a height, they are spread over a wider area. Essentially, the fungus modifies its host's behavior in a way that ____________.

(a) provokes violent conflicts between individual ants
(b) contributes to the propagation of its own species
(c) helps its host populate wider areas of the jungle
(d) protects its host against infection from spores

번역

곰팡이 종류인 좀비곰팡이는 정글에 놀라운 확산 방법을 발전시켰다. 이 곰팡이의 포자는 특정한 개미 종의 몸에 들어가 개미의 부드러운 조직을 천천히 먹어치운다. 이 과정은 개미의 행동을 변화시켜서 개미가 나무에 올라가 좀비 곰팡이에게 살해되기 전에 나무를 꽉 물게 한다. 이것이 좀비곰팡이를 도와준다. 좀비 곰팡이는 개미 안에서 성장을 마치면 숙주에서 발아하여 포자를 방출한다. 그리고 포자가 높은 곳에서 떨어지기 때문에 보다 넓은 지역에 걸쳐 퍼진다. 본질적으로, 이 곰팡이는 자기 종의 번식에 기여하는 방식으로 숙주의 행동을 변화시킨다.

(a) 개미 간의 폭력적인 갈등을 불러일으키는
(b) 자기 종의 번식에 기여하는
(c) 숙주가 정글의 더 넓은 지역에 퍼져 살도록 돕는
(d) 숙주가 포자로부터 감염되지 않도록 보호하는

기출 공략

좀비곰팡이는 나무의 높은 곳에 있는 개미의 몸에서 포자를 떨어뜨려 포자가 멀리 날아갈 수 있게 한다고 했으므로 숙주의 움직임을 조종하는 것은 종의 번식을 위한 것이라고 할 수 있다. 따라서 자기 종의 번식 때문이라는 (b)가 정답이다.

fungus 균류, 곰팡이류 **spore** 홀씨, 포자 **specific** 특정한 **consume** 먹다, 마시다 **tissue** (생물) 조직 **clamp** 꽉 물다 **aid** 돕다 **sprout** 싹이 나다, 발아하다 **host** (기생 생물의) 숙주 **release** 풀어주다 **height** 높은 곳 **modify** 수정하다, 바꾸다 **provoke** 유발하다 **conflict** 갈등, 충돌 **propagation** 번식, 증식 **populate** 살다, 거주하다 **infection** 감염

정답_(b)

12

Researchers interested in the relationship between intelligence and learning tracked 3,500 German students from fifth to tenth grade. Surprisingly, they found that while a high IQ is a predictor of initial math skills, it does not necessarily foretell long-term development of math ability. The students with higher IQs got better math scores at the beginning of the study, but the students who took an interest in math and put in more effort made the most gains. Ultimately, the findings show that success for young math students ____________.

(a) is based on commitment to the subject more than aptitude
(b) proceeds from strict supervision of school work by parents
(c) depends on possessing higher than average intellectual ability
(d) is uninfluenced by intellectual ability in early stages of learning

번역

지능과 학습의 연관성에 관심을 가진 학자들이 5학년부터 10학년까지의 독일 학생 3500명을 추적 조사하였다. 놀랍게도 높은 IQ는 최초의 수학 실력을 예측하지만, 수학 실력의 장기적 발전을 반드시 예견하지는 못한다는 사실을 알아냈다. IQ가 높은 학생들은 학습 초기에는 수학 점수가 높지만, 수학에 관심이 있고 더 많이 노력한 학생이 가장 성과가 높았다. 결국, 이 연구 결과 어린 수학 학습자의 성공은 재능보다는 과목에 대한 전념에서 비롯된다는 것이다.

(a) 재능보다는 과목에 대한 전념에서 비롯된다
(b) 부모의 학교 공부에 대한 엄격한 관리에서 비롯된다
(c) 평균 이상의 높은 지능 여부에 달려 있다
(d) 학습 초기에는 지능의 영향을 받지 않는다

기출 공략

연구 결과 지능이 높은 학생보다는 수학에 관심이 높고, 노력하는 학생이 결국 훨씬 발전하게 된다는 내용이다. 학습 성공의 요인으로 빈칸에 적절한 말은 (a)이다. (d)는 학습 초기에 오히려 지능의 영향을 많이 받는다는 글의 내용과 상충된다.

intelligence 지능 **track** 추적하다 **predictor** 예측 변수 **initial** 처음의, 초기의 **foretell** 예측하다, 예고하다 **gain** 증가; 득점 **commitment** 전념, 헌신 **aptitude** 소질, 재능 **proceed from** ~으로부터 발생하다, 생기다

정답_(a)

13

The German philosopher Arthur Schopenhauer argued that the contemplation of art allowed people to ______________. According to Schopenhauer, people are driven by a powerful sense of desire that causes them almost endless suffering. He argued that one of the only times this desire ceased was when the mind was engrossed in artistic representations of the world. When the mind is focused on artworks, people enter a state where their desire is suspended, and they enjoy a respite from suffering through their dispassionate aesthetic contemplation.

(a) effectively grasp the consequences of prolonged suffering
(b) become conscious of the pervasive suffering around them
(c) learn to desire things that genuinely satisfy their passions
(d) temporarily escape from the pain that accompanies desire

번역

독일 철학자 아서 쇼펜하우어는 미술 감상이 사람들을 욕망에 따른 아픔에서 일시적으로 벗어나게 하는 것이라고 주장했다. 쇼펜하우어에 따르면, 사람들은 거의 끝없는 고통을 주는 강력한 욕망에 따라 움직인다고 한다. 그는 이 욕망이 멈추는 유일한 시기 중 하나는 세계를 예술적으로 재현한 작품에 마음이 몰두할 때라고 주장했다. 마음이 예술 작품에 집중할 때 사람들의 욕망이 멈추는 상태가 되고, 냉정한 미학적 관조를 통해 고통에서 한숨 돌리게 된다.

(a) 오래된 고통의 결과를 효과적으로 파악하는 것
(b) 그들을 둘러싼 만연한 고통을 의식하게 되는 것
(c) 그들의 격정을 진정으로 만족시키는 것을 바라는 법을 배우는 것
(d) 욕망에 따른 아픔에서 일시적으로 벗어나게 하는 것

기출 공략

빈칸에는 쇼펜하우어가 주장하는 미술 감상이 사람들에게 끼치는 영향이 들어가야 한다. 마지막 문장에서 예술 작품에 집중하면 욕망이 멈춰지고 그 고통에서 벗어날 수 있다는 쇼펜하우어의 이론이 잘 나타나 있다. 따라서 정답은 (d)이다.

philosopher 철학자 **contemplation** 사색, 명상 **cease** 중단하다 **engross** 몰두하게 하다 **suspend** 정지시키다 **respite** 일시적인 중단, 한숨 돌리기 **dispassionate** 감정에 좌우되지 않는 **aesthetic** 미학적인 **grasp** 이해하다, 파악하다 **prolonged** 장기적인 **conscious of** ~임을 자각하는, 의식하는 **pervasive** 만연하는 **genuinely** 진정으로 **passion** 격정, 열정 **temporarily** 일시적으로, 임시로 **accompany** 동반하다

정답_(d)

14

In mid-nineteenth-century America, an education in the classics involved reading ancient literary works that were provocative by the conservative moral standards of the time. Such works were regarded as essential to give young men a solid grounding in the humanities, but they were denied to many young female readers because women were viewed as too easily corrupted by the depictions of lust and seduction in them. In effect, the widespread belief that women should uphold their supposed moral purity resulted in their ______________.

(a) being depicted in ancient literature as impervious to seduction
(b) receiving support to study harmless subjects such as literature
(c) being deprived of a portion of the curriculum afforded to men
(d) obtaining more encouragement than men to study the classics

번역

19세기 중반 미국에서 고전 교육은 그 당시 보수적인 도덕 기준으로 도발적인 고대 문학 작품을 읽는 것이 포함되었다. 이런 작품들은 젊은이들에게 인간에 대한 견고한 기초 지식을 주는 필수 사항으로 간주되었다. 그러나 그 작품들은 많은 젊은 여성 독자들에게 허락되지 않았는데, 여성들이 욕망과 유혹에 너무 쉽게 빠지는 것으로 생각되었기 때문이다. 실제로, 여성들은 자신들에게 기대되는 도덕적 순수성을 지켜야 한다는 널리 퍼진 믿음 때문에 남성들에게 제공된 커리큘럼의 한 부분이 허용되지 않게 되었다.

(a) 고대 문학에서 유혹에 휩쓸리지 않는 것으로 묘사되게
(b) 문학 같은 무해한 과목을 공부하도록 지원 받게
(c) 남성들에게 제공된 커리큘럼의 한 부분이 허용되지 않게
(d) 남성들보다 더 고전 공부를 하도록 격려를 받게

기출 공략

19세기 미국 고전 교육에 대한 설명이다. 빈칸 앞 문장에서 여성은 고대 문학 작품 속에 그려진 욕망과 유혹에 쉽게 영향받는다고 생각되었기 때문에 여성들에게는 고전 문학을 교육하는 것이 허락되지 않았다고 했다. 따라서 (c)가 정답이다.

provocative 성나게 하는, 도발하는 **conservative** 보수적인 **grounding** 기초 지식 **corrupt** 타락시키다 **depiction** 묘사, 서술 **lust** 욕망 **seduction** 유혹 **in effect** 실제로, 사실상 **widespread** 광범위한 **uphold** 유지시키다 **impervious to** ~에 휩쓸리지 않는 **harmless** 무해한 **deprive** 빼앗다 **portion** 일부분 **afford** 주다, 제공하다

정답_(c)

15

In today's popular culture, the ancient Japanese mercenaries known as ninjas are typically presented as dressed all in black and carrying large swords. This is not a historically accurate portrait of the ninjas. While they truly were stealthy warriors tasked with spying on enemies, the ninjas would not have dressed all in black very often. ____________, they were more likely to dress as ordinary people, such as merchants or peasants, in order to blend in with their surroundings.

(a) Otherwise
(b) Granted
(c) Namely
(d) Indeed

번역

오늘날의 대중문화에서 닌자로 알려진 고대 일본 용병은 온통 검은색으로 옷을 입고 큰 칼을 지닌 전형적인 모습으로 표현된다. 이것은 역사적으로 정확한 닌자의 모습은 아니다. 사실 그들은 적을 염탐하는 임무를 지닌 비밀 전사였지만, 그리 자주 검은 옷을 입지는 않았다. 사실은, 그들은 주변과 섞이기 위해 상인이나 농부와 같은 보통 사람들처럼 옷을 입을 가능성이 더 높았다.

(a) 그렇지 않으면
(b) 그렇다고 하더라도
(c) 즉
(d) 사실은

기출 공략

닌자의 모습에 대해 잘못 알려진 오해를 지적하고 역사적인 사실을 설명하고 있다. 빈칸 앞 문장은 닌자들이 자주 검은 옷을 입지 않았다는 사실을 말했고, 빈칸 뒤에는 실제 닌자들이 입었던 옷차림을 더 자세히 설명하고 있다. 이렇게 앞의 진술을 덧붙일 때 부사 (d) Indeed를 사용한다. (c) Namely는 two boys, namely, Tom and Ben처럼, 말하는 대상을 좀 더 구체적으로 말할 때 사용된다.

mercenary 용병 **accurate** 정확한 **portrait** 초상화; 묘사 **stealthy** 은밀한 **warrior** 전사 **merchant** 상인 **peasant** 농부, 소작농 **blend in with** ~과 조화를 이루다, 섞이다 **surroundings** 환경, 주위 **granted** 그렇다고 하더라도 **namely** 즉, 다시 말해

정답_(d)

16

For many years, the government was the only major player in the space industry because only it had the financial and technological muscle to launch space missions. After years of research into low-cost propulsion methods, Buckley Industries is now offering a private-sector alternative, delivering heavy payloads, such as commercial satellites, into space for lower fees. ____________, companies no longer have to rely on the government rockets to launch their products into orbit.

(a) Particularly
(b) Consequently
(c) That being said
(d) As an illustration

번역

여러 해 동안, 정부는 우주 임무를 착수할 재정적, 기술적 영향력을 유일하게 가지고 있었기 때문에 우주 산업에서 유일한 주자였다. 저비용 추진 방법을 몇 년간 연구한 끝에, 버클리 기업은 이제 상업 위성 같은 무거운 유료 하중을 낮은 가격에 우주로 보내는 민간 부문의 대안을 제공하고 있다. 결과적으로, 기업들은 우주 궤도로 물건을 보내기 위해 정부의 로켓에 더 이상 의존할 필요가 없다.

(a) 특히
(b) 결과적으로
(c) 그렇지만
(d) 실례로서

기출 공략

정부가 독점하던 우주 산업에 이제 민간 기업이 진출하게 되었다는 내용이다. 빈칸 앞 문장에서 민간 기업의 구체적인 예가 나오고, 빈칸 뒤에 그에 따른 결과적인 내용이 나오므로 '결과적으로'라는 (b)가 흐름상 적절하다.

muscle 영향력, 힘 **launch** 시작하다 **propulsion** 추진, 추진력 **private-sector** 민간 부문의 **alternative** 대안, 선택 **payload** 유료 하중(상업용 항공기의 승객과 수하물 등의 중량) **satellite** 인공위성 **orbit** 궤도 **that being said** 그렇지만, 그런데 **illustration** 실례, 설명

정답_(b)

17

The East Coast Circus is coming to our town of Centerville for one week on their yearly whirlwind tour, so don't miss it! Come enjoy next Monday's opening show or any other performance held every evening throughout the week. As a special performance, on Saturday the circus will perform alongside musicians from Centerville High's Brass Band! Every night will bring something wonderful and different!

Q What is mainly being advertised?
(a) A one-time performance of Centerville's circus
(b) Upcoming performances of a local brass band
(c) A touring circus's visit to a local town
(d) Audition dates for a traveling circus

번역

이스트 코스트 서커스가 연례 깜짝 투어 일정으로 일주일 동안 우리 센터빌을 방문할 예정이니 놓치지 마세요! 다음 주 월요일 오프닝 쇼와 일주일 내내 저녁마다 열리는 다른 공연에 오셔서 즐기세요. 토요일엔 특별 공연으로 서커스가 센터빌 고등학교 브라스 밴드 연주자들과 함께 공연할 예정입니다! 매일 밤 멋지고 색다른 것을 보여드릴 것입니다!

Q 주로 광고되고 있는 것은?
(a) 센터빌 서커스의 1회 공연
(b) 곧 있을 현지 브라스 밴드의 공연
(c) 투어중인 서커스의 현지 마을 방문
(d) 순회 서커스의 오디션 날짜

기출 공략

광고하는 대상을 묻고 있다. 순회공연 중인 서커스 공연을 알리는 광고이므로 정답은 (c)이다. 공연은 일주일 내내 계속되므로 (a)는 오답이다.

yearly 연간, 매년의 **whirlwind** 갑작스럽게 이루어지는 **brass band** 브라스 밴드(금관악기들로 구성된 밴드) **upcoming** 다가오는, 곧 있을 **audition** (가수, 배우 등에 대한) 오디션 정답_(c)

18

Increasingly, companies are using online videos to attract attention to their products and services. For example, videos that teach viewers specific skills can promote a company's products indirectly yet effectively. Testimonials from satisfied customers can convince skeptics to use a company's services. Another category, often overlooked, is the employee profile video, which serves to establish an emotional bond between a company and its target customers.

Q What is the main topic of the passage?
(a) The pros and cons of posting videos for promotional purposes
(b) How various types of videos are used to gain customer interest
(c) The kinds of videos consumers most often seek out on the Internet
d) How video viewers are increasingly forced to view advertisements

번역

기업들이 제품과 서비스에 대한 관심을 끌기 위해 온라인 영상을 점차적으로 늘려 사용하고 있다. 예를 들어, 시청자들에게 구체적인 기술을 알려주는 영상이 회사의 제품을 간접적이지만 효과적으로 홍보할 수 있다. 만족스러운 고객들의 추천은 회사 서비스를 사용하는 데 있어 회의적인 손님들을 설득시킬 수 있다. 자주 간과되는 또 다른 항목이 직원 프로필 영상인데, 회사와 대상 고객 사이의 감정적인 연대를 형성하는 데 기여한다.

Q 지문의 주제는?
(a) 홍보 목적으로 영상을 온라인에 올리는 것의 찬반양론
(b) 고객의 관심을 얻기 위해 얼마나 다양한 종류의 영상이 사용되는가
(c) 고객들이 인터넷에서 가장 자주 찾는 영상의 종류들
(d) 영상 시청자들이 어떻게 해서 점점 더 광고를 어쩔 수 없이 봐야 하는가

기출 공략

글의 주제를 묻고 있다. 요즘 기업들의 홍보 수단으로 각광받고 있는 온라인 영상에 대한 설명으로 (b)가 주제로 적합하다. (a)와 같은 찬반양론은 글의 내용에서 전혀 찾아볼 수 없다.

attract 끌다, 끌어당기다 **testimonial** 추천서, 추천의 글 **skeptic** 회의론자, 의심 많은 사람 **overlook** 간과하다 **pros and cons** 찬반양론 **post** (웹 사이트에 정보, 사진 등을) 올리다 **seek out** 찾아내다 **advertisement** 광고 정답_(b)

19

In recent years, the issue of climate change has contributed to increased demand for energy-efficient home. Instead of moving into new "green" or "eco" buildings, many homeowners are retrofitting their existing properties with solar energy panels, cavity wall insulation, and even wind turbines in a quest to achieve energy sustainability. Many people feel that this is sensible, given not only the world's environmental problems but also the likelihood that gas heating will become prohibitively expensive.

Q What is the main topic of the passage?
(a) How homes are being modified to be more environmentally friendly
(b) Why building methods need to change to help fight climate change
(c) How new sources for home heating are better for the environment
(d) Why people are buying new homes with energy-efficient features

번역

최근 기후 변화 문제는 에너지 효율이 높은 주택의 수요가 늘어나는 데 기여했다. 많은 주택 소유주들이 새로운 '친환경' 또는 '생태' 건물로 이사하는 대신, 에너지를 지속 가능하게 하기 위해 기존 주택에 태양광 패널, 이중벽 단열, 심지어는 풍력 발전용 터빈을 설치하고 있다. 많은 사람들은 이런 일이 합리적이라고 생각하는데, 전 세계의 환경 문제뿐만 아니라 가스 난방이 매우 비싸질 수가 있기 때문이다.

Q 지문의 주제는?
(a) 어떻게 주택들이 더욱 환경친화적으로 바뀌고 있는가
(b) 기후 변화에 맞서 싸우는 것을 돕기 위해 건축 방법이 왜 변할 필요가 있는가
(c) 주택 난방의 새로운 자원이 환경에 어떻게 더 나은가
(d) 사람들이 에너지 효율적인 새 주택을 왜 구입하는가

기출 공략

요즘 새로운 친환경 주택으로 이사가기보다는 기존 주택에 에너지 효율을 높이는 여러 장치들을 설치하고 있다는 내용이다. 주택이 어떻게 환경친화적으로 바뀌고 있는지 알려주고 있으므로 (a)가 주제로 적절하다.

green 친환경적인 **eco** 생태(계), 생태학 **retrofit** 새로 장착하다 **cavity wall insulation** 이중벽 단열 **wind turbine** 풍력발전용 터빈 **sustainability** 지속 가능성 **likelihood** 가능성, 기회 **prohibitively** 엄청나게, 엄두를 못 낼 만큼 **modify** 변경하다 **feature** 특징 정답_(a)

20

Of all the train rides I've taken, the Trans-Siberian Railway tops my list. It is one of the longest train journeys in the world, so it affords travelers the opportunity to cover a huge amount of terrain. Along the way, there are stops at places of stunning natural beauty, such as Lake Baikal. Plus, the length of the journey itself allows travelers to really get to know fellow explorers. This is one journey not to be missed!

Q What is the passage mainly about?
(a) The changing landscape visible along the Trans-Siberian Railway
(b) What travelers should take onboard the Trans-Siberian Railway
(c) What makes the Trans-Siberian Railway appealing for travelers
(d) The different Trans-Siberian Railway routes travelers can take

번역

내가 타 본 모든 기차 여행 중, 내가 최고로 뽑는 것은 시베리아 횡단 철도이다. 세계에서 가장 긴 기차 여행 중 하나로, 매우 많은 지역들을 거치는 기회를 여행자들에게 제공한다. 가는 도중, 바이칼 호수같이 깜짝 놀랄만한 자연의 아름다움을 지닌 곳들에 정류장이 있다. 또한 여행 기간으로 인해 여행자들 간에 서로를 진짜 잘 알게 된다. 이 여행은 놓쳐서는 안 될 여행이다!

Q 지문의 주제는?
(a) 시베리아 횡단 철도를 따라 보이는 다양한 풍경
(b) 여행객이 시베리아 횡단 철도를 탈 때 꼭 가져가야 하는 것
(c) 시베리아 횡단 철도가 여행객들을 끌어들이는 매력들
(d) 여행객들이 탈 수 있는 여러 종류의 시베리아 횡단 철도 노선들

기출 공략

필자가 가장 좋았던 기차 여행인 시베리아 횡단 철도 여행의 여러 장점을 얘기하고 있어 (c)가 적절한 주제이다. (a)는 시베리아 횡단 철도 여행의 장점 중 하나일 뿐, 주제와는 거리가 멀다.

afford 주다, 제공하다 **terrain** 지형, 지역 **stunning** 굉장히 아름다운, 깜짝 놀랄만한 **landscape** 풍경 **route** 길, 노선 정답_(c)

21

Have you been hurt in a work-related accident only to find your company unwilling to compensate you for your pain? Buford Law can help! Our long track record of clients who have been awarded damages in excess of their demands speaks for itself. Regardless of the size of the company where you work, if you feel you have a legitimate claim to compensation in response to an accident, contact Buford Law.

Q What is mainly being advertised about the law firm?

(a) It defends companies against workplace accident lawsuits.

(b) It helps employers establish effective workplace safety guidelines.

(c) It specializes in advising people about obtaining accident insurance.

(d) It helps injured workers reach a financial settlement with employers.

번역

일과 관련된 사고로 다쳤는데 회사가 피해 보상을 하지 않으려 한 적 있습니까? 부포드 법률 회사가 도와드리겠습니다! 요구액 이상으로 재판에서 피해 보상금을 받은 저희 고객님들의 많은 기록이 말해 주고 있습니다. 여러분이 근무하는 회사 규모와 상관없이 사고에 대해 합법적인 보상 요구가 필요하다 느끼시면 부포드 법률 회사로 연락주세요.

Q 법률 회사에 대해 주로 광고하는 것은?

(a) 직장 사고 소송에 대해 회사를 변호한다.

(b) 노동자들이 효율적인 직장 안전 가이드라인을 확립할 수 있도록 돕는다.

(c) 사람들에게 상해 보험 가입을 권유하는 데 전문이다.

(d) 부상당한 직원들이 고용주와 보상금 합의에 이르는 것을 돕는다.

기출 공략

법률 회사 광고이다. 처음 두 문장에서 이 법률 회사는 업무상의 재해를 당하고도 회사로부터 보상을 거절당한 노동자를 도와주는 회사임을 알 수 있다. 따라서 정답은 (d)이다.

compensate 보상하다, 보상금을 주다 **track record** 실적 **award damages** 피해 보상금을 부과하다 **in excess of** ~을 초과하여, 이상으로 **speak for itself** 자명하다 **regardless of** ~에 상관없이 **legitimate** 정당한, 타당한 **claim** 요구 **lawsuit** 소송 **specialize in** ~을 전문으로 하다 **employer** 고용주, 고용기업

정답_(d)

22

The concept of the cyborg—a fusion of man and machine—has been around in science fiction literature for a while. But do cyborgs already exist? Millions of people are equipped with hearing aids, pacemakers, and prosthetic limbs, many of which incorporate digital electronics. These people are not fundamentally unlike cyborgs in that their bodies have been fitted with synthetic components for the purpose of enhancing their natural capacities.

Q What is the writer's main point?

(a) Cyborg technology promises to eliminate widespread disabilities.

(b) Science fiction literature shows how cyborgs are being developed.

(c) People long to enhance their natural abilities with cyborg technology.

(d) Common devices make many people today no different from cyborgs.

번역

인간과 기계의 결합인 사이보그의 개념은 한동안 과학 소설 언저리에 있어 왔다. 그러나 사이보그가 이미 존재하는가? 수백만 명이 보청기, 심장 박동기, 보철 팔다리를 착용하고 있고, 이런 많은 것들이 디지털 전자 장치를 포함하고 있다. 이런 사람들은 타고난 능력을 보강할 목적으로 인조 부품을 몸에 맞춰 넣은 점에서 근본적으로 사이보그와 다르지 않다.

Q 글쓴이의 요지는?

(a) 사이보그 기술은 광범위한 장애들을 없앨 것으로 예상된다.

(b) 과학 소설 문학은 사이보그가 어떻게 개발되고 있는지 보여 준다.

(c) 사람들은 사이보그 기술로 자신들의 타고난 능력을 강화하길 원한다.

(d) 흔한 장치들이 오늘날 많은 사람들을 사이보그와 별 차이가 없게 한다.

기출 공략

인조인간이라 불리는 사이보그에 대한 설명이다. 필자의 주장은 마지막 문장에 잘 나와 있다. 인조 부품을 달고 있는 사람들은 근본적으로 사이보그와 다르지 않다고 보는 것이므로, (d)가 정답이다.

cyborg 사이보그(신체 일부가 기계로 개조된 인조인간) **fusion** 융합, 결합 **be equipped with** ~을 갖추다 **hearing aids** 보청기 **pacemaker** 심장 박동기 **prosthetic** 보철용의 **incorporate** 포함하다 **fundamentally** 근본적으로, 완전히 **synthetic** 합성의; 인조의 **component** 부품 **enhance** 높이다, 향상시키다 **capacity** 능력 **promise** ~일 가능성이 있다, ~의 조짐이 보이다 **eliminate** 없애다, 제거하다

정답_(d)

23

Sacagawea, a native Shoshone-language speaker, was a guide who accompanied the Lewis and Clark Expedition between 1804 and 1806 from present-day North Dakota to the Pacific coast and back. Sacagawea's most important contribution was when the party entered the Rocky Mountains and met Shoshone warriors. Serving as an interpreter, Sacagawea discovered the tribe was led by her older brother, Cameahwait. Though she could have remained with her people, she helped the explorers secure horses and guides and accompanied them for the rest of the journey.

Q Which of the following is correct about Sacagawea according to the passage?

(a) She acquired the Shoshone language during the expedition.
(b) She did not return to North Dakota after the expedition.
(c) She translated exchanges between the Shoshone and explorers.
(d) She abandoned the explorers to reunite with her tribe.

번역

쇼쇼니 부족의 언어를 말할 수 있는 새커거위아는 1804년부터 1806년까지 오늘날의 노스다코타 주부터 태평양 해안과 뒤쪽으로 루이스와 클락의 탐험에 함께한 안내자였다. 새커거위아의 가장 큰 업적은 그 탐험대가 록키산맥에 들어가 쇼쇼니 전사들을 만났을 때이다. 통역자 역할을 하던 새커거위아는 그 부족의 추장이 오빠인 카미아와이트라는 것을 알게 되었다. 부족에 남을 수도 있었지만, 탐험대를 도와 말과 안내인을 확보하였고, 남은 여행 동안 그들과 동행했다.

Q 새커거위아에 대해 지문 내용과 일치하는 것은?

(a) 탐험을 하는 동안 쇼쇼니 어를 습득했다.
(b) 탐험 후 노스다코타 주로 돌아가지 않았다.
(c) 쇼쇼니족과 탐험대 사이의 대화를 통역했다.
(d) 자기 부족과 재회하기 위해 탐험가들을 떠났다.

기출 공략

새커거위아는 쇼쇼니 부족 언어를 말할 수 있다고 하였고, 록키산맥 탐험 중 쇼쇼니족을 만났을 때 탐험대의 통역자 역할을 했다는 내용이 나오므로 (c)가 정답이다.

accompany 동행하다 **expedition** 탐험대 **contribution** 공헌, 기여 **interpreter** 통역사 **secure** 확보하다, 얻다 **exchange** 대화 **abandon** 버리다, 떠나다 **reunite** 재회하다, 재결합하다

정답_(c)

24

BerryBrite Laundry Services has opened a new route servicing Paloma University's freshman dormitory! Just write your name and room number on any old laundry bag, and leave it in the designated bin in the dormitory's main lobby before 2 p.m. each Saturday. BerryBrite vans will swing by at that time to pick up the laundry, and all clothes will be washed, dried, folded, and returned at the same time the following day! Call 771-641-8365 for more information.

Q Which of the following is correct according to the advertisement?

(a) Clothes need not be placed in BerryBrite laundry bags.
(b) Bags should be left in the dormitory's laundry room.
(c) BerryBrite pick-up is not available on weekends.
(d) Clothes are picked up and returned on the same day.

번역

베리브라이트 세탁소가 팔로마 대학교 1학년 기숙사에 서비스를 제공하는 새로운 경로를 열었습니다! 어느 세탁 가방이건 그 위에 이름과 방 호수를 써서, 토요일 오후 2시 전까지 기숙사 메인 로비의 지정된 통에 넣어두십시오. 베리브라이트 승합차가 그 시간에 세탁물을 걷기 위해 들를 것이며, 모든 옷들은 세탁, 건조하고 접은 후 바로 다음 날 같은 시간에 돌려 드립니다. 더 자세한 사항은 771-641-8365로 전화 주십시오.

Q 광고 내용과 일치하는 것은?

(a) 세탁물은 베리브라이트 세탁 가방에 넣을 필요가 없다.
(b) 가방을 기숙사 세탁실에 둬야 한다.
(c) 베리브라이트 수거는 주말에 이용할 수 없다.
(d) 옷은 수거되어 당일에 돌려받는다.

기출 공략

광고 내용과 일치하는 선택지를 고르는 문제이다. 세탁물을 넣는 가방은 any old laundry bag이라고 했지, 특별히 지정된 세탁 가방에 대한 언급은 없으므로 (a)가 정답이다. 두 번째 문장에서 토요일에도 수거를 한다는 말이 나오므로, 주말에 수거를 하지 않는다는 (c)는 오답이다.

freshman 신입생, 1학년생 **dormitory** 기숙사 **designated** 지정된 **swing by** 잠깐 들르다

정답_(a)

25

During the last ten years of his life, painter Vincent van Gogh received most of his support, financial and emotional, from his younger brother Theo. Though Theo had no formal art training, he found employment as an art dealer and promoted Vincent's paintings. Theo sent Vincent money for living expenses, paid for Vincent's brief residency with painter Paul Gauguin, and even allowed Vincent to live with him, his wife, and his daughter in their Paris apartment. Theo was only able to sell one of Vincent's paintings before Vincent's early death at age 37.

Q Which of the following is correct according to the passage?
(a) Vincent's elder brother Theo provided most of his support.
(b) Theo became an art dealer after receiving formal training in art.
(c) Vincent's stay with Paul Gauguin was funded by Theo.
(d) Theo's wife resided elsewhere when Vincent lived with him in Paris.

번역

인생의 마지막 10년 간 화가 빈센트 반 고흐는 재정적, 정서적 지원을 대부분 동생 테오로부터 받았다. 테오는 공식적인 미술 공부를 하지는 않았지만 미술상으로 취직을 해서, 빈센트의 그림을 홍보했다. 테오는 빈센트에게 생활비를 보내고, 빈센트가 화가 폴 고갱과 잠깐 지내는 비용도 지불했으며, 심지어는 자신의 파리 아파트에서 자신과 아내, 딸과 함께 빈센트가 살도록 했다. 테오는 빈센트가 37세로 일찍 세상을 뜨기 전까지 그의 그림 중 단 한 작품을 팔았을 뿐이었다.

Q 지문 내용과 일치하는 것은?
(a) 빈센트의 형인 테오가 그를 대부분 지원했다.
(b) 테오는 공식 미술 수업을 받은 후 미술상이 되었다.
(c) 폴 고갱과 함께 거주한 빈센트는 테오에게 자금을 받았다.
(d) 파리에서 빈센트가 테오와 살 때 테오의 아내는 다른 곳에 거주했다.

기출 공략

화가 빈센트 반 고흐의 남동생 테오가 고흐를 위해 치른 희생에 대해 자세히 설명하고 있다. 잠깐 고갱과 지내게 됐을 때 비용을 테오가 냈다는 본문 내용과 일치하는 (c)가 정답이다. 고흐가 파리의 테오 아파트에서 테오의 가족과 모두 함께 살았다고 했으므로 (d)는 사실과 다르다.

art dealer 미술상, 화상 **residency** 거주 **fund** 자금을 대다 **reside** 거주하다

정답_(c)

26

Carlson's Auto Zone is having an unbeatable sale this week only! Take 30% off select seat covers, floor mats, and other accessories! Purchase four tires, and we'll throw in a flat tire repair kit, a $29 value, at no extra charge. Also, for the month of December, bring in this ad and receive $20 off any single item costing $100 or more. Please note that coupons cannot be used in conjunction with any other sales or promotions.

Q Which of the following is correct about Carlson's Auto Zone according to the advertisement?
(a) Its accessories have all been marked down by 30%.
(b) It sells repair kits for $29 with the purchase of four tires.
(c) It is offering 20% off all sales that add up to more than $100.
(d) Its coupons are valid for regular-priced items only.

번역

칼슨 오토 존이 이번 주만 폭탄 세일을 합니다! 엄선된 좌석 커버, 바닥 매트, 기타 액세서리를 30% 할인합니다! 타이어 4개를 구입하시면, 29달러짜리 바람 빠진 타이어 수리 장비를 추가 금액 없이 드립니다. 또한 12월 한 달 동안 이 광고지를 가져오시면 100달러 이상인 단품을 20달러 할인해 드립니다. 쿠폰은 다른 할인이나 판촉 행사와 같이 사용하실 수 없습니다.

Q 칼슨 오토 존에 대해 광고 내용과 일치하는 것은?
(a) 모든 액세서리는 가격이 30% 인하되었다.
(b) 타이어 4개를 구입하면 수리 장비를 29달러에 판매한다.
(c) 합계 100달러 이상을 구매하면 20% 할인해 준다.
(d) 쿠폰은 정가 제품에만 유효하다.

기출 공략

자동차 부품 가게의 세일 광고이다. 마지막 문장에서 다른 할인과 함께 사용할 수 없다는 말은 이중 할인 적용이 안 된다, 즉 정가에서 할인을 해주겠다는 의미이다. 따라서 (d)가 글의 내용과 일치한다. (a)는 두 번째 문장의 select(엄선된)를 놓치면 고를 수 있는 오답이다.

unbeatable 무적의 **select** 엄선된 **throw something in** ~을 덤으로 주다 **charge** 요금 **in conjunction with** ~과 함께 **promotion** 홍보, 판촉 **mark down** ~의 가격을 인하하다 **add up to** 합계가 ~이 되다 **valid** 유효한

정답_(d)

27

In 1919 Franz Boas, a renowned American anthropologist, alleged that four unnamed colleagues had abused their professional positions to conduct espionage during World War I. Ten days later, the American Anthropological Association voted to censure Boas, and three out of the four accused, whose names came to light decades later, supported the vote. The fourth did not, however. Later he personally wrote Boas a letter explaining that his espionage, of which he remained proud, had been entirely out of patriotism.

Q Which of the following is correct according to the passage?

(a) Boas initially named those accused of World War I espionage.
(b) The accused colleagues unanimously voted to censure Boas.
(c) The identities of three of the four accused remain unknown.
(d) One of the accused justified his espionage as a patriotic duty.

번역

1919년 저명한 미국 인류학자 프란츠 보아스는 제1차 세계대전 동안 익명의 동료 교수 4명이 교수직을 이용하여 간첩 행위를 했다고 주장했다. 10일 후 미국 인류학 협회는 보아스에 대한 불신임 투표를 했고, 혐의를 받았던 4명은 수십 년 후에 이름이 밝혀지는데, 그중 3명이 이 투표에 찬성했다. 하지만 나머지 한 명은 투표하지 않았다. 후에 이 사람은 개인적으로 보아스에게 편지를 보내 자신의 간첩 행위는 아직도 자랑스럽고, 전적으로 애국심 때문이었다고 설명했다.

Q 지문 내용과 일치하는 것은?

(a) 보아스는 최초로 제1차 세계대전 때 간첩 행위 혐의가 있는 사람들의 이름을 말했다.
(b) 혐의를 받은 동료들은 만장일치로 보아스에 대한 불신임 투표를 했다.
(c) 혐의를 받은 4명 중 3명의 신원은 알려지지 않았다.
(d) 혐의를 받은 한 사람은 자신의 간첩 행위가 애국자로서 당연한 의무였다고 정당화했다.

기출 공략

보아스라는 인류학자가 간첩 행위를 한 동료 교수들을 비난했다가 오히려 불신임 투표를 당하게 되었다는 내용이다. 마지막 문장에서 간첩 활동을 한 사람이 자신의 행동은 애국심이었다고 편지에서 밝힌 내용과 (d)가 일치한다.

anthropologist 인류학자 **allege** 주장하다 **unnamed** 익명의 **abuse** 악용하다 **espionage** 간첩 행위 **association** 협회 **vote to censure** 불신임 투표를 하다 **accuse** 고발하다, 혐의를 제기하다 **come to light** (사람들에게) 알려지다, 밝혀지다 **patriotism** 애국심 **unanimously** 만장일치로 **justify** 정당화하다 정답_(d)

28

The 2010 US Census shows that America's ethnic and racial makeup is changing. Compared to 2000, the percentage of the population identified as white shrank, from 75.1% to 72.4%. Every other ethnic category increased, except for Native Americans, which remained unchanged at 0.9%. The biggest growth came from the Hispanic population, which grew from 12.5% in 2000 to 16.3% of the population ten years later. Those identified as belonging to two or more racial categories also climbed to 2.9% in 2010 from 2.4% ten years earlier.

Q Which of the following is correct according to the passage?

(a) The white population made up 75.1% of the US population in 2000.
(b) Every minority group in the US increased between 2000 and 2010.
(c) The Native American population rose by 0.9% between 2000 and 2010.
(d) The 2010 census did not allow for multiple racial group identifications.

번역

2010년 미국 인구 조사 결과 미국의 민족과 인종의 구성이 바뀌고 있다. 2000년에 비해 백인 인구 비율은 75.1%에서 72.4%로 줄어들었다. 다른 모든 민족은 증가했는데, 예외적으로 미국 원주민은 0.9%로 변화가 없었다. 히스패닉 인구가 가장 많이 늘었는데, 2000년 12.5%에서 10년 후 16.3%로 증가했다. 또한 둘 이상의 인종 혼혈 인구도 10년 전 2.4%에서 2010년 2.9%로 상승했다.

Q 지문 내용과 일치하는 것은?

(a) 백인 인구 비율이 2000년에 미국 인구의 75.1%를 차지했다.
(b) 미국의 모든 소수 집단은 2000년과 2010년 사이에 증가했다.
(c) 미국 원주민 인구가 2000년과 2010년 사이에 0.9% 증가했다.
(d) 2010년 인구조사는 다인종 그룹의 신원 확인을 계산하지 않았다.

기출 공략

2000년과 2010년의 미국 인구 조사 내용을 비교 설명하고 있다. 두 번째 문장에서 백인 인구가 2000년에 75.1%였으므로 (a)가 정답이다. 소수 집단들 대부분 증가했지만, 그중 원주민 인구만 0.9% 그대로라고 했으므로 (b), (c) 모두 오답이다.

census 인구조사 **ethnic** 민족의 **makeup** 구성, 구조 **shrink** 줄어들다 **Hispanic** 히스패닉계의 **make up** ~을 이루다, 형성하다 **minority** 소수, 소수 집단 **allow for** ~을 감안하다, 고려하다 **multiple** 많은, 다수의 정답_(a)

29

My job involves recruiting and screening new employees for my company. Over the past few years, I've turned to social networking websites for help. I don't have time to check every applicant's online profile, but I do search for those who are shortlisted. This has never caused me to reject an applicant, but it has revealed attractive personal qualities that were not obvious from their applications. Unfortunately, this has become harder lately, as people seem to be using privacy filters and removing old posts and photos.

Q Which of the following is correct about the writer according to the passage?

(a) She uses online profiles to screen each application she receives.
(b) She has discarded applications because of people's online profiles.
(c) She has found positive points about shortlisted candidates online.
(d) She has noticed people showing less concern for privacy lately.

번역

내 업무는 우리 회사의 신입 직원을 모집하고 직원으로 적합한지 조사하는 일이다. 지난 몇 년 동안 소셜 네트워킹 웹 사이트 쪽에 도움을 받았다. 모든 지원자의 온라인 프로필을 확인할 시간이 없지만, 최종 선발 후보자 명단에 있는 사람들은 조사를 한다. 이것으로 지원자를 불합격시킨 적은 없지만, 지원서에는 분명하지 않았던 매력적인 개인의 자질이 드러난다. 안타깝게도 최근엔 이러한 조사가 더 어려워졌는데, 사람들이 사생활 필터를 사용하고 예전 게시물과 사진을 없애는 경향 때문이다.

Q 글쓴이에 대해 지문 내용과 일치하는 것은?
(a) 개별 지원서를 조사할 때 온라인 프로필을 사용한다.
(b) 온라인 프로필 때문에 지원자를 떨어뜨렸다.
(c) 최종 선발 후보자들의 장점을 온라인에서 발견했다.
(d) 최근 사람들이 사생활에 덜 신경 쓰는 것을 알아냈다.

기출 공략

최종 선발 후보자들의 온라인 프로필에서 매력적인 개인의 자질을 발견할 수 있다는 내용으로 보아 (c)가 정답이다.

recruit (신입 직원, 신병 등을) 뽑다, 모집하다 **screen** (지원자를) 심사하다, 신원 조사를 하다 **turn to** (도움, 조언 등을 위해) ~에 의지하다 **applicant** 지원자 **shortlist** 최종 선발 후보자 명단에 넣다 **reveal** 드러내다 **attractive** 매력적인 **obvious** 분명한 **privacy** 사생활 **filter** 필터, 여과기 **remove** 제거하다, 없애다 **discard** 버리다, 포기하다

정답_(c)

30

Exponents of the theory of punctuated equilibrium contend that evolution is not simply a gradual accumulation of minor genetic changes, as the original theory of evolution had proposed. They argue that sudden environmental changes also initiate relatively short bursts of rapid evolutionary growth, with long periods of stasis, or genetic stability, in between. Their view is not theoretically at odds with the original conception of evolution; the two processes, they note, are actually complementary.

Q Which of the following is correct about punctuated equilibrium theory according to the passage?

(a) It predates the view that genetic changes accumulate gradually.
(b) It claims that evolution occurs in quick bursts of genetic change.
(c) It states that abrupt environmental changes deter evolutionary growth.
(d) It is mutually incompatible with the original theory of evolution.

번역

단속 평형 이론 학설의 주창자들은 원래의 진화론에서 제기한 것처럼 단순히 진화가 소소한 유전적 변화가 점차 축적된 것이 아니라고 주장한다. 갑작스러운 환경 변화 또한 상대적으로 순식간의 급속한 진화적 성장을 일으키고, 중간에 긴 정체기 또는 유전적인 안정기를 갖는다고 그들은 주장한다. 그들의 의견은 최초의 진화론과 이론적으로 상충하지 않는다. 두 과정이 사실은 상호보완적이라고 그들은 말한다.

Q 단속 평형 이론 학설에 대해 지문 내용과 일치하는 것은?
(a) 유전적 변화가 점차 축적된다는 견해보다 앞선 주장이다.
(b) 유전적 변화가 급속히 진행되면서 진화가 일어난다고 주장한다.
(c) 갑작스런 환경 변화가 진화의 속도를 막는다고 언급한다.
(d) 원래의 진화 이론과 서로 모순적이다.

기출 공략

진화가 조금씩 변화한다는 기존의 진화이론과 달리 단속 평형 이론은 진화가 갑자기 이루어진다고 주장한다. 따라서 (b)가 정답이다. 그러나 마지막 문장에서 언급했듯이 이 이론은 기존 진화론과 상호보완적이라고 했으므로 (d)는 오답이다.

exponent 주창자 **punctuated equilibrium** 단속 평형 이론 **contend** 주장하다 **evolution** 진화 **accumulation** 축적 **genetic** 유전의 **initiate** 시작하다, 착수하다 **burst** (갑자기) 한 차례 ~을 함, 돌발 **stasis** 정체, 정지 상태 **stability** 안정, 안정감 **in between** 중간에, 사이에 끼어 **theoretically** 이론상 **at odds with** ~과 상충하는 **note** 언급하다; 주석을 달다 **complementary** 상호보완적인 **predate** ~보다 먼저 오다 **abrupt** 돌연한, 갑작스런 **deter** 단념시키다 **mutually** 서로 **incompatible** 서로 모순되는

정답_(b)

31

The massive tsunami that devastated many parts of Asia in 2004 was the result of a huge undersea earthquake. The quake was centered off the west coast of the Indonesian island of Sumatra in the Indian Ocean. It caused a crack on the seafloor stretching 1,000 kilometers and sent waves rolling across the sea at the speed of a jet. The waves first hit Indonesia, then Thailand, India, and Sri Lanka, and later the Maldives. In all, 11 countries were struck by waves that reached 15 meters high and traveled 5,000 kilometers from the quake.

Q Which of the following is correct about the 2004 tsunami according to the passage?

(a) It was triggered by an earthquake off the east coast of Sumatra.

(b) It resulted in a rupture on the seafloor 5,000 kilometers long.

(c) It made landfall in Thailand before crashing into the Maldives.

(d) It caused waves that were a maximum of 11 meters tall.

번역

2004년 아시아의 많은 지역을 황폐화시킨 거대한 쓰나미는 바다 밑의 엄청난 지진의 결과였다. 진앙지는 인도양의 인도네시아 수마트라 섬 서쪽 해변에서 떨어진 지역이었다. 이 지진으로 1000킬로미터에 달하는 해저에 균열이 생겨, 제트기의 속도로 파도가 바다를 지나 몰아치게 되었다. 파도는 처음 인도네시아를, 그 다음엔 태국, 인도, 스리랑카 그리고 그 후 몰디브를 차례로 덮쳤다. 모두 합쳐 11개국이 지진으로부터 5000킬로미터를 이동하고 15미터 높이에 이른 파도에 피해를 입었다.

Q 2004년 쓰나미에 대해 지문 내용과 일치하는 것은?

(a) 수마트라 동쪽 해안의 떨어진 지역에서 발생한 지진에 의해 촉발되었다.

(b) 해저 5000킬로미터의 파열을 가져왔다.

(c) 몰디브에 몰아치기 전에 태국에 상륙했다.

(d) 최대 11미터 높이의 파도를 일으켰다.

기출 공략

2004년에 발생한 쓰나미가 입힌 피해 상황을 설명하고 있다. 몰디브에 가장 늦게 쓰나미가 왔고 그 전에 태국에 왔으므로 (c)가 정답이다. (a)는 동쪽 해안이 아니라 서쪽 해안이 맞고, (b)는 5000킬로미터가 아닌 1000킬로미터이다. (d)는 최고 11미터가 아니라 15미터로 오답이다.

massive 거대한 **tsunami** 쓰나미(지진 등에 의한 엄청난 해일) **devastate** 황폐하게 만들다, 유린하다 **crack** 균열, 금 **seafloor** 해저 **stretch** 뻗다 **trigger** 촉발시키다 **rupture** 파열 **make landfall** 상륙하다, 착륙하다 **crash into** ~과 충돌하다 **maximum** 최고, 최대

정답_(c)

32

Formed by the combination of two amateur groups, the Hillsburg Shakespeare Troupe is getting rave reviews for recent performances. Though they formed less than a year ago, they have already joined Hillsburg's League of Resident Theaters, becoming its most junior member in November of last year. Since its inception, the troupe has aimed at having several works—those by Shakespeare and others—ready at the same time, thus being capable of "audience choice" performances, in which audiences select by popular vote the work to be performed on a given evening.

Q Which of the following is correct about the Hillsburg Shakespeare Troupe according to the article?

(a) It was created when two amateur groups combined two years ago.

(b) It is the oldest group in Hillsburg's League of Resident Theaters.

(c) Its objective is to have multiple works prepared simultaneously.

(d) Its repertoire consists exclusively of the works of Shakespeare.

번역

두 아마추어 단체가 연합하여 만든 힐스버그 셰익스피어 극단이 최근 공연에서 호평을 받고 있다. 극단을 만든 지 1년이 채 안 되지만, 힐스버그 지역 극장 연합에 이미 가입하여 지난해 11월에 최연소 회원이 되었다. 초기 때부터 극단은 셰익스피어와 여러 작가들의 몇몇 작품들을 동시에 준비해서 당일 저녁에 공연되는 작품을 관객이 일반 투표를 통해 선택하면 '관객이 선택한' 공연을 할 수 있도록 하는 것을 목표로 삼았다.

Q 힐스버그 셰익스피어 극단에 대해 기사 내용과 일치하는 것은?

(a) 2년 전 두 아마추어 단체가 결합하여 만들었다.

(b) 힐스버그 지역 극장 연합에서 가장 오래된 단체이다.

(c) 이 극단의 목표는 동시에 여러 작품을 준비하는 것이다.

(d) 이 극단의 공연 목록은 셰익스피어 작품으로 한정되어 있다.

기출 공략

힐스버그 셰익스피어 극단의 가장 큰 특징은 공연 가능한 여러 작품을 준비해서 관객이 투표한 작품을 공연한다는 점이다. 정답은 (c)이다. 이 극단의 이름에 셰익스피어가 들어가 있어서 (d)를 정답으로 착각하기 쉽지만, 이 극단은 셰익스피어 작품뿐만 아니라 그 외 여러 작가들의 작품도 공연한다는 점에 유의하자.

combination 결합, 연합 **troupe** 공연단, 극단 **rave review** 호평 **performance** 공연 **inception** 초기 **aim at** ~을 겨냥하다, 노리다 **audience** 관객 **objective** 목적, 목표 **simultaneously** 동시에 **repertoire** 공연 목록 **consist of** ~으로 구성되다 **exclusively** 오로지

정답_(c)

33

Dear Mr. and Mrs. Larson,
I'm writing about your daughter Marcy. While she is a very capable student, her homework grade is unnecessarily low in comparison with her other scores. This is because her assignments, while often exemplary, are turned in very inconsistently. It would be helpful if you made sure she stayed on task at home. Please contact me if you would like ideas other parents have found helpful over the years.
Sincerely,
Gillian Webster

Q What can be inferred from the letter?
(a) Marcy achieves satisfactory scores on work done in class.
(b) Marcy's assignments have all been poor in quality.
(c) Gillian Webster assigns homework inconsistently.
(d) Gillian Webster has recently become a teacher.

번역

라슨 씨 부부 귀하
귀하의 딸 마시에 관해 편지 보냅니다. 마시는 매우 똑똑한 학생입니다만, 다른 점수에 비해 숙제 점수가 필요 이상으로 낮습니다. 과제는 종종 훌륭하지만, 과제를 매우 일관성 없이 제출하기 때문입니다. 마시가 집에서 과제를 꾸준히 하도록 해주시면 도움이 될 것입니다. 다른 부모님들이 수년에 걸쳐 도움이 된다고 하는 아이디어를 원하신다면 저에게 연락주시기 바랍니다.
감사합니다.
질리안 웹스터

Q 편지를 통해 추론할 수 있는 것은?
(a) 마시는 학급 과제에서 만족스러운 점수를 받는다.
(b) 마시의 숙제가 모두 신통치 않았다.
(c) 질리안 웹스터는 일관성 없이 숙제를 낸다.
(d) 질리안 웹스터는 최근 교사가 되었다.

기출 공략

교사가 숙제를 자주 해오지 않는 학생의 부모에게 숙제를 꾸준히 해올 수 있도록 지도를 부탁하고 있다. 숙제 점수가 다른 점수에 비해 너무 떨어진다고 했으므로, 학급 과제의 점수는 상대적으로 좋다고 볼 수 있다. 따라서 정답은 (a)이다.

capable 유능한, 똑똑한 **grade** 점수 **unnecessarily** 필요 이상으로 **in comparison with** ~과 비교하여 **assignment** 과제 **exemplary** 모범적인, 훌륭한 **turn in** 제출하다 **inconsistently** 일관성 없이 **stay on** 계속하다 **assign** 부과하다

정답_(a)

34

After sailing around the globe seven times, 77-year-old Minoru Saito was in search of a new challenge. So he decided to attempt the journey from west to east. When he finally completed this trip, after long delays in various ports for repairs, he had set three new world records. He became the oldest person to sail the globe alone, the first person to do so eight times, and the oldest to do so in an eastward direction.

Q What can be inferred about Minoru Saito from the passage?
(a) He brought a crew aboard his ship for his latest journey.
(b) His latest trip was his first one in an eastward direction.
(c) His latest journey took less time than his previous ones.
(d) He completed his journey without damage to his ship.

번역

7번이나 전 세계를 항해한 후, 77세의 미노루 사이토 씨는 새로운 도전을 찾고 있었다. 그래서 그는 서쪽에서 동쪽으로의 여행을 시도하기로 결심했다. 배 수리를 위해 여러 항구에서 오랜 시간 지체한 후 마침내 이 여행을 마친 그는 세 가지 세계 신기록을 세웠다. 그는 전 세계를 혼자 항해한 최고령자, 전 세계를 8번 항해한 최초의 사람, 동쪽으로 전 세계를 항해한 최고령자가 된 것이다.

Q 지문을 통해 미노루 사이토에 대해 추론할 수 있는 것은?
(a) 최근 여행에서 자신의 배에 선원을 태웠다.
(b) 최근 여행은 동쪽 방향으로의 첫 번째 여행이었다.
(c) 최근 여행은 이전보다 시간이 단축되었다.
(d) 배 손상 없이 여행을 마쳤다.

기출 공략

미노루 사이토 씨가 전 세계 항해를 7번 한 후 새로운 도전으로 동쪽으로 항해하여 8번째 항해에 성공했다는 내용이다. 최근 여행이 동쪽으로 간 처음 여행이라는 (b)가 정답이다. 혼자 여행했고, 수리 때문에 많이 지체했다고 했으므로, (a), (c), (d) 모두 오답이다.

globe 세계; 지구본 **delay** 지연, 지체 **port** 항구 **repair** 수리, 보수 **set a record** 기록을 세우다 **crew** 승무원, 선원 **previous** 이전의 **damage** 손상, 훼손

정답_(b)

35

A new production of Tchaikovsky's celebrated ballet *The Nutcracker* opened at the Dunville Cultural Center last night. The ballet is a holiday tradition for many families, delighting audiences with its light mixture of magic and sentimentality. Yet its story goes back to the German author E.T.A. Hoffmann, whose telling has a more menacing tone. It is to this source that the Center looked for inspiration, depicting its villainous mice as red-fanged beasts. This version is not one for a family outing at Christmas, but it will be welcomed by mature audiences tired of having seen it done the same way for decades.

Q Which statement about the new production of *The Nutcracker* would the writer most likely agree with?
(a) It has distorted the intention of the story's original creator.
(b) It is too dark to be appropriate for children's entertainment.
(c) It will appeal to viewers who prefer to watch sentimental performances.
(d) It will be less satisfying than a repeat viewing of the traditional production.

번역

지난밤 던빌 문화센터는 차이콥스키의 유명한 발레 〈호두까기 인형〉의 새 작품을 선보였다. 이 발레 공연은 많은 가족들을 위한 휴일 전통으로, 마술과 감성을 살짝 섞어 관객들을 즐겁게 한다. 그런데 이 이야기는 독일 작가인 E.T.A. 호프만이 쓴 것으로, 그의 이야기는 더욱 위협적인 어조이다. 문화 센터는 이 출처에서 영감을 얻어 악당 쥐를 붉은 독니의 야수로 묘사했다. 이 버전은 가족이 크리스마스 나들이로 볼만한 것은 아니다. 그러나 수십 년간 똑같은 방식을 봐왔던 것에 싫증난 성인 관객들에겐 환영받을 것이다.

Q 〈호두까기 인형〉의 새 작품에 대해 글쓴이가 가장 동의할 것 같은 진술은?
(a) 이야기를 쓴 원작자의 의도를 왜곡했다.
(b) 이야기가 너무 어두워서 아이들이 즐기기에는 적합하지 않다.
(c) 감성적인 공연을 선호하는 관객들에게 호응을 얻을 것이다.
(d) 전통적인 연출 작품을 반복해서 보는 것보다는 만족스럽지 않을 것이다.

기출 공략

마지막 문장에서 크리스마스 가족 나들이용으로 볼 만하지 않고, 성인 관객에게 적절하다고 한 점으로 보아 (b)가 정답이다.

celebrated 유명한 **delight** 기쁘게 하다 **sentimentality** 감상적임, 감상주의 **menacing** 위협적인 **inspiration** 영감 **depict** 묘사하다 **villainous** 악랄한 **fanged** 독니를 가진 **distort** 왜곡하다 **intention** 의도, 목적 **appropriate** 적합한 정답_(b)

36

The Kingdom of Genevia relies heavily on expatriate workers, yet it has a huge untapped domestic labor force—women. The traditional roles of Genevian women, wife and mother, have limited their participation in the workforce, and currently less than 15% of them have jobs. Yet they are making gains. They have literacy rates comparable to those of men and attend university in higher numbers than men. Encouraging these women to find employment would be a boon to the country. With the right opportunities, they would be able to fill many of the skilled jobs that currently go to outsiders.

Q Which statement about Genevian women would the writer most likely agree with?
(a) Their role in society is increasingly that of wife and mother.
(b) They are unemployed because expatriates will not hire them.
(c) Their opportunities to attend school lag behind those of men.
(d) They have the potential to fill positions occupied by expatriates.

번역

제네비아 왕국은 외국인 이주 노동자들에 대한 의존도가 높지만, 아직 이용되지 않은 엄청난 국내 노동력인 여성이 있다. 제네비아 여성들의 아내와 엄마라는 전통적인 역할은 노동력 참여를 제한해 왔기 때문에 현재 여성의 취업률은 15% 이하이다. 그러나 그들은 점점 발전하고 있다. 여성의 식자율이 남성과 비슷하고 대학 진학률은 남성보다 높다. 이런 여성들을 취업하도록 독려하는 것이 나라로서는 이득이 될 것이다. 적당한 기회가 주어진다면 이들은 요즘 외국인 이주 노동자들에게 돌아가는 여러 숙련된 직업을 가질 수 있을 것이다.

Q 제네비아 여성들에 대해 글쓴이가 가장 동의할 것 같은 진술은?
(a) 사회에서 그들의 아내와 엄마로서의 역할 비중이 점점 더 늘어나고 있다.
(b) 외국인 이주 노동자들이 그들을 고용하려 하지 않기 때문에, 그들은 실업 상태이다.
(c) 여성의 진학에 대한 기회는 남성보다 뒤처져 있다.
(d) 외국인 이주 노동자들이 차지한 직업을 가질 가능성이 있다.

기출 공략

마지막 문장에서 필자는 여성들이 외국인 이주 노동자들을 대체할 수 있을 것으로 예상하고 있다. 따라서 정답은 (d)이다. 여성들의 취업률은 낮지만 대학 진학률은 남성보다 높다는 것으로 보아 (c)는 맞지 않다.

expatriate 국외 거주자 **untapped** 아직 사용하지 않은 **domestic** 국내의 **participation** 참여 **make gains** 발전을 이루다 **literacy rate** 식자율(국민 중 글을 아는 사람들의 비율) **comparable to** ~과 비슷한 **boon** 혜택, 이익 **lag behind** ~보다 뒤떨어지다 **potential** 가능성, 잠재력 정답_(d)

37

To the Editor:
When I renewed my driver's license yesterday, I noticed I was deprived of a convenient way to remain a potential organ donor. The option is now missing from the renewal. Instead, I have to apply to the government for a special card. This more complicated system will deter people from becoming donors. Just one donor can potentially save ten lives, so becoming one shouldn't be a hassle. Already thousands of people die a year waiting for organ transplants. This doesn't have to be the case. Consider Spain, where everyone is classified as a donor unless they say otherwise. Now that is common sense.
Dr. Ralph Marvin

Q Which statement would the writer most likely agree with?
(a) Citizens have a duty to report their organ donor status to the government.
(b) Special cards are an irksome but necessary means of identifying donors.
(c) Organ donation status should be separated from driver license renewal.
(d) Spain's policies on organ donation should stand as the exemplar.

번역

편집자에게
어제 제 운전면허증을 갱신할 때, 잠재적인 장기 기증자로 남는 편리한 방법이 없어졌음을 알게 되었습니다. 이 선택 사항이 지금은 갱신에서 빠져 있습니다. 대신, 저는 특별 카드를 정부에 신청해야 합니다. 이런 더욱 복잡해진 체계 때문에 사람들이 기증자가 되는 것을 포기하게 될 것입니다. 기증자 한 명이 잠재적으로 10명의 생명을 살릴 수 있습니다. 그래서 기증자 되는 것이 번거로워서는 안 됩니다. 이미 1년에 수천 명이 장기 이식을 기다리다 사망하고 있습니다. 실정이 이래서는 안 됩니다. 모든 사람이 별다른 말을 하지 않으면 기증자로 등록되는 스페인을 참고하십시오. 이제 그것이 상식입니다.
랄프 마빈 박사

Q 글쓴이가 가장 동의할 것 같은 진술은?
(a) 시민들이 자신의 장기 기증 상태를 정부에 알릴 의무가 있다.
(b) 특별 카드가 귀찮지만 기증자를 분간하는 필요한 수단이다.
(c) 장기 기증 상태가 운전면허 갱신과 분리되어야 한다.
(d) 스페인의 장기 기증 정책은 모범으로 내세워야 한다.

기출 공략

장기 기증자 신청 방법이 더 복잡해진 것은 잘못되었다고 지적한 필자가 기증 방법의 좋은 예로 스페인을 들고 있다. 따라서 정답은 (d)이다.
renew 갱신하다 **be deprived of** ~을 빼앗기다 **potential** 잠재적인 **donor** 기부자, 기증자 **deter A from B** A가 B를 단념시키다 **hassle** 혼전, 혼란 **organ transplant** 장기 이식 **common sense** 상식 **status** 상태 **irksome** 짜증나는, 귀찮은 **exemplar** 모범, 전형

정답_(d)

38

Panic attacks, or involuntary rushes of intense fear, have many possible causes. (a) In some cases, genetic predisposition seems to be to blame, as the disorder runs in families. (b) Stress from life events such as romantic troubles or personal loss can also trigger attacks. (c) Other times, an attack can be brought on simply by encountering a situation that causes fear. (d) Attempting to bring back a measured pattern of breathing is a good way of ending an attack.

번역

공황 발작 또는 본의 아닌 강렬한 두려움은 원인이 여러 가지일 수 있다. (a) 어떤 경우에는 이런 장애가 유전되기 때문에, 유전적 소인이 원인으로 보인다. (b) 애정 문제 또는 개인적 손실 등 살면서 겪는 사건들로부터 받는 스트레스도 발작을 일으킬 수 있다. (c) 어떤 때는, 두려움을 유발하는 상황과 마주치기만 해도 발작이 일어날 수 있다. (d) 침착하게 숨 쉬는 것으로 돌아오려고 하는 것이 발작을 멈추는 좋은 방법이다.

기출 공략

공황 발작에 관한 설명이다. 첫 문장에서 여러 가지 원인이 있을 수 있다고 하면서 (a), (b), (c)를 통해 이 병의 원인들을 한 가지씩 제시하고 있다. 이 병의 대처법을 설명한 (d)는 전체적인 맥락과 무관하다. 정답은 (d)이다.
panic attack 공황 발작 **involuntary** 본의 아닌, 마지못해 하는 **intense** 극심한, 강렬한 **genetic** 유전의 **predisposition** 성향, 경향 **disorder** (신체 기능의) 장애 **encounter** 마주치다, 부닥치다 **measured** 신중한, 침착한

정답_(d)

39

In medieval Europe, consumption of beer and wine was important for maintaining one's health. (a) They were safe to drink because their production process killed harmful bacteria that often lingered in unboiled drinking water. (b) Beer and wine also provided certain nutrients that were difficult to obtain elsewhere. (c) Wine was generally more expensive than beer on account of its relative scarcity and greater prestige. (d) Moreover, these drinks were rich in calories and so provided ample energy, particularly in winter months.

번역

중세 유럽에서 맥주와 와인의 소비는 사람들의 건강을 유지하는 데 중요했다. (a) 이 술들은 마시기에 안전했는데, 왜냐하면 끓이지 않은 음료수에 종종 남아있는 해로운 박테리아를 제조 과정에서 죽였기 때문이다. (b) 맥주와 와인은 또한 다른 데서 얻기 힘든 특정한 영양소를 공급했다. (c) 와인은 상대적으로 맥주보다 흔치 않고 좀 더 고급이기 때문에 일반적으로 맥주보다 비싸다. (d) 게다가, 이 음료들은 열량이 풍부해서 특히 겨울철에는 충분한 에너지를 제공했다.

기출 공략

맥주와 와인이 중세 유럽인들의 건강에 미친 영향을 설명하다가 (c)에서 와인이 맥주보다 비싼 이유가 나오고 있어 흐름상 맞지 않다. 따라서 정답은 (c)이다.

medieval 중세의 **linger** 남다 **nutrient** 영양소, 영양분 **obtain** 얻다 **on account of** ~ 때문에 **scarcity** 품귀, 드묾 **prestige** 위신, 신망 **ample** 충분한

정답_(c)

40

Tattooing of the arms and lips was a deeply symbolic practice for Japan's indigenous Ainu people. (a) According to Ainu lore, the sister of the creator god brought tattooing to earth, so tattoos connect people to the divine. (b) This led the Ainu to believe tattoos had magical properties such as the power to repel evil spirits and protect women from disease. (c) The tattoos got their characteristic bluish hue from the soot of birch bark, which was rubbed into cuts made by a razor. (d) They were also central to the Ainu people's concept of female beauty and signified a woman's readiness for marriage.

번역

팔과 입술의 문신은 일본 토착민인 아이누족에게 매우 상징적인 행위였다. (a) 아이누족 설화에 따르면 창조자인 신의 여동생이 땅으로 문신을 가져왔다. 그래서 문신은 사람과 신을 연결한다. (b) 아이누족은 문신이 주술적인 힘이 있어 악귀를 물리치고 여자들을 병으로부터 지켜준다고 믿었다. (c) 문신은 자작나무 껍질의 그을음에서 특유의 푸르스름한 색깔을 갖게 되는데, 자작나무 껍질을 칼에 베인 상처에 문질렀다. (d) 또한 문신은 아이누족이 생각하는 여성의 아름다움에 대한 개념에 가장 중요하며, 여자가 결혼 적령기임을 나타냈다.

기출 공략

아이누족에게 문신이 갖는 특별한 의미를 설명하고 있다. (c)는 문신을 만드는 방법을 설명하고 있어 전체 문맥과 어울리지 않는다.

tattoo 문신을 새기다; 문신 **indigenous** 토착의 **lore** 구전 설화 **divine** 신의; 신 **repel** 물리치다 **bluish** 푸르스름한 **hue** 빛깔, 색조 **soot** 검댕, 그을음 **birch** 자작나무 **bark** 껍질 **razor** 면도칼 **central** 가장 중요한 **signify** 의미하다, 뜻하다 **readiness** 준비가 되어 있음

정답_(c)

Memo

TEPS 등급표

등급	점수	영역	능력검정기준(Description)
1+급 Level 1+	901~990	전반	외국인으로서 최상급 수준의 의사소통 능력 교양 있는 원어민에 버금가는 정도로 의사소통이 가능하고 전문분야 업무에 대처할 수 있음 (Native Level of Communicative Competence)
1급 Level 1	801~900	전반	외국인으로서 거의 최상급 수준의 의사소통 능력 단기간 집중 교육을 받으면 대부분의 의사소통이 가능하고 전문분야 업무에 별 무리 없이 대처할 수 있음 (Near-Native Level of Communicative Competence)
2+급 Level 2+	701~800	전반	외국인으로서 상급 수준의 의사소통 능력 단기간 집중 교육을 받으면 일반분야 업무를 큰 어려움 없이 수행할 수 있음 (Advanced Level of Communicative Competence)
2급 Level 2	601~700	전반	외국인으로서 중상급 수준의 의사소통 능력 중장기간 집중 교육을 받으면 일반분야 업무를 큰 어려움 없이 수행할 수 있음 (High Intermediate Level of Communicative Competence)
3+급 Level 3+	501~600	전반	외국인으로서 중급 수준의 의사소통 능력 중장기간 집중 교육을 받으면 한정된 분야의 업무를 큰 어려움 없이 수행할 수 있음 (Mid Intermediate Level of Communicative Competence)
3급 Level 3	401~500	전반	외국인으로서 중하급 수준의 의사소통 능력 중장기간 집중 교육을 받으면 한정된 분야의 업무를 다소 미흡하지만 큰 지장 없이 수행할 수 있음 (Low Intermediate Level of Communicative Competence)
4+급 Level 4+	301~400	전반	외국인으로서 하급 수준의 의사소통 능력 장기간의 집중 교육을 받으면 한정된 분야의 업무를 대체로 어렵게 수행할 수 있음 (Novice Level of Communicative Competence)
4급 Level 4	201~300		
5+급 Level 5+	101~200	전반	외국인으로서 최하급 수준의 의사소통 능력 단편적인 지식만을 갖추고 있어 의사소통이 거의 불가능함 (Near-Zero Level of Communicative Competence)
5급 Level 5	10~100